Blüten des Lebensbaumes

EINE AUSFÜHRLICHE ANLEITUNG ZUM PRAKTISCHEN GEBRAUCH DES

KABBALISTISCHEN LEBENSBAUMES

Band 1

Die Struktur des kabbalistischen Lebensbaumes

Bücher von Harry Eilenstein:

- Kursus der praktischen Kabbala (150 S.)
- Blüten des Lebensbaumes
    - Band 1: Die Struktur des kabbalistischen Lebensbaumes (340 S.)
    - Band 2: Der kabbalistische Lebensbaum als Forschungshilfsmittel (500 S.)
    - Band 3: Der kabbalistische Lebensbaum als spirituelle Landkarte (500 S.)
- Eltern der Erde (450 S.)
- Muttergöttin und Schamanen (100 S.)
- Hathor und Re (650 S.)
- Astrologie (320 S.)
- Der Lebenskraftkörper (230 S.)
- Die Chakren (100 S.)
- Christus (60 S.)
- Über die Freude (100 S.)

Impressum:

Copyright: 2008 by Harry Eilenstein
Alle Rechte, insbesondere auch das der Übersetzung, vorbehalten. Kein Teil des Buches darf ohne schriftliche Genehmigung des Autors und des Verlages – nicht als Fotokopie, Mikrofilm, auf elektronischen Datenträgern oder im Internet – reproduziert, übersetzt, gespeichert oder verbreitet werden.

Herstellung und Verlag: Books on Demand GmbH, Norderstedt

ISBN: 9783837025552

für Metatron

Danke für Dein Lächeln!

Übersicht

Band I

I	Die Geschichte des Lebensbaumes	11
II	Die Logik der Analogie	14
III	Die Struktur des Lebensbaumes	18
IV	Der Lebensbaum und andere Analogiesysteme	142
V	Zusammenfassung der Strukturen des Lebensbaumes	167
VI	Anwendungsbeispiele	169
VII	Übergeordnete Strukturen	200
VIII	Der Lebensbaum der Evolution	204

Band II

IX	Der Lebensbaum als Forschungshilfsmittel	
X	Systematik der Lebensbäume	
XI	Weitere Zugänge zum Lebensbaum	
XII	32 Visionen	

Band III

XIII	Der ursprüngliche Sinn des Lebensbaumes: Der Weg zum Himmel	
XIV	Eine Bemerkung zum Schluß	

Inhaltsverzeichnis

Band 1: Die Struktur des Lebensbaumes

I	Die Geschichte des Lebensbaumes	11
II	Die Logik der Analogie	16
III	Die Struktur des Lebensbaumes	20

    1. Abbildung — 21
    2. Einheit und Vielheit — 25
    3. Die Himmelsleiter — 34
    4. Die Entstehung von Daath — 40
    5. Form und Kraft — 42
    6. Entwicklungseinheiten — 45
    7. Die Übergänge — 48
    8. Die Dreiergruppen — 54
    9. Innen und Außen — 60
    10. Die drei Säulen — 62
    11. Die Planeten — 70
    12. Die Symbolik der Zahlen — 76
    13. Die "Blasenbildung" — 86
    14. Die Farben — 96
    15. Zusammenfassung von 1. bis 14. — 99
    16. Einzelbeschreibungen der Sephiroth — 102
    17. Ain Soph Aur — 105
    18. Zeit — 107
    19. Die Sephiroth und die Pfade — 110
    20. Der "Blitzstrahl der Schöpfung" und die "Schlange der Weisheit" — 131
    21. Die Symbole der Sephiroth — 139
    22. Die 32 Sprüche der Weisheit — 146
    23. Die traditionellen Symbole des Lebensbaumes — 156

IV	Der Lebensbaum und andere Analogiesysteme	157

    1. Die Zwölferstruktur der Übergänge — 158
        a) Astrologie — 159
        b) Tierkreis und astrologische Aspekte — 163
        c) Tierkreis, Steinheilkunde und Kristallgitter — 165
        d) Irisdiagnose, Fußreflexzonen, Meridiane der Akupunktur und chinesische Organuhr — 167
    2. Die Planeten — 171
    3. Die Chakren — 172
    4. Das I Ging — 178
    5. Das Tarot — 179
    6. Das Ba-Gua (Feng Shui) — 180

V	Zusammenfassung der Strukturen des Lebensbaumes	183
VI	Anwendungsbeispiele	185

    1. Vektormathematik — 186

2. Gehirn	193
3. Staat	198
4. Staubsauger, Auto, Atomkraftwerk und Computer	202
5. Ballett	205
6. Haus	207
7. Bienenvolk	211
8. Ameisenstaat	213
9. Eiche	214
10. Gänseblümchen	218

VII Übergeordnete Strukturen — 219
    1. Die vier Welten — 220
    2. 10 x 10 Sephiroth — 221

VIII Der Lebensbaum der Evolution — 223
    1. Eine lange Geschichte — 224
        a) die physikalische Evolution — 225
        b) die Evolution der Einzeller — 246
        c) die Evolution der Vielzeller — 255
        d) die kulturelle Evolution — 264
    2. Die Analogie zwischen Außen und Innen — 305
        a) Die Materie-Bewußtseins-Analogie in dem Lebensbaum der physikalischen Evolution — 317
        b) Die Materie-Bewußtseins-Analogie in dem Lebensbaum der Evolution der Einzeller — 318
        c) Die Materie-Bewußtseins-Analogie in dem Lebensbaum der Evolution der Vielzeller — 323
        d) Die Materie-Bewußtseins-Analogie in dem Lebensbaum der kulturellen Evolution — 328
    3. Das zentrale Bezugssystem: die acht Lebensbäume der Evolution — 370

Band 2: Der Lebensbaum als Forschungshilfsmittel

IX Der Lebensbaum als Forschungshilfsmittel
    1. Orientierung I   (Beispiel: Schlaf)
    2. Ordnen   (Beispiel: Volkswirtschaft)
    3. Einordnen   (Beispiel: Märchen)
    4. Parallele Strukturen   (Beispiel: Nahtoderlebnisse, vorgeburtliche Erinnerungen und Meditation)
    5. Funktionsgleichheiten   (Beispiel: Einzeller – Vielzeller)
    6. Parallele Entwicklungen   (Beispiel: Tiere - Pflanzen - Pilze – Einzeller)
    7. Vergleich I   (Beispiel: Biographie und Kulturgeschichte)
    8. Vergleich II   (Beispiel: Christus und Buddha)
    9. Vergleich III   (Beispiel: Religion und Evolution)
    10. Externe und interne Analogien   (Beispiel: Elementarteilchen)
    11. Vertiefung I   (Beispiel: Übergänge)
    12. Vertiefung II   (Beispiel: Hod)
    13. Vertiefung III   (Beispiel: 16. Pfad)
    14. Strukturierung I   (Beispiel: Superstrings)
    15. Strukturierung II   (Beispiel: Biographie eines Sternes)
    16. Meinungsbildung   (Beispiel: Reinkarnation)
    17. Darstellung   (Beispiel: Mandalas)
    18. Vergleich IV   (Beispiel: Lebensbaum, Chakren, Hermesstab, Djed-Pfeiler)
    19. Vergleich V   (Beispiel: "solve et coagula")
    20. Parallele Methoden   (Beispiel: Stimmtherapie, Orgontherapie, Tiefschlaf und Zen)
    21. Feinstruktur   (Beispiel: Traum)

22. Verknüpfung I   (Beispiel: magische, spirituelle und psychologische Methoden)
23. Verallgemeinerung   (Beispiel: Schwingungen)
24. Verknüpfung II   (Beispiel: "Gespräche mit Gott")
25. Verknüpfung III   (Beispiel: "Die Prophezeiungen von Celestine")
26. Vom Teil zum Ganzen   (Beispiel: Magie und Spiritualität)
27. Übertragung   (Beispiel: Kosmologie und Meditation)
28. Vernetzung   (Beispiel: Lebensbaum, Astrologie, Chakren, Kernphysik und Meditation)
29. Orientierung II   (Beispiel: tibetischer Buddhismus)
30. Orientierung III   (Beispiel: Christentum/Mystik)
31. Orientierung IV   (Beispiel: Islam/Sufis)
32. Vergleichende Symbolbetrachtung   (Beispiel: Kornkreise)
33. Entwicklung   (Beispiel: Wirtschaftsformen)
34. Betrachtung   (Beispiel: Beziehungen)
35. Zusammenfassung   (Beispiel: Bewußtsein)
36. Weiterentwicklung des Lebensbaumes   (Beispiel: thermisches Gleichgewicht u.a.)
37. Lehren/Lernen   (Beispiel: Unterricht am Gymnasium)
38. Glasperlenspiele   (Beispiel: Globalisierung, Ökologie und Spiritualisierung)

X Systematik der Lebensbäume

XI Weitere Zugänge zum Lebensbaum

1. Kontemplation
2. Meditation
3. Meditation: Mantras
4. Die Mitte
5. Meditation: Atem und Chakren
6. Meditation und Ritual
7. Das Krafttier
8. Schutzkreis
    a) Das kleine Pentagramm-Ritual
    b) Der Rosenkreuzer-Schutzkreis
    c) Schutzkreis in altägyptischer Symbolik
9. Rituale
10. Traumreisen
11. Wille und Imagination
12. Invokation
13. "Mythologische Familienaufstellung"
14. Der Schatten
15. Der Weg zur eigenen Mitte
16. Von Innen nach Außen
17. Verwandlungen
18. Der Lehrer
19. Die Muttergöttin
20. Der Kult einer Göttin
21. Die Weltensäule
22. Der Vatergott
23. Reise in die Vergangenheit
24. Die Quelle
25. Energetisches Feng-Shui
26. Die Schutzgottheit

XII 35 Visionen

1. die Sephirah Malkuth

2. der 32. Pfad (Malkuth – Yesod)
3. die Sephirah Yesod
4. der 31. Pfad (Malkuth – Hod)
5. der 30. Pfad (Yesod – Hod)
6. die Sephirah Hod
7. der 29. Pfad (Malkuth – Netzach)
8. der 28. Pfad (Yesod – Netzach)
9. der 27. Pfad (Hod – Netzach)
10. die Sephirah Netzach
11. der 26. Pfad (Yesod – Tiphareth)
12. der 25. Pfad (Hod – Tiphareth)
13. der 24. Pfad (Netzach -Tiphareth)
14. die Sephirah Tiphareth
15. der 23. Pfad (Hod – Geburah)
16. der 22. Pfad (Tiphareth – Geburah)
17. die Sephirah Gebruah
18. der 21. Pfad (Netzach – Chesed)
19. der 20. Pfad (Tiphareth – Chesed)
20. der 19. Pfad (Gebruah – Chesed)
21. die Sephirah Chesed
22. die Sephirah Daath
23. der 18. Pfad, untere Hälfte (Tiphareth – Daath)
24. der 17. Pfad (Tiphareth – Binah)
25. der 16. Pfad (Geburah – Binah)
26. die Sephirah Binah
28. der 14. Pfad (Chesed – Chokmah)
29. der 13. Pfad (Binah – Chokmah)
30. die Sephirah Chokmah
31. der 18. Pfad, obere Hälfte (Daath – Kether)
32. der 12. Pfad (Binah – Kether)
33. der 11. Pfad (Chokmah – Kether)
34. die Sephirah Kether

Band 3:   Die spirituelle Landkarte

XIII   Der ursprüngliche Sinn des Lebensbaumes: Der Weg zum Himmel
1. die traditionellen Pfade und Sephiroth
    - Malkuth
    - die Schwelle (4. Übergang)
        - 32. Pfad (Malkuth – Yesod)
    - Yesod
        - 31. Pfad (Malkuth - Hod)
        - 30. Pfad (Yesod - Hod)
    - Hod
        - 29. Pfad (Malkuth - Netzach)
        - 28. Pfad (Yesod - Netzach)
        - 27. Pfad (Hod - Netzach)
    - Netzach
    - der Graben (3. Übergang)
        - 26. Pfad (Yesod - Tiphareth)
        - 25. Pfad (Hod - Tiphareth)

- 24. Pfad (Netzach -Tiphareth)
- Tiphareth
    - 23. Pfad (Hod - Gebruah)
    - 22. Pfad (Tiphareth - Geburah)
- Geburah
    - 21. Pfad (Netzach - Chesed)
    - 20. Pfad (Tiphareth - Chesed)
    - 19. Pfad (Gebruah - Chesed)
- Chesed
    - der Abgrund (2. Übergang)
        - 18. Pfad, untere Hälfte (Tiphareth - Daath)
        - nicht-traditioneller Pfad (Geburah nach Daath)
        - nicht-traditioneller Pfad (Chesed nach Daath)
    - Daath
        - 17. Pfad (Tiphareth - Binah)
        - 16. Pfad (Geburah - Binah)
        - nicht-traditioneller Pfad (Daath nach Binah)
    - Binah
        - 15. Pfad (Tiphareth - Chokmah)
        - 14. Pfad (Chesed - Chokmah)
        - nicht-traditioneller Pfad (Daath - Chokmah)
        - 13. Pfad (Binah - Chokmah)
    - Chokmah
    - die Auflösung (1. Übergang)
        - 18. Pfad, obere Hälfte (Daath - Kether)
        - 12. Pfad (Binah - Kether)
        - 11. Pfad (Chokmah - Kether)
    - Kether
    - der Urknall (die Entstehung Kethers)
    - Ain Soph Aur
2. die nicht-traditionellen Pfade (Kurzbeschreibungen)
    - Kether-Daath
    - Kether-Chesed
    - Kether-Geburah
    - Kether-Netzach
    - Kether-Hod
    - Kether- Yesod
    - Kether-Malkuth
    - Chokmah-Daath
    - Chokmah-Geburah
    - Chokmah-Hod
    - Chokmah-Yesod
    - Chokmah-Malkuth
    - Binah-Daath
    - Binah-Chesed
    - Binah-Netzach
    - Binah-Hod
    - Binah-Yesod
    - Binah-Malkuth
    - Daath-Chesed
    - Daath-Geburah
    - Daath-Netzach
    - Daath-Hod

             - Daath-Yesod
             - Daath-Malkuth
             - Chesed-Hod
             - Chesed-Yesod
             - Chesed-Malkuth
             - Geburah-Netzach
             - Geburah-Hod
             - Geburah-Yesod
             - Geburah-Malkuth
             - Tiphareth-Malkuth
      3. verschiedene Lebensbaum-Graphiken
             a) Einheit
             b) Entwicklung
             c) Mittlere Säule
             d) traditioneller Lebensbaum
             e) "Blitzstrahl der Schöpfung"
             f) Daath
             g) Neutrinos und Engel, Vektorbosonen und Segen
             h) die sechs langen, schrägen Pfade
             i) 11 Sephiroth, 55 Pfade
             j) die natürliche Gestalt des Lebensbaumes

XVIII Eine Bemerkung zum Schluß

I Die Geschichte des Lebensbaumes

Vor einem Jahr erschien im "Rolling Stone", der bekannten amerikanischen Musikzeitschrift, ein Interview mit der Sängerin und Komponistin Madonna, in dem sie hervorhob, wie wichtig für sie die Kabbala sei. Zwei Jahre zuvor gab es in derselben Zeitschrift ein Interview mit Carlos Santana, in dem er unter anderem erzählte, daß er in seinem Haus einen kleinen Tempel habe, in dem er regelmäßig meditiere und dabei unter anderem Kontakt mit Metatron, dem höchsten Erzengel des kabbalistischen Systems habe. Und noch ein paar Jahre zuvor hat der italienische Literaturprofessor Umberto Eco, der durch seinen Mittelalterroman "Name der Rose" weltbekannt geworden ist, ein Buch veröffentlicht, das auf der Struktur des Lebensbaumes beruht und dessen Kapitel nach den einzelnen Bereichen des Lebensbaumes (Malkuth, Yesod, Hod usw.) benannt sind: "Das Focault'sche Pendel". ... die Zeiten, in der die Kabbala und ihr zentrales Symbol, der Lebensbaum, etwas eher Exotisches war, von dem fast niemand schon einmal etwas gehört hatte, scheinen also endgültig vorüber zu sein.

Die Geschichte dieses Symboles, das jetzt wieder in den Blickpunkt eines allgemeineren Interesses zu rücken scheint, reicht sehr weit zurück. Die Grundbedeutung des Lebensbaumes ist die der Verbindung zwischen den Menschen und Gott. Sein allerfernster Ursprung ist die Nabelschnur, die Verbindung von Mutter und Kind vor der Geburt des Kindes. Während der 1,5 Millionen Jahre der Altsteinzeit wird die Nabelschnur mit einiger Wahrscheinlichkeit auch das Symbol der Verbundenheit mit der Mutter, der Quelle und dem Symbol der Geborgenheit inmitten einer Welt voller Gefahren, geblieben sein.

Zum Beginn der Jungsteinzeit vor ca. 35.000 Jahren, als die Menschen den Ackerbau und die Viehzucht entwickelten und in dessen Folge größere Gemeinschaften und eine neue, seßhafte Lebensform entstand, entwickelte sich auch ein neues Weltbild. In den magisch-mythologischen Weltbildern dieser Zeit ist der Baum die Mitte der Welt, die Himmel und Erde, Götter und Menschen verbindet. Dieser Weltenbaum übernahm nun die Stelle der altsteinzeitlichen Nabelschnur als Symbol der Verbindung, des Eingebundenseins und der Geborgenheit. Die Götter, die aus dem Ahnenkult heraus entstanden waren, traten nun neben das Bild der Mutter, die nun als Muttergöttin die Quelle aller Götter, Menschen, Tiere, Pflanzen und aller anderen Dinge war. Neben dem Baum, dem vermutlich ältesten Symbol für diese Verbindung, tauchten bald auch der Turm, die Pyramide, der Berg, der Obelisk, die mittlere Zeltstange, die senkrecht aufsteigende Rauchsäule des Opferfeuers (siehe Kain und Abel) u.ä. auf. Mit der Hilfe dieses Baumes reisten die Seelen der Toten und die Schamanen zu den Ahnen und den Göttern und zu der Muttergöttin hinauf.

Die Schamanen gibt es vermutlich schon so lange, wie es eine Vorstellung über die Seele gibt. Der älteste archäologische Nachweis einer solchen Vorstellung ist ca. 250.000 Jahre alt: Ein Grab aus dieser Zeit ist so angelegt worden, daß ein "Kanal" aus Rötel, der wegen seiner roten Farbe weltweit von der Altsteinzeit an bis in die historische Zeit hinein als Symbol des Blutes und somit des Lebens benutzt worden ist, von dem Mund des Bestatteten nach draußen führt. Es ist allerdings anzunehmen, daß die Vorstellung, daß es etwas im Menschen gibt, das nach seinem Tod weiterbesteht, noch deutlich älter sein wird und vermutlich in die Zeit der Entstehung der Sprache zurückreicht - zumindest läßt sich aus den ca 30 allen Sprachen gemeinsamen Worten, zu denen "wer?", "was?" und "denken" gehören, schließen, daß sich die Menschen dieser Frühzeit bereits ihrer selber bewußt waren und daher vermutlich auch über sich selber nachgedacht haben werden. Der gemeinsame Ursprung der heute existierenden Sprachen liegt vor ca. 1.000.000 Jahren in Mittelafrika.

Das Charakteristische an einem Schamanen ist sein Erlebnis eines Beinahe-Todes, verursacht durch einen (Jagd-) Unfall oder eine Krankheit, bei der er, so wie es auch noch heute Personen erleben, die kurzfristig ins Koma gefallen sind, seinen Körper verläßt und zur Grenze des Jenseits reist und dort von seinen bereits verstorbenen Vorfahren und Verwandten begrüßt wird. Durch dieses Erlebnis hat der Schamane die Möglichkeit, später auch absichtlich zu den Ahnen zu reisen, von ihnen Rat bei Krankheiten oder Hungersnöten zu erhalten, und die Seelen gerade Verstorbener auf ihrem Weg ins Jenseits zu begleiten, verlorengegangene Seelenteile ("Verdrängtes", "Abgespaltenes") zurückzuholen und die Ahnen im Jenseits in Krisenzeiten um Rat zu fragen. Der Schamane ist somit die Urform aller Priester, Propheten, Seher, Therapeuten und Berater.

Als um 3.000 v.Chr. die Zeit des Königtums und des mit ihm verbundenen Monotheismus begann, veränderten sich die Vorstellungen ein weiteres Mal. In der Altsteinzeit gab es als zentrales, integrierendes Symbol die Große Mutter sowie den Schamanen als den Vermittler zwischen den Menschen und Ihr sowie den Ahnen. In der Jungsteinzeit wurde das Weltbild dann komplexer: 1. der Himmel als die Große Mutter, bei der die Seelen der Ahnen ruhten; 2. die Erde, die in konzentrischen Kreisen aufgebaut war: in der Mitte der Dorfplatz, darumherum das Dorf, um dieses herum die Gemüse- und Obstgärten, um diese herum die Äcker, dann ganz außen die Weiden - eine Insel inmitten der Wildnis; und 3. der Weltenbaum in der Mitte des Dorfplatzes, der Himmel und Erde miteinander verbindet.

Das Königtum, das 3.000 v.Chr. begann, fügte dem nun die Zentralisierung und sekundär dadurch auch die Formalisierung als neue Qualität hinzu: der Aufbau von weit größeren Gemeinschaften als je zuvor (Königreiche), die Erfindung der Schrift)aufgrund der Notwendigkeit der Buchhaltung über die Vorräte innerhalb des Königreiches), die Entstehung einer Verwaltung, und nicht zuletzt die Vorstellung eines Gottes, der über alle Dinge herrscht. Diese Vorstellung hat sich aus dem vergöttlichten Urahn der Könige des betreffendes Reiches entwickelt und sich fast überall mit der Symbolik der Sonne, dem wichtigsten Symbol der Mitte, verbunden. Der Sonnengott wurde dadurch im Laufe der Zeit vom Sohn der Muttergöttin erst zu ihrem Gemahl und schließlich zu ihrem Vater, wodurch der Sonnengott nun der allumfassende Herrscher wurde - und die Macht des Königs als "Sohn der Sonne" unangreifbar wurde. Dies ist auch der Übergang von der matriachalen und matrilinearen, gemeinschaftsbezogenen Orientierung der Menschen in der Alt- und Jungsteinzeit zu der patriachalen, hierarchischen Orientierung der Epoche des Königtums und der auf diese folgenden materialistischen Epoche. Der König als Sohn des Sonnengottes wurde nun eng mit dem Symbol der Mitte und der Verbindung zwischen Himmel und Erde, dem Weltenbaum, dem Weltenberg und der Pyramide verbunden, wodurch er auch die Stellung der obersten religiösen Autorität erhielt: der Gottkönig. Diese Vorstellung der Verbindung von geistlicher und weltlicher Autorität haben sich beim Papst, beim Dalai Lama, bei den chinesischen Kaisern und in einigen Richtung des Islams zum Teil bis heute gehalten.

Schon in der Altsteinzeit wird es so gewesen sein, das die älteren Schamanen den Menschen, die ein Nahtod-Erlebnis gehabt haben, dabei geholfen haben werden, dieses Erlebnis zu verarbeiten und die Fähigkeit auszubilden, es bewußt und mit Absicht zu wiederholen und es dadurch für die Gemeinschaft nutzen zu können. Möglicherweise stellt sich spätestens an dieser Stelle die Frage, worum es denn da die ganze Zeit bei diesem Ahnenkult eigentlich geht.

Es ist anzunehmen, daß eine solche Institution wie der Schamanismus, der vermutlich fast eine Millionen Jahre auf der Erde existiert hat und der in allen archaischen Kulturen der Erde wiederzufinden ist, einen sehr realen Nutzen für die betreffenden Gemeinschaften gehabt haben muß. Am ehesten kann man diesen Nutzen heutzutage vermutlich erfassen, wenn man Therapien erlebt hat, die in größerem Ausmaß innere Bilderarbeit verwenden, und wenn man einmal an ein paar Familienaufstellungen teilgenommen hat, bei denen, grob gesagt, das Verhältnis zu den Vorfahren geklärt wird und bei dem diese Vorfahren sehr real und intensiv in Erscheinung treten. Die Leiter und Leiterinnen von Familienaufstellungen sind sehr nahe Nachfolger dieser Schamanen.

In der Jungsteinzeit mit ihrer Tendenz, über die Verehrung und den Kontakt zu den Ahnen, an die man sich persönlich noch erinnern kann, hinauszugehen und bestimmte Ahnen auch über viele Generationen hinweg zu verehren und sie als das Urbild, den Ahnherrn der Sippe aufzufassen, zeigt sich auch in der Auffassung vom Schamanismus, in dem das Lernen von älteren Schamanen eine größere Bedeutung erlangt haben wird, so wie aus dieser Zeit auch die erste Differenzierung in Berufe und dem damit verbundenen Weitergeben des Wissens stammt. Hier liegt die Wurzel der Vorstellungen über spirituelle Lehrer, Pandits, Gurus, Lamas usw. Am deutlichsten drücken es die Tibeter mit ihrer Neigung zu einer technischen, sachlichen Ausdrucksweise aus: der Anwärter auf eine spirituelle Laufbahn erhält von seinem Lehrer Belehrung und Kraftübertragung. Das bedeutet, daß der Lehrer, also der ältere Schamane, in seinem Schüler eine Resonanz zu seinen eigenen Fähigkeiten hervorruft (die Kraftübertragung) und ihm erklärt, wie er vorgehen muß, um sie sich zu eigen zu machen und sie bewußt anwenden zu können (die Belehrung). Dadurch tritt das in der Altsteinzeit die "Karriere" eines Schamanen begründende Nahtod-Erlebnis etwas in den Hintergrund. Das Erlebnis des Todes steht nun nicht mehr am Anfang, sondern es wird zum einen durch die Resonanz des Schülers zu seinem Lehrer und zum anderen durch die Übungen des Schülers, die entweder durch Stille, Versenkung und Abgeschiedenheit oder durch Tanz und Ekstasemethoden geprägt sind, hervorgerufen - sozusagen die Urform der therapeutischen Krise, in sich das Alte auflöst und das Neue entstehen kann.

In der Epoche des Königtums entsteht nun neu eine "Religionsverwaltung", die aus den Priestern der Tempel und dem König als Oberpriester besteht. Diese Priester haben als Voraussetzung die formelle Reinheit, meistens die Zugehörigkeit zu bestimmten Sippen (bei den Juden sind z.B. nur Mitglieder des Hauses Levi Priester oder bei den Indern die Männer, die zur Brahmanenkaste gehören). Die Schamanen, die nicht diese formelle Reinheit benötigen, haben ihre Position aufgrund ihrer Fähigkeit inne. Sie finden sich in den monotheistischen Religionen neben der Priesterhierarchie und meist in Kooperation mit ihr wieder. Sie haben meist eine Funktion bei der Bestattung und in Krisenzeiten, sind oft Einsiedler und für ihre magischen Fähigkeiten bekannt. Beispiele dafür sind z.B. Merlin und

Taliesin bei den Kelten und Moses, Elias und Elia in der Bibel. In der Bibel werden auch sehr anschaulich die Übertragung der Kraft vom Lehrer auf den Schüler beschrieben: Moses segnet seinen Nachfolger Joshua (5. Mose 31. 1-23), Elias segnet seinen Nachfolger Elia (2. Könige 2. 10-14) und Johannes der Täufer segnet seinen Nachfolger Christus (Markus 1. 9-11) und dieser wiederum überträgt seine Kraft auf die Jünger (Matthäus 10. 1; Markus 6. 7-13; Lukas 9. 1-2).

Auf archäologischen Darstellungen läßt sich dieser Schamane meist sehr schnell daran erkennen, daß er als Abzeichen seiner magischen Stärke das Fell des größten Raubtieres seines Landes trägt und in der Regel entweder in seiner Versenkung (Meditation) oder in Ekstase (Tanz) dargestellt werden: der Sem-Priester im Alten Ägypten trägt ein Leoparden-Fell, die Tänzer in den anatolischen Tempelgemälden von 7.000 v.Chr. Pantherfelle, Samson in der Bibel ein Löwenfell, die germanischen Berserker ein Bärenfell, der Chilam Balam bei den Mayas ein Jaguarfell usw.

Während des Monotheismus, dessen Grundhaltung die Prägung, Koordination und Integration des Ganzen von einem Zentrum aus ist, und als dessen Geisteshaltung sich dementsprechend die Philosophie findet, wurde das Symbol des Lebensbaumes in mehrfacher Weise weiterentwickelt, wobei die Grundqualität des Baumes, sein "Nabelschnurcharakter", also der Weltenbaum als "Weg zur Geborgenheit, zum Himmel, zur Muttergöttin, zum Allvater" immer erhalten geblieben ist.

In Ägypten sah man den Weltenbaum als das Rückgrat des Osiris, des Gottes des Todes und der Auferstehung, an und stellte ihn somit symbolisch in die Mitte der altägyptischen Weltanschauung sowie in die Mitte der mythologischen Geographie (der heilige Ort der Mitte - die Urinsel, die Pyramide) und vor allem auch in die Mitte des damit verbundenen Wertesystems.

In Indien wurde aus dem Weltenbaum der dreifache Kanal der Lebenskraft, die in diesen Kanälen die Rückenwirbel emporsteigt und dabei die sieben Chakren wie Lotusblumen an der Vorderseite des Körpers und auf dem Scheitel erblühen läßt - die Urform der Anatomie der Strukturen der Lebenskraft im menschlichen Körper.

In Mesopotamien stellten die Stufen der Pyramide (Turm zu Babel) die sieben Planeten, die den Weg zu Gott markierten und in einzelne Schritte einteilten, dar. Dieselbe Symbolik hatte hier später die Himmelsleiter, von der Jakob (1. Mose 28. 10-19) träumt, und auch die siebensprossige Leiter (= sieben Planeten) im Mithraskult.

Auch die siebenstufige abendländische Tonleiter und die siebentägige Woche hängen mit dieser Sphärenharmonie auf dem Weg von der Erde zu Gott zusammen.

Die Hebräer schufen aus dem Symbol des Weltenbaumes und der sieben Planetenstufen auf der Himmelsleiter eine graphische Darstellung von 10 Kugeln und 22 sie verbindenden Pfaden, wobei die Kugeln den Planeten und den zehn Namen Gottes im hebräischen Original des Alten Testamentes entsprechen. Dadurch war der Lebensbaum der Kabbala, der jüdischen Geheimlehre, gleichzeitig eine Darstellung Gottes und eine Beschreibung des Weges zu ihm. Ein bekanntes Bild aus der Bibel für diese Verbindung zwischen Gott und den Menschen ist auch die Flammensäule, die Mose und die Israeliten durch den Sinai leitete, und die bisweilen auch als Rauchsäule erschien wie z.B bei Moses Tod (5. Mose 31. 15).

Ein wesentlicher Impuls zur Weiterentwicklung des kabbalistischen Lebensbaumes kam um ca. 800 n.Chr. aus Indien, wo eine der Grundfragen des Monotheismus, nämlich "Wenn Gott alles ist und es nichts gibt außer Gott, was ist dann meine Seele?" dadurch gelöst worden war, daß man die Seele als Teil Gottes, als Funken seines unendlichen Feuers auffaßte. Dies bedeutete aber, daß es möglich sein mußte, schon im Diesseits Gott zu erleben und eins mit ihm zu werde. Diese Vision ließ eine neue mystische Bewegung entstehen: In Indien einige Yoga-Schulen, in Nordindien und in Tibet den tantrischen Buddhismus, im Islam die Sufis, im Christentum die Mystiker und im Judentum die Kabbalisten, die den Lebensbaum nun explizit als Weg zu Gott auffaßten und benutzten.

Es handelt sich bei diesem Vorgang jedoch im Grunde genommen nicht um eine Neuentdeckung, sondern um eine Integration der Reisen der Schamanen zu der Muttergöttin bzw. dem obersten Gott in das monotheistische System und das mit ihm verbundene philosophische Weltbild. Dadurch wurde in das tendenziell sehr formalisierte Weltbild des Königtums und des Monotheismus wieder das persönliche Erleben und der Wert der persönlichen Fähigkeiten eingeführt. Da dies zwei sich im Grund widerstrebende Geisteshaltungen sind (formalisierte Zentralverwaltung und individuelle, spirituelle Verwirklichung), gab es des öfteren Auseinandersetzungen und Verbote bzw. Wiederversöhnungen zwischen der offiziellen Religion und ihrer "individual-spirituellen Fraktion", also den Nachfolgern der Schamanen.

Seit etwa 1910 n.Chr. gibt es vereinzelte Ansätze, den Lebensbaum als logische Struktur, die eine umfassendere Bedeutung hat, darzustellen (Orden des Golden Dawn, Dion Fortune, Gareth Knight, Shimon Z'ev ben Halevi).

Nun ließ sich nachweisen, daß der Lebensbaum eine komplexe Analogie-Struktur ist, die man in allen Dingen wiederfinden kann (Eilenstein: "Die Logik der Analogie", 1982). Die Möglichkeit des Wiederfindens einer immer gleichen Struktur in allen Dingen hat zur Folge, daß so etwas wie ein "Heimatgefühl" im Bereich des Wissens entsteht, ganz so wie der Weltenbaum die tragende Mitte der Mythen ist und die Dorflinde den vertrauten Ruhepol der dörflichen Gemeinschaft darstellt.

Das Grundgefühl der Geborgenheit, also das Urvertrauen, das das Ziel jeder Reise den Weltenbaum hinauf zur obersten Gottheit ist, bleibt also auch bestehen, wenn man den Lebensbaum als ein Hilfsmittel beim Denken in Analogien benutzt. Dies geschieht dadurch, das der kabbalistische Lebensbaum die Hilflosigkeit und und Haltlosigkeit angesichts des anscheinend grenzenlosen Einzelwissens durch seine Struktur, die in allem wiederzufinden ist, integriert und dadurch alle Erscheinungen etwas Bekanntes in sich tragen und man in allem dieselbe Dynamik wiederfinden kann.

Aus den vielen Einzelstimmen der verschiedenen Erscheinungen wird dadurch allmählich ein Konzert erkennbar - in den kausallogisch ablaufenden einzelnen Handlungen und Ereignissen wird nach und nach das analogielogisch verfaßte Drehbuch deutlich, die Übereinstimmung zwischen allen Dingen, auf denen Orakel wie Astrologie, I Ging oder Tarot beruhen. Diese Analogiestruktur kann man am deutlichsten daran erleben, daß nichts, was geschieht und was man erlebt, rein zufällig und sinnlos ist

Das Erkennen von Analogiestrukturen bringt das trockene Wissen zum Klingen, verwandelt nüchterne Beschreibungen in bedeutungsvolle Bilder, löst die Grenze zwischen Betrachtetem und Betrachter auf ohne dabei seinen Blick zu trüben - die Weite des Wissens gewinnt an Tiefe und kann dadurch vielleicht einmal zu Weisheit werden. Das nüchterne Denken wird durch das Erkennen von Analogien zu einem schwingenden, lyrischen Erkennen.

II Die Logik der Analogie

Der in in den ersten zwei Bänden dieser kabbalistischen Betrachtungen beschriebene Aspekt des Lebensbaumes ist seine Verwendung als Hilfsmittel beim Denken in Analogien. Nun ist diese Art von Denken ja bei weitem nicht so bekannt wie das Denken in kausalen Zusammenhängen, also das Denken von der Art wie "Wenn ich 500g Yoghurt, 30g geriebenen Ingwer, 2 gemuste Bananen, einen halben gestrichenen Teelöffel Vanille, den Saft einer Zitrone und 2 Eßlöffel Honig miteinander mische und kaltstelle, erhalte ich eine leckere Nachspeise." Dieses kausale Denken betrachtet zeitliche Abläufe, also Ursachen und die sich daraus ergebenden Wirkungen.

Das Denken in Analogien betrachtet hingegen das Verhältnis von Dingen zueinander. Daher spielt die Zeit hierbei, ganz im Gegensatz zum kausalen Denken, nur eine untergeordnete Rolle. Am bekanntesten sind vielleicht noch die Gleichnisse aus dem Neuen Testament, das aus einer Zeit stammt, als das Denken in Analogien noch nicht ganz in den Hintergrund getreten war. Analogien beruhen auf dem Vergleichen. So gibt es z.B. in altägyptischen Texten, die den Pharao preisen, eine geläufige Redewendung, die eine anschauliche Analogie darstellt: "Der Pharao ist in seinem Palast - die Sonne ist am Himmel." Heute würden wie noch das Wörtchen "wie" einfügen - aber die alten Ägypter waren sehr sparsam mit Präpositionen. In einer Analogie werden also zwei Bereiche miteinander verglichen und eine Parallele in der Struktur hervorgehoben - wobei in diesem Fall durch den Vergleich mit der Sonne natürlich die unangreifbare Wichtigkeit und Macht und die zentrale und übergeordnete Stellung des Pharaos betont werden soll. Diese Analogie liegt auch noch dem Titel "Sonnenkönig" zugrunde, den sich Ludwig XIV von Frankreich einige tausend Jahre später selber verlieh.

Man kann nun mit etwas Aufmerksamkeit viele solcher Analogien entdecken: a) der Fahrer im Auto, der Kapitän im Schiff, der Pilot im Flugzeug usw. - also die Struktur "Lenker und Gelenktes"; b) Tag und Nacht, heiß und kalt, hell und Dunkel, Winter und Sommer, Ausdehnung und Zusammenziehung, Mann und Frau ... - in diesem Falle also die Struktur "Gegensatz"; c) Herz und Blut und Puls, Mond und Meer und Gezeiten, Geiger und Geige und Ton - in diesem Fall ist die gemeinsame Struktur "Verursacher/Beweger und bewegte/beeinflußte Substanz und Rhythmus/Schwingung in der bewegten Substanz".

Es lassen sich viele verschiedene solcher Analogiestrukturen finden bzw. erfinden. Das praktische an dem Lebensbaum ist zum einen, daß er fast alle diese Strukturen in seinem komplexen Aufbau enthält, und zum anderen, daß seine Struktur so aufgebaut ist, daß er auf alle Bereiche anwendbar ist. Diese allgemeine Anwendbarkeit ist in den drei oben genannten Beispielen nicht enthalten. Es gibt allerdings eine ganze Reihe von Ansätzen, eine dieser einfachen Analogiestrukturen allgemein anzuwenden wie z.B. das Prinzip des Gegensatzes in den chinesischen Vorstellungen über den Ergänzungsgegensatz von Yin und Yang und den sich aus ihm ergebenden ewigen Wandel. Nah damit verwandt ist die Grundstruktur, die in den Schriften von Rudolf Steiner immer wieder auftaucht: das zusammenziehende Prinzip ("Ahriman"), das ausdehnende Prinzip ("Luzifer") und zwischen ihnen das zentrierende und pulsierende Prinzip ("Christus"). Auch das philosophische Konzept der Dialektik von These - Antithese und Synthese beruht auf dem Prinzip des Gegensatzes und dem sich aus seiner Überwindung bzw. Integrierung ergebenden Neuen.

Es gibt auch noch einen eher unbewußten Bereich, in dem wir ständig Analogien verwenden: das Vorurteil und alle seine "Verwandten". Diese Vorurteile beruhen darauf, daß man mehrere Erlebnisse mit einer bestimmten Sache oder Personengruppe hatte und dann davon ausgeht, daß diese Erfahrungen auch auf alle anderen entsprechenden Dinge oder Personen dieser Gruppe zutreffen. Im positiven Sinne ist ein Vorurteil also eine Vermutung, die bei der Orientierung in der Welt helfen soll. In diesem Sinne ist sie ja auch durchaus nützlich. Ein Hindernis in dem Sinne, wie das Wort "Vorurteil" in der Regel auch benutzt wird, ist es erst dann, wenn die aus den bisherigen Erlebnissen gewonnenen (Vor-)Urteile stärker sind als die Wahrnehmung. Wenn man also aus irgendeinem Grund mehrmals nacheinander die Erfahrung gemacht hat, daß Hunde bissig und aggressiv sind, ist es durchaus sinnvoll davon auszugehen, daß auch der nächste Hund, der einem begegnet, bissig sein könnte. Wenn man nun aber so fest in seinem Urteil ist, daß man dann gar nicht mehr erkennen kann, daß ein bestimmter Hund lammfromm ist, ist dieses Vorurteil keine Hilfe mehr, sondern untergräbt den Realitätsbezug.

Auch noch in einem anderen Bereich findet sich ständig die Benutzung von Analogien: in der Magie und allen verwandten Bereichen. Die Astrologie beruht beruht auf dem Gleichnis zwischen dem Stand der Planeten am Himmel und dem Charakter des zu dem betreffenden Zeitpunkt geborenen Menschen. Die Tarotkarten stellen ein Abbild der Welt als Ganzes dar - und stehen somit in Analogie zu ihr, weshalb sich aus den gezogenen Karten etwas über die

Situation sagen läßt, in der die Karten gezogen werden. Und wer kennt nicht die Methode der Woodoo-Püppchen? - Man stelle aus Stoff, Hölzern, Wachs u.ä. eine Puppe her, die der Person, die man beeinflussen will, möglichst ähnlich sieht, und steche sie mit Nadeln, wenn man ihr schaden will, oder hülle sie in ein Seidentuch, wenn man sie beschützen will.

Neben dem Denken in kausalen Zusammenhängen und dem Denken in Analogien gibt noch das philosophische Denken und das Denken in Assoziationen.

Das Denken in Assoziationen ist die urtümlichste Form des Denkens, die zur Altsteinzeit gehört und die unterste Schicht unserer psychischen Konstitution bildet. Eine Assoziation bedeutet ganz einfach, daß man bestimmte Dinge miteinander verbindet, weil man sie zusammen erlebt: Mutter - Kind - Milch - Brüste - Geborgenheit - Geburt ... oder Nacht - Gefahr - wilde Tiere - Tod ... oder Sonne - Wärme - Offenheit - Gedeihen ... Das Zentrum all dieser Assoziationen ist die Mutter - sowohl damals in grauer Vorzeit als auch noch heute. Die wichtigste soziale Person neben der Mutter war in dieser Zeit der Schamane, der ja auch uns noch als der Fährmann, der die Toten über den Fluß zum Jenseits bringt, bekannt ist - und der sich in der Gestalt des schützenden Heiligen Christopherus auch heute noch wie in der Altsteinzeit großer Beliebtheit erfreut.

Das Denken in Analogien ist während der Jungsteinzeit entstanden, als das Leben komplexer wurde und man z.B. nicht mehr wie vorher in der kleinen Sippe von ein bis zwei Dutzend Personen jede einzelne Person der nun viel größeren Gemeinschaft kennen konnte und daher neben den einzelnen Namen auch "Analogiebezeichnungen" wie "Fischer", "Bäcker", "Wächter" usw. zur Orientierung benötigte. Auch die zu dieser Zeit entstandenen Mythen sind Analogiestrukturen, die etwas beschreiben, was sich ständig wiederholt wie z.B. der Ackerbau im Laufe der Jahreszeiten. Die Grundstruktur in diesen Mythen ist der Gegensatz von Dorf/Kulturland und Wildnis, und die zentrale Analogie ist die Parallelsetzung von "1. Keimen - 2. Wachsen - 3. Ernte - 4. Ausaat - 5. Keimen" mit "1.Geburt - 2. Leben - 3. Tod - 4. Zeugung - 5. Tod". Der dieser Gleichnis verkörpernde Gott des Getreides und der Todes war in dieser Zeit die zentrale Gottheit - auch bei uns ist ja noch des Bild des Schnitters, des Sensenmannes allen wohlbekannt: die Sense, die das Totenskelett in der Hand hält, erntet das Getreides und bringt den Menschen den Tod.

Mit Beginn des Königtums entstand das philosophische Denken, daß alles von einem Prinzip her ableitete und alles von diesem Prinzip her bewertete. Das Ziel dieses Denkens war die logische Geschlossenheit, also die Widerspruchsfreiheit des Gedankengebäudes, also die vollständige Integration. Dieser Vorgang entspricht der Ausbildung des bewußten Ichs, also der inneren Instanz, die die ganze eigene Persönlichkeit wahrnimmt, annimmt und all die verschiedenen Neigungen und Wünsche miteinander zu einer lebensfähigen und handlungsfähigen und in diesem Handeln erfolgreichen Einheit verbindet. Das Urbild dieser Epoche sind die Sonne und der König - der König als "Sohn der Sonne" oder als "Sonnenkönig" - das strahlende Ich.

Das kausale Denken begann um ungefähr 1.500 n.Chr. an Bedeutung zu gewinnen, als man verstärkt damit begann, die Natur quantitativ zu betrachten, als mit Maß und Zahl zu beschreiben und nach Harmonien im Beobachteten zu suchen, also letztlich eine mathematische Beschreibung des Beobachteten anzustreben. Die Ergebnisse dieser Betrachtungsweise waren dann die Naturwissenschaften sowie ihre praktische Anwendung, die Industrie.

Jede dieser Arten von Denken ist Teil eines Systems, das aus 5 Elementen besteht: 1. dieser Art zu Denken , 2. der ihr zugrundeliegenden Betrachtungsweise, 3. dem sich aus dem Erleben dieses Systems ergebende ihm zugrundeliegenden "Gesetz", 4. der praktischen Anwendung dieses Systems und dieser Weltsicht, sowie 5. der Art von Beziehung, die sich aus diesem System ergibt, und die der Einzelne als wichtig erlebt.

	Altsteinzeit	**Jungsteinzeit**	**Königtum**	**Materialismus**
Betrachtung von:	Bezüge	Gleichnisse	Identitäten	raumzeitliche Entwicklungen
Prinzip:	Assoziation	Analogie	Prinzipien	Ursache und Wirkung
Gesetz:	„Bei einer Assoziation findet ein Austausch statt"	„Gleiches wirkt auf Gleiches"	„Durch Identifizierung entsteht Wesensgleichheit"	Kausalität
Praktische Anwendung:	Lebenskraftmagie	Analogie-Magie	Mystik	Technik und Industrie
Systemimmanente Beziehung:	vom Menschen zu Mensch/Tier/Pflanze	Vom Menschen zu Mensch/Götter/ Tradition	Vom Menschen zu Gott	Mensch (isoliert)

    In der Altsteinzeit bzw. der untersten Schicht der Psyche wird beachtet, was gemeinsam auftritt und daher zusammengehört. Daraus ergibt sich die Strukturierung der Welt durch Assoziationen, die alles umfassen, was den Menschen umgibt. Jede Assoziation, also jede Verbindung wird als tatsächliche Verbindung auf der Ebene der Lebenskraft erlebt - so wie Mütter spüren, wenn mit ihrem Baby etwas nicht stimmt, selbst wenn sie nichts Auffälliges hören oder oder sehen. Die einfachste praktische Anwendung dieser "Verbindung durch die Lebenskraft" ist das Heilen durch Handauflegen, also die Übertragung von Lebenskraft. Die intensivste Beziehung eines Menschen auf diese Ebene besteht zur Mutter, darüberhinaus gibt es Verbindungen zu allen Menschen, Tieren, Pflanzen und allem, was ihn umgibt.
    In der Jungsteinzeit bzw. der zweituntersten Schicht der Psyche wird beachtet, welche Dinge innerhalb gleicher Strukturen stehen - es wird also verglichen und zur Orientierung nach Gleichnissen, Parallelen, also Analogien gesucht. Entsprechend dem Beispiel von dem Woodoo-Püppchen stehen Dinge, die in Analogie zueinander stehen, miteinander in Verbindung, erleben also dasselbe, befinden sich qualitativ in derselben Situation. Die wesentliche Beziehung des Menschen ist hier die zu den Göttern und den Ahnen, die beide die Tradition, das "richtige Verhalten" beschreiben, und zu den Menschen ihrer Gemeinschaft.
    In der Zeit des Königtums bzw. in der dritten Schicht der Psyche wird betrachtet, welches Ding das Wichtigste ist und dann von diesem ausgehend ein in sich schlüssiges System entwickelt, das die gesamte Welt beschreibt und dem einzelnen Menschen Klarheit über den von ihm einzuschlagenden Weg gibt. Dieses in sich schlüssige System, daß sich von einer einzigen Grundannahme ableitet, ist die Philosophie. Die zentrale Beziehung innerhalb dieses Systems ist die zwischen dem Einzelnen und Gott, dem Herrn der Welt - und entsprechend hier auf Erden die Beziehung des Einzelnen zum König, des Stellvertreters Gottes auf Erden. Daraus ergibt sich als das erstrebenswerteste Ziel die Einheit mit Gott, die durch die Identifizierung mit Ihm, also durch die Mystik erreicht wird.
    In der Zeit des Materialismus bzw. der derzeit obersten Schicht der Psyche wird betrachtet, welche Ursache zu welchem Ergebnis führt. Die Methode dazu ist die Analyse des als Objekt erlebten Untersuchungsgegenstandes. Das Subjekt zieht sich dabei auf einen winzigen Punkt im Innersten zurück, während die ganze Welt einschließlich des eignen Körpers zum Objekt, also zu etwas im Außen wird. Die Technik und die Industrie - also die Warenproduktion, die Vermehrung nützlicher Objekte, sind die praktische Anwendung dieser Geisteshaltung. Entsprechend dieser Objektivierung der Welt mit der damit einhergehenden Schrumpfung bzw. Auflösung des Subjekts entsteht eine Beziehungslosigkeit des Ichs, die Vereinsamung: wenn alles Objekt ist, gibt es keine Zusammenhänge mehr.

    In den jungsteinzeitlichen, durch Magie und Mythologie geprägten Kulturen gibt es überall eine zentrale Wertvorstellung, die man mit "Schönheit, Frieden, Harmonie, Richtigkeit" übersetzen kann. Im Alten Ägypten hieß diese Qualität "Ma'at", in Sumer "Me", in Indien "Rita" oder "Dharma", in Tibet "Taschi", in China "Tao", bei den Navahos "Hozhong" ... Diese Vorstellung ist auch der Ursprung des arabischen Wortes für Frieden "Shalom". Auch das lateinische "pax", das ebenfalls "Frieden" bedeutet, geht auf diese Vorstellung zurück. Im Deutschen drückt vielleicht noch am ehesten der Begriff "Seelenfrieden" diese Qualität aus.

Diese von den Alten Ägyptern "Ma'at" genannte Qualität beinhaltet, daß es für alles eine richtige Art, einen richtigen Ort, eine richtige Zeit gibt. Dadurch, daß man dieses Richtige erkennt und befolgt, steht man in Harmonie mit der Welt, steht man in Resonanz zu den Göttern, gelingen die Vorhaben, gehen die Wünsche in Erfüllung. Das Entstehen von Ma'at durch das aufmerksam Beachten dessen, was richtig ist, hat seinerseits zu Folge, daß das Leben von Freude erfüllt wird - man erlebt sich als mit allem verbunden, man schwingt in dem Lied der Welt mit. Dadurch, daß man die Ma'at anstrebt, steht man in Einklang mit der Welt - und es gibt keine Hindernisse mehr, nichts, was einen verletzten könnte. Diese Qualität und dieser Zustand der Freude und der Harmonie und des Einklanges mit der Welt ist das, was in diesen Kulturen als das höchste Ziel angesehen wird.

Wenn man in Ma'at ist, wird das Leben mühelos, denn alles, was verzerrt und verbogen war, ist wieder zu seiner wahren Form zurückgekehrt. Wenn man in Ma'at ist, geht das, was man sich wünscht, fast sofort in Erfüllung, denn dann kommen die Wünsche aus dem Herzen und das "ja" zu dem Erwünschten ist nicht mehr durch ein "Ja, aber .." behindert. Wenn man in Ma'at ist, ereignet sich ständig sinnvolle Zufälle im eigenen Leben, weil man in Resonanz zu allem steht, dem man eignen Wesen und somit dem eigenen Streben und den eignen Wünschen entspricht. Das eigene Leben wird dann wie der Sprung einer Katze: mühelos, geschmeidig, kraftvoll, elegant, präzise ...

Auch abgesehen von diesen ganz persönlichen wünschenswerten Auswirkungen des Strebens nach Ma'at gibt es auch noch weitergehende wünschenswerte Auswirkungen der Ma'at. Zum einen setzt das Streben nach Ma'at, das auf einer Betrachtung der Welt unter dem Blickwinkel von Analogien beruht, alles mit allem in Beziehung und beendet somit eines der Hauptleiden der materialistischen Epoche: die Einsamkeit der Menschen. Zum anderen wird durch ein solches Denken auch das Ergreifen der Verantwortung für die ganze Erde gefördert, da man sich mehr als isoliert, sondern mit allem verbunden erlebt. Insofern ergibt sich aus dem Denken in Analogien und dem Streben nach Ma'at auch ein verstärktes Streben nach einem friedlichem Miteinanderleben, nach einem Fördern der Ökologie und nach einer gemeinsamen, kooperativen Suche nach den vielen globalen Problemen, die auf der Erde derzeit herrschen.

Das Denken in Analogien hat Ähnlichkeit mit der Algebra. In der Algebra hat man ein Gleichheitszeichen und auf beiden Seiten dieses Zeichens muß immer dasselbe geschehen, denn sonst wird die Gleichheit gestört. Während in der Algebra die Analogie auf die denkbar kleinste Qualität, eben auf die Gleichheit (=) reduziert wird und sich in dem, was verglichen wird, die ganze Handlung d.h. Rechnung abspielt, ist bei den Analogien die Qualität der Analogie (z.B. Gegensatzergänzung oder These/Antithese/Synthese) das eigentlich Variable, das, was untersucht wird und das was vielfältig ist.

Man kann den Lebensbaum wie ein großes Gleichheitszeichen auffassen, das nur weitaus komplexer als ein Gleichheitszeichen ist - beide, Gleichheitszeichen und Lebensbaum, markieren eine Analogiebetrachtung, wobei das das Gleichheitszeichen die denkbar einfachste Form einer Analogie ist und der Lebensbaum die komplexeste bekannte Form einer Analogie ist.

Das folgende ist ein Rituallied der Navahos, das gesungen wird, um die Essenz der Betrachtung der Welt mithilfe von Analogien, also die Qualität der Schönheit, des Friedens, der Harmonie und der Richtigkeit, herbeizurufen:

> Ich gehe in Schönheit vor mir,
> Ich gehe in Schönheit hinter mir,
> Ich gehe in Schönheit über mir,
> Ich gehe in Schönheit unter mir,
> Ich gehe in Schönheit rings um mich,
> Während ich mein Leben auf dem Pfad der Schönheit gehe;
> Meine Gedanken sind alle von Schönheit erfüllt,
> Meine Worte sind alle von Schönheit erfüllt,
> Meine Taten sind alle von Schönheit erfüllt,
> Während ich mein Leben auf dem Pfad der Schönheit gehe.

III Die Struktur des Lebensbaumes

Die Struktur des Lebensbaumes wirkt auf den ersten Blick ziemlich komplex und unübersichtlich, aber sie läßt sich doch recht gut erfassen, da sie nicht willkürlich ist, sondern sich aus einer inneren Logik heraus ergibt. Sie beginnt mit dem Paar Einheit/Gott/Idee und Vielheit/Welt/Konkretes als Grunddynamik.

Daraus ergeben sich dann als nächstes Betrachtungen über die einzelnen Schritte bzw. Übergänge zwischen diesen beiden Polen. Diese Schritte haben abwechselnd den Charakter einer Kraft und einer Form, wodurch ein Rhythmus entsteht.

Je drei der Sephiroth (Sphären, Kreise) haben eine gemeinsame Dynamik, die in etwas dem Prinzip These - Antithese - Synthese entsprechen und auf diese Weise die Struktur deutlicher werden lassen.

Diese Dreiergruppen sind voneinander und von den beiden einzelnen Sephiroth am Fuß (Vielheit) und an der Spitze (Einheit) des Lebensbaumes durch Übergänge getrennt, die die Verwandlungsvorgänge auf dem Lebensbaum markieren.

Die jeder Sephirah zugeordnete Farbe, Zahl und Planet geben schließlich dem Wesen jeder einzelnen dieser Sephiroth eine deutlichere Kontur.

Die Verbindung zwischen den Sephiroth werden Pfade genannt - sie sind die Übergänge zwischen den Zuständen der verschiedenen Sephiroth und haben somit einen eher dynamischen Charakter.

Schließlich kann man den Lebensbaum noch entweder von oben nach unten hin unter dem Aspekt der Schöpfung betrachten, der durch das Symbol des Blitzstrahles ausgedrückt wird; oder man kann ihn von unten nach oben hin unter dem Aspekt der Erkenntnis betrachten, der durch das Symbol der Schlange der Weisheit ausgedrückt wird.

Letzten Endes ist diese Struktur kein abgeschlossenes System, von dem man irgendwann sagen könnte, daß man alle seine Facetten verstanden habe, denn man kann jede Sephirah (Kreis) und jeden einzelnen Pfad und jeden Übergang zwischen den Dreiergruppen in seiner ganz besonderen Dynamik immer detaillierter erforschen oder man kann auch immer wieder neue Symmetrien feststellen, mit denen man gar nicht gerechnet hat, wenn man den Lebensbaum auf einen neuen Bereich anwendet.

1. Abbildung

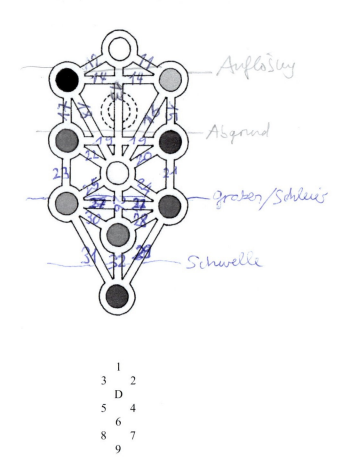

```
        1
    3       2
        D
    5       4
        6
    8       7
        9
        10
```

Vom Aufbau her sieht der Lebensbaum immer gleich aus, das Verhältnis der Größen der Pfade und Kreise sowie die Winkel zwischen den Pfaden innerhalb dieser Graphik findet sich jedoch in vielen verschieden Varianten. Am häufigsten wird der Lebensbaum in der Form dargestellt, in der die Durchmesser der Kreise, die senkrechten Entfernungen der Kreise voneinander und die im 30°-Winkel nach oben oder unten zum nächsten Pfad führenden Kreise gleich groß sind, wodurch sich ein harmonisches Gesamtbild ergibt, das vor allem durch die auf diese Weise entstehenden gleichseitig-gleichwinkligen Dreiecke und die häufige Wiederholung dieses einen Längenmaßes entsteht. Dies ist zwar kein inhaltliches, sondern ein ästhetisches Kriterium, aber da die durch den Lebensbaum ausgedrückte Grundqualität die "Ma'at", also die Schönheit, die Harmonie, der Frieden und die Richtigkeit ist, ist die Ästhetik der Darstellung der Lebensbaumstruktur in diesem Fall genauso wichtig wie die Richtigkeit dieser Struktur.

    Die Kreise auf dem Lebensbaum werden in der Einzahl Sephirah, in der Mehrzahl Sephiroth genannt, und die Verbindungslinien tragen den Namen Pfad. In alten Schriften werden sowohl die Sephiroth als auch die Pfade als Intelligenzien bezeichnet, also als bewußte Wesen, Aspekte von Gottes Bewußtsein - man könnte auch Engel sagen.

    Die zweite Sephirah von oben auf der mittleren Säule wird oft gar nicht oder nur gestrichelt eingezeichnet - sie wird die "unsichtbare Sephirah" genannt.

Die Sephiroth tragen, wenn sie durchnummeriert werden, in der Regel lateinische Zahlen: I, II, II ... IX, X. Die "unsichtbare Sephirah" hat keine Zahl, sondern trägt den Buchstaben "D" als Bezeichnung, mit dem ihr Name ("Daath") beginnt.

Die hebräischen Namen der Sephiroth, zu denen je einer der Namen Gottes aus dem Alten Testament und einer der Erzengel gehört, haben folgende Bedeutung:

Zahl	Name der Sephirah	Bedeutung des Namens	Gottesnamen	Erzengel
I	Kether	Krone	Eheieh	Metatron
II	Chokmah	Weisheit	Yah	Ratziel
III	Binah	Verstehen	Yehovah = YHVH	Zaphkiel
-	Daath	Wissen	(YHVH Elohim)	(Gabriel)
IV	Chesed oder Gedulah	Barmherzigkeit oder Herrlichkeit	El	Tzadkiel
V	Geburah	Stärke	Elohim Gibor	Kamael
VI	Tiphareth	Schönheit	YHVH Eloah va-Daath	Raphael
VII	Netzach	Sieg	YHVH Tzabaoth	Haniel
VIII	Hod	Glanz	Elohim Tzabaoth	Michael
IX	Yesod	Fundament	Schaddai el-Chai	Gabriel
X	Malkuth	Königreich	Adonai ha-Aretz	Sandalphon

Der Name "YHVH" ist identisch mit dem Namen Jehovah, der bei den Zwölf Stämmen Israels zur Zeit des Alten Testaments und auch danach nicht ausgesprochen werden durfte. Daher wurde er entweder als "YHVH" buchstabiert (wobei die Vokale wie in den meisten semitischen Sprachen nicht mitgeschrieben werden), was als "Yod-He-Vau-He" ausgesprochen wird, oder er wurde "Tetragrammaton", also der "Vierbuchstabige" genannt. Diese vier Buchstaben entsprechen den vier Elementen in der Folge Feuer - Wasser - Luft - Erde.

Zu der verborgenen Sephirah Daath gibt es keine traditionelle, aus dem Alten Testament stammende Zuordnung eines Gottesnamen oder eines Erzengels, aber da Daath die "Pforte des Paradieses" und den "Ort der Verkündigung" darstellt und der Erzengel Gabriel sowohl in der Bibel (Vertreibung aus dem Paradies, Verkündigung an Maria) als auch im Koran (Verkündigung der Suren an Mohammed) an der "Pforte des Paradieses" oder als verkündender Erzengel auftritt, und es zudem viele Verbindungen zwischen Daath und Yesod, der Gabriel traditionellerweise zugeordnet ist, gibt, scheint es durchaus sinnvoll, einen Verbindung zwischen Daath und Gabriel anzunehmen.

Da aus der Anwendung des Lebensbaumes auf die verschiedensten Themen Daath auch als ein Ort der Differenzierung bekannt ist, liegt es nahe, den Gottesnamen, der die Differenzierung in die vier Elemente bezeichnet, also YHVH, für diese Sephirah zu benutzen - zumal der verborgene und unaussprechliche Gottesname doch gut zu der verborgenen und unsichtbaren Sephirah zu passen scheint. Seit bereits ca. 200 Jahren, eventuell auch schon deutlich länger, wird der Name YHVH für die Sephirah Daath in der Meditation der Mittleren Säule benutzt, sodaß diese Zuordnung zwar nicht aus dem Alten Testament stammt, aber doch schon einige Tradition hat.

Die Namen der Sephiroth zu kennen ist ganz hilfreich, wenn man über den Lebensbaum spricht, während die Gottes- und Erzengelnamen zunächst nicht von so großer Bedeutung sind und eher im Zusammenhang mit Meditationen oder Ritualen wichtig werden.

Einige Name wie Yehovah (oder Jahwe), Adonai oder "der Herr Tzabaoth" (=Elohim Tzabaoth) sind weitgehend bekannt, ebenso einige der Erzengelnamen, während die übrigen wie Schaddei el-Chai oder Tzaphkiel normalerweise unbekannt sind. Möglicherweise erinnert man sich bei dem Namen Adonai ha-Aretz (="Herr der Erde") auch an die letzten Tagesnachrichten, in der die große israelische Tageszeitung "ha-Aretz" (="Die Erde") erwähnt wurde.

Aber noch etwas, was weniger offensichtlich ist, steht mit diesen Namen in Verbindung: das Ende des Vaterunsers, bei dem sich Christus auf den Lebensbaum bezieht. Die einzelnen Worte des Ende des Vaterunsers beziehen sich auf die Sephiroth oder auf die Gottesnamen und bilden ein Kreuz:

deutsch	hebräisch	Bedeutung
"denn Dein ist"	"Ateh"	Der Gottesname der obersten Sephirah "Eheieh" bedeutet "Ich bin ich" - das "denn Dein ist" wird dadurch zu "ich bin", also zu einer Aussage Gottes über sich selber.
"das Reich"	"Malkuth"	Malkuth bedeutet "(König-)Reich". Durch diese beiden ersten Teile des Endes des Vaterunsers wird eine Linie von der obersten Sephirah (Gottesname Eheieh) zu der untersten Sephirah (Malkuth) gezogen, wobei der Sephirahname "Malkuth" und der Bestandteil des Gottesnamen "ha-Aretz" beide dasselbe, nämlich die Erde bezeichnen. Diese senkrechte Linie von oben nach unten bezeichnen auch Gott als den Schöpfer der Welt und die Identität der Einheit und der Vielfalt, auf der der gesamte Lebensbaum und die gesamte Mystik beruht.
"und die Kraft"	"ve-Geburah"	"Ve-Geburah" bedeutet "und die Kraft".
"und die Herrlichkeit"	"ve-Gedulah"	"Ve-Gedulah" bedeutet "und die Herrlichkeit". Geburah und Gedulah sind die mittleren Sephiroth auf den beiden äußeren senkrechten Reihen. Durch ihre Verbindung ergibt sich ein Querbalken. Zusammen mit dem senkrechten Balken ergibt dies ein christliches Kreuz.
"in Ewigkeit"	"le-Olahm"	Die Qualität der Ewigkeit ist eine Eigenschaft von Daath, das nahe dem Schnittpunkt der beiden Balken des Kreuzes liegt.
"Amen"	"Amen"	Dies ist die allgemeine Formel des Endes, der Bestätigung, des Segnens - sozusagen ein Ausrufezeichen.

Das dem entsprechende "Schlagen des Kreuzes" weicht von dem heute in den christlichen Kirchen etwas ab:

"Dein Dein ist"	die linke Hand kommt von oben herab und berührt mit den Fingerspitzen die Stirn
"das Reich"	die Hand zieht die Linie, die über dem Kopf begann weiter hinab, bis die Hand zu einem Punkt unter den Füßen weist und somit den senkrechten Balken kennzeichnet

"und die Kraft"	die Fingerspitzen berühren die rechte Schulter
"und die Herrlichkeit"	die Fingerspitzen gehen hinüber zur linken Schulter und berühren sie und ziehen dadurch den Querbalken des Kreuzes
"in Ewigkeit, Amen"	beide Hände werden vor der Brust gefaltet und dadurch symbolisch beide Balken miteinander verbunden.

Diese Art, das Kreuz zu schlagen, trägt den Namen "Kabbalistisches Kreuz" und wird benutzt, um ein Ritual oder eine Meditation zu beginnen und zu beenden.

Im Aramäischen, also in der Sprache, die Christus gesprochen hat, lauten diese Verse:

"Denn Dein	"Metol dilachie
ist das Reich	malkutha
und die Kraft	wa-haila
und die Herrlichkeit	wa-teschbuchta
in Ewigkeit.	l'ahlâm almin.
Amen."	Amên."

Die Herkunft des Hebräischen aus dem Aramaischen ist noch deutlich zu erkennen: malkutha - Malkuth (Reich); wa - ve (und); l'ahlâm - le-Ohlam (Ewigkeit); amên - Amen.

Eine dem kabbalistischen Kreuz ganz ähnliche Symbolik findet sich im Buddhismus wieder: Der senkrechte Balken wird durch den Kernsatz der buddhistischen Weltanschauung "Leere ist Form und Form ist Leere" dargestellt, wobei Leere mit Einheit (Kether) und Form mit Vielheit (Malkuth) identisch ist. Der waagerechte Balken des Kreuzes findet sich in der Haltung des Buddhas Amithaba wieder, der im Lotussitz sitzt und vor sich beide Hände wie Schalen ineinander liegen hat, wobei die rechte in der Linken liegt: die Stärke der rechten Hand (Geburah = Stärke) wird von der Weisheit (Gedulah = Herrlichkeit /Chesed = Barmherzigkeit) geführt.

2. Einheit und Vielheit

Einheit und Vielheit sind die beiden Pole auf der senkrechten, mittleren Achse des Lebensbaumes. Sie geben dem gesamten Baum seine Ausrichtung und definieren letzten Endes alle seine Bestandteile. Auf der Mittleren Säule des Lebensbaumes, also auf den fünf übereinanderstehenden Sephiroth in der Mitte des Lebensbaumes, befinden sie sich also an folgenden Plätzen:

Man könnte statt "Einheit und Vielheit" auch "das Ganze und seine Details" oder "Gott und die Welt" oder in buddhistischer Terminologie "Leere und Form" sagen. Einer der zentralen Weisheitssprüche der jüdischen Geheimlehre, also der Kaballa, lautet "Malkuth ist Kether und Kether ist Malkuth, aber auf eine andere Weise". Dieser Spruch besagt, daß Gott (Eheieh) die Welt (Malkuth) ist und die Welt Gott ist, daß also Gott und die Welt identisch sind. Beides sind nur zwei verschiedene Betrachtungsweisen einundderselben Sache. Man könnte sagen, daß alles, was existiert, vom Standpunkt Kethers aus "ein Wald" ist, während es vom Standpunkt Malkuths aus gesehen "viele einzelne Bäume" sind.

Eine andere Möglichkeit, dies zu betrachten wäre der Gegensatz "Bewußtsein und Materie". Nun ist Bewußtsein ja etwas Inneres und Materie etwas, das man im Äußeren sieht. Das Bewußtsein läßt sich zunächst einmal auf den ganzen Körper ausdehnen, man kann den Körper also "von innen her" wahrnehmen. Wenn man schon einmal telepathische Wahrnehmungen hatte, weiß man, daß sich das Bewußtsein auch über den eigenen Körper hinaus ausdehnen kann. In den Berichten von Weisen, Yogis, großen Heilern, Heiligen und ähnlichen spirituell weit fortgeschrittenen Menschen finden sich immer wieder Schilderungen von Erlebnissen, bei denen sich diese Menschen immer größerer Bereiche bewußt geworden sind, sodaß sie wahrnehmen konnten, was an den verschiedensten Stellen des Landes, in dem sie sich befanden, gerade geschah. Wenn man diese sehr konkret gemeinte Bewußtseinserweiterung nun ins Unendliche weiter ausdehnt, ergibt sich eine Beschreibung für Kether: man kann Kether als das Bewußtsein, also den "Blick von innen her auf das Ganze" auffassen - also Gott als eine Form von Bewußtsein, die alles durchdringt und sich aller Details bewußt ist. Die Vielheit hingegen wäre der Blick von außen auf die Welt, durch den man ihre viele einzelnen Bestandteile wahrnimmt.

Zu diesen zwei Möglichkeiten der Wahrnehmung, also dem Blick von innen her auf die Welt (Kether: die Welt als Objekte im Bewußtsein) und dem Blick von außen auf die Welt (Malkuth: die Welt als materielle Objekte), gibt es eine interessante Entdeckung aus der Kernphysik: In den letzten Jahrzehnten hat sich zunehmend gezeigt, daß alle Dinge miteinander zusammenhängen: Raum und Zeit und Gravitation (Relativitätstheorie), Materie und Schwingung (Quantenmechanik), Materie und Energie (Relativitätstheorie), die drei Grundarten der Kräfte (vereinheitlichte Theorie der Kräfte) - es wird zur Zeit an der mit dem typischen Humor der Physiker "Theorie für alles" genannten Beschreibung der Welt gearbeitet ("Superstringtheorie").

Es ist in den letzten Jahrzehnten in der Kernphysik deutlich geworden, daß sich alles (Energie, Materie, Raum, Zeit) ineinander verwandeln läßt - was bedeutet, daß es letztlich nur ein dem allen zugrundeliegendes "Etwas" gibt, das alle diese Gestalten annehmen. Es gibt also nur dieses eine "Etwas", in dem eine große Vielzahl von Prozessen abläuft. Dieses eine "Etwas" ist offensichtlich Kether und Malkuth ist das Ergebnis all dieser vielen Prozesse, die sich dann als die bunte Vielfalt der Welt zeigen.

Diese Betrachtungsweise findet sich auch im tibetischen Buddhismus wieder. In einem der zentralen Texte, dem Herz-Sutra, heißt es "Form ist Leere und Leere ist Form". Die Form entspricht ganz offensichtlich Malkuth, der bunten Vielheit der Welt, und die Leere entspricht ebenso deutlich Kether, der Einheit, dem Ungegliederten, dem einen

"Etwas", das die Physiker sich derzeit zu beschreiben bemühen. Selbst die Form der hebräischen und der tibetischen Aussage über den Zusammenhang zwischen Einheit und Vielheit ist gleich aufgebaut: "Kether ist Malkuth und Malkuth ist Kether" - "Form ist Leere und Leere ist Form".

Nun gibt es zu dem hebräischen Weisheitsspruch noch den Zusatz "aber auf eine andere Weise". Dieser Zusatz ist leicht zu verstehen: wenn man von Kether nach Malkuth blickt ("Kether ist Malkuth"), hat man sozusagen die Perspektive Gottes, man blickt gewissermaßen in die Richtung der Erschaffung der Welt; wenn man hingegen von Malkuth nach Kether blickt ("Malkuth ist Kether"), hat man die Perspektive eines Geschöpfes dieser Welt, das erkennt, daß es Teil des Ganzen ist, daß es im Innersten Gott ruht.

Wenn man sich nun die Struktur des Lebensbaumes weiter betrachtet, liegt es natürlich nahe, sich zu fragen, was denn genau zwischen der Einheit und der Vielheit steht. In den kabbalistischen "Sprüchen der Weisheit" wird diese Sephirah (Tiphareth) die "vermittelnde und zentrierende Intelligenz" genannt. Wenn man Kether als Gott ansieht und Malkuth als die Welt ansieht, ergibt sich für die Sephirah in der Mitte des Lebensbaumes, daß sie die Seelen darstellt. Tiphareth ist bei der Anwendung des Lebensbaumes auf ein bestimmtes Thema immer das zentrale, steuernde und bestimmende Element: die Seele, das Selbst, der Atomkern, der Zellkern, der Kanzler, das Herz ... Daraus ergibt sich dann der folgende Aufbau für die Mittlere Säule, wobei die Vielheit dem menschlichen Körper und das Zentrum der Seele entspricht, wenn man den Menschen als das Beispiel für diese Darstellung wählt:

Die nächste Frage wäre nun, was sich zwischen der Mitte, beim Menschen also seine Seele, und der Vielheit, beim Menschen also sein Körper, befindet. Grob gesagt, ist dies seine Psyche, sein Unterbewußtsein. Daraus ergibt sich, das Malkuth das normale Tagesbewußtsein ist, Yesod sein Unterbewußtsein, das man auch Traumbewußtsein nennen könnte, und daß Tiphareth dann etwas ist, was man das Überbewußtsein, das Seelenbewußtsein oder das erwachte Bewußtsein nennen könnte - also ein Zustand in dem man voll und ganz erkennt, wer man ist, und in dem man folglich auch vollkommen im Einklang mit seiner innersten Essenz, mit seiner Seele handelt.

Dabei fällt auf, daß der Körper etwas relativ Festes, gut Definiertes ist und ebenso auch die Seele etwas Klares, Einfaches und daher Festes hat, während die Psyche eher einen schwimmender Bereich ohne klare Grenzen mit vielen Bildern, Gefühlen und Gedanken, die sich ständig ändern können, darstellt.

Es liegt daher die Vermutung nahe, daß auch Daath, die Sephirah zwischen der Einheit von Kether und der Mitte von Tiphareth ein solcher "schwimmender" Bereich ist. Man kann ihn als "Gottes Psyche" auffassen. Es stellt sich natürlich die Frage, was denn "Gottes Psyche" wohl sein mag. Da man Gott zunächst einmal vor allem als den Schöpfer der Welt ansehen kann, ist anzunehmen, daß sich in seiner Psyche sozusagen der Schöpfungsentwurf befindet, das Urbild der Welt und aller Dinge, die in ihr sind. Traditionell wird Daath als das "Tor zum Paradies" aufgefaßt. Nun könnte man ja das Paradies als das Innere von Gottes Psyche auffassen und das Tor zum Paradies als den Punkt, wo Gottes Vision von der Welt, die er gerade erschafft, nach außen tritt und nun konkretes Einzelnes wird.

Wenn man den Lebensbaum auf die Vektormathematik anwendet, findet man ein anschauliches Bild für diesen Bereich. Ein Vektor ist grob gesagt ein Pfeil, also die graphische Darstellung eines mathematischen Gebildes, das eine bestimmte Größe (Länge des Pfeiles) und eine bestimmte Richtung hat. Nun hängt der mögliche Charakter eines solchen Pfeiles natürlich sehr von dem Bezugsrahmen ab, in dem er auftritt. Ein Pfeil auf einer Fläche wird in Bezug auf seine Richtung durch zwei Komponenten festgelegt: oben/unten und links/rechts. Ein Pfeil im Raum hingegen wird durch drei Komponenten festgglegt: oben/unten, links/rechts und vorne/hinten. Innerhalb dieses Vektor-Beispieles wäre Gott der gesamte Raum und Daath wäre der sogenannte Basisvektor. Dieser Basisvektor beschreibt, was eigentlich möglich ist, d.h. bei einer Fläche gibt er an, daß der Vektor sich innerhalb von zwei Richtungskomponenten aufhalten kann, bei einem Raum gibt er an, daß sich der Vektor innerhalb von drei Richtungskomponenten aufhalten kann. Der Basisvektor ist sozusagen die keimhafte Definition von allem, was im Folgenden geschehen kann. Er ist sozusagen das Grundgesetz, der Schöpfungsgedanke, der Ur-Impuls. In diesem Beispiel ist dann Tiphareth in der Mitte ein einzelner Vektor und Malkuth die Darstellung dieses Vektors durch seine einzelnen Richtungskomponenten, also als eine Vielheit von Bestandteilen.

Nun ist die Mittlere Säule vollständig geworden:

Nun gibt es noch die die beiden äußeren Säulen oder, anders betrachtet, die drei waagerechten Paare. In der traditionellen Beschreibung des Lebensbaumes findet man fast nur die senkrechte Gliederung in die drei Säulen, aber die Betrachtung der Paare ist zunächst deutlich leichter zu erfassen.

Das unterste Paar befindet sich zwischen der menschlichen Psyche (Yesod) und der Seele (Tiphareth). Es ist nicht schwer zu erkennen, welche Qualitäten dort angesiedelt sein müßten - es sind das Denken und das Fühlen. Wenn man sich diese beiden einmal genauer betrachtet, wird ein grundlegender Unterschied deutlich: während das Denken Maß und Zahl hat und eher sachlich-neutral einfach Zusammenhänge betrachtet, ist es beim Fühlen gerade umgekehrt: es besteht aus Impulsen, die in der Regel zwar eine deutliche Richtung haben, die aber nicht über eine bestimmte Größe, also ein Maß verfügen. Das Denken hat ein Maß, aber keine Richtung (es ist der neutrale Beobachter), und das Gefühl hat eine Richtung, aber kein Maß (das Streben nach etwas Bestimmtem).

Wenn man wieder den Lebensbaum auf die Vektormathematik anwendet und sich dieses Paar anschaut, findet man als Entsprechung zum Denken die Größe des Vektors, also sein Maß, während man als Entsprechung zum Gefühl die Richtung des Vektors findet, was dem Impuls des Gefühles entspricht, der auf das angestrebte Ziel zu zeigt.

Wie die Zahlen der Sephiroth zeigen, haben diese Sphären eine bestimmte Reihenfolge. Das Gefühl und der Verstand müssen also den Sephiroth Nr. 7 und Nr. 8 entsprechen - doch was entspricht welcher Nr.? Es ist anzunehmen, daß derjenige Teil des Paares Gefühl - Verstand die Nr. 7 erhält, der näher an der Seele, also an der Essenz ist. Die Sachlichkeit, mit der man über alles nachdenken kann, läßt eine gewisse Distanz zur Essenz vermuten. Das Gefühl hingegen ist immer eine Beschreibung über das Verhältnis zwischen der Essenz und der Welt: "Das will ich näher an mich heranziehen und jenes will ich weiter von mit fortstoßen." Die Gefühle sind also ein direkterer Ausdruck der Essenz als der Verstand, der mit seiner beschreibenden Beobachtung näher an der Außenwelt ist. Daher ist das Gefühl die Entsprechung von Netzach, der Sephirah VII, und der Verstand die Entsprechung von Hod, der Sephirah VIII.

Daraus wird der Lebensbaum nun wieder ein wenig vollständiger und enthält jetzt zusätzlich zur Mittleren Säule die ersten beiden "Hilfsfunktionen" für die Vorgänge auf der Mittleren Säule:

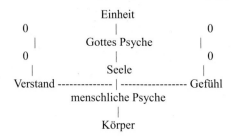

 Das nächste Paar, das sich waagerecht zwischen der Seele und Gottes Psyche befindet, kann man am ehesten erfassen, wenn man es in Analogie zu dem unteren Dreieck (Netzach/Gefühl, Hod/Verstand und Yesod/Psyche) betrachtet. Von der Seele, dem Selbst, dem Kern der Individualität (Tiphareth) gehen Impulse aus, die sich als Gefühle (Netzach) zeigen, die durch den Verstand (Hod) verarbeitet und zu konkreten Situationseinsschätzungen und Handlungsmöglichkeiten weiterentwickelt werden und sich schließlich als bildhafte Bestandteile der Psyche (Yesod) wiederfinden.

 Da anfangs Yesod etwas ungenau als die menschliche Psyche beschrieben worden ist, aber nun Denken und Fühlen ja Teile der Psyche sind, ist es sinnvoll, im Folgenden Yesod als das Unterbewußtsein aufzufassen, das zusammen mit dem dem Denken und dem Fühlen das "Dreieck der Psyche" darstellt.

 Es stellt sich also die Frage, was könnte von Gottes Psyche (Daath) ausgehen, was die Impulse, die aus ihr kommen, weiterverarbeitet und dann zur Seele werden läßt.

 Dies ist leichter zu erfassen, wenn man den Lebensbaum auf einen anderen Bereich anwendet. Dieser Lebensbaum unterscheidet sich nur wenig von dem oben dargestellten. In dem bisherigen Beispiel führt der Weg vom Körper und dem Wachbewußtsein nach innen durch die Psyche und den Bereich der Seele sowie den Bereich der Psyche Gottes bis hin zur Einheit, Gottes Allbewußtheit.. Fast derselbe Lebensbaum ergibt sich, wenn man ebenfalls vom Körper ausgeht, aber nicht den inneren Weg des Bewußtseins, sondern den äußeren Weg der Materie einschlägt und daher dann in Kether bei der Außenseite der Welt als Ganzer angelangt, also bei dem "Etwas" der Physiker, der Raumzeit der Superstring-Theoretiker.

 Dieser Lebensbaum beginnt ebenfalls mit dem Körper (Malkuth), und auch bei ihm folgt dann die Psyche des Menschen, die in diesem Fall aber nicht von innen her erlebt, sondern von außen her betrachtet wird. Daher ist das "Dreieck der Psyche" in diesem Fall das "Dreieck der Psychologie" (Netzach, Hod, Yesod). Das nächsthöhere Dreieck beschreibt dann übergeordnet das Zusammenleben der Individuen und kann als das "Dreieck der Soziologie" (Chesed, Geburah, Tiphareth) bezeichnet werden - wobei in diesem Fall der Begriff "Soziologie" sehr weit gefaßt ist und auch Politik, Ökonomie, Ökologie usw. umfaßt. Darauf folgt dann ganz oben (Sephiroth II bis D: Chokmah, Binah und Daath) das "Dreieck der Naturwissenschaften".

 Innerhalb des Dreieckes der Ökologie sind die Qualitäten des mittleren waagerechten Paares, also von Chesed, der Sephirah IV, und von Geburah, der Sephirah V, relativ leicht zu erkennen. Es sollte sich wie beim Fühlen und Denken um zwei grundlegende, deutlich unterscheidbare, aber zusammenwirkende Qualitäten handeln. Dies sind innerhalb von Gemeinschaften, also dem Thema der Soziologie das Gegeneinander und das Miteinander, also die Konkurrenz und die Kooperation.

 Was entspricht aber nun wem? Diese Frage läßt sich wie zuvor dadurch lösen, daß man schaut, was sich näher an der Einheit befindet und folglich Chesed entsprechen sollte, das näher an Kether liegt, bzw. was deutlicher als Vorstufe zur Zentrierung, zur Mitte, zur Seele erkennbar sein könnte. Der erste Teil der Frage läßt sich leicht beantworten, da die Kooperation Gemeinschaften schafft und somit deutlich näher an der Einheit liegt. Wenn man nun von der kooperierenden Gemeinschaft ausgeht, gelangt man durch Unterscheidung, Gegeneinander und Konkurrenz zum Einzelwesen - die Konkurrenz ist sozusagen der Bereich, durch den das deutlich wird, was den Einzelnen von den übrigen Mitgliedern seiner Gemeinschaft unterscheidet. Folglich ist die Kooperation das Prinzip von Chesed und die Konkurrenz das Prinzip von Geburah. Dies stimmt ja auch sehr gut mit den wörtlichen Bedeutungen diesen beiden Sephiroth überein: die das Prinzip der Kooperation darstellende Sephirah Chesed bedeutet "Barmherzigkeit", während die das Prinzip der Konkurrenz darstellende Sephirah Geburah "Stärke" bedeutet.

 Was läßt sich nun im Bereich der Seele als Konkurrenz und Kooperation auffassen? Wenn man sich die Auffassung des Bewußtseins als die "Innenseite der Welt" und die Auffassung der Materie entsprechend als die "Außenseite der

Welt" in Erinnerung ruft, wobei beides identisch ist und sich nur in der Blickrichtung unterscheidet, geht man in der Betrachtung des Bewußtseins vom normalen Tagesbewußtsein aus und geht durch das Unterbewußtsein (Psyche) weiter zum Bewußtsein der Seele. Da man am Ende dieses Weges in Kether bei dem Gesamtbewußtsein von Gott angelangt, ist anzunehmen, daß auf das Erreichen des "erwachten Bewußtseins", also dem Erlebnis der eigenen Seele, das Erleben von anderen Seelen folgt - daß also auf das "Dreieck der Psyche" mit seinen Gefühlen (Netzach), Gedanken (Hod) und inneren Bildern (Yesod) nun das "Dreieck der Seele" folgt. Genauergesagt müßte es eigentlich "Dreieck der Seelen" heißen, weil sich hier Vorgänge zwischen Seelen abspielen: Gruppen von zusammengehörigen Seelen (Chesed) und Differenzierungsvorgänge bzw. Auseinandersetzungen zwischen einzelnen Seelen oder Seelengruppen (Geburah).

Erlebnisse von solchen Seelengruppen (Chesed) finden sich vor allem in zwei Bereichen: Zum einen in den Erinnerungen von Kindern an die Zeit vor ihrer Geburt und vor ihrer Zeugung, die fast alle mit der Beschreibung einer Gemeinschaft von leuchtenden Wesen, die miteinander in Liebe verbunden sind, beginnen, und zum anderen bei Meditationen oder Traumreisen, die das Erkennen der eigenen Mitte zum Ziel haben. Bei diesen Meditationen und Traumreisen geschieht es oft, daß man, nachdem man die eigene Mitte (oder zumindest ein Bild von ihr) gefunden hat, eine Gruppe von Wesen auftaucht, die wie Geschwister der eigenen Seele wirken und die einen willkommen heißen und segnen.

Aus dieser Betrachtung ergibt sich dann ein fast schon vollständiger Lebensbaum:

```
                         Einheit
         0                  |                  0
         |             Gottes Psyche            |
  Differenzierung ----------- | -------------- Seelengruppen
         |                 Seele                |
      Verstand ------------- | ---------------- Gefühl
                      Unterbewußtsein
                            |
                          Körper
```

Nun fehlt nur noch das oberste waagerechte Paar der zweiten und der dritte Sephirah. Innerhalb des Lebensbaumes, bei dem man die Welt "von außen", also als Materie betrachtet, und dessen Kether das allem zugrundeliegende "Etwas" der Physiker ist, müßten diese beiden Sephiroth sehr grundlegende Bestandteile der Welt sein. Nun gibt es genau drei Grundkräfte, von denen eine ihrem Wesen nach einpolig, eine weitere zweipolig und die letzte schließlich dreipolig ist, was vermuten läßt, daß sie den Sephiroth I, II und III entsprechen.

Die einpolige Grundkraft in unserer Welt ist die Gravitation, also die Schwerkraft. Jede Materie und jede Energie unterliegt dieser Kraft. Sie ist "einpolig", da sich jegliche Materie und Energie gegenseitig anzieht. Der Charakter der Gravitation ist also das Bestreben, jegliche Materie und Energie wieder zueinander hinzuziehen, sie also wieder zu vereinigen - was ein deutlicher Hinweis auf ihre Zugehörigkeit zu Kether, der Sephirah der Einheit ist. Man könnte diese Kraft also als die Außenseite von "Gottes Selbst", als die Außenseite von Gottes innerer Einheit auffassen. Die "Außenseite" ist hier in dem Sinne gemeint, daß man Bewußtsein und Materie als zwei Seiten einundderselben Sache auffassen kann, die man einmal von innen her betrachtet (Bewußtsein) und einmal von außen her betrachtet (Materie).

Die zweipolige Kraft in unserer Welt ist die elektromagnetische Kraft, von der sich eine Sekundärform im Inneren von Atomkernen findet, die lange Zeit irrtümlicherweise als selbstständige Grundkraft angesehen wurde, bis man sie als besondere Erscheinungsform der elektromagnetischen Kraft erkannte (die schwache Wechselwirkung). Diese Kraft ist zweipolig, weil sie positiv und negativ sein kann - was sich deutlich im Magneten mit seinem Nord- und Südpol zeigt. Im kleinen ist z.B. das Elektron negativ geladen, während das Proton positiv geladen ist. Durch diese Zweipoligkeit entsteht nun eine komplexere Dynamik, weil es nun verschiedene Möglichkeiten des Zusammentreffens gibt: 1. einer der beiden beteiligten Körper hat keine Ladung - dann geschieht auch nichts; 2. beide beteiligten Körper haben die gleiche Ladung - dann stoßen sie sich ab; und 3. beide beteiligten Körper haben unterschiedliche Ladung - dann ziehen sie sich an. Diese Kraft hat also eine gewisse Ähnlichkeit mit den Gefühlen, die auch genau diese drei Möglichkeiten kennen: 1. indifferent, uninteressant, keine Reaktion; 2. unsympatisch, Fluchtreaktion, Abwehr; und 3. sympatisch, Hinwendung, Anstreben. Es scheint sich bei dieser Kraft also um die "Außenseite" von "Gottes Gefühlen" zu handeln.

Die dreipolige Kraft in unserer Welt ist die "Farbkraft", die im Inneren von Elementarteilchen wie Protonen und Neutronen wirkt, und ihren Namen durch ein weitverbreitete Gleichnis erhalten hat, mit dem man normalerweise ihre Qualität beschreibt. Die Farbkraft hat die Eigenschaft, daß sie innerhalb eines Protons oder Neutrons die drei "Quark" genannten Teilchen zusammenhält, aus denen das Proton und das Neutron bestehen. So wie es bei der elektromagnetischen Kraft zwei mögliche Zustände (+ und -) gibt, die zusammen wiederum neutral sind (Ladung 0), so gibt es bei der Farbkraft drei mögliche Zustände, die zusammen wiederum neutral sind. Das anschaulichste Beispiel hierfür sind die drei Farben Rot, Blau und Gelb, die zusammen wiederum Weiß, also Neutral ergeben. Es gibt prinzipiell nur Teilchen, die in Bezug auf die Farbkraft nach außen hin neutral sind, also nach außen hin als "weiß" erscheinen. Die wesentliche Qualität der Farbkraft ist also das Zusammenhalten - es ist nicht möglich, Quarks zu trennen; man kann lediglich die Quarks mehrerer Teilchen miteinander mischen und so neue Teilchen entstehen lassen. Es liegt nahe, in dieser Kraft die Außenseite von "Gottes Gedanken" zu vermuten - und ein wesentlicher Teil von effektivem Denken besteht auch darin, daß alle vorhandenen Informationen zu einem Ganzen integriert werden.

Es ergeben sich somit für die ersten drei Sephiroth folgende Qualitäten:

Sephirah	Grundkraft	Polarität	„außen"	„innen"
I Kether	Gravitation	einpolar	Einheit	Gottes Selbst
II Chokmah	Elektromagnetische Kraft	zweipolar	Bewegung	Gottes Gefühle
III Binah	Farbkraft	dreipolar	Zusammenhalt	Gottes Gedanken

Was könnte nun die Innenseite dieser Qualitäten, also der Inhalt, die Form und die Organisationsweise des Bewußtseins sein, deren Außenseite durch die drei Grundkräfte beschrieben werden kann?

Kether ist offenbar die Einheit, eine Form des Bewußtseins, das alles umfaßt, das nicht mehr differenziert, also in seiner Organisationsform unstrukturiert und überall gleich ist so wie seine physikalische Entsprechung, das allem zugrundeliegende "Etwas". Dieser Bewußtseinszustand wird von den Mystikern der verschiedensten Religionen beschrieben und als Nirvana, Samadhi, Satori, "ein Geschmack in allen Dingen", Unio Mystica, "strahlendes weißes Licht", "glänzende Schwärze" usw. bezeichnet.

Chokmah muß entsprechend der elektromagnetischen Kraft die Bewegung, das Gefühl und die Richtung sein. Wenn man nun bedenkt, daß (wenn man den Ablauf der Schöpfung betrachtet) vor Chokmah nur die Einheit Kethers existiert hat, muß Chokmah die ungehinderte Ausdehnung sein, also die Ekstase. Wenn man die neueren Entdeckungen in der Kosmologie, also der Vereinigung von Kernphysik und Astronomie, die sich mit der Entstehung des Weltalls beschäftigt, betrachtet, fällt schnell auf, daß festgestellt wurde, daß es Sekundenbruchteile nach dem Urknall (kurz nach der "Plankzeit"), also nach dem Beginn des Universums eine kurze Phase gegeben hat, in der sich das Weltall mit einer Geschwindigkeit, die sehr weit über der Lichtgeschwindigkeit lag, ausgedehnt hat. Dies ist der einzige Fall, in der sich in unserer Welt irgendetwas mit Überlichtgeschwindigkeit ereignet hat. Die Ausdehnung und das mit ihr verbundene innere Strahlen ist nun auch das typische Erlebnis bei einer Ekstase. Gottes Gefühle sind also offenbar pure Ekstase.

Binah ist entsprechend der Farbkraft der Zusammenhalt. Wenn man nun einmal versucht, sich vorzustellen, wie es sich anfühlen würde, wenn man in einem Bewußtseinzustand wäre, in dem alles untrennbar mit allem anderen verbunden ist, wird man feststellen, daß das Erlebnis von diesem Zustand Geborgenheit und Liebe ist. Liebe strebt nach Kontakt und Gemeinschaft, Liebe strebt nach Verbindung, Liebe ist die Erinnerung des vereinzelten Bewußtseins an die Einheit allen Bewußtseins und sie ist die Sehnsucht zurück nach diesem Bewußtsein. Gottes Gedanken sind Liebe - eine vielleicht zunächst etwas sonderbare Aussage, die es aber durchaus einmal in Ruhe zu betrachten lohnt.

Wenn man den Lebensbaum auf die schon erwähnte Vektormathematik anwendet, entsprechen die drei oberen Sephiroth dem Koordinatensystem, innerhalb dessen sich das ganze Geschehen abspielt: Kether ist der Ursprung des Koordinatensystems; Chokmah sind die Achsen des Koordinatensystems, die in dem Ursprung, dem Null-Punkt des Koordinatensystems beginnen und sich bis in die Unendlichkeit hinaus ausdehnen; und Binah sind schließlich die

Winkel zwischen den Koordinatenachsen, die deren Verhältnis zueinander festlegen und dadurch einen definierten Raum aufspannen. Man findet deutlich die drei Grundkräfte und die drei Qualitäten in "Gottes Psyche" wieder:

Sephirah	Koordinatensystem	Grundkraft	Polarität	„außen"	„innen"
I Kether	Ursprung des Koordinatensystems	Gravitation	einpolar	Einheit	Identität
II Chokmah	Achsen des Koordinatensystems	elektromagnetische Kraft	zweipolar	Ausdehnung	Ekstase
III Binah	Winkel zwischen den Achsen	Farbkraft	dreipolar	Zusammenhalt	Liebe

Die Sephiroth Chokmah und Binah stellen die beiden grundlegenden Methode aller spirituellen Wege dar: Chokmah ist die Ekstase, der Tanz, die Begeisterung, die Benutzung von heftigen Gefühlen wie im tantrischen Buddhismus und in den meisten schamanischen Traditionen, während Binah der Weg der Versenkung, die Liebe, die Begegnung mit dem Tod, die Meditation ist. Am deutlichsten werden diese zwei Methoden durch den Gott Shiva verkörpert, der zum einen der Gott des Feuers und des Tanzes und zum anderen aber auch der Gott der stillen Meditation ist.

Nun läßt sich der Lebensbaum vervollständigen, wobei sich bei dieser Betrachtung sowohl ein "äußerer Lebensbaum", der die Materie-Seite der Welt beschreibt, als auch ein "innerer Lebensbaum", der die Bewußtseinsseite der Welt beschreibt, ergeben hat. Beide Lebensbäume beschreiben ein und dasselbe - lediglich der Blickwinkel darauf ist verschieden.

Diese beiden Lebensbäume sind aus der Sicht eines Menschen aufgestellt, da sich der Körper des Menschen in Malkuth befindet - der Körper des Menschen befindet sich sozusagen auf dem "Objekthalter" dieses "analogielogischen Mikroskopes" und wird auf seine Stellung in der Welt als Ganzer hin untersucht.

In dem "äußeren Lebensbaum" fehlt allerdings noch die Beschreibung von Daath. Diese Sephirah stellt die Verwandlungsprozesse aller Art dar, vor allem den von Energie in Materie und umgekehrt, der durch Einsteins berühmte Formel "$E=m \cdot c^2$" dargestellt wird. Dies ist gewissermaßen die Außenseite des "Tores zum Paradies", wobei der Bereich oberhalb von Daath im Innen Gottes Psyche und im Außen Energie darstellt (also die "Substanz" der drei Grundkräfte), während der Bereich unterhalb von Daath im Innen das vereinzelte Bewußtsein und im Außen die zu Materie "kondensierte" Energie darstellt. Oberhalb von Daath ist vollständige Verbundenheit und freies Fließen, während unterhalb von Daath Abgegrenztheit und Nebeneinanderstehen existiert. Daath selber ist die Grenze, der Übergang zwischen beidem: im Innen das "Tor zum Paradies", also das Tor zu Gottes Psyche oder zu Gottes die gesamte Schöpfung umfassenden Bewußtsein; und im Außen ist Daath die Verwandlung von Energie in Materie und umgekehrt.

"Der äußere Lebensbaum der Welt"

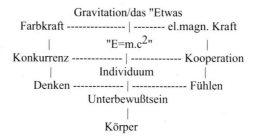

"Der innere Lebensbaum der Welt"

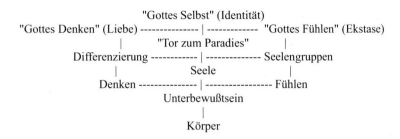

Man kann nun noch versuchen, diese hier beschriebenen Qualitäten möglichst allgemeingültig und unabhängig von einem bestimmten untersuchten Thema zu beschreiben, also sozusagen die Qualitäten der Sephiroth an sich zu erfassen. Wenn man die beiden obenstehenden Lebensbäume dafür als Ausgangspunkt nimmt, kommt man in etwa zu folgendem Lebensbaum:

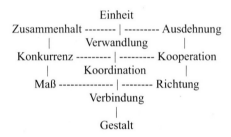

Die Qualität der "Verbindung" für Yesod ergibt sich aus der Neigung des Unterbewußtseins, durch Assoziationen alle seine Inhalte zu komplexen Bildern zu ordnen - die man dann des Nachts in seinen Träumen erlebt. Die Qualität "Gestalt" für Malkuth ergibt sich daraus, daß Malkuth das konkrete Endergebnis einer Entwicklung, die äußere Form, die Erscheinung im Hier und Jetzt ist.

Die Visualisierung der Mittleren Säule

Diese Visualisierung ist eine einfache Meditation, bei der der Lebensbaum innerhalb des eigenen Körpers imaginiert wird. Wie bei fast allen Meditationen gibt es auch hierbei einige verschiedene Varianten. Die hier verwendete Variante entspricht den Zuordnungen der Chakren zu dem Lebensbaum (siehe Kapitel IV 3.).

Diese Visualisierung hat verschiedene Funktionen. Zunächst einmal ist sie das "Auswendiglernen" des Kernstückes des Lebensbaumes - der Mittleren Säule. Durch die Visualisation stellt man sich selber in diese Säule, in den Stamm des Lebens- und Weltenbaumes. Dadurch wird die Senkrechte, die Aufrichtigkeit, die innere Festigkeit betont.

Durch diese Visualisation stellt man auch die fünf Ebenen der Welt und den eigenen Anteil an ihr dar:

1. in Kether die Einheit aller Dinge, zu denen auch man selber gehört - Gott;

2. in Daath die Ebene der Abgrenzungslosigkeit, die der reinen Energie entspricht und auf der man mit allem Erschaffenem verbunden ist;

3. auf der Ebene von Tiphareth ist es der Bereich der Essenzen, in dem Fall eines Menschen also die eigene Seele;

4. Yesod ist die Ebene der Lebenskraft und somit des eigenen Unterbewußtseins;

und 5. Malkuth ist schließlich die materielle Welt und der eigene persönliche an ihr, der eigene materielle Körper.

Die Visualisation der Mittleren Säule ist auch eine sehr einfache Form der Invokation, also der Anrufung, durch die man sich mit einer Gottheit verbindet: die Visualisation der fünf Sephiroth als farbige Kugeln und das Aussprechen der zu ihnen gehörenden hebräischen, alttestamentarischen Gottesnamen stellen die Bitte an diese Gottheiten oder genauer gesagt, an diese verschiedenen Erscheinungsformen des einen Gottes dar, eine Verbindung zu ihnen herzustellen und von ihnen einen Segen zu erhalten. Letztlich stellt dies einen Ausdruck für den Wunsch dar, wieder bewußt mit Gott (Kether) verbunden zu sein.

Diese Visualisation ist in dieser Form wie ein Samenkorn, daß durch das wachsende Verständnis für die Strukturen des Lebensbaumes immer weiter wächst und zunehmend komplexer und schließlich wieder einfacher wird - so wie dies bei jedem Erkunden eines neuen Bereiches ist. Wie bei allen Meditationen entwickelt natürlich auch die Mittlere Säule ihre Wirkung erst dann, wenn man sie über einen längeren Zeitraum täglich durchführt.

Es gibt viele Symbole und Zeremonien, die dieser Visualisation der Mittleren Säule entsprechen. Am bekanntesten sind sicher die Zauberstäbe und Szepter, die ein Symbol für die Verbindung von Himmel und Erde sind. Am bekanntesten sind zur Zeit vermutlich die Zauberstäbe aus den "Harry Potter"-Büchern und der Stab von Gandalf aus dem "Herrn der Ringe", aber sie finden sich durchaus auch in historischen Zusammenhängen z.B. bei den Beschreibungen der germanischen und keltischen Seherinnen durch die Römer. Aber auch in der Bibel sind sie zu finden, so hatte z.B. auch Moses einen solchen Stab. Auch die Feuersäule, die vor den Israeliten herzog, um sie durch den Sinai zu leiten, ist eine Entsprechung der Mittleren Säule. Dasselbe gilt für die Vorstellungen, auf denen der "indische Seiltrick" beruht, bei dem ein Seil gerade in die Höhe steigt. Recht bekannt ist auch der Hermesstab, der auch Caduceus genannt wird, sowie der senkrechte Lebenskraftkanal in der Körpermitte, der durch die sieben Chakren strukturiert wird. Aus der Bibel ist noch der Rauch des Opferfeuers als Symbol der Verbindung zum Himmel bekannt, wie man in der Geschichte von Kain und Abel nachlesen kann. Auch bei den Indianern findet sich diese Symbolik an vielen Stellen u.a. in der Symbolik des Mittleren Zelt- oder Hauspfostens oder in der rot bemalten Stange in der Mitte des Sonnentanzplatzes. Und nicht zuletzt gehören auch die Himmelssäulen, Himmelsleitern, Himmelstreppen, Pyramiden und Götterberge in diese Symbolik.

Die Mittlere Säule ist die Visualisation der Verbindung zwischen Himmel und Erde in der Mitte der Welt, im Zentrum des Mandalas, in der Mitte des Steinkreises, in der Mitte der vier Elemente, der vier Winde, der zwölf Tierkreiszeichen.

a) Kabbalistisches Kreuz

"Ateh" ("Dein ist ...)	die linke Hand kommt von oben herab und berührt mit den Fingerspitzen die Stirn
"... Malkuth ..." (... das Reich ...)	die Hand zieht die Linie, die über dem Kopf begann, weiter hinab, bis die Hand zu einem Punkt unter den Füßen weist und somit den senkrechten Balken kennzeichnet
"... ve-Geburah ..." (... und die Kraft ...)	die Fingerspitzen berühren die rechte Schulter
"... ve-Gedulah ..." (... und die Herrlichkeit ...)	die Fingerspitzen gehen hinüber zur linken Schulter und berühren sie und ziehen dadurch den Querbalken des Kreuzes

| "... le Olam, Amen." | beide Hände werden vor der Brust gefaltet und dadurch |
| (... in Ewigkeit, Amen.) | symbolisch beide Balken miteinander verbunden. |

b) Mittlere Säule

    1. Einige Handbreit über dem Kopf wird Kether als gleißend weiße Kugel imaginiert und dabei der Gottesname von Kether intoniert, also auf einem gleichbleibenden Ton möglichst vollklingend und im Idealfall mit Obertönen und dem natürlichen Vibrato der Stimme gesungen: "Eheieh". Dieses Singen hat Ähnlichkeit mit der Gregorianik und mit der indischen und tibetischen Art, Mantren zu singen. Diese Art der Intonation von "Heiligen Worten" findet sich bei fast allen Völkern - so priesen z.B. die altägytischen Magier ihre Texte als "gut singbare Zaubersprüche" und in den germanischen Mythen und Sagen wird immer wieder erwähnt, daß Dinge geweiht, also mit magischer Kraft aufgeladen werden, indem man in sie hineinsingt ("Er sang Runen in das Schwert."; "Er sang Runen in den Vordersteven des Drachenbootes.") Es genügt aber für den Anfang durchaus, die Gottesnamen einfach möglichst klangvoll zu "vibrieren".

    2. Auf dem Scheitel, also am Sitz des Kronenchakras, wird Daath als in den Farben des Regenbogens strahlende Kugel imaginiert und dabei der Gottesname Daaths intoniert: "Yod-He-Vau-He".

    3. In der Mitte der Brust, also am Sitz des Herzchakras, wird Tiphareth als goldgelb leuchtende Kugel imaginiert und der Gottesname Tiphareths intoniert: "Yod-He-Vau-He eloha va-Daath".

    4. Um die Genitalien herum, also am Sitz des Wurzelchakras und somit der Kundalinischlange, wird Yesod als violett glühende Kugel imaginiert und dabei der Gottesname Yesods intoniert: "Schaddai el-Chai".

    5. Unter den Füßen, also in der Erde, wird Malkuth als braune (oder schwarze oder vierfarbige) Kugel imaginiert und der Gottesname Malkuths intoniert: "Adonai ha-Aretz".

c) Kabbalisitisches Kreuz

    (wie a))

3. Die Himmelsleiter

In Mesopotamien wurden die Stufenpyramiden ("Turm zu Babel") als Weg zum Himmel aufgefaßt: jede Ebene, jeder der sieben aufeinander liegenden und nach oben hin kleiner werdenden flachen Quader, aus denen die mesopotamischen Pyramiden bestanden, entsprach einem Planeten. Dieselbe Auffassung der Pyramide als "Himmelstreppe" findet sich auch in Mittelamerika bei den Tolteken, Azteken und Mayas, in Angkor Wat in Thailand und bei den Alten Ägyptern. Diese Symbolik ist auch aus dem Alten Testament bekannt, in dem sich der Bericht von Jakobs Traum (1. Mose, 28. 10-19) findet, in dem Jakob eine Leiter zum Himmel emporsteigt. Später findet sich diese symbolische, siebensprossige Leiter auch als wichtiges Requisit in den Mithras-Mysterien wieder.

Nun hat eine Treppe oder eine Leiter die Eigenheit, daß man, wenn auf ihr hinaufsteigen will, eine Stufe nach der anderen benutzen muß. Diese Dynamik sollte sich also auch innerhalb der Sephiroth und ihren Qualitäten wiederfinden.

Wenn man die Qualitäten der aufeinanderfolgenden Sephiroth betrachtet, wird schnell deutlich, daß sie aufeinander aufbauen. Dadurch ergeben sich zwei Phänomene: 1. Die darüberliegende Sephirah wird erst dann erreicht werden und zu einem niveauvollen Funktionieren gelangen, wenn die darunterliegende Sephirah ausreichend gefestigt worden ist. 2. Die darunterliegende Sephirah wird erst dann klar und gezielt funktionieren, wenn die darüberliegende Sephirah zumindest in ihren Grundstrukturen erfaßt und ausgebildet worden ist.

Aus diesen beiden Punkten ergibt sich, daß in dem einer Sephirah entsprechenden Bereich am besten von dem Bereich aus etwas verändert werden kann, der der Sephirah entspricht, die über der Sephirah liegt, in deren Bereich etwas verändert werden soll. Man kann also z.B. in Netzach, der 7. Sephirah, am besten etwas bewirken, wenn man in der Lage ist, auch in Tiphareth, der 6. Sephirah, wahrzunehmen und zu handeln. So können z.B. die eigenen Gefühle und Motiavationen (7. Sephirah - Netzach) erst dann wirklich klar und sinnvoll ausgerichtet und gebündelt werden, wenn man einigermaßen sicher in seinem Selbst, in seiner Seele (6. Sephirah - Tiphareth) ruht.

Das einfachste Beispiel für diesen Zusammenhang ist vielleicht das Denken (8. Sephirah - Hod) und Fühlen (7. Sephirah - Netzach). Das Denken hat zunächst die Neigung, sich alles anzusehen und zu untersuchen und zu erkennen, wie es funktioniert, wie es aufgebaut ist und wie es sich beschreiben läßt. Der Verstand ist also weitgehend unabhängig von der eigenen Persönlichkeit und untersucht Strukturen, Zusammenhänge und mögliche Handlungsweisen. Der Verstand hat die Funktion, Informationen zu beschaffen. Das Gefühl hingegen bewertet, sortiert nach angenehm und unangenehm, strebt auf das eine zu und strebt von dem anderen fort.

Daraus ergibt sich zunächst der erste eben genannte Punkt: Erst wenn genügend Informationen vorliegen, ergibt es für das Gefühl einen Sinn zu bewerten, da sonst der Bezug zur Realität fehlt und zwar Reaktionen stattfinden, aber es fraglich ist, ob sie zu sinnvollen Ergebnissen führen.

Dadurch wird auch der zweite Punkt deutlich: Das Denken wird erst dann wirklich sinnvoll werden, wenn es sich an den Gefühlen orientiert, also wenn der Verstand nicht einfach über die belanglosesten Dinge so vor sich hindenkt, sondern sich an den den Gefühlen orientiert, also über die Dinge nachdenkt, die entsprechend der Bewertung der Gefühle für die eigene Person von Bedeutung sind.

Der dritte Punkt, der sich aus diesen beiden ersten ergibt, ist in diesem Fall aus vielen Therapieformen bekannt: Hemmungen und Blockaden, etwas zu erkennen und zu begreifen (also eine Schwierigkeit des Verstandes) lassen sich nur dadurch lösen, daß man sich der diesen Blockaden zugrundeliegenden Gefühle bewußt wird. Hier zeigt sich deutlich, daß die Gefühle den Rahmen bestimmen, innerhalb dessen gedacht werden kann (Einschränkung des Denkens durch angstbedingte Blockaden) oder gedacht werden will (Konzentration des Denkens auf die Bereiche, auf die sich starke Gefühle beziehen).

Diese Art von Zusammenhänge lassen sich bei dem bereits beschrieben "Äußeren Lebensbaum der Welt" recht einfach zeigen, da man hier einfach immer die Frage stellen kann: "Was liegt dem zugrunde?" Der Zusammenhang ist hier so ähnlich wie bei dem Verhältnis der Wissenschaften zueinander: Der Vielfalt der Politik liegen soziologische Tatsachen zugrunde, der Soziologie liegen psychologische Tatsachen zugrunde, der Psychologie liegen biologische Tatsachen zugrunde, der Biologie liegen chemische Tatsachen zugrunde, der Chemnie liegen physikalische Tatsachen zugrunde, der Physik liegen mathematische Tatsachen zugrunde, und der Mathematik liegt zugrunde, daß sie in sich logisch, also eine Einheit ist.

"Der äußere Lebensbaum der Welt"

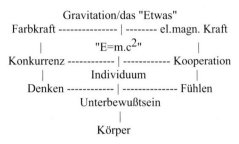

Dieser noch etwas abstrakte Lebensbaum wird lebendiger, wenn man ihn einmal näher betrachtet und schaut, welche Lebens- und Wissensbereiche zu welcher Sephirah gehören und in welcher Verbindung die jeweils aufeinanderfolgenden Sephiroth zueinander stehen.

Der Körper (Malkuth) wird von den Reflexen, von den unbewußten Impulsen und von den bewußten Impulsen (Yesod) gelenkt, die durch das Nervensystem, durch die Psyche zu den einzelnen Körper-teilen gelangen. Dieser Bereich umfaßt alle Arten von Physiotherapien, Sport, Yoga, Gymnastik u.ä.

Die Inhalte des Unterbewußtseins (Yesod) können durch neue Informationen, durch Erkenntnisse und Einsichten des Verstandes (Hod) verändert werden. Dieser Bereich umfaßt die verschiedenen Arten der Therapie, die Veränderungen durch Erkenntnisse hervorzurufen bestrebt sind, aber auch einen Großteil von psychologischen und autobiographischen Romanen.

Der Verstand (Hod) wird durch die Gefühle (Netzach) gelenkt - die Gefühle bestimmen, worüber man nachdenkt und worüber nicht. Dieser Bereich gehört ebenfalls noch zur Psychologie und befaßt sich damit, von den Vorstellung des Verstandes aus zu den Gefühlen und Motivationen vorzudringen und diese wieder bewußt zu machen.

Die Gefühle (Netzach) sind Ausdruck der eigenen Persönlichkeit (Tiphareth): Das Ich erkennt, daß etwas im Außen erstrebenswert ist oder daß es bedrohlich werden können und reagiert mit dem Gefühl der Hinwendung oder der Angst. Gefühle sind also eine Bewertung des Außen von dem Standpunkt des Individuums, des Ichs aus gesehen. Hier geht es also darum, zu erkennen, daß man nicht seine Gefühle ist, sondern daß die Gefühle ein Ausdruck dessen sind, was man ist; oder genauer: ein Ausdruck dessen, was die jeweilige Situation für einen selber bedeutet. Das Wesentliche zwischen dem Ich und den Gefühlen ist es also, die Selbständigkeit des Ichs zu bewahren und darauf zu achten, daß keine Fixierung auf ein bestimmtes Gefühl entsteht, wodurch dann das ihm zugrundeliegende Ich verdeckt werden würde.

Das Verhalten und die Ziele eines Individuums (Tiphareth) werden durch viele äußere gesellschaftliche, politische, ökonomische und kulturelle Faktoren geprägt. Jedes Individuum ergibt sich aus seinen Genen und aus den Umwelteinflüssen (wenn man hier entsprechend dem "Äußeren Lebensbaum der Welt" nur die Außenseite des Indivduums betrachtet). Das Individuum ist also das Ergebnis vieler und sich oft widerstrebender Einflüsse aus der Welt (Geburah). Dies ist der Bereich der Soziologie.

Die kulturellen, politischen und ökonomischen Auseinandersetzungen in der Welt (Geburah) beruhen auf den Unterschieden zwischen den verschiedenen existierenden kulturellen, politischen und ökonomischen Systemen sowie zusätzlich noch auf der Konkurrenz zwischen gleichen Systemen (Chesed). Hierbei handelt es sich also vorwiegend um den politischen Bereich.

Die verschiedenen gesellschaftlichen Systeme (Chesed) versuchen alle, innerhalb der äußeren Notwendigkeiten, Möglichkeiten und Begrenzungen (Daath) zu einem optimalen Gedeihen zu gelangen. Dieser Bereich ist also die Ökologie im weitesten Sinne - also das Bestreben, die Gegebenheiten der Welt zu erkennen und das eigene Handeln an diesem Rahmen des Möglichen zu orientieren, um zu möglichst dauerhaften und tragfähigen Strategien für die Erfüllung der Bedürfnisse der Gesellschaft zu gelangen.

Die sinnvollen Möglichkeiten des Handelns (Daath) beruhen auf den Naturgesetzen (Binah). In dem "Äußeren Lebensbaum der Welt" steht die alles zusammenhaltende Farbkraft symbolisch für diese Naturgesetze. Hier beginnt der Naturwissenschaftliche Bereich.

Die Naturgesetze (Binah) beruhen auf den Qualitäten dessen, was existiert (Chokmah). Hier beginnt der Bereich der

Kernphysik und z.T. der Kosmologie, in denen Vorgänge auftreten, die z.T. nicht mehr kausal ablaufen, sondern festgelegte Wahrscheinlichkeiten haben, und bei deren Beschreibung das allem zugrundeliegende "Etwas" eine zunehmende Rolle spielt. Dieser Bereich wird treffend durch den theoretischen Ansatz beschrieben, der von einigen Physikern (z.B. Weinberg) vertreten wird, daß zunächst alles möglich ist (Chokmah) und dann als Ergebnis davon das in Erscheinung tritt (Binah), was sich nicht gegenseitig neutralisiert. Ein Beispiel dafür wäre das Licht, das sich wellenförmig ausbreitet: Wenn man alle denkbaren Bewegungen dieser Wellen addiert, so neutralisieren sich alle Wellen gegenseitig außer der geradlinigen Welle - weshalb sich das Licht geradlinig ausbreitet. Dieser Bereich ist also stark durch durch die Mathematik geprägt. Die elektromagnetische Kraft steht hier symbolisch für die Dynamik dieses Bereiches.

Die Qualitäten dessen, was existiert (Chokmah), beruhen auf dem "Etwas", das allen Erscheinungen zugrundeliegt (Kether). Dieser Bereich hat nun Züge, die an die Philosophie erinnern: die Mathematik, die den vorigen Bereich beschrieb, wird hier nun zu einer Beschreibung der Verhältnisse aller Teile zueinander bzw. zu einer Beschreibung, warum und wie gerade das, was an Erscheinungsformen existiert, "aus dem "Etwas" hervorgeht". Die Gravitation steht hier symbolisch für den durch Einheit geprägten Charakter dieses Bereiches.

"Der innere Lebensbaum der Welt"

Die Beschreibung der unteren fünf Sephiroth des "Äußeren Lebensbaumes des Welt" und des "Inneren Lebensbaumes der Welt" ähneln sich sehr stark, da beide zunächst einmal den Menschen beschreiben und sich lediglich im Blickwinkel auf ihn unterscheiden: "von außen" oder "von innen". Die sechs oberen Sephiroth unterscheiden sich sich jedoch auf den ersten Blick sehr stark von denen des vorigen Lebensbaumes, da der "äußere Lebensbaum" die immer kleineren äußeren (materiellen) Bestandteile der Welt betrachtet, während der "innere Lebensbaum" die immer größeren Zusammenhänge darstellt. In Kether, der obersten Sephirah, treffen sich beide Betrachtungsweisen jedoch wieder in dem Erfassen der allem zugrundeliegenden Einheit. Beide Betrachtungsweisen sind jedoch kein Widerspruch, sondern ergänzen sich: der "innere Lebensbaum" beschreibt die Zusammenhänge, in denen die Einheiten des "äußeren Lebensbaumes" zueinander stehen.

Der Körper (Malkuth) wird von den Reflexen, von den unbewußten Impulsen und von den bewußten Impulsen gelenkt, die durch das Nervensystem, durch die Psyche zu den einzelnen Körperteilen (Yesod) gelangen. Bei dem "Inneren Lebensbaum der Welt" ist dies die Wahrnehmung des eigenen Körpers und jede Art von Bewegung, sei sie bewußt oder unbewußt, eine Bewegung der Gliedmaßen oder eine Tätigkeit der inneren Organe.

Die Inhalte des Unterbewußtseins (Yesod) können durch neue Informationen, durch Erkenntnisse und Einsichten des Verstandes (Hod) verändert werden. Dieser Bereich beschreibt, wie man sich seiner Handlung selber bewußt wird, über sie reflektiert und dadurch allmählich ein Bild, eine Beschreibung seiner selbst erhält. Zu diesen Tätigkeiten zählen nicht zuletzt das Erinnern an die eigenen Träume sowie das Erlangen von Visionen durch meditative Methoden sowie deren Deuten und Verstehen.

Der Verstand (Hod) wird durch die Gefühle (Netzach) gelenkt - die Gefühle bestimmen, worüber man nachdenkt und worüber nicht. Hier geht es nun darum, den Mut zu finden, seine eigene Gefühle zuzulassen, auch wenn man die

Konsequenzen fürchtet. Durch diese dadurch neu bewußtgewordenen und geäußerten Gefühle entsteht Wahrheit - die Essenz von Hod, dem Bereich des Verstandes. Dies liegt daran, daß die Gefühle zeigen, was man eigentlich will, und der Verstand dies dann ausdrücken kann statt die Funktion zu haben, durch Denkgewohnheiten und Worte die Gefühle verbergen zu müssen.

Die Gefühle (Netzach) sind Ausdruck der eigenen Persönlichkeit (Tiphareth): Man erkennt, daß die eigenen Gefühle Ausdruck des eigenen Ichs, der eigenen Mitte sind, und daß sie somit dem eigenen Ich bei seinem Selbstausdruck in der Welt helfen wollen, indem sie dem Ich zeigen, was das Ich fördert und was es bedroht. Durch diesen Bereich erhält man folglich die Souveränität innerhalb seiner eigenen Psyche: die Gefühle helfen dem Ich, sich in der Welt zu orientieren und eine sinnvolle Richtung festzulegen, während der Verstand dem Ich hilft, die Welt zu analysieren und Voraussagen darüber zu machen, welches Verhalten voraussichtlich welche Folgen haben wird.

Das Innerste Zentrum des Menschen, das Ich, die Seele (Tiphareth) drückt sich durch die Psyche aus (Netzach, Hod, Yesod) und erhält seine konkrete Erscheinungsform durch den eigenen Körper (Malkuth). Offensichtlich hat die Seele einen Grund gehabt sich zu inkarnieren, also einen bestimmten Entschluß, eine Absicht (Geburah). Diese Absicht bringt sehr viel Klarheit in das eigene Leben, wenn sie einem nach und nach deutlich wird. Zum einen hilft dabei die Betrachtung des eignen bisherigen Lebens und der Muster, die einem dabei auffallen, zum anderen auch die Dinge, zu denen es einen hinzieht. Am deutlichsten zeigen sich die Auswirkungen dieser Absicht jedoch in den als schicksalhaft empfundenen Begegnungen, in plötzlichen intuitiven Impulsen, die dann zu wesentlichen Erlebnissen führen oder auch zu plötzlichen Gewißheiten, die sich zunächst einmal nicht erklären lassen, sich aber dann in der Folgezeit als besonders wichtig herausstellen. Diese Eingebungen können auch in der Meditation oder im Traum auftreten, wobei man dann das Gefühl einer Aussage oder eines Bildes von großer Klarheit, Schlichtheit, Tiefe und Bedeutung hat, das einem gewissermaßen von jemandem überreicht wird, der außerhalb von einem auf einer Ebene von deutlich höherer Bewußtheit steht.

Diese Inkarnationsentschlüsse entstehen aus einer umfassenderen Absicht heraus, die mit der Seelengruppe (Chesed) verbunden ist, zu der die eigene Seele gehört. Diese Seelengruppe ist ein Erlebnis, dem man in der Meditation und bei Traumreisen (Trancereisen, Reisen in die innere Bilderwelt) begegnen kann. Mit dem Erlebnis der Begegnung mit der eigenen Seelengruppe ist das Gefühl der Heimat und der Wurzeln des eigenen Wesens verbunden. In den meisten Fällen sieht dies Erlebnis so aus, daß man, nachdem man seine eigene Seele erkannt und sich mit ihr identifiziert hat, in der Meditation auf eine Gruppe von Menschen trifft, die man wie "Seelengeschwister" oder "andere Möglichkeiten, wie man selber sein könnte" oder "frühere Inkarnationen von mir" erscheinen. In den meisten Fällen stellen sich die Mitglieder dieser Seelengruppe bei der ersten Begegnung in einem Kreis um einen selber auf und segnen einen, indem sie alle ihre Hände erheben und Licht auf einen selber ausstrahlen, das dann dann die eigene Seele erfüllt und einen ganz tief im eigenen Inneren verborgenen Durst stillt.

Die Seelengruppe (Chesed) ist die am höchsten stehende Einheit auf der Bewußtseinsebene, die eigenständig und von dem übrigen Bereich des Bewußtseins abgegrenzt ist. Der Übergang zu dem Bewußtseinsbereich, in dem es keine Abgrenzen mehr gibt (Daath), fügt jede Art von Bewußtsein zu einem Kontinuum zusammen, in dem die verschiedenen Formen des Bewußtseins nicht mehr durch ihre äußeren Grenzen, sondern durch ihre Qualität definiert sind. Man kann also erst dann von der Seelengruppe aus noch weiter gehen, wenn man sich seines gesamten Wesens vollständig sicher ist, denn jeder Teil des eigenen Wesens, den man noch nicht gesehen und angenommen hat, erscheint bei dem Versuch, jede Abgrenzung loszulassen, sofort vor einem in einer dämonischen Gestalt, die dieser Teil des eigenen Wesens eben aufgrund der Tatsache annimmt, daß man ihn noch ablehnt. Die im tibetischen Buddhismus so oft dargestellten schreckenerregenden Dämonen, die als "rasende, bluttrinkende Gottheiten" bezeichnet werden, sind die Qualitäten Buddhas wie z.B. grenzenlose Gleichmut, grenzenlose Freude, grenzenlose Barmherzigkeit oder grenzenlose Freundlichkeit, so wie sie dem Meditierenden bei dem Versuch, alle Grenzen durch seine Meditation aufzulösen, erscheinen, wenn der Meditierende diese Qualitäten von Buddha nicht wirklich vollkommen bejaht hat. Das Auflösen der Grenzen des Bewußtseins zeigt einem ganz einfach die eigene Einstellung zur Welt: wenn der grenzenlose Gleichmut (das Annehmen und Willkommenheißen von allem, was ist) nun einmal eine Qualität des grenzenlose Bewußtseins ist, und man diese Form des Gleichmuts aber noch in Bezug auf einige Themen nicht verwirklicht hat, wird die Ablehnung dieser Themen, also die Angst vor ihnen, beim Eintritt in den Bereich des Bewußtseins-Kontinuums zwangsläufig vor einem erscheinen.

Wenn man erst einmal den Bereich des grenzenlosen Bewußtseins (Daath) erreicht hat, wird man als nächstes erleben, daß alles, was in diesem Bereich ist, zusammengehört (Binah), daß alles Ausdruck der einen Quelle (Kether) ist. Dies kann man als das Eintreten in eine sehr große Versammlung erleben, die sich um einen senkrechten, weißen Lichtstrahl (der von Kether kommt) versammelt hat. Wenn man in die Mitte in diesen Lichtstrahl tritt und eins mit ihm wird, wird man zu einem Mitglied dieser Versammlung, die einen wie einen lang vermißten Bruder oder eine lang vermißte Schwester aufnimmt. Das Wesen dieses Bereiches ist grenzenlose Liebe.

Die Wesen, die in Binah in Liebe miteinander verbunden sind, können dort sein, weil sie sich vollkommen akzeptiert und bejaht haben (Daath). Sie existieren in diesem Bereich der Liebe (Binah) aber nur, weil sie aus sich selbst heraus existieren, weil sie Ausdruck eines Impulses, einer Kraft sind (Chokmah). In diesem Bereich der Kraft und der Ekstase (Chokmah) existiert jedes Wesen aus sich selbst heraus. Aus dieser Ekstase des eigenen Wesens heraus nimmt man die anderen Wesen wahr und weil man erkennt, daß auch sie Ausdruck des Einen sind, verbindet man sich mit ihnen in Liebe (Binah).

Den einzigen Bezugspunkt, den Wesen in diesem Bereich der Ekstase (Chokmah) haben, ist ihr Ursprung in dem Einen, denn ihr ganzes Wesen ist vollkommen ungehinderte Ausdehnung. Daher ist die Vision, die zu diesem Bereich gehört, die Begegnung mit Gott von Angesicht zu Angesicht. Die Meditation dieses Bereiches besteht folglich darin, sich vollkommen auf den Einen-Alles-Einzigen zu konzentrieren. Diese Ebene des Bewußtseins wird als Lichtsturm erlebt: die ungehinderte, ekstatische Ausdehnung des Bewußtseinslichtes.

Wenn man schließlich die Einheit (Kether) erreicht, löst sich jede Unterscheidung auf und es bleibt ein gleißendes, weißes Licht, das Fülle, Frieden und Erfüllung ist - das stille Lächeln auf Buddhas Gesicht.

Die Visualisierung der Mittleren Säule

Aus dieser Betrachtung ergeben sich zwei Ergänzungen für die Visualisierung der Mittleren Säule - eine, die sich auf die Folge dieser fünf Sephiroth bezieht, und eine, die sich auf ihre konkrete Bedeutung bezieht.

Aus der vorstehenden Betrachtung ergibt sich, daß jede Sephirah aus der ihr vorausgegangenen, also im Lebensbaum über ihr stehenden, entsteht. Dies gilt nicht nur für die Folge der Sephiroth (1 - 2 - 3 - D - 4 ... 10), sondern auch für die Folge der Sephiroth auf der Mittleren Säule.

Daher kann man sich, wenn man die Folge dieser fünf Sephiroth imaginiert, vorstellen, daß eine kleine weiße Kugel aus der zuerst imaginierten Sephirah Kether herabsinkt und zu einer regenbogenfarbenen Kugel, der Sephirah Daath, heranwächst. Dann sinkt aus der Sephirah Daath eine kleine regenbogenfarbene Kugel herab, die dann zu der goldenen Sephirah Tiphareth heranwächst. Dann sinkt aus der Sephirah Tiphareth eine kleine goldene Kugel herab, die dann zu der violetten Sephirah Yesod heranwächst. Zuletzt sinkt dann aus der Sephirah Yesod eine kleine violette Kugel herab, die dann zu der braunen oder schwarzen Sephirah Malkuth heranwächst. Auf diese Weise wird in der Vorstellung das Auseinander-Entstehen in dieser Sephiroth-Folge dargestellt.

Die zweite Ergänzung besteht darin, daß man sich vergegenwärtigt, was diese Sephiroth für einen persönlich bedeuten: Kether ist der eine Gott, Daath ist das Kontinuum oder das Tor zum Paradies (wenn man das Konzept des Kontinuums zunächst noch als zu abstrakt empfindet), Tiphareth ist die eigene Seele, Yesod ist das eigene Unterbewußtsein, und Malkuth ist der eigene Körper.

Diese Ergänzungen und die, die aus den nächsten Kapiteln noch folgen werden, sind als Bereicherung dieser einfachen Struktur aus fünf Kugeln und vier Pfaden gedacht, durch die diese Struktur an Tiefe gewinnt. Wenn man diese Visualisation täglich durchführt und sie dabei durch Betrachtungen wie z.B. über diese Ergänzungen "nährt", wird diese Struktur wachsen und an Bedeutung gewinnen.

Zunächst einmal wird sie etwas sein, das man erst einmal von seiner Logik her erfassen muß und das in der inneren Vorstellung erst nach und nach zu einem klaren Bild aus leuchtenden Farben werden wird. Dabei wird diese Mittlere Säule zunächst etwas sein, was Aufmerksamkeit, Betrachtung, Nachdenken und Imagination erfordert, um wachsen zu können, aber schließlich wird sich dieser Energiefluß umkehren und man wird viel von diesem Symbol erhalten können - aber diese Anwendungsmöglichkeiten des Lebensbaumes folgen größtenteils erst im letzten Kapitel dieses Buches. Bis dahin wird diese Meditation über die Mittlere Säule des Lebensbaumes den "roten Faden" in diesen kabbalistischen Betrachtungen bilden.

4. Die Entstehung von Daath

In den klassischen Darstellungen des Lebensbaumes ist die Sephirah Daath nur sehr selten dargestellt worden - und auch dann meistens nur andeutungsweise. Sie wird die "unsichtbare Sephirah" genannt. Dies geht auf folgende alttestamentarisch-kabbalistische Vorstellung zurück, die sich in ähnlicher Form in den Mythen sehr vieler Völker wiederfindet:

Am Anfang befand sich die ganze Welt mit dem Schöpfer im Einklang, bis eines Tages ein Geschöpf (Eva, der erste Mensch, Luzifer ...) einen Fehler beging und aufgrund seiner diesem Fehler zugrundeliegenden Neugier oder Unachtsamkeit oder einem anderem Grund aus der umfassenden Harmonie herausfiel. Daraufhin brach die Verbindung zwischen den Menschen und ihrem Schöpfer ab - die Vertreibung aus dem Paradies. Die Welt Gottes, das Paradies war nun durch eine tiefe Kluft von der Welt der Menschen getrennt.

Im Symbol des Lebensbaumes wird diese Vorgang graphisch wie folgt dargestellt (wobei der Übersichtlichkeit halber die Sephiroth in den folgenden Graphiken durch ihre Zahlen dargestellt werden):

```
Vor dem "Sündenfall"         Nach dem "Sündenfall"        Mit dem neu entstandenem Daath

         I                            I                              I
  III         II                III         II                 III         II
       VI                                                           D
   V         IV                 V           IV                  V           IV
       IX                            VI                             VI
  VIII        VII              VIII         VII               VIII         VII
       X                            IX                              IX
                                     X                               X
```

Vor dem Sündenfall waren die Seelen (VI Tiphareth) bei Gott im Paradies; nach dem Sündenfall waren die Seelen durch den neu entstandenen "Abgrund", wie diese Lücke von den Kabbalisten genannt wird, von Gott getrennt. Danach entstand zum einen ein Streben der Menschen zurück zu Gott (spirituelles Streben) und zum anderen aber auch eine weitere Fürsorge von Gott für die Menschen. Zu diesem zweiten Punkt gehören die Möglichkeiten, den Segen Gottes zu erhalten, von ihm Visionen gesandt zu bekommen und schließlich auch in der Verbindung mit Gott durch die Engel, die Gott zu den Menschen sendet. Die größtmögliche Segnung, die von Gott ausgehen kann, ist der Lichtbringer, also ein Mensch, dem es durch eigenes Bemühen und Gottes Segen gelingt, wieder in den ursprünglichen Zustand der Harmonie mit Gott zurückzukehren: die Gründer und Heiligen aller Religionen.

Die wörtliche Bedeutung von Daath ist "Wissen". Darauf bezieht sich auch der Name des Baumes im Paradies: "Baum der Erkenntnis". Durch das Essen einer Frucht von diesem Baum erkennt man sich als abgesondertes, einzelnes Wesen - was zur Folge hat, daß man von Binah (III) nach Chesed (IV) gelangt und einem der Übergang über Daath zunächst einmal verschlossen ist. Dieser Zustand dauert solange, bis es einem Menschen durch intensives, vorbehaltloses Bemühen gelingt, die Verbindung wiederherzustellen. Ein solcher Mensch steht dann für alle übrigen in Daath und zeigt ihnen den Weg: Petrus mit den zwei Schlüsseln am Tor des Himmels. Auch der Titel der Papstes "pontifex maximus" (="größter Brückenbauer") bezieht sich auf seine Funktion, als Nachfolger von Petrus der Vermittler zwischen Gott und den Menschen zu sein und als solcher die Brücke über den Abgrund von Daath zu verkörpern. Dasselbe Bild findet sich in vielen Religionen: so ist z.B. im Buddhismus das Bild einer Brücke über einen tiefen Abgrund eine weitverbreitete Beschreibung dafür, was ein Boddhisatva ist.

Man kann auch die bekannte Formel "$E=m \cdot c^2$", die in dem "Äußeren Lebensbaum der Welt" Daath entspricht, als symbolische Beschreibung eines Daath-Wesens benutzen: "m" steht für die Materie und somit für die Abgrenzung, das Einzelne, das Individualisierte, das sich durch seine Grenzen definiert. "E" steht für die Energie, die ihrem Wesen nach zwar ein Mittelpunkt und Ausgangspunkt hat, aber sich unbegrenzt nach allen Seiten hin erstreckt. Ein Daath-Wesen ist also jemand, der sowohl eine abgegrenzte Gestalt als auch ein unbegrenztes Bewußtsein annehmen kann - also ein

Mensch, der zwar inkarniert ist, aber innerlich grenzenlos und daher in Harmonie mit Gott steht. Bleibt noch das "c^2" in dieser berühmten Einstein'schen Formel. Da "c" die Lichtgeschwindigkeit ist, kann man daraus schließen, daß ein Daath-Wesen, das inkarniert ist, in seinem Körper ("m") das ganze Licht ("c^2") trägt ("$m.c^2$"), das seinem grenzenlosen Wesen ("E") entspricht - was genau die Beschreibung eines Lichtbringers wäre.

Man kann sich Daath bildlich als den Wipfel des Weltenbaumes, den Gipfel eines Berges oder die Spitze einer Pyramide vorstellen, auf den der Schamane, der Prophet oder der Einsiedler gestiegen ist, und von wo aus er nun, da er aus eigener Kraft nicht mehr noch höher steigen kann, um Gottes Gnade bittet. Und diese Bitte wird nicht vergebens sein, wie ein kabbalistisches Sprichwort zeigt, das die Erfahrungen vieler nach Gott strebender Menscher zusammenfaßt: "Wenn Du einen Schritt auf Gott zugehst, kommt er Dir neun Schritte entgegen."

... der Abgrund von Daath ist nicht unüberwindlich.

Die Visualisierung der Mittleren Säule

Wenn durch diese Betrachtung die Sephirah Daath deutlicher geworden ist, kann man diese Vorstellung an die Stelle des Kontinuums oder des Tores zum Paradies setzten. Am anschaulichsten wird zunächst vermutlich die Vorstellung eines Lichtbringers sein - sei es nun ein Boddhisattva, der Avatar einer indischen Gottheit oder Petrus.

5. Form und Kraft

Wenn man die Sephiroth des Lebensbaumes betrachtet, fällt nach einer Weile ein Rhythmus in ihrer Reihenfolge auf: es folgen in ihr abwechselnd je eine eher "dynamische" und eine eher "statische" Sephirah aufeinander. Man kann diese Qualitäten auch "Kraft" und "Form" nennen oder "öffnend" und "festigend". Dieser Rhythmus entsteht dadurch, daß immer aus einem festen Zustand ("Form") heraus eine neue Entwicklung ("Kraft") beginnt, die danach wieder einen neuen festen Zustand ("Form") erreicht.

Wenn Form auf Form folgen würde, gäbe es zwischen beiden keine Entwicklung und beide wären nicht unterscheidbar und somit nur eine Form. Wenn Kraft auf Kraft folgen würde, gäbe es zwischen beiden keine Anhalten und somit bei der zweiten Kraft keine neue Richtung, wodurch beide Kräfte nicht unterscheidbar wären und somit nur eine Kraft wären. In einer Entwicklungsfolge müssen sich also die Zustände "Kraft" und "Form" miteinander abwechseln.

Der im folgenden verwendete "Lebensbaum der physikalischen Evolution" unterscheidet sich von dem bisher verwendeten "Äußeren Lebensbaum der Welt" durch eine etwas veränderte "Schnittlinie" von Malkuth nach Kether. Während in dem bisher verwendeten Lebensbaum der Blick von dem einzelnen Menschen über seine Psyche und die sozialen Prozesse hin zu der materiellen Grundlage der Welt führt, benutzt der "Lebensbaum der physikalischen Evolution" die Betrachtung, wie aus der Einheit des "Etwas" über die Energie, die Elementarteilchen, die Atome, und die Moleküle schließlich die aus dem Alltag bekannte Materie wird. Dieser Lebensbaum stellt die Geschichte der Entstehung der Welt vom Urknall (Kether) an bis zur ersten komplexen Materie dar. Die Zeiten rechts neben dem Lebensbaum geben die Zeit nach dem Urknall an, zu der das betreffende Ereignis stattfand. (Er wird in Kapitel VI ausführlich dargestellt.)

Dieser Baum sieht wie folgt aus:

```
                            1.
                         Einheit - - - - - - - - - - - - - - - - - - - -   Beginn der Zeit
         3.                              2.
    Erhaltungssätze                    Energie
                              D
                          $E=m \cdot c^2$ - - - - - - - - - - - - - - -   $10^{-30}$ Sekunden
         5.                              4.                               nach dem Urknall
    Wechselwirkungen              Elementarteilchen
                            6.
                         Atomkerne - - - - - - - - - - - -                700 Jahre
         8.                              7.                               nach dem Urknall
      Moleküle                         Atome
                            9.
                       Molekülgruppen - - - - - - - - -                   12.000.000.000 Jahre
                           10.                                            nach dem Urknall
                         Materie - - - - - - - - - - - - -                15.000.000.000 Jahre
                                                                          nach dem Urknall
                                                                                (heute)
```

Die Einheit von Kether (1.) differenziert sich in die Strahlen der ersten Vielfalt - in die elektromagnetischen Energien von Chokmah (2.): Licht. Diese Energien wirken aufeinander, wobei zunächst einmal nur die Regel gilt, daß nichts verlorengehen oder dazukommen kann - also die Erhaltungssätze von Binah (3.), die sich auf den Impuls, die Energie und noch eine Reihe anderer physikalischer Größen beziehen. Aus diesen Erhaltungssätzen ergibt sich dann als Schlußfolgerung die Vielfalt der Naturgesetze von Daath (D), wobei das wichtigste für Daath selber das Prinzip der Umwandlung von Energie in Materie entsprechen der Formel "$E=m \cdot c^2$" ist.

Die ersten fünf Sephiroth sind die Einheit (1.), die sich ausdehnt (2. = Energie) und im Zusammenspiel ihrer

Energiekomponenten die ersten Regelmäßigkeiten (3. = Naturgesetze) erschafft und sich dann über die Formel "$E=m \cdot c^2$" zu den Elementarteilchen (4.) verdichtet. Diese treten dann in Wechselwirkung zueinander (5. = Protonen/Neutronen) und fügen sich zu Atomkernen (6.) zusammen. Diese Atomkerne ziehen dann Elektronen an und bilden daraus eine Hülle (7.). Diese Elektronenhüllen fügen sich entsprechend den chemischen Gesetzen miteinander zu relativ festen Verbindungen, zu den Molekülen zusammen (8.). Dadurch, daß die elektrische Ladung nicht gleichmäßig auf das Äußere eines Moleküls verteilt ist, besteht die Möglichkeit, daß sich die Moleküle aufgrund von elektromagnetischer Anziehung aneinanderlagern und somit größere Organisationsformen bilden, womit nun der Bereich der Biologie beginnt (9.). Die Gesamtheit dieser Molekülgruppen bildet schließlich die allgemein bekannte Erscheinungsform der Materie (10.).

Wenn man die Folge der Sephiroth in diesem Lebensbaum von unten nach oben betrachtet, werden die Zusammenhänge in dieser Folge noch deutlicher: Die komplexesten Bestandteile der Materie inclusive des Menschen, dessen Verhalten von der Psychologie beschrieben wird (Malkuth), sind die Molekülgruppen, deren Verhalten wiederum von der Biologie beschrieben werden (Yesod). Die Bestandteile der Molekülgruppen sind die Moleküle, deren Verhalten von der Chemie beschrieben wird (Hod). Die Bestandteile der Moleküle sind die Atome, deren Verhalten von der Physik beschrieben wird (Netzach). Der prägende Bestandteil eines Atoms ist der Atomkern, dessen Verhalten von der Kernphysik beschrieben wird (Tiphareth). Der Atomkern besteht aus fortlaufenden Umwandlungsprozessen von Protonen und Neutronen und umgekehrt, die ebenfalls durch die Kernphysik beschrieben werden (Geburah). Die Protonen und Neutronen (Geburah) bestehen aus drei Quarcks, die zusammen mit den Elektronen und einem weiteren Teilchen, dem Neutrino, die grundlegenden Elementarteilchen (Chesed) bilden, die ebenfalls von der Kernphysik beschrieben werden. Die Bestandteile der Elementarteilchen (Chesed) sind "kondensierte" Energie (Daath), die ebenfalls noch von der Kernphysik, genauer gesagt, von der Quantenphysik beschrieben werden. Die Grundlage der Energie (Daath) sind die Erhaltungssätze, die beschreiben, welche Vorgänge in welcher Weise möglich sind und welche nicht (Binah) und die durch die Mathematik beschrieben werden können und die Grundlage der Naturgesetze bilden (diese Erhaltungssätze beziehen sich u.a auf die Erhaltung der Energie, des Impulses, der Ladung, des Drehimpulses u.ä. bei einem physikalischen Vorgang). Diese Erhaltungssätze (Binah) haben die Qualitäten der sich ausdehnenden Energie (Chokmah) zur Grundlage, die durch die Mathematik beschrieben wird. Diese sich ausdehnende Energie (Chokmah) beruht auf dem allem zugrundeliegenden "Etwas", das nicht mehr selber, sondern nur noch durch seine Auswirkungen beschrieben kann (Kether).

Kether als das Eine, als die Einheit, als Gott, als das "Etwas" der Physiker ist die einfachstmögliche Form-Sephirah: die in sich ruhende Einheit.

Chokmah ist die erste Kraft-Sephirah. Ihr Charakter zeigt sich in dem "Lebensbaum der physikalischen Evolution" sehr eindrücklich in dem Phänomen des "inflationären Weltalls", also in der kurzen Phase direkt nach dem Urknall, in der sich das Weltall mit 10^{47}-facher Lichtgeschwindigkeit ausgedehnt hat. In dem "Inneren Lebensbaum der Welt" zeigt sich diese Kraft in der vollkommen ungehinderten Ekstase.

Binah als Form-Sephirah fügt nun die Impulse von Chokmah zusammen: Im Äußeren, in dem die Welt als Materie erscheint, zeigt sie sich darin, daß die pure, ungehemmte Ausdehnung der Energie nun zu einer Vielfalt von "Energien" geworden ist, die miteinander in Wechselwirkung treten, wodurch nun zum ersten Mal Wechselwirkungen beobachtbar werden und mathematische Formeln, also Naturgesetze, beschrieben werden können. Das Weltall ist erst jetzt nach dem Urknall so "alt" geworden (10^{-30} sec.), daß eine Wechselwirkung überhaupt Zeit hatte, stattzufinden. Vor dieser Wechselwirkung (Binah) gab es nur die vollkommen ungehinderte Ausdehnung, die keinerlei Einschränkung unterlag, auch nicht der Begrenzung durch die Lichtgeschwindigkeit, da es einfach keine gegenseitige Beeinflussung von irgendetwas und somit auch keinerlei Begrenzung gab (Chokmah) - wie das Phänomen des "inflationären Weltalls" in beeindruckender Weise zeigt.

Im Inneren, in dem die Welt als Bewußtsein erscheint, zeigt sich die neu entstehende Form von Binah darin, daß sich die neuentstandenen und sich ekstatisch ausdehnenden "Bewußtseinseinheiten" nun gegenseitig wahrnehmen und erkennen, daß sie alle gemeinsam ein Ausdruck der ihnen allen zugrundeliegenden Einheit sind. Diese Erinnerung an die ihnen allen gemeinsam zugrundeliegenden Einheit ist das Gefühl der bedingungslosen Liebe: durch den gemeinsamen Ursprung in dem Einen ist jede dieser "Bewußtseinseinheiten" mit jeder anderen in diesem allen gemeinsamen Ursprung identisch. Was könnte man anderes als Liebe für diese anderen "Bewußtseinseinheiten" empfinden, wenn Liebe nichts anderes ist als die Erinnerung an den gemeinsamen Ursprung in dem Einen?

Auf die Form von Binah folgt nun die Kraft-Sephirah Daath. Im "Lebensbaum der physikalischen Evolution" ist dies der Punkt, wo sich jede Energieströmung in der Begegnung mit den anderen Energieströmen ausdrücken will, also die anderen Energien im Außen benutzt, um das eigene Wesen darzustellen. Man kann sich diesen Vorgang in etwa so vorstellen, daß die verschiedenen Bewegungsrichtuingen der Energien aufeinanderstoßen und dadurch die Energien sich nicht mehr wie vorher in Chokmah geradlinig als reiner Ausdruck ihres eigenen Wesens fortbewegen, sondern durch den äußeren Widerstand Wirbel bilden, wodurch nun die Möglichkeit entsteht, daß die sich vorher geradlinig bewegende Energie in Kreisbahnen gezwungen wird und dadurch entsprechend der Formel "$E=m \cdot c^2$" zu Materie "kondensiert". In der Kernphysik ist diese "Kondensation" mit einer Abnahme der Temperatur, der Dichte und des Drucks der Energie verbunden - der ungehinderte, feurige, ekstatische Tanz der Energie (Kether bis Binah) kommt in seiner äußeren Bewegung zu einem Ende, da die Energie zu kühlerer, erdhafterer Materie wird. Die Materie bewahrt sich dieses Feuer und diese ekstatische Bewegung mit Lichtgeschwindigkeit nun nur noch in ihrem Inneren, wo sie sich auf der Kreisbahn dreht, die nach außen hin als feste Materie erscheint. So wird aus dem Feuer der freien, geradlinigen Energie kreisende Energie: die ersten Materieteilchen.

Im "Inneren Lebensbaum der Welt" findet sich in Daath auf die Liebe von Binah folgend nun die Erkenntnis, das man sich durch das eigene Verhältnis zu den anderen "Bewußtseinseinheiten" ausdrücken kann - man existiert nicht mehr einfach in der Ekstase der Ausdehnung der eigenen Qualität wie in Chokmah, sondern man erkennt die Möglichkeit, das eigene Wesen im Außen auszudrücken.

Aus den Impuls, sich im außen auszudrücken (Daath), der auf das erste Aufeinandertreffen der Energie bzw. "Bewußtseinseinheiten" in Binah folgt, entstehen nun in Chesed die ersten abgegrenzten Einheiten. Im Äußeren sind dies die ersten Elementarteilchen, also die Grundbausteine der Materie, und im Inneren sind dies die Seelengruppen.

Diese ersten abgegrenzten Teilchen bzw. eigenständigen, abgegrenzten und zu Gruppen verbunden Seelen (Form-Sephirah Chesed) treten nun miteinander in Wechselwirkung (Kraft-Sephirah Geburah), wodurch in den einzelnen Teilchen bzw. Seelen individuelle Impulse entstehen. Auf die ersten abgrenzten Formen von Chesed folgt nun wieder eine dynamische Auseinandersetzung in Geburah.

Durch diese individuellen Impulse (Kraft-Sephirah Geburah) entstehen nun die ersten Individuen (Form-Sephirah Tiphareth). Im Äußeren fügen sich die Elementarteilchen zu Atomkernen zusammen und im Inneren entsteht eine Seele, die sich von ihrer Seelengruppe losgelöst hat und einem eigenständigen Impuls folgt. Die dynamischen Vorgänge in der Kraft-Sephirah Geburah haben nun zu der Entscheidung für eine bestimmte individuelle Form in Tiphareth geführt.

Diese Individuen (Tiphareth) begegnen nun wieder anderen Individuen und allen Formen der Existenz, von der die Welt erfüllt ist. Im Äußeren beginnen die positiv geladenen Atomkerne nun negativ geladene Elektronen anzuziehen, sodaß diese sich dann in Kreisbahnen um die Atomkerne bewegen. Im Inneren beginnt die Seele, also der Persönlichkeitskern damit, eine Psyche zu entfalten, indem er die sich selber umgebende Welt wahrnimmt und ihre einzelnen Bestandteile durch seine Gefühle entweder annimmt oder ablehnt. Die Begegnung der individuellen Form von Tipharet mit anderen individuellen Formen führt nun zu einer Stellungnahme innerhalb der Welt mit Anziehungen und Abstoßungen, also zu der Kraft-Sephirah Netzach, die im Innen durch die Gefühle und im Außen durch die elektromagnetische Anziehung bzw. Abstoßung geprägt ist.

Diese Prozesse der Anziehung und Abstoßung führen nun zu den neuen, festen Gebilden der Form-Sephirah Hod. Im Außen fügen sich die Atome mit anderen Atomen, "die zu ihnen passen", zu Molekülen zusammen, und im Inneren wird die durch die Gefühle auf bestimmte Aspekte der Welt hin ausgerichtete Aufmerksamkeit der Seele zu einer sachlichen Betrachtung der Gegebenheiten, die für die eigenen Wünsche und Ängste relevant sind, wodurch das Denken entsteht.

Auf diese Form-Sephirah (Hod) folgt nun eine Kraftsephirah (Yesod), die im Innen aufgrund der Einschätzungen der vorigen Sephirah alle Wahrnehmungen und Erlebnisse zu als sinnvoll erachteten Verhaltensmustern zusammengefaßt, die zum größten Teil schon nach kurzer Zeit unbewußt ablaufen. Auf diese Weise entsteht das Unterbewußtsein, das ständig alle Impulse und Wahrnehmungen verarbeitet und seinerseits wieder Urteile und Impulse abgibt. Im Außen findet sich in diesem Bereich die Begegnungen von Molekülen miteinander, die sich in fortlaufendem Wandeln aneinander anlagern und wieder trennen. Aus diesem Verbinden und wieder Lösen bestehen alle biologischen Prozesse. Im Inneren entspricht dies der Tätigkeit des Unterbewußtseins, der inneren Bilderwelt, die man in der Regel am besten durch die Erinnerungen an die eigenen Träume kennt.

Auf diese letzte Kraft-Sephirah (Yesod) folgt nun das Endergebnis des ganzen Prozesses, die letzte Form-Sephirah, die äußere Erscheinungsform dieser ganzen Vielfalt (Malkuth): der Körper des Menschen bzw. die materielle Alltagswelt.

Die Visualisierung der Mittleren Säule

Für die Imagination der Mittleren Säule ergibt sich aus dieser Betrachtung eine Differenzierung des Wesens der fünf beteiligten Sephiroth: Drei dieser Sephiroth sind feste Punkte (Form) und zwei sind Übergänge (Kraft):

Sephirah	Kraft/Form	Bewußtseinform
Kether	Form	Gott
Daath	Kraft	Kontinuum des Bewußtseins
Tiphareth	Form	Seele
Yesod	Kraft	Unterbewußtsein
Malkuth	Form	Körper

Diese Struktur ist die Grundgeste in der Mittleren Säule: die Seele zwischen Gott und dem materiellen Körper. Mit dem materiellen Körper ist die Seele durch die Psyche verbunden und mit Gott ist die Seele durch das Kontinuum verbunden, das in den Mythen als Tor zum Paradies dargestellt wird.

6. Entwicklungseinheiten

Bei der Betrachtung der Folge der Sephiroth ist ersichtlich, daß einige Male etwas grundsätzlich Neues entsteht.

Das erste Mal geschieht dies, wenn sich die Einheit von Kether in den vielen Strahlen von Chokmah manifestiert und somit aus der Einheit die erste Form der Vielheit entsteht - symbolisch die Erschaffung der Welt durch Gott.

Das zweite Mal geschieht dies bei dem Übergang in Daath, wenn Materie entsteht, bzw. mythologisch gesagt, bei der Vertreibung der Menschen aus dem Paradies.

Das dritte Mal geschieht dies bei dem Übergang von Tiphareth nach Netzach, wenn sich die Seele inkarniert und eine Psyche auszubilden beginnt bzw. wenn der Atomkern eine Elektronenhülle ausbildet und dadurch die Grundlage für die Verbindungen von Atomen zu Molekülen schafft.

Das vierte Mal geschieht dies bei dem Übergang von Yesod nach Malkuth, bei dem aus den im Inneren wirkenden Kräfte die äußere Form entsteht.

Dadurch entstehen fünf unterschiedene Bereiche:
1. Kether: die ursprüngliche Einheit;
2. Chokmah/Binah/Daath: die grundlegenden Bestandteile - Urbilder;
3. Chesed/Geburah/Tiphareth: der Bereich der Individualisierung - Bilder der Mitte;
4. Netzach/Hod/Yesod: der Bereich der Entfaltung des Individuums - der Bereich der "kleinen" Bilder;
5. Malkuth: die Vielheit.

Der erste Bereich ist der Ausgangspunkt und der fünfte Bereich ist das Endergebnis - und als solche werden beide nur durch eine einzelne Sephirah repräsentiert. Die drei Bereiche dazwischen enthalten je drei Sephiroth. Es liegt die Vermutung nahe, daß diese Dreiheiten jeweils gleiche Dynamiken enthalten.

Chokmah ist der Bereich der ersten Impulse; Chesed ist der bereich der ersten abgegrenzten Formen; und Netzach ist der Bereich der ersten Impulse des Zentrums auf seine Umwelt hin.

Binah ist die Begegnung der ersten Impulse von Chokmah miteinander; Geburah ist die Wechselwirkungen zwischen den ersten abgegrenzten Formen von Chesed; und die Gedanken von Hod sind das Ergebnis der Gefühle von Netzach.

Daath ist das Kontinuum der ersten Impulse (Chokmah), die sich begegnet sind, ohne sich gegenseitig zu verändern (Binah), und sich nun miteinander verweben und aufeinander zu wirken beginnen; Tiphareth ist das Ergebnis des Aufeinanderwirkens (Geburah) der ersten abgegrenzten Formen (Chesed); und Yesod ist das Ergebnis aller Erkenntnisse und Erklärungen bzw. Erklärungsversuche der Welt (Hod), die in ihrer Gesamtheit das Unterbewußtsein (Yesod) bilden.

Das erste Dreieck besteht aus der Folge "Kraft-Sephirah (Chokmah) - Form-Sephirah (Binah) - Kraft-Sephirah (Binah)" - es ist also dynamisch und vorwiegend durch Kräfte geprägt.

Das zweite Dreieck besteht aus der Folge "Form-Sephirah (Chesed) - Kraft-Sephirah (Geburah) - Form-Sephirah (Tiphareth)" - es ist also statisch und vorwiegend durch die Form geprägt.

Das dritte Dreieck besteht wieder wie das erste Dreieck aus der "Folge Kraft-Sephirah (Netzach) - Form-Sephirah (Hod) - Kraft-Sephirah (Yesod)" - es ist also dynamisch und vorwiegend durch die Kraft geprägt.

Es ergibt sich also die Folge

Form-Sephirah	Schöpfer
Kraft-Bereich	Erschaffung der Welt
Form-Bereich	Seele
Kraft-Bereich	Erschaffung der Psyche
Form-Sephirah	Körper

Es gibt in den Dreiecken also eine erste Form oder eine erste Kraft, die dann durch ihr Gegenteil (Kraft oder Form) in eine Auseinandersetzung, eine Differenzierung gerät, wodurch dann am Ende in der dritten Sephirah wieder wie in der ersten Sephirah eine Form oder Kraft erscheint, die nun aber komplexer und individualisierter geworden ist.

Dies entspricht nicht dem philosophischen Konzept "These - Antithese - Synthese", obwohl es auf den ersten Blick

Ähnlichkeit mit ihm hat, denn die These und die Antithese befinden sich auf einer Ebene, während die Folge der Sephiroth eine Entwicklungsfolge ist, bei der jeweils eine neue Ebene entsteht.

Man kann diese Dreierpaare von Sephiroth eher als "Ausgangszustand - Differenzierung - neuer Zustand" bezeichnen. Es handelt sich bei ihnen also um "Entwicklungs-Einheiten".

Die Visualisierung der Mittleren Säule

Aus dieser Betrachtung ergibt sich, daß sich auf der Mittleren Säule gerade alle Sephiroth befinden, die einen "neuen Zustand" darstellen. Zwischen Kether und Daath findet durch Chokmah und Binah eine Weiterentwicklung statt; zwischen Daath und Tiphareth findet durch Chesed und Geburah eine Weiterentwicklung statt; zwischen Tiphareth und Yesod findet durch Netzach und Hod eine Weiterentwicklung statt; und zwischen Yesod und Malkuth findet zwar keine Weiterentwicklung durch andere Sephiroth statt, aber hier findet sich eine Weiterentwicklung in der Form, daß Malkuth die gesamte vorhergehende Entwicklung zusammenfaßt und abschließt.

7. Die Übergänge

Zwischen den eben beschriebenen fünf Bereichen gibt es, da diese Bereiche in sich geschlossene Einheiten bilden, größere, deutlichere Übergänge als zwischen den anderen Bereichen. Die drei unteren dieser Übergänge werden auch von der traditionellen Kabbala beschrieben und tragen von unten nach oben gesehen die Namen "Schwelle", "Graben" oder "Paroketh" (="Schleier") und "Abgrund". Den obersten Übergang kann man als "Auflösung" bezeichnen: er löst von Kether nach Chokmah die Einheit in die Vielheit auf, und er löst von Chokmah nach Kether hin die Individualisierung in die Einheit auf. Zudem paßt er als Steigerung in die Folge "Schwelle" - "Graben" - "Abgrund" - "Auflösung". Auch die Doppeldeutigkeit von "Auflösung" im Sinne von "Ende eines Zustandes" und von "Erkenntnis der vorher verborgenen gewesenen Lösung" paßt sehr gut zu diesem Übergang.

Die "Schwelle" liegt waagerecht in der Mitte zwischen Malkuth und Yesod. Der "Graben" liegt waagerecht in der Mitte zwischen dem Paar Netzach-Hod und Tiphareth. Der "Abgrund" liegt waagerecht zwischen dem Paar Chesed-Geburah und Daath, wird aber oft mit Daath identifiziert. Die "Auflösung" liegt waagerecht zwischen dem Paar Chokmah-Binah und Kether.

```
                        Kether
           ............................................. Auflösung
              Binah             Chokmah
                         Daath
           ............................................. Abgrund
              Geburah           Chesed
                        Tiphareth
           ............................................. Graben
               Hod              Netzach
                         Yesod
           ............................................. Schwelle

                        Malkuth
```

Diese Übergänge sind wichtige Strukturen innerhalb des Lebensbaumes, die ihn in verschiedene Bereiche gliedern, die verschiedene Qualitäten haben.

Innerhalb des "Inneren Lebensbaumes der Welt" ist die Schwelle der von Freud so genannte "Hüter der Schwelle", der den Weg bewacht, der von dem normalen Wachbewußtsein (Malkuth) hin zu dem Unterbewußtsein, zu den Träumen und hin zu der inneren Bilderwelt führt, die in der Meditation gesehen werden kann (Netzach/Hod/Yesod). Man kann sich diesen Übergang als eine Tür oder ein Tor vorstellen, durch das man vom Wachbewußtsein in die innere Wahrnehmung eintritt. Das Symbol der Tür wird auch oft bei Meditationen und Traumreisen verwendet.

Der Graben ist der Übergang von der Psyche (Netzach/Hod/Yesod) hin zu der Seele (Chesed/Geburah/Tiphareth). Daher repräsentiert der Graben auch den Schleier (hebräisch: "Paroketh") der Mysterien, den man nur heben kann, wenn man bereit ist, dafür zu sterben. Der Übergang über Paroketh ist das Einweihungsmysterium, bei dem man sich selber losläßt und sein ganzes Sehnen auf das Erkennen der eigenen Seele ausrichtet. Dieses Loslassen der eigenen Persönlichkeit wird als Tod erlebt, weshalb alle Einweihungszeremonien die Todessymbolik benutzen. Dieser Pfad stellt auch die Geburt und den Tod des eigenen Körpers dar, den Übergang zwischen Diesseits und Jenseits. Symbole für den Pfad zwischen diesen beiden Bereichen sind die Gebärmutter und der Sarg sowie die aufgehende bzw. untergehende Sonne.

Der Abgrund ist die Auflösung aller Grenzen des Bewußtseins. Sein Symbol ist eine bodenlose Schlucht, in die man hinabspringen muß - man verläßt den Bereich der Abgrenzungen (Chesed/Geburah/Tiphareth) und springt hinein ins Kontinuum (Chokmah/Binah/Daath), in dem es keine Abgrenzungen mehr gibt.

Die Auflösung ist das Ende der Individualisierung (Chokmah/Binah/Daath). Von Kether aus gesehen, also von oben nach unten, kann das Symbol der Auflösung eine plötzliche, ursachenlose Veränderung/Abweichung in der Einheit sein, durch die man sofort in den Bereich Chokmahs hineingezogen wird. Von Chokmah aus gesehen, also von unten nach oben, führt das Streben, Gott von Angesicht zu Angesicht zu sehen und dann jede Unterscheidung zwischen Ich und Einheit aufzugeben, hin zu Gott in Kether - es ist ein plötzliches Bewußtwerden der Einheit von Kether.

```
                    Einheit
      ...........................................    Auflösung: Anfang und Ende der Individuation
        Liebe              Ekstase
                   Kontinuum
      ...........................................    Abgrund: Anfang und Ende der Abgrenzung
      Lebensentschluß       Seelengruppen
                     Seele
      ...........................................    Graben: Geburt und Tod/Einweihung
         Denken            Fühlen
                 Unterbewußtsein
      ...........................................    Schwelle: Ein- und Ausgang der inneren BIlderwelt
                     Körper
```

Innerhalb des "Lebensbaumes der physikalischen Evolution" ist die Schwelle der Übergang von der Biologie (Yesod) zur Psychologie (Malkuth), von der Ansammlung von Zellen (= Organ) zum Individuum. Dieser Übergang kennzeichnet auch den Übergang vom Makrobereich (ohne Hilfsmittel erfaßbare Vorgänge) zum Mikrobereich (nur mit Hilfsmitteln wie Mikroskopen erfaßbare Vorgänge).

Der Graben ist der Übergang von dem von den Qualitäten der Elektronen geprägten biologisch-chemisch-physikalischen Bereich (Netzach/Hod/Yesod) zu dem Bereich des Atomkernes und seiner Bestandteile, der von der Farbkraft und ihren verschiedenen Erscheinungsformen geprägt ist (Chesed/Geburah/Tiphareth). Unterhalb des Grabens hat jedes Atom seine eigene Temperatur, oberhalb des Grabens ist die Energie so dicht bzw. sind die Teilchen so nah beieinander, daß sie alle dieselbe Temperatur haben. Dieses Phänomen nennt man in der Kernphysik "thermisches Gleichgewicht" oder "Plasmazustand".

Der Abgrund kennzeichnet die Grenze zwischen dem Bereich der reinen Energie (Chokmah/Binah/Daath) und dem Bereich der Materie, d.h. der Elementarteilchen (Chesed/Geburah/Tiphareth). In dem Bereich der reinen Energie verschmilzt die Farbkraft mit der elektromagnetischen Kraft und allen anderen sekundären Formen der Kraft wie die schwache Wechselwirkung oder die Molekularkraft (außer der zu Kether gehörenden Gravitation) zu der einen sogenannten "großen vereinheitlichten Kraft".

Die Auflösung führt schließlich weiter zu dem einen "Etwas", in dem die drei primären Kräfte Gravitation, elektromagnetische Kraft und Farbkraft miteinander zur "Quantengravitation" verschmelzen.

```
                    "Etwas"
      ...........................................    Auflösung: erster Quantensprung / inflationäres Weltall
      Erhaltungssätze         Ausdehnung
                  Wechselwirkung
      ...........................................    Abgrund: Übergang von Energie zu Materie
      Protonen/Neutronen    Elementarteilchen
                    Atomkerne
      ...........................................    Graben: Ende des thermischen Gleichgewichts
        Moleküle              Atome
                 Molekülgruppen
      ...........................................    Schwelle: Übergang vom Makro- zum Mikrobereich
                     Körper
```

In Bezug auf die Art der Kraft, die die verschiedenen Bereich prägt, fällt bei dem "Äußeren Lebensbaum der Welt" eine Symetrie auf: der oberste und der unterste Bereich werden durch die Gravitation geprägt; der mittlere Bereich wird durch die Farbkraft gekennzeichnet; während die beiden übrigen, zwischen ihnen liegenden Bereiche durch das Wirken der elektromagnetischen Kraft gekennzeichnet sind.

Diese Beobachtung entspricht ganz den Feststellungen in dem vorletzten Abschnitt über Form und Kraft. Der erste Bereich (Kether) ist eine Form-Sephirah und stellt den Ausgangspunkt dar und wird entsprechend von der einpoligen, ruhigen Kraft der Gravitation geprägt, die alles zusammenzieht. Der fünfte Bereich (Malkuth) ist ebenfalls eine Formsephirah und stellt den Endpunkt dar und wird ebenfalls von der einpoligen, ruhigen Kraft der Gravitation geprägt.

Der dritte, mittlere Bereich (Chesed/Geburah/Tiphareth) ist ein zu 2/3 von Form-Sephiroth geprägter Bereich, in dem die zusammenhaltende Farbkraft wirkt, die in diesem Bereich der Zentrierung und der Mitte und der "Geburt des Individuums" sehr gut paßt - das Wort Individuum bedeutet "das Unteilbare" und die Unteilbarkeit, Unzertrennlichkeit der durch die Farbkraft im Proton und Neutron zusammengehaltenen drei Quarcks ist die auffälligste Eigenschaft in diesem Bereich.

Der zweite Bereich (Chokmah/Binah/Daath) und der vierte Bereich (Netzach/Hod/Yesod) sind zu 2/3 durch Kraft-Sephiroth geprägt, weshalb es nicht verwunderlich, daß diese Bereiche durch die dynamische elektromagnetische Kraft gestaltet werden, die sowohl zu anziehung als auch zu r Abstoßung führen kann und daher ein Vielfalt von Bewegungen hervorruft.

```
1. Bereich (Kether)                      - - - - - - - - - - - - - - - - - - - - - -|
..................................................  Auflösung                       |
2. Bereich (Chokmah/Binah/Daath)         - - - - - - - - - - - - - -|                |
..................................................  Abgrund        | elektr.-       |
3. Bereich (Chesed/Geburah/Tiphareth)    - - - - - - - Farbkraft    | magn.          |Gravitation
..................................................  Graben         | Kraft          |
4. Bereich (Netzach/Hod/Yesod)           - - - - - - - - - - - - - -|                |
..................................................  Schwelle                        |
5. Bereich (Malkuth)                     - - - - - - - - - - - - - - - - - - - - - -|
```

Nun findet sich noch eine weitere Qualität bei diesen Übergängen. Da der Graben unter anderem den Augenblick der Geburt darstellt und von diesem Geburtsaugenblick auch das Geburtshoroskop abhängt, stellt der Graben also auch die Geburtshoroskope dar. Nach der Erfahrung der Astrologen werden alle Dinge, die neu entstehen bzw. eigenständig werden (Geburt, Gründung) von dem Planetenstand zu diesem Zeitpunkt geprägt. Das selbständig werdende Wesen erhält, bildlich gesprochen, von dem "himmlischen Gewand" der Planeten, das ständig sein Material und seine Farbe entsprechend den Stellungen der Planeten ändert, ein Stück geschenkt, das das neue Wesen dann während seiner ganzen Existenz wie ein Gewand trägt und das seinen Lebensstil beschreibt. Man kann sich diesen Vorgang auch so vorstellen, daß das selbständig werdende Wesen bei seinem Übergang über den Graben eine Blase von dem Bereich, in dem es vorher war, abtrennt und in ihm bleibt und in ihm durchs Leben geht. Dabei erstarrt die Qualität dieser "Blase" in dem Augenblick der Abtrennung, während das übrige, von dem es sich abgetrennt hat und das durch den Planetenlauf beschrieben wird, sich weiterverwandelt.

Die Beschreibung dieses Vorganges ist offenbar eine Analogie zu dem Vorgang in Daath, wenn sich die vorher frei und geradlinig bewegende Energie zu einem Kreis einrollt und dadurch zu Materie kondensiert: die Energie wird etwas Abgegrenztes, wird Materie, aber in ihrem Inneren bleibt sie Energie.

Dieser Vorgang der "sich abgrenzenden Blasenbildung" oder des "kondensierenden Einrollens" bzw. der "raumsparenden Wirbelbildung" unter "Bewahrung der vorherigen Eigenschaften im Inneren" scheint der Grundcharakter dieser Übergänge zu sein.

Bei der Auflösung gliedert sich das eine Bewußtsein in viele sich ekstatisch ausdehnende Facetten bzw. das eine"Etwas" differenziert sich durch den ersten Quantensprung in sich ausdehnende Energie. Die einzelnen "Bewußtseinseinheiten" tragen das Wesen des einen Bewußtseins weiterhin in sich, wodurch die Möglichkeit einer Rückkehr in dieses Eine Bewußtsein möglich ist; und die einzelnen sich ausdehnenden Energien sind alle nur eine Erscheinungsform des ihnen weiterhin zugrundeliegenden einen "Etwas".

Bei dem Abgrund wird die freie sich bewegende Energie in Kreisbahnen gelenkt und wird dadurch zu Materie (Elementarteilchen), wobei sie aber in ihrem Inneren den Charakter der Energie behält - dadurch ist es jederzeit möglich, Materie in Energie zurückzuverwandeln - wie die Atombombe zeigt. Oder, wenn man die "Innenseite", also die Bewußtseinsseite des Abgrundes betrachtet:Die Seelengruppen entstehen durch die Konzentration auf ihre eigene Qualität und die damit einhergehende Abgrenzung von anderen Seelengruppen, wobei sie in ihrem Inneren immer ein Teil des Kontinuums bleiben und dorthin zurückkehren können: die Pforte zum Paradies steht allen offen.

Bei dem Graben ist dieses Einhüllen in eine Blase aus der Substanz des Bereiches, aus dem das neue Wesen kommt, besonders deutlich:
In Tiphareth des "Lebensbaumes der physikalischen Evolution", der die Entwicklung der Materie vom Urknall (Kether) bis heute (Malkuth) darstellt, befinden sich die Atomkerne, die zu dieser Zeit noch keine feste Elektronenhülle haben, inmitten von frei umherfliegenden Elektronen. Die positiv geladenen Atomkerne befinden sich zu dieser Zeit der Entstehung der Welt (bis etwa 700 Jahre nach dem Urknall) innerhalb einer "Suppe" von negativ geladenen Elektronen, die alle dieselbe Temperatur haben - die Atomkerne haben also eine allen gemeinsame Elektronenhülle. Als die Welt sich nun weiter ausdehnte und abkühlte, endete die überall gleiche Temperatur und jeder Atomkern entnahm aus der sie alle umgebenden Elektronen-"Suppe" so viele Elektronen, wie er Protonen enthielt, und hüllte sie wie eine Blase, wie eine Wolke um sich. Auffällig an diesem Vorgang ist, daß die beiden physikalischen Charakteristika dieses Überganges (die Bildung der Elektronenhülle und das Enden des thermischen Gleichgewichtes) passenderweise gleichzeitig bei dem Übergang über den Graben auftreten, obwohl sie physikalisch nicht aneinander gekoppelt sind. Aus der Sicht des Physiker ist dies ein Kuriosum, während es aus der Sicht des Lebensbaumes nur so einen Sinn gibt. Diese Koppelung mehrerer physikalisch nicht verknüpfter Ereignisse bei Übergängen wird sich in späteren Kapiteln noch bei mehreren Lebensbäumen finden (und somit einen deutlichen physikalischen Hinweis auf die Tatsache bilden, daß es analogielogische Zusammenhänge gibt).
Bei der Geburt eines Menschen scheint es auf der Ebene der Seelen und Seelengruppen also "astrologische Gezeiten" zu geben, in denen diese Seelen "schwimmen" und die sie dann bei ihrer Geburt um sich hüllen und ein Leben lang als ihr Horoskop beibehalten - so wie auch ein Atomkern seine Elektronenhülle bei sich behält, bis das Atom "stirbt", d.h. so sehr erhitzt wird, daß es seine Elektronen wieder abstößt und aufs neue zu einem Atomkern in einer Elektronen-"Suppe" wird.

Da der Atomkern ebenso wie die Elektronen aus den Elementarteilchen besteht, die sich nach dem "Übergang" der Energie über den Abgrund in Chesed gebildet haben, und die Atomkerne nach dem "Übergang" über den Graben nach Netzach diese Elektronen einfangen und aus ihnen eine beständige Hülle bilden, liegt es nahe, im Bereich des Bewußtseins einen analogen Vorgang anzunehmen. Dies würde bedeuten, daß das, was nach der Geburt eines Menschen als Prägung durch das Horoskop erscheint, aus derselben Substanz wie die Seele besteht - so wie auch der Atomkern und seine Elektronenhülle beide aus Elementarteilchen (Quarks und Elektronen) bestehen.

Bei der Schwelle ist der "Kondensations"-Vorgang weniger offensichtlich, aber auch hier zeigen sich im Makrobereich in jedem Augenblick alle im Mikrobereich wirkenden Kräfte.

Nun liegt der Verdacht nahe, daß sich nicht nur beim Graben, sondern auch bei den andern Übergängen eine Art "Horoskop" finden läßt. Für die Schwelle ist dies recht leicht zu finden: es sind die Transite, also die Variationen der Aussagen des Geburtshoroskopes durch das Verhältnis der derzeitigen Planeten am Himmel in ihrer Stellung zu den Planeten des Geburtshoroskopes.
Das astrologische Charakteristikum für den Abgrund müßte mit der Entstehung der Materie aus der Energie zusammenhängen. Auffälligerweise gibt es nun genau drei mal vier, also zwölf Elementarteilchen, aus denen die Welt besteht: je drei Arten von vier verschiedenen Teilchen - zwei unterschiedlichen Typen von Quarcks, dem Elektron und

dem Neutrino. (Weitere Einzelheiten dazu finden sich im Kapitel IV 1: "Die Zwölferstruktur der Übergänge".)

Auch bezüglich der Auflösung findet sich eine solche Zwölferteilung: Die einfachste Weise der Darstellung eines Quantes ist die „Heisenberg'sche Spinkette", aus sich nach und nach die Superstringtheorie entwickelt hat, die heute die gesamte Physik prägt. Man kann sich die Spinketten wie eine kreisförmige Saite vorstellen, die in einer stehenden Welle schwingt, die also eine bestimmte Anzahl von ruhenden Punkten auf der Saite aufweist, zwischen denen die Saite abwechselnd nach oben und nach unten schwingt. Dieser Spin ist die ursprünglichste aller physikalischen Qualitäten und das Graviton, also das ursprünglichste aller Teilchen, hat genau zwölf solcher Knoten bzw. Wellenberge und Wellentäler.

Interessant ist auch, daß die kreisförmige, stehende Welle, also die „Heisenberg'schen Spinketten", die einzige physikalische Konstruktion ist, durch die ein Ganzes in zwölf scharf abgegrenzte Teile untergliedert werden kann - die Orte auf der Saite, die stets in Ruhe sind und zwei Schwingungsbereiche voneinander trennen, sind punktförmig und somit ein scharfe Grenze, wodurch das Ganze vollkommen dem Aufbau des Tierkreises entspricht.

      Auflösung   - Heisenberg'sche Spinketten
      Abgrund   - zwölf Arten von grundlegenden Elementarteilchen
      Graben   - zwölfteiliger Tierkreis ---> Horoskope
      Schwelle   - zwölfteiliger Tierkreis ---> astrologische Transite

Die vier Übergänge sind also die Orte, an denen bei der Überquerung von oben nach unten Horoskope, also Prägungen des Stiles und des Verhaltens entstehen, die durch die Astrologie und durch die Physik beschrieben werden können, und sie sind auch die Orte, an denen sich bei der Überquerung von unten nach oben hin diese Stile und Prägungen wieder auflösen.

Die Visualisierung der Mittleren Säule

Die vier Übergänge liegen genau auf den vier Pfaden, die sich zwischen den fünf Sephiroth auf der Mittleren Säule befinden. Daher beschreiben diese Übergänge auch die vier Entwicklungsschritte auf der Mittleren Säule.

Von oben nach unten:

    1. Kether;
    2. durch den Beginn der Individuation entsteht beim Überschreiten der Auflösung aus   Kether Daath;
    3. durch den Beginn der Abgrenzung beim Überschreiten des Abgrundes entsteht aus Daath   Tiphareth;
    4. durch den Beginn der Entfaltung (die mit der Zeugung zusammenhängt) beim Überschreiten   des Grabens entsteht aus Tiphareth Yesod;
    5. durch den Beginn der Konkretisierung (die mit der Geburt zusammenhängt) beim Überschreiten der Schwelle entsteht aus Yesod Malkuth.

Diese Folge läßt sich nun auch in umgekehrter Richtung betrachten, wodurch man den Weg von seinem eigenen Körper zu Gott erhält:

Von unten nach oben:

    1. Malkuth;
    2. durch den Eintritt in die innere Bilderwelt beim Überschreiten der Schwelle kehrt das Malkuth-Bewußtsein in das Yesod-Bewußtsein zurück;
    3. durch die Ausdehnung der Erinnerung auf die Zeit vor die Geburt oder die Ausdehnung der Wahrnehmung auf die Quelle der eigenen Psyche beim Überschreiten des Grabens kehrt das Yesod-Bilderbewußtsein und das Tiphareth-Seelenbewußtsein zurück;
    4. durch die Auflösung jeglicher Abgrenzung beim Überschreiten des Abgrundes kehrt das Tiphareth-

Seelenbewußtsein in das Bewußtseins-Kontinuum von Daath zurück;

5. durch die vollständige Bejahung aller Dinge beim Überschreiten der Auflösung kehrt das Daath-Bewußtseinskontinuum in das eine, alles umfassende Kether-Bewußtsein zurück.

Dieser Aufstieg auf der Mittleren Säule beschreibt die Grundstruktur jeder spirituellen Suche. Es ist daher sinnvoll, diese vier Qualitäten in die Visualisierung der Mittleren Säule mit aufzunehmen - sie sind dann mit dem aus der oberen Sephirah herabsinkenden leuchtenden, farbigen Punkt verbunden, der den Keim der unter ihr liegenden Sephirah bildet. Daraus ergibt sich dann folgende Visualisierung für die vier Pfade auf der Mittleren Säule:

1. Eine kleine weiße Kugel sinkt aus der zuerst imaginierten Sephirah Kether herab, beginnt dadurch die Individuation und wächst zu einer regenbogenfarbenen Kugel, der Sephirah Daath, heran.

2. Dann sinkt aus der Sephirah Daath eine kleine regenbogenfarbene Kugel herab, läßt dadurch die Abgrenzungen entstehen und wächst zu der goldenen Sephirah Tiphareth heran.

3. Dann sinkt aus der Sephirah Tiphareth eine kleine goldene Kugel herab, beginnt dadurch die Entfaltung und wächst zu der violetten Sephirah Yesod heran.

4. Zuletzt sinkt dann aus der Sephirah Yesod eine kleine violette Kugel herab, beginnt dadurch die Konkretisierung und wächst zu der braunen oder schwarzen Sephirah Malkuth heran.

Diese vier Pfade werden hier zwar getrennt beschrieben, aber sie bilden eine Einheit, einen langen Strahl von Kether bis hinab nach Malkuth, der in sich vier verschiedene aufeinanderfolgende Qualitäten enthält - die vier Übergänge.

Es ist wichtig, sich diese vier Pfade nicht als etwas Dünnes oder Abstraktes oder Zerbrechliches vorstellen, sondern als die Himmelssäule, den Weltenbaum oder die Weltachse, also die zentrale Verbindung zwischen Himmel und Erde, die das Himmelsgewölbe trägt. Diese Himmelssäule existiert zwar nicht im physikalischen Sinne, aber sie hat eine sehr konkrete symbolische Bedeutung: sie ist der Weg von der Vielheit zu der Einheit, der sowohl das zentrale Element aller spirituellen Lehren ist als auch das Wesen des physikalischen Weltbildes ist, das letztlich idealerweise aus der mathematischen Herleitung der Vielfalt aus einem einzigen Grundprinzip ist (was derzeit allerdings noch nicht erreicht worden ist).

8. Die Dreiergruppen

Die schon mehrfach erwähnten Dreiergruppen, die im vorletzten Abschnitt "Entwicklungseinheiten" schon ansatzweise beschrieben wurden, sowie Kether und Malkuth, also die fünf Grundeinheiten auf dem Lebensbaum, stehen immer im gleichen Zusammenhang zueinander:

Kether als Ausgangspunkt und Malkuth als Endpunkt sind leicht zu erfassen. Die drei Dreiecke zwischen der Einheit von Kether und der Vielheit von Malkuth sind drei Entwicklungsschritte. Das erste Dreieck ist gewissermaßen die "Eröffnung des Spieles" oder die "Bereitung der Bühne"; in dem zweiten Dreieck treten dann die "Schauspieler" auf; und in dem dritten Dreieck geht es schließlich um die "Aktionen der Schauspieler".

Kether ist gewissermaßen ein "unendlicher Punkt", der alles Folgende in sich enthält, aber selber in keiner Weise strukturiert ist.

Das erste Dreieck ist die Ausdehnung, die Weite, der Rahmen - sie legt fest, innerhalb welcher Regeln sich das Folgende mit welchen möglichen Kräften abspielt. Es enthält die Qualitäten "Ausdehnung" (Chokmah), "Erhaltung" (Binah) und "Gesetz" (Daath). Es ist die Entfaltung der grundlegenden Qualitäten von Kether.

Das zweite Dreieck ist die Bildung von Individualität, von Gemeinschaft, von Differenzierung, von Auseinandersetzung, von Steuerung und von Entschlüssen. Es enthält die Qualitäten "Zusammenwirken" (Chesed), "Vereinzelung" (Geburah) und "Zentrierung" (Tiphareth). Es entsteht durch das Aufeinanderwirken der Kräfte und Regeln des ersten Dreieckes und verdichtet diese zu sich selbst erhaltenden, eigenständigen Gebilden mit deutlich individuellem Charakter.

Das dritte Dreieck ist die Bildung von Einzelimpulsen, von Vergleichen, von Assoziationen und Reaktionen. Es enthält die Qualitäten "Bewertung" (Netzach), "Strukturerfassung" (Hod) und "Verknüpfung" (Yesod). Es entsteht durch das Wirken der im vorigen Dreieck gebildeten individuellen Einheiten auf die sie umgebende Welt.

Die Einzelimpulse, Vergleiche und Assoziationen des dritten Dreiecks erschaffen und prägen schließlich die Gestalt des Körpers in Malkuth.

Wenn man sich nun den Vorgang der "Blasenbildung" beim Übergang zwischen diesen Bereichen, wie er im vorigen Abschnitt beschrieben wurde, in Hinsicht auf den "Lebensbaum der physikalischen Evolution" anschaut, ergibt sich ein komplexes Bild aus Übergängen und Bereichen.

Bei dem Übergang von dem anfänglichen "Etwas" (Kether) zu dem Bereich der Energie (1. Dreieck) nimmt das "Etwas" die Gestalt der Energie an, die aber in ihrem Inneren immer dieses "Etwas" bleibt - alle Energie ist eine strukturierte Gestalt, die dieses "Etwas" annimmt.

Bei dem Übergang von Daath nach Chesed, also von dem ersten Dreieck zum zweiten Dreieck, bilden sich aus der Energie durch "Kondensierung", durch "Blasenbildung" von der übrigen Energie abgegrenzte Energie-"Bläschen": die Elementarteilchen. Diese Elementarteilchen sind "Energiebläschen" und diese Energie ist wiederum eine abgegrenzte Erscheinungsform des allem zugrundeliegenden "Etwas". Diese Elementarteilchen befinden sich nun allerdings noch immer im thermischen Gleichgewicht miteinander, d.h. die Energie- und Teilchendichte ist so hoch, daß alles dieselbe Temperatur hat - eine große kosmische Suppe, die nach dem Urknall 700 Jahre lang "gekocht" hat.

Als nächstes löst sich nun beim Übergang zum dritten Dreieck dieses thermische Gleichgewicht auf und die Atomkerne hüllen Elektronen um sich und bilden dadurch neue, eigenständige Einheiten - "Elektronenbläschen" mit einem Atomkern in ihrem Zentrum.

Schließlich bilden diese neuen Einheiten, die Atome, durch verschiedene physikalische (Netzach), chemische (Hod) und biologische (Yesod) Prozesse die Lebewesen (Malkuth), die wiederum eine neue Erscheinungsform sind.

1. Die Grundlage, das "Etwas" von Kether, bildet die Grundlage des ganzen Lebensbaumes bis hin nach Malkuth.
2. Die Energie, die im ersten Dreieck erscheint, bildet die zweite Schicht des Lebensbaumes vom ersten Dreieck bis hin nach Malkuth.
3. Die Elementarteilchen, die im zweiten Dreieck entstehen, bilden die dritte Schicht des Lebensbaumes vom zweiten Dreieck an bis hin nach Malkuth.
4. Die Atome, die im dritten Dreieck entstehen, bilden die vierte Schicht des Lebensbaumes vom dritten Dreieck an

bis hin nach Malkuth.
    5. Die Lebewesen in Malkuth bilden schließlich die fünfte und letzte Schicht.

Die Qualitäten eines jeden dieser fünf Bereiche reicht also bis nach Malkuth hinab, wodurch Malkuth schließlich fünf verschiedene Schichten in sich enthält - Kether hingegen nur eine: sich selber, die Einheit, das "Etwas", auf dem die ganze Vielfalt beruht.

Kether:		"Etwas"				
1. Dreieck:		"Etwas"	Energie			
2. Dreieck:		"Etwas"	Energie	Elementarteilchen		
3. Dreieck:		"Etwas"	Energie	Elementarteilchen	Atome	
Malkuth:		"Etwas"	Energie	Elementarteilchen	Atome	Lebewesen

Jedes Dreieck enthält also eine Ebene mehr als die Ebene (Dreieck bzw. Kether) oberhalb von ihm und wird dadurch eine Stufe komplexer. Die vier Übergänge auf dem Lebensbaum Kennzeichen die Entstehung einer neuen Ebene durch "Kondensierung" der auf der oberen Ebene frei beweglichen Elemente zu auf Kreisbahnen sich bewegenden Elementen - gewissermaßen Wirbeln oder Bläschen der Elemente der nächsthöheren Ebene. Am anschaulichsten ist dieser Vorgang sicher bei der Verdichtung der Energie beim Übergang über den Abgrund zu Materie.

Nun kann man andererseits auch einmal betrachten, bis wohin die Qualitäten Kethers auf dem Lebensbaum hinabreichen. Da Kether das eine "Etwas" ist, die Einheit, die allem zugrundeliegt, enthält es auch alle Qualitäten. aber da durch die vier Übergänge immer komplexere Strukturen entstehen, reichen diese Qualitäten Kethers nicht alle bis hin zu allen Dreiecken bzw. Malkuth auf dem Lebensbaum:

    1. Die Einheit existiert nur innerhalb von Kether: Sie endet bei der Auflösung durch die Entstehung von Energie.
    2. Die Abgrenzungslosigkeit, die innerhalb von Kether besteht, reicht bis in das erste Dreieck: Sie endet am Abgrund mit der Entstehung von Materie.
    3. Die gleichmäßige Schwingung, also die überall gleiche Temperatur, man kann auch sagen die homogene Energieverteilung ("Energiegleichheit") reicht von Kether bis ins zweite Dreieck: Sie endet beim Graben mit der Entstehung der Elektronenhülle der Atome.
    4 Die dynamische, elektromagnetische Verknüpfung, die zwischen den Elektronenhüllen der Atome in den Molekülen und Molekülgruppen besteht, reicht bis in das dritte Dreieck: Sie endet bei der Schwelle mit der Entstehung von Lebewesen.
    5. Bis nach Malkuth hinein reicht lediglich die Qualität der Existenz.

Kether:	Einheit	Abgrenzungslosigkeit	Energiegleichheit	Verknüpfung	Existenz
1. Dreieck:		Abgrenzungslosigkeit	Energiegleichheit	Verknüpfung	Existenz
2. Dreieck:			Energiegleichheit	Verknüpfung	Existenz
3. Dreieck:				Verknüpfung	Existenz
Malkuth:					Existenz

Jedesmal, wenn eine neue Schicht entsteht, geht eine Eigenschaft des "Etwas" verloren, was ja auch plausibel ist, da alle vier Übergänge Prozesse beschreiben, bei denen sich Teile der oberen Ebene von der Gesamtheit dieser Ebene durch "Blasenbildung" abkapseln und eigenständige Einheiten bilden. Durch eben diese Abkapselung geht jeweils eine Qualität des einen "Etwas" verloren: bei der Auflösung die Einheit, bei dem Abgrund die Abgrenzungslosigkeit, bei dem Graben die Energiegleichheit und bei der Schwelle schließlich die Verknüpfung.
    Genaugenommen gehen bei den Übergängen natürlich keine Eigenschaften verloren, sondern sie werden sozusagen im Inneren der neu entstehenden, komplexeren Einheiten verborgen. Auch in dem komplexen Wesen "Mensch"

(Malkuth) liegt ganz im Innersten die Einheit von Gottes Bewußtsein (Kether) verborgen - das, was oft der "Gottesfunke" im Innersten der Seele genannt wird.

Diese beiden Tabellen lassen sich nun miteinander verknüpfen, wodurch sich dann ergibt, daß:
- durch die Entstehung der Energie die Einheit verlorengeht,
- durch die Entstehung der Elementarteilchen die Abgrenzungslosigkeit verlorengeht,
- durch die Entstehung der Atome die Energiegleichheit verlorengeht,
- durch die Entstehung der Lebewesen die Verknüpfung verlorengeht.

Diese Bereiche, in denen noch eine Eigenschaft der Einheit besteht, sowie der Übergang, an der sie endet, bilden ein wichtiges Kriterium beim Aufstellen eines Lebensbaumes und eine wesentliche Orientierung bei der Bewertung des Zustandes einer Sephirah.

Dies wird besonders deutlich anhand des Beispieles des "Lebensbaumes des menschlichen Körpers". In diesem Lebensbaum erscheinen Störungen der Abgrenzung durch die Schwelle als Verletzungen, Störungen der Abgrenzung durch den Graben z.B. als Blinddarmdurchbruch oder Hirnhautentzündung, und Störungen der Abgrenzung durch den Abgrund als Veränderungen des Erbgutes z.B. durch die folge von Nuklearunfällen, die sich in der Folge dann z.B. als Krebserkrankung zeigen.

Der "Lebensbaum des menschlichen Körpers" sieht wie folgt aus:

```
                    I
               Aminosäuren                             Aminosäuren

.................................................................elektromagnetischer Zusammenhalt der Aminosäure
       III                          II
Aminosäurepaar-              Aminosäurepaare
tripletts                                              Zellkern
                    D
               DNS (Zellkern)
.................................................................Zellwand
       V                           IV
Muskeln, Knochen,           Lunge                      "Innenorgansystem"
Milz, Leber                                            Blutkreislauf
                   VI
              Herz, Hirn, Nerven
.................................................................Darmwand
       VIII                        VII
Dickdarm                   Speiseröhre, Magen,         "Außenorgansystem"
                           Dünndarm                    Verdauung / Ausscheidung
                   IX
              Mund, After,
              Geschlechtsorgane
.................................................................Körperöffnungen


                    X
              Sinnesorgane, Haut                       Außenabgrenzung,
                                                       Außenwahrnehmung
```

Wenn man einmal den Blickwinkel eines Virus einnimmt, kann man sehr anschaulich die Übergänge erkennen und sehen, daß hinter ihnen jeweils ein noch stärker geschützter Bereich liegt, dessen Bestandteile jeweils deutlich stärker miteinander verbunden sind als in dem vorhergehenden Bereich - so wie es auch in dem "Lebensbaum der physikalischen Evolution" zu sehen war.

Es folgt nun "Die Reise eines Virus in das Innere eines Menschen":

Ein Mensch nießt und ein Virus wird aus ihm heraus durch die Luft geschleudert und trifft auf die Haut (Malkuth) eines anderen Menschen. Vielleicht wäscht dieser Mensch sich dann sofort - und das Virus hat Pech gehabt. Einer seiner "Geschwister" hat möglicherweise mehr Glück und trifft auf eine der Körperöffnungen, z.B. den Mund (Schwelle). Dann hilft dem Menschen die Schutzfunktion seiner Haut (Malkuth) nichts mehr, denn das Virus hat nun den Weg nach innen in den Mund (Yesod) gefunden. Das Virus hat die erste Hürde genommen und ist nun in dem Bereich, über dessen Inhalt der betreffende Mensch eigentlich selber bestimmen wollte, nämlich sein gesamtes Körperinneres oder genauer gesagt, seinen Körperinnenhohlraum (3. Dreieck).

Nun wandert das Virus mit dem geschluckten Speichel weiter in den Magen und in den Dünndarm. Nun besteht akute Gefahr für das Virus: wenn es Pech hat, wird es wieder durch den Dickdarm (Yesod) weitergeschleust und durch den After (Schwelle) ausgeschieden - womit der Mensch gesiegt und seine Grenzen doch noch erfolgreich verteidigt hätte. Vielleicht hilft der Zufall aber auch dem Virus, das bereits die Körperabwehr der Magensäure (Netzach) überlebt hat, und schiebt es in eine Falte der Dünndarmwand (Graben), wo es zusammen mit aufgelösten Nahrungsbestandteilen aufgenommen wird. In diesem noch privateren Bereich will der betreffende Mensch das Virus ganz bestimmt nicht sehen. Das Virus befindet sich nun im Blutkreislauf, der alle Organe miteinander verbindet (2. Dreieck). Während im Bereich des 3. Dreieckes noch körperfremde Stoffe vorkommen (Nahrungsaufnahme, Verdauung), gibt es im 2. Dreieck nur noch körpereigene Stoffe. Die Verdauung im Bereich des 3. Dreiecks zerstückelt die aufgenommene Nahrung solange, bis nur noch Einheiten übrig bleiben, die auch in dem Bereich des 2. Dreieckes vorkommen, die also zu den körpereigenen Stoffen zählen.

Hier in dem Bereich des 2. Dreieckes, in dem nur körpereigene Stoffe vorkommen sollten, muß das Virus nun mit einem neuen Abwehrmechanismus klarkommen: mit den weißen Blutkörperchen, die überall auftauchen und nach Eindringlingen suchen. Vielleicht wird es durch einen solchen "Blutpolizisten" zerstört, vielleicht aber auch nicht. Falls es lange genug überlebt, wird das Virus vielleicht mit dem Blutstrom von den dickeren Adern in eine kleine Verzweigung gespült und trifft irgendwo auf einen geschwächten Organbereich. Dann hat es die Chance, auch die letzte Hürde, die Zellwand (Abgrund) zu durchbrechen und in einen noch privateren Bereich vorzudringen (1. Dreieck) - hin zum Zellkern einer Zelle, wo der Bauplan des Menschen verankert liegt, auf dem dessen gesamter Körper aufgebaut ist. Selbst jetzt, wo das Virus doch schon soweit gekommen ist, könnte es noch scheitern, wenn es von einem der Lysomen im Zellinneren, die die Zelle vor Fremdstoffen zu schützen versuchen, erwischt wird. Falls es auch diesen Häschern, die der Zellkern zu seinem eigenen Schutz ausgesandt hat, entkommt, kann es in den Zellkern eindringen und dort seine DNS, sein genetisches Programm einschleusen und dadurch den Zellkern so umprogrammieren, daß diese Zelle nun damit beginnt, nicht mehr dem Menschen zu dienen, zu dem sie gehört, sondern stattdessen eine Unmenge Viren zu produzieren - bis schließlich diese ganze Zelle durch die weißen Blutkörperchen zerstört wird oder die Viren durch ein hohes Fieber vernichtet werden, das der Körper zu diesem Zweck produziert.

In den allerinnersten Bereich, in die Aminosäuren selber (Kether), kann das Virus nicht mehr vordringen (Auflösung), da es selber ein Wesen der Zellebene ist - es kann diese körpereigenen Aminosäuren allerdings, wie eben beschrieben, zur eigenen Reproduktion umfunktionieren. Lediglich einige physikalische Einflüsse wie Verbrennungen oder die radioaktive Strahlung können in größerem Ausmaß auf der Ebene der Aminosäuren noch Schaden anrichten.

In manchen Fällen wie hier bei dem menschlichen Körper sind die Strukturen des Lebensbaumes in den "normalen, nicht-kabbalistischen Vorstellung" durchaus vorhanden, auch wenn sie nicht unbedingt in dieser Form strukturiert sind. Diese Lebensbaumstrukturen finden sich auch in der Sprache, insbesondere in der Beschreibung der negativen Körperzustände, wieder, was ja oft auf ein unbewußtes Verständnis von Zusammenhängen hinweist:

> der Negativzustand von Malkuth des Körpers ist die Verletzung;
> der Negativzustand des 3. Dreieckes des Körpers ist die Vergiftung, das Verhungern oder das Verdursten;
> der Negativzustand des 2. Dreieckes des Körpers ist die Krankheit; und
> der Negativzustand des 1. Dreieckes der Körpers ist die Mutation wie z.B. Krebs.

Zur Veranschaulichung ist es vielleicht hilfreich noch einmal die Bereiche des "Lebensbaumes des menschlichen

Körpers" und des "Lebensbaumes der physikalischen Evolution" miteinander zu vergleichen. Zunächst einmal ist die Parallele zwischen dem thermischen Gleichgewicht und dem Bereich des Blutkreislaufs und der durch sie verbundenen Organe (Innenorgansystem) am auffälligsten, da hier sogar die charakteristische Qualität, die gleiche Temperatur aller beteiligten Teile, übereinstimmt - der Bereich von Kether bis Tiphareth ist ein "Bereich der Energiegemeinschaft".

Die Ebenen der Lebensbäume sehen wie folgt aus:

Ausdehnung	physikalische Evolution	menschlicher Körper
Kether bis Malkuth:	"Etwas"	Aminosäuren
Chokmah bis Malkuth:	Energie	Zellen, DNS
Chesed bis Malkuth:	Elementarteilchen	körpereigene Stoffe
Netzach bis Malkuth:	Atome	im Körper erwünschte Stoffe
Malkuth:	Lebewesen	Körper

Das "Etwas" gibt es also in allen Bereichen von Kether bis Malkuth, ebenso die Aminosäuren; die Elementarteilchen gibt es jedoch nur im 2. und 3. Dreieck und in Malkuth, und dasselbe gilt für die körpereigenen Stoffe.

Die Reichweite der Qualitäten Kethers in den beiden Lebensbäumen sieht wie folgt aus, wobei an dieser Stelle bei der Betrachtung des "Lebensbaumes des menschlichen Körpers" das Bewußtsein auftritt, da Kether immer das integrierende Element ist (siehe auch den nächsten Abschnitt "III 9."):

Bereich	physikalischer Lebensbaum	menschlicher Lebensbaum
Kether	Einheit	Identität (Ich-Bewußtsein)
Kether bis Daath	Abgrenzungslosigkeit	Bewußtsein über die eigenen Qualitäten
Kether bis Tiphareth	Energiegleichheit	direkte Innenwahrnehmung (eigener Körper), konstante Temperatur (Blut)
Kether bis Yesod	Verknüpfung	indirekte Innenwahrnehmung (auch die Inhalte des Verdauungstraktes und der Lungen)
Kether bis Malkuth	Existenz	Außenwahrnehmung

Die Energiegleichheit reicht von Kether aus nur bis ins zweite Dreieck - als thermisches Gleichgewicht in der physikalischen Evolution und als konstante Bluttemperatur sowie der direkten Innenwahrnehmung im Körper. So wie die Bildung einer Elektronenhülle bei einem Atom nur außerhalb des thermischen Gleichgewichtes stattfinden kann, so kann sich die dem thermischen Gleichgewicht entsprechende direkte Innenwahrnehmung auch nur auf den eigenen Körper erstrecken, aber nicht auf die Inhalte des Verdauungstraktes. Diese Inhalte des Magens und der Därme entsprechen der Elektronenhülle des Atomes: Der Körper holt sich fremde Stoffe, ist aber mit diesen nicht verbunden, obwohl der Körper selber sowohl eine konstante Temperatur als auch eine direkte Innenwahrnehmung hat. Entsprechend holt sich auch der Atomkern die zu ihm passende Anzahl von Elektronen und hüllt sie um sich, und im Inneren des Atomkernes bleibt das thermische Gleichgewicht durch die ständigen Verwandlungsprozesse der

Neutronen in Protonen und zurück erhalten. Sowohl im "Innenbereich" des Körpers, also im Bereich der körpereigenen Substanz, als auch im Atomkern stehen alle Bestandteile in einem ständigen Austausch miteinander. Zwischen der körpereigenen Substanz und dem Darminhalt sowie zwischen dem Atomkern und der Elektronenhülle besteht eine Barriere, der Graben.

Die Visualisierung der Mittleren Säule

Aus den bisherigen Betrachtungen ergibt sich auch für die Visualisation der Mittleren Säule eine Ergänzung, die darstellt, daß letztlich alles aus der Substanz Kethers besteht:

1. - Kether ist eine weiße Kugel - die Einheit; nur in Kether besteht das Bewußtsein über die eigene Identität;

2. - Daath ist eine regenbogenfarbene Kugel - die Abgrenzungslosigkeit;
   - als Zeichen dafür, daß sie aus der Substanz Kethers besteht, enthält sie in ihrem Innersten eine kleine weiße Kugel;
   - das Bewußtsein über die eigene Identität reduziert sich hier auf die Bewußtheit über die eigenen Qualitäten - aber das Kether-Bewußtsein ist im Innersten von Daath weiterhin verborgen vorhanden und kann entdeckt werden;

3. - Tiphareth ist eine goldene Kugel - Energiegleichheit;
   - als Zeichen dafür, daß sie aus der Substanz Daaths und somit letztlich Kethers besteht, enthält sie in ihrem Innersten eine regenbogenfarbene Kugel, die wiederum in ihrem Innersten eine weiße Kugel enthält;
   - das Bewußtsein über die eigenen Qualitäten reduziert sich hier auf die direkte Innenwahrnehmung - aber das Daath- und das Kether-Bewußtsein sind im Innersten von Tiphareth weiterhin verborgen vorhanden und können entdeckt werden;

4. - Yesod ist eine violette Kugel - Verknüpfung;
   - als Zeichen dafür, daß sie aus der Substanz Tipharets und somit Daaths und letztlich Kether besteht, enthält sie in ihrem Inneren eine kleine goldene Kugel, die wiederum eine regenbogenfarbene Kugel enthält, die in ihrem Innersten eine weiße Kugel enthält;
   - die direkte Innenwahrnehmung reduziert sich hier auf die indirekte Innenwahrnehmung - aber das Tiphareth-, das Daath- und das Kether-Bewußtsein sind im Inneren von Yesod weiterhin verborgen vorhanden und können entdeckt werden;

5. - Malkuth ist eine braune oder schwarze Kugel - Existenz;
   - als Zeichen dafür, daß sie aus der Substanz Yesods und somit Tipharets, und weiterhin Daaths und letztlich Kethers besteht, enthält sie in ihrem Inneren eine violette Kugel, die ihrerseits eine goldenen Kugel enthält, die wiederum eine regenbogenfarbene Kugel enthält, die schließlich eine weiße Kugel enthält.
   - die indirekte Innenwahrnehmung reduziert sich hier auf die Außenwahrnehmung - aber das Yesod, das Tiphareth- das Daath- und das Kether-Bewußtsein sind im Inneren von Malkuth weiterhin verborgen vorhanden und können entdeckt werden - worauf letzten Endes die Möglichkeit einer spirituellen Entwicklung beruht.

9. Innen und Außen

Die Welt ist zugleich Einheit und Vielheit. Die prägende Qualität der Materie ist die Vielheit, die Abgrenzung voneinander - somit ist Malkuth der "Materie-Pol" der Welt. Die prägende Qualität des Bewußtseins ist die Einheit - somit ist Kether der "Bewußtseins-Pol" des Lebensbaumes. Nun ist aber nicht einfach Kether = Bewußtsein und Malkuth = Materie; diese beiden Sephiroth zeigen nur die Qualitäten von Bewußtsein und Materie am deutlichsten.

Man kann seinen eigenen Körper (mit geschlossenen Augen und in Stille) von innen her betrachten - dann ist er ein Phänomen des Bewußtseins. Man kann ihn auch von außen her betrachten und mit den Händen abtasten - dann ist er ein materielles Phänomen. Ob etwas als Materie oder als Bewußtsein erscheint, ist lediglich eine Frage der Blickweise: Schaue ich von innen darauf oder schaue ich von außen darauf?

Daher gibt es zu fast jedem Thema einen äußeren, die Materie betrachtenden Lebensbaum und einen zweiten, inneren, das Bewußtsein betrachtenden Lebensbaum. In vielen Fällen ist natürlich nur der eine der beiden Lebensbäume von Interesse. So wird der Bewußtseins-Lebensbaum kaum benötigt werden, wenn man z.B. ein Auto oder eine andere Maschine mithilfe des Lebensbaumes analysiert. Der umgekehrte Fall ist seltener - dies könnte z.B. auf einen Lebensbaum zutreffen, auf dem man die Romane von Hermann Hesse anzuordnen versucht, da hier ja nur der geistige Gehalt der Schriften und nicht etwa die Art des Papieres, auf die sie gedruckt sind, interessiert. Ein Beispiel für einen Lebensbaum, der nicht sowohl eine Bewußtseins-Variante und eine Materie-Variante aufweist, wäre der bereits mehrfach erwähnte Lebensbaum der Vektormathematik.

Wenn man nun, wie im vorigen Abschnitt, die Qualitäten des "Lebensbaumes des menschlichen Körpers" untersucht, ist es im Grunde nicht verwunderlich, wenn auf einmal Bewußtseinsphänomene auftreten.

Bei der Betrachtung der Ebenen, die im menschlichen Körper "übereinanderliegen", zeigt sich der materielle Aufbau: Aminosäuren (Kether), Zellen (1. Dreieck), körpereigene Stoffe (2. Dreieck), im Körper erwünschte Stoffe (3. Dreieck), Körper (Malkuth). in dieser Betrachtung geht man davon aus, was von Kether bis Malkuth gemeinsam ist und schränkt dann den betrachteten Bereich immer weiter ein, bis man schließlich bei dem angelangt, was nur noch Malkuth betrifft.

Bei der Betrachtung, welche Qualitäten von Kether bis zu welchem Bereich reichen und dort enden, wird von der Betrachtungsweise her nun Kether betont. Daher entpuppt sich diese Betrachtung dann als die Frage, welches Bewußtsein von Kether, von der Identität des betreffenden Menschen, bis in welchen Bereich seines Körpers reicht. Es drängt sich bei dieser Fragestellung förmlich das Bild der Inkarnation auf: eine Seele, die beginnt, einen Körper aufzubauen und in ihm wie in einem Haus wohnt. Die Seele selber ist die Identität und ruht im Zentrum (Kether). Die erste Ausweitung ist die Bewußtheit über die eigenen Qualitäten, die nun schon differenzierter ist und die Einheit verloren hat (Kether bis 1. Dreieck). Die zweite Ausweitung reicht dann bis in den eigenen Körper, sie ist die direkte Innenwahrnehmung des Körpers - das Bewußtsein ist in seiner Struktur wieder einen Schritt weiter von der Identität her auf die Materie zugegangen (Kether bis 2. Dreieck). Danach folgt dann die indirekte Innenwahrnehmung der Inhalte des Verdauungstraktes (Kether bis 3. Dreieck) und schließlich die Außenwahrnehmung (Kether bis Malkuth). Diese Betrachtung zeigt die Bewegung des Bewußtseins von innen nach außen - ein Weg von der Selbstbewußtsein im wörtlichen Sinne ("Ich bin Ich" in Kether) über das Bewußtsein des eigenen Körpers (2. Dreieck) bis hin zur Wahrnehmung der Außenwelt (Malkuth).

Die Visualisierung der Mittleren Säule

Diese Betrachtung läßt sich in die Visualisierung der Mittleren Säule in der Form aufnehmen, daß man sich bei der Visualisierung Kethers bewußt ist, daß Kether die Einheit ist und somit alles umfaßt und alles von innen her wahrnimmt und auch als Ich wahrnimmt und es deshalb für Kether kein Außen und somit auch keine Materie gibt, sondern nur das umfassende "Ich bin", also ein umfassendes Bewußtsein.

In Daath gibt es dann bereits eine Differenzierung in verschiedene Qualitäten, in Tiphareth eine Differenzierung in verschiedene Einheiten, und in Yesod schließlich eine Differenzierung in verschiedene miteinander verbundene Einheiten. In Malkuth erscheinen schließlich die voneinander getrennten Einheiten, das deutliche "Außen" und somit die Materie.

Die Folge der von Kether nach Malkuth visualisierten Sephiroth beschreibt somit die Entstehung des "Außens" und somit der Objekte, der Materie aus dem "Innen" und somit dem Bewußtsein - wobei das Bewußtsein in Kether gleichzeitig auch die gesamte Substanz ist, die aber aufgrund des Umstandes, daß sie eine Einheit bildet, nicht als ein "Außen" und somit als ein Objekt und Materie wahrgenommen werden kann.

Man könnte auch sagen, daß für die Einheit von Kether der Blick auf sich selber, oder genauer gesagt: der Blick eines Teiles der Einheit auf ein anderes Teil dieser Einheit nicht möglich ist. Diese Möglichkeit entsteht erst weiter unten auf dem Lebensbaum und wird schließlich in Malkuth vollkommen verwirklicht.

10. Die drei Säulen

Die drei Säulen sind eines der klassischen Symbole des Lebensbaumes. Die beiden äußeren Säulen werden oft als die Säulen am Eingang des Tempels, den Salomon durch seinen Baumeister Hiram errichten ließ, aufgefaßt. Diese Symbolik ist vor allem in den Ritualen der Freimaurer von sehr großer Bedeutung.

Die linke, weibliche Säule besteht aus Binah, Geburah und Hod. Sie wird schwarz dargestellt entsprechend der Farbe, die ihrer obersten Sephirah (Binah) zugeordnet wird. Ihr Name (an Salomos Tempel) ist Boas und sie trägt die Bezeichnung "Säule der Strenge". Sie ist von eine Wolke gekrönt.

Die rechte, männliche Säule besteht aus Chokmah, Chesed und Netzach. Sie wird grau dargestellt entsprechend der Farbe, die ihrer obersten Sephirah (Chokmah) zugeordnet wird. Ihr Name (an Salomos Tempel) ist Jahin und sie trägt die Bezeichnung "Säule der Barmherzigkeit". Sie ist von Feuer gekrönt.

Die mittlere, geschlechtslose Säule besteht aus Kether, Daath, Tiphareth, Yesod und Malkuth. Sie wird weiß dargestellt entsprechende der Farbe, die ihrer obersten Sephirah (Kether) zugeordnet wird. Sie hat keinen Eigennamen und trägt die Bezeichnung "Säule des Bewußtseins". Sie ist von gleißend weißem Licht gekrönt.

Zwischen dem männlichen Feuer und dem weiblichen Wasser (Wolke) steht das Licht des Bewußtseins - wenn man den Gegensatz der Geschlechter in sich überwindet, integriert, kann das Bewußtsein erwachen.

Die Strenge von Boas und die Barmherzigkeit von Jahin sind die beiden Eigenschaften, die ein König benötigt, um ein guter und fähiger Herrscher sein zu können.

Die Strenge besteht aus dem Prinzip der Erhaltung (Binah), dem Prinzip der Auseinandersetzung und der Differenzierung (Geburah) und dem Prinzip der Strukturierung (Hod). Die Säule Boas setzt Grenzen (Binah), verändert (Geburah) und strukturiert (Hod) - sie ist die Begegnung mit der strengen Realität der Welt, mit den äußeren Tatsachen.

Die Barmherzigkeit besteht aus dem Prinzip der Ausdehnung (Chokmah), dem Prinzip der Erschaffung (Chesed) und dem Prinzip der Orientierung (Netzach). Die Säule Jahin ist der Tanz in Ekstase (Chokmah), die Heimat in der Gemeinschaft (Chesed) und der Ausdruck der Gefühle (Netzach) - sie ist das innere Feuer, die Begeisterung an der Wurzel des eigenen Wesens.

Die "Mittlere Säule" ist das zentrale Element des Lebensbaumes, da sie die fünf Sephiroth zusammenfaßt, die der Anfangspunkt des Ganzen (Kether), der Endpunkt des Ganzen (Malkuth) sowie das jeweils in den drei Dreiecken neue Erschaffene (Daath, Tiphareth, Yesod) zusammenfaßt:

Sephiroth	Prinzip	„innen"	„außen"
Kether	Anfang, Ursprung, Einheit	Gott	"Etwas"
Daath	Gesetz, Kontinuum	abgrenzungsloses Bewußtsein,	wechselwirkende Energie
Tiphareth	Zentrum	Seele	Atomkern
Yesod	Gruppierungen	Unterbewußtsein	Molekülgruppen
Malkuth	Abgrenzung	Wachbewußtsein	makroskopische Gegenstände

Die vier Übergänge liegen jeweils gleich unter den ersten vier dieser Sephiroth. In Bezug auf das Bewußtsein haben sie, wenn man das Bewußtsein auf dem Lebensbaum von "unten nach oben", vom Wachbewußtsein Malkuths zum Bewußtsein der Einheit in Kether hin ausdehnt, folgenden Charakter:

Übergang	Auflösung	= Folge der Auflösung
Auflösung	das Loslassen der Identität	= die Verschmelzung zur Einheit
Abgrund	die Aufgabe der Abgrenzung	= die Entdeckung des Kontinuums
Graben	das Loslassen der Einzelpersönlichkeiten der Psyche	= die Entdeckung der Seele
Schwelle	das Innehalten im Alltag	= das Entdecken der Innenwelt

Zu jeder der fünf Sephirah der Mittleren Säule gehört ein zentrales Erlebnis, eine Entdeckung im Bereich des Bewußtseins:

In Malkuth ist das zentrale Erlebnis die Lebendigkeit des eigenen Körpers, die eigene Existenz, derer sich das normale Wachbewußtsein in der Regel auch bewußt ist. Dieses Alltagsbewußtsein ist der Ausgangspunkt für jede weitere Entwicklung und Ausdehnung des Bewußtseins. Das normale Wachbewußtsein ist sozusagen der Raum in uns, in dem während des Wachzustandes eine "Lampe brennt" und dessen wir gewahr sind. Sobald man mehr erfahren will, muß man sich von hier aus auf den Weg machen und anschließend wieder hierher zurückkehren.

In Yesod ist das zentrale Erlebnis die Entdeckung der Innenwelt und der in ihr wirkenden Lebenskraft. Diese Innenwelt existiert auch, wenn das Wachbewußtsein sie nicht wahrnimmt wie z.B. in Träumen, die man morgens nicht mehr weiß oder die man nach einer Viertelstunde wieder vergessen hat. Durch Traumreisen, die bewußtere Erinnerung an Träume z.B. durch das Führen eines Traumtagebuches, oder durch Meditationen kann die Schwelle, die das Wachbewußtsein von dem Unterbewußtsein trennt, allmählich durchlässiger werden, bis man schließlich jederzeit durch ein kurzes Innehalten die innere Bilderwelt sehen kann.

Diese innere Bilderwelt ist aber nicht auf die eigene Psyche begrenzt, sondern ist mit allem anderen verbunden. Diese Verbindungen kann man als telepathische Erlebnisse und als Vorhersehen von Ereignissen erleben oder auch ganz einfach dann, wenn man spürt, daß man von jemandem, der hinter einem steht, intensiv angeschaut wird. Wie das Beispiel von Propheten und Seherinnen zeigt, kann der Blick aus dieser inneren Bilderwelt hinaus in die Welt sehr klar und deutlich werden.

Das intensivste und direkteste Erlebnis dieser inneren Welt und der Lebenskraft, aus der sie besteht, ist der Orgasmus. Mit ihm ist noch ein zweites Erlebnis verbunden: der Beginn des Aufsteigens der Lebenskraft von den Genitalien das Rückgrat hinauf bis zum Scheitel. Dieses Aufsteigen der Lebenskraft wird als ein aufsteigendes Feuer erlebt und Kundalinischlange oder Drachenfeuer oder auf tibetisch Tummo-Feuer genannt. Das Erlebnis der aufsteigenden Kundalini ist deutlich intensiver, vielfältiger und länger anhaltend als ein Orgasmus.

In Tiphareth ist das zentrale Erlebnis das "Erwachen". Damit ist nicht das normale Erwachen aus dem Schlaf, sondern ein Erwachen aus dem Alltagsbewußtsein gemeint. Dieses Bewußtsein wird als Wärme, leuchtendes Herz, Harmonie, Mühelosigkeit, Frieden, Lächeln, Freundlichkeit für alle Lebewesen und Liebe erlebt.

"Technisch" formuliert ist das normale Wachbewußtsein (Malkuth) die Koordination der Oberfläche der Psyche; das Unterbewußtsein (Yesod) die Koordination des inneren Hintergrundes des Wachbewußtseins; und das "Erwachen" die Koordination der ursprünglichen Impulse in der Mitte der Psyche (Tiphareth).

Oft ist es so, daß man etwas ißt, weil man frustriert ist, und man ist frustriert, weil man von seinem Chef ungerecht behandelt worden ist, und das hat man zugelassen, weil man sich nicht traut, wütend zu werden, und das traut man sich nicht, weil man fürchtet, dann von allen verlassen zu werden, und das fürchtet man, weil man so etwas einmal in der Kindheit erlebt hat, und diesem Erlebnis liegt letztlich der Wunsch nach einer intensiven Begegnung zugrunde. Das Malkuth-Wachbewußtsein würde sich nun um das an der Oberfläche liegende Bedürfnis, etwas zu essen kümmern. Das Yesod-Unterbewußtsein würde sich bemühen, die dahinterliegenden Süchte und Ängste zu erkennen. In dem Tiphareth-Erwachen kann man schließlich den ursprünglichen Wunsch nach einer intensiven Begegnung wiederfinden.

Dies Erwachen ist nicht symbolisch gemeint - es handelt sich bei dem Tiphareth-Bewußtsein wirklich um eine ganz andere Bewußtseins-Qualität als bei dem normalen Wachbewußtsein. Man kann die beiden genausowenig miteinander verwechseln wie man das Wachbewußtsein und das Träumen verwechseln würde.

In Daath ist das zentrale Erlebnis die Auflösung jeder Grenzen: die Materie hört auf, fest und solide zu sein, die Wahrnehmung dehnt sich auf ganze Landschaften aus und man erkennt sich selber nicht mehr durch die Abgrenzung von allem anderen, sondern durch die Bewußtheit über die eigene Qualität. Der Übergang zu diesem Erlebnis (Abgrund) erscheint dem Betreffenden oft als die Aufforderung, in einen bodenlosen Abgrund zu springen und wirklich alles loszulassen - in dem abgrenzungslosen Kontinuum von Daath kann man nichts mehr festhalten, weil es keine Grenzen mehr gibt. Das Gefühl der Bedrohung durch den Grenzverlust weicht, wenn man schließlich diesen Übergang bejahen kann, einem "begeisternden" Erlebnis von Weite.

In Kether ist das zentrale und auch das einzige Erlebnis, das es dort gibt, die Einheit, das gleißend- weiße Licht, in dem es nirgendwo eine Abweichung oder ein Unterschied gibt: das allumfassende "Ich bin".

Zu jedem dieser fünf zentralen Erlebnisse gehört eine Gestalt, die dieses Erlebnis ausdrückt und die eigene Form auf dieser Ebene, innerhalb dieser Sephirah ist:

Das Erlebnis in Malkuth, die Bewußtheit über die eigene Existenz, ist fest mit dem eigenen Körper verknüpft.

Das Erlebnis in Yesod, die Lebenskraft, die man in den inneren Bildern, im Orgasmus und in dem aufsteigenden Schlangenfeuer erleben kann, ist mit dem eigenen Krafttier verbunden. Dies ist die Gestalt der eigenen Lebenskraft, die auch die Eigenschaften und Fähigkeiten dieses Tieres hat. Das eigene Krafttier kann man durch Meditationen, Traumreisen und Tänze finden.

Das Erlebnis in Tiphareth, das Erwachen, ist mit der eigenen Seele verbunden. Die eigene Seele erscheint einem in der Meditation zunächst als ein Wesen außerhalb von einem selber, das einen beschützt - als Schutzgeist oder Schutzengel. Wenn man sich dann mit diesem Wesen, seinem eigenen Anteil an Tiphareth, seiner Seele identifiziert hat, erlebt man dieses Wesen in der Regel nur noch als in sich, als die eigene Mitte, als die eigene Essenz, als das Licht im Herzen. Mit dieser Identifizierung endet die Frage "Wer bin ich?", denn dann weiß man es so direkt und offensichtlich, daß man es zwar möglicherweise nicht in Worte fassen, aber jederzeit fühlen und wahrnehmen kann.

Das Erlebnis in Daath, die Grenzauflösung, ist mit der Begegnung mit dem Lichtbringer verbunden. Diesen Lichtbringer kann man als die Qualität innerhalb des Bereiches des 1. Dreieckes auffassen, die den Ursprung der eigenen Seele bildet.
Eine Seele, also die "Grundeinheit" innerhalb des Bereiches des 2. Dreieckes, ist von größerer Intensität als eine Psyche und auch von größerer Einfachheit. Die Bewußtseinsqualitäten innerhalb des 1. Dreieckes sind, da sie näher an der Einheit liegen und eine "Kondensation" (die des Abgrundes) weniger erlebt haben, noch einfacher und weniger strukturiert als die der Seele, aber zugleich von ihrer Intensität und ihrer Weite noch größer als eine Seele. Ein solches Wesen aus dem Bereich von Chokmah, Binah und Daath ist abgrenzungslos, von einfacher Struktur, durch seine Qualität definiert, es ist offenbar (da es aufgrund mangelnder Grenzen nichts verbergen kann und will) und es ist voller Licht, da das 1. Dreieck der Bereich reiner Energie ist. Wie sollte man solch ein Wesen nennen, wenn nicht Gott oder Göttin?
Der Lichtbringer, dem man in Daath begegnet, ist die Gottheit, aus der heraus die eigene Seele beim Übergang von Daath nach Chesed durch Abgrenzung entstanden ist. Die eigene Seele ist ein abgegrenzter Tropfen von dem Meer dieser Gottheit. Die Seele ist das "Kind" dieser Gottheit.
Die Seele ist im Inneren noch immer diese Gottheit, so wie die Psyche im Inneren auch noch immer die

Seele in sich trägt und deren Ausdruck ist, und so wie der Körper und seine Handlungen im Inneren noch immer Psyche ist und diese Psyche ausdrückt.

Diese Gottheit ist der eigene Ursprung in dem Bereich der Abgrenzungslosigkeit. Sie wird in vielen spirituellen Traditionen die "eigene Schutzgottheit" genannt.

Das Erlebnis in Kether, die Einheit, ist identisch mit Gott.

Sephirah	Erlebnis	Wesen
Kether	Einheit	Gott
Daath	Abgrenzungslosigkeit	Lichtbringer/Schutzgottheit
Tiphareth	Erwachen	Seele
Yesod	Orgasmus/Kundalini	Krafttier
Malkuth	Wachbewußtsein	Körper

Wenn man das "Schichtenmodell", das bei der Beschreibung der Dreiecke entwickelt wurde, auf diese fünf Bereiche anwendet ergibt sich folgendes Bild:

Nur in Kether ist das Bewußtsein der Einheit.
Von Kether bis Daath reicht das klare Bewußtsein der Grundqualität.
Von Kether bis Tiphareth reicht das Bewußtsein der eigenen Absicht.
Von Kether bis Yesod reicht das Bewußtsein über die die eignen Süchte und Ängste.
Von Kether bis Malkuth reicht das Bewußtsein über die augenblickliche, äußere Situation.

...oder, anders formuliert:

In Malkuth ist nur das Bewußtsein über die äußere, augenblickliche Situation.
In Yesod ist zusätzlich das Bewußtsein über die Süchte und Ängste und Instinkte, die die Reaktionen bestimmen.
In Tiphareth ist zusätzlich das Bewußtsein über die den Ängsten, Süchten und Instinkten zugrundeliegenden Absichten.
In Daath ist zusätzlich das Bewußtsein der Grundqualität, aus der heraus die Absichten entstanden sind.
In Kether ist zusätzlich das Bewußtsein der Einheit, deren differenzierte Darstellung diese Grundqualitäten sind.

Die Gestalten, die mit diesen fünf Sephiroth und dem zentralen Erlebnis in ihnen verbunden sind, werden auf unterschiedliche Weise wahrgenommen. Anhand dieser Wahrnehmungsweise kann man auch erkennen, innerhalb welcher Sephirah bzw. welches Dreiecks man sich befindet:

In Malkuth sieht man den Körper dadurch, daß er von außen von einer Lichtquelle beleuchtet wird und das Auge dann die vom Körper reflektierten Strahlen wahrnimmt. Diese Art der Wahrnehmung ist außer in Extremfällen immer gut von allen anderen Wahrnehmungen zu unterscheiden, da sie mit den Augen geschieht. Alle übrigen Wahrnehmungen gehen direkt vom Bewußtsein aus und sind nach innen gerichtet, nicht nach außen, wie der "Blick durch die Augen". In diesem Sinne ist das Sehen mit den Augen die denkbar indirekteste Art der Wahrnehmung. Bei dem Sehen mit den Augen benötigt die Wahrnehmung äußeres Licht, Reflektionen an Materie usw. und nimmt auch dann nur die äußere Gestalt des Gesehenen wahr. Alle anderen, "inneren" Arten der Wahrnehmungen finden als Kontakt zwischen dem eigenen Bewußtsein und einem anderen Bewußtsein statt. Daher wird man dabei eher das Innere als das Äußere der wahrgenommenen Person oder des wahrgenommenen Tieres, Pflanze oder Gegenstandes sehen.

In Yesod erscheint das Wahrgenommene als Gestalt innerhalb eines überall vorhandenen, diffusen Lichtes und erscheint häufig als ein Bild, das aus verschiedenen Grautönen besteht und nur gelegentlich an einigen Stellen auch farbig erscheint. Dieses diffuse Licht ist eine Analogie zu den Elektronenhüllen der Atome und den ineinanderfließenden Elektronenhüllen der Moleküle und Molekülgruppen. Innerhalb dieses Bereiches sieht man zwar schon "von innen nach innen", aber die Dinge sind nicht immer unbedingt das, was sie zu sein vorgeben. Analog zur Vielfalt von Erscheinungen in der Psyche, die oft den Ursprung verdecken, und auch analog zu der Elektronenhülle, die den Atomkern in sich verbirgt, ist es bei dieser Art der Wahrnehmung immer angebracht, das Wahrgenommene durch seinen Verstand zu überprüfen.

In Tiphareth leuchten die Dinge von innen heraus und sind immer farbig. Dies entsteht durch ihr höheres Energieniveau - sie befinden sich noch in dem "heißen" Bereich des thermischen Gleichgewichtes. Hier sind Täuschungen von der Art, wie sie in Yesod vorkommen, nicht mehr möglich. Was noch geschehen kann, ist, daß man zwar die Absicht und das Ziel des Wahrgenommenen erkennt, da dies auf dieser Ebene immer offensichtlich ist und nicht verborgen werden kann (was kein Wesen in diesem Bereich auch nur wollen könnte), aber es kann geschehen, daß man das Wahrgenommene dennoch mißversteht, weil man nicht erkennt, welche Grundqualität es verkörpert, also aus welcher Art der "Energie" in Daath es ursprünglich stammt.

In Daath sieht man leuchtende Gestalten im Licht oder anders gesagt: Konturen im Licht. Da Daath reine Energie ist, sieht man überall Licht, und das Erkennen von einer einzelnen Qualität ist also nur eine Variation in diesem Licht - eine Kontur, eine andere Farbe. Es kann hier auch nichts heller oder dunkler oder deutlich abgegrenzt sein, weil es in Daath keine Abgrenzungen mehr gibt. Die einzige Form der Täuschung in der Wahrnehmung, die hier noch möglich ist, ist ein Mißverstehen der Bedeutung der Grundqualität, die man hier wahrnimmt, innerhalb des Ganzen.

In Kether ist gleißendes, weißes Licht – sonst nichts. Einheit. Keine Täuschung möglich.

Wenn man die Ergebnisse der Betrachtungen in diesem Kapitel zusammenfaßt, ergibt sich folgendes Diagramm:

Sephirah	Erlebnis	Gestalt	Wahrnehmung	Materie
Kether	Einheit	Gott	Licht	„Etwas"
Auflösung: das Loslassen der Identität = die Verschmelzung zur Einheit				
Daath	Abgrenzungslosigkeit	Lichtbringer	Konturen im Licht	Energie
Abgrund: die Aufgabe der Abgrenzung = die Entdeckung des Kontinuums				
Tiphareth	Erwachen	Seele	Von innen her leuchten	Atomkerne
Graben: das Loslassen der Einzelpersönlichkeiten der Psyche = die Entdeckung der Seele				
Yesod	Orgasmus/Kundalini	Krafttier	In diffusem Licht	Molekülgruppen
Schwelle: das Innehalten im Alltag = das Entdecken der Innenwelt				
Malkuth	Wachbewußtsein	Körper	Äußeres Licht	Körper

Jedes Mal, wenn man einen der Übergange von unten nach oben überquert, erhöht sich das Energieniveau, wird die Wahrnehmung deutlich stärker vom Licht geprägt und wird das Wahrgenommene selber mehr zu Licht. Ebenso steigt die Intensität des wesentlichen Erlebnisses im Vergleich zu dem Erlebnis der darunterliegenden Ebene an. Die Gestalt, die mit diesem Erlebnis verbunden ist, wird größer, weiter, einfacher von ihrem Aufbau und bildet den Ursprung und Hintergrund von einem immer größeren Teil der Welt.

Der Körper (Malkuth) ist so, wie er im Augenblick ist und seine Haltung und seine Tätigkeit und sein Zustand haben nur für den Augenblick Bedeutung. Das Unterbewußtsein (Yesod) wirkt ein Leben lang auf die verschiedenen Zustände des Körpers (Malkuth). Die Seele (Tiphareth) ist die Essenz einer langen Reihe von Inkarnationen, die jede ihre eigene Psyche ausbildet (Yesod). Die Gottheiten (Daath) sind jede für sich die Quelle eine Vielzahl von Seelen (Tiphareth). Gott, die Einheit (Kether) ist die Quelle aller Gottheiten (Daath).

Um von der "Unterseite" eines Überganges auf seine "Oberseite" zu gelangen, benutzen alle spirituellen Traditionen Methoden des Loslassens und der Energieerhöhung. Beides dient der Auflösung der "abgekapselten Blasen", die sich beim Herabstieg über einen Übergang gebildet haben. Man muß die abgekapselte Form loslassen, denn sonst bleibt man immer unterhalb des Überganges, durch die diese Form entstanden ist. Und man muß sein Energieniveau durch Meditation, Mantras, Tanz, Wiederholung und Rhythmus aller Art erhöhen, da man sich sonst zwar losläßt, aber dadurch nur verletzlich wird oder zu einem "sich hängenlassen" gelangt. Das eigene Energieniveau muß durch den Rhythmus der spirituellen Übungen soweit ansteigen, daß es dem Energieniveau des Bereiches oberhalb des Überganges entspricht.

Bildlich gesprochen steigert der andauernd und mit hoher Motivation und Intensität geübte Rhythmus (was es auch immer sein mag) die "Geschwindigkeit" der Energie, die sich unterhalb des Überganges innerhalb eines abgegrenzten Raumes in einer Kreisbahn bewegt, so sehr, daß sich die Kreisbahn entsprechend dem Gesetz über die Fliehkraft immer mehr ausdehnt und schließlich die Kreisbahn verläßt und sich wieder geradeaus bewegt und sich dadurch nun wieder oberhalb des Überganges befindet.

Der umgekehrte Vorgang entsteht, wenn sich das allgemeine Energieniveau soweit absenkt, daß der bisherige Zustand nicht mehr aufrechterhalten werden kann und sich der gerade Strahl der Energie wieder zu einer Kreisbahn zusammenkrümmt. Dies geschah z.B. mehrmals bei der Ausdehnung des Weltalls:

Bis 10^{-43} Sekunden nach dem Urknall war das Weltall so klein und die Hitze und Dichte in ihm so hoch, daß der einzige mögliche Zustand die Einheit (Kether) war (Schon damals war alle Materie und Energie, die heute in ihm ist, in ihm enthalten.).

In der Zeit von 10^{-43} bis 10^{-30} Sekunden nach dem Urknall (1. Dreieck) war der Inhalt des Weltalls zwar immer noch unvorstellbar dicht, aber er war nun keine Einheit mehr. Der Inhalt des Weltalls hatte sich nun durch die Ausdehnung des Weltalls soweit "verdünnt", daß Platz für Unterscheidungen vorhanden war - und es entstanden aus der Einheit die Energien.

In den darauf folgenden 700 Jahren (2. Dreieck) war das Weltall nun durch seine Ausdehnung soweit "abgekühlt" und weniger extrem dicht von Energie erfüllt, daß sich nun die Elementarteilchen bilden konnten. Aber diese Elementarteilchen und die Energie in und zwischen ihnen waren noch immer derart dicht gepackt (die gesamte Substanz des Weltalls auf kleinen Raum komprimiert), daß überall dieselbe Temperatur herrschte - das thermische Gleichgewicht, also der Plasma-Zustand.

Die nächste Etappe dauerte rund 6 Milliarden Jahre (3. Dreieck). Während dieser Zeit entstanden anfangs die ersten leichten Atome bis zum Eisen und später, nachdem die ersten 2 Milliarden Jahren vergangen waren und sich die ersten Galaxien gebildet hatten, auch die schwereren Atome. Nun hatte sich die Substanz des Weltalls schon fast auf die von heute bekannte Dichte verringert: einzelne Sterne und viel Platz dazwischen.

Heute, nach 14 Milliarden Jahren (Malkuth), liegt dieses Buch vor ihnen, in dem Sie gerade lesen.

Die Visualisierung der Mittleren Säule

Durch diese Betrachtung konkretisiert sich die Mittlere Säule sehr stark:

- Kether ist die Einheit, der eine Gott, der als gleißend weißes Licht wahrgenommen wird, neben dem nichts anderes existiert und das die Essenz von allem ist.

- Daath ist die Abgrenzungslosigkeit, die Schutzgottheit, eine der Grundqualitäten in dieser Welt, die ohne Abgrenzung in allem, was existiert, mit eingewoben ist - sie ist eine leuchtende Gestalt im Licht, eine Kontur im Licht, die größte Art von Gestalt, die eine Eigenexistenz hat. Sie befindet sich innerhalb des gleißend weißen Lichtes, daß diese Gottheit umgibt.

- Tiphareth ist die eigene Seele, die Mitte, das Erwachen - sie leuchtet von innen heraus und steht im Inneren der Schutzgottheit, die sie umgibt.

- Yesod ist die Lebenskraft, der Orgasmus, das eigene Krafttier - es erscheint als Schemen oder deutliche Gestalt in einer Welt voller diffusem Licht und steht im Inneren der Seele, die es umgibt.

- Malkuth ist die Lebendigkeit, der materielle Körper - er wird von außen von Licht beschienen und steht im Inneren des Krafttieres, das ihn als Aura umgibt.

Der Körper ist Malkuth; ihn umgibt das Krafttier, das im diffusen Licht der Lebenskraft erscheint; der materielle Körper und das Krafttier werden beide von der von innen heraus leuchtenden Seele umgeben; der Körper, das Krafttier und die Seele werden von der im Licht leuchtenden Schutzgottheit umgeben; und all dieses befindet sich im Inneren des allumfassenden weiß gleißenden Lichtes.

Diese fünf ineinanderliegenden Bilder kann man ganz konkret für die Meditation der Mittleren Säule benutzen: das endlose weiße Licht Kethers, dann in diesem weißen Licht Daath als Schutzgottheit, in ihr die Seele, in dieser wiederum das Krafttier und in diesem dann der eigene materielle Körper.

Diese "Bildfolge" gewinnt natürlich erheblich an Leben, wenn man zumindest einige dieser Bilder nicht nur abstrakt, sondern auch konkret kennt, also z.B. sein Krafttier kennt, seiner eigenen Seele schon einmal in einer Vision begegnet ist und zumindest eine nicht nur ganz abstrakte Vorstellung von der allem zugrundeliegenden Einheit hat.

Dieses fünfteilige Bild kann auch als vier in dem weißen Licht befindliche, ineinanderliegende "Blasen" aufgefaßt werden: die Schutzgottheit entsteht als abgeschnürte Blase aus dem einen Gott; die Seele entsteht als abgeschnürte Blase aus der Schutzgottheit; das Krafttier entsteht als abgeschnürte Blase aus der Seele; und der Körper entsteht als abgeschnürte Blase aus dem Krafttier. Diese Bildfolge der Meditation der Mittleren Säule beschreibt also den Schöpfungsvorgang - der umgekehrte Vorgang ist die allmähliche Bewußtwerdung von Malkuth nach Kether hin durch Loslassen und Erhöhung des Energieniveaus.

11. Die Planeten

Die Planeten sind vermutlich zu einem sehr großen Teil für die Struktur des Lebensbaumes verantwortlich gewesen. Die Vorstellung, daß der Weg von der Erde zum Himmel an den Planeten vorüberführt, ist auf allen Kontinenten sehr weit verbreitet. Die Stufenpyramiden in Mesopotamien, die Stufen der Himmelsleiter, die Äste am Weltenbaum werden immer wieder mit den sieben, mit bloßem Auge sichtbaren Planeten verglichen. Dabei ist mit "Planet" die alte, geozentrische Definition von "Wandelsterne", also "sich bewegender Stern" im Gegensatz zu "Fixstern", also "unbeweglicher Stern" gemeint. Diese Wandelsterne sind sind in Folge ihrer Umlaufzeit Mond, Merkur, Venus, Sonne, Mars, Jupiter und Saturn.

Eine Spätform dieser Vorstellungen, die auf Pythagoras zurückgeht und die für lange Zeit das abendländische Weltbild prägte, war die der Sphärenharmonien. Man stellte sich dabei vor, daß der Himmel aus mehreren perfekt ineinanderliegen Kristallschalen ("Sphären") bestand, auf der je ein Planet befestigt war. Diese Schalen kreisten ineinander, wie man anhand der Bewegungen der Planeten ja erkennen konnten. Das Bild des Bergkristall-Himmels war schon sehr alt und geht z.T. bis in schamanische Kulturen zurück. Was nun durch die Bewegung neu hinzukam, war der Klang, den die aneinander reibenden Kristallschalen notwendigerweise erzeugen mußten: die Sphärenmusik.

Den Himmel selber mit den Fixsternen stellte man sich als eine geschwärzte Schale vor, in der sich Löcher befanden, durch die das Licht Gottes, daß den gesamten Raum jenseits der Fixsternschale erfüllte, des Nachts auf die Erde strahlte.

Aus diesen Vorstellungen ergibt sich auch schon die Reihenfolge, in der die Planeten den Sephiroth auf dem Lebensbaum zugeordnet worden sind. Man ging davon aus, daß die Wandelsterne um so weiter fort sein müßten, je langsamer sie sich bewegten, was ja auch bis auf Merkur und Venus den heute bekannten astronomischen Gegebenheiten entspricht.

Malkuth wurde als die Erde selber angesehen, die in der damaligen Vorstellung noch eine von Wasser umgebene Scheibe war. Am schnellsten kreiste der Mond, weshalb man ihn Yesod zuordnete. Die Wandelsterne Merkur und Venus hatten die Besonderheit, daß sie offensichtlich um die Sonne kreisten, bzw. sich "vor ihr hin- und herbewegten". Daher waren sie offenbar der Sonne untergeordnet, die sich frei auf ihrer Bahn über den Himmel bewegte. Folglich sollte man auf der Reise zum Fixsternhimmel an ihnen vorüberkommen müssen, bevor man die Sonne erreicht. Da sich der Merkur schneller vor der Sonne hin- und herbewegt, nahm man an, daß man erst ihn und dann die Venus treffen würde. Daraus ergab sich die Zuordnung des Merkurs zu Hod, die der Venus zu Netzach und die der Sonne zu Tiphareth. Diese letzte Zuordnung war auch deshalb sehr überzeugend, als sich dadurch die Sonne als der mit weitem Abstand hellste der Wandelsterne genau in der Mitte des Lebensbaumes befand.

Entsprechend der Umlaufzeiten ergab sich dann die Zuordnung des Mars zu Geburah, die des Jupiters zu Chesed und die des Saturn zu Binah. Daath erhielt keinen Wandelstern zugeordnet, da es sich bei ihr nach dem damaligen Verständnis eher um eine Lücke im Lebensbaum als um eine Sephirah handelte, weshalb sie die "unsichtbare Sephirah" genannt wurde. Für Chokmah ergab sich folglich der Fixsternhimmel als Zuordnung. Und nachdem man den Fixsternhimmel passiert hatte, gelangte man nach Kether - zu Gott, dem Licht jenseits des Fixsternhimmels.

Nun wurden im 20. Jahrhundert n.Chr. zum einen die Planeten Uranus, Neptun und Pluto entdeckt und zum anderen die Sephirah Daath mehr und mehr als eine gleichberechtigte Sephirah angesehen. Dadurch ergab sich im Zusammenhang mit der Erforschung der in diesem Buch beschrieben Lebensbäume eine neue Zuordnung, die durchaus dem Charakter der Sephiroth entspricht: Saturn wird Daath zugeordnet, Uranus Binah, Neptun Chokmah, und Pluto Kether. Auch in diesem Fall bleibt die Reihenfolge nach den Umlaufzeiten erhalten.

Alte Zuordnung		Neue Zuordnung	
	Gott		Pluto
Saturn	Fixsterne	Uranus	Neptun
---			Saturn
Mars	Jupiter	Mars	Jupiter
	Sonne		Sonne
Merkur	Venus	Merkur	Venus
	Mond		Mond
	Erde		Erde

Um den Lebensbaum mithilfe der Zuordnung der Planeten beschreiben zu können, ist nun ein kleiner Ausflug in die Astrologie notwendig.

Die Planeten stellen die zehn Fähigkeiten dar, die in einem Horoskop in Hinblick auf ihren Stil Sternzeichen), auf den Lebensbereich (Haus), in dem man sie einsetzt, und auf ihr gegenseitiges Verhältnis (Aspekte) betrachtet werden. Die Erde (Malkuth) tritt in dem Horoskop nicht als bewegliches Element auf - sie ist der Beobachtungsstandpunkt.

Der Mond nimmt etwas wahr; der Merkur strukturiert diese Wahrnehmungen und denkt über sie nach; die Venus bewertet diese Erkenntnisse; die Sonne kann aufgrund dieser Erkenntnisse einen Standpunkt beziehen und sich für etwas entscheiden; der Mars führt diese Entscheidung dann durch; der Jupiter beginnt das Handeln auf größere Ziele hin zu organisieren und etwas aufzubauen; der Saturn festigt das Erschaffene und macht es beständig; der Uranus schaut über das Erschaffene hinaus zu neuen Möglichkeiten; die neuen Erkenntnisse des Uranus weiten und verbinden sich in Neptun zu der Sehnsucht nach dem Horizont; der Pluto ist der Schritt hinaus ins Unbekannte ... und nun schaut sich der Mond wieder um, wo er denn nun angelangt ist.

Man kann sich die Planeten auch konkret als Personen vorstellen: der Mond ist ein kleines Kind, der Merkur ein Schüler, die Venus ein junges Mädchen, die Sonne ein König, der Mars ein Krieger, der Jupiter ein Manager, der Saturn ein Verwalter, der Uranus ein Erfinder, der Neptun ein Künstler und der Pluto ein Zauberer.

Aus dieser sehr kurzen Darstellung der Planeten ergibt sich schon, daß sie auch in Hinblick auf ihre astrologischen Qualitäten eine Reihenfolge bilden: vom Mond als kleines Kind hin zum Pluto, dem alten Zauberer, und vom Mond, der einzelnen Wahrnehmung hin zum Pluto, der Grundüberzeugung. Jeder Planet ist dem ihm folgenden Planeten "organisatorisch untergeordnet" - der Jupiter fügt die Handlungen des Mars in einem sinnvollen Gesamtkonzept zusammen; der Merkur faßt die Vielfalt der Wahrnehmungen des Mondes in einer strukturierten Beschreibung zusammen; die Sonne faßt die Bewertungen der Venus zu einem Entschluß zusammen.

Von dem "oberen" Planeten geht ein schöpferischer Impuls zu dem "unteren" Planeten: Die Grundüberzeugungen des Plutos führen zu einer Neptun-Vision von dem, was er einmal werden will; diese Vision führt dann zu den vielen neuen Impulsen des Uranus; diese Impulse fügen sich dann im Saturn zu einer konkreten Absicht zusammen; der Jupiter organisiert dann die Durchführung dieser Absichten; der Mars setzt sich mit allen Widerstände des Projektes auseinander und erkennt so die möglichen Wege der Verwirklichung; die Sonne fällt dann viele Einzelentscheidungen; die Venus bewertet aufgrund dieser Entscheidungen alles, was ihr begegnet; der Merkur analysiert alles, worauf die Gefühle der Venus seine Aufmerksamkeit lenken; der Mond schließlich tritt in Kontakt mit allem, was entsprechend den Erkenntnissen des Merkurs von Wichtigkeit ist.

Der Charakter dieser Reihenfolge entspricht ganz dem Charakter der Reihenfolge der Sephiroth - aus der Qualität einer Sephirah bzw. eines Planeten ergibt sich als Schritt hin zu einer weiteren Konkretisierung die Qualität der nächstunteren Sephirah bzw. bzw. des nächsten Planeten.

Auch das Prinzip des Wechsels zwischen Kraft und Form findet sich (mit einer Ausnahme) in der Planetenreihe wieder:

Planet	Qualität	Kraft/Form
Mond	Wahrnehmung	Kraft
Merkur	Verstand	Form
Venus	Gefühl	Kraft
Sonne	Entscheidung	Form
Mars	Tat	Kraft
Jupiter	Planung	Form
Saturn	Erhaltung	Form
Uranus	Intuition	Form
Neptun	Phantasie	Kraft
Pluto	Grundüberzeugungen	Form

Warum paßt Saturn nicht in diese Reihe? Wenn man sich die Planeten anschaut, fallen vier Planeten auf, die eigentlich eher bestimmte Bewußtseinszustände, feste Punkte darstellen: das durch den Mond dargestellte Unterbewußtsein, der durch die Sonne dargestellte Wille, die durch den Saturn dargestellte Erhaltung, und die durch den Pluto dargestellte Grundüberzeugung - das Kind, der König, der alten Mann und der Zauberer.

Zwischen diesen vier Planeten stehen je ein Kraft- und ein Form-Planet. Man kann diese Reihenfolge also als die Folge von vier Zuständen und den jeweils zwei Entwicklungsschritten zwischen ihnen auffassen: Das Unterbewußtsein (Mond) des Kindes entwickelt sich durch den Verstand (Merkur) und das Gefühl (Venus) zu dem wachen, entscheidungsfähigen Bewußtsein des Königs, des erwachsenen Menschen. Durch seine Taten in der Welt (Mars) und durch die Dinge, die dieser Mensch aufbaut (Jupiter), wird er schließlich ein alter Mann oder eine alte Frau, die es "zu etwas gebracht hat" und dieses Erreichte erhalten will (Saturn). Durch neue Ideen und die Entwicklung der Intuition (Uranus) sowie durch die Phantasie und spirituelle Interessen (Neptun) gelangt dieser Mensch schließlich zu dem Wesentlichen (Pluto).

Mond - Unterbewußtsein des Kindes (Zustand)

    Merkur - Entwicklung durch den Verstand (Form)
    Venus - Entwicklung durch das Gefühl (Kraft)

Sonne - Entscheidungen des Erwachsenen (Zustand)

    Mars - Entfaltung durch Taten (Kraft)
    Jupiter - Entfaltung durch Ziele (Form)

Saturn - Erhaltung des Erreichten durch den alten Menschen (Zustand)

    Uranus - Weitung durch neue Ideen (Form)
    Neptun - Weitung durch Phantasie (Kraft)

Pluto - Erfassen des Wesentlichen durch den Greis (Zustand)

Die Ähnlichkeit mit dem Lebensbaum ist bei dieser Folge nun schon offensichtlich und entspricht der oben genannten "Neuen Zuordnung": Mond, Sonne, Saturn und Pluto entsprechen den vier oberen Sephiroth auf der Mittleren Säule und die drei Paare von Entwicklungsschritten entsprechen den drei waagerechten Sephirothpaaren der beiden äußeren Säulen in den drei Dreiecken. Die Qualitäten der astrologischen Planeten und die Qualitäten der Sephiroth sind zwar nicht identisch, aber aufgrund ihrer gemeinsamen Wurzel in dem Weltbild des frühen Königtums doch so ähnlich, daß Grundkenntnisse in der Astrologie hilfreich bei dem Verständnis der Sephiroth sind.

Es gibt noch eine zweite, neue astrologische Zuordnung zu den Sephiroth möglich, die noch präziser zu sein scheint als die der Planeten. Es handelt sich dabei um die Aspekte, also um die Winkel zwischen den Planeten, die bei der Deutung ihres Verhältnisses zueinander in einem Horoskop von Bedeutung sind. Die Gradangaben bei den sieben verschiedenen Aspekten bezeichnen den Abstand, in dem man zwei Planeten von der Erde bzw. von der Mitte des Horoskopformulars aus sieht.

- 0° - Konjunktion: die betreffenden Planeten bilden eine Einheit und sind nicht voneinander zu unterscheiden;
- 30° - Halbsextil: die betreffenden Planeten begegnen sich sich, regen sich an, gehen aber keine feste Verbindung ein;
- 60° - Sextil: die betreffenden Planeten kennen sich gegenseitig und können jederzeit Kontakt aufnehmen und sich gegenseitig unterstützen;
- 90° - Quadrat: die betreffenden Planeten haben eine völlig verschiedene Ausrichtung, weshalb jeder seinen eigenen Weg geht und dem anderen seine Freiheit läßt;
- 120° - Trigon: die betreffenden Planeten gehen eine feste Freundschaft ein - sie sind zwar verschieden, aber handeln stets gemeinsam;
- 150° - Quincunx: die betreffenden Planeten wirken zusammen, ändern jedoch ständig die Art ihres Zusammenwirkens und müssen ihr Verhältnis zueinander ständig entsprechend den veränderten Umständen neu festlegen;
- 180° - Opposition: die betreffenden Planeten stehen in einem Ergänzungs-Gegensatz zueinander (Yin - Yang).

Diese Aspekt-Qualitäten lassen sich nun recht einfach den Sephiroth des Lebensbaumes zuordnen:

Die Einheit der Konjunktion findet sich offensichtlich in der Einheit Kethers wieder.

Die Opposition mit ihrer dynamischen Bewegung zwischen zwei Polen entspricht offenbar der elektromagnetischen Kraft, die sich ebenfalls als zwei sich gegenüberstehende Pole zeigt ("+" und "-"), und somit Chokmah.

Die zusammenhaltende, dreipolige Farbkraft, die Binah zugeordnet ist, hat dieselbe Qualität wie das Trigon - das zudem ein Drittelkreis (120°) ist, d.h. daß drei Trigone einen Kreis bilden so wie drei durch die Farbkraft zusammengehaltene Quarcks in der Form eines Dreiecks ein Proton oder ein Neutron bilden.

Das Sextil, das eine Vielfalt von gleichen Einheiten möglichst eng zu etwas Größerem zusammenfassen kann (Bienenwaben haben 60°-Winkel; gleichgroße Kugeln in einem Gefäß liegen in 60°-Winkeln zueinander), hat große Ähnlichkeit mit Tiphareth, das unter anderem auch die Atomkerne symbolisiert, in dem sich auch eine Vielzahl von gleichgroßen "Kugeln" (Protonen, Neutronen) in 60°-Winkeln zueinander zusammenballt.

Das Halbsextil mit seiner losen Berührung erinnert an die Verbindungen zwischen Molekülen, die sich aneinanderanlagern und wieder lösen - und somit an Yesod.

Das Quadrat mit seiner sperrigen Art, seiner Trennung von Verschiedenem ist auch das konstruktive, raum-

und formschaffende Prinzip, das daher mit Chesed verwandt ist.

Das Quincunx mit seinem neu erschaffenen Zusammenhang, seiner sich ständig wandelnden Verbindung erinnert an die Vorgänge zwischen den Protonen und Neutronen, die sich ständig ineinander verwandeln - und somit an Geburah.

Man könnte nun noch die Aspektlosigkeit eines Planeten mit dem Zustand Malkuths vergleichen, wo die Dinge auch alle vereinzelte, abgegrenzt und für sich erscheinen.

Somit ergibt sich folgende Zuordnung der Aspekt zu den Sephiroth des Lebensbaumes:

```
                        Konjunktion
        Trigon                              Opposition
                          - - - - -
        Quincunx                            Quadrat
                          Sextil
        - - - - -                           - - - - -
                        Halbsextil

                       Aspektlosigkeit
```

Insbesondere die drei oberen Aspekte stimmen sehr genau mit dem Charakter der drei Grundkräfte überein:

Sephiroth	Polarität	Kraft	Aspekt	Qualität
I Kether	einpolig	Gravitation	Konjunktion(an gleicher Stelle)	Einheit
II Chokmah	zweipolig	elektromagnetische Kraft	Opposition (gegenüber)	Schwingen
III Binah	dreipolig	Farbkraft	Trigon (Drittelkreis)	Zusammenhalt

Die übrigen Aspekte werden in dem folgenden Kapitel III 12. „Die Symbolik der Zahlen" ausführlicher behandelt.

Die Visualisierung der Mittleren Säule

Die offenkundige Ergänzung zu der Visualisierung der Mittleren Säule, die sich aus dieser Betrachtung ergibt, ist die Verbindung der Sephiroth der Mittleren Säule mit den Planeten:

Pluto
Saturn
Sonne
Mond
Erde

Die unteren drei dieser fünf Planeten fügen sich sofort in die bisherigen Vorstellung und verstärken sie: die Erde als Malkuth, als der Boden, auf dem man steht; der Mond als der Bereich der Lebenskraft, die Psyche, das Krafttier; und auch die Sonne als Mitte, Zentrum und Seele. Mit Saturn und Pluto verbinden in der Regel nur Astronomen und Astrologen konkretere Vorstellungen.

Die drei unteren Planeten entsprechen auch der Art, in der man in diesen Bereichen wahrnimmt: Auf der Erde nimmt man Gegenstände durch das Licht wahr, das sie reflektieren. Das Licht des Mondes ist dem diffusen Licht, in dem auf der Yesod-Ebene die Dinge erscheinen, sehr ähnlich. Die helle leuchtende Sonne entspricht schließlich sehr gut den von innen heraus leuchtenden Wesen und Gegenständen, die man auf der Tiphareth-Ebene wahrnimmt.

Die Planeten ergeben noch auf eine zweite Art eine Ergänzung zu den Vorstellungen über die Mittlere Säule: Man beginnt im Alltag auf der Erde in Malkuth als Alltagsmensch, findet im Mondbereich in Yesod sein inneres Kind wieder, wird in der Sonne von Tiphareth erwachsen und erkennt sich selber, wird in der abgrenzungslosen Saturn-Sphäre Daath man schließlich alt und weise, und im plutonischen Kether erreicht man schließlich die Quelle der Dinge und wird zum Magier.

12. Die Symbolik der Zahlen

Die Zahlen sind wie die Planeten eine der ältesten klassischen Zuordnungen des Lebensbaumes. Die Sephiroth werden von Kether an bis nach Malkuth von I bis X mit lateinischen Zahlen durchnummeriert - Daath als die "unsichtbare Sephirah" erhält keine Zahl - in Graphiken wird sie mit "D" abgekürzt.

Kether: eins, Einheit, "Etwas", die ursprünglichste aller Kräfte: die einpolare Gravitation, Konjunktion ... diese Qualität ist sehr einfach zu erfassen. Im Bewußtsein ist dies die Qualität der Identität.

Chokmah: Die "2" ist das Gegenüber, die Betrachtung, die Gegensatz-Ergänzung, die beiden Pole des Magneten, die als zweite Kraft entstandene zweipolare elektromagnetische Kraft, der astrologische Aspekt der Opposition (bei dem sich zwei Planeten genau gegenüberstehen), es ist Wandel/Wechsel/Dynamik - das Hin- und Her zwischen zwei Polen, sie ist in den klassischen Texten zum Lebensbaum die "Vision Gottes von Angesicht zu Angesicht". Im Bewußtsein ist dies die Qualität der Ekstase.

Ein anderes physikalisches Beispiel für die "2" und das Wesen der Opposition sind die innersten, hantelförmigen (8-förmigen) s-Orbitale der Elektronen, die um einen Atomkern kreisen.

Binah: Die "3" ist die Dreiheit der Quarks in einem Neutron oder Proton, die durch die dreipolare Farbkraft, die dritte der drei Grundkräfte, zusammengehalten wird. Im Bereich des Bewußtseins ist dies die Qualität der Liebe. Ebenso ist in der Astrologie das Trigon, also der Drittelkreis (120°), d.h. eine Seite eines gleichschenkligen Dreiecks in einem Kreis, der Zusammenhalt von Verschiedenem - eine "Freundschaft".

Daath: Sie ist die "unsichtbare Sephirah" und hat als solche auch keine Zahl, die ihr zugeordnet ist.

Chesed: Die vier ist das Quadrat, also die Form, aus der viele Dinge, insbesondere in der menschlichen Kultur aufgebaut sind. In der Astrologie ist das Quadrat der sperrige, einen Raum aufspannende Aspekt - d.h. er trennt zwei Planeten und weist sie in verschiedene Richtungen, wodurch zwischen ihnen ein Raum entsteht. Im Bewußtsein ist die Qualität der Weite und der Freiheit.

Ein bekanntes Beispiel für ein Quadrat und somit für das Wesen der "4" in der Natur ist ein Phänomen im "Aufbau" des Lichtes, also der elektromagnetischen Wellen, in denen die elektrische Welle senkrecht, also "Quadratisch" (und phasenverschoben) zur magnetischen Welle steht und auf diese Weise das Photon, das Lichtteilchen bildet. Es findet sich in diesem Beispiel mehrfach der Zusammenhang zwischen der "2" und der "4". Zum einen sind es zwei Sinus-Wellen, also Bewegungen entlang einer Bewegungsachse, die dabei zwischen zwei Polen, einem oberen und einem unteren, hin- und herschwingen. Zum anderen tritt dies Phänomen der "4" bei der elektromagnetischen Kraft, deren

Charakter die "2" ist, auf. Des weiteren wechselt beim Licht die Energie ständig von ihrem elektrischen zu ihrem magnetischen Aspekt hin und her. Wenn man das Licht "anhalten" würde, also seine Bewegung entlang einer Bewegungsachse "fortnehmen" würde, blieben zwei Kreise mit gemeinsamem Mittelpunkt, die im rechten Winkel zueinander stehen, übrig.

Entsprechend finden sich auch in der Astrologie in einem vollständigen Quadrat, also vier Planeten im Abstand von 90°, zwei Oppositionen wieder, also zwei der astrologischen Aspekte, die der Qualität der "2" entsprechen.

Geburah: Die "5" scheint den Charakter eines Fließgleichgewichtes zu haben: Erhaltung durch ständige Erneuerung und Verwandlung. Das Quincunx (150°), das mit den Sternzeichen Skorpion und Jungfrau verwandt ist (siehe auch Kapitel IV 1.), entspricht ganz dieser Qualität.

In der Physik findet sich dieses Phänomen bei der "starken Wechselwirkung" wieder, die die Protonen (die aufgrund ihrer gleichen Ladung eigentlich auseinanderfliegen müßten) im Atomkern zusammenhält. Diese Kraft ist ein "Ableger" der Farbkraft. Ein Phänomen ihres Wirkens ist es, daß sich ständig Protonen in Neutronen und umgekehrt verwandeln, wobei die Anzahl der Protonen bzw. Neutronen im Atomkern natürlich gleich bleibt - Zusammenhalt durch ständige Verwandlung.

Wo bei diesem kernphysikalischen Vorgang jedoch konkret die "5" oder der 150°-Winkel des Quincunxes auftaucht, ist noch unklar.

Tiphareth: Die "6" hat die Qualität des "platzsparendsten Zusammenfügens von gleichen Individuen". Diese zunächst etwas merkwürdig anmutende Definition wird sofort deutlicher, wenn man sich dies Prinzip z.B. anhand einer Bienenwabe anschaut: Die einzelnen Waben sind sechseckig und sie können eine geschlossene, lückenlose Fläche bilden.

Zu den Waben, also dem Hexagon, läßt sich noch eine interessante Betrachtung anstellen: Wenn man regelmäßige Flächen, also gleichseitiges Dreieck, Quadrat, Pentagon, Wabe/Sechseck, Siebeneck, Achteck usw. so miteinander verbindet, daß sich an jeder Ecke immer genau drei Flächen treffen, bilden diese Flächen regelmäßige Körper. Die Spitzen sind nur von Bedeutung, weil sich hier mehrere Flächen treffen - an den Kanten treffen sich naturgemäß immer nur zwei Flächen.

Die Zahl "3" ist insofern interessant bzw. sinnvoll, da die "3" die Qualität des größten Zusammenhaltes und der größten Stabilität symbolisiert - eben den stabilen Zustand, zu dem sich die Dinge letztlich hinentwickeln werden.

Das gleichseitige Dreieck kann zwar auch Flächen bilden, aber dabei stoßen dann immer sechs Dreiecke mit ihren Spitzen aneinander, was daher offenbar nicht der stabilste Zustand ist. Wenn sich immer nur drei Dreiecke mit ihren Spitzen berühren, ergibt sich daraus eine Dreieckspyramide, die aus vier Dreiecken besteht. Es läßt sich auch aus acht Dreiecken ein regelmäßiger Körper formen, bei dem sich immer vier Dreiecke berühren (Oktagon) und ebenso aus zwanzig Dreiecken, wobei sich dann jeweils fünf Dreiecke berühren.

Aus Quadraten läßt sich ebenfalls eine Fläche bilden, bei der sich dann immer die Spitzen von vier Quadraten berühren. Wenn sich nur drei Quadrate mit ihren Spitzen berühren, ergibt sich daraus der Würfel, der aus sechs Quadraten besteht.

Aus dem Pentagon läßt sich nur der Pentagondodekaeder als regelmäßige geometrische Form herstellen, die aus zwölf regelmäßigen Fünfecken besteht, von denen sich jeweils drei mit ihrer Spitze berühren.

Das Hexagon schließlich bildet schließlich, wenn sich jeweils drei von ihnen mit ihren Spitzen berühren, eine Fläche, die aus unendlich vielen Waben besteht. Das Hexagon hat also im Gegensatz zu den anderen eben beschrieben geometrischen Formen die Eigenschaft, daß es beliebig viele ihrer Bestandteile (also Hexagone) in der optimalen, stabilsten Form, bei der sich jeweils drei Spitzen berühren zusammensetzen kann.

Aus dem siebeneckigen Heptagon, dem achteckigen Oktagon usw. lassen sich keine regelmäßigen geometrischen Figuren mehr zusammensetzen.

Die folgende Tabelle zeigt die möglichen Kombinationen von gleichen geometrischen Figuren, wobei die Zahlen über der Tabelle die Anzahl der Flächen angibt, die sich mit ihren Ecken berühren, und die Zahlen in der Tabelle selbst die Anzahl der Flächen, die sich zu dem betreffenden geometrischen Körper kombinieren.

Dabei zeigt sich, daß bei steigender Anzahl von zusammentreffenden Spitzen bzw. bei steigender Anzahl von Ecken schließlich Flächen entstehen (6 spitzen von Dreiecken, vier Spitzen von Quadraten, drei Spitzen von Hexagonen). Bei weiter wachsender Anzahl von zusammentreffenden Spitzen bzw. Ecken gibt es dann keine Körper und keine Flächen mehr.

In der folgenden Tabelle sind die Körper normal und die Flächen *kursiv* gedruckt. Schon die schöne Symmetrie dieser Tabelle ist eine Freude.

Die Kurve, die an der Gruppe von regelmäßigen Körpern und Flächen entlang verläuft, ist eine Hyperbel.

Die fünf möglichen Körper, deren Außenflächen nur aus einer Sorte von regelmäßigen Flächen (Dreieck, Quadrat, Fünfeck usw.) bestehen, spielten in der griechischen Philosophie eine große Rolle, da sie als die „mikroskopische" Gestalt der fünf Elemente angesehen wurden.

	3 Spitzen berühren sich	4 Spitzen berühren sich	5 Spitzen berühren sich	6 Spitzen berühren sich	7 Spitzen berühren sich	8 Spitzen berühren sich
Dreiecke	4 Dreiecke bilden eine Dreieckspyramide	8 Dreiecke bilden ein Oktagon	20 Dreiecke bilden einen Dreiecksdodekaeder	*Unendlich viele Dreiecke bilden eine Fläche*	-	-
Quadrate	6 Quadrate bilden einen Würfel	*unendlich viele Quadrate bilden eine Fläche*				-
Pentagone	12 Pentagone bilden einen Pentagondodekaeder	-	-	-	-	-
Hexagone	*Unendlich viele Hexagone bilden eine Fläche*	-				
Heptagone	-	-	-	-	-	-
Oktagone	-	-	-	-	-	-

Diese Tabelle ist ein Ausschnitt aus der folgenden Tabelle, in der „P" Punkt, „G" Gerade, „V" regelmäßiges Vieleck, „K" regelmäßiger Körper und „F" (unbegrenzte) Fläche bedeutet und „-" anzeigt, daß es für diese Kombination keine geometrische Entsprechung gibt.

Die waagerechte Achse zeigt, wieviele Ecken sich berühren und die senkrechte Achse zeigt, wieviel Ecken die betreffende geometrische Fläche hat. Eine „Fläche" mit nur einer Ecke ist ein Punkt und eine „Fläche„ mit nur zwei Ecken ist eine Gerade. Wenn sich immer zwei Ecken treffen, liegen die Flächen flach aufeinander und sind identisch miteinander und wenn sich nur eine Ecke „trifft", geschieht garnichts.

	1 Ecke	2 Ecken	3 Ecken	4 Ecken	5 Ecken	6 Ecken	7 Ecken	8 Ecken	9 Ecken	10 Ecken
1-Eck	P	P	P	P	P	P	P	P	P	P
2-Eck	G	G	G	G	G	G	G	G	G	G
3-Eck	V	V	K	K	K	F				
4-Eck	V	V	K	F						
5-Eck	V	V	K							
6-Eck	V	V	F							
7-Eck	V	V								
8-Eck	V	V								
9-Eck	V	V								
10-Eck	V	V								

    Die im Hexagon (Wabe) ausgedrückte "6" hat also bei der Bildung einer Fläche die Qualität der stabilen Gruppenbildung (3 Spitzen berühren sich), in der beliebig viele gleiche Elemente miteinander verbunden werden können.

    Die "Gruppenbildungen von einer unbegrenzten Anzahl von Elementen", also Flächen, die durch die im Quadrat ausgedrückte Qualität der "4" entstehen, haben auch als die Qualität, mit der sie sich verbinden (4 Spitzen treffen sich), die Weite, Sperrigkeit, Trennung und Freiheit der "4".

    die Dreiecke, die eine Fläche bilden, sind sozusagen die Umkehrung der Hexagone, die eine Fläche bilden: In einer Fläche aus Dreiecken treffen sich immer die spitzen von je sechs Dreiecken und in einer Fläche aus Sechsecken treffen sich immer die Spitzen von drei Sechsecken. Im Fall der Dreiecks-Flächen ist hat das Flächenelement die Trigonqualität (3) und die Verbindung die Sextilqualität (6), während im Fall der Sechseck-Flächen das Flächenelement die Sextilqualität (6) und die Verbindung die Trigonqualität (3) hat.

    Die anderen regelmäßigen Formen bilden keine Flächen, nur die gleichseitigen Dreiecke, die Quadrate und die Hexagone.

    Die Waben treten auch an einer zunächst ziemlich unerwartet Stelle auf, die ebenfalls die Qualität der "effektivsten Verbindung" hat: Wenn man nach der kürzesten Verbindung zwischen vier in einem Quadrat angeordneten Punkten sucht, wird man in der Regel zunächst einmal vermuten, daß diese kürzeste Verbindung durch drei Seitenlinien des Quadrates erreicht wird. Bei näherer Betrachtung fällt dann vermutlich auf, daß die beiden sich kreuzenden Diagonalen insgesamt noch ein Stück kürzer sind als die Gesamtlänge von drei Seitenlinien. Allerdings ist dies immer noch nicht die kürzeste mögliche Verbindung, denn diese beruht auf dem Wabenmuster und sieht folgendermaßen aus:

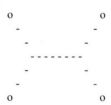

Wenn man gleichgroße Kugeln auf einer Fläche zusammenschiebt, werden sie sich so anordnen, daß immer sechs

Kugel eine siebte als Kreis umgeben - d.h. sie liegen in einem Hexagon rund um die Kugel in ihrem Inneren und bilden dabei 60°-Winkel zueinander.

Dieses Phänomen tritt auch in dreidimensionaler Form auf, wenn man gleichgroße Kugel in eine Kiste füllt. Auch dann liegen in jeder Ebene, die man betrachten kann, jeweils sechs Kugeln in 60°-Winkeln zueinander in einem Kreis um eine zentrale Kugel herum.

Diese Anordnung von gleichgroßen "Kugeln" findet man in jedem größeren Atomkern (Neutronen und Protonen) wieder, der ja eine der wesentlichen Analogien zu Tiphareth und somit zu der Zahl "6" ist. Nun lagern sich zwar in jedem Atomkern die Neutronen und Protonen in 60°-Winkeln zueinander an, aber es läßt sich nicht aus jeder Anzahl von Protonen und Neutronen ein regelmäßige Form bilden. Am regelmäßigsten wäre eine Form, die der Kugel am nächsten kommt. Eine solche Form besteht in der mittleren Schicht aus einem Hexagon ("Bienenwaben-Form"), auf das sich oben und unten noch symetrisch weitere, kleinere Schichten von je drei Kugeln auflagern. Dabei sollte das Hexagon in seinem Durchmesser genauso viele Kugeln aufweisen, wie die Form Schichten hat (in diesem Fall also drei).

Der einfachste Atomkern, der dieser Regel entspricht, ist das Wasserstoff, das nur ein einziges Proton in seiner Mitte hat.

O

Der nächstkomplexere Fall wäre ein Hexagon aus sieben Kugeln, auf dem sich oben und unten noch eine Schicht von je drei "Kugeln" befindet. Dieser regelmäßige Atomkern hat den Durchmesser von 3 "Kugeln".

```
                   OO      O
          OO              OOO           OO
           O              OO
```

Der nächstfolgende regelmäßige Atomkern hat einen Durchmesser von 5 "Kugeln" und besteht aus den Schichten "7 - 12 - 19 - 12 - 7":

```
                              OOO           OOO
        OO      OOO          OOOO          OOOO         OO
        OOO     OOOO         OOOOO         OOO          OOO
        OO      OOO          OOOO          OO           OO
                OO           OOO
```

Nun folgt als nächstes der entsprechend den vorigen Beispielen aufgebaute regelmäßige Atomkern mit einem Durchmesser von 7 "Kugeln" mit der Schichtfolge "12 - 19 - 27 - 37 - 27 - 19 – 12":

```
                                    o o o o
              o o o                 o o o               o o o         o o o
  o o       o o o o       o o o     o o o o o           o o o o       o o o o             o o
o o o       o o o o o     o o o o o o o o o o o         o o o o o     o o o o o         o o o
o o o o     o o o o       o o o o o o o o o o o         o o o o o o   o o o o           o o o o
  o o o       o o o       o o o o o o o o o o o         o o o o o       o o o             o o o
                          o o o o   o o o o             o o o o
```

Der nächste regelmäßige Atomkern mit einem Durchmesser von 9 "Kugeln" und kommt in der Natur nicht mehr vor, da er zu groß ist, um noch stabil zu sein. Er hätte, wenn es ihn denn gäbe, die Schichtenfolge "19 - 27 - 37 - 48 - 61 - 48 - 37 - 27 - 19".

Die Hälfte der "Kugel"-Anzahl in diesen regelmäßigen, kugelförmigen Atomkernen entspricht der Ordnungszahl dieses Atoms, da die Atomkerne genau zu je einer Hälfte aus Protonen und Neutronen bestehen. Da die Summen der "Kugel"-Anzahlen aber immer ungerade sind, entsprechen diese "Idealformen mit Sextilcharakter" dem schweren Isotop des nächstkleineren Atoms. "Isotop" bedeutet, daß sich in dem Atomkern eine abweichende Anzahl von Neutronen befindet (in diesem Fall also eines mehr als die Anzahl der Protonen). Auf den Charakter des Elementes, zu dem dieses Atom gehört, hat die Neutronenzahl keinen Einfluß, da die Anzahl der Elektronen und somit der Charakter des Elementes, nur von der Anzahl der Protonen im Atomkern abhängt (die Neutronen sind elektromagnetisch neutral).

Es ergeben sich also folgende "Formen des Atomkernes mit vollkommenem Sextilcharakter", also Atomkernen, die eine hexagonale, vom 60°-Winkel geprägte Form haben:

Durchmesser	Anzahl von "Kugeln"	Protonen + Neutronen	Ordnungszahl	Element
1 „Kugel"	1	1+0	1	Wasserstoff
3 „Kugeln"	13	6+7	6	Kohlenstoff
5 „Kugeln"	57	28+29	28	Eisen
7 „Kugeln"	153	76+77	76	Osmium
9 „Kugeln"	323	161+162	161	existiert nicht

Man sollte nun annehmen, daß sich bei diesen Elementen der Charakter des Sextiles, also das Prinzip des "platzsparendsten Zusammenfügens von gleichen Individuen" wiederfindet:

Beim Wasserstoff läßt sich nicht viel feststellen, da er der Grundbaustein aller anderen Atome ist - was natürlich in sich eine Beschreibung eines Sextiles darstellt, da es eben das Wesen des 60°-Winkels ist, gleichartige Individuen zu größeren Gruppen zusammenzusetzen und für ihren Zusammenhalt zu sorgen.

Beim Kohlenstoff ist diese verknüpfende Qualität des Sextiles sehr offensichtlich, da schließlich die gesamte organische Chemie und somit 99% aller komplexen molekularen Verbindungen und auch der gesamte Bereich des organischen Lebens eben auf der Fähigkeit des Kohlenstoffatomes zur Verknüpfung mit anderen Kohlenstoffatomen sowie mit den Atomen anderer Elemente beruht. Das Kohlenstoffatom ist der Grundbaustein aller Lebewesen.

Beim Eisen tritt die Qualität des Sextiles auf eine andere Art in Erscheinung. Der Atomkern des Eisens ist die "ideale Gruppe". Dies läßt sich an der Energiebilanz von Kernspaltungen und Kernfusionen erkennen:

1. Wenn man kleinere Atomkerne miteinander zu Eisen-Atomkernen verschmilzt, wird dabei Energie frei - will man Eisen-Atomkerne jedoch aufspalten, muß man Energie aufwenden.
2. Wenn man größere Atomkerne zu Eisen-Atomkernen aufspaltet, wird Energie frei - will man jedoch Eisen-Atomkerne zu größeren Atomkernen verschmelzen, muß man Energie aufwenden.

Die Protonen und Neutronen im Atomkern des Eisens befinden sich also im optimalen Energiezustand. Daher wird sich im Weltall letztendlich die gesamte Materie in Eisen verwandeln.

Beim Osmium, das ein eher seltenes Metall ist, fällt der sextilbedingte große innere Zusammenhalt vor allem dadurch auf, daß dieses Metall einen der höchsten Schmelzpunkte (3033C°) und Siedepunkte (5012C°) aller Elemente hat, also seine Form nur sehr widerwillig aufgibt, um flüssig bzw. gasförmig zu werden. Daher wurde Osmium lange Zeit für den Glühdraht ("Wendel") in Glühbirnen verwendet.

Osmium hat weiterhin die höchste Dichte aller Elemente (spezifisches Gewicht: 22,57 g/cm^3), d.h. daß in Osmium die meiste Materie auf einem bestimmten Raum zusammengeballt ist - was eben eine der Fähigkeiten des Sextiles ist.

Osmium hat zudem zusammen mit Ruthenium die höchste Oxidationszahl aller Elemente: es ist in der Lage, achtfach zu oxydieren, d.h. acht Sauerstoffatome an sich zu binden. Im Periodensystem der Elemente stehen Eisen (Ordnungszahl 26), Ruthenium (Ordnungszahl 44) und Osmium (Ordnungszahl 76) untereinander in der Abteilung der Nebengruppen-Elemente.

Wenn man sich die Form des Atomkerns des eben erwähnten Elementes Ruthenium anschaut, findet man eine Kugelform, die zwar aus vollständigen Kreisschichten (12 - 19 - 27 - 19 - 12) besteht, bei der aber zwei Schichten fehlen (die zentrale 37-er-Schicht und die zweite 27-er-Schicht) - der Ruthenium-Atomkern ist also ein "verdickter" Eisen-Atomkern bzw ein Osmium-Atomkern, dem in der Mitte zwei Schichten entzogen wurden. Die Qualität des Sextiles ist beim Ruthenium also noch deutlich sichtbar, was sich in seiner Oxydationsstufe 8, also seiner Fähigkeit, extrem viele Sauerstoffatome (8) an sich zu binden, zeigt, aber Schmelzpunkt, Dichte usw. sind aufgrund seiner unvollkommenen Form deutlich kleiner als beim Osmium.

Es gibt noch einen weiteren "Atomkern", der aus ca. 10^{51} Neutronen besteht: die Neutronensterne, die die Reste von "ausgebrannten", ehemals sehr großen Sonnen sind und ausschließlich aus Neutronen bestehen. Aufgrund der extrem hohen Gravitation in diesen Neutronensternen liegen die Neutronen in ihnen ebenfalls in der hier beschriebenen 60°-Schichtung.

Der 60°-Winkel ist ein Sechstelkreis und er ist auch der Innenwinkel an den Ecken einer Bienenwabe. Das Sextil, der astrologische 60°-Aspekt, fügt Dinge lose zusammen, sodaß sie für eine bestimmte Zeit optimal zusammenwirken können.

Wenn man mit dem Zirkel einen Kreis zeichnet und dann einen weiteren, gleichgroßen Kreis, dessen Mittelpunkt auf dem ersten Kreis liegt, und dann mit dem Ziehen gleichgroßer Kreise fortfährt, deren Mittelpunkt immer auf dem Schnittpunkt zweier Kreise liegt, erhält man ein "Rosetten"-Muster, das aus lauter 60°-Winkeln besteht. Auch dies ist ein Beispiel für die Kombination einer Anzahl gleichgroßer Individuen, bei der sich 60°-Winkel ergeben.

Der 60°-Winkel des Sextils als Prinzip der Zuordnung innerhalb einer großen Anzahl von gleichartigen Elementen zu einem Ganzen findet sich in der Natur auch noch in dem Aufbau der Schneeflocken wieder.

Der 60°-Winkel findet sich nicht nur auf der atomaren Ebene (Atomkern) und auf der makroskopischen Ebene (Bienenwaben, Schneeflocken), sondern auch auf der molekularen Ebene wieder. Kohlenstoff und Silicium, also die beiden Atome, die vier freie Elektronen und somit vier "Kontaktarme" für die Verbindung mit anderen Molekülen haben und sich daher zu komplexeren Molekülen zusammenschließen können, bilden häufig "Ringe", die eigentlich regelmäßige Sechsecke sind - der Kohlenstoff den bekannten Benzolring und das hexagonal (= "in 60°-Winkeln") kristallisierende Graphit sowie das Silicium die ebenfalls hexagonalen Schichtsilikate und Gerüstsilikate, die besser als "Quarz" bekannt sind.

Bei den Schichtsilikaten kommen selten auch Achtecke vor (eine Analogie zu Hod?). Die übrigen Atome mit vier freien Außenelektronen, also Titan, Zirkonium, Haffnium, Blei und Thallium, sind zu groß, um auf diese Art komplexe Moleküle bilden zu können.

Dieses Prinzip der Anordnung einer größeren Anzahl von gleichartigen Individuen durch den 60°-Winkel findet sich auch in der Astronomie wieder. Wenn mehrere Monde sich dieselbe Umlaufbahn um einen Planeten teilen bzw. mehrere Planeten sich dieselbe Umlaufbahn um eine Sonne teilen, ist dies nur möglich, wenn diese Monde von ihrem Planeten aus (bzw. die Planeten von ihrer Sonne aus) in einem Abstand von 60° zueinander stehen. Ein Planet kann also auf einer einzigen Umlaufbahn genau sechs Monde um sich kreisen haben - was genau dem Bild des Benzolringes (plus Zentralkörper) entspricht. Solche "Trojaner" genannten Himmelskörper sind durchaus nichts seltenes: die Erde, der Mars, der Jupiter, der Saturn und der Neptun haben auf ihrer Umlaufbahn solch 60° von ihnen entfernten "Geschwister"; der Saturn-Mond Dione hat einen "Zwilling" der ihm in einem Abstand von 60° vorausfliegt, und der Saturn-Mond Tethys hat seinerseits zwei Monde, Telesto und Calypso, die diesen Saturnmond auf derselben Umlaufbahn im Abstand von 60° umkreisen.

Auch innerhalb der Atomhüllen der Atome findet sich dieses Gestaltungsprinzip wieder. Auf das zweitinnerste Orbital eines Atomes passen genau acht Elektronen, wobei sich diese acht Elektronen auf ein "senkrechtes" hantelförmiges Elektronenpaar (siehe die Qualität der "2") und auf einen "waagerechten" Kreis von sechs kugelförmigen Elektronenwolken aufteilen, was wieder dem Bild des Benzolringes entspricht.

Astrologisch gesehen ist ein Sextil (60°) ein "halbes Trigon" (120°) - sowohl in rechnerischer Hinsicht als auch qualitativ. Ein Trigon ist eine feste Verbindung, also eine "Freundschaft", und ein Sextil ist eine "Bekanntschaft", die zur "Gruppenbildung" neigt. Auch zeichnerisch findet sich dieser Zusammenhang wieder, da man jedes Hexagramm und Hexagon, also den Benzolring, die Bienenwaben, die Schneeflocken, das Rosettenmuster usw., also die 60°-Anordnungen, aus Dreiecken, also 120°-Winkeln konstruieren kann.

Die "6" hat also die abgeschwächte und gleichzeitig auf größere Gruppen wirkende Qualität der "3", was ganz dem Zusammenhang zwischen der "4" und der "2" entspricht, da die "4"ebenfalls in ihrem Inneren das Wesen der "2" trägt.

Netzach: Die Qualität der "7" läßt sich in der Natur nur selten finden - lediglich einige Blüten haben sieben Blütenblätter, was immerhin eine Venus/Netzach-Entsprechung ist.

Hod: Die Qualität der "8" ist ebenfalls selten in der Natur - sie findet sich in einigen Arten von Schichtsilikaten. Aufgrund des Verhältnisses zwischen den Qualitäten der "2" und der "4" sowie zwischen der "3" und der "6" ist anzunehmen, daß die "8" eine Abschwächung und gleichzeitig eine weitere "Differenzierung" und "Vervielfältigung" der Qualitäten der "4" ist. Dies würde bedeuten, daß sie den geraden, formenden und strengen Charakter der "4" beibehält, aber diese Quadrate so vervielfältigt, daß komplexere Strukturen entstehen.

Diese Beschreibung paßt nun sehr gut zu der Tätigkeit des Denkens, also dem Vergleichen von Strukturen und Formen, die durch Hod im menschlichen Lebensbaum sowie durch den Planeten Merkur, der Hod zugeordnet ist, symbolisiert werden.

Yesod: Die Qualität der "9" müßte sich entsprechend der bisherigen Betrachtungen aus der "Differenzierung" und "Vervielfältigung" der "3" ergeben. Dabei ist es hier keine Verdoppelung wie bei der "2" und der "4" bzw. der "3" und der "6", sondern eine Verdreifachung.

Die Verdoppelung hat offensichtlich den dynamischen Charakter der "2" mit ihrer Verwandtschaft zur elektromagnetischen Kraft. Dies zeigt sich unter anderem auch darin, daß sich bei "6", also z.B. im Atomkern, die Qualität der "3" im Zusammenhalt zeigt, während die Qualität der "2" darin offensichtlich wird, daß sich die Protonen im Atomkern aufgrund ihrer gleichen Ladung gegenseitig abstoßen.

Man kann also annehmen, daß sich die Qualität der "9" aus einer Differenzierung der "3" durch die "3" ergibt - also eine Form des Zusammenhaltes, in der viele Dinge zusammenkommen und die einen eher fließenden Charakter hat: Der Zusammenhalt ist nicht mehr so groß wie bei der "3", aber sie wirkt auf eine größere Anzahl nun auch verschiedener Objekte.

Genau dies findet man bei der Entsprechung Yesods im "Lebensbaum der physikalischen Evolution", den Molekülgruppen.

Der Charakter der "9" wird noch deutlicher, wenn man die Unterschiede zwischen der "3", der "6" und der "9" betrachtet. Die "3" entspricht der Farbkraft, die die drei Quarcks untrennbar fest zusammenhält - eine starke Kraft hält eine Sorte Teilchen zusammen (3 mal 1). Die "6" entspricht der "starken Wechselwirkung, die im Atomkern zwei Arten von Elementarteilchen, also Protonen und Neutronen, zusammenhält - eine mittlere Kraft hält zwei Sorten von Teilchen zusammen (3 mal 2). Die "9" entspricht der Molekularkraft, also einer der vielen Erscheinungsformen der elektromagnetischen Kraft, die die verschiedensten Moleküle zusammenhält - eine schwache Kraft hält verschiedene Arten von Teilchen zusammen (3 mal 3). Offensichtlich wird in diesem letzten Fall die Zahl "3" wie in vielen alten Sprachen auch als Symbol für "viele" aufgefaßt.

Dieser schwache, fließende Zusammenhalt ist auch die Kraft, die die Bilder im Unterbewußtsein zu Symbolen zusammenfließen läßt und er ist auch das Grundprinzip, nach dem die Vorgänge im Unterbewußtsein ablaufen: die Assoziation.

Dieses lockere Aneinanderlagern entspricht dem astrologischen Aspekt des Halbsextiles (30°).

Malkuth: Die "10" sollte man nun als Verdoppelung der "5" auffassen können, deren Charakter die Verwandlung und das Fließgleichgewicht waren. Insofern könnte man die Erde, also die Entsprechung Malkuths, und den Charakter der "10" als einen vielfältigen, dynamischen (wegen der "2" der Verdoppelung) Prozeß der Veränderungen, des Erhaltens und des Verwandelns auffassen.

- - -

Es zeigt sich bei dieser Betrachtung, daß die Zahlen durchaus einen konkreten Charakter haben, der sich vor allem aus ihrer geometrischen Entsprechung ableitet. Dabei sind die Zahlen 1, 2, 3, 4, 6, und 9 sowie teilweise noch die 8 die Zahlen mit sehr deutlichem Charakter.

Hinzu kommt noch die Zahl 12, die dem Tierkreis mit seiner differenzierten Struktur entspricht, der die Übergänge prägt. Die Qualität des Tierkreises ergibt sich auch wieder aus der Qualität der Zahlen, aus der man sie multiplizieren kann - aus der "3" und aus der "4". Die "3" ist der Zusammenhalt der Farbkraft, die Verbindung zur Einheit, und die "4" ist das Aufspannen zu einem Raum. Dies kann man auch als das Zusammenhalten durch die "3" und das " nicht zusammenstauchen lassen" der "4" auffassen, also als die Zentripetalkraft ("3") und die Zentrifugalkraft ("4"), die die Kreisbahn z.B. eines Mondes um seinen Planeten aufrechterhalten. Die "12" läßt sich auch als Verdoppelung der "6" ansehen, wobei sich der Kreis dann als Verdoppelung des "Benzolringes" ergäbe. Während in den hexagonalen 60°-Strukturen, dessen bekanntester Vertreter der Benzolring ist, gleiche Bestandteil zusammengefügt werden, befinden sich in dem Zwölferkreis zwölf verschiedene Bestandteile, d.h. eigentlich gleiche Bestandteile mit verschiedenem Charakter, die alle innerhalb einer großen komplexen Symmetrie miteinander stehen. Unter anderem findet sich die Verdoppelung der "6" mit ihrem Charakter der "2" darin wieder, daß einander gegenüberstehende Tierkreiszeichen entgegengesetzten Charakter haben und somit Ergänzungs-Gegensätze sind, daß ihr Verhältnis also der Opposition und somit der "2" entsprechen.

Die Zahlen 5, 7, 11 und fast alle noch größeren Zahlen haben keinen so deutlich faßbaren Charakter und je weiter die Zahlen über die "12" hinausgehen, desto weniger lassen sich überhaupt noch Wesensmerkmale feststellen. Da sich der

Charakter der Zahlen aus ihrer geometrischen Entsprechung ableitet, dürfte der Charakter der Zahlen universell sein. Auch dieser Charakter der Zahlen legt die Vermutung nahe, daß die Welt ein großes, komplexes Gebilde voller Analogien und Symmetrien ist.

Die Visualisierung der Mittleren Säule

Für die Visualisierung der Mittleren Säule regt vor allem die Betrachtung der "6" dazu an, sich die Seele zwar als etwas Koordinierendes und Zentrierendes, aber auch selber als etwas Zusammengesetztes vorzustellen.

Generell bedeuten diese Anregungen und Ergänzung nicht, daß man die Meditation der Mittleren Säule nur dann sinnvoll durchführen kann, wenn man alle diese Bedeutung kennt und sich ihrer auch bewußt ist - ihr Zweck ist, die Bedeutung dieses Symboles zu vertiefen und möglichst viele Anknüpfungspunkte für die Integration eigener Erlebnisse in das Symbol der Mittleren Säule zu schaffen, denn dies Symbol wächst letztlich nur durch eigene Erfahrungen.

Man kann diesen Vorgang mit dem "Impfen" einer gesättigten Lösung mit ein paar kleinen Kristallen vergleichen, wodurch dann die gesamte Lösung viel schneller auskristallisiert.

13. Die "Blasenbildung"

Das Konzept der "Blasenbildung", das im Zusammenhang mit den Übergängen immer wieder aufgetaucht ist, ist ein zentrales Element des Lebensbaumes, da es beschreibt, wie aus der anfänglichen Einheit immer komplexere und völlige neue Gebilde entstehen.

Bei der Betrachtung dieser Blasenbildung sind zunächst vor allem der Abgrund und der Graben interessant, da die Schwelle einen Bereich mit sehr großer Vielfalt beschreibt, in dem die Gesetzmäßigkeiten nur schwer auszumachen sind, und da die Auflösung als Gegenextrem zur Schwelle die allererste Differenzierung der Einheit beschreibt, über die die Informationen eher spärlich sind.

Das Bild der Blasenbildung läßt sich am einfachsten im Zusammenhang mit der Entstehung der Elementarteilchen aus Energie beschreiben. Zunächst war die Energiedichte kurz nach dem Urknall so hoch, daß alle Energie ein Kontinuum bildete, eine einzige Blase voller Hitze und Licht. Dann dehnte sich das Weltall weiter aus und die Energiedichte und somit auch die Temperatur nahmen ab. Dadurch war nicht mehr genügend Energie in dem Weltall, um es homogen auszufüllen, sodaß Unterschiede in der Dichte, sozusagen "Lücken" entstanden. Bildlich gesprochen rollten sich nun kleine Energiemengen in sich zusammen und bewegten sich auf Kreisbahnen, kapselten sich also von der übrigen Energie ab und bildeten Blasen in dem sich langsam verdünnenden Kontinuum aus Energie. Diese "kondensierten Blasen" waren die Elementarteilchen, die entsprechend der Formel "$E=m \cdot c^2$" in ihrem Inneren weiterhin Energie sind.

Dies entspricht ganz einer gut bekannten Erscheinung aus der Natur: wenn es kühl wird, kondensiert die Luftfeuchtigkeit zu winzigen Wassertröpfchen und bildet so den Nebel.

Die so entstandene Blase hat die Form einer Kugel, weil sich die Energie in ihr in einer Kreisbahn bewegt. Vermutlich liegt der Sachverhalt deutlich komplexer, da eine Kugel ein dreidimensionales Gebilde und ein Kreis nur zweidimensional ist; aber trotzdem dürfte das Bild der auf einer Kreisbahn sich bewegenden Energie eine gute Annäherung an die tatsächlichen Verhältnisse sein.

Die Geschwindigkeit der Energie auf ihrer Kreisbahn verhindert, daß die Kreisbahn kleiner werden kann, was dieser Blase von außen her betrachtet den Anschein von Festigkeit gibt - in Wirklichkeit ist diese scheinbare Festigkeit nur der Umstand, daß man von außen die Kreisbahn der Energie aufgrund deren Geschwindigkeit nur schwer ändern kann. Der Druck, den diese kreisende Energie nach außen ausübt, entspricht ungefähr dem Zug, mit dem ein Stock, den man an einem Seil um sich wirbeln läßt, nach außen fortstrebt. Die äußere Festigkeit dieser Blasen ist eine Folge der durch die Geschwindigkeit der Energie auf ihrer Kreisbahn entstehenden Zentrifugalkraft.

Daraus ergibt sich, daß die Elementarteilchen innen hohl sind, denn die Energie wird aufgrund ihrer Geschwindigkeit am Außenrand des Teilchens kreisen. Dazu paßt auch ganz gut das "c^2" in der Formel "$E=m \cdot c^2$". Das "E" ist die Energie, die sich in das "m", also in die Masse verwandelt. Das "c^2" scheint also die "Zauberformel" für diese Verwandlung zu sein. Nun ist das, was sich da verwandelt, Energie, also Licht - das sich naturgemäß mit der Lichtgeschwindigkeit "c" bewegt. Wenn das Licht nun innerhalb des Elementarteilchens in einer Kreisbahn fliegen würde, sollte man annehmen, daß die Energie dadurch ein "c" verliert, da sie nun mit diesem "c" ja nicht mehr geradeausfliegt (was von außen aus zu sehen wäre), sondern nun mit diesem "c" in einem Kreis fliegt (was von außen her nicht mehr als Bewegung, sondern nun als die feste Kreisbahn (und die Festigkeit des Teilchens) zu sehen wäre). Eine Hohlkugel ist nun aber keine (eindimensionale) Linie wie ein Kreis, sondern eine (zweidimensionale) Fläche. Also sollte man annehmen, daß die "freie" Energie, wenn sie sich zu einer Hohlkugel "zusammenkrümmt" und dadurch zu Materie "kondensiert", nicht nur ein "c" wie für eine Kreisbahn, sondern ein "c^2" wie für eine Fläche verliert - was ja laut Einsteins berühmter Formel auch der Fall ist. Diese Formel für die Verwandlung von Energie paßt also sehr gut zu dem Modell der Hohlkugel: der Verwandlungsfaktor "c^2" beschreibt in diesem Bild die Verteilung der sich vorher frei als Strahl bewegenden Energie auf die neue Bewegungsform der Hohlkugel, durch die sie ein Elementarteilchen bildet. - Wie gesagt, ist dies nicht der tatsächliche komplexe Sachverhalt, aber eine gute Näherung.

Da es vor der Entstehung der Elementarteilchen nur Energie gegeben hat, und diese Hohlkugel-Bläschen somit die erste auftretende Struktur waren, ist anzunehmen, daß sich eben diese Struktur auch im ganz Großen wiederfindet, daß sich die Energie zur Zeit der ersten Entstehung von Elementarteilchen auch im großen Rahmen in solchen Hohlkugel-Formen bewegt hat. Daraus folgt, daß die grundlegende Struktur im Weltall solche Hohlkugeln sein sollten. Genau das ist auch der Fall:

Die Erde ist ein Planet, der um die Sonne kreist. - Die Sonne ist ein mittelgroßer Stern in unserer Galaxie, die in etwa wie eine Linse geformt ist, die in ihrer Mitte eine Kugelauswölbung nach oben und unten hat. Quer durch diese "Linse" befinden sich ca. 100.000 Sterne im Abstand von durchschnittlich 2,5 Lichtjahren, also in der Entfernung, die das Licht in dieser Zeit zurücklegt, wobei das Licht eine Geschwindigkeit von 200.000 km/sec hat - es ist also sehr viel Platz zwischen zwei Sternen. Senkrecht befinden sich etwa 10.000 Sterne im Zentrum in der "Kugel" der Galaxie. - Zwischen zwei Galaxien befindet sich ein Abstand von etwa 10 Galaxiendurchmesser. Etwa ein Dutzend Galaxien bilden einen Galaxienhaufen. - Zwei Galaxienhaufen befinden sich wiederum in einem durchschnittlichen Abstand von zehn Durchmessern eines Galaxienhaufens voneinander entfernt. Etwa ein Dutzend Galaxienhaufen bilden einen Galaxiensuperhaufen. - Diese Galaxiensuperhaufen wiederum befinden sich auch im Abstand von etwa zehn Durchmessern eines Galaxiensuperhaufens voneinander entfernt. Diese Galaxiensuperhaufen finden sich nun in einer schaumartigen Anordnung im Weltall verteilt. Sie bilden sozusagen die Hüllen von Blasen, in deren Innerem sich nichts befindet. Dieser "Galaxiensuperhaufen-Schaum" ist genau die Struktur, die man analog zu der Hohlkugel-Struktur der Elementarteilchen auch in der grundlegenden Verteilung der Materie, die ja aus den Elementarteilchen entstanden ist, im Weltall erwarten sollte.

Es findet sich im Weltall auch noch ein weiteres, diesem "Kondensierungs-Vorgang" entsprechendes Phänomen: die schwarzen Löcher. Dies sind Gebilde, die aus extrem schweren Himmelskörpern wie z.B. Neutronensternen entstehen können. Diese Neutronensterne sind zwar Sterne, aber sie bestehen nur aus Neutronen und sind tatsächlich eine Art protonenloser Atomkern von gut einem Dutzend Kilometern Durchmesser. Ab einer bestimmten Größe kollabieren diese Neutronensterne auf beinahe Punktgröße und verbiegen dann aufgrund ihrer sehr extremen Dichte und ihrer daher ebenso extremen Gravitation die Bahn eines Lichtstrahles, der an ihnen vorbeifliegt, zu einer Kreisbahn, sodaß der Strahl nun ewig um den kollabierten Neutronenstern in seiner Mitte kreisen muß. Auf dieselbe Weise wird auch der Raum um diesen kollabierten Neutronenstern gekrümmt, sodaß eine Blase innerhalb des Weltalls entsteht, in die Materie und Energie zwar hinein, aber nicht wieder hinauskann. Da nicht mal Licht (Energie) einen solchen "Stern" wieder verlassen kann, heißen diese Gebilde auch "Schwarzes Loch" - von ihnen geht kein Lichtstrahl aus, aber sie schlucken alles, was zu ihnen gelangt.
.

Die Blasenbildung am Graben sieht anders aus. Dort haben sich in Tiphareth die Atomkerne gebildet, die in einer überall gleichmäßig heißen Suppe ("Plasma"-Zustand) aus Elektronen, Energie und Neutrinos (eine Art von Elementarteilchen) schwimmen. Nun tritt wie zuvor der Effekt ein, daß sich das Weltall so weit ausdehnt, daß die gleichmäßige Verteilung von Energie und somit Hitze zusammenbricht und sich Unterschiede bilden. Daraufhin beginnen die Atomkerne damit, einzelne Elektronen aus der "Suppe" fest an sich zubinden und eine Elektronenhülle auszubilden.

Zu beachten ist in diesem Zusammenhang, daß kein physikalischer Zusammenhang zwischen dem Ende der gleichmäßigen Energieverteilung, also des thermischen Gleichgewichtes des Plasma-Zustandes einerseits und der Ausbildung der Elektronenhüllen der Atome andererseits besteht, obwohl beides zu genau demselben Zeitpunkt stattfand. Beide Vorgänge müssen allerdings aufgrund der Logik der Analogie gleichzeitig stattfinden, weil beide auf dem Lebensbaum dem Graben entsprechen.

Die so entstandenen Atome haben eine andere Struktur als die Elementarteilchen-Hohlkugeln: Sie haben fast ihre gesamte Masse in ihrem Zentrum und sind von einer Wolke von Elektronen, die weniger als ein Tausenstel der gesamten Atommasse ausmachen, umgeben.

Diese zweite Struktur, die nach den Elementarteilchen-Hohlkugeln im Weltall entstanden ist, sollte sich ebenfalls wieder im Weltall wiederfinden und zwar als ihre sekundäre Struktur. Zur Zeit der Bildung der Elementarteilchen mit ihrer Hohlkugelstruktur bewegte sich die vorher homogen verteilte Energie im Weltall auch im großen Maßstab in Kugelschalen-Bahnen. Daher bestand das Weltall nach der Entstehung der Elementarteilchen aus Kugelschalen, die ihrerseits aus einer riesigen Zahl von Hohlkugel-Elementarteilchen bestanden und somit die Ursache für die heutige schaumartige Verteilung der Materie im Weltall sind.

Als sich nun das Weltall soweit ausgedehnt und abgekühlt hatte, daß sich vollständige Atome bilden konnten, ist anzunehmen, daß dieser Prozeß wiederum sowohl im Kleinen bei den Atomen als auch im großen Maßstab abspielte. Genau dies ist auch geschehen, wodurch die Galaxiensuperhaufen und in ihnen die Galaxienhaufen, in diesen wiederum die Galaxien und in diesen schließlich als kleinste Einheit die Sterne entstanden sind. Alle diese astronomischen Systeme, insbesondere die Galaxien und die Sonnensysteme, bestehen aus einem schweren Zentrum (die Sonnen im Zentrum der Galaxie bzw. die Sonne, die von Planeten umkreist wird), um das leichtere "Teile" kreisen (wenige Sterne im Außenbereich der Galaxien bzw. die Planeten im Sonnensystem).

Eine schöne Analogie zu diesen beiden Vorgängen sind die astrologischen Zuordnungen. Die Bildung der Elementarteilchen ging von Daath aus über den Abgrund, während die Bildung der Atome von Tiphareth aus über den Graben hin stattfand. Der Planet, der Daath zugeordnet ist, ist der Saturn, dessen wesentlichstes Merkmal das Setzen von Grenzen und seine Festigkeit ist. Genau diese feste Grenze macht das Wesen der hohlkugelförmigen Elementarteilchen, also den Grundbausteinen der festen Materie aus. Der Planet, der Tiphareth zugeordnet ist, ist die Sonne, deren wesentlichstes Merkmal das Zentrum ist. Genau diese Konzentration auf das Zentrum macht das Wesen der Atome aus, deren Masse fast vollständig im Atomkern konzentriert ist.

Der interessanteste Faden, den man von hier aus weiterverfolgen kann, ist natürlich die Analogie zum Bewußtsein, also zu dem inneren Lebensbaum, der diesen Vorgängen entspricht.

Tiphareth stellt in dem "Inneren Lebensbaum der Welt" die Seele dar und der Graben die Geburt mit dem dabei geprägten Horoskop. Daath ist der Bereich der Götter und der Abgrund die Geburt der Seelen - was mythologisch der Erschaffung der Menschen durch die Götter entspricht. Die Festigkeit der Elementarteilchen-Hohlkugeln findet sich bei der Seele als deren Individualität, als deren vereinzeltes Bewußtsein, also als deren Abgrenzung von dem vorher im Bereich der Götter in Daath und darüber abgrenzungslosen Bewußtsein.

Die Seele erscheint bei dieser Analogie also als eine abgegrenzte "Hohlkugel" aus der Substanz, aus der die Götter sind. Und die Psyche als Analogie zur Elektronenhülle erscheint in dieser Analogie als eine Wolke um die Seele, die ebenfalls aus der Substanz besteht, aus der die Seele ist. Die Seele bildet in Analogie zum Atomkern das Zentrum der Psyche, das die ganze Psyche prägt, so wie die elektrische Ladung des Atomkerns (die Anzahl der Protonen) die Anzahl der Elektronen in der Elektronenhülle und somit deren Form und chemische Eigenschafte bestimmt.

Wenn nun die Psyche eine Analogie zur Elektronenhülle ist, lohnt sich eine Betrachtung der gemeinsamen Vorgeschichte der Atomkerne und der Elektronen. Innerhalb dieser Analogie zwischen Psyche und Elektronenhülle findet sich auch das Horoskop wieder. So wie der Festigkeit der Elementarteilchen-Hohlkugel die Abgrenzung des individuellen Seelenbewußtseins nach außen entspricht, so entspricht die vom Atomkern fest an sich gebundene Elektronenhülle der lebenslangen Prägung der Psyche durch das Horoskop. Es also anzunehmen, daß sich bei der Betrachtung der Vorgeschichte der Elektronen Aufschlüsse über das Wesen der astrologischen Prägung des Charakters ergeben.

Bei dem Übergang der Energie von Daath aus über den Abgrund entstanden zwölf Arten von Elementarteilchen-Hohlkugeln, aus denen jegliche Materie in unserem Universum besteht. Diese zwölf Arten bestehen aus vier Grundtypen: den Quarcks mit 2/3 positiver Ladung, den Quarcks mit 1/3 negativer Ladung, den Elektronen mit 1/1 negativer Ladung und den Neutrinos ohne Ladung. Diese vier Grundtypen kommen in drei "Familien" vor, die sich voneinander nur durch ihre Größe unterscheiden. Von ihnen sind unter heutigen normalen Umständen nur die Mitglieder der ersten Familie stabil. Die Mitglieder der zweiten und der dritten Familie benötigen zu ihrer Entstehung eine sehr hohe Energiedichte, also eine sehr hohe Hitze, wie sie kurz nach dem Ende des Plasma-Zustandes, also kurz nach der Entstehung der ersten Atome, noch bestanden hat. Diese zwölf Grundtypen von Elementarteilchen, die offenbar eine Analogie zu den zwölf Zeichen des Tierkreises sind, die ja auch den Graben und die Schwelle prägen, haben folgende Namen (wobei das Myon und das Tauon schwere Formen des Elektrons sind):

Teilchen	Ladung	1. Familie	2. Familie	3. Familie
Quark	+2/3	"up"-Quark	"charm"-Quark	"truth"-Quark
Quark	-1/3	"down"-Quark	"strange"-Quark	"beauty"-Quark
Leptonen	-1	Elektron	Myon	Tauon
Neutrinos	0	Elektron-Neutrino	Myon-Neutrino	Tauon-Neutrino

Nun gibt es offensichtliche Verwandtschaften zwischen den Teilchen und den Grundkräften. Die Quarks werden durch die Farbkraft zusammengehalten, und die Elektronen wirken durch die elektromagnetische Kraft (Licht). Es liegt daher nahe, einen Zusammenhang zwischen den Neutrinos und der Gravitation zu vermuten.

Jede Energie ist zugleich auch ein Teilchen, ein Energiequant. Jede der drei Grundkräfte hat ihre eigenen Energiequanten. Wenn sich die drei Grundarten von Elementarteilchen aus den drei Grundkräften gebildet haben haben, indem sie zu Hohlkugeln kondensiert sind, sind es diese Energiequanten, die sich in diesen Hohlkugelschalen bewegen.

Die Zuordnung der drei Grundkräfte zu den Sephiroth, die ja auch eine Reihenfolge der Entstehung dieser Kräfte darstellt, wird dadurch bestätigt, daß die Quanten der drei Kräfte nicht auf jede andere wirken. Entsprechend der Anordnung auf dem Lebensbaum ergibt sich als Ordnung in diesem Phänomen, daß eine Kraft auf alle nach ihr entstandenen Kräfte wirkt, aber nicht auf die vor ihr entstandenen:

a) Gravitonen (Kether) wirken auf Photonen (Chokmah), aber nicht umgekehrt;
b) Gravitonen (Kether) wirken auf Gluonen (Binah), aber nicht umgekehrt;
c) Photonen (Chokmah) wirken auf Gluonen (Binah), aber nicht umgekehrt.

Die Kräfte sind sehr unterschiedlich stark. Die elektromagnetische Kraft ist etwa 7300 mal schwächer als die Farbkraft bzw. 43.000.000.000.000.000.000.000.000.000.000.000.000 mal stärker als die Gravitation, was bedeutet, daß Farbkraft 5.900.000.000.000.000.000.000.000.000.000.000.000.000 mal stärker ist als die Gravitation. Die zuerst entstandene Kraft ist also die schwächste und die zuletzt entstandene ist die stärkste Kraft.

Die relative Masse in der folgenden Tabelle ist die Masse der Elementarteilchen im Verhältnis zur Masse des Elektrons (Masse = 1). Das Neutrino ist masselos und das Quark ist 36.024 mal schwerer als das Photon. Die Massen der Elementarteilchen verhalten sich ungefähr so zueinander wie die relativen Stärken der Energiequanten, aus denen sie nach der hier angestellten Betrachtung entstanden sein sollten. Da die elektromagnetische Kraft, also das Photon 4,3 x 10^{37} mal stärker ist als die Gravitation, müsste das Neutrino, also das aus der Gravitationsenergie entstandene Elementarteilchen eine relative Masse von ca. 10^{-38} haben. Damit stimmt die Massenlosigkeit bzw. Fast-Massenlosigkeit des Neutrinos sehr gut überein (Es ist noch nicht abschließend geklärt, ob das Neutrino über eine winzige Masse verfügt.). Die Stärke der Farbkraft ist 7.300 mal größer als die Stärke der elektromagnetischen Kraft, die relative Masse des Quarks ist jedoch 36.024 mal größer als die Masse des Elektrons. Angesichts der Größe der betrachteten Zahlen ist jedoch eine fünfmal größere Zahl noch immer eine sehr gute Annäherung.

Wenn man diese verschiedenen Qualitäten in einer Tabelle zusammenfaßt, ergibt sich ein schlüssiges Bild, in dem sich alle Qualitäten linear entwickeln, also fortlaufend größer werden.

Sephirah	Polarität	Folge der Entstehung	Kraft	Relative Stärke der Kraft	Energiequant	Teilchen	Relative Masse des Teilchens
Kether	1	1	Gravitation	1	Graviton	Neutrino	ca. 0
Chokmah	2	2	elektromagnetische Kraft	$4,3 \cdot 10^{37}$	Photon	Elektron	1
Binah	3	3		$5,9 \cdot 10^{39}$	Gluon	Quark	36024

Die Gravitation, die als erste Kraft entstanden ist und die einpolar ist und somit Kether entspricht, hat als Energiequant das Graviton. Die Gravitation ist die weitaus schwächste Kraft. Aus dem Graviton entsteht bei dem Übergang über den Abgrund als "Graviton-Hohlkugel" das masselose Neutrino.

Die elektromagnetische Kraft, die als zweite Kraft entstanden ist, zweipolar ist, und somit Chokmah entspricht, hat als Energiequant das Photon, also das Licht. Die elektromagnetische Kraft ist 4,3 x 10^{37} mal stärker als die Gravitation. Aus dem Photon entsteht bei dem Übergang über den Abgrund als "Photon-Hohlkugel" das Elektron.

Die Farbkraft, die als dritte Kraft entstanden ist, dreipolar ist, und somit Binah entspricht, hat als Energiequant das Gluon. Die Farbkraft ist 7.300 mal stärker als die elektromagnetische Kraft. Aus dem Gluon entsteht bei dem Übergang über den Abgrund als "Gluon-Hohlkugel" das Quark. Das Quark ist 36.024 mal schwerer als das Elektron.

Wenn man diese Genealogie auf dem Lebensbaum darstellt, erhält man folgende, vorläufige Graphik der Zusammenhänge zwischen den Energiequanten und den Elementarteilchen.

	Gravitation		
	Graviton		
Farbkraft		el.magn. Kraft	*Energiequanten*
Gluon		Photon	
	$E = m \cdot c^2$		

. . . .

V		Neutrino	
		Elektron	
		Quark	
	VI		
VIII		VII	*Teilchen/Masse*
	IX		
	X		

Der Nutzen für die Beschreibung des "Lebensbaumes des Bewußtseins", der sich aus dieser Betrachtung des "Lebensbaumes des physikalischen Evolution" ergibt, ist die nun mögliche Übertragung der Qualitäten der drei Grundkräfte auf die Elementarteilchen und von dort weiter auf die den Elementarteilchen entsprechenden Bewußtseinsqualitäten.

Die Gravitation hat die Qualität der Einheit. Diese Qualität ist demnach auch der Charakter des Gravitons, also des Gravitationsenergiequanten, und ebenso die Qualität des Neutrinos, das sich aus den Gravitonen als Hohlkugel gebildet hat.

Die elektromagnetische Kraft hat die Qualität der Anziehung und der Abstoßung. Diese Qualität ist demnach auch der Charakter des Photons, also des Energiequanten der elektromagnetischen Kraft, und ebenso des Elektrons, das sich aus Photonen als Hohlkugel gebildet hat.

Die Farbkraft hat als Qualität den Zusammenhalt. Diese Qualität ist demnach auch der Charakter des Gluons, also des Energiequanten der Farbkraft, und ebenso des Quarks, das sich aus Gluonen als Hohlkugel gebildet hat.

Innerhalb des 2. Dreiecks, das der Bereich der Elementarteilchen ist, finden sich somit drei durch diese Teilchen verkörperten Qualitäten:

Sephirah	Materie-Qualität	Bewußtseins-Qualität	Kraft	Energiequant	Elementarteilchen
Kether	Einheit	Bewußtsein	Gravitation	Graviton	Neutrino
Chokmah	Bewegung	Ekstase	elektromagnetische Kraft	Photon	Elektron
Binah	Zusammenhalt	Liebe	Farbkraft	Gluon	Quark

Für die Beschreibung der "Lebensbaumes des Bewußtseins" ergeben sich daraus folgende Zusammenhänge:

1. Aus der Einheit in Kether entsteht die Ekstase in Chokmah.

2. Aus der Einheit und dem Bewußtsein in Kether und der Ekstase in Chokmah entsteht die Liebe in Binah - die gegenseitige Wahrnehmung der einzelnen Strahlen der Einheit, die sich in Chokmah in eine Vielheit aufgespalten hat. Die Farbkraft ist die stärkste Kraft in der Welt - die Liebe ist die stärkste Kraft im Bewußtsein.

3. Aus den drei Grundqualitäten Einheit/Bewußtsein, Ekstase und Liebe werden nach dem Übergang über den Abgrund in Chesed drei verschiedene Arten von abgegrenzten Individuen: die Quarks als "Liebes-Individuen", die Elektronen als "Bewegungs-Individuen" und die Neutrinos als "Einheits-Individuen".

4. Diese Individuen wirken weiterhin mit den in ihnen liegenden Kräften auf die anderen Teilchen - physikalisch ist das Wirken einer Kraft der Austausch eines Energiequanten dieser Kraft zwischen den beiden Teilchen, zwischen denen diese Kraft wirkt. Zwischen der Erde und dem Mond, die durch die Gravitation verbunden sind, werden Gravitonen ausgetauscht; zwischen einem Magneten und einem Stück Eisen, die sich magnetisch anziehen, werden Photonen ausgetauscht; und zwischen den drei Quarks im Inneren eines Neutrons werden Gluonen ausgetauscht.

Wie schon erwähnt, kann nicht jedes Elementarteilchen mit jeder Kraft auf andere wirken. Dadurch ergeben sich folgende "Kontaktmöglichkeiten" zwischen den Elementarteilchen und analog auch zwischen den drei Arten von "Bewußtseins-Individuen".

a) Das Neutrino kann mit allen anderen Elementarteilchen Gravitonen austauschen. Das "Einheits-Individum" steht also mit allen anderen Individuen durch die Kraft der Einheit in Verbindung. Die "Einheitsindividuen" haben als wesentliches Merkmal, daß sie die Einheit innerhalb des sich differenzierenden Bewußtseins erhalten - die Einheit ist das Wesentliche Merkmal des Bewußtseins.

b) Das Elektron kann mit allen anderen Elementarteilchen Gravitonen austauschen. Zusätzlich kann es mit anderen Elektronen und mit den Quarks Photonen austauschen. Das "Bewegungs-Individuum" steht also durch die Kraft der Einheit mit allen anderen in Verbindung. Zusätzlich wirkt sowohl zwischen den verschiedenen "Bewegungsindividuen" also auch zwischen diesen und den "Liebes-Individuen" die Kraft der Anziehung und der Anstoßung. Die "Bewegungs-Individuen haben also als wesentliches Merkmal, daß sie zwar auch die Einheit aller Dinge erkennen, aber zudem gegenüber den anderen "Bewegungs-Individuen" und auch gegenüber den "Liebes-Individuen" Partei ergreifen und sie entweder anziehen oder abstoßen.

c) Das Quark kann mit allen anderen Elementarteilchen Gravitonen austauschen. Zusätzlich kann es mit den Elektronen und den anderen Quarks Photonen austauschen. Schließlich kann es noch mit den anderen Quarks auch Gluonen austauschen. Diese "Liebes-Individuen" erkennen also die Einheit aller Dinge; sie beziehen Stellung zu den "Bewegungs-Individuen" und auch zu den anderen "Liebes-Individuen"; und sie "lieben" die anderen "Liebes-Individuen".

d) Die stärkste Verbindung zwischen den Elementarteilchen ist die Farbkraft, also die Verbindung durch die Gluonen. Die zweitstärkste Dynamik entsteht durch die elektromagnetische Kraft, also durch die Photonen. Die drittstärkste Verbindung entsteht durch die Gravitation, also durch die Gravitonen. Alle drei Arten von "Individuen" sind sich der Einheit bewußt. Zwischen den "Bewegungsindividuen" einerseits und zwischen den "Bewegungsindividuen" und den "Liebes-Individuen" andererseits dominiert die Anziehung oder Abstoßung das Verhalten und drängt das Bewußtsein der Einheit in den Hintergrund. Für die "Liebes-Individuen" ist jedoch die Liebe die stärkste Kraft und sie überwindet mühelos die Abstoßung zwischen ihnen, da die Kraft der Liebe 7.300 mal stärker ist als die Kraft der Anziehung und der Abstoßung.

Zu der Anziehung und der Abstoßung ist anzumerken, daß es zu allen Teilchen auch ihre "Spiegelbilder" gibt, die entgegengesetzte Ladung haben - also z.B. zu dem negativ geladenen Elektron das positiv geladene Positron. Aber die Einbeziehung dieser Teilchen würde die Betrachtung an dieser Stelle zu unübersichtlich machen.

5. Die Elementarteilchen befinden sich miteinander im "thermischen Gleichgewicht", im Plasma-Zustand. Das bedeutet, daß es nirgendwo mehr oder weniger Energie gibt, daß es überall gleich heiß ist. Es kann aber Unterschiede in Bezug auf die Art der Energie, d.h. die Art der Energiequanten geben, die sich an einem Ort befinden. Die "Individuen" schwimmen also in einem überall gleichmäßig starken Gemisch aus Einheit, Anziehung/Abstoßung und Liebe, wobei die Verteilung verschieden sein kann und nicht jedes Individuum auf jede Art dieser Kräfte/Bewußtseinsqualitäten reagiert.

6. In Geburah verbinden sich nun je drei Quarks miteinander und bilden so ein Neutron oder ein Proton. Die "Liebes-Individuen" bilden nun also "in Liebe miteinander verbundene Dreiergruppen". Diese "Liebes-Dreiergruppen" (Protonen/Neutronen) stoßen die "Bewegungs-Individuen" (Elektronen) entweder ab oder ziehen sie an. Die dem Neutrino entsprechend "Einheits/Bewußtseins-Wesen" ziehen sowohl die "Bewegungsindividuen" als auch die "Liebes-Dreiergruppen (wenn auch nur schwach) an.

7. Nachdem in der Tiphareth-Phase der Entstehung des Weltalls das thermischen Gleichgewicht ausreichend abgekühlt ist, lagern sich die Neutronen und die Protonen aufgrund des Austausches von Gluonen, also aufgrund der Farbkraft zusammen und bilden auf diese Weise die Atomkerne. Die "Liebes-Dreiergruppen" schließen sich "in Liebe" zu größeren Einheiten zusammen. Diese größeren Einheiten konnten erst entstehen, nachdem das sie umgebende Energieniveau immer weiter abgesunken war - das Zusammenschließen zu diesen größeren Einheiten erscheint also als eine Reaktion auf das sinkende Energieniveau und somit geradezu als der Versuch, innerhalb der größeren Einheit aus "Liebes-Dreiergruppen" die im Außen sich auflösende "Wärme" zu erhalten.

Diese den Atomkernen entsprechenden größeren Einheiten sind, wie aus bereits beschriebenen Lebensbäumen bekannt ist, die Seelen. Diese Seelen erhalten sich selber also durch die Kraft der Liebe und überwinden dabei die Abstoßung zwischen ihren Bestandteilen (die Entsprechung zur positiven Ladung der Protonen), da diese im Verhältnis zur Liebe (der Entsprechung der Farbkraft) deutlich schwächer ist. Diese Seelen stoßen die sie umgebenden "Bewegungs-Individuen" entweder ab oder sie ziehen sie an. Des weiteren sind sich diese Seelen der Einheit der Welt bewußt, auch wenn dieses Bewußtsein in der Regel (in Analogie zu der sehr geringen Stärke der Gravitation) nur sehr schwach ist.

Während sich die "Liebes-Dreiergruppen" zu den größeren, komplexen Einheiten, also zu Seelen zusammenschließen, fliegen die "Bewegungs-Individuen" weiterhin frei umher. Ebenso halten es die "Einheits-Individuen".

Wenn die Seele eine Analogie zu den Atomkernen ist, sollte man davon ausgehen, daß jegliche Materie eine Art Seele hat, die entsprechend ihrer "materiellen Grundlage" (Mensch, Tier, Pflanze, Stein, Planet ...) verschieden groß und komplex ist.

Diese Seelen befinden sich noch immer in dem Zustand der gleichmäßigen Verteilung der Energie innerhalb des Gesamtbewußtseins (das dem thermischen Gleichgewicht entspricht), dessen Dichte jedoch ständig abnimmt. Diese Seelen richten einen großen Teil ihrer Liebe nach innen in ihren Zusammenhalt.

8. Nach dem Ende des thermischen Gleichgewichtes binden die Atomkerne nun freie Elektronen fest an sich. Nachdem die Wärme in dem allgemeinen Bewußtsein so weit gesunken ist, daß ihre gleichmäßige Verteilung zusammenbricht, binden die Seelen die ihnen entsprechende Anzahl von "Bewegungs-Individuen" an sich. Die ihnen entsprechende Anzahl ergibt sich aus der Anzahl der "Liebes-Dreiergruppen" in ihnen, die nach außen hin anziehen oder abstoßen (also der Entsprechung zu der Zahl der elektromagnetisch wirksamen Protonen im Atomkern).

Da die Elektronenhülle der Psyche entspricht, ergibt sich daraus, daß die Seele die sie umgebende Psyche aus den "Bewegungs-Individuen" aufbaut. Die erste Sephirah, die die Psyche beschreibt und die zugleich auch die Elektronenhülle darstellt, ist Netzach. Die Qualität von Netzach ist nun die Bewertung, also der Impuls, etwas zu sich hinziehen oder etwas von sich fortzustoßen.

Da zum einen die Psyche durch das Horoskop geprägt wird, zum anderen die Psyche der Elektronenhülle entspricht, und zudem die Elektronenhülle aus vorher im thermischen Gleichgewicht noch frei umherfliegenden Elektronen besteht, entspricht die Bildung der festen Elektronenhülle der Prägung der Psyche durch das Horoskop. Der Zusammenbruch des thermischen Gleichgewichtes sowie die Geburt sind beides Entsprechungen des Grabens zwischen Tiphareth und Netzach. Daran zeigt sich, daß das, was im Horoskop als fest geprägt erscheint, vorher bei der Seele noch frei war - oder anders formuliert: Die Psyche hat feste Abneigungen und Vorlieben, während die Seele sich frei innerhalb aller Arten von Anziehung und Abstoßung bewegt. Das thermische Gleichgewicht verhindert die Erstarrung in Vorlieben. An ihre Stelle tritt als dominante Kraft die Liebe der Seele zu sich selber - also die Entsprechung zu den Neutronen und Protonen, die durch die Farbkraft zusammengehalten werden.

9. In Hod treffen nun verschiedene Elektronenhüllen aufeinander. Manche trennen sich sofort wieder, während andere bei ihrem Zusammentreffen aneinanderhaften bleiben und dabei eine in der äußersten Schicht ihrer Elektronenhülle eine gemeinsame Elektronenhülle, die insgesamt weniger Energie benötigt - d.h. durch die Verschmelzung der äußeren Schicht ihrer Elektronenhüllen werden Photonen, also Quanten der elektromagnetischen Kraft frei. Diese Verbindung von Elektronenhüllen, also die Molekülbildung, ist der Grundvorgang innerhalb der Chemie.

Analog dazu sollten also die Seelen in der sie umgebenden Psyche nun also das Phänomen entdecken, daß manche Dinge, wenn sie aufeinandertreffen, aneinanderhaften bleiben und dabei sogar noch Bewegungsenergie frei wird. Dieser Vorgang entspricht offensichtlich dem Denken: Etwas fügt sich zusammen, "stimmt" also, wobei Bewegungsenergie, also Freude über das "Stimmen" frei wird.

10. In Yesod lagern sich nun verschiedene äußere Elektronenhüllen von Molekülen aneinander - oder auch nicht. Die äußeren Elektronenhüllen von Molekülen können zwar wie bei der Molekülbildung selber durch die Kombination mit weiteren Molekülen auf ein günstigeres Energieniveau gebracht werden, aber dies ist dann eben weiterhin nur eine komplexere Form der Bildung von größeren Molekülen - und somit eine Analogie zu komplexeren Gedanken, die verschiedene frühere Gedanken miteinander kombinieren und somit ein Hod-Vorgang.

In Yesod wirkt hingegen ein anderer Umstand. Die Elektronenhüllen sind nicht nicht überall gleich "dicht", d.h. die Elektronen haben innerhalb der äußersten Elektronenhülle von Molekülen bevorzugte Aufenthaltsorte, was bedeutet, daß ein Molekül nach außen hin nicht vollkommen elektrisch neutral erscheint, wie es eigentlich sein sollte, da es in sich dieselbe Anzahl von positiv geladenen Protonen und negativ geladenen Elektronen enthält, sondern daß es an den von den Elektronen bevorzugten Orten der äußeren Elektronenhülle leicht negativ geladen ist, und an den von den Elektronen verschmähten Orten positiv geladen ist. Daher können sich verschiedene Moleküle aneinanderlagern, wenn die positiv geladenen Stellen der äußeren Elektronenhülle des einen Moleküls mit einer negativ geladenen Stelle der äußeren Elektronenhülle des anderen Moleküls zusammentreffen. Auch bei diesem Vorgang wird ein Photon frei, also ein Quant der elektromagnetischen Kraft, wobei die dabei freiwerdenden Quanten deutlich kleiner sind als bei der Verbindung von Atomen zu Molekülen. Dies ist der Grundvorgang in der Biologie.

Es beggenen sich nun also verschiedene Abneigungen und Vorlieben an der "Außenseite einzelner Gedanken". Manche von ihnen lagern sich zusammen, andere werden abgestoßen und lagern sich dann woanders an - je nach dem, wo zwei solche Bewußtseinsinhalte zusammenpassen. Bei jeder

Aneinanderlagerung wird nun Bewegungsenergie, also Freude frei. Dieses Aneinanderlagern ist genau das Prinzip, das im Unterbewußtsein wirkt und das der Sephirah Yesod entspricht: die Assoziation.

12. In Malkuth erscheinen dann die makroskopischen Dinge des Alltags, die sich aus den Molekülen zusammensetzen.

Die Situation ist vermutlich noch deutlich komplizierter, da unter anderem ja nur die grundlegenden Elementarteilchen berücksichtigt wurden. Diese Analogie zwischen Physik und Bewußtsein wird in den folgenden Kapiteln des Buches noch weiter differenziert und präzisiert und mit den bekannten Bewußtseinsphänomenen verknüpft.

Wenn man nun diese ganzen Betrachtungen über die Seele zusammenfaßt ergibt sich ein einfaches Bild, das mit den verschiedenen religiösen Lehren und spirituellen Erfahrungen gut übereinstimmt.
Die Seele befindet sich im Bereich des 2. Dreiecks und ist von Liebe zu sich selber erfüllt. Neben dieser Selbstliebe nimmt es noch die "Bewegungsindividuen" wahr, zu denen sie entweder eine Anziehung oder eine Abstoßung empfindet, aber an denen sie nicht anhaftet und gegen die sie sich auch nicht wehrt. Alle diese "Hin"-Gefühle und "Fort"-Gefühle läßt die Seele einfach geschehen, sie läßt sie innerhalb des hohen Energieniveaus, das sie umgibt, weiterfließen, so wie dort alles vom einen zum anderen fließt. Zudem ist sich die Seele noch der Einheit aller Dinge bewußt.
Diese drei Fähigkeiten der Seele werden im Lebensbaum durch die drei Pfade beschrieben, die von Kether, dem Ursprung der Einheit, von Chokmah, dem Ursprung der Bewegung, und von Binah, dem Ursprung der Liebe, hinab zu Tiphareth führen.
Wenn die Seele in sich hineinblickt, wird sie zunächst die Selbstliebe wahrnehmen. Wenn sie das betrachtet, woraus sie besteht, wird sie zuerst die "Liebes-Dreiergruppen" entdecken und in ihnen die "Liebesindividuen" und in diesen wiederum die Kraft der Liebe selber (die in dieser Folge den Gluonen, den Quanten der Farbkraft entspricht). Die Seele wird sich also als ein Geschöpf der Liebe erkennen.
Wenn die Seele nun nach "oben" blickt, wird sie oberhalb des Abgrundes die Kräfte der Einheit, der Bewegung und der Liebe sehen, die wie ein Meer aus der Kraft sind, aus der sie sich wie ein Tröpfchen, wie eine Blase abgekapselt hat.
Wenn die Seele nun nach "unten" schaut, wird sie sehen, wie sich einzelne Blasen aus dem Meer aus "Individuen" abkapseln und dabei erstarren. In der Mitte einer jeder dieser Blasen befindet sich eine Seele, und jede dieser Seelen hat eine "handvoll" von "Bewegungs-Individuen" mit sich genommen und hüllt sie nun um sich. Doch die abstoßenden und anziehenden Impulse dieser "Bewegungs-Individuen" fließen nun nicht mehr frei um die Gesamtheit aller Seelen her, sondern sie erstarren zu einem festen, starren Verhalten, das den Stil und den Charakter eines ganzen Lebens prägt und durch die Horoskope beschrieben werden kann.
Wenn die Seele nicht sehen könnte, daß auch in diesen erstarrten Blasen unter ihr in der Mitte immer die Liebe in der Seele strahlen würde, würde sie diese Blasen wohl fürchten. Doch es gibt noch etwas zweites, was die Seele bei ihrem Blick nach "unten" mit Vertrauen erfüllen wird: Auch innerhalb dieser erstarrten Blasen (3. Dreieck) leben die "Einheits-Individuen" - ganz so wie in dem Bereich, in dem die Seele gerade ist (2. Dreieck) und in dem Meer "über" ihr, aus dem sie einmal gekommen ist (1. Dreieck). Das bedeutet, daß die Seelen in diesen starren Blasen noch immer die Selbstliebe in ihrer Mitte tragen und daß sie noch immer von dem Bewußtsein der Einheit des gesamten Bewußtseins wissen können, wenn sie aufmerksam danach schauen.

Die Visualisierung der Mittleren Säule

Die "Blasenbildung" beschreibt die Art und Weise, in der aus einer Sephirah auf der Mittleren Säule die Sephirah unter ihr entsteht:

- die Sephirah dehnt sich aus, wodurch ihre Intensität abnimmt;

- die Sephirah bildet eine Blase mit starrer Hülle, wodurch die unter ihr auf der Mittleren Säule liegende Sephirah entsteht, die in ihrem Inneren die Qualität der über ihr stehenden Sephirah bewahrt,

- die Qualität dieser starren Hülle wird durch den Augenblick ihrer Entstehung beschrieben (z.B. der Graben durch das Horoskop);

- an den Übergängen entsteht durch die starre Hülle der oberen Qualität die neue Qualität der unteren Sephirah.

Daraus ergibt sich, daß im Grunde nichts Neues entsteht, sondern die Einheit Kethers nur immer komplexere Formen annimmt - was ja auch in philosophischer Hinsicht eine recht befriedigende Beschreibung ist.

14. Die Farben

De einzelnen Sephirah des Lebensbaum werden bestimmte Farben zugeordnet, die weitestgehend mit den traditionellen Farben der sieben klassischen Planeten, wie man sie in der mittelalterlichen Magie findet, übereinstimmen:

traditionelle Farben der Planeten			Traditionelle Farben der Sephiroth			Neue Zuordnung der Farben zu den Sephiroth		
			Kether: weiß			Kether: weiß		
Saturn: schwarz			Binah: schwarz		Chokmah: grau	Binah: schwarz		Chokmah: grau
			Daath: unsichtbar			Daath: regen-bogenfarben		
Mars: rot		Jupiter: blau	Geburah: rot		Chesed: blau	Gebruah: rot		Chesed: blau
	Sonne: goldgelb			Tiphareth: golden			Tiphareth: gelb	
Merkur: orange		Venus: grün	Hod: orange		Netzach: grün	Hod: orange		Netzach: grün
	Mond: violett/silbern			Yesod: violett			Yesod: violett	
			Malkuth: vierfarbig*			Malkuth: braun		

* Diese vier Farben entsprechen den vier Elemente, aus denen Malkuth traditionellerweise besteht: zitronengelb (Feuer), rotbraun (Wasser), olivgrün (Luft) und schwarz (Erde). Diese Farben sind in dem Malkuth-Kreis, der durch ein um 45° gekipptes Kreuz in vier gleichgroße Bereiche geteilt wird, wie folgt angeordnet: oberes Kreisviertel - zitronengelb (Luft), unteres Kreisviertel - schwarz (Erde), rechtes Kreisviertel - rotbraun (Feuer), linkes Kreisviertel - olivgrün (Wasser).

Weiß ist die Farbe Kethers, denn sie ist die ungeteilte Gesamtheit des Lichtes. Die Farben Grau und Schwarz stellen ebenfalls Helligkeit dar - gewissermaßen undifferenzierte Energie, wobei diese Zuordnungen symbolisch nicht sehr tiefgründig sind, aber zusammen mit dem Weiß von Kether ein einheitliches Schwarz-Weiß-Bild der drei oberen Sephiroth abgeben. Traditionell war der Saturn Binah zugeordnet und somit paßte das Schwarz dann gut zu Saturn, dessen traditionelle Farbe dies ist.

Daath ist eigentlich unsichtbar, daher hat es keine Farbe. Da man Daath aber wie ein Prisma auffassen kann, das das weiße Licht der Energie oberhalb von ihr bricht und in seine Bestandteile aufspaltet, d.h. die Energie zu Materie werden läßt, sind die Regenbogenfarben eine gute Analogie zu Daath - zumal im Zusammenhang mit Daath-

Meditationen immer wieder der Regenbogen auftritt. Und nicht zuletzt ist Daath symbolisch das Himmelstor und der Regenbogen wird in vielen Mythologien als Brücke von der Erde zu den Göttern angesehen (z.B. die "Bifröst"-Regenbogenbrücke der Germanen).

Dem 2. Dreieck sind die drei Grundfarben Blau, Rot und Gelb zugeordnet und entsprechen in ihrer Zuordnung auch den klassischen Farben der dazugehörigen Planeten.

Dem dritten Dreieck sind die drei einfachen Mischfarben zugeordnet worden, wobei sich die jeweiligen Mischfarben aus den über der betreffenden Sephirah stehenden beiden Sephiroth ergibt: Das Grün von Netzach ergibt sich aus der Verbindung des Blau von Chesed und des Gelb von Tiphareth. Das Orange von Hod ergibt sich aus der der Verbindung des Rot von Geburah mit dem Gelb von Tiphareth. Somit bleibt für Yesod nur noch das Violett, das aus der Verbindung des Rot von Geburah mit dem Blau von Chesed ergibt. Dies ist zwar eine sehr formale Herleitung, aber sie stimmt mit den traditionellen Farben von Mond und Venus überein - die traditionellen Farben des Merkur sind nicht besonders eindeutig, obwohl auch orange vorkommt.

Das Braun von Malkuth ergibt sich schließlich, wenn man alle drei Grundfarben oder alle drei einfachen Mischfarben miteinander verbindet - dies wäre die logische Weiterführung der übrigen Farbsystematik. Die klassische Alternative dazu ist die Aufteilung von Malkuth in die Farben der vier Elemente. Dabei wird Malkuth dann graphisch durch ein gekipptes Kreuz in vier Viertelkreise geteilt:

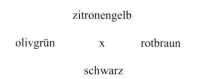

Auch in der Farbzuordnung spiegelt sich deutlich wider, wie die Einheit von Kether nach Malkuth hin immer komplexere Formen annimmt: Licht - einfache Farben - aus zwei Farben gemischte Farben - alle drei Farben vermischt.

Diese Farbzuordnungen tauchen bei der Verwendung des Lebensbaumes als Analogiesystem für Forschungszwecke allerdings nur sehr selten auf - lediglich das Weiß Kethers, der Regenbogen Daaths und das Gold Tipharets tauchen in Visionen und Symboliken der verschiedensten Traditionen immer wieder auf. Bei der Benutzung des Lebensbaumes als "Innere Landkarte" beim Meditieren sowie bei Ritualen, die auf dem Lebensbaum beruhen, sind sie hingegen sehr wichtig.

Die Bedeutung der Farben für die Meditation der Mittleren Säule ist offensichtlich, da die Sphären der Sephiroth in diesen Farben imaginiert werden:

Sephiroth	Farbe	Farbentstehung	Symbolik
Kether	weiß	reines Licht	Ursprung, Einheit
Daath	regenbogenfarben	geordnete Vielfalt	Farbkontinuum
Tiphareth	golden	Grundfarbe	Seele, Sonne
Yesod	violett	Mischung aus zwei Farben (Auswahl-Gemisch)	Psyche
Malkuth	braun	Mischung aus drei Farben (Gemisch aus allen Farben)	Körper, Welt

15. Zusammenfassung von 1. bis 14.

Die bisher beschriebenen Strukturen des Lebensbaumes lassen sich durch ihre Anordnung auf dem Lebensbaum übersichtlich darstellen, wodurch sich nun schon ein etwas komplexeres Bild ergibt:

Lebensbaum			Bereiche		
„Säule der Strenge"	*„Säule des Bewußtseins"*	*„Säule der Barmherzigkeit"*	*Bereiche auf dem Lebensbaum*	*Entstehung der Ebenen*	*Eigenschaften der Einheit*
	I Kether: Pluto weiß, Form Ursprung		URSPRUNG	*A*	*F G H I J*
.... Auflösung					
III Binah: Uranus schwarz, Form Erhaltung		II Chokmah: Neptun grau, Kraft Ausdehnung	*1. DREIECK*	*A B*	*G H I J*
	D Daath: Saturn regenbogen, Kraft Gesetz		*1. DREIECK*	*A B*	*G H I J*
.... Abgrund					
V Geburah: Mars rot., Kraft, Ause- einandersetzung		IV Chesed: Jupiter blau, Form Gemeinschaft	*2. DREIECK*	*A B C*	*H I J*
	VI Tiphareth goldgelb, Form Individuum		*2. DREIECK*	*A B C*	*H I J*
.... Graben					
VIII Hod: Merkur orange, Kraft Strukturierung		VII Netzach: Venus grün, Kraft Bewertung	*3. DREIECK*	*A B C D*	*I J*
	IX Yesod: Mond violett, Kraft Assoziation		*3. DREIECK*	*A B C D*	*I J*
.... Schwelle					
	X Malkuth: Erde braun, Form äußere Gestalt		*ERGEBNIS*	*A B C D E*	*J*

AUSDEHNUNG DER AUSEINANDER ENTSTEHENDEN EBENEN

"A" bis "E" sind die Beschreibung der Ebenen, der Komplexität der fünf Bereiche (Ursprung, drei Dreiecke und Ergebnis):

A: In diesem Bereich (Kether bis Malkuth) ist die Einheit die erste, unterste Ebene dessen, was in diesem Bereich existiert (Beispiel Physik: das "Etwas") - also die innerste Wirklichkeit der gesamten Welt.
B: In diesem Bereich (1. Dreieck bis Malkuth) existiert zusätzlich eine zweite Ebene, die das Entwicklungspotential der untersten Schicht beschreibt (Beispiel Physik: die Energie).
C: In diesem Bereich (2. Dreieck bis Malkuth) existiert zusätzlich eine dritte Ebene, die die Individualisierung des Entwicklungspotentials beschreibt (Beispiel Physik: Elementarteilchen).
D: In diesem Bereich (3. Dreieck bis Malkuth) existiert zusätzlich eine vierte Ebene, die die Ausstrahlung und Konkretisierung der individualisierten Ebene beschreibt (Beispiel Physik: Atome).
E: In diesem Bereich (Malkuth) existiert zusätzlich eine fünfte Ebene, die das Endergebnis und die äußere Form der vorigen Ebene beschreibt (Beispiel Physik: makroskopische Phänomene, "große Alltagsgegenstände").

Durch jeden der vier Übergänge entsteht eine neue Ebene, die sich den bereits vorhandenen von nun an hinzufügt. Daher ist Kether am einfachsten und hat nur eine Ebene, während Malkuth am komplexesten ist und fünf Ebene hat. Im Inneren von Malkuth (makroskopischer Gegenstand) bzw. "unter" ihr als ihre Grundlage liegt die Ebene des 3. Dreieckes (Atome); in dem Inneren von dieser Ebene bzw. "unter" ihr als ihre Grundlage liegt die Ebene des 2. Dreieckes (Elementarteilchen); in dem Inneren dieser Ebene bzw. "unter" ihr als ihre Grundlage liegt die Ebene des 1. Dreieckes (Energie); im Inneren dieser Ebene bzw. "unter" ihr als ihre Grundlage liegt die Ebene von Kether (das physikalische, undifferenzierte, allumfassende "Etwas").

AUSDEHNUNG DER EIGENSCHAFTEN DER EINHEIT

"F" bis "J" sind die Beschreibungen der Bereiche, bis in die eine der Qualitäten der Einheit reicht:

F: Über diesen Bereich (Kether) erstreckt sich die vollkommen undifferenzierte Einheit (Beispiel Physik: das undifferenzierte "Etwas" gleich nach dem Urknall).
G: Über diese Bereiche (Kether bis 1. Dreieck) erstreckt sich die Abgrenzungslosigkeit zwischen allem Existierenden (Beispiel Physik: Einheit und Energie).
H: Über diesen Bereich (Kether bis 2. Dreieck) erstreckt sich der vollkommen ungehinderte Austausch von Energie zwischen allem Existierenden und die deshalb vollkommen gleichmäßige Energieverteilung in und zwischen allem Existierenden (Beispiel Physik: das termische Gleichgewicht im Plasma-Zustand, in dem die Elementarteichen "schwimmen").
I: Über diesen Bereich (Kether bis 3. Dreieck) erstreckt sich der direkte Anziehungs-/Abstoßungs-Zusammenhalt zwischen allen Dingen (Beispiel Physik: elektromagnetische Wechselwirkung zwischen den Elektronenhüllen der Atome).
J: Über diesen Bereich (Kether bis Malkuth) erstreckt sich die gegenseitige Anziehung zwischen allem Existierenden (Beispiel Physik: Gravitation).

An jedem der vier Übergänge geht eine der Eigenschaften Kethers verloren - sie "verschwindet" im Inneren der bei diesem Übergang neu gebildeten, komplexeren und größeren Einheiten. Diese "verschwundene" Qualität bildet gleichzeitig die Verbindung zwischen den Einheiten der folgenden Ebenen. Durch diesen Vorgang "verdünnt" sich die Qualität der Einheit in dem Erscheinungsbild des jeweiligen Bereiches, der auf den betreffenden Übergang folgt.
  Bis zur Auflösung ist die Einheit vollkommen.
  Bis zum Abgrund reicht nur der Aspekt der Einheit, daß es keine Abgrenzung gibt - aber der Aspekt der Undifferenziertheit ist im 1. Dreieck bereits verlorengegangen. Die Qualität Kethers ist nun im Inneren der Einheiten des 1. Dreiecks verborgen und wirkt aus diesem Inneren heraus als das diese Einheiten verbindende Element. (Beispiel Physik: Aus der Substanz des "Etwas" sind die verschiedenen Energieformen geworden. Die Etwas ist in ihnen

vorhanden, da sie Erscheinungsformen des "Etwas" sind. Die Qualität der Freiheit, die das "Etwas" als das einzig Existierende besitzt, findet sich in Chokmah als ungehinderte Ausdehnung, in Binah als Erhaltung, und in Daath als die Naturgesetze wieder. - Dieser Bereich wird in Abschnitt VIII 2. noch eingehender betrachtet werden.)

Bis zum Graben reicht nur der Einheits-Aspekt des vollkommen ungehinderten Energieaustausches und des daher ausgeglichenen Energieniveaus zwischen allem Existierenden - aber der Aspekt der Abgrenzungslosigkeit ist im 2. Dreieck verlorengegangen. Diese Qualität des 1. Dreiecks ist nun im Inneren der Einheiten des 2. Dreiecks verborgen und wirkt aus diesem Inneren heraus als das diese Einheiten verbindende Element. (Beispiel Physik: Die Energiequanten des 1. Dreieckes bilden nun die Hohlkugel-Formen der Elementarteilchen des 2. Dreieckes und wirken zwischen ihnen als Kraft, die physikalisch gesehen ein Austausch eben dieser Energiequanten zwischen den Elementarteilchen ist.)

Bis zur Schwelle reicht nur der Einheits-Aspekt des direkten Anziehungs-/Abstoßungs-Zusammenhaltes zwischen allem Existierenden - aber der Aspekt des vollkommen ungehinderten Energieaustausches und der daraus resultierenden vollkommen gleichmäßigen Energieverteilung ist im 3. Dreieck verlorengegangen. Die Qualität des 2. Dreiecks ist nun im Inneren der Einheiten des 3. Dreiecks verborgen und wirkt aus diesem Inneren heraus als das diese Einheiten verbindende Element (Beispiel Physik: Die Elementarteilchen des 2. Dreiecks bilden die Atomkerne und ihre Hüllen des 3. Dreiecks und wirken in dem Bereich des 3. Dreiecks zwischen den Atomen durch die vielfältigen Kombinationen der Elektronenhüllen der verschiedenen Atome und Moleküle - das in diesem Bereich alles bewirkende Elementarteilchen ist das Elektron.)

Bis nach Malkuth hinein reicht nur der Aspekt der gegenseitigen Anziehung alles Existierenden - aber der Aspekt des direkten Anziehungs-/Abstoßungs-Zusammenhanges ist in Malkuth verlorengegangen. Diese Qualität des 3. Dreiecks ist nun im Inneren der Einheiten von Malkuth verborgen und wirkt aus diesem Inneren heraus als das diese Einheiten verbindende Element (Beispiel Physik: die Anziehung, die jegliche Materie und Energie aufgrund der Gravitation, also des Austauschs von Gravitonen aufeinander ausübt).

Die Visualisierung der Mittleren Säule

Da dies nun eine Zusammenfassung der bisherigen Betrachtungen war, ergeben sich aus diesem Abschnitt keine neue Aspekte der Mittleren Säule.

16. Einzelbeschreibungen der Sephiroth

Die wichtigsten Einheiten auf dem Lebensbaum sind die Sephiroth. In den ursprünglichen Vorstellung waren sie die Äste des Weltenbaumes, die Stufen, die die Pyramide hinaufführten, die aus Bergkristall erschaffenen Planetensphären, die Sprossen der Himmelsleiter ...

In diesen alten Vorstellungen wohnte in jeder Sephirah ein Aspekt Gottes, ein Erzengel und ein bestimmter Chor der Engel (z.B. die Seraphim), und jede Sephirah hatte einen der Planeten bzw. den Fixsternhimmel, die Erde oder Gott den Schöpfer als materiellen Ausdruck.

Diese Sephiroth bauten aufeinander auf wie die Schritte eines Weges, bei der jeder Schritt erst möglich wird, wenn der vorhergehende bereits gegangen wurde. Die Qualitäten dieser Schritte lassen sich inzwischen auch abstrakter fassen, aber sie bleiben doch weiterhin aufeinander aufbauende Ebenen.

I Kether: Die erste Sephirah ist der Uranfang aller Dinge, die Einheit ganz am Anfang. Der Kether entsprechende Gottesname Eheieh bedeutet "Ich bin Ich." Dies ist die kürzeste und prägnanteste Definition von Kether: Identität. Einheit. Sie hat gegenüber dem Konzept des "Seins" der Philosophen einen großen Vorteil: das Sein ist ein Objekt, man steht sozusagen als Beobachter mit einigem Abstand vor diesem Sein und betrachtet es, während man bei dem "Ich bin Ich" sich selber als im Innersten identisch mit der Welt erkennt und nicht getrennt von ihr dasteht.

Kether ist die Einheit - Kether ist Alles - Kether ist das Einzige, neben dem es nichts anderes mehr gibt - daher ist Kether seine eigene Ursache und seine eigene Wirkung - vollkommen selbstbestimmt - Kether ist vollkommene Freiheit - der Ursprung aller Dinge in Kether ist der freie Wille im Innersten aller Dinge.

Der Erzengel von Kether ist Metatron. Sein Name bedeutet "Fürst der Gesichter". Er stellt die Einheit hinter der Vielheit der Erscheinungen dar: er kann jedes Gesicht, jede Gestalt annehmen; er kann durch jedes Gesicht in die Welt blicken; er ist die Fähigkeit der Einheit, sich in viele einzelne Bewußtseins zu gliedern; er hat viele Gesichter, die sein Potential der Vielfalt und seine Wiederintegration der Vielfalt zu einer Einheit darstellen, ganz so wie die indischen Götter, die auch oft vier oder mehr Gesichter und eine Vielzahl von Armen haben; und wenn man Metatron sieht, ist es sein Lächeln, das man nie mehr vergessen wird - voller Liebe, Ruhe, Strahlen, Tanz, loderndem Feuer, tiefem Wasser, alles umspielendem Wind, gebärender und verschlingender Erde, vollkommen klares Bewußtsein im Kleinsten, im Größten, in Allem ...

Der Planet Pluto entspricht mit seiner Bestreben, das Wesentliche der Dinge zu erfassen und zu leben, dieser Qualität. Ebenso ist die Zahl "1" Ausdruck des Anfangs und der ungegliederten Einheit.

II Chokmah: Die zweite Sephirah ist die Ausdehnung, der Beginn der Schöpfung, der erste Schritt in die Vielheit. Während Kether als Einheit noch das ungeformte Potential und somit die Freiheit war, hat jedes Teil in Chokmah schon eine Richtung und somit eine Festlegung. Diese Richtung entspricht vollkommen dem Wesen des Teiles von Chokmah, das diese Richtung eingeschlagen hat. Die Richtung eines Teiles ist der vollkommene Ausdruck dieses Teiles - es ist seine Wahrheit: erlebt, ausgedrückt und verwirklicht. Das Lächeln der Wesen in Chokmah und auf den Wegen nach Chokmah ist anders als in Kether: es ist mehr von der Welt, es ist Erleben, Ausdruck, Begeisterung, es ist die Gleichzeitigkeit von Entschiedenheit und Humor ... "Wie sollten wir das aushalten, was ihr in der Welt aus euren ursprünglichen klaren, entschiedenen Absichten gemacht habt, wenn wir keinen Humor hätten?"

Diese Gleichzeitigkeit von Entschiedenheit und Humor kann man auch bei Menschen beobachten, die ihre Wahrheit gefunden haben, die wissen, was sie wollen. Sie handeln aus dem Ganzen heraus, ohne hart zu sein - die Qualität des Neptun.

Humor und Entschiedenheit sind die Qualitäten Chokmahs, wenn der Blick zur Spitze des Strahles in Richtung Ausdehnung, hin zur Schöpfung gerichtet ist; wenn der Blick hin zum Ursprung des Strahles in Richtung Quelle gerichtet ist, ist Chokmah das Erlebnis der "Vision Gottes von Angesicht zu Angesicht".

III Binah: Die dritte Sephirah ist die Begegnung der Teile Chokmahs, in die sich Kether aufgegliedert hat. Diese Begegnung ist von dem klaren Bewußtsein geprägt, daß alle anderen Teile, denen man begegnet, so wie man selber Teile der Einheit sind. Jedes Teil ist notwendiger Bestandteil des ganzen und jedes Teil hat seinen eigenen Platz in dem Ganzen und nur die Summe alle Teile ergibt das Ganze - daher ist diese Sephirah die Sephirah der Liebe, des Zusammenhaltes, der Zusammengehörigkeit, der Verwandtschaft ... das ursprüngliche Lied der Schöpfung, in dem jeder Ton vollkommen und an seinem Platz ist. Binah ist der Ort, an den man immer zurückkehren kann, der die Heimat ist, wo jedes Teil seinen Platz findet, wo jeder jedes fördert, weil nur alles zusammen das Ganze ergibt, wo ein jedes jedes andere bestätigt und erhält.

Uranus ist der Entdecker des Neuen, er ist das Spiel mit den Formen, die neue Kombination mit alten Elementen. In Binah ist er der Planet, der, wenn man von Daath nach Binah schaut, die Fähigkeit symbolisiert, ein jedes an seinen Platz zu setzen. Wenn man von Chokmah nach Binah schaut, ist er das überraschende Erlebnis der ersten Begegnung mit einem anderem Teil Chokmahs, mit einem anderen Aspekt Kethers.

D Daath: Diese Sephirah entsteht aus der Beständigkeit und Festigkeit von Binah, die sich in der Physik durch die Erhaltungsgesetze ausdrückt. Sie ist der Beginn der Verwandlung, sie ist das Gesetz des Saturn. Sie ist der Gipfel des Berges, auf dem Moses von Gott die Zehn Gebote erhielt. Sie ist die Gesamtheit der physikalischen Gesetze, die das Geschehen in dieser Welt bestimmen.

Kether ist Gottes Ich. Chokmah ist Gottes Gefühle. Binah ist Gottes Gedanken. Und Daath ist Gottes Unterbewußtsein. In ihm sind die Bilder von allem, was erschaffen werden soll, was geschehen wird.

Daath ist das Tor des Paradieses. Daath ist der Ort, an dem man das Reich Gottes, den Bereich, der durch die Qualität der Einheit geprägt ist, berührt - in es eintritt oder es verläßt. In Daath erkennt man die Einheit von Form (Malkuth - Schöpfung) und Leere (Kether - Gott), erkennt man, daß alles, was man bisher als abgegrenzt erlebt hat, seinem inneren Wesen nach abgrenzungslos ist. Die Heiligen und Mystiker und Magier und Sufis und Yogis und Siddhis, die Daath erreicht haben, vollbrachten aufgrund ihrer Fähigkeit, in den Bereich zu gehen, wo es keine Abgrenzungen mehr gibt, die verschiedensten Wunder: sie fasten unbegrenzt lange Zeit, konnten tagelang ohne Atem leben, meditierten mitten in Eis und Schnee in einem dünnen Baumwollgewand ohne zu frieren, vervielfältigten zeitweise ihren Körper und erschienen an mehreren Orten gleichzeitig, gingen durch Felsen, erweckten Tote zum Leben, sahen, was hunderte von Meilen entfernt geschah ...

IV Chesed: Diese Sephirah ist die erste Sephirah, die die vom Schöpfer abgetrennte Schöpfung beschreibt: Kain und Abel. Oder physikalisch gesagt: die ersten voneinander abgegrenzten Phänomene - die Elementarteilchen.

Chesed ist die Gemeinschaft, die Kooperation, das Handeln aus einem allen gemeinsamen Geist heraus. Chesed ist die Qualität, aus der heraus Klöster entstanden sind: das Streben nach einem allen gemeinsamen Ziel. Dies Ziel ist sowohl die Quelle und der Ursprung dieser Gemeinschaft als auch die Qualität, die diese Gemeinschaft verwirklichen will. Dieses Ziel und diese Qualität ist Chokmah, die Sephirah, die genau oberhalb von Chesed jenseits des Abgrundes liegt.

Diese Gemeinschaft existiert auch im Inneren: von ihr aus machen sich die Seelen auf den Weg, um sich auf der Erde zu inkarnieren, und zu ihr kehren sie nach dem Tod wieder zurück.

Der Planet, der dieses Kommen und gehen, diese Zielstrebigkeit, diese Gemeinschaft, dieses Planen eines nächsten Lebens organisiert, ist der Jupiter.

Chesed ist die Heimat der Seelen, solange sie noch ihre abgegrenzte Form bewahren. Chesed ist das, was man um 1900 herum einmal als die "weiße Bruderschaft" bezeichnet hat.

V Geburah: Diese Sephirah differenziert die Gemeinschaft (Chesed) vor einer Inkarnation zu Individuen (Tiphareth) und diese Sephirah reinigt die Individuen (Tiphareth) nach einer Inkarnation, bis sie wieder Teil der Gemeinschaft (Chesed) werden können. Auf dem Weg von Chesed nach Tiphareth hin ist Geburah vor der Geburt der Entschluß einer Seele, ein bestimmtes Leben mit einem bestimmten Ziel zu führen. Auf dem Weg von Tiphareth nach Chesed hin nach dem Tod ist Geburah das Fegefeuer, in dem die Essenz des vergangenen Lebens destilliert wird, und in dem das Individuum lernt, dieses Leben loszulassen und wieder frei zu fließen.

In Geburah setzen sich die Quarks zu Protonen und Neutronen zusammen und beginnen mit dem permanenten gegenseitigen Verwandlungsprozeß.

Mars ist der Planet dieser Sephirah - er ist der Kampf, die Handlung, die Ausrichtung der Energie, die Absicht, das Feuer, das Lachen, das Weinen ... Die Kabbalisten in alter Zeit sagten, daß Geburah von allen Sephiroth diejenige sei, die am meisten Ähnlichkeit mit Kether habe. Und diese Kabbalisten sagten, daß man dies verstehen wird, wenn man die Vision Geburahs erlebt hat: das Lachen Gottes.

VI Tiphareth: Diese Sephirah ist die individualisierte Seele, der Atomkern, das Zentrum, die Mitte, die Sonne... Für diejenigen, die sich auf den Weg nach der Erkenntnis von Kether gemacht haben, ist Tiphareth die "Hälfte des Weges".

Von Malkuth aus bis nach Tiphareth integrieren sich die Bestandteile der Psyche immer mehr, bis man schließlich die innere Sonne erkennt, die eigene Seele, das, was sich in einem selber inkarniert hat und sich nun in der Gestalt, die man hat, ausdrückt. Danach auf dem zweiten Teil dieser Reise relativiert sich dieses Zentrum immer mehr und es beginnt immer deutlicher zu werden, das diese Seele auch etwas Erschaffenes ist und keine "feste Substanz" in sich hat und unvergänglich ist.

VII Netzach: Diese Sephirah ist der direkteste Ausdruck von Tiphareth. Netzach drückt aus, was zu Tiphareth paßt und was nicht: Gefühle - Anziehung und Abstoßung. Netzach bestimmt die Richtung, in der sich ein Individuum in der Welt bewegt.

Die Venus ist der Planet der Gefühle, der die Sonne durch ihre Sympathie und Antipathie zu den Dingen in ihrer Umwelt lenkt. Solange Netzach nicht behindert wird, ist sie der kraftvolle Ausdruck der Seele, ihre erste Konkretisierung und Differenzierung in der Welt.

Netzach ist die Elektronenhülle: der nach außen hin sichtbar gewordene Charakter des Atomkernes, der im folgenden alle chemischen und biologischen Verbindungen und Begegnungen prägt, die diesem Atom widerfahren werden.

VIII Hod: Diese Sephirah ist das Ordnen, Strukturieren und Kombinieren. Im Bewußtsein ist es das Denken und in der Materie sind es die chemischen Kombinationen der Atome zu Molekülen.

Merkur ist der Planet, der Kontakte herstellt und Verbindungen schafft - im Denken, in der Wissenschaft, im Handeln, in allen Bereichen der Begegnung und des Wortes.

Wenn Hod völlig klar wird, spiegelt sich in dieser Sephirah die Wahrheit Chokmahs wieder, die über das gemeinschaftliche Streben nach einem Ziel in Chesed und über die Identität der Seele in Tiphareth nun einen Ausdruck in der Psyche findet. Die Richtigkeit und die Wahrheit sind die Essenz von Hod. Im Gegensatz zu Netzach, das die Kraft und die Richtung der Gefühle darstellt, ist Hod die Form, die Zahl und das Maß des Verstandes.

IX Yesod: Diese Sephirah ist das Aneinanderlagern, das Assoziieren, das Verknüpfen, das Bilden von Symbolen aus einzelnen Wahrnehmungen und Erinnerungen, das Bilden von Urbildern aus einzelnen Symbolen, das Bilden von Mythen aus den Urbildern, bis diese Mythen schließlich ein detailliertes Bild der Absichten und Impulse der Seele in der Welt darstellen. Aus der Seele als Essenz in Tiphareth wird in Yesod nun die Gesamtheit der bisher erlebten und der für die Zukunft erwünschten Bilder der Seele in ihrer Begegnung mit der äußeren Welt.

Der Mond ist dieser Bereich des Unterbewußtseins und der Biologie, in dem sich alles Zueinanderpassende aneinanderlagert und dadurch immer größere Gebilde entstehen läßt.

X Malkuth: Diese Sephirah ist die konkrete äußere Form, die Erdung, das Bewußtsein im Hier und Jetzt, die Oberfläche, die Substanz, der makroskopische Bereich, in dem die Dinge in etwa genausogroß sind wie der Betrachter (und nicht im astronomischen oder mikroskopischen Bereich). Malkuth ist die Erde, der Alltag, der Ort, an dem wir gerade sind, die Zeit, in der wir gerade leben, der Zustand, in dem wir uns gerade befinden ...

Die Visualisierung der Mittleren Säule

Da auch dieser Abschnitt nur eine Zusammenfassung ist, ergeben sich auch hier keine neue Strukturen für die Mittlere Säule.

17. Ain Soph Aur

Die Kabbalisten, die das mythologische Bild des Weltenbaumes durch religiöse Erfahrungen und philosophische Betrachtungen zu dem Lebensbaum weiterentwickelt haben, haben sich auch die Frage gestellt "Was war vorher, bevor Kether existierte? Was war vor der Ersten Ursache? Was war, bevor Gott war?"

Sie betrachteten Kether als die Erste Ursache, als das "primum mobile", das selber ohne Ursache war. Aber woher kam dieses Erste, woher kam Kether? - Dies ist eine Frage, die auch heute noch Philosophen, Physiker und Astronomen beschäftigt: "Was war vor dem Urknall? Wie und woraus ist die Welt mit ihren Naturgesetzen enststanden?"

Das, was vor Kether war, nannten die Kabbalisten "Ain Soph Aur":

Ain - das Nichts

Ain Soph - das Grenzenlose

Ain Soph Aur - das grenzenlose Licht

Dieses Ain Soph Aur wurde von späteren Kabbalisten auch die "Schleier der negativen Existenz" genannt. Sie faßten es als das auf, "was war, bevor etwas (Kether) war". Dieses "Nichts" das "war" , bevor mit der "Ersten Ursache" das "Sein" entstand, ist im Grunde die philosophische Formulierung des alten mythologischen Schöpfungsbildes: die Sonne, die aus dem Meer aufsteigt, oder das Land, das als Insel nach der Überschwemmung wieder aus den Fluten aufsteigt - die Geburt aller Dinge durch die Große Mutter, wobei die Große Mutter Ain Soph Aur entspricht und Kether die Sonne oder die Urinsel darstellt. Übergänge zwischen der mythologischen und der philosophischen Beschreibung dieses Anfangs aller Dinge finden sich z.B. bei den alten Ägyptern, die um ca. 1.800 v.Chr. das, was vor der Schöpfung (Kether, Sonne) war, als vier Paare von Gottheiten darstellten, je ein Gott und eine Göttin, die die Qualitäten Wasser, Weite, Dunkelheit und Stille (Ain Soph Aur, Urmeer) darstellten.

Wenn sich die Kabbalisten nun frugen, woher denn das Sein in seiner Gesamtheit gekommen war, blieb als einziges, was denn vor dem Sein gewesen sein könnte, das Nichts. Und über dieses Nichts war es noch schwieriger etwas zu sagen als über Kether, denn Kether liegt immerhin innerhalb der Welt, in der wir leben, wenn auch ganz am Anfang, und das Ain Soph Aur liegt endgültig jenseits und außerhalb unserer Welt.

Für konkrete, einzelne Lebensbäume innerhalb unserer Welt läßt sich Ain Soph Aur leicht definieren: es ist das, was da war, bevor ein neuer Lebensbaum entstand: So mußte z.B. der Lebensbaum der Einzeller bereits existieren, bevor der Lebensbaum der Vielzeller beginnen konnte. Somit bildet das Malkuth des Lebensbaumes der Einzeller das Ain Soph Aur des Lebensbaumes der Vielzeller.

Für den "Lebensbaum der physikalischen Evolution" ist Ain Soph Aur jedoch kaum zu fassen, da es eben außerhalb unserer Welt liegt - Ain Soph Aur ist physikalisch gesehen das, was vor dem Urknall war.

Die am nächsten am Anfang liegenden strukturellen und somit zugleich zeitlich frühesten Betrachtungen, die man anstellen kann, sind die Betrachtungen über die Qualitäten Kethers. Seine deutlichste Qualität ist die Freiheit - als das Eine-Alles-Einzige ist es unbeeinflußt und nur durch sich selber bestimmt. Ob eine solche Qualität noch etwas vor ihm liegendes benötigt, ist fraglich. Da Kether in diesem Sinne ein "alles beinhaltender Punkt" ist, ergeben die Betrachtungen über Kether ein statisches Bild.

Die letzten dynamischen Betrachtungen, also die zeitlich frühesten Betrachtungen über Entwicklungen, die man anstellen kann, beziehen sich auf den Augenblick, in dem Kether aufhörte, eine Einheit zu sein. Man kann sich fragen, welche Regeln es zu diesem Zeitpunkt gegeben haben mag. Die wahrscheinlichste wird vermutlich sein, daß sich Kether symetrisch entfaltet hat, daß es zu allem, was entstand, auch einen gleichgroßen Gegenpol gab. Dies läßt daran denken, daß das prägende Element für die Schwelle, den Graben und den Abgrund die Zwölferteilung des Tierkreises war - insofern wäre es immerhin denkbar, daß diese erste Differenzierung auch den Charakter einer Zwölferteilung hatte, in der jedes Ding seinen Gegenpol hatte und in der alles Entstehende durch seinen Winkel zueinander definiert war.

Bei diesen dynamischen Betrachtungen wäre eine auffällige Chokmah/Binah-Eigenschaft zu beachten, die sich in der Kernphysik beobachten läßt. In dem Größenbereich von Atomen über Molekülen und aufwärts gibt es immer eine feste Verbindung zwischen einer Ursache und einer Wirkung (3. Dreieck). Unterhalb der Größe von Atomen in dem Bereich der Elementarteilchen (2. Dreieck) gibt es aber nur noch eine statistische Wahrscheinlichkeit von Zusammenhängen.

Man kann sagen, in wieviel Prozent der Fälle etwas bestimmtes geschieht, aber man kann nicht mehr sagen, was jetzt beim nächsten Mal geschieht.

Diese "relative Freiheit", innerhalb eines statistischen Rahmens zu tun, was man will, ist eine Eigenschaft von Chokmah, das die unbehinderte ekstatische Ausdehnung ist. Die statistische Wahrscheinlichkeit (in 10% der Fälle dies, in 40% der Fälle das, und in 50% der Fälle jenes) ist eine Qualität von Binah, das dem Einzelnen seine Freiheit läßt, aber durch die Erhaltungssätze, zu denen auch dies Prinzip der statistischen Wahrscheinlichkeiten gehört, für eine Stabilität innerhalb des Ganzen sorgt. Die feste Ursache-Wirkung-Verknüpfung, die sich daraus in dem nächstgrößeren Bereich, also bei den Atomen (3. Dreieck) ergibt, ist dann das Naturgesetz, also eine Entsprechung von Daath. Diese Gesetze ergeben sich also daraus, daß sich aus dem "in 10% der Fälle dies, in 40% der Fälle das, und in 50% der Fälle jenes" auf der Ebene der nächstgrößeren Einheiten ein bestimmtes, immer gleiches Verhalten ergibt - die statistisch geregelte Willkür auf der Ebene der darunterliegenden nächstkleineren Einheiten ist dann nicht mehr zu sehen. Aus der statistischen Wahrscheinlichkeit wird eine feste Kausalität, wenn man genügend große Gruppen von Ereignissen, also Elementarteilchen gleichzeitig betrachtet.

Von unten auf dem Lebensbaum nach oben hin betrachtet kommt man also von dem Gesetz in Daath zu den Erhaltungssätzen und der statistischen Wahrscheinlichkeit in Binah, von dort aus weiter zu der ungehinderten Expansion in Chokmah, und von dort schließlich zu der vollkommenen Freiheit in Kether.

Man könnte nun durchaus argumentieren, daß es relativ uninteressant ist, was vor Kether lag, da Kether völlige Freiheit ist und somit nicht mehr in einer Ursache-Wirkung-Verbindung mit etwas zeitlich vorher liegendem verbunden sein kann - wenn es keine zeitlich-kausalen Verknüpfungen mehr gibt, ist es nicht mehr logisch nach dem Zusammenhang zwischen dem Jetzt und dem Vorher zu fragen ...

Dieses Fehlen von kausalen Zusammenhängen gilt natürlich nur für die Entstehung der Welt, da alle Lebensbäume innerhalb der erschaffenen Welt auch immer klar auffindbare Voraussetzungen haben (wie z.B. der Lebensbaum der Vielzeller den Lebensbaum der Einzeller, aus denen die Vielzeller entstanden sind, zur Voraussetzung hat).

... Ain Soph Aur ist das Meer der Möglichkeiten ...

Die Visualisierung der Mittleren Säule

Der Nutzen dieser Betrachtung für die Meditation der Mittleren Säule ist eher indirekt, da Ain Soph Aur kein Bestandteil der Mittleren Säule ist, sondern ihr "Hintergrund". Diese Betrachtung erweitert also, soweit es die Meditation der Mittlere Säule betrifft, noch am ehesten das Verständnis von Kether.

Wenn man Kether als Gott ansieht, ergibt sich aus den Überlegungen zu Ain Soph Aur, daß Gott möglicherweise in Zusammenhängen mit einem oder mehreren Göttern stehen könnte, die jeweils die Essenz, die Wurzel, die Innenseite und das Gesamtbewußtsein, also das Kether ihres jeweiligen Weltalls sind. Im Zusammenhang mit den neueren physikalischen Hypothesen zu den astronomischen Schwarzen Löchern und zu der Superstringtheorie gibt es auch einige Modelle, die von verschiedenen Universen ausgehen, die an dem Punkt des Urknalls miteinander in Verbindung stehen.

Möglicherweise ist Kether im Sinne von Gott/Urknall also nicht der absolute Anfang aller Dinge, sondern nur eine Verwandlungsphase, die verschiedene Universen miteinander verbindet. Diese Theorie wird im vorletzten Kapitel dieses Buches bei der genaueren Beschreibung von Ain Soph Aur mit Hilfe der bis dahin genauer beschriebenen physikalischen Zusammenhänge und der Analogien zwischen der physikalischen Kosmologie und den Bewußtseinsstrukturen genauer beschrieben.

18. Zeit

Wenn man die ursprüngliche Bedeutung des Lebensbaumes als Symbol für den Weg von der Erde zum Himmel, also als Himmelsleiter, betrachtet, gibt es keinen Ort auf ihr, der explizit mit der Zeit verbunden wäre. Der Lebensbaum ist zunächst die Beschreibung eines räumlichen Verhältnisses und als solches statisch.

Nach der Ausdehnung des Lebensbaum-Symboles zu einem allgemeinen Hilfsmittel bei der Beschreibung von Strukturen wird die Zeit natürlich zu einem Element, das innerhalb der Lebensbaum-Struktur vorkommen kann. In der Vorstellung, daß Kether, Chokmah und Binah das Paradies, Daath das Tor des Paradieses und die übrigen Sephiroth die diesseitige Welt sind, liegt auch schon eine zeitliche Folge begründet.

Es wäre nun interessant zu betrachten, ob Lebensbäume, die eine Zeitkomponente beinhalten, generell eine andere Struktur aufweisen als Lebensbäume, die keine zeitliche Komponente beinhalten.

Was beiden Arten von Lebensbäumen auf jeden Fall gemeinsam ist, ist die Polarität von Einheit und Vielfalt sowie die differenzierte Abstufung zwischen diesen beiden Polen. Weiterhin haben beide Arten von Lebensbäumen die Eigenheit, Strukturen auf verschiedenen Komplexitätsebenen ("Etwas" - Energie - Elementarteilchen - Atome - Masse) zu beschreiben.

In Lebensbäumen mit zeitlicher Komponente können jedoch Zustände nebeneinanderstehen, die nicht gleichzeitig existiert haben wie z.B. bei dem "Lebensbaum der physikalischen Evolution", in dem die Folge von Kether bis Malkuth auch eine zeitliche Folge von Zuständen der materiellen Welt beschreibt, die nacheinander stattgefunden haben. Diese Art der Lebensbäume haben also eine Zeitachse, die von Kether nach Malkuth verläuft: Kether ist der Ursprung der Zeit und Malkuth die Gegenwart.

Es gibt noch eine zweite Art von Lebensbäumen mit Zeitaspekt, bei denen die Zeitachse aber in umgekehrter Richtung von Malkuth nach Kether verläuft. Bei ihnen bewegt sich die Entwicklung von der Vielheit hin zur Einheit - sie sind also Lebensbäume, die eine Integration und einen Erkenntnisvorgang beschreiben. Das typischste Beispiel dafür ist der Lebensbaum des spirituellen Strebens, also der Lebensbaum, der die verschiedenen Arten von Therapie, Meditation, Magie, Religion usw. ordnet. Dieser Lebensbaum wird ausführlich in Kapitel XIII beschrieben. In diesem Fall ist Malkuth zwar wieder die Gegenwart, aber Kether die Zukunft und das Ziel. Ein betrachtetes Subjekt oder eine Person kann sich natürlich zu einem bestimmten Zeitpunkt auch schon ein Stück "den Lebensbaum hinaufentwickelt haben" und sich nun z.B. in Geburah befinden - dann ist Geburah die Gegenwart dieser Person, Malkuth seine Vergangenheit und Kether seine Zukunft.

Nun ist die Frage, wie sich Zeit generell auf dem Lebensbaum-Diagramm darstellt, für die Frage des vorigen Kapitels über Ain Soph Aur durchaus interessant, da die Frage, was denn vor Kether gewesen sei, explizit eine zeitliche Fragestellung ist, da sie ein "vorher" und ein "nachher" betrachtet.

Es ist wieder einmal die Physik, in diesem Falle die Relativitätstheorie, die bei dieser Frage weiterhilft. Zunächst einmal könnte man ganz lapidar feststellen, daß erst mit dem Übergang von Kether nach Chokmah die erste Bewegung stattfand, und daß vorher in einem Zustand, in dem keine Bewegung war, eine Betrachtung der Zeit recht uninteressant ist, da eine Betrachtung von Zeit immer eine Betrachtung von Veränderungen ist. Ein Zustand ohne Veränderungen ist nun mehr oder weniger auch ein Zustand, bei dem es keine Zeit gibt oder bei dessen Betrachtung die Zeit einfach keine Rolle mehr spielt.

Nun läßt sich diese Anschauung aber auch mit einer etwas näher an den Naturwissenschaften liegenden Beweisführung darstellen. Eine der Erkenntnisse, die die aus der Relativitätstheorie folgten, war es, daß nicht nur Masse und Energie ineinander verwandelt werden können, sondern daß auch der Raum und die Zeit miteinander verbunden sind und ein sogenanntes Raum-Zeit-Kontinuum bilden. Weiterhin ist nach der Relativitätstheorie der Raum (und somit auch die Zeit) nicht unabhängig von allem, was in ihnen ist, "einfach da", sondern sie sind ebenfalls abhängig von der Masse in ihnen. Die Relativitätstheorie beschreibt, in welcher Weise Raum, Zeit, Energie, und Masse miteinander verbunden sind und in welcher Weise sie sich gegenseitig beeinflussen. Der für hier gerade wichtige Aspekt dieser Theorie, die schon aufgrund ihrer Aufhebung aller Abgrenzungen einen so deutlichen Daath-Charakter hat, ist die Verbindung von Raum und Zeit.

Um diesen Zusammenhang deutlich zu machen, ist der "Flugzeug-Versuch" nach wie vor am geeignetsten. Dieser Versuch besteht darin, daß man zwei extrem genaue Quarzuhren benutzt und diese verschiedenen Geschwindigkeiten aussetzt. Die Verwendung von Geschwindigkeiten ist in sofern von Bedeutung als eine Geschwindigkeit die Verbindung von Raum und Zeit ist: Geschwindigkeit wird gemessen in Meter pro Sekunde oder in Kilometer pro Stunde. Eine der beiden erwähnten Quarzuhren bleibt nun auf einem Flughafen (also ohne Geschwindigkeit), während die zweite in ein möglichst schnell fliegendes Flugzeug gestellt wird, worauf dieses eine möglichst lange Zeit mit Höchstgeschwindigkeit fliegt. Wenn es nun wieder landet, ist auf der Flughafen-Quarzuhr natürlich genau so viel Zeit vergangen wie auf allen andern Uhren in den Häusern rings um den Flughafen. Auf der Uhr im Flugzeug ist jedoch weniger Zeit vergangen, so wie es den Voraussagen der Relativitätstheorie entspricht: die Zeit, die vergeht, hängt davon ab, wie schnell man sich bewegt - je schneller man sich bewegt, desto weniger Zeit vergeht. Aber eigentlich ist das ja allen schon bestens bekannt: "Bewegung hält jung!"

Nun schließen sich daran zwei Argumentationen mit demselben Ergebnis an, zu dem auch die eingangs geschilderte etwas lapidare Betrachtung geführt hat.

1. Je mehr man sich mit der Betrachtung des Weltalls an den Urknall annähert, desto kleiner ist das Weltall. Wenn man mit seiner Betrachtung nun den Urknall selber erreicht, ist das Weltall auf einen mathematischen Punkt ohne Ausdehnung zusammengeschrumpft. Dadurch entstehen nun verschiedene Paradoxien. Zum einen wird die Dichte in diesem Augenblick unendlich hoch und zum anderen hört in diesem Augenblick auch die Zeit auf zu existieren, da sie ja nur zusammen mit dem Raum existiert. Wenn nun jedoch der Raum nicht mehr existiert, existiert auch die Zeit nicht mehr. Die unendlich hohe Masse in einem Raum mit der Ausdehnung Null ist nun natürlich zunächst einmal ein "Unding". Wenn man jedoch bedenkt, daß in der Zeit vor 10^{-43} Sekunden, als das Weltall einen Durchmesser von erst 10^{-32} m hatte, die gesamte Energie (also auch die gesamte Masse des späteren Weltalls) noch eine Einheit war, wäre es denkbar, daß diese Einheit vielleicht doch in einem mathematischen Punkt, der ja die beste Definition einer Einheit ist, Platz hatte (Die physikalischen Zustände aus dieser Zeit des Anfanges des Weltalls sind zunächst einmal für die Vorstellungskraft recht gewöhungsbedürftig.) Die Superstringtheorie beschreibt den Zustand des Weltalls, als es noch kleiner als 10^{-32}m war etwas genauer: es war zwar nicht punktförmig, aber Raum und Zeit sind unterhalb dieser Größe nicht mehr unterscheidbar.

2. Schon wenn man nur bis zur Zeit von 10^{-30} Sekunden nach dem Urknall zurückgeht, als das Weltall immerhin schon 10^{-19} m groß war, ergibt sich ein zeitlich relevantes Phänomen. Laut der Relativitätstheorie vergeht immer weniger Zeit, je schneller man sich bewegt. Wenn man nun schließlich die Lichtgeschwindigkeit "c" erreicht, vergeht gar keine Zeit mehr. Das bedeutet, daß es für das Licht und somit für alle Arten von Energie keine Zeit in unserem Sinne gibt. Wenn es nun jedoch nur noch Energie gibt, wie es im Weltall in den ersten 10^{-30} Sekunden der Fall war, gab es in dieser Zeit auch noch gar nicht das Phänomen, das wir heute als Zeit bezeichnen. Die Zeit, wie sie uns heute geläufig ist, entstand zugleich mit den ersten Elementarteilchen. Zeit existiert somit nur, wenn es auch abgegrenzte Masse, also Elementarteilchen gibt.

Man kann also mit einiger Berechtigung sagen, daß der Abgrund, also der Ort, an dem die Umwandlung von Energie in Materie ("$E=m \cdot c^2$") stattfindet, die Trennung von dem Zeitlichen, vergänglichen Bereich unterhalb von ihr und dem Bereich der Ewigkeit oberhalb von ihr ist. In diesem Fall findet sich ein religiöses Bild, das des "ewigen Paradieses", in einer der der wichtigsten physikalischen Theorien wieder, die unsere materielle Welt beschreiben.

Wir befinden uns in einer sehr interessanten Phase der Zeit, wenn man sie einmal als Raum-Zeit-Kontinuum und somit als die Geschichte unseres Weltalls ansieht.

Vom Urknall an bis zur Zeit von 10^{-43} Sekunden gab es nur die Einheit. Um 10^{-30} Sekunden nach "absolut Null" entstanden die ersten Elementarteilchen und um 10^{-1} Sekunde gab es schon die ersten Protonen und Neutronen. Bis zu der Entstehung der ersten Atomkerne dauerte es nun nur noch 700 Jahre. Nach etwa 10.000 Jahren entstanden nun die ersten Atome mit Atomhüllen. Nachdem dann noch einmal 2 Milliarden Jahren vergangen waren, bildeten sich die ersten Galaxien und es wurde allmählich interessant im Weltall, da es nun Sterne mit Planeten gab, auf denen sich Leben entwickeln konnte. Diese Phase des Weltalls wird noch einige Dutzend Milliarden Jahre dauern bis schließlich alle Sterne ihre Kernfusionsvorgänge beendet haben, aufgrund derer sie strahlen. Zu diesem Zeitpunkt wird dann alles Leben aufgrund des dann eintretenden Energiemangels erlöschen - es wird dann absolut dunkel im Weltall.

Doch die Entwicklung wird noch weitergehen, wenn auch extrem langsam. Das niedrigste Energieniveau, das Materie erreichen kann ist der Zustand des Eisens. Eisen kann nur unter Energiezufuhr in ein anderes Element verwandelt werden - Eisen ist der energetisch niedrigste Zustand, den Neutronen und Protonen im Atomkern erreichen können. Bis sich aber alles durch Quantensprünge in Eisen verwandelt haben wird, wird viel Zeit vergehen. Die Zeit, bis es soweit sein wird, ist die größte sich auf etwas Konkretes beziehende Zahl, die je errechnet wurde: wenn man sie auf ein Blatt Papier mit normalen Rechenkästchen schreiben würde, würde von uns bis zu Proxima Centauri, dem uns am nächsten gelegenen Stern reichen, der ca 3 Lichtjahre entfernt ist - und das Licht bewegt sich in einer Sekunde 200.000 km weit.

Die Ereignisse drängen sich am Anfang, lockern sich dann etwas auf, werden in der Phase, in der wir uns jetzt befinden, vielfältig und zeitlich überschaubar, und laufen dann schließlich in einer fast endlos langsamen Verwandlung aller Dinge in Eisen aus.

Es fällt auf, daß sich die Zeitdynamik bei einem evolutionären Vorgang, bei dem die Zeit von oben nach unten auf dem Lebensbaum verläuft, von schnellen und heftigen Ereignissen hin zu langsamen und schließlich kaum noch wahrnehmbaren Verwandlungen verläuft. Bei Vorgängen der Integration und der Erkenntnis, also z.B. bei spirituellen Bestrebungen, verläuft die Zeitdynamik zwar ähnlich, aber von unten nach oben auf dem Lebensbaum: von schnellen ersten Erfolgen mit der Erkundung der eigenen Psyche (3. Dreieck) und schließlich dem Entdecken der eigenen Seele zu den deutlich langsameren Fortschritten im Bereich der Seelen (2. Dreieck) und der noch langsameren Entwicklung im Bereich der Gottheiten (1. Dreieck) bis man schließlich zu Gott, dem einen Bewußtsein (Kether) gelangt.

Je weiter man nach oben auf dem Lebensbaum gelangt, desto "größer" werden die Abstände der Sephiroth voneinander, und desto einfacher und schlichter und weiter werden die Sephiroth. Während jedoch bei den Evolutions-Lebensbäumen die Ergebnisse zum Ende hin (Malkuth) immer komplexer, verschiedenartiger und von ihrer Verbreitung oder Anzahl her kleiner werden, werden die Erkenntnis-Lebensbäume zu ihrem Ende hin (Kether) immer schlichter, intensiver und umfassender.

Zeitliche Vorgänge verlaufen also in beiden Richtungen auf dem Lebensbaum erst sehr schnell, um dann allmählich immer langsamer zu werden.

Die Zeit kann auf den Lebensbäumen also zwei Richtungen haben: von oben nach unten bei der Beschreibung von Schöpfungsvorgängen und von unten nach oben bei Erkenntnisvorgängen. Lebensbäume ohne Zeitkomponente beschreiben statische Strukturen.

Die Visualisierung der Mittleren Säule

Die Meditation der Mittleren Säule hat alle drei möglichen Aspekte:

1. Sie ist statisch, weil sie den Aufbau des Meditierenden darstellt: von unten nach oben in materieller Hinsicht in der Folge Körper-Atome-Elementarteilchen-Energie-Einheit und analog dazu in Hinsicht auf das Bewußtsein in der Folge Wachbewußtsein-Unterbewußtsein (Krafttier)-Seelenbewußtsein (Tiefschlaf)-Gottheitenbewußtsein-Gottesbewußtsein.

2. Sie ist eine zeitliche Entwicklung von unten nach oben, weil in dieser Meditation das Bemühen steckt, sein Bewußtsein von dem Hier und Jetzt in Malkuth möglichst hoch den Lebensbaum hinauf auszudehnen.

3. Sie ist eine zeitliche Entwicklung von oben nach unten, da man den Segen Kethers durch die Mittlere Säule auf sich selber in Malkuth hinabruft, um sich als das, was man wirklich ist, zu entfalten.

19. Die Sephiroth und die Pfade

Die Sephiroth stellen bestimmte Zustände, Bereiche und Qualitäten dar, die deutlich voneinander getrennt sind. Die Pfade sind die Wege zwischen diesen Bereichen. Daher haben sie einen anderen Charakter als die Sephiroth. Die Pfade beginnen an der Außenkante einer Sephirah mit deren Qualität und verwandeln sich dann allmählich, bis sie die Außenkante der anderen Sephirah erreichen, wo sie mittlerweile deren Qualität angenommen haben. Man kann die Pfade also ganz wörtlich als Wege, die von der einen Qualität zu einer anderen führen, auffassen.

Um die folgenden Beschreibungen der Lage der Pfade auf dem Lebensbaum leichter verständlich zu machen, ist hier noch einmal die Anordnung der Sephiroth auf dem Lebensbaum abgebildet:

```
                        Kether

        Binah                           Chokmah

                        (Daath)

        Geburah                         Chesed

                        Tiphareth

        Hod                             Netzach

                        Yesod


                        Malkuth
```

Es gibt nun verschieden lange Pfade auf dem Lebensbaum. Dies ist jetzt nicht als "Abstand in cm" gemeint, sondern inhaltlich. So führt der Pfad von Malkuth nach Yesod inhaltlich eine Sephirah weiter; der Pfad von Malkuth nach Hod führt zwei Sephiroth weiter; und der Pfad von Malkuth nach Netzach führt sogar drei Sephiroth weiter.

Nach diesem Gesichtspunkt geordnet ergeben sich folgende Gruppen von Pfaden, wobei zu beachten ist, daß Daath als "unsichtbare Sephirah" lediglich "verborgen" auf dem Pfad von Tiphareth nach Kether erscheint, aber bei dieser Betrachtung der klassischen Pfade auf dem Lebensbaum nicht mitgezählt wird:

Pfadabstand von einer Sephirah:

    Malkuth - Yesod
    Yesod - Hod
    Hod - Netzach
    Netzach - Tiphareth
    Tiphareth - Geburah
    Geburah - Chesed
    Chesed - Binah
    Binah - Chokmah
    Chokmah - Kether

Diese Pfade beschreiben die direkte Folge der Sephiroth und spielen daher in allen Beschreibungen von

Entwicklungen, Evolutionen und Schöpfungen eine große Rolle. Sie stellen in der Folge von Kether nach Malkuth hin auch die Zeitachse von Entstehungsprozessen und somit das Symbol des "Blitzstrahles der Schöpfung" dar.

Pfadabstand von zwei Sephiroth:

> Malkuth - Hod
> Yesod - Netzach
> Hod - Tiphareth
> Tiphareth - Chesed
> Geburah - Binah
> Chesed - Chokmah
> Binah - Kether

Das Besondere an diesen Pfaden ist es, daß sie stets eine Kraft-Sephirah mit einer Kraft-Sephirah bzw. eine Form-Sephirah mit einer Form-Sephirah verbinden. Dies ergibt sich daraus, daß sich Form und Kraft in der Folge der Sephiroth abwechseln und die übernächste Sephirah also immer dieselbe Qualität (Kraft oder Form) haben muß. Es gibt hier also entweder eindeutige Kraft-Pfade oder Form-Pfade, die dementsprechend entweder sehr dynamisch (Kraft) oder sehr strukturierend (Form) sind. - Dies gilt allerdings nicht für Pfade, die den Abgrund überschreiten, da hier in der Kraft-Form-Reihenfolge die Kraft-Sephirah Daath fehlt (Geburah-Binah und Chesed-Chokmah).

Pfadabstand von drei Sephiroth:

> Malkuth - Netzach
> Yesod -Tiphareth
> Hod - Geburah
> Netzach - Chesed
> Tiphareth - Binah

Diese Pfade verbinden wieder Sephiroth mit verschiedener Qualität (Kraft oder Form), aber nicht mit der jeweils nächsthöheren, sondern mit der drittnächsten über ihr. Dadurch hat die obere Sephiroth einen sehr stark ordnenden und "reinigenden" Einfluß auf die untere Sephirah. - Dies gilt allerdings nicht für Pfade, die den Abgrund überschreiten, da hier in der Kraft-Form-Reihenfolge die Kraft-Sephirah Daath fehlt.

Pfadabstand von vier Sephiroth:

> Tiphareth - Chokmah

Pfadabstand von fünf Sephiroth:

> Tiphareth - Kether

Da es jeweils nur noch einen Pfad von dieser Länge gibt, gibt es hier keine allgemeine Gruppenbeschreibung, sondern nur die individuelle Beschreibung.

Es gibt noch ein zweites Kriterium für die "Länge" eines Pfades. Je weiter oben auf dem Lebensbaum ein Pfad liegt, desto grundlegender und somit sowohl vom Erleben her als auch von den Auswirkungen von Ereignissen her "größer " und "länger" werden sie. So kann auf dem "Lebensbaum des menschlichen Bewußtseins" ein Ereignis auf dem Pfad von Hod nach Netzach z.B. das Verstehen eines Traumes sein, während der Pfad von Chesed nach Geburah in demselben Lebensbaum der Entschluß zu einer Inkarnation sein könnte. Und ganz oben auf diesem Lebensbaum stände dann zwischen Kether und Chokmah die erste Differenzierung des Einheits-Bewußtseins und die Entstehung der ersten Energiequanten kurz nach dem Urknall.

Diese Art der Betrachtung hat auch zu der klassischen Nummerierung der Pfade geführt. Die Zahlen von "I" bis "X", die in der Regel mit lateinischen Zahlen geschrieben werden, bezeichnen die Sephiroth. Die Pfade werden mit den Zahlen "11" bis "32" bezeichnet.

Zuerst kommen die Pfade, die von Kether ausgehen, dann die, die von Chokmah ausgehen, dann die, die von Binah ausgehen usw. Diese Gruppen von Pfaden, die von einer Sephirah ausgehen, werden wiederum nach ihren "Zielsephiroth" geordnet, wobei der Pfad zu der höheren Sephirah stets vor dem Pfad zu der niedrigeren Sephirah kommt. - Die Pfade sind also gewissermaßen ihrer "bedeutungsmäßigen Länge" nach geordnet.

11. Pfad: Kether - Chokmah
12. Pfad: Kether - Binah
13. Pfad: Kether - Tiphareth
14. Pfad: Chokmah - Binah
15. Pfad: Chokmah - Chesed
16. Pfad: Chokmah - Tiphareth
17. Pfad: Binah - Geburah
18. Pfad: Binah - Tiphareth
19. Pfad: Chesed - Geburah
20. Pfad: Chesed - Tiphareth
21. Pfad: Chesed - Netzach
22. Pfad: Geburah - Tiphareth
23. Pfad: Geburah - Hod
24. Pfad: Tiphareth - Netzach
25. Pfad: Tiphareth - Hod
26. Pfad: Tiphareth - Yesod
27. Pfad: Netzach - Hod
28. Pfad: Netzach - Yesod
29. Pfad: Netzach - Malkuth
30. Pfad: Hod - Yesod
31. Pfad: Hod - Malkuth
32. Pfad: Yesod - Malkuth

Von diesen Pfaden sind einige mit den vier Übergängen verknüpft und beschreiben somit aufwärts Verwandlungs- und abwärts Verdichtungsvorgänge:

Auflösung: 11. Pfad: Kether - Chokmah
                12. Pfad: Kether - Binah
                13. Pfad: Kether - Tiphareth

Abgrund: 13. Pfad: Kether - Tiphareth
                15. Pfad: Chokmah - Chesed
                16. Pfad: Chokmah - Tiphareth
                17. Pfad: Binah - Geburah
                18. Pfad: Binah - Tiphareth

Graben: 21. Pfad: Chesed - Netzach
                23. Pfad: Geburah - Hod
                24. Pfad: Tiphareth - Netzach
                25. Pfad: Tiphareth - Hod

	26. Pfad:	Tiphareth - Yesod
Schwelle:	29. Pfad:	Netzach - Malkuth
	31. Pfad:	Hod - Malkuth
	32. Pfad:	Yesod - Malkuth

Die senkrechten Pfade sind offensichtlich Bestandteile der drei Säulen. Insbesondere die Pfade auf der Mittleren Säule sind von großer Bedeutung, da sie die Verbindungspfade zwischen den verschiedenen Bewußtseinszuständen darstellen und daher im Zusammenhang mit spirituellen Betrachtungen auf einem Lebensbaum die größte Rolle von allen Pfaden spielen.

13. Pfad: Kether - Tiphareth (via Daath)
26. Pfad: Tiphareth - Yesod
32. Pfad: Yesod - Malkuth

Da der 13. Pfad so extrem lang ist und über zwei Übergänge hinüberreicht, ist es sinnvoll, ihn in zwei Abschnitte zu teilen, um diese beiden Teile auch gesondert betrachten zu können. Jeder dieser dann vier Pfade auf der Mittleren Säule des Bewußtseins ist nun mit einem der vier Übergänge verbunden.

```
                    Kether
.............   13. Pfad (1. Teil)   ......   Auflösung

                    Daath
.............   13. Pfad (2. Teil)   ......   Abgrund

                    Tiphareth
.............   26. Pfad             ......   Graben

                    Yesod
.............   32. Pfad             ......   Schwelle

                    Malkuth
```

Die letzte theoretische Betrachtung der Pfade bezieht sich auf diejenigen Pfade, die die drei Sephiroth innerhalb eines der drei Dreiecke miteinander verbinden.

1. Dreieck:	14. Pfad:	Chokmah - Binah
	(die übrigen Pfade entfallen wegen der "Unsichtbarkeit" von Daath)	
2. Dreieck:	19. Pfad:	Chesed - Geburah
	20. Pfad:	Chesed - Tiphareth
	22. Pfad:	Geburah - Tiphareth
3. Dreieck:	27. Pfad:	Netzach - Hod
	28. Pfad:	Netzach - Yesod
	30. Pfad:	Hod - Yesod

Diese Dreiergruppen von Pfaden beschreiben eng verwandte Phänomene, da sie sich eben alle innerhalb eines Bereiches, also eines Dreiecks befinden. Sie sind daher eher "kurze" Pfade und beinhalten keine Transformationen, verlaufen also nicht über einen der vier Übergänge. Das Besondere an ihnen ist, daß die Beschreibung eines dieser Pfade fast immer nur im Zusammenhang mit den beiden anderen Pfaden sinnvoll ist - so ähnlich wie die Beschreibung der drei Sephiroth, die ein Dreieck bilden, inhaltlich zusammengehören.

Diese 22 Pfade werden nur bei Betrachtungen miteinbezogen, wo Kenntnisse über sehr detaillierte Strukturen erwünscht sind wie z.B bei Themen wie Spiritualität oder Physikalischer Kosmologie. Auch bei Lebensbäumen über ganz abstrakte Themen wie z.B. der Vektormathematik ist das Miteinbeziehen der Pfade bisweilen sinnvoll, da die Pfade z.B. innerhalb des Vektormathematik-Lebensbaumes die Gesamtheit der möglichen Rechenoperationen bezüglich Vektoren darstellen.

Manchmal sind auch einzelne Pfade von Interesse. In der Regel werden dies entweder a) die Pfade in der direkten Folge der Sephiroth sein, die den Vorgang der Entstehung der Sephiroth auseinander beschreiben; b) die Pfade der Mittleren Säule, da diese die Übergänge und somit die zentralen Transformationen beschreiben; oder c) die Pfade unterhalb von Tiphareth, die dann im Mittelpunkt des Interesses stehen, wenn nur der "untere, äußere" Teil eines Lebensbaumes betrachtet wird wie z.B. bei der Analyse der Struktur der Psyche auf dem Lebensbaum des menschlichen Bewußtseins, da diese dann nur die Sephiroth Netzach, Hod und Yesod sowie am Rande noch Malkuth (Körper) und Tiphareth (Seele, "Selbst") umfaßt.

Im Folgenden werden die einzelnen Sephiroth, Übergänge, Pfade sowie Ain Soph Aur vor allem anhand des Lebensbaumes des Menschen und seines spirituellen Strebens beschrieben, da dieser Bereich sowohl sehr detailliert und gut erforscht sowie zu großen Teilen allgemein bekannt ist. Eine ausführliche Betrachtung dieses Themas findet sich im vorletzten Kapitel dieses Buches.

X Malkuth

Malkuth ist das Hier und Jetzt - es geht um den eigenen Körper, um Gesundheit, Krankheit und Überleben. Malkuth ist der Blick auf das Einzelne - hier ist jedes Ding einzeln und isoliert. Malkuth ist das Äußere der Dinge, ihre Hülle - hier ist jedes Ding das, als das es dem Sehen, Höhren, Tasten, Schmecken und Riechen erscheint. Die Tugend von Malkuth ist die Unterscheidungskraft - sie ist das Fundament jeder weiteren Entwicklung.

Das wichtigste Ziel in Malkuth ist es, ein gutes Verhältnis zum eigenen Körper zu bekommen, ihn zu spüren, zu pflegen, ihn kennenzulernen, ihn nicht nur als Arbeitsmaschine zu betrachten, und auf jede erdenkliche Weise das Körperbewußtsein zu steigern.

Die Schwelle

Die Schwelle ist sozusagen die "Innenseite der Außenseite". Um sie zu überschreiten, muß man bereit sein, hinter die Fassade zu schauen, muß man ein Interesse an de Frage haben, was denn dahinter steht (Yesod), warum etwas so ist (Hod), welche Impulse das bewirkt haben (Netzach).

Um die Schwelle überschreiten zu können, muß man im Alltagstrubel innehalten, sich seiner Situation bewußt werden und sich fragen, wie das, was man da gerade von außen her sieht, denn wohl von innen her betrachtet aussehen mag. Die Schwelle ist also die Grenze zwischen der Betrachtung von außen her, wodurch die Dinge als materiell und vereinzelt erscheinen (Malkuth), und der Betrachtung der Dinge von innen her, wodurch die Dinge als Bewußtsein und miteinander verbunden erscheinen (Yesod bis Kether).

32. Pfad: Yesod - Malkuth

Die Frage auf diesem Pfad ist: "Welche Kräfte führen dazu, daß die Dinge gerade so geschehen, wie sie geschehen?" Dies können ärztliche Untersuchungen, psychotherapeutische Analysen, chemische Versuche, biologische Experimente,

Traumreisen, das Führen eines Traumtagebuches und vieles mehr sein.

Über diesen Pfad wirken die Kräfte von Yesod in der Welt (Malkuth) und rufen durch ihr im Inneren der Dinge verborgenes Wirken die Erscheinungen der Welt und ihre Verwandlungen hervor.

Dieser Pfad ist sehr eng mit der Schwelle verwandt, da er die direkte Verbindung zwischen zwei aufeinanderfolgende Sephiroth (IX. Yesod - X. Malkuth) ist und dabei die Schwelle kreuzt. Der 32. Pfad ist das Überschreiten der Schwelle. An dem Kreuzungspunkt des 32. Pfades mit der Schwelle steht der "Hüter der Schwelle", der all die auf Süchten und Ängsten beruhenden Hemmungen symbolisiert, die den Blick nach innen verhindern wollen. Es ist also eine gewisse Entschlossenheit, ein gewisser Leidensdruck oder auch einfach ein gutes Maß Neugierde und Entdeckerfreude notwendig, um auf dem 32. Pfad die Schwelle zu überschreiten.

IX Yesod

Diese Sephirah des Mondes beschreibt zunächst einmal den ersten Eindruck von der "Innenseite": eine Vielzahl kleinerer und größerer Impulse, die zyklisch, rhythmisch auftreten wie Ebbe und Flut, und die das Verhalten der "Außenseite" bestimmen. Dies sind im Körper der Puls, der Atem, die EEG-Frequenz, die Impulse in den Nerven, die zyklisch auftretenden Bedürfnisse wie Essen, Trinken, Schlaf, Gesellschaft, Gespräche, Sexualität usw. Neben diesen innen empfundenen Bedürfnissen und den entsprechenden, sich aus ihnen im Außen dann ergebenden Handlungen gibt es auch noch den Bereich, der Innenwahrnehmung bleibt. Dies sind insbesondere die Träume, die Traumreisen und die visuellen Meditationen, also solche, bei denen man sich etwas innerlich optisch vorstellt.

Diese ganzen Tätigkeiten und Phänomene sind mit der Lebenskraft verbunden, die ihren Sitz in dem untersten Chakra hat und als Kundalinischlange oder Schlangenfeuer dargestellt wird. Das Urerlebnis der Lebenskraft und der mit ihr verbundenen Geborgenheit und Ernährung ist das Gesäugtwerden von der eigenen Mutter. Der Mond und die Mutter und der feuerspeiende Drache sind somit die zentralen Symbole dieser Sephirah der psychosomatischen Vorgänge.

Die Struktur von Yesod ist die Assoziation, das Symbol und das Kolloid: die Aneinanderlagerung des zueinander passenden bzw. des Ähnlichen. Dies trifft auf alle Yesod-Entsprechungen in den verschiedensten Lebensbäumen zu - angefangen bei dem sich-Umarmen zweier Menschen bis hin zu der chemischen Struktur der Milch, die auch ein wichtiges Yesod/Mond-Symbol ist. Die Milch besteht aus einer wässrigen Lösung, in der sich Eiweiße befinden, um die her sich Fette anlagern und dadurch große Molekülgruppen (Kolloide) bilden. Das Hauptthema in Yesod ist generell die Gruppe und die Wärme (das gemeinsame Energieniveau) in dieser Gruppe.

31. Pfad: Hod - Malkuth

Hier wirkt die Strukturierung von Hod auf Malkuth. Hod versucht hier, durch das Denken, durch die Naturwissenschaften das "Funktionieren" der äußeren Welt zu begreifen. Die praktische Anwendung der auf diese Weise entstehenden Sachkenntnisse ist die Technik und die Industrie. Dieser Pfad ist also der zivilisatorische Fortschritt - von der Entdeckung des Feuers bis hin zur Erfindung des Computers.

Dieser Pfad überquert die Schwelle (von Hod aus gesehen) erst vor seinem letzten Viertel, was den inneren Abstand des Denkens zur Außenwelt symbolisiert - verglichen mit den direkten, eher instinkthaften Reaktionen und den Reflexen von Yesod nach Malkuth (der 32. Pfad wird von der Schwelle genau halbiert). Die Qualität der Schwelle auf dem 31. Pfad liegt in dem Innehalten, dem Stutzen, dem sich-Wundern, worauf der Impuls folgt "Also, darüber muß ich jetzt aber erst einmal nachdenken. Das ist ja merkwürdig!"

30. Pfad: Hod - Yesod

Auch auf diesem Pfad bemüht sich Hod um die Strukturierung und um das Erkennen von Zusammenhängen. Allerdings ist sein Thema jetzt nicht die Außenwelt, sondern die Innenwelt. Der Verstand richtet sich jetzt in der Innenschau auf das eigene Unterbewußtsein - auf die Träume, Visionen, psychosomatischen Phänomene, Krankheiten, also auf den Zustand des Gemütes, auf das, worauf man mit der Standardbegrüßung "Na, wie geht's Dir?" abzielt.

Die Früchte dieses Pfades sind die Psychologie (die Medizin findet sich auf dem 31. Pfad) und alle Arten von therapeutischen Maßnahmen und Methoden zur Selbsterforschung. Die Homöopathie, die Akupunktur, das Shiatsu und andere Methoden, die zwar die Heilung des Körpers anstreben, dies aber über den Umweg des Zustandes der Lebenskraft im Körper (also Yesod) erreichen, gehören auch zu diesem Pfad. Diese Methoden heilen den Körper also nicht direkt, sondern dadurch, daß sie Yesod heilen, dessen Ungleichgewichte, Erstarrungen oder Kraftlosigkeiten (Süchte und Ängste) eben die zu heilende Krankheit hervorgerufen haben.

Auch die Betrachtung und die Anwendung aller rhythmischen Prozesse von der Astrologie bis hin zur Massage gehört zu diesem Weg.

Die beliebte Hod-Methode der Statistik kann sowohl zu dem 31. Pfad als zu dem 30. Pfad gehören - dies hängt davon ab, ob einzelne Phänomene gezählt (31. Pfad) oder Zyklen betrachtet (30. Pfad) werden. In den meisten Fällen wird Hod über den 31. Pfad mit einer Malkuth-Betrachtung beginnen, dann dort die Yesod-Zyklen in dem Geschehen von Malkuth feststellen und anschließend dann über diese Zyklen, also über Yesod nachdenken.

VIII Hod

Die klaren Strukturen von Hod zeigen sich am deutlichsten in der Mathematik und in der Philosophie. Hod strebt die in sich schlüssige Beschreibung der im außen wahrgenommenen Phänomene an. Das abstrakte Denken und die reine Logik sind der Bereich des Merkurs, der zu dieser Sephirah gehört. Das Ideal dieser Sephirah ist die Wahrheit.

29. Pfad: Netzach - Malkuth

Dieser Pfad bewertet von Netzach aus die Dinge in Malkuth - schön oder hässlich, angenehm oder unangenehm, sympathisch oder unsympathisch. Entsprechend dieser Bewertungen bewegt man sich dann innerhalb von Malkuth: man strebt etwas an, entwickelt und fördert es, oder man vermeidet etwas und flieht vor ihm und schützt sich davor. So wie der Verstand in Hod die Zivilisation erschafft, so ist Netzach über diesen Pfad nach Malkuth die Quelle der Kunst und der Kultur. Yesod zwischen diesen beiden Pfaden stellt die Verbundenheit mit der Welt bzw. mit der Gruppe, der man angehört, dar.

Die Schwelle findet sich hier wie beim 31. Pfad erst vor dem letzten unteren Viertel, was wiederum zeigt, daß sich der Großteil der Aktivitäten der Gefühle im Inneren abspielen, bis sie dann im Außen eine Gestalt annehmen. Die Qualität der Schwelle auf diesem Pfad ist das Abweichen von dem uninteressierten, neutralen Zustand: etwas taucht auf, das eine gefühlsmäßige Stellungnahme in einem hervorruft und eine Reaktion erfordert. Das, was das Wachbewußtsein in Malkuth dazu veranlaßt, die Schwelle zu überschreiten und Netzach miteinzubeziehen, ist hier also keine instinktive Reaktion, die von Yesod kommt und auch kein sich-Wundern, das aus Hod stammt, sondern eine anziehende oder abstoßende Spannung zu etwas oder jemandem, der innerhalb des eigenen Wahrnehmungsfeldes aufgetaucht ist.

Generell neigen aber alle verstandesmäßigen Erkenntnisse auf dem 31. Pfad und alle gefühlsmäßigen Reaktionen auf dem 29. Pfad dazu, zu einem sich bei nächster Gelegenheit in gleicher Form wiederholten Reaktionsmuster, also zu einem Inhalt von Yesod zu werden ("morphogenetische Felder"). Die Reaktionen aus Yesod heraus sind die schnellsten, da sie auf Reflexen, Instinkten und Gewohnheiten beruhen. Auf diese Art werden nun die "Malkuth-Verarbeitungen" durch Hod und Netzach über den 30. Pfad und den 28. Pfad als Bilder auf Yesod übertragen, aufgrund derer man dann in Zukunft reagiert. Mit dem Erkennen und Verändern dieser Yesod-Muster beschäftigen sich dann, falls einzelne dieser Muster im Laufe der Zeit ihren Realitätsbezug verloren haben sollten und zu Zwängen, Süchten und ähnlichem geworden sein sollten, die Psychologen oder auch die Meditierenden und Traumreisenden.

28. Pfad: Netzach - Yesod

Über den 30. Pfad betrachtet Hod die Vielfalt der Bilder in Yesod - über den 28. Pfad bewertet Netzach die Vielfalt der Bilder in Yesod. Auf dem 30. Pfad steht man den Inhalten des Unterbewußtseins noch distanziert und analytisch gegenüber und bemüht sich, zu erfassen, was dort vor sich geht, während man auf dem 28. Pfad in das Geschehen involviert wird und die Gefühle und die Kraft in diesen Bildern spürt.

In einer Therapie ist dies der Punkt, an der die heilende Krise beginnt und man die in den Bildern von Yesod gespeicherten Gefühle zu ändern beginnt - durch Lachen oder Weinen und manchmal auch einfach durch eine Art gefühlsmäßiges Erwachen, bei dem man gleichzeitig fühlt und erkennt und dadurch die Änderung schon eintritt. Man könnte sagen, daß Hod die Worte schreibt, aber Netzach für das Fettgedruckte und die Unterstreichungen zuständig ist.

Eine andere Form der Veränderung von Yesod durch den Einfluß von Netzach besteht darin, daß man sich in die Kraft der eigenen Gefühle begibt und sie in ein Wunschbild legt, also sich die Vision eines erwünschten Zustandes (Yesod) ausmalt und diesen dann mit seinen Gefühlen (Netzach) "auflädt". Der Unterschied zwischen dem 28. und dem 29. Pfad besteht darin, daß auf dem 29. Pfad die Gefühle direkt auf Malkuth wirken, also das konkrete Hier und Jetzt bewerten und gestalten, während über den 28. Pfad die Gefühle zunächst das eigene Unterbewußtsein und somit die Lebenskraft prägen, was sowohl ein psychischer als auch ein magischer Vorgang ist und somit Wirkungen hervorruft, die in "sinnvollen Zufällen" bestehen. Der magische Effekt solcher gefühlsgeladener Visionen liegt darin begründet, daß das Unterbewußtsein zugleich auch ein Ausdruck der eigenen Lebenskraft ist und diese Lebenskraft die "Substanz" ist, die magische Phänomene hervorruft.

27. Pfad: Netzach - Hod

Dies ist wieder einer der "kurzen" Pfade, die zwei aufeinanderfolgende Sephiroth (VII Netzach - VIII Hod) miteinander verbindet und somit wie auch der 30. und der 32. Pfad einen sehr direkt Zusammenhang darstellt.

In Netzach wird die Außenwelt bewertet, was dazu führt, daß ein Interesse daran besteht, die Außenwelt entsprechend dieser Bewertungen zu dem eigenen Vorteil zu gestalten. Um dies effektiv durchführen zu können, ist die Kenntnis der Umstände, also Hod notwendig. Während Netzach in der Gegenwart lebt, ist Hod distanziert und tendenziell mit der Vergangenheit, also der Aufarbeitung bisheriger Erfahrungen und der daraus abgeleiteten Prognosen für die Folgen der verschieden gegenwärtigen Handlungsmöglichkeiten, beschäftigt. Netzach äußert einen Wunsch, teilt ihn Hod mit, und Hod tritt einen Schritt zurück und schaut sich die Sache an, wobei Hod auf die in Yesod gespeicherten Erfahrungen früherer Erlebnisse zurückgreifen kann.

Netzach bestimmt also die Themen, über die Hod nachdenkt, da das Denken von Hod sonst relativ ziellos und nutzlos wäre. Es ist also durchaus sinnvoll, wenn sich das Denken ab und zu auf die Gefühle rückbesinnt und fragt "Was ist denn eigentlich gerade wirklich wichtig?"

VII   Netzach

Das Fühlen ist in unserer Kultur zwar wie in jeder anderen "genauso weit verbreitet" wie das Denken, aber im Vergleich zu dem Denken weitaus weniger differenziert bewußt. Das Denken hat den Verstand, die Vernunft, die Logik, die Folgerichtigkeit, die Philosophie, die Mathematik, die Naturwissenschaften, die Sprache überhaupt, aber bezüglich des Fühlens erschöpft sich die Weisheit doch relativ häufig in der Erkenntnis, daß dies eine eher schwierige Angelegenheit sei.

Ein Leitfaden ist zunächst einmal, daß es notwendig ist, Gefühle zu ehrlich zu zeigen statt sie zu verbergen (29. Pfad von Netzach nach Malkuth). Der nächste wäre, daß es die eigene Heilung und somit die Möglichkeit, ein Leben in Freude zu führen, fördert, wenn man seine alten "Gefühlskonserven" einmal anschaut und wirklich zuläßt, damit sie "erlöst" werden und man bei dem betreffenden Thema nicht mehr wie unter Zwang handelt, sondern wieder frei entscheiden kann (28. Pfad von Netzach nach Yesod). Schließlich ist es noch sehr hilfreich, seine Gefühle in möglichst klare Worte zu fassen, sie gegebenenfalls mitzuteilen, und zu prüfen, welche Strategie am wahrscheinlichsten zu der Erfüllung der eigenen Wünsche führt (27. Pfad von Netzach nach Hod).

Auf dem Pfad nach Malkuth sind künstlerische Tätigkeiten sehr hilfreich, auf dem Pfad nach Yesod Therapien und Traumreisen, und auf dem Pfad nach Hod Gespräche mit guten Freunden.

Das Kernstück von Netzach ist das Gespür für die eigene Orientierung in der Welt, für die inneren Impulse, die die eigene Richtung bestimmen. "Wo will ich hin? Was will ich erreichen? Welche Umstände würden ein glückliches Leben für mich bedeuten? Fließen meine inneren Impulse frei nach außen oder habe ich innere Bremsen eingebaut?"

Wenn die eigenen Gefühle zu dem Erlebnis, selber zu strahlen, von Freude erfüllt zu sein, auf dem richtigen Weg zu sein, führen, dann hat man die Qualität von Netzach erreicht. Ein Merkmal von dieser Qualität ist es auch, daß man seinen Gefühlen treu ist und dies nie in Frage stellt, und die eigenen Gefühle bis nach außen in den eigenen Ausdruck und das eigene Handeln dringen - daß man sich also nicht durch Furcht oder Süchte dazu bewegen läßt, die eigenen

Gefühle schon im eigenen Inneren zu blockieren.

Ein freies Netzach ruft die Empfindung eines kraftvollen Strömens von innen nach außen hervor.

Der Graben

Der Graben trägt auch den hebräischen Namen Paroketh, was "Schleier" bedeutet. Das, was er verbirgt, ist das Zentrum, die Quelle, die prägende Mitte, aus der die Psyche entstanden ist. Man kann auf seiner Visionssuche, auf der Suche nach dem, was man im Innersten ist, diesen Graben nur überschreiten, wenn man bereit ist, sich ganz auf die eigene Mitte einzulassen, sich auf sie einzustimmen, mit ihr in Resonanz zu treten. Alle Ängste und Süchte, die man noch nicht geheilt hat und die daher diese Resonanz mit der eigenen inneren Sonne (Tiphareth) noch behindern, treten demjenigen, der versucht, diesen Graben zu überschreiten als der "Schatten", als die Verkörperung von allem, was man noch fürchtet, in den Weg. In dieser Phase, die von den Mystikern die "erste schwarze Nacht der Seele" genannt wird und die von den Alchemisten als Caput Corvi ("Rabenkopf") bezeichnet wird, geht es darum, diesen Schatten anzunehmen, also sowohl das eigene, noch unvollständige Selbstbild als auch die harten Konturen dieses Schattens aufzulösen und beides zu vereinen. Dann erscheint die Vision der aufgehenden Sonne - der Anblick der eigenen Mitte.

Das Überschreiten dieses Grabens ist in vielen einfachen, naturnahen Kulturen mit der Aufnahme in den Kreis der Erwachsenen verbunden. Diese Reife-Rituale stellen eine Loslösung, vor allem auch von den eigenen Eltern dar, und beinhalten eine Zeit der Einsamkeit, in der man ganz auf sich selber zurückgeworfen wird. Als Helfer stehen dem jungen Menschen, der bei diesem Ritual nach der eigenen Vision sucht, die ihm zeigt, wer er ist und was er in diesem Leben will, der Schamane und der Trickster zur Seite.

Der Schamane ist führt ihn durch das Ritual und gibt ihm das Vertrauen, daß auch er seine Vision finden wird, da der Schamane ihn beschützt und unterstützt, und der Trickster, der dem mittelalterlichen Narren ähnelt und in vielen indianischen Kulturen Nordamerikas als "Heyokah" bekannt ist, stellt alles auf den Kopf, macht alles "falsch" und "verkehrtherum" und löst durch das Lachen, das er verursacht, alle Gewohnheiten und feste Formen auf. Der Trickster zeigt, daß alles auch ganz anders sein könnte, er macht Gegensätze und Möglichkeiten und Absurditäten bewußt und gibt dadurch den Mut, sich ins Unbekannte vorzuwagen und dort nach seiner Vision zu suchen. Diese beiden Helfer entsprechen dem alchemistischen Grundsatz "solve et coagula" - der Trickster löst (solve) das Alte, Verzerrte auf und der Schamane setzt es in neuer, geheilter Form wieder zusammen (coagula).

Das I Ging sagt zu diesem Vorgang "Förderlich ist es, das Große Wasser zu durchqueren."

26. Pfad: Tiphareth - Yesod

Als Pfad auf der Mittleren Säule ist der 26. Pfad eng mit dem Graben verbunden, da er eine Transformation des Bewußtseins darstellt. Er führt von Yesod, der Vielfalt der einzelnen Einstellungen, Erinnerungen und Verhaltensweisen nach Tiphareth, dem Kern der Persönlichkeit. Der Charakter dieses Pfades ist daher die Konzentration, die Rückkehr zum Ursprung.

Die Beschreibung der alchemistischen Herstellung des Lebenselixiers ist ein gutes Bild für diesen Vorgang: auf einem Ofen steht eine Kiste mit Sand und in diesem Sand steht halb vergraben ein gläsernes Ei. In dieses Ei werden nun Sulphur und Merkurius, die beiden gegensätzlich Grundsubstanzen der Welt, gefüllt. Dieses Ei wird nun langsam erwärmt, gewissermaßen bebrütet, was die Gegensätze in dem Ei aktiver macht, was dazu führt, daß sie einander bekämpfen und sich gegenseitig auflösen, bis nur noch eine schwarze Masse, der "Rabenkopf" übrigbleibt. Nachdem nun alle starren Formen innerhalb des Eies aufgelöst sind, kann im Verlauf des weiteren "Bebrütens" nun die ursprüngliche, bisher verborgene Form wieder Gestalt annehmen und die aufgelöste schwarze Masse neu formen und zusammensetzen. Nun erscheint innerhalb des Eies zuerst ein Regenbogen und dann der "Rote Löwe", wie die Alchemisten das Lebenselixier nannten.

Der Entschluß, das Lebenselixier oder den mit ihm eng verbundenen Stein der Weisen herzustellen, entspricht dem Entschluß, seine eigene Mitte wiederzufinden und aus ihr heraus zu leben. Die beiden Gegensätze in dem Glasei sind die bewußte Persönlichkeit und die unbewußte Persönlichkeit, also der Schatten. Das Glasei zeigt die Notwendigkeit von Rückzug, Einsamkeit und Besinnung auf sich selber, die für diesen Prozeß notwendig ist. Das sanfte Feuer unter dem Ei im Sand ist die Steigerung des eigenen Energieniveaus durch Meditation oder Tanz oder eine andere Methode, den Drachen der Lebenskraft in Yesod zu wecken. Der Rabenkopf ist die Bereitschaft auf dem Weg zum Graben, alle inneren Formen loszulassen und aufzulösen, um der eigenen Seele die Möglichkeit zu geben, ungehindert in Erscheinung zu treten. Der Regenbogen ist der Zeitpunkt, zu dem man den Graben überschreitet und das erste Mal die Vision der aufgehenden Sonne erlebt, das erste mal seine eigene Seele erblickt und den Segen des 1. Dreieckes auf dem Lebensbaum erhält. Der Rote Löwe symbolisiert in diesem Vergleich die bewußte Vereinigung des Wachbewußtseins mit der eigenen Seele.

Man kann sich die Psyche als drei konzentrische Kreise vorstellen: in der Mitte ist die strahlende Seele, die Sonne von Tiphareth; darumherum ist der Bereich des Mondes, in dem sich alle Versuche, die Qualitäten der Seele im Außen zu verwirklichen und zu konkretisieren, angesammelt haben - die Psyche von Netzach/Hod/Yesod; und ganz außen findet sich der Körper, die Erde von Malkuth, die einzelnen Handlungen, die Außenseite des Menschen. Die Aufgabe besteht nun darin, daß Licht im Zentrum zu bejahen und immer wieder zu ihm zurückzukehren und es hell leuchten zu lassen; sie besteht darin, alle erstarrten Formen in dem Mond-Bereich von Yesod mit der Hilfe der Gefühle von Netzach und des Verstandes von Hod wieder geschmeidig zu machen, sodaß sie wieder Formen annehmen können, die der Sonne (Tiphareth) entsprechen und das Licht ungehindert nach außen durchlassen, sodaß sich Malkuth schließlich stets dem eigenen Innersten entsprechend verhält. Dann wird jede Handlung (Malkuth) ein Ausdruck der inneren Wahrheit (Tiphareth).

25. Pfad: Tiphareth - Hod

Auf dem Weg nach Tiphareth wird das Denken von Hod immer stiller und geht in das Schweigen, in das Erleben der inneren Wahrheit über - aus dem Betrachten der Vielfalt der Formen und der Suche nach dem ursprünglichen Impuls in ihnen wird auf dem 25. Pfad das klare Erleben der inneren Wahrheit. Aus dem Denken wird auf diesem Pfad intuitive Gewißheit.

Insbesondere der Zen-Buddhismus mit seinen Meditationen der Inneren Stille ist eine Methode dieses Pfades. Dieser Pfad gibt aber auch einen Sinn für das Wesentliche beim Denken, eine Wertschätzung der Lebendigkeit, und nicht zuletzt entsteht hier eine Relativierung des Denkens, wenn es innerhalb der Psyche eine zu dominante Stellung eingenommen haben sollte - es wird wieder zu einem Helfer der Seele, der nach Wegen sucht, wie das Innere Licht am besten durch die Psyche nach außen scheinen kann.

Der Graben wird auf diesem Pfad, wenn man sich Tiphareth annähert, als das Verstummen der Gedanken und das direkte Erfassen von Strukturen, Bedeutungen und Wichtigkeiten erlebt.

24. Pfad: Tiphareth - Netzach

Die Gefühle von Netzach werden auf dem 24. Pfad zu ihrem Ursprung verfolgt. Dabei ist der wichtigste Punkt das Erlebnis bzw. die Erkenntnis, daß man nicht seine Gefühle ist, sondern daß die Gefühle Ausdruck von dem sind, was man ist. Die Gefühle sind nicht die Sonne, sondern die Strahlen der Sonne.

Durch die Gefühle (Netzach) drückt die Seele (Tiphareth) aus, was sie will und was nicht. Insofern gibt es keine guten oder schlechte Gefühlen, denn sie sind stets nur eine Aussage der Seele über die Situation. Dies bedeutet zwar, daß man dahin streben sollte, wohin die angenehmen Gefühle weisen und von dem fortgehen sollte, wohin die unangenehmen Gefühle weisen, aber es bedeutet nicht, daß man unangenehme Gefühle vermeiden oder ignorieren sollte - schließlich sind sie eine Aussage der Seele über die Situation.

Für Netzach geht es immer um das Verhältnis von Tiphareth und Malkuth, von Seele und Welt. Das, was angestrebt wird, ist eine der Seele entsprechende Situation - daher gibt es Situationen, die erwünscht und solche, die unerwünscht sind. Aber es gibt keine Gefühle, innere Impulse, die als Botschaft unerwünscht sind. Nicht die Gefühle müssen verändert werden, sondern die Situation. Man sollte darauf achten, daß man nicht den Boten einer schlechten Nachricht für die Umstände, über die er berichtet, verantwortlich macht.

Zu dieser Haltung gehört es auch, daß man immer seinem Inneren treu ist, egal was im Außen geschieht. Durch diese Treue zu sich selber erhalten die Gefühle in Netzach, die Gedanken in Hod und die Lebenskraft in Yesod Klarheit, Entschiedenheit und Wahrheit - sie werden durch das beständige Leuchten aus Tiphareth auf einem eindeutigen Kurs gehalten, der auf die Verwirklichung und Konkretisierung der Seele im Außen abzielt. Und, wie das I Ging in solchen Fällen zu sagen pflegt: "Förderlich ist Beharrlichkeit."

VI Tiphareth

Wenn man nach Tiphareth gelangt, begegnet man dem Wesen, das sich in einem selber inkarniert hat und die Persönlichkeit ausgebildet hat, die man zur Zeit ist - eben seiner Seele. Dieses innerste Wesen wird in der Kabbala der "Heilige Schutzengel" genannt. Dies bedeutet nicht, daß dies Wesen die Gestalt eines Engels haben muß, da dies lediglich die Bilderwelt der christlichen Mythologie ist. Der eigene Schutzengel kann auch die Gestalt eines Menschen, eines Tieres, eine Mensch-Tier-Mischform wie bei den ägyptischen und den indischen Göttern oder eine Form des Lichtes wie reines Licht, eine Sonne oder Glut sein. Wenn man diesem Schutzengel begegnet, ist es eindeutig, daß man ihm begegnet ist. Merkmale dieser Wesen, die häufig auftreten, sind ein Leuchten von Innen her, eine hohe Intensität der Ausstrahlung, die Farbe Gold (=Tiphareth) und die Augen, die eine Intensität des Blickes haben, die von realen Menschen nur extrem selten auch nur ansatzweise erreicht wird.

Die Vorstellung des Schutzengels oder Schutzgeistes ist ja recht weit verbreitet - ein zu einem selber gehörendes Wesen, dessen Ziel das eigene Wohlergehen ist. Bei der Begegnung mit diesem Schutzengel tritt manchmal schon beim ersten Mal, öfter erst beim zweiten Mal der Impuls auf, sich mit diesem Schutzengel zu vereinen. Wenn dies geschehen ist, erkennt man, daß der Schutzengel nichts Äußeres war, sondern die eigene Mitte, die eigene Seele, die Quelle der gesamten eigenen Psyche ist. In diesem Moment löst sich die Frage nach dem Lebenssinn und danach, wer man eigentlich ist, für immer auf - das, was man ist und was man will, steht vor einem bzw. ist nun wieder im eigenen Zentrum bewußt geworden.

Dies bedeutet nicht, daß ab nun alles ganz einfach ist - schließlich besteht die eigene Psyche (3. Dreieck) mit all ihren Gewohnheiten, Ängsten, Süchten und Überlebensstrategien zunächst einmal weiter. Aber man weiß nun, daß man nicht all diese kleinen Bilder ist. Die eigene Seele ist wieder die eigene Wahrheit geworden. Oder genauer gesagt: man hat sich selber wiedergefunden. Das führt nun dazu, daß man eine klare Empfindung dafür hat, was von dem eigenen Verhalten mit der eigenen Wahrheit übereinstimmt und was nicht - was teilweise recht unangenehm oder auch frustrierend sein kann, da man alles möglichst schnell ändern und in den Zustand der Wahrheit verwandeln will. Aber auch dieser Vorgang braucht Zeit.

Wenn man in Tiphareth angelangt ist, ergibt sich ein neues Bild der eigenen Persönlichkeit: Ganz außen ist der eigene Körper (Malkuth) mit seinen konkreten Handlungen; ganz innen ist die eigene Seele (Tiphareth) mit ihrer offensichtlichen Wahrheit; und dazwischen liegt die innere Bilderwelt des Unterbewußtseins (Yesod); zudem gibt es als hilfreiche Fähigkeiten noch die Gefühle (Netzach) und die Gedanken (Hod). In Yesod liegen nun die vielen starren, zusammenziehenden Angstformen und die zerfließenden, ausufernden und wuchernden Sucht-Formen der Psyche. Das Ziel innerhalb dieses Bildes ist es, das Licht der Seele (Tiphareth) vollkommen ungehindert bis in die Handlungen (Malkuth) hinein strahlen zu lassen.

Dazu ist es nötig, sich seiner Seele immer bewußt zu sein, also über sie zu meditieren, sich in sie zu versenken, Traumreisen zu ihr zu unternehmen und vor allem auf die Innere Stimme, also auf die Stimme der Seele zu achten. Weiterhin ist es notwendig, sich um die Barrieren in Yesod zu kümmern, die das Licht daran hindern, über den 26. und den 32. Pfad bis nach Malkuth hinein zu strahlen und diese Sephirah vollkommen zu erleuchten. Dazu können die veschiedensten magischen, spirituellen und psychotherapeutischen Methoden beitragen - angefangen von der einfachen Entspannungsübung über die Atemtherapie bis hin zu Mantra-Meditationen und Einweihungsritualen. Weiterhin ist es sinnvoll, neben der Auflösung der alten Barrikaden in Yesod, also der alten und ehemals zwar sinnvollen, nun aber das eigene wahre Wesen behindernden Verhaltensweisen, auch neue Verhaltensweisen aufzubauen, die die eigene Wahrheit ausdrücken.

Dieser Vorgang wird nicht innerhalb einer Stunde erreicht - er ist, wie fast alle Vorgänge auf dem Lebensbaum, ein Wachstumsvorgang, der seine Zeit braucht.

23. Pfad: Geburah - Hod

Die Essenz dieses Pfades ist die Erkenntnis dessen, was man sich vor seiner Geburt für dieses Leben vorgenommen hat. Diese Lebensaufgabe tritt zunächst einmal als äußeres Schicksal an den Menschen heran und es kann durchaus sein, daß man sein Schicksal als ziemlich hart und ungerecht erlebt. Wenn man sich jedoch die Muster im eigenen Leben betrachtet, wird man aufgrund der ständigen Wiederholung immer derselben Themen zumindest erkennen, daß es sich hier nicht um einen rein zufälligen Vorgang handelt, sondern daß hier eine wie auch immer geartete Absicht vorliegt.

Es ist nun durchaus sinnvoll, zunächst einmal davon auszugehen, daß man sich dies aus irgendeinem Grunde so ausgesucht hat. Man kann sich nun die Frage stellen, was geschehen würde, wenn man aufhören würde, gegen diese sich wiederholenden Schicksalsfügungen (Krankheiten, Beziehungen, Arbeitsstellen, Reisen, Umzüge, Kämpfe ...) zu kämpfen, sondern sie zu akzeptieren und sich einmal anzuschauen, welche Botschaft denn in ihnen liegt. Auch die Betrachtung seines bisherigen Lebens und der Schlüsselereignisse, die es geprägt haben sowie des eigenen Lebensstiles, der sich in dem eigenen Horoskop ausdrückt, sind durchaus sinnvoll.

Wenn man davon ausgeht, daß man sich dieses Leben selber ausgesucht hat, hat man sich auch sein eigenes Horoskop ausgesucht, wobei es naheliegend ist, sich einmal alle Quadrate, Oppositionen und Quincunxe daraufhin anzusehen, in Bezug auf welche Fähigkeiten (bei diesen Aspekten beteiligte Planeten) und in welcher Form (Lebensbereich =Haus der Planeten im Horoskop) und in welchem Stil (Tierkreiszeichen der Planeten im Horoskop) man sich die Aufgabe gestellt hat, Freiheit (Quadrat), Wandel (Opposition) und Liebe (Quincunx) zu erlernen.

Das eigene Horoskop ist ein wertvolles Hilfsmittel bei der Suche nach der Aufgabe, die man sich für dieses Leben vorgenommen hat, aber es reicht alleine nicht für diese Erkenntnis aus. Die Betrachtung der sich wiederholenden Themen in seinem bisherigen Leben ist eine zweite Hilfe. Ebenfalls sehr hilfreich können Erinnerungen an frühere Leben sein, wobei man diese Erinnerungen erst einmal prüfen sollte, bevor man sie in das Fundament der eigenen Lebensplanung, auf die die Suche nach der eigenen Lebensaufgabe natürlich letztlich hinausläuft, einbaut. Wichtige Hilfen auf dieser Suche können auch Ereignisse, Begegnungen, Bücher, Symbole, Landschaften usw. sein, die einem vordergründig vollkommen unbegründet als besonders wichtig erscheinen. Es lohnt sich immer, diesen unerklärlichen Auffälligkeiten nachzugehen, denn diese unerklärliche Hervorhebung eines Erlebnisses ist fast immer ein Hinweis der Seele, daß es sich hier um etwas Wichtiges handelt, oder daß man das Betreffende schon aus einem früheren Leben kennt. Schließlich gibt es noch (meist im Zusammenhang mit Meditationen oder Traumreisen, bisweilen auch in nächtlichen Träumen oder in Extremsituationen) innere Eingebungen, die in Form von Worten, Bildern oder dem Impuls, etwas bestimmtes zu tun oder zu sagen, weiterführen.

Das Hilfreichste, was man tun kann, um herauszufinden, was man sich für dieses Leben vorgenommen hat, ist es, seine Seele um Führung zu der Erkenntnis dieser Aufgabe zu bitten.

22. Pfad: Geburah - Tiphareth

Dies ist der erste der Pfade, die ganz in dem Bereich der Seele liegen und den Bereich der Psyche nicht mehr berühren. Dieser Pfad stellt dar, wie aus einer bestimmten Absicht, dem Entschluß, eine bestimmte Aufgabe zu ergreifen bzw. ein bestimmtes Erlebnis zu erreichen (Geburah) heraus ein bestimmtes konkretes Leben (Tiphareth) anvisiert wird. Tiphareth ist die Konkretisierung der Absicht von Geburah.

Innerhalb eines bestimmten Lebens, das sich in der Ausgestaltung von Paroketh (Graben) und Netzach bis nach Malkuth zeigt, ist es natürlich nicht einfach, weiter als bis nach Tiphareth zu schauen. Zumal Tiphareth ja auch endlich die Selbstgewißheit und den inneren Halt darstellt, nach dem man lange genug gesucht hat. Und nun will dieser Pfad einem zeigen, daß auch Tiphareth, dieses strahlende, goldene, das ganze eigene Wesen erfüllende Licht, auch nur etwas Erschaffenes und keineswegs das Ewig-Beständige ist, als das es zunächst einmal erscheint ... Daher ist dieser Pfad zunächst einmal unter Umständen etwas unangenehm.

Er birgt aber zwei große Schätze: Der erste Schatz ist die Erkenntnis, daß man das Leben, das man gerade führt, nur dieses eine mal führen wird, und daß es daher sinnvoll ist, es aus vollem Herzen mit all seinen Qualitäten zu leben, da man diese Gelegenheit vielleicht nicht wieder erhalten wird. Dies kann zu einer tiefen Bejahung der eigenen Aufgabe in diesem Leben, die man nun nicht mehr als "außenbestimmte Aufgabe", sondern als "innengewählte Absicht" erlebt, führen - und somit auch die Bejahung der sich im eigenen Leben ständig wiederholenden Situationen (und dadurch auch ihrer Verwandlung) sowie des eigenen Lebensstiles, der sich in dem eigenen Horoskop ausdrückt, beinhaltet.

Der zweite Schatz ist die Erkenntnis, daß man nicht in seinem Selbst isoliert in dieser Welt steht, und daß es ein Irrtum ist, daß man zwar aus sich heraus existent, aber prinzipiell einsam ist. Stattdessen ist man Teil eines größeren Ganzen. Man muß zwar durch die Einsamkeit und die Innenschau zur eigenen Seele finden, aber wenn man dort angelangt ist und sich nicht an diesem Erlebnis festklammert, sondern weiterschaut und weitergeht, weitet sich der Blick von der Zentrierung auf die eigene Mitte hinaus auf den oberen Teil des Lebensbaumes - der Lebensbaum ist gewissermaßen wie ein Stundenglas, bei dem Tiphareth der enge Durchlaß zwischen den beiden Glaskolben ist: von unten her aufsteigend sieht man lange Zeit nur diesen engen Durchlaß als die Quelle aller Impulse und Bewegungen und erst, wenn man diesen Durchlaß erreicht hat, kann man den Raum in dem Kolben darüber wahrnehmen.

Auf der ersten Hälfte des Weges (Malkuth bis Tiphareth) richtet sich der Blick nach innen und man zentriert alles, was man in sich findet, bis man die Mitte (Tiphareth) erreicht hat. Auf der zweiten Hälfte des Weges (Tiphareth bis Kether) richtet sich der Blick nun nach außen und man erkennt, daß man nicht von der Welt getrennt ist. Auf der ersten Hälfte des Weges erlebt man die Integration der eigenen Psyche; auf der zweiten Hälfte des Weges erlebt man die Integration der Welt. Der erste Schritt dieser Integration, die über die Seele, die die Essenz dieses Lebens ist, hinausgeht, ist die Erkenntnis, daß es etwas (in Geburah) gibt, daß dieses Leben beschlossen hat - und daß dieses "etwas" wohl auch noch andere Leben beschlossen haben wird, die wie Geschwister dieses Lebens sind.

V Geburah

In Geburah bilden sich die Absichten für ein bestimmtes Leben - es werden aus einem größeren Rahmen (Chesed) heraus bestimmte Dinge als die derzeit wichtigsten ausgewählt und zu einer Absicht zusammengefaßt, die dann in Tiphareth eine konkrete Form erhält. Umgekehrt werden die Erinnerungen und Erfahrungen eines bestimmten Lebens (Tiphareth) auf dem Weg von Tiphareth über Geburah nach Chesed in Geburah "destilliert", also ausgewertet und eine Essenz aus ihnen gezogen - was man landläufig das Fegefeuer nennt. Dabei wird man diesen Vorgang nur dann als Fegefeuer erleben, wenn man sich gegen ihn wehrt, weil man das gerade beendete Leben nicht loslassen will. Wenn man jedoch gestorben ist, geht es nicht mehr darum, den Kontakt zu geliebten Menschen aufrecht zuerhalten, ein Projekt zu beenden oder gar noch eine Rechnung mit jemandem zu begleichen, sondern es geht darum, den Blick nach innen zu wenden und sein Leben zu betrachten, und zu bewerten, was sinnvoll war und was nicht, und dann schließlich den Wert dieses Lebens, die Essenz aus den ganzen Erfahrungen zu destillieren. Diese Essenz geht dann in den Bestand, in die Substanz, in die innere Konstellation der Seele über.

21. Pfad: Chesed - Netzach

Dieser Pfad verbindet die Psyche mit der am höchsten gelegenen Sephiroth, mit der die Psyche über einen Pfad direkt verbunden ist. Da Chesed die "Seelengemeinschaft" und Netzach das Fühlen ist, ergibt sich als Qualität dieses Pfades die als Gefühl auftretende Inspiration. So wie der 23. Pfad dem Verstand (Hod) die Erkenntnis der eigenen Absicht für dieses Leben (Geburah) ermöglicht, so ermöglicht der 21. Pfad dem Gefühl (Netzach) das Erkennen der richten Lebensweise und der richtigen "Umgebung" für dieses Leben. Chesed stellt einen bestimmten Stil, eine Qualität, eine "Farbe" dar, die das bleibende Grundthema aller Seelen ist, die zu einer bestimmten Gruppe gehören. Daher kann das eigene Gefühl, also die Impulse, in eine bestimmte Richtung zu gehen, dann, wenn es durch Aufmerksamkeit, Aufrichtigkeit und Treue zu den eigenen Impulse genügend gereinigt und sensibilisiert worden ist, genau erkennen, ob man sich noch in dem Bereich befindet, der dem eigenen Wesen entspricht, oder ob man "in eine falsche Tonart gerutscht ist".

Die bei dem 23. Pfad (Geburah - Hod) beschriebene Aufmerksamkeit auf Dinge, die irgendwie auffallen und gewissermaßen "unterstrichen sind" oder "unsichtbar leuchten" oder einen auf sonst einen Art "anspringen", ist eigentlich eine von diesem Pfad ausgehende Qualität.

Letzten Endes sind natürlich alle fünf Pfade, die den Graben überqueren, miteinander verwandt, da sie den Weg von der Psyche zu dem Bereich der Seele beschreiben bzw. die Inspiration der Psyche durch den Bereich der Seele darstellen.

Auf dem 26. Pfad von Yesod nach Tiphareth findet die Vielfalt der Bilder im Unterbewußtsein ihre Quelle und ihre Mitte.

Auf dem 25. Pfad von Hod nach Tiphareth finden die Gedanken von dem Analysieren von Strukturen hin zu einem direkten, wortlosen und strukturlosen Erfassen.

Auf dem 24. Pfad von Netzach nach Tiphareth finden die vielen Impulse, die als Gefühle erlebt werden, ihren gemeinsamen Ursprung in Tiphareth, so wie die Strahlen der Sonne ihren gemeinsamen Ursprung in der Sonne finden.

Auf dem 23. Pfad findet das Denken sein fruchtbares Thema in der Erkenntnis der Absicht der eigenen Seele für dieses Leben.

Auf dem 21. Pfad findet das Gefühl Inspiration und Maß dafür, was der Bereich ist, in dem die Seelengruppe, zu der die eigene Seele gehört, tätig sein und sich erleben will.

20. Pfad: Chesed - Tiphareth

Wenn man seine Seele in Tiphareth wiedergefunden, hat tritt bisweilen sofort im Anschluß daran oder bei einer der nächsten Meditationen oder Traumreisen ein bestimmtes Erlebnis auf, das dem Erleben dieses Pfades entspricht. Dieses Erlebnis besteht darin, daß man (nun wieder bewußt vereint mit seiner Seele) noch weiter geht auf der Suche nach etwas zunächst eher Undefinierbarem, das aber deutlich zum Weitersuchen drängt. Dann entdeckt man einen Ort, der eindeutig ein Versammlungsort ist: einen großen Raum, eine Kirche, einen Saal in einem klosterähnlichen Gebäude, eine Art Arena, eine große Lichtung, einen Steinkreis ... Wenn man nun diesen Versammlungsort betritt, bemerkt man, daß dort viele Wesen sind, die mit der eigenen, gerade erst wiederentdeckten Seele eng verwandt zu sein scheinen. Diese Wesen stellen sich dann in der Regel in einem Kreis um einen selber auf, erheben die Arme und senden aus ihren Händen Licht zu dem eigenen Körper und erfüllen ihn ganz und gar damit. Dadurch wird man wieder eins mit dieser Gruppe bzw. erkennt wieder, daß man schon immer ein Mitglied dieser Gruppe von Wesen war. Mit diesem Segen und diesem Empfang ist ein tiefes Gefühl von Gemeinschaft, von Richtigkeit und Geborgenheit verbunden.

Da es einen solchen Empfang gibt, muß es offenbar auch einen entsprechenden Abschied geben, der vor dem Entschluß zu einem bestimmten Leben stattfindet - was von Personen, die sich an die Zeit vor ihrer Geburt bzw. Zeugung erinnern können, auch oft beschrieben wird. Diese Gruppe von "Seelenverwandten" bildet den Hintergrund jeder einzelnen Seele und jedes ihrer einzelnen Leben.

19. Pfad: Chesed - Geburah

Dieser Pfad, der neben dem 22. und dem 20. Pfad der dritte der drei "innerseelischen" Pfade ist, stellt den Impuls aus der Gruppe heraus und den Impuls in die Gruppe zurück dar. Wenn Chesed die Gruppe und Geburah der Entschluß zu einem bestimmten Erlebnis in einem ausgewählten Leben ist, muß in diesem Pfad die Anregung liegen, die zu dem Entschluß in Geburah führt - Neugier auf hohem Niveau.

Hier äußert sich offenbar sowohl der Drang, sich selber in einem konkreten Leben zu erfahren, als auch das Bedürfnis, etwas Bestimmtes zu erschaffen - was natürlich letzten Endes dasselbe ist. Die Möglichkeit, sich zu erleben, indem man etwas im Außen erschafft, besteht erst durch Chesed, da dies die erste der Sephiroth ist, innerhalb der Abgrenzungen existieren. Insofern ist Chesed der höchste Bereich, den eine Seele erreichen kann, ohne ihre Grenzen vollkommen aufzugeben - und somit aufzuhören, "nur" eine Seele zu sein.

IV Chesed

Chesed ist der Bereich der "Seelengemeinschaft". Die Seelen scheinen hier zwar noch voneinander abgegrenzt zu sein, doch ist diese Abgrenzung hier offenbar schon recht "dünn", wenn man das starke Erlebnis der Gemeinschaft hier in Chesed bedenkt. Zudem hat es den Anschein, daß die persönlichen Leben bzw. die aus ihnen in Geburah destillierten Essenzen mit in die Gemeinschaft genommen werden. Daher ist eine allzugroße Betonung der Eigenständigkeit der Seelen in Chesed vermutlich irreführend.

In Analogie zu dem thermischen Gleichgewicht in dem "Lebensbaum der physikalischen Evulotion", in dem alle Elementarteilchen (Chesed), Protonen und Neutronen (Geburah), sowie Atomkerne (Tiphareth) ein gemeinsames Energieniveau innerhalb einer allen gemeinsamen Wolke aus Elektronen haben, ist anzunehmen, daß die Seelen ihre Erlebnisse (die der Elektronenhülle des Atomes unterhalb des Grabens entsprechen) hier im Bereich der Seelen (wo die Elektronen frei umherfliegen) mit allen anderen Seelen teilt. Dies bedeutet, daß die einzelne Seele ihre Erlebnisse "für die Gruppe macht". Möglicherweise sieht sich auf dieser Ebene eine einzelne Seele gewissermaßen als "Zelle in dem Seelengruppenwesen" an.

Wenn man sich den Vorgang der "Blasenbildung" ansieht, also den Überganges über den Graben, wobei das thermische Gleichgewicht bzw. die mit allen geteilte, gemeinsame "Psyche" (freie Elektronen) aufgegeben wird und verschiedene Temperaturen bzw. fest durch ein Horoskop geprägte Einzelpsychen (Elektronenhüllen der Atome) entstehen, ergibt sich aus der Sicht von Chesed in etwa folgendes Bild: Gemeinsam mit den anderen Mitgliedern der eigenen Seelengruppe betrachtet man das allen gemeinsame Licht (die allen gemeinsame gleiche Energie) und die allen gemeinsamen Impulse (die allen gemeinsamen Elektronen), in denen man eingebettet lebt. Nun gibt es offenbar interessantere und uninteressantere Richtungen, in die man blicken kann, die dann zu bestimmten Bewegungsimpulsen führen (die Entschlüsse von Geburah). Dann müßten die möglichen Entschlüsse, die zu einzelnen, konkreten Leben führen, wie Blasen erscheinen, die abgegrenzt sind von dem allen gemeinsamen Licht und den allen gemeinsamen Impulsen und die in den Impulsen zur Zeit der Entstehung dieser Blasen erstarrt (Horoskop) sind.

Von "oben her" betrachtet, also vom Bereich der Seele aus, existiert ein weiterer Horizont als von der der einzelnen Psyche einer inkarnierten Seele aus gesehen. Vermutlich bleibt die Erinnerung an diesen weiteren und freieren Horizont noch eine Weile erhalten, bis er dann im Verlauf der frühen Kindheit in den Hintergrund tritt. Möglicherweise liegt es an dieser Erinnerung, daß Säuglinge und kleine Kinder manchmal so weise blicken können und einem bis in die innerste Seele zu schauen scheinen. Entsprechend ist anzunehmen, daß die Seele nach dem Tod eine Weile braucht, um sich aus den Erinnerungen ihres letzten Lebens zu lösen und wieder ihren weiteren und freieren Blick zu erlangen. Der pathologische Fall dieses Phänomens sind dann die Verstorbenen, die nicht begriffen haben, daß sie tot sind und noch eine Weile in dem Haus spuken, in dem sie gelebt haben, und sich mehr oder weniger aufdringlich durch Geräusche, Worte, optische Erscheinungen, Träume und ähnliches bemerkbar machen.

Vermutlich existiert im Bereich der Seelen auch ein anderes Zeitgefühl - zum einen erscheinen von hier aus die Geburt und der Tod nur als Eintritt in eine solche starre, abgekapselte Blase und zum anderen ergibt sich aus dem Miteinanderteilen der Erfahrungen in den verschiedenen Leben die Möglichkeit, an der Erfahrung mehrerer, gleichzeitig stattfindender Leben teilzuhaben. Dies bedeutet, daß Zeit als "Erlebnislinie" nicht mehr so "eingleisig" wie auf der Ebene der "normalen Psyche" erlebt werden wird, sondern daß Zeit eine "mehrgleisige", parallel verlaufende Angelegenheit sein wird.

Der Abgrund

Der Abgrund markiert den Übergang zwischen dem abgrenzungslosen Bereich "oberhalb" von ihm und dem Bereich der Abgrenzungen "unterhalb" von ihm. Unterhalb des Grabens ist ein Wesen durch seine Grenzen definiert, oberhalb des Grabens ist ein Wesen nur noch durch seine Qualität definiert. Diese "abgrenzungslosen Wesen" oberhalb von Daath kann man am sinnvollsten Götter nennen.

Von oben nach unten gesehen markiert der Abgrund analog zu dem Graben weiter unten ebenfalls eine "Blasenbildung". Was beim Graben die Geburt und die Bildung einer starren, horoskopgeprägten Psyche war, ist hier beim Abgrund die Entstehung von voneinander abgegrenzten Wesen - die Erschaffung der Seelen, die "Vertreibung aus dem Paradies".

Von unten nach oben gesehen markiert der Abgrund analog zu dem Graben weiter unten das Erreichen eines neues Niveaus. Da das 1. Dreieck durch eine Mehrheit von Kraft-Sephiroth (Chokmah, Daath) geprägt wird, das 2. Dreieck durch eine Mehrheit von Form-Sephiroth (Chesed, Tiphareth) und das 3. Dreieck wiederum durch eine Mehrheit von Kraftsephiroth (Netzach, Yesod), ähnelt der Abgrund von seiner Dynamik her mehr der Schwelle als dem Graben.

Beim Überschreiten der Schwelle gelangt man von dem Form-Bereich von Malkuth (Körper) in einen kraftdominierten Bereich (Psyche) und entdeckt hier die Kräfte, die hinter den äußeren Erscheinungen stehen. Beim Überschreiten des Grabens gelangt man von dem kraftdominierten Bereich des 3. Dreiecks nach Tiphareth und dem formdominierten Bereich des 2. Dreiecks und entdeckt hier den gemeinsamen Ursprung der Kräfte der Psyche in der Seele. Beim Überschreiten des Abgrundes gelangt man analog zur Schwelle von einem Form-Bereich in einen Kraft-Bereich - man sollte daher erwarten, hier die Kräfte zu finden, die hinter den Aktionen der Seelen stehen. Bei der Auflösung gelangt man analog zum Graben aus einem kraftdominierten Bereich (3. Dreieck) hin zu einer Formsephirah (Kether) - entsprechend sollte man hier den gemeinsamen Ursprung aller Kräfte aus dem 1. Dreieck, dem Bereich der Götter, finden.

Daath

An der verborgene Sephirah Daath beginnt und endet kein Pfad. Sie ist lediglich eine "Zwischenstation" auf der Hälfte des 13. Pfades, der von Kether nach Tiphareth führt. Sie steht auch in der Mitte der Verbindungslinie Binah-Daath-Chesed, die als einzige Verbindungslinie von aufeinanderfolgenden Sepiroth nicht durch einen Pfad auf dem

Lebensbaum gekennzeichnet ist. Somit gehören zu der "verborgenen Sephirah" Daath auch zwei "verborgene Pfade", die von Binah nach Daath und von Daath nach Chesed führen.

Der zweite, untere der "verborgenen Pfade", der von Daath aus über den Abgrund nach Chesed führt, ist der Pfad der Abgrenzung, der Pfad, auf dem sich freie Energie zu Materie "kondensiert", auf dem sich das abgrenzungslose Bewußtsein zu abgegrenzten Einheiten abkapselt, auf dem das erste mal die Bildung von "Blasen" vorkommt, auf dem der Erzengel Gabriel Adam und Eva aus dem Paradies vertrieb, auf dem "die Götter vom Himmel auf die Erde herabsteigen und zu Menschen werden". Unterhalb des Abgrundes erleben die Seelen parallele Zeitvorgänge, da sie mit anderen Seelen verbunden sind; oberhalb des Abgrundes werden alle Vorgänge gleichzeitig erlebt, da es keine Abgrenzungen mehr gibt.

Daath ist das Gesetz, das konkrete Verhalten, das sich aus den Erhaltungsgesetzen von Binah ergeben hat. Daath ist die Möglichkeit der Verwandlung: von Energie in Materie und zurück, von einer Art Energie in eine andere, von einer Art von Chesed-Elementarteilchen in eine andere Art. Daath ist der durch Maß und Zahl beschriebene Zusammenhang zwischen allem: zwischen Energie und Materie, zwischen Materie und der Schwerkraft, zwischen der Schwerkraft und dem Raum, zwischen dem Raum und der Zeit, zwischen der Schwerkraft und der elektromagnetischen Kraft und der Farbkraft ... Daath ist das Fließen: Daath legt nur Verhältnisse fest, aber noch keine bindende Kausalität - dies zeigt sich dann in Chesed als die Wahrscheinlichkeiten von Ereignissen auf subatomarer Ebene, die nicht kausal festgelegt sind.

Das Erreichen von Daath bedeutet, daß man mit allem in Zusammenhang steht, daß sich alles in alles andere verwandeln kann und daß man alles gleichzeitig erlebt. Trotzdem gibt es hier noch unterscheidbare Qualitäten und jede diese Qualitäten kann man am ehesten als eine Gottheit bezeichnen: fast unfaßbar groß, grenzenlos und von eher einfacher Struktur. Die Qualitäten dieser Götter kondensieren bei dem Übergang über den Abgrund nach Chesed wie Tröpfchen in einer Wolke zu den "Seelenfamilien" von Chesed, deren "Heimat im Licht" die entsprechende Qualität in Daath ist.

In Malkuth sieht man die Dinge von außen her beleuchtet; in Yesod-Visionen sieht man die Dinge innerhalb eines allgegenwärtigen, diffusen Lichtes; in Tiphareth-Visionen leuchten die Dinge von innen heraus; in Daath-Visionen sieht man die Dinge nun als Konturen im Licht - unterscheidbare Qualitäten von Licht, die in ihre Heimat aus Licht zurückgekehrt sind, von denen dies zurückgekehrte Licht nun durch keinerlei Abgrenzungen mehr getrennt ist. - Wenn die Seele bei ihrem Überschreiten über den Abgrund ihre Grenzen auflöst, wird sie in Daath eins mit der Gottheit, zu der sie gehört und von der sie ursprünglich gekommen ist.

Die Malkuth-Vison ist der eigene Körper; die Yesod-Vision ist das eigene Krafttier; die Tiphareth-Vision ist die eigene Seele; die Daath-Vision ist die eigene Schutzgottheit, von der die eigene Seele "ein Kind" ist.

Daath ist die Gesamtheit der vielfältigen Formen, die aus Kether entstehen, so wie Yesod die Gesamtheit der vielfältigen Formen ist, die aus Tiphareth entstehen.

Der erste, obere der zwei "verborgenen Pfade" führt von Binah nach Daath. Auf ihm werden aus den Erhaltungsgesetzen von Binah die Verwandlungsgesetze von Daath. Auf diesem Pfad entstehen die Spielregeln, die möglichen Spielzüge, die Kenntnis der Verhaltensweisen, die das Ganze unversehrt lassen.

In der Physik ergeben sich hier aus den Erhaltungsgesetzen der Energie (und somit auch der Masse), des Impulses, der elektromagnetischen Ladung, der Farbladung (die Qualität der Farbkraft), der Gravitation, des Urknallimpulses, des Spins (der Eigendrehung) und einiger anderer Qualitäten der Quanten der drei Urkräfte (Gravitonen, Photonen, Gluonen), aus denen Binah besteht, die Gesetze, die die Zusammenhänge zwischen diesen Kräfte sowie zwischen Raum und Zeit beschreiben.

Im Bereich der Seelen entsteht auf diesem Pfad aus dem in-sich-Ruhen der Götter und ihrer Liebe zueinander, die sich als Analogie zu der die Sephirah Binah prägenden Farbkraft ergibt, ihr Zusammenspiel, ihr gemeinsamer Tanz, ihre gemeinsame Geschichte, ihre Mythologie, die Dynamik der Ereignisse zwischen ihnen ... die Inhalte von Daath, die Inhalte von Gottes Unterbewußtsein.

18. Pfad: Binah - Tiphareth

Binah ist der Ursprung der Farbkraft, die die drei Quarks im Inneren der Protonen und der Neutronen zusammenhält.

Innerhalb eines Atomkernes, also zwischen Protonen und Neutronen zeigt sich die Farbkraft als die sogenannte "starke Wechselwirkung", die die positiv geladenen Protonen, die sich aufgrund ihrer gleichen Ladung abstoßen, zusammenhält, da sie wesentlich stärker als die elektromagnetische Kraft ist. Die "starke Wechselwirkung" beruht auf dem Austausch von Quarcks zwischen Protonen und Neutronen, wodurch sich diese ineinander verwandeln können, da die Frage, ob eines die Atomkern-Bausteine ein Proton oder ein Neutron ist, lediglich von der Zusammenstellung der drei Quarcks in ihnen abhängt. Die Existenz von Atomkernen beruht also auch der Farbkraft - ohne sie gäbe es in unserer Welt als die komplexeste Organisationsform lediglich den leichten Wasserstoff, dessen Kern aus einem Proton und dessen Elektronenhülle nur aus einem Elektron besteht.

Nun entspricht die zusammenhaltende Farbkraft innerhalb des Bewußtseins der Liebe. Dies bedeutet, daß eine Seele nur aufgrund der Liebe existieren kann, die ihre Bestandteile zusammenhält, die aufgrund ihrer Bewegungsimpulse, ihres Strebens nach Ekstase (=elektromagnetische Ladung) auseinanderfliegen würden. Die Existenz von Atomkernen verdanken wir der Tatsache, daß die Farbkraft die stärkste Kraft im Weltall ist. Die Existenz von Seelen verdanken wir der Tatsache, daß die Liebe die stärkste Kraft im Weltall ist.

Bei Meditationen über Tiphareth wird man früher oder später diese Liebe entdecken. Das warme, liebevolle Strahlen ist auch das Charakteristische an der Wahrnehmung des Herzchakras, der Tiphareth-Entsprechung im Chakrensystem, das auch der "Wohnort" der Seele ist. Umgekehrt betrachtet ist die Meditation über die Liebe auch der direkteste und daher der am meisten benutzte Weg zu seiner eigenen Seele.

Wenn man nun über den 14. Pfad von seiner Seele aus zu der Kraft reist, die die Bestandteile der eigene Seele zusammenhält, findet man dort die Liebe selber, die man nun nicht im Innen, sondern im Innen und im Außen gleichzeitig erlebt - man schwimmt in einem Meer aus Liebe. Dies bedeutet, daß man nicht nur einen Zustand der Abgrenzungslosigkeit erreicht hat wie in Daath, sondern einen Zustand der Allverbundenheit. In Daath öffnet man sich allem, was ist - in Binah reicht man allem in liebevoller Freundschaft die Hand.

17. Pfad: Binah - Geburah

In Geburah entstehen die Protonen und die Neutronen aus den Quarks und sie verwandeln sich aufgrund der Farbkraft ineinander. Geburah ist der Ort, wo sich einzelne Seelen aus den Seelen-Familien von Chesed lösen, einen Entschluß fassen, um sich dann in Tiphareth ein bestimmtes Leben auszuwählen. Daher gibt dieser Pfad den Entscheidungen und Entschlüssen von Geburah die Liebe Binahs. Dadurch besteht in Geburah die Möglichkeit, alle Absichten für ein bestimmtes Leben vor dem Hintergrund der Zusammengehörigkeit alles Erschaffenen zu treffen. Umgekehrt gibt Binah bei der Rückkehr aus einem Leben der Seele bei der Destillierung ihrer Erfahrung in dem "Fegefeuer" von Geburah das notwendige Urvertrauen und die Gewissheit der Geborgenheit, die nötig ist, um sich auf diesen Auflösungs- und Reduzierungsprozeß einzulassen.

Über den Pfad zwischen Binah und Geburah findet die Seele das Vertrauen, daß ihr nichts geschehen kann, egal, was sie tun wird, egal, wofür sie sich entscheiden wird, egal, welche Richtung sie einschlagen wird - sie wird immer ein Teil des Ganzen sein, sie wird immer von allem, was existiert, auf der Ebene von Binah geliebt werden. Erst diese Sicherheit, immer von allen Wesen der Schöpfung geliebt zu werden, gibt der einzelnen Seele den Mut, sich auf den Weg in eine Inkarnation zu machen. Die Sicherheit, "daß ihr das Paradies jederzeit offen steht" und sie nach Binah zurückkehren kann, ermöglicht eine Entdeckungsreise in die Welt, ohne von Angst oder Schuldgefühlen bedroht zu sein. Angst, Schuldgefühle, Süchte und noch vieles mehr kann in Yesod entstehen, aber die Seele selber weiß, daß es ganz am Anfang, ganz am Ende, ganz im Inneren immer Binah, das Meer der Liebe gibt, in dem alle schwimmen. Deshalb ist die Seele immer von Freude erfüllt - und deshalb kann man sie manchmal hinter sich leise und liebevoll über das lachen hören, was man da gerade mal wieder tut, denkt und fühlt.

III Binah

Daath ist die Mythologie, Binah ist der Olymp. In Daath handeln die Götter jeder seinem Wesen entsprechend, wodurch sich das Geflecht von Ereignissen und ihre Dynamik ergibt. In Binah ist der Ort der Götter, Asgard, wo sie als Familie in Liebe und in dem vollen Bewußtsein ihrer Verbundenheit beieinander sitzen. Wenn man Binah erreicht, endet die Vorstellung von allein existierenden Wesen, die in Daath noch bestehen kann, da dort zwar die Abgrenzungen aufgelöst werden, aber ein jedes doch noch für sich selber handelt. Binah ist der "innere Kreis der Gemeinsamkeit", der sich in Chesed als der "äußere Kreis der Gemeinsamkeit" wiederfindet. In Binah ist es ein Kreis, in dem es keine Abgrenzung gibt und in dem alle in Liebe verbunden sind - in Chesed ist ein Kreis von abgegrenzten Wesen, die alle dieselbe Quelle und dasselbe Ziel haben. In Binah erlebt man die Versammlung der Götter - in Chesed erlebt man die Versammlung der Seelen.

16. Pfad: Chokmah - Tiphareth

Der Bewegungsimpuls von Chokmah, der ekstatische Tanz der elektromagnetischen Kraft, die ungehinderte Ausdehnung strahlt über den 16. Pfad nach Tiphareth und gibt der Seele ihre Richtung, die Gewißheit über ihren Charakter. Durch diesen Pfad erhält die Seele Unbeirrbarkeit und Entschiedenheit, denn in Chokmah sind die Qualitäten vollkommen rein und ungetrübt.

Die Reinheit Chokmahs wird in Tiphareth zu Entschiedenheit; die Ekstase Chokmahs wird in Tiphareth zu Humor. Dieser Humor entsteht dadurch, daß Chokmah Gewissheit und grenzenlose Kraft gibt - deshalb ist kein Mißgeschick, kein Irrtum, kein Fehler, kein Scheitern wirklich eine Schwere, eine Last, ein Hindernis, denn es gibt grenzenlos viel Kraft, es noch einmal zu versuchen. Und es gibt auch keinen Raum für Zweifel, da Chokmah aufgrund seiner Reinheit auch völlige Gewissheit über sich selber ist - vollkommene Treue zu sich selbst ist in Chokmah der einzige existierende Zustand. Wie sollte die Seele da über den krummen Weg, den sie mithilfe der von ihr geschaffenen Psyche in ihrem Körper geht, nicht humorvoll schmunzeln? Vielleicht dauert es etwas länger, vielleicht etwas kürzer, aber letztlich wird jede Seele ihre Qualität auch in Malkuth vollkommen ausdrücken können. Was gibt es also anderes zu tun, als unbeirrt seinen Weg zu gehen und die vielen Wendungen und Windungen auf dem Weg zu dem vollkommenen Selbstausdruck zu genießen und sich selber in der Welt mit einem leisen Lächeln voller Selbstgewißheit zuzusehen?

15. Pfad: Chokmah - Chesed

Chesed ist der spirituelle Orden und Chokmah die Gottheit, die von den Mitgliedern dieses Ordens verehrt und angestrebt wird: die tibetischen Lamas und Buddha, die Sufis und Allah, die Sannyasins und Krishna, die Franziskaner und Christus ...

In Chesed nimmt die grenzenlose, unbehindert expandierende Qualität von Chokmah eine erste abgegrenzte Gestalt an.

In Binah findet die Seele (Tiphareth) Liebe, Geborgenheit und unerschütterliches Urvertrauen und Gemeinschaft mit allem, was ist.

In Chokmah findet die Seele ihren innersten Antrieb, ihren Daseinsimpuls, ihre Richtung. Die Seele erlebt sich in Chokmah als Teil eines Tanzes, aus dem eine Vielzahl von Wesen hervorgehen.

In Chesed findet die Seele die Gemeinschaft, deren Mitglieder in sich dieselbe Wahrheit tragen wie sie selber - in Chokmah findet die Seele diese Wahrheit selber in unbegrenzter Ausdehnung und Intensität.

In Binah findet die Seele ihre Verbindung mit allem, ihren Ort in der Welt - in Chokmah findet die Seele ihre Kraft, ihre Bewegung in der Welt, ihr Lied, das sie singt, was auch immer geschehen mag.

14. Pfad: Chokmah - Binah

Aus der Wahrheit von Chokmah entsteht die Liebe von Binah - die Liebe von Binah ermöglicht die Wahrnehmung der Wahrheit in Chokmah.

Aus der Wahrheit entsteht die Liebe zu allem, denn die Wahrheit ist in allem, alles hat eine Wahrheit in sich; und aus der Wahrnehmung dieser Wahrheit in allem entsteht die Erkenntnis der Verbundenheit, die Liebe.

Aus der Liebe entsteht der Wunsch, die Wahrheit im Anderen im Innersten zu verstehen, den Anderen zu erkennen, und aus dieser Aufrichtigkeit entsteht die Erkenntnis der Wahrheit im eigenen Inneren und die Erkenntnis der Wahrheit im Anderen. Aus der eigenen inneren Wahrheit heraus entsteht der Drang, diese Wahrheit auszudehnen und sie zu erleben; dies führt zu der Begegnung mit Anderen, denn erst in dieser Begegnung erkennt sich die Wahrheit im eigenen Inneren - gespiegelt vom Außen, vom Anderen. Deshalb liebt die Wahrheit jedes außen, jeden anderen wie sich selbst.

Chokmah

Chokmah ist die grenzenlose Ekstase, die ungehinderte Ausdehnung der eigenen Qualität, die nur zwei Richtungen kennt: rückwärts gewandt das Bewußtsein des eigenen Ursprungs in dem Einen (Kether) und vorwärts gewandt die Sehnsucht, sich selber auszudrücken und zu erkennen. Daraus ergibt sich der Drang zur Ausdehnung, der weiter unten auf dem Lebensbaum zu dem Bestreben wird, immer großartigere Visionen von dem, was man ist, zu verwirklichen.

Chokmah ist ein Lichtsturm, ein Lichtstrahl, ein Tanz ein Lied, die Ekstase. Chokmah ist nach Binah hin die Ausdehnung, die Selbstverwirklichung und der Wunsch, sich selbst in etwas anderem zu erleben, seine eigene Qualität in den Reaktionen der Anderen auf die eigenen Aktionen zu sehen, sich selber durch seine Reaktionen auf andere erfassen zu können. Chokmah ist nach Kether hin die Versenkung in den Anblick des Ursprunges aller Strahlen, die die Welt bilden, in die eigene Quelle, in die eigene Vergangenheit und in die eigene Zukunft - der "Anblick Gottes von Angesicht zu Angesicht".

Die Auflösung

In der Auflösung endet jede Unterscheidung, wird alles zu einem Klang, einem Geschmack, einer Wahrnehmung.

Von Kether aus gesehen ist die Auflösung die erste Störung, die erste Abweichung, der erste Unterschied, der erste Quantensprung, die erste Differenzierung des Einen.

Von Chokmah, Binah und Daath aus gesehen ist die Auflösung das Ende der Unterscheidung, das Loslassen der Individualisierung, die Rückkehr in die Einheit, die Rückkehr zu dem allumfassenden "Ich bin".

13. Pfad: Kether - Tiphareth

Dieser Pfad hat gewissermaßen zwei Teile: den ersten Teil, der von Kether bis nach Daath reicht, und den zweiten Teil, der von Daath bis nach Tiphareth reicht. Dies ist der einzige Pfad, der zwei Übergänge überquert (Auflösung, Abgrund) - Daher könnte man ihn sogar in vier Teile zerlegen: Kether - Auflösung, Auflösung - Daath, Daath - Abgrund, und Abgrund - Tiphareth.

Der Pfad als Ganzes ist die Verbindung von Kether mit Tiphareth, die Verbindung einer jeden Seele mit Gott. Dieser Pfad ist der Weg der Mystiker, der Sufis, der Tantriker und der Yogis, deren Streben auf der Erkenntnis beruht, daß die Seele im Innersten ein Funken von Gottes Feuer ist, daß die Seele in ihrem Innersten identisch mit Gott ist, daß Atman, die Seele und Brahman, das "Weltbewußtsein" eins sind. Diese Erkenntnis ist die Grundlage für das spirituelle Streben nach der Erkenntnis des eigenen Innersten als Gott, für das Streben nach der Unio mystica, nach Satori, nach Samadhi, nach dem Nirvana ...

Der zweite Teil des Pfades, der von Daath bis nach Tiphareth führt, löst die Grenzen des Ichs auf, löst die Grenzen der Seele auf. Auf ihm erlebt man die zentrale Aussage des tibetischen Herz-Sutras: "Form ist Leere und Leere ist Form". Auf diesem Teil des 13. Pfades gelangt das Bewußtsein von der Erkenntnis der eigenen Seele als der Essenz des Lebens, das dies Bewußtsein gerade führt (Tiphareth), zu der Erkenntnis und dem Erlebnis der Grenzenlosigkeit des Bewußtseins und der Materie, der Grenzenlosigkeit sowohl auf der Innenseite der Welt als auch auf der Außenseite der Welt.

Auf diesem Teil des 13. Pfades macht sich die Seele auf den Weg, um an die Pforte des Himmelstores zu klopfen und um Einlaß zu bitten, der ihr auch gewährt wird, wenn sie aufhört, sich über ihre Grenzen zu definieren und ihre Identität statt dessen in ihrer eigenen Qualität findet.

Der erste Teil des 13. Pfades, der von Kether nach Daath führt, löst die Differenzierung der Qualitäten in der Abgrenzungslosigkeit von Daath auf - er ist das Ende der Individualisierung. Es ist nur möglich ihn zu gehen, wenn man die vollkommene Hingabe an den Ursprung, an das Eine, an Gott erlangt. Diese Hingabe ist nur dann möglich, wenn die Identität des eigenen Innersten mit Gott erkannt wird.

Auf dem Weg von Tiphareth hin zum Abgrund (dem 4. Viertel des 13. Pfades) findet die Seele die ihr verwandten Seelen und bereitet sich darauf vor, gemeinsam mit ihnen ihre Abgrenzungen loszulassen, nachdem sie sich ohne Vorbehalt ihre eigene Wahrheit angeschaut hat, da alles Abgelehnte in dem eigenen Inneren bei der Auflösung der Abgrenzungen sonst als Angst erscheinen würde.

Auf dem Weg von dem Abgrund hin nach Daath (dem 3. Viertel des 13. Pfades) erlebt die Seele die Abgrenzungslosigkeit und die damit verbundene Weite und Fülle und innere Tiefe - und verglichen mit der "Enge" in Tiphareth wird sie sich auf eine weit größere und intensivere Art als "erfüllt" erleben. Und sie wird in dieser "Heimat im Licht" bleiben wollen.

Auf dem Weg von Daath hin zu der Auflösung (dem 2. Viertel des 13. Pfades) erkennt das Bewußtsein, daß es nur die Wahrheit im eigenen Inneren und die Liebe zwischen allem Erschaffenen gibt - und sie läßt die eigene innere Wahrheit los, da sie nur ein begrenzter Aspekt des Ganzen ist; und sie läßt die Liebe zu allen anderen Wesen los, da diese Liebe die Anderen noch als etwas anderes als das "ich" beschreibt.

Auf dem Weg von der Auflösung hin nach Kether (dem 1. Viertel des 13. Pfades) ist jede Unterscheidung geschmolzen und es bleibt nur noch grenzenlose, allumfassende, überall gleiche Identität.

12. Pfad: Kether - Binah

Auf diesem Pfad wir die Liebe als die Erinnerung der Schöpfung an die ihr in Kether zugrundeliegende Einheit erkannt und erlebt. Dieser Pfad gibt von Kether aus dem Erschaffenen Zusammengehörigkeit, Verbindung, Gemeinschaft. Durch diesen Pfad fügen sich alle Teile von Binah zu einem "Puzzle", das das Ganze, Kether darstellt, zusammen.

Kether ist in einem Koordinatensystem der Ursprung, Chokmah sind die Koordinatenachsen, die von diesem Ursprung in die Unendlichkeit hinausreichen, und Binah sind die Winkel zwischen den Koordinatenachsen. Somit ist die Wirkung des 12. Pfades bei der Entstehung eines Koordinatensystems die Festlegung der Winkel zwischen den expandierenden Achsen - der 12. Pfad erschafft die Bezüge und die Ordnung innerhalb dessen, was expandiert.

11. Pfad: Kether - Chokmah

Von Kether nach Chokmah gesehen findet auf dem 11. Pfad der erste Quantensprung, die erste Abweichung, die erste "Störung" statt - somit ist dieser Pfad auch der Anfang der Zeit, der Entwicklung, der Veränderung, der Vielfalt.

Von Chokmah nach Kether hin gesehen ist dieser Pfad die vollkommene Hingabe an den Ursprung dessen, was man selber ist; er ist die letzte und die größte Integration auf dem Weg von Malkuth nach Kether, bei der alle Strahlen, alle Tänze, alle Energien von Chokmah miteinander zu einer Einheit verschmelzen.

I Kether

Kether ist die Einheit, der Ursprung, das "Etwas", der Eine-Alles-Einzige, das überall Gleiche, das Allumfassende, das Sein, das "Ich bin", Gott ...

Ain Soph Aur

Ain Soph Aur, das "grenzenlose Licht" ist das Meer der Möglichkeiten, das, woher Kether kommt ...

Aus diesen Betrachtungen ergibt sich zwar keine spezielle Ergänzung der Meditation der Mittleren Säule, aber möglicherweise hilft sie, den Weg von Malkuth nach Kether bzw. von Kether nach Malkuth etwas klarer und detaillierter zu sehen und ihn deutlicher zu erfassen, sodaß er er etwas weniger abstrakt und ein wenig lebendiger geworden ist.

20. Der Blitzstrahl der Schöpfung und die Schlange der Weisheit

Auf dem Lebensbaum gibt es zwei Richtungen: von oben nach unten den Schöpfungsvorgang, die Entfaltung, den Blick nach außen und die Differenzierung; und von unten nach oben den Erkenntnisvorgang, den Blick nach Innen und die Integration.

Der Weg von oben nach unten wird traditionell durch den "Blitzstrahl der Schöpfung" oder das "Schwert der Schöpfung" dargestellt, während der Weg von unten nach oben traditionell durch die "Schlange der Weisheit" symbolisiert wird.

In der indischen Yoga-Lehre wird ebenfalls zwischen diesen beiden Richtungen unterschieden: Die Evolution, der "Blitzstrahl der Schöpfung" wird im Sanskrit "pravritti vana", der "auswärts führende Pfad" genannt, und die Involution, die "Schlange der Weisheit" wird "nivritti vana", der "umgekehrte Pfad" genannt. Aus dem Namen dieses nach innen und zu Einheit führenden Pfades wurde dann der buddhistische Begriff für die Erleuchtung: "nivritti vana" --> "Nirvana". Aus der Bezeichnung des Weges (nivritti vana) wurde dabei die Bezeichnung des Zieles, also Kether (Nirvana).

Im Christentum findet ebenfalls deutlich eine solche Zweiteilung: Der "Blitzstrahl der Schöpfung" entspricht der Schöpfung, dem "Alten Bund", die von dem Alten Testament beschrieben wird, und die "Schlange der Weisheit" entspricht der Erlösung, dem "Neuen Bund", die vom Neuen Testament beschrieben wird.

Der "Blitzstrahl der Schöpfung" führt entlang der Sephiroth von Kether über Chokmah, Binah usw. bis hin nach Malkuth; er folgt als Beschreibung des Schöpfungsvorganges logischerweise der Entstehungsreihenfolge der Sephiroth. Die "Schlange der Weisheit" folgt hingegen den Pfaden angefangen vom 32. Pfad über den 31. Pfad, den 30. Pfad, den 29. Pfad usw. bis hin zu dem 11. Pfad; sie folgt den Pfaden also in der Weise, daß sie sich erst alle Pfade, die von Yesod aus nach unten reichen, entlangschlängelt, sich dann die Pfade, die von Hod nach unten reichen, entlangschlängelt usw., sodaß dadurch ein allmählicher Aufbau entsteht: erst Malkuth; dann die Pfade von Malkuth nach Yesod, sodaß Yesod erreicht wird; dann die Pfade von Malkuth und Yesod nach Hod, sodaß Hod erreicht wird; dann die Pfade von Malkuth, Yesod und Hod nach Netzach, sodaß Netzach erreicht wird usw. Die "Schlange der Weisheit" folgt also in genau der Weise den Pfaden, die einem allmählichen Aufbau und einem schrittweisen Erreichen der jeweils nächsthöheren Sephirah entspricht.

Der Blitz ist in vielen Kulturen das Symbol des obersten Himmelsgottes und somit meistens auch des Schöpfergottes: Zeus der Blitzeschleuderer, Donar der Donnerer, Indra mit dem Blitz in der Hand, Jupiter der Herr der Gewitter ... Die Schlange ist in vielen Kulturen das Symbol der Lebenskraft, das Zeichen von Geburt und Wiedergeburt, das Tier der Mutter aller Dinge, der Großen Göttin - die Schlange ist die Lebenskraft, das Erdfeuer, der Erdfeuerdrache, die Sexualität, die Kundalinischlange ...

Der Blitz ist das Licht, das Bewußtsein, die Inspiration, die Erleuchtung, der Segen, das Erwecken des Scheitelchakras. Die Schlange ist die Lebendigkeit, die Zeugung, die Wärme, das Feuer, die Bewegung, das Erwecken des Wurzelchakras.

In der christlichen Weltanschauung ist der Weg von oben nach unten mit dem Sündenfall, mit der Störung der göttlichen Harmonien durch Lucifer verbunden; in der griechischen Mythologie wird dieser Weg durch Prometheus dargestellt, der den Göttern das Himmelsfeuer stiehlt; im Hinduismus ist dieser Weg das Wirken von Brahma, dem Erschaffer der Welt.

Im Christentum ist der Weg von unten nach oben mit dem Erzengel Michael, dem Gegenspieler von Lucifer, verbunden; im Hinduismus ist es Shiva, der Zerstörer der Illusionen und der Gott der Erleuchtung.

Im Christentum wird Kether durch Gott Vater symbolisiert; Gabriel und Petrus stehen für Daath (Gabriel für den Vorgang von oben nach unten bei der Vertreibung aus dem Paradies; und Petrus für den Vorgang von unten nach oben beim Einlaß in das Himmelstor); Christus steht für Tiphareth; der Heilige Geist steht für Yesod; und der Mensch ist schließlich in Malkuth. Im Hinduismus ist Kether Brahma; der Urmensch und Licht- und Kulturbringer Purusa ist Daath; Krishna verkörpert Tiphareth; die Lebenskraft Prana entspricht Yesod; und Malkuth ist wieder der Mensch.

Zusammengefaßt ergibt sich daraus eine kurze vergleichende mythologische Darstellung der Mittleren Säule und der beiden Richtung - Schöpfung und Erkenntnis.

Sephirah	Christentum	Hindhuismus	Schöpfung	Erkenntnis
Kether	Gott Vater	Brahma	„Blitzstrahl der Schöpfung", Ex-Erzengel Luzifer, Brahma	„Schlange der Weisheit", Erzengel Michael, Shiva
Daath	Gabriel/Petrus/Adam+Eva	Purusa		
Tiphareth	Christus	Krishna		
Yesod	Heiliger Geist	Prana		
Malkuth	Mensch	Mensch		

Der "Blitzstrahl der Schöpfung" ist die Ausdehnung und die Differenzierung der Schöpfung:
    Bei der Auflösung, dem 1. Übergang differenziert er die ursprüngliche Einheit Kethers in sich ausdehnende Strahlen aus Energie.
    Am Abgrund, dem 2. Übergang erschafft der "Blitzstrahl der Schöpfung" aus der Energie Hohlkugeln, die ersten abgegrenzten Geschöpfe.
    Am Graben, dem 3. Übergang hüllt der "Blitzstrahl der Schöpfung" die abgegrenzten Gebilde (Atomkerne, Seelen) ein (Elektronenhülle, Psyche).
    An der Schwelle, dem 4. Übergang fügt die Dynamik des "Blitzstrahles der Schöpfung" die einzelnen Einheiten der vorigen ebene zu "Klumpen", zu Konglomeraten zusammen.

Die "Schlange der Weisheit" ist der umgekehrte Vorgang,
    der die auf der Schwelle entstandenen Konglomerate wieder auflöst,
    der die am Graben entstanden Hüllen wieder frei fließen läßt,
    der die am Abgrund zu Hohlkugeln eingerollte Energie wieder frei strahlen läßt,
    und der die an der Auflösung zu expandierenden Strahlen differenzierte Einheit wieder neu entstehen läßt.
    Die "Schlange der Weisheit" ist der Weg der Versenkung (Binah) und der Ekstase (Chokmah) und der Bewußtwerdung (Kether). Dies findet sich besonders deutlich in der Mythologie von Shiva wieder, der eine Analogie zu der "Schlange der Weisheit" ist: er versenkt sich auf den Gipfeln des Himalayas in tiefe Meditation (Binah); er tanzt in Ekstase und ist der Gott des Feuers, der Lebenskraft, der Sexualität und der Ekstase (Chokmah); und er öffnet seine Drittes Auge und erkennt die Wahrheit der Welt und zerstört dadurch jegliche Illusionen (Kether).

    Die beiden Richtungen auf dem Lebensbaum haben entgegengesetzte Qualitäten:

„Blitzstrahl der Schöpfung"	„Schlange der Weisheit"
Erschafft Vielfalt	Erschafft Einheit
Entstehung kleinerer Einheiten durch Differenzierung	Entstehung größerer Einheiten durch Integration
„hinabrollen"	„hinaufsteigen"
Erlebnis: Lust	Erlebnis: Freude

    In der physikalischen Kosmologie findet sich der "Blitzstrahl der Schöpfung" als Urknallimpuls wieder. Dieser Impuls ist der "Schwung", mit dem sich das Weltall seit dem Urknall ausdehnt. Ein Impuls ergibt sich physikalisch gesehen aus dem Produkt einer Masse und einer Geschwindigkeit: Impuls = Masse · Geschwindigkeit ($p = m \cdot v$). Die Größe des Urknallimpulses ergibt sich aus der gesamten Masse, die im Universum enthalten ist sowie der Lichtgeschwindigkeit, mit der das Weltall direkt nach dem Urknall "explodierte" - also eine gigantische Größe.
    Nun gibt es eine interessante Übereinstimmung im Weltall. Nachdem man die Größe des Urknallimpulses berechnet hatte und ebenso die Größe der gesamten im Weltall wirkenden Gravitation berechnet hatte, zeigte sich, daß diese beide Größen extrem genau gleich groß sind. Da schon ein geringer Unterschied zwischen dem Urknallimpuls und der Gesamtgravitation des Weltalls dazu führen würde, daß der Raum "gekrümmt" wäre und das Licht nicht mehr

"geradeaus" fliegen würde (was sich aus der Relativitätstheorie ergibt), konnte mittlerweile die Übereinstimmung zwischen beiden Größen so genau berechnet werden, daß eine Abweichung zwischen ihnen maximal 10^{-100}% betragen könnte, also erst ab der hundersten Stelle hinter dem Komma auftreten könnte.

Daraus ergibt sich logischerweise, daß diese beiden Größen eng zusammenhängen. Der Urknallimpuls ist der "Gesamtschwung des Weltalls", mit dem es sich ausdehnt. Die Gesamtgravitation des Weltalls ist das Bestreben des Weltalls, sich wieder zu einem Punkt zusammenzuziehen. Beide sind also genau entgegengesetzt und gleichgroß und ihre Summe ist somit 0.

Da die Gravitation etwas Getrenntes wieder zusammenzuziehen bemüht ist, kann sie nicht vor der Ausdehnung des Weltalls existiert haben - denn da gab es noch nichts, was wieder hätte zusammengezogen werden können. Wenn der Urknallimpuls und die Gravitation gleichzeitig entstanden wären, wäre nichts geschehen, da sie genau gleichgroß gewesen wären und sich somit neutralisiert hätten. Somit bleibt die Variante, daß alles mit dem Urknallimpuls begann und die Gravitation als Reaktion auf diesen Urknallimpuls hin entstanden ist. Man kann dies grob mit einem Gummiband vergleichen: sobald man es in die Länge zieht (was dem Urknallimpuls entspräche), ist es bemüht, sich wieder auf die ursprüngliche Länge zurück zusammenzuziehen (was der Gravitation entspricht). Die Gravitation ist demnach als Reaktion auf den Urknallimpuls entstanden (wobei der Sachverhalt natürlich komplexer als in dem Beispiel mit dem Gummiband ist).

Der Urknallimpuls und die Gesamtgravitation des Weltalls sind das erste Ereignispaar in unserem Universum; sie sind das erste, was geschehen ist (Kether). Dieses Paar entspricht offensichtlich dem die Entfaltung der Welt in Gang setzenden "Blitzstrahl der Schöpfung" (Urknallimpuls) und der die Schöpfung wieder integrierenden "Schlange der Weisheit" (Gesamtgravitation).

Die Dynamik des "Blitzstrahles der Schöpfung" ist physikalisch gesehen sehr schlicht. Am Anfang war die gesamte "Substanz" des Weltalls (zu Beginn war sie lediglich Energie) auf einem winzigen Raum konzentriert. Durch die Ausdehnung des Weltalls verteilte sich diese "Substanz" auf einen immer größeren Raum und verdünnte sich dabei und kühlte ab (Hitze = Energie/m^3). Durch diese Verteilung der Energie auf immer mehr Raum und somit der Abnahme an Energie, die sich in jeweils einem m^3 Raum befindet, ergaben sich dann immer neue Phänomene, die in der Kernphysik als "Symmetriebrechung" bekannt sind.

Eine der ersten Symmetriebrechungen, also "Störungen der ursprünglichen Einheitlichkeit" ist das Auftreten der elektromagnetischen Kraft und später der Farbkraft, die physikalisch gesehen "Ableger" der Gravitation sind, die bei abnehmender Energiedichte entstehen.

Auch das Entstehen der Elementarteilchen ist eine solche Symmetriebrechung. Man kann diese Symmetriebrechungen so auffassen, daß die "Substanz" des Weltalls bemüht ist, den vorherigen Zustand aufrecht zu erhalten, und deshalb neue Formen annimmt. So fliegt die Energie normalerweise frei geradeaus. Wenn nun aber das allgemeine Energieniveau sinkt, versucht sie gewissermaßen durch Blasenbildung das frühere Energieniveau zumindest auf kleinem Raum aufrechtzuerhalten. Das führt in diesem Fall dazu, daß sich die Energie nun in Hohlkugelschalen-Form bewegt und innerhalb dieser Schalenbahn den alten intensiven Zustand, das höhere Energieniveau aufrecht erhält. Somit wären die Elementarteilchen gewissermaßen "Inseln des ehemaligen Energieniveaus" in einer Welt mit stark abfallendem Energieniveau. Statt sich gleichmäßig weiter auf den Raum zu verteilen, "zieht es die Energie vor", innerhalb von einzelnen, kleinen Gebieten den alten Zustand zu erhalten (Elementarteilchen) und zwischen diesen Gebieten Leere entstehen zu lassen.

Gleichzeitig mit dieser Bildung von Energie-Hohlkugeln, also Elementarteilchen, endete auch die homogene Verteilung der "Substanz des Weltalls". Es blieb zwar weiterhin eine homogene Verteilung der Energie bestehen, aber die Elementarteilchen selber waren nicht gleichmäßig auf das Weltall verteilt, sondern bewegten sich ihrerseits auf Hohlkugelschalen-Bahnen. Diese Verteilung der Elementarteilchen bei ihrer Entstehung ist noch heute die grundlegende Struktur der Verteilung der Galaxien im Weltall, die ja letzten Endes aus diesen Elementarteilchen entstanden sind. Die Galaxien sind nicht gleichmäßig im Weltall verteilt, sondern bilden einen "Schaum": sie befinden sich in den "Schalen" der "Blasen", sie bilden riesige Hohlkugeln aus Galaxien, in deren Innerem sich so gut wie keine Materie befindet.

Die nächste große Symmetriebrechung findet am Graben bei der Entstehung der Elektronenhüllen statt. Vor dieser Symmetriebrechung war die Dichte von Energie und Elektronen so hoch, daß die Elektronen frei umherflogen und nicht an bestimmte Protonen oder Atomkerne gebunden waren. Als sich das Weltall jedoch immer weiter ausdehnte und die Energie und die Elektronen (und die Atomkerne) sich auf immer größeren Raum verteilten, trat schließlich der

Zeitpunkt ein, zu dem dieser Zustand der freien Elektronen nicht mehr aufrecht erhalten werden konnte, da für ihn die nötige Energiedichte fehlte. Die dadurch entstehende Symmetriebrechung bestand nun darin, daß die einheitliche Verteilung der Elektronen auf das gesamte Weltall zusammenbrach und sich die Elektronen an einzelne Protonen oder Atomkerne hefteten und nun deren Elektronenhülle bildeten - ein Abbild in klein der vorher "weltweiten, einheitlichen Elektronenhülle", die alle Protonen und Neutronen im Weltall umgab.

Nach demselben Bild entstanden hier am Graben im Großen die Sonnensysteme, in denen ebenfalls kleine Planeten um große Sonnen kreisen - so wie die kleinen Elektronen um die großen Atomkerne.

Die Gegenbewegung zu der Dynamik des Urknallimpulses ist die Gravitation, deren Wirken sich innerhalb der Lebensbaum-Symbolik durch die "Schlange der Weisheit" ausdrückt. Dieser Integrationsvorgang hat einen deutlich anderen Charakter als der Differenzierungsvorgang des "Blitzstrahles der Schöpfung". Der "Blitzstrahl der Schöpfung" ist dadurch charakterisiert, daß das Energieniveau sinkt und daß dadurch Symmetriebrechungen, also Unterschiede entstehen. Die "Schlange der Weisheit" hat genau die entgegengesetzten Eigenschaften: sie ist dadurch charakterisiert, daß das Energieniveau steigt und das Unterschiede aufgehoben und vereinheitlicht werden.

Entsprechend dem ansteigenden Energieniveau, also dem feurigen Charakter der "Schlange der Weisheit", der Kundalinischlange und des Erdfeuerdrachens ist das Emporsteigen auf dem Lebensbaum entlang der Pfade ein Vorgang, der vor allem eine Kenntnis der Lebenskraft erfordert. Daher ist es naheliegend, zunächst einmal die Ekstase, aber auch ihren Gegensatz, die Versenkung, und auch die mit beiden verbundene Bewußtwerdung näher zu betrachten.

Zunächst einmal erscheinen bei dem Aufstieg der "Schlange der Weisheit" von den Wurzeln des Lebensbaumes (Malkuth) zu dessen Krone (Kether) die vier Übergänge als Integrationsvorgänge:

> An der Schwelle wird die vereinzelte und eher planlos umherschweifende Aufmerksamkeit auf ein absichtlich ausgewähltes Ziel hin gebündelt und ausgerichtet, also die meistens zerstückelte Gesamtaufmerksamkeit einer Person wieder zu einer zusammenhängenden, einheitlichen Aufmerksamkeit integriert. Diese Form der Konzentration ist eine der grundlegensten Übungen beim Erlernen der Meditation (Vipassana).

> Am Graben wird die gesamte Psyche durch die Identifizierung mit der Seele wieder integriert. Durch diesen Vorgang erscheint dann alles, was man ist und folglich auch alles, was man tut, wieder als aus einem Guß geschaffen, da alles seine Quelle in der Seele hat. Diese Identifizierung, welchen Namen sie auch immer trägt (Wiederfinden des Selbst, Bejahung des Ichs usw.) ist das Ereignis, daß in jeder Psychotherapie und auf jedem spirituellen Weg die Heilung der Psyche herbeiführt.

> Am Abgrund weitet sich die Integration wieder eine Stufe weiter aus. Hier werden alle Abgrenzungen aufgelöst, oder positiv formuliert: hier wird alles, was ist, angenommen und bejaht. Dies entspricht dem grenzenlosen Gleichmut, der nach Buddhas Lehre einer der vier Merkmale eines Erleuchteten ist (grenzenloser Gleichmut, grenzenlose Barmherzigkeit, grenzenlose Freundlichkeit und grenzenlose Freude).

> An dem letzten Übergang, der Auflösung, findet die letzte Integration statt. Hier wird jede Unterscheidung fallengelassen und es entsteht die Identifizierung mit allem, was ist, die Ausdehnung der Identität auf alles, was ist. Dieses Ereignis hat viele Namen erhalten: die Vereinigung mit Gott, die Unio mystica, Nirvana, Samadhi, Satori ...

Die interessante Frage ist nun offenkundig, wie man sein eigenes Energieniveau erhöhen kann, um zu dieser Integration zu gelangen.

Ein wichtiger Ansatz ist die "Reinigung" oder Heilung, denn das eigene Handeln, die Effektivität einer Unternehmung, das Funktionieren einer Maschine usw. ist sofort deutlich behindert und kraftloser, wenn es widersprüchliche Ziele, Bestrebungen, Impulse oder Anweisungen gibt.

In der Psyche kann ein solcher Zustand der "Selbstsabotage" dadurch entstehen, daß man eigentlich etwas will, aber sich vor den Konsequenzen fürchtet oder durch Süchte abgelenkt wird. Oft werden die ursprünglichen Absichten durch Süchte, Ängste, Ersatzhandlungen und ähnliches auch so verzerrt, daß sie im konkreten Handeln kaum noch wiederzuerkennen sind. So kann es z.B. sein, daß man etwas ißt, aber eigentlich frustriert ist von seiner Arbeit, was wiederum an mangelndem Durchsetzungsvermögen beruht, was seinerseits auf eine Angst vor Streit zurückgeht, was wiederum auf der Vorstellung beruht, daß Aggression einsam macht, wohinter dann schließlich der Wunsch steht, sein eigenes Leben leben leben zu können, ohne deshalb einsam sein zu müssen. Die konkrete Handlung, also das Essen, hat mit dem ursprünglichen Wunsch nichts mehr gemeinsam ...

Offensichtlich wäre dieser Person sehr damit gedient, wenn sie sich ihr Verhalten betrachten und das Essen als Ersatzbefriedigung erkennen würde und dann zu dem Entschluß käme, sich den eigenen, hinter der Eßlust verborgenen Gefühlen von Wut, Ohnmacht und Einsamkeit zu stellen. Der nächste Schritt wäre dann, einmal diese Gefühle wirklich zuzulassen, da dies der erste Schritt der Integration ist. Manchmal ist es hilfreich, sich täglich dieses Verhalten, das nicht der eigenen Wahrheit entspricht, bewußt zu machen und es durch eine Meditation von sich selber abzutrennen, es zu segnen und aufzulösen. Der dann folgende Schritt wäre das Erkennen des eigentlichen Wunsches, also das Leben aus der eigenen Wahrheit heraus, ohne deshalb einsam sein zu müssen. Daraus würde wiederum die Konzentration auf diesen Wunsch in Form einer täglichen Meditation folgen.

Durch diese Form der Reinigung entsteht eine allmähliche Bewußtwerdung der eigentlichen eigenen Wünsche hinter ihren an der Oberfläche der Psyche zutage tretenden, oft stark verzerrten Formen. Dadurch, daß man sich den Gefühlen, die zu diesen Verzerrungen geführt haben, stellt, nimmt man ihnen den größten Teil ihrer Kraft. Durch ihre meditative oder psychotherapeutische Auflösung wird schließlich die Energie, die hier in einem inneren Konflikt sich selber blockierte, wieder frei beweglich und erhöht das eigene Energieniveau.

Ein sehr wichtiger Aspekt dieser Art von Selbstbefreiung ist das Loslassen bzw. das nicht mehr Fernhalten - also das Zulassen der Dinge, wie sie eigentlich sind hinter all den Verzerrungen. Dabei helfen alle Arten von Entspannungsübungen vom Autogenen Training bis hin zu Zen-Meditationen, in denen man seine Gedanken, Gefühle und innere Bilder losläßt, sodaß nur noch das Bewußtsein ohne einen Inhalt übrigbleibt. Wenn man losläßt, was man festgehalten hat, und wenn man zuläßt, was man ferngehalten hat, werden die alten starren Grenzen in einem und um einen herum überflüssig und die Energie kann wieder frei fließen.

Die Reinigung führt also dazu, daß innere Konflikte aufgelöst werden und die Wunden, die mit ihnen verbunden sind, heilen. Das hat dann zur Wirkung, daß sich die Energie, über die man bereits verfügt, nicht mehr selber blockiert und daher der Verwirklichung der innersten, der eigenen Wahrheit entsprechenden Wünsche wieder zur Verfügung steht.

Viele Meditationen und Ekstasetechniken befreien jedoch nicht nur die bereits in einem selber vorhandene Energie, sondern erhöhen in deutlichem Maße das Niveau der vorhandenen Energie. Das bekannteste Beispiel sind sicher die Yogis und Lamas, die nur mit einem Baumwollgewand bekleidet im Himalaya in Eis und Schnee sitzen und meditieren und dabei so viel innere Hitze erwecken, daß rings um sie der Schnee schmilzt und sie nicht frieren. Beim Erlernen dieser Meditation des inneren Feuers, die auf tibetisch "Tummo" genannt wird, müssen die tibetischen Mönche fünfmal in einer Nacht bei tiefem Frost ihre Kleidung ausziehen, in das Wasser eines Flusses tauchen, dann wieder anziehen und durch ihr inneres Feuer trocknen.

Wenn man die Meditationen und Ekstasetechniken betrachtet, die das eigene Energieniveau erhöhen, fällt als wesentlichstes Element der Rhythmus auf. Dieser Rhythmus kann das ständige Wiederholen eines Mantras (Meditations-Vers), die Aufmerksamkeit auf den Atem oder ein Tanz, der aus einer einfachen, sich ständig wiederholenden Bewegung besteht, sein.

Zu dem Rhythmus gesellt sich als wesentliches Merkmal vor allem noch die hohe Motivation. Bei dem Beispiel der die Tummo-Meditation übenden tibetischen Mönche ist diese hohe Motivation sehr überzeugend durch die nasse Kleidung am Körper gegeben - die Yogis, Mönche, Heiligen, Schamanen, Sufis usw., die tatsächliche, praktische Erfahrung haben, scheinen allesamt die Neigung zu haben, sich kleine Tricks zu überlegen, wie man die Angst, die Trägheit usw. der Schüler überlisten kann. In einem warmen Raum wäre die Motivation, das innere Feuer zu erwecken, schließlich bei weitem nicht so hoch wie nachts bei Frost in nasser Kleidung an einem Flußufer.

Zu dem Rhythmus und der hohen Motivation gesellt sich oft als drittes Element noch die Hingabe an eine Gottheit oder an die eigene Seele. Diese Hingabe und diese Liebe, die in Indien Bakthi-Yoga genannt werden, sind in ihrem Kern die Sehnsucht und die Bereitschaft, sich mit der Qualität der Gottheit zu vereinen, sich mit ihr zu identifizieren. Daher stellt diese Gottheit auch das Ziel dar, auf das die hohe Motivation letztlich ausgerichtet ist. Auch bei der Tummo-Meditation geht es nur vordergründig um die natürlich sehr praktische Fähigkeit, auch bei tiefem Frost immer warm zu bleiben, aber das eigentliche Ziel dieser Meditation ist die Vereinigung mit der Göttin Tara, über die die tibetischen Mönche meditieren und mit der sie sich identifizieren, um in sich das Tummo-Feuer zu erwecken.

Die Gottheit, auf die sich diese liebende Hingabe richtet, ist zunächst einmal ein Symbol für den angestrebten Zustand mit höherer Energie und größerer Integration.

Wenn man nun einmal normale Alltagsbewegungen mit einem Tanz und einen Tanz mit den ständig sich wiederholenden Bewegungen eines Trance-Tanzes vergleicht, findet man auch eine Zunahme an Integration bzw.

Einheitlichkeit, die ja das Merkmal eines höheren Energiezustandes ist. Die Alltagsbewegungen sind zwar sinnvoll, aber sowohl von ihrer Art und von ihrem Tempo als auch von ihrer Dauer und ihren Pausen her ständig wechselnd. Im Tanz sind die Bewegungen auch noch verschieden, aber sie beziehen sich aufeinander, sie gehen in einer Eigendynamik auseinander hervor und sind daher fließender als die Alltagshandlung. Beim Trance-Tanz schließlich gibt es keine Entwicklung mehr, sondern nur einen langgedehnten Augenblick, innerhalb dessen sich eine immer gleiche Bewegungsfolge wiederholt. Die Art der Bewegung tritt dabei zunehmend in den Hintergrund und es entsteht eine Art von Schwingen, daß schließlich selber die Bewegung trägt, sodaß man irgendwann von dem "ich tanze" zu einem "ich werde getanzt" oder "es tanzt" hinübergleitet, was mit dem Erlebnis von einem neuen, viel höheren Energieniveau verbunden ist.

Derselbe Unterschied besteht zwischen Sprechen und Singen - das Sprechen ist wechselhaft und die Worte stehen mit ihrer eigenen jeweiligen Energie für sich da, während beim Singen die Worte miteinander fließen und ein gemeinsames Energieniveau haben. Beim Chanten, also bei dem ständig wiederholten Singen einer kurzen Strophe wird der Rhythmus noch deutlicher: während ein Lied einen deutlichen Anfang und ein deutliches Ende und dazwischen eine Entwicklung hat, ist das Chanten das allmähliche Aufgehen in einer ständig wiederholten Strophe - sie ist in erster Linie Klang und Bedeutung, die sich durch die Wiederholung immer mehr vertiefen und intensivieren. Daher ist es nicht verwunderlich, daß sich in allen Kulturen das Singen von Segnungen, Zaubersprüchen, religiösen Texten und ähnlichem findet, und daß das Chanten die Kernstücke innerhalb dieser Gesänge ausmacht. Im Christentum ist davon vermutlich das Rosenkranzbeten bzw. -singen am bekanntesten.

Denselben Effekt wie das Chanten, das sich gut als Meditationsform in einer Gemeinschaft eignet, hat auch das innerliche Wiederholen eines Mantras, also eines kurzen Satzes mit einem spirituellen Inhalt. Das wichtigste dieser Mantren, das in allen Religionen in der einen oder Form vorkommt, ist das "Ich bin".

Eine weitere Trance-Methode, die weltweit verbreitet ist, ist das Trommeln eines sich ständig wiederholenden Rhythmus. Diese Art des Trommelns wird oft zur Unterstützung von Trance-Tänzen benutzt. Diese Kombination von Trommeln und Trancetanz läßt sich von den 9500 Jahren alten Darstellungen aus den Tempeln der mit der Kuh assoziierten Großen Göttin von Çatal Hüyük in Anatolien, auf denen mit Pantherfellen bekleidete Tänzer dargestellt sind, die auf Handtrommeln spielen, bis hin zu den modernen Disco-Trance-Tänzen verfolgen.

Nun läßt sich dieses durch die Wiederholung entstehende Schwingen zwar mit vielen Beispielen belegen, aber wenn man es nicht selber erlebt hat, ruft diese ständige Wiederholung vielleicht nur Assoziationen zu Hospitalismus oder den Eindruck von großer Langweiligkeit hervor. Insofern ist an dieser Stelle der Betrachtung eine eigene Erfahrung mit einer Trance- oder Ekstasemethode sehr hilfreich.

Wenn man nun die beiden Worte "Trance" und "Ekstase", die diesen Zustand beschreiben, näher betrachtet, ergibt sich ein deutlicher Hinweis ihrer Verbindung mit den Übergängen: Ekstase bedeutet "hinaustreten" und Trance bedeutet "hinübergehen".

Bei den Trance- und Ekstasetechniken ist die hohe Motivation also für die Intensität notwendig, mit der man die betreffende Technik anwendet. Die liebende Hingabe an eine Gottheit, die den angestrebten Zustand symbolisiert, drückt die Bereitschaft zur Veränderung, zur Aufgabe des alten Verhaltens aus und ist außerdem sehr hilfreich dabei, seine Aufmerksamkeit und seinen Willen auf sein Ziel auszurichten, da eine Gottheit, die man innerlich visualisiert, ein leichter zu fassender Bezugspunkt ist als eine abstrakte Definition des eigenen Zieles. Unter Umständen wird man dann im Verlauf seiner Meditationen erleben, daß diese Gottheit weitaus realer ist, als man am Anfang möglicherwesie gedacht hat. Der Rhythmus ist schließlich das Hilfsmittel, das alle Bestandteile der eigenen Psyche und des eignen Körpers in einen einheitlichen Rhythmus einschwingen läßt, der sowohl eine Voraussetzung als auch ein Merkmal eines erhöhten Energieniveaus ist.

Sehr deutlich tritt der Unterschied zwischen der absteigenden Energie des "Blitzstrahles der Schöpfung" und der aufsteigenden Energie der "Schlange der Weisheit" in Yesod zutage: die absteigende Energie zeigt sich als Orgasmus und die aufsteigende Energie zeigt sich als das Erwachen und Aufsteigen des Kundalinifeures. Diese beiden intensivsten Arten, die eigene Lebensenergie zu erleben, unterscheiden sich also nur in der Ausrichtung dieser Energie, in der Richtung, in die sie fließt.

In den Darstellungen der verschiedenen Religionen und spirituellen Traditionen wird das Erreichen des erhöhten Energieniveaus sehr einheitlich durch eine leuchtende Aura dargestellt. Zum Teil umgibt sie als Aureole die gesamte erleuchtete Person, zum Teil wird auch nur der Kopf mit einem Heiligenschein umgeben. In Tibet werden beide Darstellungen oft kombiniert. Der Ursprung des Heiligenscheines liegt vermutlich darin begründet, daß die Aura des

Kopfes am leichtesten hellsichtig wahrnehmbar ist und von daher von mehr Menschen gesehen werden kann als die gesamte Körperaura.

Wenn die Energie ansteigt, ohne daß man losläßt, entsteht Verkrampfung. Wenn man losläßt, ohne sein Energieniveau zu erhöhen, entsteht ein sich-Hängenlassen, ein sich-Gehenlassen. Wenn man losläßt und sein Energieniveau erhöht, entsteht ein höherer Bewußtseinszustand - man hat einen der Übergänge überschritten.

Die drei Aspekte einer Ekstase-Methode, also 1. der Rhythmus, die ständige Wiederholung desselben Motivs, 2. die liebende Hingabe an ein Ziel, also das Streben nach Vereinigung mit etwas Höherem, sowie 3. die Bewußtwerdung, d.h. das Erkennen der eignen Gefühle und das damit verbundene Loslassen bzw Annehmen, sind Entsprechungen zu den drei obersten Sephiroth. Die Bewußtwerdung entspricht Kether, die rhythmische Wiederholung eines immer gleichen Themas entspricht Chokmah, und die liebende Hingabe entspricht Binah. Diese drei Sephiroth sind die Spitzen der drei Säulen des Lebensbaumes - und um aufsteigen zu können, benötigt man die Qualitäten aller drei Säulen.

Der Vergleich der Ekstase-Methoden mit den Übergängen in der physikalischen Kosmologie fördert noch ein beiden gemeinsames Bild zutage. Bei der Entstehung der Materie am Abgrund rollt sich die vorher sich frei geradeaus bewegende Energie zu den Hohlkugelschalen der Elementarteilchen zusammen. Dasselbe Bild findet sich in der Darstellung der Energie des Körpers: wenn die Energie noch im untersten Chakra verborgen und gefangen ist, wird sie als zusammengerollte Kundalinischlange dargestellt; wenn diese Energie jedoch befreit und erwacht ist, steigt sie gerade die Rückenwirbel empor. In beiden Fällen ist die gerade Form Ausdruck des hohen Energieniveaus und die zusammengerollte Form Ausdruck des niedrigeren Energieniveaus. Auch ganz allgemein stellt das Einrollen Angst, Enge und Schutzsuchen, also ein niedriges Energieniveau dar, während das Aufrollen und das Aufrechte, Gerade mit Freude und Freiheit und einem hohen Energieniveau verbunden sind.

Eine rhythmische Wiederholung läßt sich nun durchaus ebenfalls als ein Kreis auffassen, in dem man sich ständig dreht. Nun wird dieser Kreis durch die ständige Wiederholung in immer stärkere Schwingung versetzt und immer mehr Teile des Kreisenden stimmen sich auf diese Schwingung ein, sodaß schließlich die Energie dieser Schwingung soweit steigt, daß der Kreis sie nicht mehr halten kann und sich auflöst und die Energie wieder frei und gerade strömen kann.

Der "Blitzstrahl der Schöpfung" und die "Schlange der Weisheit" sind Vorgänge, die sich entsprechen - lediglich ihre Richtung ist verschieden. Daher finden sich alle Aspekte des Vorganges, die sich beim "Blitzstrahl der Schöpfung" finden lassen, auch bei der "Schlange der Weisheit" wieder und umgekehrt. Der Erste Aspekt ist die Ursache. Bei dem "Blitzstrahl der Schöpfung" ist dies die Ausdehnung; bei der "Schlange der Weisheit" ist es die Konzentration. Damit dies geschehen kann, ist eine Voraussetzung notwendig. Bei dem "Blitzstrahl der Schöpfung" ist dies die Bereitschaft, etwas zu wagen (was sich natürlich nur auf einen Menschen, aber nicht auf die physikalische Kosmologie bezieht); und bei der "Schlange der Weisheit" ist es die Reinigung von inneren Blockaden aller Art. Daraus ergibt sich dann bei dem "Blitzstrahl der Schöpfung" eine Verringerung des Energieniveaus; während bei der "Schlange der Weisheit" dadurch eine Erhöhung des Energieniveaus entsteht. Die Verringerung des Energieniveaus führt bei dem "Blitzstrahl der Schöpfung" zu einer Symmetriebrechung und somit zu einer Differenzierung der früheren Einheitlichkeit zu einer neuen Vielfalt; und bei der "Schlange der Weisheit" führt die Erhöhung des Energieniveaus zu einer Symmetriebildung, also zu einer neuen Einheitlichkeit und somit zu einer Intregration.

Die Symmetriebrechung und die Auflösung eines vorhandenen Rhythmus sowie die Symmetriebildung und der Aufbau eines Rhythmus sind eng miteinander verbunden - der Rhythmus ist die dynamische Darstellung einer Symmetrie.

Richtung	Ursache	Voraussetzungen schaffen	Energieniveau	Koordination	Verbindungen
„Blitzstrahl der Schöpfung"	Ausdehnung	wagen	sinkt	Symmetrie-brechung	Differenzierung
„Schlange der Weisheit"	Konzentration	reinigen	steigt	Symmetrie-bildung	Integration

Die Visualisierung der Mittleren Säule

Aus den Betrachtungen über den "Blitzstrahl der Schöpfung" ergibt sich, daß die fünf Sephiroth der Mittleren Säule von oben nach unten auseinander entstehen, wobei jedesmal eine Symmetriebrechung stattfindet, d.h. die Energie der oberen Sephirah sich einrollt und dadurch die untere Sephirah bildet. Dies ist ein Vorgang der Verdichtung, der Zunahme an Komplexität. Dieses Auseinander-Entstehen zeigt auch deutlich, daß die fünf Sephiroth der Mittleren Säule von ihrer Erscheinung her zwar verschieden sind, daß sie aber von ihrer Essenz her eins sind.

21. Die Symbole der Sephiroth

Es gibt eine Reihe von Symbolen, die mit den Sephiroth und zum Teil auch mit einzelnen Pfaden verbunden sind. Diese Symbole sind zum größten Teil keine rein "kabbalistische Terminologie", sondern weit verbreitete Symbole, die ihren Platz auf einer bestimmten Stelle des Lebensbaumes haben. Manche dieser Symbole tauchen auch an mehreren Stellen des Lebensbaumes auf.

Die Funktion dieser Symbole ist vor allem die bildhafte Darstellung der Bedeutung einer Sephirah, eines Pfades, eines Überganges oder einer anderen Stelle auf dem Lebensbaum. Diese Symbole haben gegenüber Worten den Vorteil, daß sie sich viel besser dazu eignen, mit ihnen immer mehr Erlebnisse, Erkenntnisse, Visionen und auch andere Symbole zu verbinden und dadurch das Symbol und das Verständnis der entsprechenden Stelle auf dem Lebensbaum zu vertiefen.

Da diese Symbolbetrachtung ein Erkenntnis- und somit auch ein Integrationsvorgang ist, bietet sich für ihn der Weg der "Schlange der Weisheit" an, also die Reihenfolge von Malkuth hin nach Kether.

X Malkuth

Eines der häufigsten Symbole von Malkuth ist der Planet Erde. Entweder kann man dafür das astrologische Zeichen benutzten oder eine Photographie der Erde vom Weltall aus.

Eine andere, häufig verwendete Symbolik sind die vier Elemente Feuer, Wasser, Luft und Erde, die auch einen Bestandteil vieler Rituale darstellen und die oft als ein Kreis dargestellt wird, der durch ein schrägstehendes Kreuz in vier gleichgroße Kreisviertel geteilt wird.

Wenn der Lebensbaum wörtlich als Baum aufgefaßt wird, entspricht die Sephirah Malkuth den Wurzeln des Weltenbaumes. Bei Traumreisen nach Malkuth findet man sich bisweilen am Anfang der Reise hier auch am Fuße dieses Baumes, des Weltenbaumes wieder. Dieser Ort stellt dann den Kraftplatz und den Bezugspunkt für die weitere Reise auf dem Lebensbaum dar.

Aufgrund der Zahl "10", die Malkuth zugeordnet ist, wird Malkuth hin und wieder (vor allem in etwas altertümlicheren Zeremonien) als Altar in der Form eines liegenden Doppelkubus dargestellt. Dieser Doppelkubus besteht aus einem Stein von der Größe zweier nebeneinanderliegender Würfel, sodaß dieser Altar links die Fläche eines Quadrates hat, rechts die Fläche eines Quadrates hat, oben, unten, vorne und hinten jeweils die Fläche zweier Quadrate (doppelt so breit wie hoch) hat - insgesamt also eine Oberfläche besitzt, die sich aus zehn Quadraten zusammensetzt.

Bisweilen, wenn auch sehr selten, findet sich als Malkuth-Symbol auch ein Zehnstern, der aus der Verbindung zweier Pentagramme besteht, von denen eines nach oben und eines nach unten weist.

Die Schwelle

Die Schwelle selber ist schon eines der Symbole für diesen Ort auf dem Lebensbaum. In der Regel ist diese Schwelle Teil eines Tores oder einer Tür. In dieser Form findet sich dieses Symbol des Überganges in sehr vielen Religionen, so z.B. auch den ägyptischen und tibetischen Totenbüchern und ebenso im Popul Vuh, dem Jenseitsbuch der Mayas, und natürlich auch konkret in den Tempeln selber.

32. Pfad: Yesod - Malkuth

Die Symbole hier sind zum einen die Symbole der Schwelle und zum anderen die Hilfsmittel für die Wahrnehmung der Lebenskraft wie Pendel, Wünschelrute, Kristallkugel usw. Wichtige Symbole dieses Pfades sind auch der Heiler und die Hexe.

IX Yesod

Am bekanntesten ist hier sicher der Mond als Symbol. Aber auch die Höhle und der See als Zeichen des Verborgenen sind von großer Bedeutung. Des weiteren findet sich hier auch der Drache und die Schlange und das Feuer als allgemeine Symbole der Lebenskraft sowie das Krafttier als die individuelle Lebenskraft. In der differenzierten Betrachtung, die auch das Pflanzenreich und das Mineralreich miteinbezieht, ist die Kraftpflanze ein wichtiges Yesod-Symbol.

Die Lebenskraft in ihrer Erscheinungsform als Sexualität wird als sexuelle Vereinigung dargestellt, vorzugsweise in der weitverbreiteten Weise des miteinander vereinten Paares Shiva und Shakti (Shiva im Lotussitz und Shakti ihn ansehend auf seinem Schoß und ihre Beine und Arme um ihn schlingend).

Yesod ist auch nicht zuletzt die Mutter, die Madonna, der Schoß, die Brüste, die Milch, die Geborgenheit, die Wärme, die Nahrung ... die Mutter, die ihr Kind in ihren Armen hält und stillt.

31. Pfad: Hod - Malkuth

Hier findet sich als Symbol alles, was die Zivilisation ausmacht: Werkzeuge, Maschinen, Pläne, Gebäude, Brücken, Bücher, Bilanzen ...

30. Pfad: Hod - Yesod

Dieser Pfad der verstandesmäßigen Erfassung der Lebenskraft hat als Symbol den Psychologen, den Astrologen und (weniger bekannt) den Steinsetzer, der Leylines und Kraftorte durch Steine oder Skulpturen wieder aktiviert.

VIII Hod

Am häufigsten findet sich als Hod-Symbol der Kristall, aber auch das Buch oder die Schriftrolle findet sich in verschiedenen Darstellungen. Generell kann jede Art von Werkzeug oder Maschine oder Zivilisation als Hod-Symbol dienen. Ein abstraktes Symbol für Hod ist das Wort. Und nicht zuletzt ist natürlich auch der Lebensbaum selber ein Hod-Symbol, da er in erster Linie ein Werkzeug des Verstandes ist.

29. Pfad: Netzach - Malkuth

Hier findet sich generell die Kunst und das "Schöne" wie z.B. Parks, oder Springbrunnen als Symbol.

28. Pfad: Netzach - Yesod

Am ehesten könnte man noch den Tanz als ein Symbol für diesen Pfad benutzen.

27. Pfad: Netzach - Hod

Hier findet sich am ehesten noch ein "kombiniertes Symbol": Kristall und Rose.

VII Netzach

Bisweilen findet sich die Blume als Netzach-Symbol, obwohl die Blume doch eher zu der Venus gehört und nicht alle Aspekte von Netzach darstellt. Treffender als Symbol für Netzach sind Sonnenstrahlen oder der Tanz.

Der Graben

Am bekanntesten ist hier sicherlich die weltweit verbreitete Darstellung als Jenseitsfluß, über den der Schamane (Jenseitsfährmann, Charon, Hl. Christopherus) die Toten bzw. die Seelen der Menschen bei der Einweihung führt. Ein im Christentum gut bekanntes Symbol ist der Vorhang in Salomos Tempel, der den Raum für das Volk von dem Allerheiligsten trennte und der bei Christus' Tod von oben nach unten entzweiriß. Unter anderem von diesem Vorhang leitet sich der Namen Paroketh ("Schleier") für den Graben ab.

Weniger bekannt, aber genauso wichtig ist die alchemistische Symbolik der Herstellung des Steins der Weisen, bei dem das gesamte Alte (Yesod) aufgelöst und mit dem Segen der Wahrheit (Tiphareth) neu zusammengesetzt wird.

26. Pfad: Tiphareth - Yesod

Auf diesem Pfad findet sich auf der Kreuzung dieses Pfades mit dem Graben die Vision der aufgehenden Sonne, die den ersten Blick auf die eigene Seele (Tiphareth) symbolisiert.

25. Pfad: Tiphareth - Hod

Hier kann ein Zen-Mönch, der gerade in der Bewußtseinsstille ohne Bilder, Gedanken und Gefühle ruht, die Qualität dieses Pfades (von Hod nach Tiphareth gesehen) repräsentieren.

24. Pfad: Tiphareth - Netzach

Dieser Pfad läßt sich am besten durch ein Feuer oder durch Sonnenstrahlen symbolisieren.

VI Tiphareth

Das alles dominierende Symbol von Tiphareth ist die Sonne. Damit eng verbunden ist der König, der Tempel und das Gold.

Alle Auferstehungsgottheiten wie Christus, Osiris, Tammuz oder Baldur sowie alle Erlöser-Gottheiten wie z.B. Krishna sind Tiphareth-Gottheiten und daher zwar weit mehr als nur Symbole für diese Sephirah, aber trotzdem zu ihrer Darstellung geeignet.

23. Pfad: Geburah - Hod

Wenn er nicht so schlecht als Symbol darzustellen wäre, würde hier ein Reinkarationstherapeut ganz gut passen. Man kann evtl. eine Schnur mit Perlen als Symbol für die aufeinanderfolgenden Inkarnationen und somit das Karma benutzen.

22. Pfad: Geburah - Tiphareth

Auch hier paßt die Perlenschnur und evtl. das Bild der Seele, wie sie eine neue Inkarnation erschafft - wenn man sich dies bildlich vorstellen kann.

V Geburah

Diese Sephirah kann gut als Burg dargestellt werden und auch als Schwert, als Feuer und als Drache der Verwandlung. Ein traditionelles, aber etwas abstrakteres Symbol für Geburah ist das "Lachen Gottes".

21. Pfad: Chesed - Netzach

Die Qualitäten dieses Pfades sind nicht leicht symbolisch darzustellen: Inspiration, Geborgenheit, Vertrautheit mit seinen früheren Inkarnationen ... Evtl. ist die Darstellung eines Segens bzw. eines Segnenden und einer Person, die gesegnet wird, ein hilfreiches Symbol.

20. Pfad: Chesed - Tiphareth

Das Symbol hier ist eigentlich die szenische Darstellung dessen, was man hier erleben kann: die Seele im Kreis ihrer früheren Inkarnationen, die sie willkommen heißen.

19. Pfad: Chesed - Geburah

Die als Symbol verwendbare Szene auf diesem Pfad ist zum einen der Aufbruch der Seele zu einer neuen Inkarnation und zum anderen die Rückkehr von einer beendeten Inkarnation in den Kreis ihrer früheren Inkarnationen.

IV Chesed

Chesed kann durch ein Kloster oder einen anderen Ort für das Beisammensein Gleichgesinnter dargestellt werden. In der Regel sind dies runde Räume oder Orte, die an eine Arena oder einen Steinkreis erinnern.
Im Christentum kann man auch die Gemeinschaft der Heiligen als Chesed auffassen.

Der Abgrund

Der Abgrund läßt sich am ehesten als eine bodenlose Schlucht oder als die Dunkelheit zwischen den Sternen darstellen.

Daath

Daath wird meistens als das Tor zum Paradies dargestellt, zu dem in manchen Traditionen (z.B. im Islam) eine Brücke führt, die dünn wie die Schneide eines Schwertes ist. Oft ist diese Brücke, die vom Diesseits zu der Welt der Götter führt, auch ein Regenbogen wie z.B. die Regenbogenbrücke Bifröst in der germanischen Mythologie. In vielen Religionen gibt es auch eine Gottheit, die Himmel und Erde verbindet wie z.B. der ägyptische Luftgott Schu. Auch die Pyramide, die Himmelssäule, der heilige Berg, die zentrale Zeltstange, der Rauch des Opferfeuers, der Weltenbaum und auch der kabbalistische Lebensbaum sind Symbole der Überbrückung des Abgrundes und somit des Erreichens von Daath. Auch die sehr naheliegende Darstellung als bodenlose Schlucht ist bei den verschiedensten Kulturen anzutreffen.
Ein zwar sehr abstraktes, aber treffendes und auch für das Anknüpfen von Assoziationen gut geeignetes Symbol ist Einsteins berühmte Formel "$E=m \cdot c^2$".
Zu Daath gehört auch der weise Mann auf dem Berggipfel, der den Menschen eine Botschaft von Gott überbringt. Somit gehören auch die Heiligen Bücher der verschiedenen Religionen hierher. Ein Beispiel dafür ist Moses mit den Zehn Geboten, die er auf dem Sinai vom Gipfel des Berges mit herabbringt. Daath ist unter anderem die Sephirah der Religionsgründer.

18. Pfad: Binah - Tiphareth

Eine Umarmung als Willkommensgruß ist ein treffendes Symbol für diesen Pfad, aber die Tiefe dieses Symboles, das die Rückkehr in die innerste Heimat darstellt, wird man nur erfassen können, wenn man diesen Pfad z.B. durch Traumreisen besser kennengelernt hat.

17. Pfad: Binah - Geburah

Dieser Pfad könnte durch die Schicksalsgöttinnen illustriert werden, wobei es wichtig wäre, daß hinter ihnen die Muttergöttin zu sehen ist, damit deutlich wird, daß das Schicksal nicht blind ist, sondern daß man in allem was geschieht, die tiefe Geborgenheit in der Welt und das Urvertrauen wiederfinden kann.
- Je weiter man auf dem Lebensbaum nach oben gelangt, desto schwieriger wird es, treffende Symbole vor allem für die Pfade zu finden.

III Binah

Ein mögliches Symbol für Binah ist ein Kreis von Menschen, die sich an den Händen halten und auf einen Strahl weißes Lichtes (Kether) schauen, der in ihrer Mitte niederscheint.
Binah wird auch durch die Mutter aller Dinge symbolisiert. In der Kabbala wird sie Shekinah genannt oder auch Ama (Mutter) bzw. Aima (schwangere Mutter).
Als erste Frau ist Eva die Repräsentantin von Binah, der sich in der christlichen Kirche noch Maria hinzugesellte, nachdem sie heiliggesprochen und das Dogma von Mariä Himmelfahrt beschlossen wurde.

16. Pfad: Chokmah - Tiphareth

Ein passendes Symbol für diesen Pfad, das aus Traumreisen zu dem 16. Pfad entnommen wurde, ist ein leuchtender, weißer Thron in der Ferne auf den Wolken.

15. Pfad: Chokmah - Chesed

Hier gibt es wieder einmal eine gut bekannte Szene: die Ausgießung des heiligen Geistes an Pfingsten. In Chesed sind die Gleichgesinnten versammelt, die sich mit ihrer Quelle und ihrem Ziel in Chokmah verbinden, woraufhin der Abgrund schließlich durch die Hingabe der Gruppe in Chesed durchlässig wird und die Kraft von Chokmah zu der Gruppe von Gleichgesinnten in Chesed hinabfließt und sie erfüllt.

14. Pfad: Chokmah - Binah

Dieser Pfad kann als die Vereinigung des männlichen Prinzipes (Chokmah) und des weiblichen Prinzipes (Binah) aufgefaßt werden und somit durch die Darstellung der miteinander vereinten Gottheiten Shiva und Shakti symbolisiert werden. Dabei sollte man allerdings darauf achten, daß hier "männlich" und "weiblich" ebenfalls Symbole sind und nicht wörtlich bzw. nicht nur Mann und Frau meinen.

Chokmah

Analog zu Binah wird diese Sephirah bisweilen als alter Mann dargestellt. Als der erste aller Männer kann auch Adam, Ask, Purusa und die entsprechenden Männer aus anderen Mythologien und Religionen für Chokmah stehen. Auch der Tierkreis zählt zu den alten, traditionellen Symbolen von Chokmah. Man kann auch die Sterne an sich als

Symbol für diese Sephirah benutzen.

Die Auflösung

Dieses erste Ereignis läßt sich wieder am ehesten mit einer etwas abstrakteren Szene darstellen - "Gott sprach am Anfang: "Es werde Licht!" "

13. Pfad: Kether - Tiphareth

Das Bild für diesen Pfad ist der betende Mystiker.

12. Pfad: Kether - Binah

Das passende Symbol für diesen Pfad ist eine Kugel - alle Dinge in dieser Welt bilden ein vollkommenes Ganzes, in dem auch nicht das kleinste Sandkorn fehlen darf, und in dem jedes einzelne Teil bzw. Wesen in einer vollkommenen Harmonie mit dem Rest der Welt steht.

11. Pfad: Kether - Chokmah

Das Symbol ist hier am ehesten wieder die szenische Darstellung des spirituellen Erlebnisses auf diesem Pfad: die Vision Gottes von Angesicht zu Angesicht. Aus der Bibel läßt sich dafür z.B. die Szene von Moses auf dem Berg im Sinai nehmen (2. Mose 19. 9, 16-20 und 20.18, 21).

I Kether

Das traditionelle Symbol von Kether ist die Krone, was ja auch die wörtliche Bedeutung von Kether ist. Etwas abstraktere Symbole sind das gleißende weiße Licht oder die Einheit. Natürlich ist auch Gott Vater eine der geläufigeren Abbildungen von Kether.

Ain Soph Aur

Dieses "grenzenlose Licht" kann eigentlich nicht symbolisiert werden, da es als das Nichts eben nicht ist, sondern das Unerschaffene darstellt. Deshalb haben die Kabbalisten für Ain Soph Aur das Symbol der drei Schleier ersonnen.

Der Lebensbaum läßt sich in groben Zügen auch als mythologische Landschaft darstellen. Dies ist natürlich kein feststehendes Bild, sondern eher die Zusammenfügung von einzelnen Symbolen zu einer beweglichen Szenerie, deren Funktion es ist, den Lebensbaum anschaulicher und greifbarer werden zu lassen.

Der Beobachter steht zunächst in Malkuth und richtet seinen Blick die Pfade und Sephiroth entlang hin nach Kether.
Vor sich sieht er einen Weg, der über eine Schwelle hinweg zu einem See führt, in dem sich der Mond spiegelt und an dem eine Mutter sitzt, die ihr Kind säugt. Hinter dem See ist eine Höhle zu sehen, in der ein Drache schläft (Yesod).
Ein weiterer Weg führt nach links hin über die Schwelle zu einer geschäftigen Stadt voller Handwerkern und Gelehrten (Hod).
Ein dritter Weg führt schließlich über die Schwelle zu einem Park voller Blumen und kunstvollen Rabatten, in dem

sich auch einige Tiere tummeln (Netzach).

Von dem See führt ein Weg zu der Stadt, auf der Bauern die Ernte einfahren, und auf dem Weg von dem See zu dem Park läuft ein Wanderer. Auf dem Weg zwischen der Stadt und dem Park sind einige Künstler zu sehen.

Von dem See, von der Stadt und von dem Park aus führen drei Wege über drei verschiedene Brücken an das andere Ufer eines Flusses (Graben), wo eine große, prächtige Stadt zu sehen ist, in dessen Mitte ein großer, runder Tempel mit einem Dach aus Gold zu steht (Tiphareth).

Weiter hinten in dem Land jenseits des Flusses ist links hinter der goldenen Stadt auf einem Hügel eine Burg zu sehen (Geburah) und rechts hinter der goldenen Stadt auf einem anderem Hügel ein Kloster (Chesed).

Hinter dem Land jenseits des Flusses liegt eine tiefe Schlucht, die man nicht zu überqueren zu können scheint (Abgrund).

Dort ganz in der Ferne erhebt sich ein hoher einsamer Berg (Daath).

Links hinter dem Berg türmen sich hohe Wolken auf (Binah) und rechts hinter dem Berg zucken Blitze am Himmel (Chokmah).

Hoch oben am Himmel über dem Berg, den Wolken und den Blitzen (Auflösung) strahlt die Sonne (Kether).

Die Visualisierung der Mittleren Säule

In diesem Fall ist der Nutzen für die Visualisierung der Mittleren Säule offensichtlich, da in der vorigen Betrachtung eben Bilder und Symbole für den Lebensbaum und somit auch für die Mittlere Säule beschrieben worden sind.

22. Die 32 Sprüche der Weisheit

In den traditionellen Werken zur Kabbala finden sich die "32 Sprüche der Weisheit", die die 10 Sephiroth (ohne Daath) und die 22 Pfade auf aphoristische Weise beschreiben. Manche dieser Sprüche sind sofort verständlich, bei anderen ist die Bedeutung nicht sofort einleuchtend oder auch nach längerer Betrachtung immer noch sehr vage. Dies kann daran liegen, daß die Sprüche verschieden klar inspiriert gewesen sind oder auch daran, daß im Laufe der Jahrhunderte das eine oder andere entstellt worden ist. Zudem sind dies keine Übersetzungen aus dem hebräischen Original (es waren keine zu finden), sondern von einer englischen Übersetzung.

Diese Sprüche haben daher zum Teil vor nur noch historischen Wert und zu einem anderen Teil immerhin anregenden Charakter, aber es sind vermutlich auch im Original nicht immer ganz exakte Analogie zu den Sephiroth und Pfaden gewesen. Zudem muß man bedenken, daß sich der Sinn des hebräischen Originals wie bei allen mystischen Texten, die in semitischen und hamitischen Sprachen verfaßt worden sind, zum Teil erst durch die in diesen Sprachen üblichen Wortspiele, Buchstabenvertauschungen, Zahlenentsprechungen und ähnliches erschließen. In der hebräischen Mystik wird diese Deutungskunst, die in dem vorliegenden Buch nicht verwendet wird, Gematria genannt.

Da diese 32 Weisheitssprüche aber einen der zentralen Texte zu der Kabbala bilden, erscheint es doch sinnvoll, sie hier anzuführen. Diese 32 Sprüche stammen aus der Zeit, als die Kabbala von den hebräischen Mystikern ausschließlich dazu verwendet wurde, Gott und den Weg zu Gott zu verstehen und zu beschreiben - er ist ihre "Himmelsleiter" und ihr "Baum der Erkenntnis" gewesen. Dies sollte man bei dem Bemühen, diese Sprüche zu verstehen, mitbedenken.

Mit dem traditionell mit "Intelligenz" übersetzt Begriff, der in jedem der Weisheitssprüche vorkommt, ist etwas anders gemeint als heute üblich: er bezeichnet ein bewußtes, intelligentes Wesen, das Teil des Ganzen ist - gewissermaßen einen Aspekt von Gottes allumfassender Einheit.

Die Pfade sind durchnummeriert. Zur einfacheren Orientierung steht hinter der Zahl in Klammern jedesmal die Sephiroth oder der Pfad, auf den sich der Spruch bezieht.

Die Nummerierung dieser Pfade weicht dreimal von der ansonsten in diesem Buch benutzten Nummerierung ab: der ansonsten in diesem Buch 15. Pfad genannte Pfad trägt hier die Nr. 16 und entsprechend der 16. Pfad die Nr. 15; der ansonsten in diesem Buch 17. Pfad genannte Pfad trägt hier die Nr. 18 und entsprechend der 18. Pfad die Nr. 17; der ansonsten in diesem Buch 25. Pfad genannte Pfad trägt hier die Nr. 26 und entsprechend der 26. Pfad die Nr. 25.

Die in diesen Sprüchen der Weisheit verwendete Logik folgt nicht dem ansonsten in diesem Buch angewandten Ordnungsprinzip der Pfadnummerierung:

    a) der Pfad, der bei der höheren Sephirah beginnt, kommt zuerst;
    b) der Pfad, der bei der höheren Sephirah endet, kommt zuerst.

Stattdessen werden vom Sepher Yezirah, aus denen diese Sprüche der Weisheit stammen, in den drei Fällen dem Pfad, der von einer Sephirah zur Mittleren Säule führt, der Vorrang vor dem Pfad, der zu einer der äußeren Säulen führt, eingeräumt. Für die Zuordnung dieser Sprüche der Weisheit kann man sich an den in Klammern stehenden Pfadangaben orientieren.

Der kursiv gedruckte Text, der den Sprüchen beigefügt ist, ist ein Kommentar zu ihnen, der vor allem auf Übereinstimmungen mit verschiedenen Lebensbäumen hinweist. Generell ist es beeindruckend, wie oft diese Sprüche, die aus einer rein mystisch-religiösen Verwendung des Lebensbaumes entstanden sind, auch auf den Lebensbaum der Physik zutreffen.

So wie es ganz allgemein bei Kommentaren der Fall ist, könnten zu diesen Sprüchen der Weisheit von jemand anderem mit einem anderen Blickwinkel auf sie auch völlig andere Kommentare verfaßt werden ...

1. (KETHER):   Der erste Pfad heißt "bewundernswürdige oder verborgene Intelligenz", denn er ist das Licht, das den Uranfang, der keine Ursache hat, begreifen läßt. Und er ist das Erste Strahlen; keine Kreatur kann sein Wesen erfassen.

Diese "Intelligenz" ist verborgen, weil sie die Einheit ist - man kann sie als individualisiertes Wesen ("Kreatur") nicht sehen, man kann nur die Illusion auflösen, nicht diese Einheit zu sein und dadurch auch bewußt wieder diese Einheit werden, aber auch dann sieht diese Einheit sich nicht selber als etwas, was "Nicht-Ich" ist, denn sie ist alles. Kether ist die "bewunderungswürdige Intelligenz", weil sie der logischen Schlußfolgerung nur sehr schwer zugänglich ist und weil sie die Quelle des Geheimnisses der Existenz dieser Welt ist.

2. (CHOKMAH): Der zweite Pfad heißt die "erleuchtende Intelligenz". Er ist die Krone der Schöpfung und der Glanz der höchsten Einheit, der er gleicht. Er ruht über jedem Haupt und wird von Kabbalisten das Zweite Strahlen genannt.

Man kann sich Chokmah als das Spiegelbild Kethers vorstellen, nur das dieses Spiegelbild aus Milliarden von kleinen Facetten besteht, die erst gemeinsam das Bild der Einheit von Kether ergeben. Insofern ist es das Ebenbild, der "Glanz der Einheit, der es gleicht". Und diese Spiegelbild-Facetten sind die "Krone der Schöpfung", weil sie das zuerst Erschaffene sind und weil sie der letzte Zustand vor der Wiederauflösung in die Einheit sind. Der Glanz von Chokmah "ruht über jedem Haupt" bedeutet, daß Chokmah die Essenz eines jeden Wesens ist, also über dessen Scheitelchakra schwebt, das ja die Verbindung zur Einheit darstellt.

3. (BINAH): Der dritte Pfad heißt "heiligende Intelligenz" und ist die Grundlage der uranfänglichen Weisheit, die Schöpferin des Glaubens genannt wird. Ihre Wurzeln sind in AMEN. Sie ist die Mutter des Glaubens, der ihr entströmt.

Heiligung, Weisheit, Glaube, Amen und Mutter sind alles Aspekte von Binah, der ersten komplexen Form, in der alle Teile noch in Liebe miteinander verbunden sind: Die Verbundenheit mit allem heilt, macht heilig; das Erkennen des Musters, in dem alle Dinge zusammengehören (das Puzzlebild aus den Milliarden Facetten von Gottes Spiegelbild), läßt Weisheit entstehen; Glaube, also begründetes Vertrauen und Hingabe führen zu der Erkenntnis und dem Erleben der Verbundenheit aller Dinge miteinander, also nach Binah; "Amen" ist die Besiegelungsformel, die Beendigungs- und Vollendungsformel und beschreibt die Vollendung bzw. das vollständige Erkennen des Puzzles aus den Milliarden Facetten des Spiegelbildes Gottes; und die Mutter schließlich ist das irdische Abbild dieser Qualitäten.

-. (Daath): (Diese Sephirah ist ohne Text, da sie eine verborgene Sephirah ist. Da sie symbolisch das Tor zum Paradies darstellt, ist sie in gewisser Weise die Essenz aller 32 Sprüche, durch die man die Tür zum Paradies wieder aufschließen kann - was schließlich das Ziel der Mystiker ist.)

4. (CHESED): Der vierte Pfad heißt "festigende oder empfangende Intelligenz", denn sie enthält all die heiligen Kräfte und ihr entströmen alle durch ihre Feinheit geistigen Kräfte mit den erhabensten Essenzen. Sie entströmen eine nach der anderen durch die Macht der ersten Ausströmung, der höchsten Krone, KETHER.

Chesed trägt den Namen "festigende Intelligenz", weil Chesed die ersten abgegrenzten Formen enthält (im Lebensbaum der Physik z.B. die aus der Energie Daaths entstandenen Elementarteilchen), und sie heißt die "empfangende Intelligenz", weil jede dieser Formen in sich das Licht der vier oberen Sephiroth enthält, die letztlich alle Gestalten von Kether sind.

5. (GEBURAH): Der fünfte Pfad heißt "Wurzelintelligenz", weil er der höchsten Einheit mehr als jeder andere gleicht; er verbindet sich mit BINAH, Verstehen, das den uranfänglichen Tiefen CHOKMAHS, der Weisheit, entströmt.

Die Qualität von Geburah ist die Umformung, die Verwandlung, der Kampf, die Auseinandersetzung, das Ringen um Erkenntnis und Gestaltung. Vermutlich ist diese Qualität, durch die man ganz ins Hier und Jetzt gezogen wird und durch die eine sehr große Betroffenheit entsteht, der Grund, weshalb die alten Kabbalisten diese Sephirah mit Kether vergleichen. Die "Wurzel" ist Geburah vor allem für Tiphareth, da die Ansichten der Seele (Geburah) den nächsten Inkarnationsentschluß der Seele (Tiphareth) bestimmen.

6. (TIPHARETH): Der sechste Pfad heißt "vermittelnde Intelligenz", weil sich in ihm der Fluß der Ausströmungen vervielfältigt; weil er diesen Ausfluß in alle gesegneten Gefäße strömen läßt, mit denen er verbunden ist.

Daß Tiphareth eine "vermittelnde Intelligenz" ist, ergibt sich schon aus seiner Stellung in der Mitte des Lebensbaumes. Diese Sephiroth faßt die Motivationen (Chesed) und "Gedanken" (Geburah) der Seele zu dem Entschluß zu einer Inkarnation (Tiphareth) zusammen. Die aufeinanderfolgenden Inkarnationen sind die "gesegneten Gefäße", durch die sich "der Fluß der Ausströmungen vervielfältigt". Jede dieser Inkarnationen umfaßt eine Psyche (Netzach/Hod/Yesod) und einen Körper (Malkuth). Letztlich ist dieser "Ausfluß" Gottes Schöpfungsimpuls, der sich in der Erschaffung von Chokmah zeigt und der sich dann immer weiter differenziert und verdichtet, bis er schließlich Malkuth erreicht.

7. (NETZACH): Der siebente Pfad heißt "verborgene Intelligenz", weil diese einen blendenden Glanz auf alle intellektuellen Kräfte ausgießt, die durch die Augen des Intellekts und in den Betrachtungen des Glaubens wahrgenommen werden.

Hier wird Netzach von Hod aus beschrieben. Die Motivationen von Netzach sind das Prinzip, das die Gedanken von Hod lenkt, weshalb Netzach von Hod aus als "blendender Glanz" wahrgenommen wird. Diese Wahrnehmung wird allerdings erst möglich, wenn man sich ernsthaft fragt, was denn eigentlich die Gedanken, die "intellektuellen Kräfte" bewegt - dann kann durch die "Augen des Intellekts" auch die Motivation und der Richtungsimpuls von Netzach gesehen werden. Die "Betrachtungen des Glaubens" sind ein etwas altmodischer Begriff für das aufrichtige Streben, die Wurzel hinter aller Vielfalt und hinter allen Ereignissen zu entdecken und dadurch von einer Sephirah (hier Hod) zur nächsthöheren (hier Netzach) aufzusteigen.

8. (HOD): Der achte Pfad heißt "absolute und vollkommene Intelligenz", weil er das Werkzeug des Uranfangs ist; er hat keine Wurzel, an der er sich halten und an der er ruhen kann, außer in den verborgenen Orten GEDULAHS (=CHESED), der Herrlichkeit, aus der seine wahre Essenz ausströmt.

Dieser Pfad betont das Denken als Hilfsmittel der Erkenntnis der Welt, denn die Bezeichnung "absolute und vollkommene Intelligenz" könnte man jedem Pfad und jeder Sephirah geben, da nichts unvollkommen ist, und in derselben Weise ist auch jedes Teil des Lebensbaumes ein "Werkzeug des Uranfangs (Kether)". Diese Wertschätzung des Denkens ist nicht verwunderlich, da der der Lebensbaum ja zu einem großen Teil ein intelektuelles Hilfsmittel ist und dieser Spruch eine Beschreibung eines Teiles dieses Hilfsmittels ist.

Das Denken wird aber von diesem Weisheitsspruch sofort auf seine eigentliche Funktion reduziert: die Motivationen der Seele (Chesed) zu erfassen. Chesed ist der Bereich der ersten abgegrenzten Formen, der ersten Individuen. In diesem Bereich sind noch alle Dinge ohne Hindernis der direkten Wahrnehmung zugänglich, weshalb dieser Bereich das eigentliche Ziel des Denkens ist und das Denken von hier seine Inspirationen erhält. Wenn das Denken (Hod) die Gestalten und Zusammenhänge der ersten, ursprünglichen, noch nicht zusammengesetzten Formen (Chesed) erfassen kann, ist es in der Lage, die tatsächlichen Zusammenhänge in der Welt der abgegrenzten Gestalten (Chesed bis Malkuth) zu beschreiben.

9. (YESOD): Der neunte Pfad heißt "reinigende Intelligenz", denn er reinigt die Ausströmungen. Er bewahrt und verbindet die Gestalten ihrer Entsprechungen und erhält die Einheit, in der sie erschaffen wurden, ohne Verlust und Teilung.

Der zweite Satz dieses Spruches der Weisheit enthält sehr viele Informationen auf einmal. Das "verbinden" ist die typische Qualität von Yesod: innere Bilder werden zu Symbolen verbunden, Moleküle (Chemie - Hod) werden zu Molekülgruppen (Biologie - Yesod) verbunden, Individuen verbinden sich zu Gruppen (Familien, Herden), Zellen verbinden sich zu Organen usw.

Die "Gestalten" sind die einzelnen Wesen, die hier miteinander verbunden werden. Nun stehen diese Gestalten nicht alleine da, sondern erscheinen von Anfang an paarweise oder in größeren Strukturen, so wie z.B. die Seele (Tiphareth), wenn sie sich inkarniert, in ihrer Psyche nicht mehr nur das Bild des Ich (Tiphareth), sondern die Bilder "Mann und Frau" trägt, wovon das eine das Selbstbild und das andere das Suchbild wird - dies sind die "Gestalten ihrer Entsprechungen". Diese in Yesod erschaffene Vielfalt wie z.B. das "Mann und Frau"-Bild bleibt erhalten in "Einheit", also in seinem inneren Zusammenhang. Zusammengefaßt kann man sagen, daß sich in Yesod die Vielfalt der inneren Bilder in einer Weise ordnet, daß die Bilder in ihrem innerem Zusammenhang deutlich werden und daher die Einheit, aus der heraus sie entstanden sind, darstellen. Daraus ergibt sich nebenher auch, daß kein einziges der Bilder verloren geht ("bewahren", "ohne Verlust").

Bei genauerer Betrachtung erkennt man hinter den einzelnen Bildern in der Psyche die Symbole, in der Anordnung der Symbole zueinander die großen Themen, in dem Verhältnis dieser großen Themen zueinander die innere Mythologie, und in der Struktur dieser individuellen Mythologie schließlich das Abbild der Seele, der diesen ganzen Bildern zugrundeliegenden Einheit. Weil dies so ist, hat das Träumen, also das Eintauchen in diese Bilderwelt, einen so klärenden und erfrischenden Effekt. Diese Wirkung des Träumens/Schlafens, das der Auflösung des Wachbewußtseins von Malkuth in die Strukturen und Bilder von Yesod hinein entspricht, ist der Grund für die Benennung dieser Sephirah als "reinigende Intelligenz".

10. (MALKUTH): Der zehnte Pfad heißt "glänzende Intelligenz", weil er über jedes Haupt erhaben ist und auf dem Throne BINAHs sitzt; er erhellt den Glanz aller Lichter und verursacht die Ausstrahlung eines Einflusses vom Fürsten der Gesichter, dem Erzengel Kethers.

"Malkuth sitzt auf dem Throne Binahs" bedeutet, daß Binah die erste komplexe Form ist und das Malkuth die Vollendung der Formen ist - Binah ist der Same und Malkuth der vollständige Baum, Binah ist der erste Ansatz und Malkuth die Vollendung, Binah ist die erste erschaffene Gestalt und Malkuth ist die vollendete Gestalt. Malkuth "erhellt den Glanz aller Lichter (=Sephiroth)", da Malkuth die gesamten Strukturen und Kräfte, die sich von Kether bis Yesod entfaltet, vervielfältigt und miteinander verwoben haben, offenbar und erlebbar werden läßt. Metatron, der Erzengel Kethers, dessen Name "Fürst der Gesichter" bedeutet, ist das Licht Kethers, das sich noch in jedem kleinsten Detail der erschaffenen materiellen Welt von Malkuth befindet. Daher hat jedes kleinste Teil der Welt in Malkuth die Möglichkeit, sich seines Ursprungs in der Einheit von Kether wieder bewußt zu werden. Dies ist der Segen Kethers, "die Ausstrahlung eines Einflusses vom Fürsten der Gesichter", die in allem Erschaffenen verborgen ist, und dies ist auch der "Glanz" dieser "glänzenden Intelligenz". Dieser Glanz, diese Anwesenheit Gottes in seiner gesamten Schöpfung ist auch das, was an der Schöpfung in Malkuth über jedes Haupt erhaben ist - Kether bedeutet wörtlich "Krone".

11. (KETHER -CHOKMAH): Der elfte Pfad heißt "feurige Intelligenz", denn er ist die Essenz jenes Schleiers, der sich in unmittelbarer Nähe der Ordnungen der Ursachen befindet; und dies ist eine besondere Gnade, die ihm verliehen ist, damit es möglich wird, vor dem Antlitz der Ursachen aller Ursachen zu stehen.

Der hier erwähnte Schleier ist der erste Übergang, die "Auflösung"; die "Ordnungen der Ursachen" ist ein Name Kethers, da diese Sephirah die erste Ursache ist. Die zu diesem Pfad gehörende Vision heißt "Vision Gottes von Angesicht zu Angesicht": Kether ist Gott und Chokmah ist die höchste Form der Individualisierung - hier blickt die Essenz der Individualität auf ihren Ursprung in Gott. Eine andere Vision dieses Pfades, die aus nichtpersonifizierten Bildern besteht, ist der Durchgang durch ein Loch im Lichtsturm von Chokmah hinüber in das gleißendweiße Licht von Kether, das von vollkommener Stille und Gleichförmigkeit erfüllt ist.

Der Name "feurige Intelligenz" ist sehr treffend, denn alle Entsprechungen in den Lebensbäumen zu den verschiedensten Themen haben hier einen Vorgang von heftiger Expansion, also eine feurige Dynamik. In dem Lebensbaum der physikalischen Evolution z.B. findet sich hier die Phase des inflationären Weltalls, die

Sekundenbruchteile nach dem Urknall (Kether) stattfand und in der sich das Welt all mit 10^{47}-facher Lichtgeschwindigkeit ausgedehnt hat (dies ist der einzige Fall, in dem sich in unserer Welt einmal etwas mit Überlichtgeschwindigkeit bewegt hat).

In der Bibel findet sich einige Darstellungen dieses Erlebnis, von denen die Begegnung von Moses mit Gott auf dem Berg Sinai (2. Mose, 19) sicher die bekannteste ist. Auch die Begegnung von Elias Himmelfahrt (2. Könige, 2. 11) und Jesus Verklärung (Matthäus, 17. 1-9) gehören zu diesem Pfad.

12. (KETHER - BINAH): Der zwölfte Pfad ist die "Intelligenz der Durchsichtigkeit", denn er ist jene Art von Herrlichkeit, die CHAZCHAZIT, Seherschaft, genannt wird - der Ort, dem die Visionen derer entströmen, die Erscheinungen haben.

Aus dem Blick von Binah, der höchsten Form-Sephirah, auf die Einheit von Kether ergibt sich, daß man alle Formen als die Gestalt Gottes erkennt. In Kether ist Gott als Einheit zu erkennen, in Chokmah als seine vielen Facetten, und in Binah als die wieder zu einem vollständigen Spiegelbild Gottes zusammengesetzten Facetten - Binah ist wie das fertige Puzzelbild aller Teile der Welt, die in ihrer Gesamtheit Gott abbilden. Daher kann ein Mensch, der auf diesem Pfad bewußt und handlungsfähig wird, alles erkennen, was er will und wird daher ein Seher im höchsten Sinne dieses Wortes wie es z.B. Elias war.

13. (KETHER - TIPHARETH): Der dreizehnte Pfad heißt "zur Einheit führende Intelligenz" und wird so genannt, weil diese die Essenz des Ruhmes ist; sie läßt jeden der Geister die Wahrheit erkennen.

Die Bedeutung dieses Spruches der Weisheit ist sehr offensichtlich: Kether ist die Einheit und die Geister sind die Seelen in Tiphareth, die über diesen Pfad die Einheit, also Gott erkennen können - und diese Rückkehr zur Einheit, diese unio mystica ist das höchste, was man erreichen kann, die "Essenz des Ruhmes".

14. (CHOKMAH - BINAH): Der vierzehnte Pfad heißt "erleuchtende Intelligenz " und wird so genannt, weil diese jener CHASMAL, jenes Strahlen ist, das der Begründer der verborgenen und grundlegenden Ideen der Heiligkeit und der Stufen ihrer Bereitung ist.

Die "Heiligkeit" ist der Zustand von Binah, der Sephirah der Liebe und der Farbkraft, die Sephirah der ersten komplexen Formen, in der sich alles noch als Teil des Ganzen erlebt und daher noch "heil" und "heilig" ist.

Die Liebe fügt das Getrennte im Innen zu einem Bewußtsein zusammen, und die Farbkraft fügt das Getrennte (die Quarks) im Außen (zu Protonen und Neutronen) zusammen.

Der Chasmal, das Strahlen, ist der Lichtsturm, als der Chokmah in Visionen erlebt wird. Diese Art von Visionen liegt darin begründet, daß Chokmah das Prinzip der ungehinderten Ausdehnung ist. Dieses intensive, sich ungehindert bewegende Licht von Chokmah findet sich dann in der ersten komplexen Form (Binah) und in aller Schöpfung bis hinunter nach Malkuth als der innere, bewegende Impuls wieder. Die "Stufen der Bereitung" sind die Folge der Sephiroth von Binah bis Malkuth.

15. (CHOKMAH - TIPHARETH): Der fünfzehnte Pfad heißt "formende und individualisierende Intelligenz", denn er erschafft die Substanz der Schöpfung in Wärme und in völliger Dunkelheit. Er ist nach den Lehren der Philosophen jene Wärme und Dunkelheit selber, von denen die Schrift spricht (Hiob 38, 8-11) - die Wärme und die Dunkelheit und ihre Hülle.

(Hiob 38, 8-11: Gott spricht zu Hiob: "Wer hat das Meer mit Türen verschlossen, da es herausbrach wie aus einem Mutterleib, da ich's mit Wolken kleidete und in Dunkelheit einwickelte wie in Windeln, da ich ihm den Lauf brach mit meinem Damm und setzte ihm Riegel und Türen und sprach "Bis hierher sollst Du kommen und nicht weiter; hier sollen sich legen Deine stolzen Wellen!" ?")

Dieser Pfad verbindet den Ursprung der Individualität in Chokmah ("Gottesfunke") mit der vollen Entfaltung der Individualität (Seele) in Tiphareth. Die "Wärme" ist das Feuer Chokmahs, das in Tiphareth die Wurzel der Impulse der Seele bildet, und die "Dunkelheit" und die "Hülle" ist die Grenze, die Chokmah oder genauer gesagt, der erste Übergang, der von dem Pfad zwischen Chokmah und Kether überquert wird, für jede Form der unterscheidbaren Individualität bildet.

Die Vision auf diesem Pfad ist der Flug der Seele hinauf zu einem weißen Thron in den leuchtenden Wolken von Chokmah, der der höchste Ort ist, den sie als Individuum erreichen kann.

16. (CHOKMAH - CHESED): Der sechzehnte Pfad heißt "triumphierende oder ewige Intelligenz" und wird so genannt, weil er die Wonne der Verklärung ist, über der es keine Herrlichkeit gibt, die ihr gleicht; er wird auch das Paradies genannt, das für die Gerechten bereitet ist.

Die Vision, die man in Chesed erleben kann, ist die Gemeinschaft von Wesen (Menschen) mit gleicher Absicht, die über ihr gemeinsames Ziel meditieren bzw. die dieses Ziel und zugleich den Ursprung dieser Gemeinschaft in der Gestalt einer Gottheit anbeten. Auf diesem Pfad findet sich das Urbild der Klostergemeinschaft, die durch Gebet, Meditation und Gesang den Segen ihrer Gottheit ruft und ihr Bewußtsein in diese Gottheit hinein weiten will. Das Erlebnis dieser Weitung ist die in dem Weisheitsspruch beschriebene "Wonne", das "Paradies", das die "Gerechten", also die Menschen, die nach ihrer Gottheit streben, erreichen. Die "triumphierende und ewige" Qualität erlangt dieser Pfad dadurch, daß letztlich niemand daran gehindert werden kann, dieses Ziel zu erreichen und in diesem Zustand dann zu bleiben. Die Symbolik des Einganges in das Paradies findet sich auch deshalb, weil der Abgrund die Grenze zwischen dem Paradies (1. Dreieck) und der erschaffenen Welt ist (die mit Chesed beginnt). Insofern findet sich in Chesed die erste erschaffene Form, die in der Physik als Elementarteilchen (Quarks, Elektronen, Neutrinos), im Bewußtsein als Seelen und in der Mythologie als die ersten Menschen (z.B. Adam und Eva) bekannt ist.

17. (BINAH - TIPHARETH): Der siebzehnte Pfad heißt "vorbereitende oder ordnende Intelligenz", die den Gerechten Glauben verleiht, der sie in den Heiligen Geist hüllt; er wird die "Grundlage der Harmonie in dem Zustand der höheren Dinge" genannt.

Das Wesen der Farbkraft ist die Bildung von Gemeinschaften (Protonen und Neutronen) - was sich auch auf der Bewußtseinsseite als Liebe zeigt - die "Gottes Gedanken" ist. Diese "Gedanken Gottes" (Binah) sind logischerweise die "Grundlage der Harmonie in dem Zustand der höheren Dinge", also dem Zustand der Seelen. "Gottes Gedanken" bereiten die Seele auf ihre Entdeckungsreise durch ihre Inkarnationen vor und ordnen die einzelnen Schritte auf ihrer langen Reise, wenn die Seele den "Worten Gottes" lauscht - was in diesem Weisheitsspruch als "Gerechter Glaube" bezeichnet wird. Der Zustand, der durch dieses Lauschen auf "Gottes Worte", also den "Gerechten Glauben" erreicht wird, ist, daß die Seele "in den Heiligen Geist gehüllt" wird. Dieses Vorgang erscheint subjektiv als das Erlebnis (in der Meditation oder Traumreise), in die alle Lebewesen umfassende Gemeinschaft aufgenommen zu werden, wobei im Zentrum dieses Vorganges das Gesegnetwerden mit einem weißen Lichtstrahl steht - das Eingehülltwerden in den Heiligen Geist.

In physikalischer Hinsicht ist die Farbkraft (Binah) die Kraft, die zum einen die Quarks von Chesed (durch die Gluonen) zu den Protonen und Neutronen von Geburah zusammenfaßt und die auch die Protonen und Neutronen (durch die Pionen) zu einem Atomkern zusammenfaßt und auf diese Weise den gesamten Weg von Binah bis hin nach Tiphareth durch die "gemeinschaftsbildende" Farbkraft prägt.

18. (BINAH - GEBURAH): Der achtzehnte Pfad heißt "Intelligenz oder Haus des Einflusses" (durch dessen Größe und Reinlichkeit der Einfluß der guten Dinge auf die erschaffenen Wesen verstärkt wird), und aus seiner Mitte entspringen die Geheimnisse und verborgenen Bedeutungen, die in seinem Schatten wohnen und die mit ihm seit der Ursache aller Ursachen verbunden sind.

Binah ist die erste Sephirah, die über eine vielfältige Struktur verfügt, die also Zusammenhänge beschreibt und somit Geheimnisse und Bedeutungen enthalten kann. In dem physikalischen Lebensbaum ist Binah die Farbkraft, die die Quarks in den Protonen und Neutronen zusammenhält, also die erste Kraft, die komplexe Strukturen hervorruft.

Geburah sind die Pläne und Gedanken der Seele, die über diesen Pfad von der innersten Gestalt der Welt her geformt wird und dadurch den einzelnen Strukturen und Schritten von Geburah Bedeutung verleihen kann. Entsprechend finden sich im Lebensbaum der Physik in Geburah die ersten zusammengesetzten Teilchen - das Proton und das Neutron, in denen jeweils drei Quarks eben durch die Farbkraft von Binah zusammengehalten werden.

Binah verleiht über diesen Pfad Geburah die Fähigkeit zum Aufbau komplexer Strukturen - und verleiht der Seele somit auch die Fähigkeit zu denken, also Bewußtseinsstrukturen zu bilden. Wenn es in physikalischer Hinsicht nicht den Einfluß der Farbkraft von Binah auf die Quarks von Chesed gäbe, könnten in Geburah keine Protonen und Neutronen entstehen. Ohne diesen Pfad würden die Seelen nicht über die Welt nachdenken und hätten somit auch keine Motivation, sich zu inkarnieren; und ohne diesen Pfad würde die physikalische Evolution bei den einfachen, nicht zusammengesetzten Elementarteilchen (Quark, Elektron, Neutrino) enden und es gäbe keine Atome, keine Zellen, keine Lebewesen ... Dies ist der "Einfluß der guten Dinge (Binah) auf die erschaffenen Wesen (Chesed)", dessen "Größe" und "Reinlichkeit" in der Ursprünglichkeit der Kraft und Struktur von Binah liegt: Die Kraft Binahs umfaßt die gesamte Welt und die Kraft von Binah ist ohne Verzerrung und Deformation, also "rein", weil sie so ursprünglich ist und in einem Bereich liegt, in dem es noch keine Abgrenzungen gibt (die die Vorraussetzung für Verzerrungen ist).

19. (CHESED - GEBURAH): Der neunzehnte Pfad heißt "Intelligenz des Geheimnisses aller Tätigkeiten der geistigen Wesen" und wird so genannt wegen des Einflusses, der von ihm ausgeht und den er von dem allerhöchsten und feinsten Strahlen erhält.

Wenn man "geistige Wesen" mit "Seelen" übersetzt, wird dieser Weisheitsspruch verständlich, denn in Chesed finden sich die Motivationen der Seele (analog zu Netzach in der Psyche) und in Geburah die Gedanken der Seele (analog zu Hod in der Psyche). Da das "Geheimnis aller Tätigkeiten der geistigen Wesen" ihr zentraler und ursprünglichster Einfluß sein sollte, findet sich diese Bezeichnung hier auf dem obersten der Pfade, die das Innenleben der Seele beschreiben: Die Umsetzung der Motivationen (Chesed) in konkrete Absichten, Richtungen, Versuche, in den nächsten Schritt.

20. (CHESED - TIPHARETH): Der zwanzigste Pfad heißt "Intelligenz des Willens" und wird so genannt, weil er das Mittel ist, durch das alle Kreaturen und jede einzelne von ihnen im Besonderen für die Darstellung der uranfänglichen Weisheit vorbereitet werden.

Dieser Pfad, der die Absichten der Seele (Chesed) mit einer konkreten Inkarnation (Tiphareth) verbindet, wird durch diesen Spruch der Weisheit gut beschrieben, denn Chesed ist die höchste Sephirah, die eine abgegrenzte Form hat (Kether bis Daath sind abgrenzungslos) und somit auch die höchste Darstellung von Weisheit ist (die Weisheit selber ist Chokmah, die wörtlich "Weisheit" bedeutet) und von Chesed aus gelangen die Motivationen zu den einzelnen Inkarnationsentschlüssen in Tiphareth - genauso wie in der Psyche die einzelnen Motivationen von Netzach in das Bewußtsein über eine einzelne Situation (Yesod) gelangen. Diesen Vorgang der bewußten, weisheitsgelenkten Formung der Folge der einzelnen Inkarnationen ist die Essenz des Willens der Seele - daher ist der Name "Intelligenz des Willens" sehr passend.

21. (CHESED - NETZACH): Der einundzwanzigste Pfad heißt "Intelligenz der Unterstützung und Belohnung" und wird so genannt, weil er den göttlichen Einfluß empfängt und durch seinen Segen auf alle Existenzen wirkt.

Es ist kaum etwas Unterstützenderes für die Psyche und somit für das Handeln eines Menschen denkbar, als wenn sich die Motivationen/Gefühle der Psyche (Netzach) im Einklang mit den Motivationen/Gefühlen der Seele (Chesed) befinden. Der göttliche Einfluß, der auf diesem Pfad weitergereicht wird, ist der Einfluß von Chokmah, den man als die Gefühle Gottes auffassen kann. Der Segen auf diesem Pfad besteht also darin, daß einem Menschen über diesen Pfad die richtige Richtung deutlich werden kann.

22. (GEBURAH - TIPHARETH): Der zweiundzwanzigste Pfad heißt "Treue Intelligenz oder Intelligenz des Glaubens" und wird so genannt, weil durch ihn die geistigen Fähigkeiten verstärkt werden, die hier wachsen, bis sie zu denen kommen, die in ihrem Schatten leben.

Auf diesem Pfad wird durch die Überzeugungen der Seele (Geburah) der Beschluß für eine bestimmte Inkarnation (Tiphareth) gefaßt. Der Glaube an die ursprünglichen Absichten der Seele (Chesed) und die Treue zu diesen Absichten führt zu einer Klärung der Motivationen der Seele (Geburah), durch die die anfangs aufgrund von Unwissenheit eher leidvollen Inkarnationen ("die in ihrem Schatten leben") allmählich aufgrund der wachsenden Erfahrung und Einsicht in das Wesen der Welt ("wachsende geistige Fähigkeiten") freudevoller werden.

23. (GEBURAH - HOD): Der dreiundzwanzigste Pfad heißt "stabile Intelligenz" und wird so genannt, weil er die Tugend der Stabilität und des Zusammenhanges in höherem Maße als alle anderen Pfade besitzt.

So wie auf dem 21. Pfad die Gefühle der Psyche in Resonanz mit den Gefühlen der Seele treten und dadurch den Segen der deutlichen Richtung in die Psyche hereinrufen, so tritt auf diesem Pfad das Denken der Psyche (Hod) mit dem Denken der Seele (Geburah) in Resonanz und ruft dadurch "stabile", also zutreffende und verläßliche Ansichten über das Wesen der Dinge und vor allem über sich selber hervor.

24. (TIPHARETH - NETZACH): Der vierundzwanzigste Pfad heißt "abbildende Intelligenz" und wird so genannt, weil er allen Entsprechungen, die in übereinstimmender Weise, entsprechend ihrem harmonischen Einklang, erschaffen wurden, eine Ähnlichkeit gibt.

In etwas altmodischer Sprache wird hier im Grunde der Vorgang beschrieben, durch die ein Atomkern (Tiphareth) eine Elektronenhülle (Netzach) um sich her bildet, wobei die Zahl der Elektronen ein Abbild des Atomkernes ist, da die Zahl der Elektronen mit der Zahl der Protonen im Atomkern übereinstimmt. In Hinblick auf das Bewußtsein beschreibt dieser Weisheitsspruch, daß sich die Seele (Tiphareth) in der Lebenskraft der Psyche (Netzach) spiegelt und auf diese Art und Weise die ersten Bilder in der Psyche erschafft, die genau der Seele entsprechen. Die Elektronenhülle ist ein Abbild des Atomkerns und die ursprünglichen Bilder an der Wurzel der Psyche sind Abbildungen der Seele.

25. (TIPHARETH - YESOD): Der fünfundzwanzigste Pfad heißt "Intelligenz der Versuchung oder Prüfung" und wird so genannt, weil er die erste Versuchung ist, durch die Gott die Rechtschaffenen prüft.

Dieser Weisheitsspruch bezieht sich deutlich auf den Graben, also den Übergang zwischen Seele (Tiphareth) und Psyche (Yesod + Netzach/Hod): Die Versuchung ist der Weg von der Seele hinunter zur Psyche bei der Zeugung/Inkarnation, durch die man die Möglichkeit des Erlebens der Welt von außen her, also durch die Sinne mit allen ihren Verlockungen und Ängsten erhält, die ihrerseits schnell dazu führen können, daß man den Blick nach innen vergißt und somit den Kontakt zu seiner Seele (Tiphareth) und zu Gott (Kether) verliert.

26. (TIPHARETH - HOD): Der sechsundzwanzigste Pfad heißt "erneuernde Intelligenz" und wird so genannt, weil Gott - gelobt sei er - durch ihn alle sich wandelnden Dinge erneuert, die in der erschaffenen Welt erneuert werden können.

Die Erneuerung auf diesem Pfad könnte man als auch die wachsenden Erkenntnisse in Hod auffassen, die durch die Wahrnehmung der Seele in Tiphareth in den eigenen Anschauungen über sich selber und die Welt entstehen, aber dieser Spruch der Weisheit beschreibt diesen Pfad in einer viel weiteren Sicht: die Neuanordnung aller Teile des Ganzen zu immer neuen Formen, wozu auf einer sehr grundlegenden Ebene auch die Chemie gehört, also das ständige Neuanordnen von Atomen zu immer neuen Molekülen.

27. (NETZACH - HOD): Der siebenundzwanzigste Pfad heißt "aktive oder begeisternde Intelligenz" und wird so genannt, weil durch ihn jedes existierende Wesen seinen Geist und seine Bewegung erhält.

Die Motivationen von Netzach sind die Kraft, die die Gedanken von Hod in Bewegung setzt und leitet. Das rein sachliche Denken von Hod erhält über diesen Pfad von Netzach die subjektive Betroffenheit, den persönlichen Standpunkt und führt daher zur Begeisterung für das, worüber man nachdenkt und in der Folge auch umsetzt. Heute würde man diese "beigeisternde Intelligenz" wohl eher etwas zurückhaltender als Anteilnahme bezeichnen - wobei das "Begeistern" eine viel umfassendere Bezeichnung ist, da sie die Treue zu sich selber impliziert, die Aufrichtigkeit und Authentizität, denn nur, wenn man seinen tatsächlichen Motivationen folgt, kann eine Begeisterung über das eigene Denken und Tun entstehen.

28. (NETZACH - YESOD): Der achtundzwanzigste Pfad heißt "Intelligenz der Natur"; durch ihn wird die Natur aller Dinge, die unter der Sphäre der Sonne (=TIPHARETH) existieren, vervollständigt und vervollkommnet.

In dem 3. Dreieck (Netzach/Hod/Yesod), das unter anderem die Psyche darstellt, ist Netzach als das Gefühl und die Motivation die Instanz, die in dem Bereich der inneren Bilder (Yesod - Unterbewußtsein) alle Einzelmotive, Erinnerungen und Wahrnehmungen auf die eigentliche Absicht hin ordnet und verbindet, wodurch die großen Symbole und individuellen Mythen der Psyche entstehen. Der Bereich unterhalb der Sonne (Tiphareth) ist das 3. Dreieck.

29. (NETZACH - MALKUTH): Der neunundzwanzigste Pfad heißt "Intelligenz des Körperlichen" und wird so genannt, weil er jeden Körper formt, der in einer der Welten geformt wird und er formt ebenso seine Reproduktionen.

Da in Netzach die Gefühle sind, also die Motivationen, wirken über diesen Pfad, der zu Malkuth, dem materiellen Körper, führt, die Impulse, die zur Ausformung eines Körpers (Mensch, Tier, Pflanze, Landschaft usw.) führen und ebenso die Impulse, die zu seiner Reproduktion, führen, also die sexuellen Instinkte und die Brutpflegeinstinkte.

30. (HOD - YESOD): Der dreißigste Pfad heißt "zusammenfassende Intelligenz", weil die Astrologen bei der Beurteilung der Gestirne und der himmlischen Konstellationen durch ihn ihre Schlüsse ziehen und Vervollkommnung ihrer Wissenschaften durch die Beobachtung der Bewegungen der Sterne erlangen.

Das Denken (Hod) untersucht auf diesem Pfad die Bewegungen der Dinge (Yesod), wozu neben der Astrologie auch alle statistischen Verfahren und in weiterem Sinne auch alle Experimente und die auf diesen Experimenten beruhenden Schlußfolgerungen und Erfindungen gehören. "Die "zusammenfassende Intelligenz" würde man heutzutage eher "statistische Auswertung" , "Mittelwertbildung" oder "graphische Darstellung" nennen.

31. (HOD - MALKUTH): Der einunddreißigste Pfad heißt "in Dauer erhaltende Intelligenz", aber warum wird er so genannt? Weil er die Bewegungen der Sonne und des Mondes in der ihnen entsprechenden Weise regelt und sie in ihnen angemessenen Bahnen kreisen läßt.

Dies ist eine Beschreibung von einem sehr menschenzentrierten Standpunkt aus: In Hod werden durch das Denken die Regelmäßigkeiten in der Welt, also die Naturgesetze erkannt, die die Bewegungen in Malkuth beschreiben. Diese Bewegungen werden aber durch die Kräfte in Yesod bewirkt - in Hod befindet sich lediglich die menschliche Erkenntnis der Regeln, nach denen diese Kräfte die Bewegungen hervorrufen.

32. (YESOD - MALKUTH): Der zweiunddreißigste Pfad heißt "unterstützende Intelligenz" und wird so genannt, weil er die Bewegungen der sieben Planeten leitet und verbindet; er lenkt sie alle in den ihnen angemessenen Bahnen.

Yesod ist das Unterbewußtsein, das das Fundament des Wachbewußtseins ist ("Fundament" ist die wörtliche Übersetzung von "Yesod"). Yesod sind die Reflexe und die Instinkte, die das Verhalten des Körpers steuern. Yesod sind die Naturkräfte, die das Verhalten ("Bewegungen") der Materie ("sieben Planeten") bestimmen.

Die Visualisierung der Mittleren Säule

An grundsätzlich neuen Erkenntnissen ergibt sich kaum etwas durch diese Betrachtungen über die Sprüche der Weisheit aus dem Sepher Yezirah. Allerdings kann durch das Lesen und Nachdenken und vor allem durch das "in sich klingen lassen" dieser Sprüche ein Gefühl für das Alter des Lebensbaumes entstehen und eventuell auch eine Resonanz zu den vielen Rabbis und Mystikern, die dieses Symbol schon benutzt haben, um die Welt zu verstehen und zu dem direkten Erleben von Gott zu gelangen.

23. Die traditionellen Symbole des Lebensbaumes

Die traditionellen Symbole, die zu dem Lebensbaum gehören, sind sehr vielfältig und umfassen den größten der jüdischen Weltanschauung und umfassen ihre heiligen Bücher, die Bundeslade, die Zehn Gebote und vieles mehr. Zu den in diesem Buch verwendeten und dargestellten Symbolen zählen vor allem

1. die Sephiroth,
2. die Namen der Sephiroth,
3. die Pfade,
4. die Übergänge,
5. der "Blitzstrahl der Schöpfung",
6. die "Schlange der Weisheit",
7. die drei Säulen und
8. die Planeten.

Die Visualisierung der Mittleren Säule

Aus dieser Darstellung, die einige der schon beschriebenen Strukturen graphisch zusammenfaßt, ergeben sich naturgemäß keinen neuen Strukturen für die Meditation der Mittlern Säule.

IV Der Lebensbaum und andere Analogiesysteme

Da die Analogie, der Vergleich, die Parallele und das Gleichnis das Ordnungsprinzip der ganzen Jungsteinzeit waren, gibt es viele verschiedene Analogiesysteme, da es in jeder Kultur Bemühungen gab, die Welt als Ganzes zu ordnen, zu erfassen und ihr Wesen zu begreifen.

Manche Analogiesysteme sind relativ lose organisiert wie z.B. viele Orakel, d.h. ihre Bestandteile sind eher willkürlich gewählt und haben keine feste, logische, innere Struktur. Das extremste Beispiel dafür ist das "Knochenorakel", bei dem man eine Handvoll bedeutsamer kleiner Gegenstände (Kristalle, Knochen, Zähne, Samen u.ä.) in einem Beutel bei sich trägt und bei auftretenden Fragen diese Gegenstände auf den Boden fallen läßt und die Antwort aus der Lage dieser Gegenstände zueinander ableitet. Dann gibt es solche Systeme wie das Tarot, die ursprünglich Darstellungen der Sephiroth (Kleine Arkana) und der Pfade (Große Arkana) waren, aber deren Bedeutung sich im Laufe der Jahrhunderte weit von den Bedeutungen des Lebensbaumes entfernt hat. Es lassen sich zwar noch Reste dieser Ordnung, dieser inneren Logik nachweisen, aber eigentlich steht jede Karte des Tarot mit ihrer Bedeutung für sich alleine. Da der Lebensbaum ein ausgesprochen logisches und in sich geschlossenes Systems ist, eignet sich diese loseren und in ihrem Aufbau "unpräziseren" Arten von Analogiesystem nicht besonders gut für eine Kombination mit dem Lebensbaum.

Daneben gibt es jedoch auch Analogiesysteme, die ausgesprochen streng und konsequent konstruiert sind wie z.B. das I Ging oder die Astrologie. Das I Ging ist das am klarsten auf der "2" und ihren Potenzen (4, 8, 16, 32, 64) aufbauende Orakel. Eine ähnliche binäre Struktur findet man z.B. in dem (hierzulande recht unbekannten) Ifa-Orakel der Yoruba in Westafrika und auch in dem Kalender der Mayas, der ebenfalls für Orakelzwecke verwendet wurde.

Die Zwölferteilung des Tierkreises ist überraschend eng mit den Übergängen auf dem Lebensbaum verbunden. Dasselbe gilt auch für die anderen Analogie-Systeme, die eine Zwölferteilung aufweisen wie die Steinheilkunde und das Meridian-System der chinesischen Medizin. Bei der Zwölferteilung scheint es sich um eine universelle Struktur zu handeln.

Im Gegensatz dazu ist die Folge der (astrologischen) Planeten geozentrisch, also auf die Erde bezogen. Auf einem anderen Planeten oder in einem anderem Sonnensystem würden andere Planetenqualitäten und Qualitätenreihenfolgen vorliegen. Da der Lebensbaum jedoch zu einem großen Teil aus dieser Planetenfolge hergeleitet worden ist, findet sich als wichtiges verwandtes Analogiesystem in dem Lebensbaum wieder.

Die Chakren sind eine Parallelbildung zu dem Lebensbaum, die ebenfalls den Weg von der Erde zum Himmel, von den Menschen zu Gott beschreibt. Daher sollte es möglich sein, diese beiden Systeme miteinander in Beziehung zu setzen.

Schließlich gibt es noch als ein wichtiges Analogiesystem das Ba-Gua des Feng Shui, also die Teilung einer Fläche in neun Bereiche mit bestimmter Bedeutung. Diese Art der Analogiebildung hat zwar einen völlig anderen Ansatz, aber ein Vergleich scheint doch zumindest interessant zu sein.

1. Die Zwölferstruktur der Übergänge

Das zentrale Bild für die Vorgänge, die an den vier Übergängen stattfinden, ist die Bildung von "Blasen" bzw. die Wiederauflösung dieser "Blasen". Beim Weg auf dem Lebensbaum von oben nach unten kapselt sich eine kleine Menge der vorher homogenen Substanz ab und bildet eine eigenständige Organisationseinheit. Diese Blasenbildung und Abkapselung ist offenbar mit der Zwölferteilung verbunden, deren bekanntester Vertreter sicher der Tierkreis mit seinen zwölf Zeichen ist.

a) Astrologie

Das Urbild für eine solche Blasenbildung bei einem Übergang ist sicherlich die Geburt. Zunächst einmal befindet sich das noch nicht geborene Baby noch im Mutterleib in einer Einheit von Temperatur, Ernährung und gemeinsamer Substanz - das Kind ist noch ein Teil der Mutter. Das Kind hat auch keinen Kontakt zur Außenwelt und trinkt, ißt und atmet noch nicht, sondern wird vollständig über die Nabelschnur versorgt. Die Seele des Kindes, das sich noch in seiner Mutter befindet, ist eine Tiphareth-Entsprechung, und die gemeinsame Temperatur, der über die Nabelschnur gemeinsame Vorrat an Nahrung und Sauerstoff ist eine Entsprechung des thermischen Gleichgewichtes, das in dem Lebensbaum der Physik dem 2. Dreieck und somit dem Bereich der Seele entspricht.

Bei der Geburt wird diese Gemeinsamkeit aufgelöst - die Geburt ist also eine Entsprechung zu dem Graben unterhalb von Tiphareth. Das Kind bildet nach der Geburt eine eigenständige Einheit, eine aus der vorherigen Einheitlichkeit (Baby im Mutterleib) heraus neu entstandene "Blase".

Nun entsteht bei der Geburt das Horoskop sozusagen als der "eingefrorene astrologische Zustand" des Geburtsaugenblickes, denn der Planetenstand zum Zeitpunkt der Geburt beschreibt sowohl die Geburt selber als auch das Horoskop, also den Lebensstil des Neugeborenen. Der Zeitpunkt der Geburt prägt also den Charakter der "Blase".

Zunächst einmal läßt sich nur feststellen, daß dieser Vorgang offenbar die Zwölferteilung des astrologischen Tierkreises aufweist, auch wenn nicht klar ist, warum dies so ist. Diese Beobachtung gilt nun nicht nur für die Geburt eines Menschen, sondern auch für die Geburt von Tieren oder für die Gründung eines Unternehmens. Alles, was neu entsteht, erhält den Charakter des Planetenstandes zum Zeitpunkt seiner Entstehung als Horoskopteilung

Da der Graben auch die Entstehung der Elektronenhülle der Atome beschreibt, sollte man annehmen, daß sich auch bei diesem Vorgang eine Zwölferteilung finden läßt.

Bei der Betrachtung der Schwelle findet sich die Zwölferteilung am ehesten in den astrologischen Transiten wieder, also in der Variation oder Modulation des Geburtshoroskopes durch das Verhältnis des aktuellen Planetenstandes zu der Stellung der Planeten im Horoskop.

Auch bei der Betrachtung des Grabens findet sich eine zwölffache Struktur. Die physikalischen Einheiten, die am Graben von Bedeutung sind, sind vor allem die Elektronen. Wenn man nun einmal betrachtet, in welcher Form die Elektronen eine Elektronenhülle bilden, ergibt sich folgendes Bild:

    1. die s-Orbitale der Elektronen sind kugelförmig und entsprechen daher der astrologischen Konjunktion und ergeben einen Punkt (Mitte) bzw. den ganzen, unstrukturierten Kreis;

    2. die p-Orbitale der Elektronen sind wie zwei abgeplattete, aneinanderliegende Kugeln und entsprechen daher der astrologischen Opposition und ergeben zwei sich gegenüberliegende Punkte auf einem Kreis;

    3. die d-Orbitale der Elektronen sind wie vier im 90°-Winkel zueinander stehende Tropfen, die sich mit den Spitzen berühren, und entsprechen daher dem astrologischen Quadrat und ergeben vier Punkte auf einem Kreis – wobei man das Quadrat mit zwei Oppositionen überlagern kann bzw. aus ihnen zusammensetzen kann;

    4. die f-Orbitale der Elektronen sind wie sechs im 60°-Winkel zueinander stehende Tropfen, die sich mit den Spitzen berühren, und entsprechen daher dem astrologischen Sextil und ergeben sechs Punkte auf einem Kreis – wenn man nun die sechsfachen f-Orbitale über die vierfachen d-Orbitale legt (die in sich die zweifachen p-Orbitale und das einfache s-Orbital geometrisch gesehen enthalten), kann man entweder zwei der sechs f-Orbitale („Tropfen") auf die beiden senkrechten d-Orbitale („Tropfen") legen oder zwei der f-Orbitale („Tropfen") auf die waagerechten d-Orbitale („Tropfen") legen, wodurch in beiden Fällen dann ein Muster, das aus 8 Orbitalen („Tropfen") besteht, entsteht; wenn man nun diese beiden gleichberechtigten Muster übereinanderlegt, ergibt sich ein neues Muster, das aus genau zwölf Orbitalen („Tropfen") besteht, die gleichweit voneinander entfernt sind, d.h. die in einem 30°-Winkel zueinander stehen.

Wenn man also die vier möglichen Orbitalarten in der Weise übereinanderlegt, das immer ein Orbital der neu hinzugefügten Orbitalart genau auf ein Orbital der vorigen Orbitalart zu liegen kommt, ergibt sich ein zwölffach gegliederter Kreis, der somit dem Tierkreis entspricht.

Beim Abgrund entstehen aus der Energie in Daath die Elementarteilchen in Chesed, von denen es genau zwölf verschiedene Arten gibt:

up-Quark	down-Quark	Elektron	Elektron-Neutrino
charm-Quark	strange-Quark	Myon	Myon-Neutrino
top-Quark	bottom-Quark	Tauon	Tauon-Neutrino

Es ist immer das neu Entstehende, was durch die Zwölferteilung geprägt wird: Oberhalb des Abgrundes gab es nur freie Energie und unterhalb des Abgrundes kondensiert diese freie Energie zu zwölf Arten von Elementarteilchen. Oberhalb des Grabens gibt es die freie Seele, die sich unterhalb des Grabens in eine durch das Horoskop geprägte Psyche (Netzach, Hod, Yesod) und einen ebenso geprägten Körper (Malkuth) hüllt.

Wenn in diesen Betrachtungen nicht ein grundlegender Fehler verborgen liegt, sollte man nun nicht nur annehmen, daß dem Aufbau der Elektronenhülle ein Zwölferteilung zugrundeliegt (Graben), sondern auch, daß es "zwölf Familien von Seelen" gibt, die den Elementarteilchen entsprechen (Abgrund). Ähnliche Überlegungen oder Beobachtungen finden sich unter anderem in den Schriften der Theosophen.

Auch an dem obersten Überganges, der Auflösung, befindet sich eine Zwölferteilung. Da zu dieser Zeit lediglich die Raumzeit existierte, muß sich diese Zwölferteilung in den Gravitonen befinden, weil die Gravitation die Raumkrümmung beschreibt und die Gravitonen somit die einzigen Teilchen sind, die an diesem Übergang überhaupt schon existieren. Nun können Gravitonen durch eine zwölfteilige Heisenberg'sche Spinkette beschrieben werden. Diese Spinkette kann man sich wie ein sehr, sehr winziges, kreisförmiges Seil vorstellen, das an zwölf Stellen auf- und abschwingt und das somit eine zwölfteilige stehende Welle ist. Nun ist eine stehende Welle ja eines der wenigen physikalischen Phänomen, das aus einer Gruppe von gleichgroßen, aber scharf voneinander abgegrenzten Bereichen besteht – und somit eine Entsprechung zum Tierkreis mit seinen zwölf gleichgroßen und scharf voneinander abgegrenzten Tierkreiszeichen ist. Aus dem Modell der Heisenberg'schen Spinketten ist inzwischen die Superstringtheorie, die heute die umfassendste physikalische Theorie ist, entstanden.

Da man die Auflösung auch als den Übergang von dem einen, allumfassenden Gott (Kether) zu dem Bereich der Götter (Chokmah/Binah/Daath) auffassen kann, könnte man sich auch fragen, ob es vielleicht zwölf Arten von Göttern gibt.

```
              Kether
........................................ Auflösung:    zwölfteilige Heisenberg'sche Spinketten
Binah         Chokmah
              Daath
........................................ Abgrund:      zwölf grundlegende Elementarteilchen
Geburah       Chesed
              Tiphareth
........................................ Graben:       zwölf Tierkreiszeichen (Horoskop)
                                                       zwölfteiliges Elektronen-Orbital-Muster
Hod           Netzach
              Yesod
........................................ Schwelle:     zwölf Tierkreiszeichen (Transite)
              Malkuth
```

Es liegt an dieser Stelle nahe, einmal genauer zu betrachten, ob die physikalischen Vorgänge an den Übergängen und die Bewußtseinsvorgänge an den Übergängen genaue Analogien sind, wie man es entsprechend dem Prinzip "Innen/Bewußtsein entspricht Außen/Materie" eigentlich erwarten sollte.

Dies läßt sich herausfinden, indem man bei beiden Vorgängen genau die Struktur und Dynamik untersucht, denn deren genaue Übereinstimmung wäre der sicherste analytische Nachweis für die Identität beider Vorgänge, deren Unterschied dann nur darin beruhen würde, daß sie einmal von außen her und einmal von innen her wahrgenommen werden.

Das erste Merkmal der physikalischen Übergänge bei der Entwicklung von oben nach unten, also im Verlauf der physikalischen Evolution, ist das Prinzip der Abkapselung: An der Auflösung kapseln sich Energiequanten (1. Dreieck) aus der Einheit (Kether) ab; am Abgrund kapseln sich Elementarteilchen (2. Dreieck) aus der Energie ab; am Graben kapseln sich feste Elektronenhüllen (3. Dreieck) aus den freien Elektronen ab und binden sich fest an die Atomkerne; und an der Schwelle kapseln sich makroskopische Dinge (Malkuth) aus den Atomen ab. Dieser Vorgang ist mit einem Sinken des Energieniveaus und einem Anstieg der Komplexität verbunden, der darauf beruht, daß die Einheiten der Ebene oberhalb des Überganges zu den neuen Einheiten unterhalb des Überganges kombiniert werden.

Die Analogie dazu in dem Bereich des Bewußtseins findet sich bei der Betrachtung der "Reichweite des Bewußtseins", das durch die Entstehung der Übergänge eingegrenzt wird: Gottes Bewußtsein ist allumfassend (Kether); das Bewußtsein der Götter umfaßt ein Thema in der gesamten Welt, aber nicht die anderen Themen (1. Dreieck); das Bewußtsein der Seelen umfaßt eine Folge von Inkarnationen (2. Dreieck), aber nicht mehr ein gesamtes Thema; das Bewußtsein einer Psyche umfaßt ein Leben (3. Dreieck), aber ist sich in der Regel nicht der früheren Leben ihrer Seele bewußt; und das normale Wachbewußtsein umfaßt nur die Gegebenheiten der Situation, in der sich die betreffende Person gerade befindet (Malkuth) und blendet alle anderen Erinnerungen weitgehend aus.

Hier stimmen die Strukturen also genau überein, weshalb die Analogie "innen = außen" durch diese Analyse bestätigt wird.

Das zweite Merkmal der physikalischen Evolution ist die Verringerungen des Wirkungsradius: Die Einheit umfaßt die Gesamte Welt (Kether); die Energie hat zwar eine unbegrenzte Reichweite, ist aber durch ihre Ausbreitung mit Lichtgeschwindigkeit sowie durch ihre mit zunehmender Entfernung abnehmende Intensität beschränkt (1. Dreieck); die Elementarteilchen sind von ihrer Ausdehnung her auf ihren Radius begrenzt, aber haben drei Formen von Kraft (Gravitation, elektromagnetische Kraft, Farbkraft) zur Verfügung, mit denen sie aufeinander wirken können (2. Dreieck); die Atome sind ebenfalls durch ihren Radius begrenzt und haben nur noch zwei Kräfte für ihre Wechselwirkung zur Verfügung (die stärkste, die Farbkraft, fällt fort) (3. Dreieck); die makroskopischen Dinge sind auf ihren Radius begrenzt und zwischen ihnen wirkt nur noch die schwächste aller Kräfte, die Gravitation (Malkuth).

Die Analogie dazu in dem Bereich des Bewußtseins ist leicht zu erkennen, da sie in ihrer Beschreibung der vorigen Betrachtung entspricht, denn die Entstehung neuer Einheiten ist mit der Verringerung der Intensität und Reichweite eng verbunden: Gottes Bewußtsein ist allumfassend (Kether); das Bewußtsein der Götter umfaßt ein Thema in der gesamten Welt, aber nicht die anderen Themen (1. Dreieck); das Bewußtsein der Seelen umfaßt eine Folge von Inkarnationen (2. Dreieck); das Bewußtsein einer Psyche umfaßt ein Leben (3. Dreieck); und das normale Wachbewußtsein umfaßt nur die Gegebenheiten der Situation, in der sich die betreffende Person gerade befindet (Malkuth).

Hier stimmen die Strukturen also genau überein, weshalb die Analogie "innen = außen" auch durch diese Analyse bestätigt wird.

Das dritte Merkmal der physikalischen Übergänge ist die Symmetriebrechung, d.h. die Entstehung von neuen Qualitäten, die in ihrer Gesamtheit wieder "0" ergeben: An der Auflösung entstehen der ausdehnende Urknallimpuls und die zusammenziehende Gravitation; am Abgrund entstehen die positive und die negative Ladung der elektromagnetischen Kraft und die "gelbe", "rote" und "blaue" Ladung der Farbkraft; am Graben entstehen neben den elektrisch neutralen Atomen die positiv (Anionen) und negativ geladenen Ionen (Kationen); an der Schwelle entsteht keine neue Polarität.

Die Analogie dazu in dem Bereich des Bewußtseins ist für den Graben wieder leicht erkennbar - es ist die

Entstehung des Horoskopes. Insbesondere der Tierkreis zeichnet sich ja wie jede physikalische Symmetriebrechung dadurch aus, daß eine Gruppe neuer Qualitäten entsteht, die symmetrisch angeordnet sind und deren Summe "0" ergibt, was ja auch für den Tierkreis zutrifft, da alle gegenüberstehenden Tierkreiszeichen Gegensätze sind und sich somit gegenseitig aufheben (dasselbe gilt für die vier Dreiecke und die drei Quadrate im Tierkreis). An der Schwelle wirkt wieder die Tierkreisqualität - diesmal mittels der astrologischen Transite. Am Abgrund findet sich als Analogie die Entstehung des Tierkreises selber, während die Bewußtseinsanalogie für den obersten Übergang, die Auflösung, noch nicht geklärt ist.

Auch hier stimmen die Strukturen also, soweit bekannt, genau überein, weshalb die Analogie "innen = außen" durch diese Analyse vollständig bestätigt wird und nebenbei die Astrologie und speziell der Tierkreis als die Bewußtseinsentsprechung zu den physikalischen Symmetriebrechungen deutlich wird.

An den Übergängen lassen sich bei der Entwicklung von Kether nach Malkuth hin sowohl in der Materie/Energie als auch im Bewußtsein folgende Vorgänge beobachten:

1. die Größe der Einheiten verringert sich,
2. der Wirkungsradius der Einheiten verringert sich,
3. die Wirkungsintensität der Einheiten verringert sich,
4. die Komplexität der Einheiten nimmt zu,
5. die neuen Einheiten setzen sich aus den Einheiten der nächsthöheren Ebene zusammen,
6. die neuen Einheiten haben neue Qualitäten, deren Summe stets "0" ist.

Es bleiben also bei der Betrachtung des Zusammenhanges zwischen dem Lebensbaum und der Astrologie zwei Fragen offen:

1. Gibt es eine Gliederung der Seelen in zwölf "Familien"?
2. Gibt es zwölf "Familien" von Göttern?

Möglicherweise muß man diese Fragen auch etwas anders formulieren, um zu einem Ergebnis zu kommen. Da die Zwölferteilung nach den bisherigen Betrachtungen auf den sieben astrologischen Aspekten, also den sieben durch bestimmte Winkel ausgedrückten Grundeigenschaften beruht, könnte es sein, daß man in dem einen oder anderen Fall zunächst einmal diese sieben Winkel/Qualitäten leichter finden kann. Die Fragen würden dann lauten:

1. Gibt es sieben verschiedene Dynamiken im Charakter der Seelen?
2. Gibt es sieben verschiedene Arten von Göttern?

Insbesondere im vorletzten Kapitel dieses Buches "Der ursprüngliche Sinn des Lebensbaumes: Der Weg zum Himmel" finden sich noch einige weiterführende Betrachtungen zu diesen Fragen.

Die Visualisierung der Mittleren Säule

Durch diese Betrachtungen ergibt sich die Möglichkeit, zwischen den einzelnen Sephiroth auf der Mittleren Säule die Übergänge in ihrer Zwölferteilung zu imaginieren bzw. jede Sephirah mit Ausnahme von Kether als Substanz der über ihr liegenden Sephirah zu imaginieren, die durch eine zwölfgeteilte "Blase" eingehüllt ist.

Dies ist eine Ergänzung und Präzisierung zu der bereits beschriebenen Struktur, die darstellt, daß jede Sephirah aus der über ihr liegenden heraus entsteht.

b) Tierkreis und astrologische Aspekte

Es stellt sich nun noch eine weitere Frage: Warum eigentlich eine Zwölferteilung und nicht die Teilung in irgendeine andere Anzahl?

Ein Erklärungsansatz, der zwar genau genommen nichts erklärt, aber die Zwölferteilung zumindest sinnvoll erscheinen läßt, ist die Betrachtung der astrologischen Aspekte. Diese Aspekte sind bestimmte Winkel (0°, 30°, 60°, 90°, 120°, 150°, 180°), die bestimmte Qualitäten haben (siehe III 12. "Die Symbolik der Zahlen") und die den Tierkreiszeichen zugeordnet werden können und mit diesen verwandt sind.

Die Zuordnung ergibt sich einfach dadurch, daß man den Widder als Nullpunkt (Konjunktion) nimmt, und von ihm aus schaut, welche Aspekte zu welchen Tierkreiszeichen führen: die Opposition z.B. zu der ausgleichenden Waage, die beiden vereinigenden Trigone zu den beiden handlungsaktiven Feuerzeichen Löwe und Schütze, die beiden anlagernden Sextile zu den beiden alle Sachverhalte schnell erfassenden Luftzeichen Zwillinge und Wassermann usw.

Die Qualitäten dieser Aspekte, also dieser Winkel finden sich an vielen Stellen in der physischen Welt wieder (wie in dem erwähnten Kapitel beschrieben). Diese Qualitäten scheinen also notwendige und fest definierte Eigenschaften zu sein. Wenn nun alle diese Eigenschaften in unserer physischen Welt auftreten und Teil ihres "Konstruktionsplanes" sind, und sich diese Winkel mit diesen für die Welt notwendigen Eigenschaften durch die Zwölferteilung des Tierkreises darstellen lassen, kann man den Tierkreis gewissermaßen als "Gottes Werkzeugkasten" oder "Gottes Konstruktionsplan" bei der Erschaffung der Welt auffassen.

Wenn man sich überlegt, welche Qualitäten in einem solchen Konstruktionsplan auf jeden Fall auftreten müßten, finden sich verschiedene Qualitäten, die alle einem bestimmten astrologischen Aspekt entsprechen:

1. Identität, Zusammenhalt: Gravitation, einpolare Kraft (Kether) - Konjunktion (0°)
2. Gegensatz: elektromagnetische Kraft, zweipolare Kraft (Chokmah) - Opposition (180°)
3. Verbindung: Farbkraft, dreipolare Kraft (Binah) - Trigon (120°)
4. Abgrenzung: "Blasenbildung" (Chesed, Übergänge) - Quadrat (90°)

Wenn man nun diese Winkel in einem Kreis anordnet, erhält man folgendes Bild:

0° - Identität
90° - Abgrenzung
120° - Verbindung
180° - Gegensatz
240° - zweimal 120°
270° - dreimal 90°
360° = 0°

Zwischen diesen Punkten auf dem Kreis finden sich nun Schritte im Abstand von 30°, 60° und 90°. Es ist daher anzunehmen, daß eine solche grundlegende Symmetrie aus gleichgroßen Schritten besteht und daher auch die übrigen 30°-Schritte eine Bedeutung haben und lediglich nicht so leicht erkennbar sind. Es handelt sich bei ihnen um die Qualitäten der Gruppenbildung (60°), der Anlagerung (30°) und der Verwandlung (150°), von denen vor allem der 60°-Winkel in vielen Beispielen in der physischen Welt auftritt.

Vermutlich ist es einfach so, daß die Qualitäten der Identität (0°), der Anlagerung (30°), der Gruppenbildung (60°), der Abgrenzung (90°), der Verbindung (120°), der Verwandlung (150°) und des Gegensatzes (180°) notwendig sind, um beim Überschreiten eines der vier Übergänge die neuen Einheiten zu bilden. Daher treten diese Eigenschaften und diese Winkel dann bei den neuentstandenen "Blasen" als Qualitäten zutage.

Diese sieben Qualitäten, die eben in Bezug auf physikalische Vorgänge beschrieben wurden, haben auch eine Analogie im Bereich des Bewußtseins:

Aspekt	Gradanzahl	Dynamik	Qualität
Konjunktion	(0°)	Identität	Freiheit
Halbsextil	(30°)	Anlagerung	Wahrnehmung
Sextil	(60°)	Gruppenbildung	Integrität
Quadrat	(90°)	Abgrenzung	Selbsterhaltung
Trigon	(120°)	Verbindung	Liebe
Quincunx	(150°)	Verwandlung	Entwicklung
Opposition	(180°)	Gegensatz	Ausdehnung

Einige dieser Qualitäten zeigen sich ganz offensichtlich in dem Aufbau sowohl der physikalischen Welt als auch in der notwendigen Symmetrie. Die drei Grundkräfte Gravitation, elektromagnetische Kraft und Farbkraft entsprechen der Konjunktion (0°), der Opposition (180°) und dem Trigon (120°). Die Opposition zeigt sich auch darin, daß nichts ohne sein Gegenteil entstehen kann, daß also die Summe des Ganzen immer "0" bleibt. Das beste Beispiel dafür ist das grundlegende physikalische Paar in unserem Universum: der ausdehnende Urknallimpuls und die genau gleichgroße zusammenziehende Gesamtgravitation. Auch dieses Prinzip, das es zu jedem Entstandenen auch seinen Gegensatz geben muß (da sonst etwas aus dem Nichts heraus entstanden wäre), findet sich sehr deutlich und explizit in dem Tierkreis wieder, in dem immer Ergänzungsgegensätze einander gegenüberstehen. Das Prinzip der Entstehung in unserem Universum scheint es also zu sein, daß aus "0" ein Ergänzungsgegensatzpaar mit den Qualitäten "+1" und "-1" entsteht, die zusammen weiterhin die Summe "0" ergeben.

Dieses Prinzip der Entstehung als Ergänzungsgegensatz, der als Summe wieder "0" ergibt, ist ein Grundprinzip in der Konstruktion unseres Universums. Er findet sich bei allen grundlegenden physikalischen Größen wieder, so z.B. auch bei der elektrischen Ladung (gleich viel "+" und "-"Ladung), bei dem Spin (gleich viel rechtsdrehend und linksdrehend) und der Materie (gleich viel Materie und Antimaterie).

Die Visualisierung der Mittleren Säule

Diese Betrachtungen ergänzen die des vorigen Kapitels, aber ergeben keine grundsätzlich neue Struktur. Allerdings bieten sie die Möglichkeit, den Tierkreis über seine Analogie zu den Aspekten/Winkeln mit vielen physikalischen Beobachtungen zu verbinden.

c) Tierkreis, Steinheilkunde und Kristallgitter

Auf der Suche nach Winkeln mit einer bestimmten Bedeutung stößt man früher oder später auch auf die Kristallgitter der Mineralien. Es gibt, wie in den meisten Mineralienbestimmungsbüchern beschrieben wird, sieben verschiedene regelmäßige Arten, in denen sich die Ionen in Kristallen anordnen können, und dazu noch die amorphe, unregelmäßige Anordnung. Es liegt natürlich der Verdacht nahe, daß sich auch in den sieben regelmäßigen Kristallstrukturen die Qualität der sieben Aspekte und somit der Tierkreis, der auf diesen sieben Aspekten beruht, wiederfindet.

Wenn dieser Verdacht zutrifft, sollten diese sieben bzw. mit der unregelmäßigen Bildungsform acht Kristallisationsformen mit den ihnen zugrundeliegenden geometrischen Figuren dann bestimmten Winkeln entsprechen. Bei einigen Kristallisationsformen ist dieser Zusammenhang offensichtlich.

Kristallisationsform	geometrische Grundform	Winkel	astrologischer Aspekt
kubisch	Quadrat	90°	Quadrat
hexagonal	Sechseck	60°	Sextil
trigonal	Dreieck	120°	Trigon
amorph	ohne Regel	-°	ohne Aspekt
tetragonal	Rechteck		
rhombisch	Raute		
monoklin	Parallelogramm		
triklin	Trapez		

Der amorphen Kristallisationsform entspricht in der Astrologie der einzeln stehende Planet, der keine Verbindungen (Aspekte) zu den übrigen Planeten hat und somit innerhalb des durch das Horoskop beschriebenen Charakters keine feste Position einnimmt, so wie in der amorphen Kristallisationsform auch die einzelnen Ionen keine feste Position einnehmen.

Für die 5. bis 8. Kristallisationsform steht man zunächst einmal etwas hilflos da, da die ihnen entsprechenden geometrischen Grundfiguren nicht durch die Winkel in ihnen, sondern durch die Lage ihrer Seiten zueinander definiert sind. Glücklicherweise gibt es jedoch mittlerweile eine gut fundierte Steinheilkunde (Michael Gienger), in der die Grundqualität der Steine mit diesen Kristallisationsformen beschrieben werden. Dadurch besteht die Möglichkeit, die Qualitäten dieser Kristallisationsformen in der Heilung mit den Qualitäten der Aspekte im Horoskop zu vergleichen.

Dabei findet sich bei der Raute sehr deutlich die Qualität der Opposition, des Gegensatzes und des Seitenwechsels, was auf ihre Entsprechung eben zu dem 180°-Aspekt der Opposition hinweist.

Als Charakterisierung der Steine, deren Kristallgitter auf der Grundform des Rechtecks beruht, finden sich bei Gienger die Qualitäten der Jungfrau und des Skorpions, also der beiden Sternzeichen, die die Ausprägung des 150°-Aspektes des Quincunxes sind: Ordnung, Rationalisierung, Kontrolle und Berechnung (Jungfrau) sowie Veränderung, Umwandlung, wechselnde Standpunkte heftig vertreten und intensive Wahrheitssuche (Skorpion).

Bei den auf der Grundform des Parallelogramms beruhenden Steinen finden sich die Qualitäten des Widders: Unbeständigkeit, Spontanität, Improvisation, Intuition und Vertrauen auf die eigene Erfahrung. Da der Widder der Konjunktion und somit dem 0°-Winkel entspricht, ist die Grundform des Parallelogramms die Entsprechung zu der Konjunktion.

Somit bleibt nun für das Trapez nur noch das Halbsextil mit seinem 30°-Winkel übrig, dem im Tierkreis der Stier und die Fische entsprechen. Am deutlichsten treten dabei in der Steinheilkunde die Qualitäten der Fische zutage: große Schwankungen, instinktives und zielsicheres Handeln, Gottvertrauen und Medialität.

Auch die vier bereits am Anfang gefundenen Zuordnungen stimmen mit der Steinheilkunde überein. Sowohl in der Astrologie als auch in der Steinheilkunde grenzt das Quadrat ab, ordnet es, und baut es auf. Ebenso findet sich bei dem Sextil in beiden Bereichen die Qualität des Zuordnens und der Gruppenbildung. Der Charakter des Trigons ist sowohl in der Astrologie als auch in der Steinheilkunde durch die feste Verbindung geprägt. Und die aspektlosen Planeten in der Astrologie sowie die amorphe Kristallisationsform zeichnen sich durch ihre Spontanität und dem Handeln aus der Situation heraus aus.

Somit ist die Kristallheilkunde mit ihrer Beschreibung der acht Kristallisationsformen ein Beispiel dafür, wie sich die sieben Grundformen (hier ergänzt durch die ungebundene, amorphe Form) vollständig in einem physikalischen Bereich wiederfinden.

Die Visualisierung der Mittleren Säule

Wie zuvor ergänzt auch diese Betrachtung nicht die Struktur der Mittleren Säule, aber sie illustriert ihr "strukturelles Umfeld".

d) Irisdiagnose, Fußreflexzonen, Meridiane der Akupunktur und chinesische Organuhr

In der Astrologie werden die Organe und die Körperteile dem Häusersystem zugeordnet, das eine Parallelbildung zu dem Tierkreis ist. So wie der Tierkreis das Jahr gliedert, so gliedert das Häusersystem in entsprechender Weise den Tag. Der wichtigste Punkt in dem Häusersystem ist der Aszendent.

Nun gibt es noch einige andere Systeme, in denen die Organe und Körperteile entweder auf einen Körperteil (Iris, Fußsohle), eine räumliche Zwölferteilung (chinesisches Meridiansystem) oder eine zeitliche Zwölferteilung (Chinesische Organuhr) projeziert werden.

Bei der Irisdiagnose sowie bei den Fußreflexzonen ist der Zusammenhang mit dem Häusersystem (und somit mit dem Tierkreis und den Aspekten) deutlich zu sehen, weil in allen diesen Fällen dieselbe Reihenfolge von Organen und Körperteilen benutzt wird. Man muß allerdings dazu sagen, daß diese Reihenfolge weitgehend der natürlichen Folge vom Kopf zu den Füßen hin entspricht und somit naheliegend ist - aber die Analogie ist vorhanden und funktioniert in allen drei Anwendungsbereichen (Astrologie, Irisdiagnose, Fußreflexzonenmassage).

Die Meridiane, die bei der Akupunktur, der Akupressur, dem Shiatsu und den meisten anderen traditionellen chinesischen Heilmethoden verwendet werden, sind 24 Linien, die senkrecht am Körper verlaufen und auf denen die Akupunkturpunkte liegen. Diese 24 Meridiane bestehen aus 12 Paaren, von denen jeweils einer auf der rechten und ein entsprechender mit denselben Qualitäten und Punkten auf der linken Seite des Körpers angeordnet ist.

Es finden sich somit 12 verschiedene Meridiane, die man naheliegenderweise auf ihre Verwandtschaft mit dem Tierkreis hin untersuchen kann.

Zunächst einmal fällt auf, daß die Meridiane in vier Gruppen zu je drei Meridianen aufgeteilt werden, die recht gut den vier Elementen entsprechen. Wenn man nun die entsprechenden Tierkreiszeichen in ihre natürlichen Folge (kardinales Zeichen, fixes Zeichen, bewegliches Zeichen) diesen Dreiergruppen von Meridianen zuordnet, enthält man eine weitgehende Übereinstimmung zwischen den Qualitäten der Meridiane und denen der Tierkreiszeichen.

In der folgenden Tabelle bezeichnet "innen" den Meridian einer Dreiergruppe, der am nächsten am Nabel/Kehlkopf/Nase bzw am nächsten zu den Rückenwirbeln liegt; "außen" bezeichnet den Meridian, der am weitesten zur Körperseite liegt; und "mittel" den Meridian zwischen diesen beiden.

A   drei Meridiane von der Handinnenseite über die Körpervorderseite:
    Gemeinsamkeit: Pulsieren - Feuer

        1. (innen):   Lungenmeridian   - Widder
        2. (mittel): Herzbeschützer   - Löwe
        3. (außen):   Herzmeridian   - Schütze

B   drei Meridiane von der Handaußenseite über die Körperrückseite:
    Gemeinsamkeit: Verdauung - Erde

        1. (innen):   Dickdarmmeridian   - Steinbock
        2. (mittel): Dreifacher Erwärmer   - Stier
        3. (außen):   Dünndarmmerdian   - Jungfrau

C   drei Meridiane von der Fußoberseite (entspricht Handaußenseite) über die Körpervorderseite:
    Gemeinsamkeit: Verarbeiten - Luft

        1. (innen):   Lebermeridian   - Waage
        2. (mittel): Magenmeridian   - Wassermann
        3. (außen):   Gallenblasenmeridian   - Zwillinge

D   drei Meridiane von der Fußunterseite (entspricht Handinnenseite) über die Körperrückseite:
    Gemeinsamkeit: Ausscheidung - Wasser   (die Milz produziert Blut und gibt es in die Adern ab)

1. (innen):	Milzmeridian	- Krebs
2. (mittel):	Nierenmeridian	- Skorpion
3. (außen):	Blasenmeridian	- Fische

Wenn man nun die Qualitäten der Akupunkturpunkte auf den Meridianen mit den Qualitäten der Tierkreiszeichen vergleicht, findet sich für den Widder, den Löwen, den Krebs, den Skorpion, die Fische, die Waage und die Jungfrau eine sehr deutliche Übereinstimmung mit den ihnen hier zugeordneten Meridianen. Bei dem Schützen und dem Zwilling ist die Verwandtschaft auch erkennbar, bei dem Wassermann, dem Steinbock und vor allem beim Stier ist sie jedoch recht unklar.

Es liegt also eine Überstimmung vor, die zu groß ist, um zufällig zu sein, die aber einige Abweichungen aufweist. Eine ausgiebigere Untersuchung des Zusammenhanges zwischen den Meridianen und den Tierkreiszeichen sowie Untersuchungen darüber, inwieweit Transite (astrologische Aspekte der aktuellen Planetenstände zum Geburtshoroskop) sich in Aktivitäten oder Blockaden der entsprechenden Meridiane wiederfinden lassen (z.B. eine Konjunktion der Sonne und des Mondes am Himmel mit dem Jupiter im Löwen des Geburtshoroskopes mit einer verstärkten Aktivität des Herzbeschützer-Meridians der betreffenden Person).

Das System der chinesischen Organuhr beruht auf der Zuordnung von je zwei Stunden des Tages zu einem bestimmten Organ. Die Organuhr erinnert daher sehr stark an das astrologische Häusersystem, das ja auch den Tag in zwölf Teile teilt, die allerdings nicht gleich groß sein müssen. Wenn man nun das Herz und den Löwen bzw. das 5. Haus als sichere Zuordnung nimmt und darauf die hypothetischen Entsprechungen zwischen Organuhr und Häusersystem/Tierkreis aufbaut, erhält man folgende Tabelle:

Zeitspanne nach der Organuhr	Organ, das zu der Zeitspanne gehört	Haus (Tierkreiszeichen)	astrologische Zuordnung zu den Häusern
1 - 3 Uhr	Leber	12. Haus (Fische)	Füße
3 - 5 Uhr	Lunge	1. Haus (Widder)	Kopf
5 - 7 Uhr	Dickdarm	2. Haus (Stier)	Hals
7 - 9 Uhr	Magen	3. Haus (Zwillinge)	Arme, Hände
9 - 11 Uhr	Milz	4. Haus (Krebs)	Lymphe, Milz
11 - 13 Uhr	Herz	5. Haus (Löwe)	Herz, Lunge
13 - 15 Uhr	Dünndarm	6. Haus (Jungfrau)	Magen, Dünndarm
15 - 17 Uhr	Harnblase	7. Haus (Waage)	Niere, Blase
17 - 19 Uhr	Niere	8. Haus (Skorpion)	Niere, Geschlechtsorgane, Dickdarm, After
19 - 21 Uhr	Blutkreislauf, Sexualität	9. Haus (Schütze)	Oberschenkel
21 - 23 Uhr	Dreifacher Erwärmer	10. Haus (Steinbock)	Knie
23 - 1 Uhr	Gallenblase	11. Haus (Wassermann)	Unterschenkel

Von 9 bis 19 Uhr stimmen die Organuhr und die astrologischen Organzuordnungen zu den betreffenden Häusern so gut überein, daß man einen reinen Zufall schon einmal ausschließen kann. Wenn man die übrigen Zuordnungen vergleicht, finden sich noch einige weitere Zusammenhänge:

- die Leber ist astrologisch dem Jupiter zugeordnet, der das Sternzeichen Fische prägt;
- die Lunge findet sich zwar nicht wie in der Astrologie bei dem Feuerzeichen Löwe, aber dafür bei dem Feuerzeichen Widder wieder;
- ebenso findet sich der Blutkreislauf, der astrologisch zu dem Löwen zählt, hier bei einem anderem Feuerzeichen, dem Schützen, wieder.

Die Zusammenhänge zwischen den übrigen Zuordnungen sind recht unklar. Es fällt lediglich auf, daß der Dickdarm sich beim 2. Haus/Stier wiederfindet, während der Dickdarm in der Astrologie genau gegenüber bei dem 8. Haus/Skorpion sein sollte. Es heißt bei der Verwendung der Organuhr allerdings, daß immer auch das Gegenzeichen, also das Organ, das zwölf Stunden später dominant sein wird, mitbeachtet werden sollte.

Es ergibt sich also für fünf aufeinander folgende Zuordnungen eine sehr gute Übereinstimmung (Krebs, Löwe, Jungfrau, Waage, Skorpion), für ein Tierkreiszeichen eine "Vertauschung mit dem Gegenteil" (Stier), und für drei Zuordnungen ein deutlicher Zusammenhang (Fische, Widder, Schütze). Bei drei Zuordnungen ist der Zusammenhang jedoch (noch?) unklar (Zwillinge, Steinbock, Wassermann).

Insgesamt ergibt sich der Eindruck, daß ein Zusammenhang zwischen der chinesischen Organuhr und dem astrologischen Häusersystem besteht, daß aber noch detaillierte Vergleiche notwendig sind, um ihn klar erfassen zu können.

Ein interessanter Punkt an der Beobachtung, daß die Meridiane der traditionellen chinesischen Medizin, die chinesische Organuhr sowie der Tierkreis und das astrologische Häusersystem denselben Sachverhalt beschreiben, liegt darin, daß man den Tierkreis und das Häusersystem als eine Zwölferteilung der Aura der Erde auffassen kann, und die Meridiane bzw. die Organuhr als eine Zwölferteilung der Aura des Menschen.

Bei dem Menschen ist diese Auffassung recht naheliegend, da die Meridiane offensichtlich keine physische Grundlage im Körper haben und somit offenbar den Fluß der Lebenskraft im Körper beschreiben. Aber auch der Tierkreis hat keine physikalische Grundlage - er wird nicht durch die Sterne am Himmel definiert, sondern durch die Tag- und Nachtgleichen sowie die die beiden Sonnenwenden. Da sich auch für die Wirkung der Planeten in den Tierkreiszeichen keine physikalische Grundlage finden läßt, ist die Analogie zu den Meridianen recht deutlich.

Es sieht also danach aus, als ob die Zwölferteilung eine Struktur in der Aura, also der Hülle aus Lebenskraft, sowohl von Menschen als auch der Erde als ganzer ist. Es liegt nun nahe, zu vermuten, daß sich dieses Prinzip noch auf viel mehr anwenden läßt, da ja auch Tiere, Pflanzen, Unternehmungen, Städte usw. ein Horoskop haben, das auf ihrem Geburts- bzw. Gründungszeitpunkt beruht. Weiterhin sollte man annehmen, daß die Lebenskraft alle Dinge durchdringt und erhält.

Daraus ergibt sich dann, daß alles eine Aura hat und daß jede Aura diese Zwölferteilung aufweist. Da die Aura auf dem Lebensbaum ein Yesod-Phänomen ist, ergibt sich daraus weiterhin, daß jede "Blasenbildung" beim Übergang von Tiphareth aus über den Graben der dabei entstehenden Aura, also der Hülle, die der Tiphareth-Kern in dem Bereich von Netzach/Hod/Yesod um sich aufbaut, eine Zwölferstruktur hat.

Zunächst zeigte sich diese Zwölferstruktur bei den Betrachtungen des Lebensbaumes durch die Zuordnung des Horoskopes zu dem Graben. Die Wichtigkeit dieser Zwölferteilung zeigte sich dann darin, daß bei dem Übergang über den Abgrund genau zwölf Arten von Elementarteilchen entstehen. Als nächstes zeigte sich, daß die sieben den astrologischen Aspekten entsprechenden Qualitäten, auf denen der Tierkreis beruht, als Grundqualitäten bei jedem Überschreiten eines der Übergänge von oben nach unten vorhanden sein müssen. Für den obersten Übergang läßt sich zwar noch nicht die Zwölferteilung zeigen, aber für diesen Übergang ist die Notwendigkeit des Vorhandenseins der sieben Grundqualitäten plausibel und somit indirekt auch die Zwölferteilung, die sich aus diesen sieben Qualitäten ergibt. Für die Schwelle findet sich die Zwölferteilung in der Zuordnung der astrologischen Transite zu diesem Übergang wieder. Durch den Zusammenhang der Akupunkturmeridiane mit dem astrologischen Häusersystem und somit dem Tierkreis zeigt sich weiterhin, daß man die Vorstellung der Zwölferteilung der Hülle, die sich unterhalb des Grabens um den Tiphareth-Kern bildet, durchaus wörtlich nehmen darf.

Wie zuvor ergibt diese Betrachtung keine grundsätzlich neuen Strukturen, aber sie bereichert das Bild der Zwölferteilung um einige neue Aspekte.

2. Die Planeten

Die sieben klassischen Planeten, die man ohne Fernrohr von der Erde aus erkennen kann, bildeten eine der wesentlichsten Grundlagen für die Entwicklung des Lebensbaumes. Sie tritt das erste mal konkret in den mesopotamischen Stufenpyramiden in Erscheinung, deren sieben Stufen von unten nach oben dem Mond, dem Merkur, der Venus, der Sonne, dem Mars, dem Jupiter und dem Saturn zugeordnet waren. Ähnliche Vorstellungen waren die siebensprossige Himmelsleiter und der Weltenbaum mit sieben großen Ästen. Unter Hinzunahme der Erde (Malkuth), des Fixsternhimmels (Chokmah) und des Schöpfers (Kether) sowie der verborgenen Sephirah (Daath) entstand daraus das System des Lebensbaumes. (siehe auch III 11. "Die Planeten")

Die Visualisierung der Mittleren Säule

Diese Struktur ist bereits in Kapitel III 11. betrachtet worden.

3. Die Chakren

Die Chakren sind wie der Lebensbaum aus der Vorstellung des in einzelne Schritte unterteilten Weges von der Erde zum Himmel hervorgegangen. Die Siebenzahl der Chakren weist daraufhin, daß auch sie eine Analogiebildung zu den sieben Planeten sind - wobei es hin und wieder auch Systeme mit nur vier oder fünf Chakren gegeben hat. Wie der Lebensbaum stellen auch die Chakren den Weg von der differenzierten Vielheit zur integrierten Einheit dar.

Das Wort Chakra bedeutet "Rad". Zu diesem Namen ist dadurch gekommen, daß die Chakren hellsichtig auf der Körpervorderseite als runde, sich drehende Lichtscheiben wahrgenommen werden können. Die Chakren werden auch als Lotusblüten bezeichnet (indisch: "padma"). Die Lotusblüte ist ein Symbol für die Wiedergeburt, für die Rückkehr aus den Wassern des Jenseits. In dieser Bedeutung findet man sie nicht nur in den indischen Religionen und im Buddhismus, sondern auch in vielen anderen asiatischen Religionen, aber z.B. auch in den Vorstellungen der alten Ägypter und der Mayas. Die Lotusblüte, die aus den tiefen, dunklen Wassern aufsteigt, ist eines der universellen Symbole. Der Weltenbaum beschreibt den Weg von der Erde zum Himmelsjenseits und die Lotusblüte beschreibt den Weg aus der Wasserunterwelt heraus zur Erde empor - die Lotusblüte und die Wasserunterwelt ist das ältere Symbolpaar, das aus der Altsteinzeit und frühen Jungsteinzeit stammt; der Weltenbaum ist das neuere Symbol aus der späten Jungsteinzeit und der Epoche des Königtums, als das Jenseits von der Unterwelt in den Himmel empor verlagert wurde.

Die sieben Chakren haben folgende Qualitäten:

Das *Wurzelchakra* liegt zwischen den Genitalien und dem After. In ihm liegt die Lebenskraft, das Schlangenfeuer, das sich in Unternehmungsgeist, Vitalität, Sexualität und dem Selbsterhaltungsdrang zeigt. Die Qualität dieses Chakras ist die Bewegung jedes einzelnes Atoms, die Wärme in jeder Zelle, die Freude am Leben. Das Schlangenfeuer kann wie eine langsam fließende, sich windende, im Kreis drehende Glut wahrgenommen werden. Dies Feuer weckt das Gefühl, lebendig zu sein. Der Drache beginnt Feuer zu speien und weckt das innere Feuer, das bald so heiß brennt, daß man aus seiner Totenstarre erwacht. Dies Feuer wird zum Höllenfeuer, wenn es eingesperrt wird, und es kann zum Feuer unter dem gläsernen Ei auf dem alchemistischen Ofen werden, in dem das Lebenselixier heranreift. - Lebenskraft oder Apathie.

Wenn dieses Feuer erwacht und aufzusteigen beginnt, reinigt es den ganzen Körper und die ganze Psyche. In der Regel beginnt dieses Aufsteigen des Kundalinifeuers aber erst dann, wenn schon der größte Teil der körperlichen und psychischen Blockaden aufgelöst und geheilt ist, denn sonst würde das aufsteigende Feuer die Persönlichkeit sprengen und eine erneute Integration der Persönlichkeit wäre dann nur schwer möglich.

Das *Hara* liegt etwa eine Handbreit unter dem Nabel. Seine ruhige, zentrierte, strahlende Hitze ist die Essenz aller fernöstlichen Kampftechniken: in seinem Körperschwerpunkt ruhen, gelassen sein, fließen, die eigenen Energien spüren und lenken und bewahren - Festigkeit durch Wandel, Unbesiegbarkeit durch Harmonie zwischen innen und außen, nichts mißachten, nicht forcieren - müheloses Handeln wie der Buddha in tiefer Versenkung, wie der kämpfende Samurai, der kein Ziel kennt, außer seine Wahrheit zu leben. Für den, der in seinem Hara ist, gibt es keine Hindernisse, Gegner, Gefahren, Mängel mehr, denn er ist im Einklang mit der Welt, nichts kann ihn aus der Fassung bringen. Das Hara ist der Tanz zur Musik, der Tanz der Sexualität, der Tanz des Kampfes, - es ist jede Bewegung, die im Einklang mit dem inneren Rhythmus steht. Wer nicht in seinem Hara ruht, ist haltlos, bekommt die Füße nicht mehr auf die Erde, ist wankelmütig, ist das ewige Opfer seiner Umwelt. - Wandel, Yin und Yang

Das *Sonnengeflecht* liegt kurz oberhalb des Nabels. Es ist der Sitz der Instinkte und der Emotionen. Es hat ein strahlendes, prickelndes Aufglühen, wie Unmengen von kleinen, weiß gleißenden Lichtfünkchen, die sich vom Sonnengeflecht aus durch kleine, sich immer weiter verzweigende Äderchen in den ganzen Leib hin ausbreiten. Hier wird aus der Freude am Dasein des Wurzelchakras und dem Tanz der Lebenskraft des Haras die Freude über einzelne, konkrete Dinge, hier hat man Wut im Bauch oder prickelnde Neugierde. Mit einem verschlossenen Sonnengeflecht ist man kühl und teilnahmslos, desinteressiert und versteinert. Im Hara und im Sonnengeflecht wohnt das eigene Krafttier, das die Kraft, die Instinkte, Bedürfnisse und Fähigkeiten des eigenen Körpers darstellt. Dies Tier ist der Schlüssel zur Lenkung der eigenen Energien und auch der Energien in Ritualen, Heilungen und Gemeinschaften. Das Drachenfeuer im Wurzelchakra ist die pure

Lebenskraft - das Krafttier ist die individuelle Ausformung dieser Lebenskraft.

Das *Herzchakra* liegt in der Mitte der Brust. Es ist das zentrale Chakra zwischen Himmel und Erde, zwischen Wurzel und Wipfel, zwischen Schlange und Adler. Diese Lotusblüte strahlt eine liebevolle, stille und kraftvolle Wärme aus, in ihr liegt das Glück. Das Herzchakra ist die Essenz des eigenen Charakters, der Wesenskern, die Individualität und es ist der Sitz der "Gottheit im eigenen Herzen", des Schutzengels, des Schutzgeistes, der Seele, die sich von Leben zu Leben zu Leben inkarniert. Es ist das Chakra der Mysterien, der Geburt und des Todes, und es ist das Chakra der rituellen Wiedergeburt, durch die man zu sich selber findet. Es ist das Zentrum der eigenen Mythologie, die eigene Schöpfungsgeschichte, die Erinnerung an die eigene Geburt, das Ursymbol hinter allen Träumen - der eigene Schutzgeist. Das Herzchakra ist Licht, Wärme und Liebe, und mit verschlossenem Herzen ist die Welt kalt, konturlos, bedeutungslos, sinnlos. Ohne die Kenntnis der eigenen Seele irrt man umher; begegnet man der eigenen Seele, erlebt man sie als den eigenen Schutzengel; vereint man sich mit ihr, endet jede Frage nach dem, was man ist und was der Sinn des Leben ist, denn wenn man seine eigene Seele sieht, weiß man, daß sie der Sinn des eigenen Lebens ist.

Das *Halschakra* liegt im Bereich des Kehlkopfes. Von ihm geht eine strahlende Hitze, wie ein Druck nach außen, aus, der die Dinge berührt. Hier ist die Schwelle, der Übergang von innen nach außen, die Todesangst, die Astralreise, das Fegefeuer. Es ist das Chakra des Kontaktes mit anderen: Gemeinsamkeiten und Grenzen, Einklang und Auseinandersetzungen - Gemeinschaft. Ist dieses Chakra blockiert, entstehen Einsamkeit, Isolation und Todesangst, und es folgen Verkrampfung und Starre, verzweifeltes Streben und genauso verzweifeltes Blockieren. Ist diese Blüte aber erwacht, kann man sein Herz öffnen, ohne sein Herz zu verlieren, lieben ohne seine Mitte im Geliebten zu sehen, man kann Menschen von Herz zu Herz begegnen, sich sehen, Gemeinsames teilen, Eigenes für sich behalten, den Krieg beenden und in Frieden und Verantwortung für das Ganze leben.

Das *Dritte Auge* liegt zwischen den Augenbrauen. Es hat eine warme, konzentrierte, pulsierend Kraft, die wie ein Strahl nach außen dringt. Dies Chakra ist der Sitz des Willens, des Strebens und der Zukunft. Es ist die Quelle der Macht, des Hypnotisierens und des Herrschens, wenn es von Angst erfüllt ist. Es ist die Quelle von Ohnmacht, Unterwürfigkeit und Resignation, wenn es blockiert ist. Es ist die Quelle der Zielstrebigkeit, der Weitsicht und der Entschlossenheit, wenn es als Feuerblüte pulsiert und in weißem Licht erstrahlt. Das Halschakra und das Dritte Auge sind der Sitz von Purusa, Adam Kadmon, Atum und Ymir - der Sitz des Urmenschen und Lichtbringers, der in sich die Fülle all dessen enthält, was Menschen sein können. Die Begegnung mit ihm heilt, befreit und weitet. Er zeigt die eigene Bestimmung, die Fäden, die einen selber mit anderen, mit der Welt, mit Vergangenheit und Zukunft verbinden, und er gibt Freude und Sicherheit im Handeln.

Das *Scheitelchakra* bedeckt den ganzen Kopf zwischen Ohren, Stirn und Hinterkopf. Es strahlt in einem prickelnden, gleißenden Licht und wölbt sich allmählich nach oben und außen - der Heiligenschein Es ist der Sitz des Lichtadlers, das Erlebnis der Einheit der Welt, der Abgrenzungslosigkeit, der Geborgenheit in allem, was geschieht, es ist die innerste Ruhe und die innerste Bewegung - das Erlebnis der Verbundenheit mit Gott.

Die Chakren lassen sich wie der Lebensbaum als eine Landschaft auffassen, in der jedes Chakra an seinem Platz ist: Unten im Wurzelchakra ist die Glut tief im Inneren der Erde. Oben im Scheitelchakra ist der Himmel. In der Mitte im Herzchakra ist die Ebene, auf der der goldene Tempel des Herzens steht. Zwischen dem Tempel und der Tiefe der Erde ist die Höhle des Haras und des Sonnengeflechtes, in der das Krafttier lebt, das das Licht aus dem Tempel zur Erde bringt und Handlung werden läßt, und das das Feuer des Erddrachens zum Tempel bringt, um ihn in Wärme aufglühen zu lassen. Zwischen dem Tempel und dem Himmel steht der Berg des Dritten Auges und des Halschakras, auf dem der Urmensch steht, der das Licht des Himmelsadlers in den Tempel bringt, um dem Feuer den Samen, die Seele zu bringen, damit es sie erglühen und äußere Wirklichkeit werden lassen kann, und der dem Herzen den Weg zum Himmel, zur Heimat im Licht zeigt.

Die Chakren sind Symbole für die Verbindung von Himmel und Erde. Daher finden sich die mit ihnen verbundenen

Bilder bisweilen auf Zauberstäben und Szepter, die ein tragbares Abbild des Weltenbaumes darstellen: Licht und Feuer, Adler und Schlange, sind die beiden Enden des Weges zwischen Himmel und Erde, und sie sind im Caduceus, dem Hermesstab, dem Symbol Merkurs vereint: oben eine geflügelte Sonne, die ihr Licht zur Erde niederstrahlt, und unten zwei Schlangen, die sich den Weltenbaum-Stab entlang zum Himmel emporwinden.

Wie die Sephiroth auf dem Lebensbaum bilden auch die Chakren eine sinnvolle Reihenfolge, bei der eine jede aus der vorherigen hervorgeht. Diese Folge kann man entsprechend dem "Blitzstrahl der Schöpfung" von oben nach unten und entsprechend der "Schlange der Weisheit" auch von unten nach oben betrachten. Der "Blitzstrahl der Schöpfung" entspricht bei den Chakren dem Himmelsadler, der von dem Scheitelchakra aus herabsteigt und sich dabei in den Urmenschen, in den Lichtbringer verwandelt und schließlich im Herzen zu der Seele wird. Die "Schlange der Weisheit" entspricht bei den Chakren der Kundalinischlange, die von dem Wurzelchakra aus emporsteigt und sich dabei in das Krafttier verwandelt und im Herzchakra zu der Kraft der Seele wird.
  Im Scheitelchakra ist die Einheit aller Dinge. Im Dritten Auge ist die Richtung, der Strahl, die Geburt der Individualität und alle Strahlen passen genau zusammen wie die Teile eines Puzzles, das das Eine-Alles-Einzige abbildet - Handeln in Wahrheit. Im Halschakra blicken die einzelnen Gottesfunken nicht mehr nach oben auf die Einheit wie im Dritten Auge, sondern aufeinander, nach unten auf die Herzchakren, und tanzen den gemeinsamen Tanz zu dem Lied, dessen Wesen der Eine-Alles-Einzige ist. Im Herzchakra ruht jeder in sich selber und lebt aus seiner Wahrheit heraus. Im Sonnengeflecht ist eine einzelne Regung des Herzens, die zurück auf das außen wirkt und die auf das außen des anderen wirkt. Im Hara ist eine einzelne Regung, die jetzt aber nicht mehr nach oben auf die Herzen blickt, sondern nach unten auf das Einzelne, den Augenblick, die Vielheit, und die diese verbindet und in deren Wandel ihr Gleichgewicht durch den Tanz bewahrt. Im Wurzelchakra ist die Vielheit, sind die einzelnen Bewegungen, die sich aus den Regungen des Herzens ergeben.
  Das Wurzelchakra ist eine einzelne Bewegung, ein Flackern des Feuers. Im Hara werden die Einzelbewegungen zum Lebenstanz verbunden. Im Sonnengeflecht begegnet man den anderen und fügt die Tänze zu einem Reigen voller Geben und Nehmen zusammen. Im Herzchakra finden alle Bewegungen, die man tanzt, ihre gemeinsame Quelle. Im Halschakra beginnt man die Herzen der anderen zu sehen und erkennt in der Gemeinschaft das rechte Maß von Nähe und Abstand. Im Dritten Auge erkennt man in der Vielfältigkeit der Begegnung mit der Welt des Halschakras seinen eigenen Weg. Im Scheitelchakra fügen sich alle Wege, innen und außen, zur Einheit zusammen.

Die Chakren lassen sich als verschiedene Mischungen von Licht und Feuer, also von Einheit/Bewußtsein/Integration (Licht) und Vielheit/Kraft/Differenzierung (Feuer) auffassen:
  Im Scheitelchakra strahlt das Licht und im Wurzelchakra glüht das Feuer. Im Dritten Auge wird das Licht durch das Feuer zu einzelnen Strahlen gebrochen und im Hara werden die Flammen des Feuers durch das Licht gebündelt. Im Halschakra werden die Strahlen des Lichtes durch die wachsende Kraft des Feuers vereinzelt und begegnen sich im außen als verschiedene Geschöpfe, und im Sonnengeflecht treten die gebündelten Flammen durch den wachsenden Einfluß des Lichtes nach außen und nehmen an oder lehnen ab. Im Herzen gelangen Licht und Feuer ins Gleichgewicht, in der Mitte zwischen Himmel und Erde tritt die Seele in ihrem Tempel in Erscheinung.
  Das Scheitelchakra ist reines Licht, das Wurzelchakra ist reines Feuer. Im Dritten Auge ist Licht mit etwas Feuer, im Hara ist ist Feuer mit etwas Licht. Im Halschakra ist Licht mit viel Feuer, im Sonnengeflecht ist Feuer mit viel Licht. Im Herzchakra sind gleichgroße Anteile von Licht und Feuer. Der Anteil des Lichtes nimmt von oben nach unten gleichmäßig ab und der Anteil des Feuers nimmt von oben nach unten gleichmäßig zu.

In den Beschreibungen der Chakren werden oft die verschiedenen Formen der Lotusblüten dargestellt, die sich vor allem in der Anzahl ihrer Blütenblätter unterscheiden.
  Das Wurzelchakra hat 4 Blütenblätter, das Hara hat 8 Blütenblätter, das Sonnengeflecht hat 10 Blütenblätter, das Herzchakra hat 12 Blütenblätter, das Halschakra hat 16 Blütenblätter, das Stirnchakra 256 Blütenblätter, und das Scheitelchakra hat 1000 Blütenblätter.

Wenn man diese Beschreibungen betrachtet, ist es offensichtlich, daß das Herzchakra als Sitz der Seele Tiphareth entspricht. Die zwölf Blütenblätter, die die Ausstrahlung, die Aura dieses Chakra darstellen, sind offenbar identisch mit dem Tierkreis und mit der Zwölferteilung des Grabens, die die Hülle der Seele, also die Psyche darstellen.
  Das Wurzelchakra als Sitz des Lebensfeuers entspricht Yesod, der Sephirah der Lebenskraft. Auch die Symbolik der

Schlange und des Feuerdrachens ist beiden gemeinsam. Noch weiter unten kann dies Chakra auf dem Lebensbaum nicht angesiedelt sein, da Malkuth bereits die physische Welt darstellt und die Chakren die Struktur der Lebenskraft eines einzelnen Menschen beschreiben - also die Organe seines Lebenskraftkörpers sind.

Das Scheitelchakra stellt die Verbindung zum Göttlichen dar. Daher sollte es dem Abgrund entsprechen. Diese verborgene Sephiroth hat jedoch auch hier wieder einmal eine Sonderstellung, da sie lange Zeit als identisch mit dem Abgrund aufgefaßt worden ist. Daher kann man das Scheitelchakra, also die höchste Stufe, die als noch abgegrenztes Wesen erreicht werden kann, Daath zuordnen.

Das Dritte Auge als die Fähigkeit, seinen eigenen Weg zu erkennen, entspricht Chesed, der Seelenfamilie und der innersten Heimat von individualisierten Wesen, aus der sie ihre Identität schöpfen. Dies entspricht auch dem Planeten Jupiter, der Chesed zugeordnet ist und der für Organisation und Planung und Sinngebung zuständig ist.

Das Halschakra mit seinen Auseinandersetzungen innerhalb von Gemeinschaften und seinen dadurch bedingten Verwandlungen findet seine Entsprechung auf dem Lebensbaum in Geburah - und paßt auch sehr gut zu dem kämpferischen und impulsiven Planeten Mars, der Geburah entspricht.

Es liegt nun nahe, eine Verwandtschaft zwischen dem Sonnengeflecht und Netzach zu vermuten; und es zeigt sich bei näherer Betrachtung auch, daß beide sind gefühlsbetont, feurig, expansiv und von dem Bestreben erfüllt sind, das Wesen der Seele bzw des Herzchakras auszudrücken.

Auch bei Hod und dem Hara finden sich Übereinstimmungen: beide sind bestrebt, die Vielheit der Impulse zu ordnen und durch Übersicht ein Gleichgewicht und einen festen Stand zu wahren.

Es ergibt sich also eine Zuordnung der Chakren zu den Sephiroth von Yesod bis Daath, wobei sie einen Kreis oder genauer gesagt ein Hexagon, also Sechseck rund um Tiphareth, das Herzchakra bilden und damit wiederum die Zahl "6" und den 60°-Winkel, die beide Tiphareth zugeordnet sind, darstellen.

Bei dem Vergleich von Zahlen fällt noch auf, daß das Hara acht Blütenblätter hat und Hod die Zahl acht entspricht - aber diese Übereinstimmung ist vermutlich ein Zufall, da sich für ihn keine Begründung finden läßt und sich die Zahlen bei den anderen Chakren und den ihnen entsprechenden Sephiroth unterscheiden.

```
                        Kether
                        - - - - -
........................................................................... Auflösung
          Binah                      Chokmah
          - - - - -                  - - - - -
                         Daath
                      Scheitelchakra
........................................................................... Abgrund
          Geburah              Chesed
          Halschakra         Drittes Auge
                       Tiphareth
                       Herzchakra
........................................................................... Graben
           Hod                 Netzach
           Hara              Sonnengeflecht
                        Yesod
                      Wurzelchakra
........................................................................... Schwelle

                        Malkuth
                        - - - - -
```

Neben dieser statischen Ordnung gibt es innerhalb des Chakrensystems auch noch einen dynamischen Aspekt - die Kundalinischlange. Das letztendliche Erwachen der Chakren, also ihr in-Funktion-treten, wird in allen Beschreibungen der Chakren mit dem Aufsteigen des Kundalinifeuers verbunden. Dabei entrollt sie sich im Wurzelchakra und steigt als glühende Hitze die Rückenwirbel empor. Dort verlaufen drei "Lebenskraft-Kanäle", in denen sie aufsteigt, bis sie das Scheitelchakra erreicht hat und dann vorne im Dritten Auge zur Ruhe kommt. Möglicherweise ist die Kenntnis dieses Vorganges schon sehr alt, denn die Beschreibung der Uräusschlange der Alten Ägypter, die die Stirn des Pharaos und einiger Götter ziert, hat sehr viel Ähnlichkeit mit der Kundalinischlange, und auch bei den Mayas findet sich die Schlange als die die Visionen erweckende Kraft.

Dieses aufsteigende Schlangenfeuer stellt einen Anstieg des Energieniveaus in der Aura, also in dem Lebenskraftkörper des betreffenden Menschen dar. Dies entspricht ganz den Beschreibungen der Ekstasetechniken (siehe: III 20. "Der Blitzstrahl der Schöpfung und die Schlange der Weisheit"). Die Kundalinischlange befindet sich am Anfang zusammengerollt auf dem untersten Energieniveau im Wurzelchakra, das dann auf eine Vielzahl von Einzelaktionen verteilte Energie darstellt. Es finden sich hier also alle Merkmale, die nach einer "Blasenbildung" nach einem Überschreiten eines der vier Übergänge des Lebensbaumes von oben nach unten vorliegen sollten: 1. niedriges Energieniveau, 2. Abkapselung, Einrollung der vorher freien Energie bzw. Substanz (eingerollte Kundalini), 3. starke Differenzierung der vorherigen Einheitlichkeit, und 4. die Gliederung in eine Zwölferteilung (die bei den Chakren als eine Einteilung in eine bestimmte Anzahl von Blütenblättern erscheint).

Das aufsteigende Schlangenfeuer wird üblicherweise durch Mantras, Atemübungen, Tanz und sexuelle Vereinigung ohne Orgasmus in Gang gesetzt. Diese Methoden betonen alle den Rhythmus, das mit hoher Motivation angestrebte Ziel, sowie meistens die Hingabe an ein Vorbild, meistens Shiva oder eine ihm entsprechende tibetisch-buddhistische Gottheit. Shiva ist der Gott der aufgestiegenen Kundalinischlange, die bisweilen hinter ihm dargestellt wird und über seinen Kopf emporragt und über ihn nach vorne schaut, also zu seinem Scheitelchakra emporgestiegen ist. Shiva ist auch der Gott des Feuers, des Tanzes, der Meditation und des Tantra-Yogas, zu dessen Methoden das Erwecken des inneren Feuers durch die sexuelle Vereinigung ohne Orgasmus zählt. Eine Sonderform der Erweckung des Schlangenfeuers ist die tibetische Tummo-Meditation.

Damit das Kundalinifeuer aufsteigen kann, müssen die meisten Ängste, Süchte und Blockaden, also die "Anhaftungen", wie sie im Buddhismus genannt werden, aufgelöst sein. Dies entspricht dem Aspekt der Reinigung, der in jeder Ekstasetechnik vorkommt. Wenn die meisten Hindernisse aufgelöst sind, kann die Energie aus ihrer Kreisbahn im Wurzelchakra wieder heraustreten und allmählich aufsteigen, wobei sie alle noch verbliebenen Blockaden auflöst, weshalb dieser Vorgang recht unangenehm sein kann, wenn man ihn zu früh in Gang setzt. Sollten noch zu viele Blockaden vorhanden sein, wird das Feuer zusammengerollt im untersten Chakra bleiben, da es dann nicht stark genug ist, um aufzusteigen. Es würde sonst auch die Persönlichkeit, die eben zum Teil aus diesen Blockaden besteht, zerstören und die Gefahr von Psychosen, Schizophrenie und ähnlichem hervorrufen.

Die Chakren sind somit auch eine Art von Lebenskraft-Barometer, das anzeigt, bis wo die Schlangenkraft inzwischen aufgestiegen ist. Das bedeutet, daß man die Chakren auch als den 26. Pfad auffassen kann, der von Yesod über den Graben nach Tiphareth führt, denn dieser Pfad stellt die Erhöhung des Energieniveaus dar, durch das die Starre der Psyche schließlich aufgelöst und die Liebe der Seele erreicht wird. Auf der Hälfte des Weges auf dem 26. Pfad, also dort wo sich bei der Projektion der sieben Chakren auf diesen Pfad das Herzchakra befindet, erlebt man die "Vision der aufgehenden Sonne", die offensichtlich zu dem Herzchakra gehört.

Das Aufsteigen des Drachenfeuers ist das am besten bekannte und detaillierteste System einer Ekstase-Technik, in der sich alle Merkmale wiederfinden, die von Ekstasetechniken bekannt sind und die sich den Strukturen des Lebensbaumes zufolge dort finden lassen sollten. Dies sind:

    1. die vorbereitende Reinigung;

    2. die Erhöhung des Energiepotentials durch rhythmische Methoden (Mantras, Atemtechniken, Tanz, Trommeln, sexuelle Vereinigung ohne Orgasmus);

    3. das Auflösen der eingerollten, kreisenden, abgegrenzten Form dieser Energie ("Blase") und ihre "Befreiung" zu einer geradeaus strömenden Lebenskraft;

    4. die Auflösung noch verbliebener starrer Elemente durch die aufsteigende Energie;

    5. die Ausweitung des Wirkungsradius dieser ansteigenden und aufsteigenden Energie, wodurch ein immer größerer Anteil der Person bzw. immer mehr Chakren in Resonanz miteinander treten - erhöhte Integration;

    6. das Einbeziehen immer weiterer Bereiche in die Grundschwingung der ansteigenden Energie;

    7. die vollständige Auflösung aller starren Formen des niedrigeren Energiebereiches (der durch die Zwölferteilung strukturierten "Blase") der durch das Horoskop definierten Psyche;

    8. schließlich das Auftauchen und Erwachen in einem höheren Bereich oberhalb des Überganges, dem

Erwachen, mit dem eine völlige neue Art der Freiheit und Beweglichkeit sowie der inneren Fülle und Unabhängigkeit verbunden ist.

Durch die Verbindung der Strukturen des Lebensbaumes, des Chakrensystems und seiner Dynamik des aufsteigenden Drachenfeuers, sowie der Astrologie, insbesondere der Zwölferteilung des Tierkreises und seiner Verbindung mit den Übergängen ergibt sich nun ein recht plastisches Bild der Vorgänge bei einer Ekstase.

In den folgenden Betrachtungen finden sich immer wieder einmal einzelne Aspekte der Chakren beschrieben. Am Ende des Buches werden dann alle Betrachtungen über die Chakren noch einmal kurz zusammengefaßt.

Die Visualisierung der Mittleren Säule

Die drei Chakren, die den drei mittleren Sephiroth auf der Mittleren Säule entsprechen (Yesod - Wurzelchakra, Tiphareth - Herzchakra, Daath - Scheitelchakra) sind eine deutliche Bereicherung der Meditation der Mittleren Säule, da diese drei Sephiroth durch die Chakren eine deutliche "Verankerung" im Lebenskraft-Körper erhalten. Über diese drei Verbindungen kann letztlich die ganze mit den Chakren verbundene Weisheit und vor allem die eigenen Meditationserfahrungen mit den Chakren mit in die Meditation der Mittleren Säule einfließen. Zudem ist die Kundalinischlange ein sehr kraftvolles Symbol für Yesod. Und in Tiphareth entsteht durch die Verbindung von Tiphareth mit dem Herzchakra, auf dessen Erweckung sich in den meisten Religionen und spirituellen Lehren die zentralen Übungen beziehen, ein Zentrum, von dem aus sich nun Verbindungen zu den meisten Religionen und spirituellen Lehren ziehen läßt und in dessen Zentrum die Erkenntnis der eigenen Seele steht.

Sephirah	Chakra	Mittlere Säule
Kether	-	Gott
Daath	Scheitelchakra	Lichtbringer
Tiphareth	Herzchakra	Seele
Yesod	Wurzelchakra	Lebenskraft: Krafttier
Malkuth	-	Körper

4. Das I Ging

Das I Ging beruht auf der Erkenntnis, daß es alle Dinge nur als Paar, als Gegensatzergänzung gibt, die von den Chinesen Yin und Yang genannt wurden. Aus diesem Grundgegensatz leiteten sie nun acht (2·2·2) Trigramm genannte Grundprinzipen ab, die jeweils durch eine Folge von drei Qualitäten (Yin oder Yang) dargestellt wurden. Aus der Kombination von je zwei dieser Trigramme ergeben sich dann die vierundsechzig (8·8) Zeichen des I Gings.

Dieses Grundprinzip des Ergänzungsgegensatzes von Yin und Yang findet sich auf dem Lebensbaum in dem Urgegensatzpaar von Urknallimpuls und Gesamtgravitation sowie in dem Charakter der Chokmah zugeordneten elektromagnetischen Kraft wieder. Daher kann man das I Ging als ein Chokmah-Orakel, das sich mit dem Wandel (chinesisch: "I") beschäftigt, auffassen.

Eine andere Art der Zuordnung ist es, das Tao, also die Einheit hinter allen Erscheinungen in der Vielheit mit Kether gleichzusetzen, das Yin-Yang Gegensatzpaar mit Chokmah in Verbindung zu bringen, die acht Trigramme Binah zuzuordnen, und schließlich die vierundsechzig Hexagramme als eine Analogie zu Daath aufzufassen. Dabei passen die Zahlen recht gut: das eine Tao zu der "1" von Kether; Yin und Yang zu der "2" von Chokmah; die Trigramme aus je drei Zeichen (Yin oder Yang) zu der "3" von Binah; und die vierundsechzig Zeichen der Verwandlung zu Daath, der Sephirah der Abgrenzungslosigkeit.

Aber diese Zuordnung wirkt nicht sehr tiefgehend und bringt zunächst auch einmal keinen zusätzlichen Erkenntnisgewinn. Allerdings erinnert diese Anordnung sehr an den Aufbau der DNS: Die einzelnen Aminosäuren (Kether) verbinden sich zu Paaren (Chokmah) und diese Paare wiederum zu Tripletts, also Dreiergruppen (Binah), die dann ihrerseits die DNS (Daath) aufbauen. Möglicherweise findet sich also doch noch eine tiefere Bedeutung oder eine größere Anzahl von Analogien zu dieser Zuordnung zwischen dem Lebensbaum und dem I Ging.

```
                    Kether (1)
                    Tao
                    Aminosäuren
   ..................................................................... Auflösung

      Binah (3)              Chokmah (4)
      Trigramme              Yin und Yang
      Aminosäurepaar-Tripletts   Aminosäurepaare

                    Daath (-)
                    Hexagramme
                    DNS
   ..................................................................... Abgrund

      Geburah (5)            Chesed (4)
                    Tiphareth (6)
   ..................................................................... Graben

      Hod (8)                Netzach (7)
                    Yesod (9)
   ..................................................................... Schwelle

                    Malkuth (10)
```

Die Visualisierung der Mittleren Säule

Da diese Betrachtung in erster Linie Chokmah betrifft, ergibt sich nur die mögliche Gleichsetzung von Kether mit dem Tao als neue Facette der Mittleren Säule.

5. Das Tarot

Das Tarot ist ursprünglich eine Darstellung des Lebensbaumes in einzelnen Bildern gewesen, um sie für Orakelzwecke benutzten zu können. Sie haben sich dann aber sehr verselbständigt und besitzen inzwischen nur noch vage oder keine Zusammenhänge mehr mit den ihnen entsprechenden Orten auf dem Lebensbaum. Das Tarot hat sich durch seine Verwendung zu reinen Unterhaltungszwecken dann noch weiterverwandelt und ist schließlich zu den heutigen Skat- bzw. Rommé-Spielkarten geworden.

Diese Entwicklung läßt sich bei fast allen Spielen finden: so geht das Schach auf ein altes indogermanisches Orakel zurück, daß seinerseits möglicherweise zusammen mit dem altägyptischen Brettspiel, das den Weg ins Jenseits illustrierte, auf ein noch älteres vorderasiatisches Orakel zurück. Das Mikado ist die Spielvariante des Schafgarbenstengel-Werfens bei dem klassischen Vorgehen beim I Ging. Federball und Fußball gehen auf ein mittelamerikanisches Orakel der Mayas, Azteken und Tolteken zurück, bei dem der Ball die Sonne symbolisierte und durch das Opfer für den Sonnengott bestimmt wurden. Die Würfel wiederum finden sich bei den Germanen und anderen indogermanischen Völkern als Orakelmethode wieder usw.

Der Ursprung der Tarotkarten von dem Lebensbaum sieht wie folgt aus:

1. Die Großen Arkana leiten sich ursprünglichen von den Pfaden her: 11. Pfad - Narr, 12. Pfad - Magier, 13. Pfad - Hohepriesterin, 14. Pfad - Herrscher ... 31. Pfad - Auferstehung, 32. Pfad - Welt.

2. Die Viererteilung der Kleinen Arkana entspricht den vier Elementen und somit dem Gottesnamen Yehovah (YHVH):
   Stäbe - Feuer - "Y",
   Kelche - Wasser - "(erstes) H",
   Schwerter - Luft - "V",
   Münzen - Erde - "(letztes) H".

3. Die Hofkarten der Kleinen Arkana leiten sich von vier Sephiroth ab: Die Könige von Chokmah, die Königinnen von Binah, die Ritter von Tiphareth und die Knappen von Malkuth.

4. Die übrigen Karten der Kleinen Arkana entsprechen den Sephiroth (wobei Daath als verborgene Sephirah nicht in Erscheinung tritt): die Asse entsprechen Kether, die Zweier Chokmah, die Dreier Binah, die Vierer Chesed ... die Neuner Yesod und die Zehner Malkuth.

Aus den Hofkarten wurden dann später die Bildkarten: der König behielt seinen Namen und blieb der König, die Königin wurde zur Dame, der Ritter fiel fort, und der Knappe wurde in Bauer umbenannt. Aus den übrigen kleinen Arkana wurden die Zahlenkarten: Kether (1) - As, Cokmah (2) - Zweier, Binah (3) - Dreier ... Malkuth (10) - Zehner. Aus den Feuer-Stäben wurde das Kreuz, aus den Wasser-Kelchen das Herz, aus den Luft-Schwertern das Pik und aus den Erd-Münzen das Karo. Generell waren bei den Spielkarten dann nur noch die Zahlen von Bedeutung - lediglich bei den Assen hat sich die ursprüngliche Bedeutung von Kether als der höchsten Sephirah erhalten. Aus dem Narren wurde der Gaukler und schließlich der Joker.

Die Visualisierung der Mittleren Säule

Es ist nun natürlich möglich, mit den Tarotkarten die Mittlere Säule bzw. den gesamten Lebensbaum mit Sephiroth und Pfaden zu legen. Inwieweit man durch die Betrachtung dieser Anordnung der Tarotkarten zu einem tieferen Verständnis der Mittleren Säule gelangt, wird der Versuch zeigen.

6. Das Ba-Gua (Feng-Shui)

Das Ba Gua ist eine der Grundlagen des chinesischen Feng Shui. Es ist die Aufteilung einer Fläche in drei mal drei, also insgesamt neun Abschnitte, die eine bestimmte Bedeutung haben. Diese Bedeutungen werden dann benutzt, um den Charakter eines Zimmers oder eines Hauses zu interpretieren und gegebenenfalls auf der Grundlage dieser Interpretation das Haus bzw. die Zimmereinrichtung zu verändern.

Geld	Ruhm	Partnerschaft
Eltern	Lebenskraft	Kinder
Wissen	Beruf	Freunde

Nun kann man sich natürlich fragen, warum das denn so sein soll - wenn man einmal davon absieht, daß die Chinesen damit seit über tausend Jahren erfolgreich arbeiten. Dazu kann man folgende Überlegungen anstellen:
1. Welche Qualität hat die Senkrechte? Unten ist die Grundlage, in der Mitte ist das Erhaltende, und oben ist die Krönung. Oder einfacher: unten ist wenig Energie, in der Mitte durchschnittlich viel Energie und oben viel Energie.
2. Welche Qualität hat die Waagerechte? Um diese Frage zu beantworten wäre es nötig, eine waagerechte Struktur zu finden, die für alle Menschen gleich ist. Dies ist der Lauf der Sonne, des Mondes und der Sterne, die sich alle von links nach rechts bewegen (dies gilt natürlich nur für die nördliche Erdhalbkugel). Dementsprechend ist dann links die Vergangenheit, die Mitte die Gegenwart und rechts die Zukunft.
  Diese beiden Überlegungen werden dadurch bestätigt, daß eine Linie, die von links in mittlerer Höhe nach rechts oben verläuft, als optimistisch aufgefaßt wird - steigendes Energieniveau. Entsprechend wird eine Linie von links Mitte nach recht unten als pessimistisch aufgefaßt - fallendes Energieniveau.
  Mit Hilfe dieser Prinzipien läßt sich z.B. jedes Bild interpretieren, wobei das Ergebnis dieser Interpretation die Gemütsverfassung des Malers zum Zeitpunkt des Malens des Bildes ist.
  Solche Überlegung werden in reichem Maße auch in der Werbung verwendet. So ist z.B. das Symbol der Deutschen Bank ganz bewußt als "stabiles Wachstum" konzipiert worden: das äußere Quadrat signalisiert Stabilität und Widerstandskraft, die Linie von links unten nach rechts oben symbolisiert Wachstum, wobei der Schrägstrich sowohl oben wie auch unten waagerecht abgeschnitten ist, damit er nicht auf der labilen Spitze, sondern auf einem soliden Fundament ruht. Das ganze Zeichen ist dann in Blau gehalten - die Farbe der Ruhe, des Wachstums und des Jupiters (um den es hier ja schlie0lich geht).
  Aus diesen Betrachtungen ergeben sich nun "analytisch-technische" Bedeutungen für die drei mal drei, also neun Felder:

hohe Energie in der Vergangenheit	hohe Energie in der Gegenwart	hohe Energie in der Zukunft
= unerwartete Hilfe	= Leben auf hohem Niveau	= Ziel, Ideal
mittlere Energie in der Vergangenheit	mittlere Energie in der Gegenwart	mittlere Energie in der Zukunft
= Herkunft	= Ich, Hier und Jetzt	= unspektakuläre Zukunft
niedrige Energie in der Vergangenheit	niedrige Energie in der Gegenwart	niedrige Energie in der Zukunft
= alte Grundlagen	= heutiges Fundament	= "Absturz"

Bei dem Vergleich dieser analytisch-technischen Beschreibung mit dem Ba-Gua ergibt sich eine große Überstimmung:

links unten: Das in der Vergangenheit erworbene Wissen ist die Grundlage für das heute Erreichte.

links Mitte: Die Herkunft wird auf mittlerem Energieniveau am besten durch die Herkunftsfamilie beschrieben.

links oben: Das in der Vergangenheit erworbene Geld ist das Hilfsmittel, um in der Gegenwart Dinge in Bewegung zu bringen - das in der Vergangenheit erworbene Geld ist ein Energiezufluß, der in der Gegenwart Entwicklungen ermöglicht.

Mitte unten: Das Fundament in der Gegenwart ist die Arbeit - durch die Arbeit wird das Energieniveau erhöht und es ist die Grundlage, von allem, was hier und jetzt geschehen soll.

Mitte: Das Mittlere Energieniveau in der Gegenwart ist das Ich, die Mitte, das, was sich entfalten will - die Lebenskraft, die von dem Herzchakra aus gelenkt wird. Zudem ist dieser Ort das Zentrum der gesamten Fläche.

Mitte oben: Das gegenwärtige hohe Energieniveau ist die Frucht der eigenen Leistung - der Ruhm und das Ansehen, die eigene Stellung in der Öffentlichkeit.

rechts unten: Niedrige Energie in der Zukunft ist das, was man fürchtet, und wenn es eintritt, braucht man gute Freunde. Der Ort rechts unten ist aber auch der Ort der Entspannung (in einem Haus z.B. die Sauna) und auch der Ort des Loslassens (in einem Haus z.B. das Bad und die Toilette). Im negativen Extremfall ist rechts unten das Grab.

rechts Mitte: Dies ist der Ort, zu dem der übliche Lauf der Ereignisse hinführt, an dem sich das findet, was man erschafft, ohne das es in der Öffentlichkeit größere Beachtung findet - dies sind vor allem die eigenen Kinder.

rechts oben: Dort findet sich das hohe Energieniveau in der Zukunft und somit die Ideale und Ziele - und die alten Chinesen als weise Menschenkenner wußten, daß sich die meisten Menschen am sehnlichsten eine erfüllte Partnerschaft wünschen.

Diese Struktur muß nicht unbedingt bewußt sein, um angewendet zu werden, wie z.B. die Bilder mit christlichen Motiven aus dem Mittelalter und der Renaissance zeigen:

	Vergangenheit	Gegenwart	Zukunft
hohes Energieniveau	Segnung, Hilfe: *Gott Vater als Helfer, Petrus, Himmelstor*	die Krone: *Gott Vater als Herrgott*	das Ziel: *Goldenes Jerusalem*
mittleres Energieniveau	Herkunft, Heimat: *oft Städte, Burgen o.ä.*	die zentrale Gestalt: *Jesus, Maria und Jesus*	der Weg in die Zukunft: *Jenseitsgericht, Scheideweg*
niedriges Energieniveau	Herkunft, Erbe, Karma: *Vertreibung aus dem Paradies*	die Verbindung zu den Menschen: *Heiliger Geist, Teufel, das Diesseits, das aktuelle Geschehen*	das Befürchtete: *Eingang in die Unterwelt*

Nun stellt sich die Frage, ob es einen Zusammenhang zwischen dem Ba-Gua und dem Lebensbaum gibt. Da der Lebensbaum seinem Wesen nach eine Linie zwischen der Vielheit und der Einheit ist und das Ba-Gua das qualitative Erfassen einer Fläche, sind beide Analogie-Systeme zunächst einmal völlig verschieden. Nun ist aber das Ba-Gua auch eine Graphik des Auf und Ab des Lebens und als solche kann man sie durchaus als eine Darstellung von Malkuth bzw. als Hilfe, seine eigene derzeitige Position in Malkuth zu erfassen, ansehen. In dieser Interpretation ist das Ba-Gua eine Analogie zu den vier Elementen, in die Malkuth oft eingeteilt wird. Die Aufteilung in neun Felder des Ba-Gua ist also das chinesische Äquivalent zu der Darstellung Malkuths als Kreis mit einem Kreuz, wobei das obere Kreisviertel das Feuer, das untere Kreisviertel die Erde, das linke Kreisviertel die Luft, und das rechte Kreisviertel das Wasser darstellt.

Diese Art der Gliederung von Malkuth findet man z.B. auch in dem "Lebensbaum der Vektormathematik", in dem Malkuth die Darstellung eines Vektor durch eine schematische Darstellung (Matrix) seiner Bestandteile ist (siehe: VI 1. "Vektormathematik").

Das Ba-Gua ist also eine differenzierte Variante der Strukturierung von Malkuth in die vier Elemente. Beides sind Ordnungen innerhalb der Vielheit, wobei das vier-Elemente-System allerdings eine Gruppierung und Zuordnung und somit ein eher theoretisches und sortierendes System ist, während das Ba-Gua eine tatsächlich vorhandene Struktur abbildet. In der Regel wäre also das Ba-Gua als Feinstruktur von Malkuth vorzuziehen, da sich aus ihm deutlich mehr Informationen ergeben.

Aus dem Ba-Gua lassen sich unter anderem auch Ansatzpunkte für die Symbolik und Strukturen von Meditationen und Ritualen ableiten.

Die Visualisierung der Mittleren Säule

Das Ba-Gua als Feinstruktur für Malkuth ist zwar interessant und hilfreich, aber für die Meditation der Mittleren Säule entfaltet sie vermutlich vor allem dann einen Nutzen, wenn man entweder eine ausgeprägte Verbindung zu der chinesischen Kultur hat und sich deshalb mit den Grundzügen des Feng-Shui auskennt oder wenn man selber des öfteren Wohnungs-, Haus oder Parkgestaltungen mithilfe des Ba-Guas durchführt.

V Zusammenfassung der Strukturen des Lebensbaumes

Der Lebensbaum enthält eine Vielzahl von Strukturen, die alle das Verhältnis zwischen der Vielheit der Erscheinungen und der ihr zugrundeliegenden Einheit beschreiben. Bevor nun im übrigen Buch die Anwendungen dieser Strukturen auf verschiedene Bereiche beschrieben werden, folgt nun noch einmal eine kurze Wiederholung dieser Strukturen.

1. Die 11 Sephiroth gliedern den Weg von der Einheit (Kether) zur Vielheit (Malkuth) in zehn gleichgroße Schritte.

2. Kether ist eine Form-Sephirah, auf die dann als zweite Sephirah eine Kraft-Sephirah und auf diese dann wieder eine Form-Sephirah folgt und so weiter abwechselnd bis hin zu der Form-Sephirah Malkuth. Dieser Wechsel findet sich sowohl innerhalb der Gesamtfolge der Sephiroth als innerhalb der drei Säulen.

3. Es gibt fünf Entwicklungseinheiten, die durch die vier Übergänge getrennt werden:
   - 1. Entwicklungseinheit: Kether
     - 1. Übergang: Auflösung
   - 2. Entwicklungseinheit: Chokmah, Binah, Daath (1. Dreieck)
     - 2. Übergang: Abgrund
   - 3. Entwicklungseinheit: Chesed, Geburah, Tiphareth (2. Dreieck)
     - 3. Übergang: Graben
   - 4. Entwicklungseinheit: Netzach, Hod, Yesod (3. Dreieck)
     - 4. Übergang: Schwelle
   - 5. Entwicklungseinheit: Malkuth

4. Die vier Übergänge haben einen verschiedenen Charakter:

   - 1. Übergang ("Auflösung"): erste Differenzierung (Heisenberg'sche Spinketten);
   - 2. Übergang ("Abgrund"): erste Abgrenzung, Entstehung von zwölf Arten von Elementarteilchen, Bildung dieser Elemente als Hohlkugeln aus der vorherigen Substanz;
   - 3. Übergang ("Graben"): Entstehung der neuen Elemente durch Bildung von festen Hüllen, die durch eine Zwölferteilung (Astrologie) geprägt sind;
   - 4. Übergang ("Schwelle"): Bildung von Konglomeraten, Zwölferteilung durch die Wirkung der astrologische Transite.

5. Das Absteigen über einen Übergang führt durch "Blasenbildung" zu den neuen Elementen in der darunterliegenden Ebene, die durch ein niedrigeres Energieniveau gekennzeichnet ist. Das Aufsteigen über einen Übergang löst durch Erhöhen des Energieniveaus (Ekstasetechniken) die feste, abgrenzte Form des unteren Bereiches wieder auf und erreicht so wieder das freie Fließen des oberen Bereiches.

6. Bei jedem Absteigen über einen Übergang geht eine der Homogenitäts-Eigenschaften der ursprünglichen Einheit (Kether) verloren. Dafür entsteht bei jedem Absteigen über einen Übergang eine neue Ebene mit neuen Einheiten und neuen Qualitäten. Beim Aufsteigen über einen Übergang löst sich entsprechend eine Ebene mit ihren Einheiten und deren Qualitäten auf und es wir eine der Homogenitäts-Eigenschaften der ursprünglichen Einheit wiederhergestellt.

7. Bewußtsein und Materie sind zwei Seiten ein und derselben Sache: Bewußtsein ist der Blick von innen auf eine Sache, Materie ist der Blick von außen auf eine Sache. In Kether sind beide Blickweisen identisch, da Kether das Bewußtsein des Ganzen ist und in Kether jede Unterscheidung aufgehoben ist.

8. Von den Drei Säulen ist die Mittlere Säule von der größten Bedeutung, da sie die Entwicklungsstufen des Bewußtseins darstellt, die mit bestimmten Arten der Wahrnehmung verbunden sind:

- Kether: Gott - Licht
- Daath: Lichtbringer - Konturen im Licht
- Tiphareth: Seele - von innen her farbig leuchtende Gestalten
- Yesod: Krafttier - farbarme Gestalten in diffusem Licht
- Malkuth: Körper - von außen her beleuchtete Gestalten

9. Die Planeten und deren astrologische Qualitäten sind eine der ursprünglichsten Zuordnungen zu dem Lebensbaum. Durch die Entdeckung der drei transsaturnischen Planeten Uranus, Neptun und Pluto gibt es nun eine vollständig durch Planeten besetzte Analogie zu den Sephiroth von Malkuth - Erde, Yesod - Mond, Hod - Merkur bis hin zu Kether - Pluto.

10. Die Zahlen sind ebenfalls ein altes und wichtiges Merkmal der Sephiroth. Die Qualität der Zahlen sowie die Qualität der ihnen zugehörigen Winkel finden sich sowohl in der Astrologie als auch in der physischen Welt in vielen Beispielen wieder.

11. Die Farben haben vor allem den Charakter einer Orientierungshilfe, obwohl sie recht gut zu dem Wesen der Sephiroth passen. Sie sind vor allem in Meditationen, bei Traumreisen und für den Aufbau von Ritualen nützlich.

12. Das Konzept von Ain Soph Aur ist sehr abstrakt, wenn man den Lebensbaum auf die Welt als Ganzes bezieht - man kann es dann am ehesten als das Nichts, das war, bevor etwas war, auffassen. Bei einer Folge von Lebensbäumen, bei denen aus dem Malkuth des einen Lebensbaumes, z.B. dem der Evolution der Einzeller, ein zweiter Lebensbaum hervorgeht, in diesem Fall also der Lebensbaum der Evolution der Vielzeller, ist die Sephirah Malkuth des zuerst entstandenen Lebensbaumes das Ain Soph Aur des als zweites entstandenen Lebensbaumes. Ain Soph Aur ist das, woraus die Struktur entstanden ist, die man mit dem betreffenden Lebensbaum strukturiert hat.

13. Die Zeit findet sich auf dem Lebensbaum von oben nach unten verlaufend als Schöpfungsvorgang, der durch den "Blitzstrahl der Schöpfung" dargestellt wird und der Reihenfolge der Sephiroth folgt, sowie von unten nach oben verlaufend als Erkenntnisvorgang, der durch die "Schlange der Weisheit" dargestellt wird und der umgekehrten Reihenfolge der Pfade folgt.

14. Eine wichtige Analogie zu dem Lebensbaum sind die Chakren, die entweder den Sephiroth von Yesod bis Tiphareth entsprechend oder aber (als Dynamik des Überquerens des Grabens) dem Pfad von Yesod nach Tiphareth. Die aufsteigende Kundalinischlange ist die wichtigste Beschreibung einer Ekstasetechnik, also des Aufsteigens über einen Übergang.

15. Das Ba-Gua ist wie die vier Elemente eine Matrix, also die Beschreibung eines Ganzen durch eine tabellarisch-graphische Auflistung seiner Bestandteile. Diese Form der Beschreibung ist typisch für die Sephirah Malkuth.

VI Anwendungsbeispiele

Wie bereits erwähnt, ist der Lebensbaum eine Struktur, die sich in allen Dingen wiederfindet. In den Beschreibungen der Strukturen des Lebensbaumes sind vor allem der "Lebensbaum der physikalischen Evolution" sowie der "Lebensbaum des Bewußtseins" zur Illustration der beschriebenen Strukturen verwendet worden. Um die Vielfalt der Objekte, die sich durch den Lebensbaum strukturieren lassen, zu verdeutlichen, folgt nun eine Reihe der verschiedensten Beispiele. Die Voraussetzung für die Möglichkeit, ein Objekt durch den Lebensbaum zu strukturieren, ist eine ausreichende Komplexität (ein einzelnes Wasserstoffatom ist z.B. ungeeignet) und vor allem die "Vollständigkeit" des Objektes, d.h. das Objekt muß eine Einheit bilden. So läßt sich z.B. ein Arm nicht durch den Lebensbaum strukturieren, ein menschlicher Körper hingegen schon. Objekte, die zu wenig Struktur aufweisen oder Teil von einer größeren Einheit sind, haben keinen eigenen Lebensbaum, sondern erscheinen als Bestandteil eines größeren Lebensbaumes.

Es gibt nichts, was nicht entweder einen Lebensbaum als Struktur enthält oder Teil des Lebensbaumes einer übergeordneten Einheit ist.

Nachdem die bisherigen Kapitel dazu gedient haben, die Struktur des Lebensbaumes selber zu beschreiben, geht es bei diesem Kapitel darum, zu erkennen, wie sich ein Bereich entsprechend des Lebensbaumes strukturieren läßt. Wirklich spannend wird es dann in Kapitel IX ("Der Lebensbaum als Forschungshilfe"), in dem beschrieben wird, wie sich mit Hilfe des Lebensbaumes nicht nur Bekanntes strukturieren, sondern auch neue Zusammenhänge entdecken lassen. Vorher werden aber noch in Kapitel VII zwei übergeordnete Strukturen beschrieben und in Kapitel VIII das zentrale Bezugssystem bei der Arbeit mit Lebensbaum, die Lebensbäume der Evolution der Materie und des Bewußtseins, beschrieben.

1. Vektormathematik

Ein Vektor ist ein mathematisch-physikalischer Begriff. Er ist darüber definiert, daß er eine Größe und eine Richtung hat. Er wird als Pfeil dargestellt, dessen Spitze seine Richtung und dessen Länge seine Größe angibt. Nun kann man sich natürlich fragen, wozu man so etwas braucht.

Im allgemeinen denkt man in Entfernungen und in Zeitabständen, man betrachtet also Zeit und Raum als etwas getrenntes. Von daher denkt man nicht in Vektoren, sondern in Abständen - sowohl räumlich als auch zeitlich.

Wenn man sich einmal physikalische Größen insbesondere bei der Beschreibung von Vorgängen anschaut, so fällt auf, daß isolierte Angaben von Entfernungen oder Zeitabständen jedoch selten vorkommen. Der Regelfall ist die Verbindung von einer räumlichen Angabe (s) und einer zeitlichen Angabe (t) z.B. als Geschwindigkeit (s/t) oder Beschleunigung (s/t^2). Dies liegt daran, daß alle beobachtbaren und durch die Physik beschreibbaren Vorgänge Veränderungen sind, also Bewegungen, d.h. räumliche Veränderungen innerhalb einer bestimmten Zeit.

Wenn man das Verhaltens irgendeines Objektes beschreiben will, so findet man fast immer eine Geschwindigkeit in eine bestimmte Richtung als wesentliches Merkmal. Diese Bewegung ist das eigentlich Konstante. Solange kein anderes Objekt auf dies betrachtete Objekt einwirkt, wird es seine Bewegung unverändert fortsetzen.

Auch wenn man physikalische Konstanten betrachtet, gelangt man nur selten zu räumlichen oder zeitlichen Abständen, sondern zu Geschwindigkeiten - die wesentlichste dieser Größen ist die Lichtgeschwindigkeit ("c"). Sie ist auch die zentrale Größe der Relativitätstheorie. Wenn ein Gegenstand sich mit einer sehr niedrigen Geschwindigkeit (v) bewegt, vergeht für ihn ganz "normal" viel Zeit. Wenn er sich nun allerdings deutlich beschleunigt auf einige Tausend km/h, dann vergeht für ihn im Verhältnis zu seinen ruhenden Zeitgenossen schon etwas weniger Zeit. Nähert er sich mit seiner Geschwindigkeit aber allmählich der Lichtgeschwindigkeit, rast seinen ruhenden Zeitgenossen im Vergleich zu ihm die Zeit davon. Würde er schließlich die Lichtgeschwindigkeit erreichen, so würde für ihn die Zeit stillstehen. Da er dafür aber unendlich viel Energie benötigen würde, ist es ihm (und auch keinem einzigen einzelnen Elementarteilchen) möglich, diese Geschwindigkeit zu erreichen - sie bleibt den Energiequanten wie z.B. dem Photon, also dem Licht, vorbehalten.

Es gibt im All also keine räumliche Grenze und auch keine zeitliche Grenze, wenn man einmal von dem Urknall absieht, zu dem sowohl der Raum als auch die Zeit entstanden sind - aber dies ist heute ohne praktische Bedeutung, da wir uns in der Zeit nur "vorwärts" bewegen können. Es gibt aber eine kombinierte Raum-Zeit-Grenze, die nicht überschritten werden kann - die Lichtgeschwindigkeit.

Es ist inzwischen ja weitgehend bekannt, daß sich alle Dinge sowohl als Teilchen, also Materie, als auch als Welle, also als Schwingung auffassen lassen. Am bekanntesten ist dies sicher für das Licht, das sowohl ein Photon als auch eine elektromagnetische Welle ist. Das Photon ergibt sich sozusagen aus der Welle, wenn man die Zeit anhält, also seine Bewegung im Raum einmal fortläßt. Dann wird die elektrische Welle zu einer Kreisbewegung und die magnetische Welle ebenfalls zu einer Kreisbewegung. Beide Kreise haben denselben Mittelpunkt und dieselbe Größe und stehen im rechten Winkel senkrecht zueinander. Wenn man die Bewegungsrichtung als Linie durch ihren gemeinsamen Mittelpunkt einzeichnet, wird deutlich, daß die Summe des Abstandes der beiden Kurven von dieser Linie immer gleich ist, d.h. daß die Gesamtenergie des Photons konstant ist, aber ihre Verteilung zwischen der elektrischen und auf der magnetischen Energie hin- und herschwingt.

Nun läßt sich nicht nur das Licht, sondern auch alle Elementarteilchen und somit auch alle Atome und folglich auch jeder Gegenstand (da sich alle Gegenstände aus Atomen zusammensetzten) aus Schwingungen betrachten. Wenn ein Gegenstand sehr viel Energie hat, also innerhalb eines großen Abstandes (Amplitude) schwingt, erscheint er als heiß, wenn er sehr wenig Energie hat, also nur eine sehr kleine Schwingungsbreite hat, erscheint er als kalt.

Eine Schwingung ist vor allem eine Hin- und Herbewegung, die mit einer bestimmten Geschwindigkeit verläuft. Als Obergrenze für diese Geschwindigkeiten ist bereits "c", die Lichtgeschwindigkeit bekannt. Wenn man nun versucht, einen Gegenstand immer weiter abzukühlen, also seine Geschwindigkeit und seine Schwingungsbreite immer weiter zu verringern, stellt man fest, daß es einen absoluten Nullpunkt bei ca -273°C gibt. Diesen Nullpunkt kann kein Gegenstand erreichen, da dann sowohl seine Schwingungsbreite als auch die Geschwindigkeit seiner Schwingung "0" werden würde, er also aufhören würde zu existieren. Dies wird von den Erhaltungssätzen verhindert: nichts kann einfach verschwinden - die Dinge können sich lediglich verwandeln.

Somit sind also die Vorgänge in unserer Welt nicht durch einzelne räumliche oder zeitliche Angaben begrenzt, sondern durch kombinierte raum-zeitliche Angaben, also Geschwindigkeit: die obere Grenze, die von Materie nicht erreicht werden kann, ist die Lichtgeschwindigkeit, und die untere Grenze, die nicht erreicht werden kann, ist der absolute Nullpunkt von -273°C.

Bei geringen Geschwindigkeiten unter ein paar Tausend km/h kann man so tun, als ob Raum und Zeit zwei getrennte Größe wären; bei höheren Geschwindigkeiten ist es allerdings notwendig, die Relativitätstheorie zu beachten und von der Verbindung von Raum und Zeit, von der sogenannten Raumzeit auszugehen, in der sich die Dinge eben anders verhalten, als in unserem "Alltag der niedrigen Geschwindigkeiten".

Die Lichtgeschwindigkeit (c) tritt noch an ein paar wichtigen Stellen auf, die Grenzen und Möglichkeiten markiert. Die wichtigste davon ist sicherlich die Verwandlung von Materie in Energie und zurück, für die die Lichtgeschwindigkeit der allein verantwortliche Faktor ist: "$E=m \cdot c^2$".

Eine weitere c-Grenze ist die Ausdehnung des Weltalls mit Lichtgeschwindigkeit. Das Weltall ist endlich, aber grenzenlos, d.h. es hat ein bestimmtes Volumen, aber es kommt nirgendwo eine "Mauer", an der es zu Ende ist - ähnlich einer Kugeloberfläche, die auch eine bestimmte Anzahl von cm^2 Fläche hat, aber nirgendwo eine Begrenzung aufweist. Das Weltall hat also stets einen fest definierten "Durchmesser", was bedeutet, daß man, wenn man nach oben fliegt, irgendwann von unten zurückkommt, wenn man nach rechts fliegt, irgendwann von links zurückkommt, und wenn man nach vorne fliegt, irgendwann von hinten zurückkommt. Praktisch ist dies jedoch nicht möglich, da man dafür mit Überlichtgeschwindigkeit fliegen müßte. Auch der Trick mit einem utopisch guten Fernrohr würde nicht funktionieren, um (nach vorne blickend) seinen eigenen Hinterkopf zu sehen, da auch das Licht nur mit Lichtgeschwindigkeit fliegt und somit die Ausdehnung des Weltalls nicht einholen oder gar überholen könnte.

Auch das erste erkennbare Ereignis in unserer Welt ist eine Geschwindigkeit: der Urknallimpuls. Ein Impuls ist eine Masse, also ein Gegenstand, der sich mit einer bestimmten Geschwindigkeit bewegt. Die Masse des Urknallimpulses ist die Gesamtmasse des Weltalls und seine Geschwindigkeit ist die Lichtgeschwindigkeit. Alle übrigen Ereignisse, angefangen bei der Entstehung der Gravitation als Reaktion auf den Urknallimpuls, sind Folgen, die sich aus diesem ersten Ereignis ergeben.

Auf dem Lebensbaum findet sich auch eine Art Vektor: der "Blitzstrahl der Schöpfung" - er hat eine Größe (von Kether bis Malkuth) und eine Richtung (von Kether bis Malkuth) und er ist die symbolische Darstellung des Urknallimpulses. Als Gegenreaktion auf seine expandierende Geradlinigkeit erscheint die zusammenziehende, alles umringelnde "Schlange der Weisheit" - die symbolische Darstellung der Gesamtgravitation. Sowohl der "Blitzstrahl der Schöpfung" als auch die "Schlange der Weisheit" sind Bewegungen in eine Richtung, also Geschwindigkeiten und somit Vektoren.

Auch den weisen alten Chinesen waren diese Zusammenhänge auf symbolischer Ebene bekannt, weshalb ihr berühmtestes Buch auch das "Buch der Wandlungen", das I Ging ist, das keinerlei feste Zustände, sondern die Arten der Veränderung, also der ständigen Bewegungen beschreibt, die sich in dieser Welt beobachten lassen.

In unserer Welt ist also nicht die Länge oder die Dauer eine ursprüngliche, grundlegende Einheit, sondern die Geschwindigkeit und somit der Vektor.

Die Vektormathematik beschreibt die Bewegung eines Vektors in Raum und Zeit. Dies bedeutet, daß zunächst einmal in einem "Vektor-Lebensbaum" dieser Raum und diese Zeit auftauchen müssen. Da sie die grundlegende Voraussetzung sind, müssen sie den oberen Sephiroth entsprechen. Um innerhalb einer solchen Raumzeit etwas messen zu können, braucht man ein Koordinatensystem. Es gibt verschiedene solcher Systeme, aber der Einfachheit halber kann man einmal von dem karthesianischen Koordinatensystem, das aus einem Ursprungs-Nullpunkt, von diesem Nullpunkt ausgehenden Achsen sowie den das Verhältnis zwischen diesen Achsen festlegenden Winkeln besteht. Bei einem räumlichen Koordinatensystem sind dies in der Regel drei Achsen, deren Verhältnis zueinander durch rechte Winkel definiert ist. Der Nullpunkt ist offensichtlich Kether, die sich von dort aus ausdehnenden Achsen haben eindeutig Chokmah-Charakter und die Winkel zwischen ihnen sind offenbar aufgrund ihres zusammenhaltenden und koordinierenden Charakters eine Binah-Analogie.

	Nullpunkt	
Winkel		Achsen
	...	
...		...
	...	
...		...
	...	
	...	

Dabei zeigt sich unter anderem noch einmal der Charakter des 90°-Winkels, der sowohl trennenden als auch aufbauenden Charakter hat, denn nur der 90°-Winkel zwischen den einzelnen Achsen trennt die Qualitäten auf den Achsen vollständig in Höhen, Breiten und Tiefen - alle anderen Winkel würden auf den Achsen ein Gemisch dieser Größen ergeben.

Der Vektor selber ist offenbar die zentrale Einheit, die sozusagen in der Mitte auf dem Objektträger des "Lebensbaum-Mikroskopes" liegt - und folglich Tiphareth entspricht.

	Nullpunkt	
Winkel		Achsen
	...	
...		...
	Vektor	
...		...
	...	
	...	

In der Vektormathematik gibt es eine Größe, die sich aus dem Koordinatensystem ergibt und die die Möglichkeiten innerhalb eines solchen Koordinatensystems ausdrückt: den Basisvektor. Er weist in alle in diesem Koordinatensystem möglichen Richtungen und hat als Größe in jeder dieser Richtungen "1" (z.B. "1m"). Dabei wird die gesamte senkrechte Achse als eine eine Richtung aufgefaßt, die über dem Nullpunkt positive und unter dem Nullpunkt negative Zahlen hat. Innerhalb eines normalen dreidimensionalen Koordinatensystems hätte dieser Basisvektor also senkrecht (oben/unten) die Größe "1", waagerecht (links/rechts) die Größe "1" und "geradeaus" (vorne/hinten) die Größe "1". Dieser Basisvektor entspricht als Ausdruck der gesamten Möglichkeiten, als "Samenkorn" offensichtlich Daath.

Innerhalb eines Lebensbaumes der Religionen würde man in Daath z.B. die Zehn Gebote finden, die Moses von dem Berg auf dem Sinai mit herabbrachte oder eines der Heiligen Bücher einer anderen Religion. Innerhalb des Lebensbaumes eines Staates würde sich hier entsprechend die Verfassung finden. Daath gibt also (unter anderem in mathematischer, religiöser und juristischer Hinsicht) den Rahmen des im weiteren prinzipiel Möglichen an.

	Nullpunkt	
Winkel		Achsen
	Basisvektor	
...		...
	Vektor	
...		...
	...	
	...	

Nun braucht man nicht für jedes Vorhaben den gesamten Raum eines Koordinatensystemes. Wenn man innerhalb eines dreidimensionalen Koordinatensystemes für eine Rechnung nur zwei Dimensionen benötigt, da es sich um eine Flächenberechnung handelt, verwendet man in diesem Koordinatensystem nur zwei seiner Achsen. Eine solche Fläche nennt man einen Vektorraum. Innerhalb eines solchen Vektorraumes werden bisweilen noch kleinere Einheiten abgegrenzt, die in diesem Fall also nur eine Dimension hätte, auf der eine Länge berechnet werden könnte. Dies nennt man dann einen Vektorunterraum. Diese beiden, Vektorraum und Vektorunterraum, stellen sozusagen den Aufenthaltsraum des betrachteten Vektors dar, seine "Heimat" und seine "vorübergehende Aufenthaltsbegrenzung". Der Vektorraum ist folglich eine Chesed-Entsprechung und der Vektorunterraum eine Geburah-Entsprechung.

```
                        Nullpunkt
        Winkel                          Achsen
                        Basisvektor
        Vektorunterraum         Vektorraum
                        Vektor
            ...                         ...
                            ...

                            ...
```

Oberhalb des Vektors befindet sich also das "Außenleben" des Vektors, das seine möglichen Bewegungen beschreibt. Unterhalb von Tiphareth, dem der Vektor entspricht, findet sich folglich das Innenleben des Vektors, also die Komponenten, aus denen er besteht.

Die Netzach-Entsprechung des Gefühls zeigt deutlich, daß Netzach eine Richtung ist, da Gefühle zwar eine Richtung, aber kein Maß haben. Der Verstand als Hod-Entsprechung hat zwar ein klares Maß, aber keine Vorlieben und somit keine Richtungen. Daraus ergibt sich ohne viel Mühe, das Netzach die Richtung des Vektors ist und Hod die Größe des Vektors beschreibt.

```
                        Nullpunkt
        Winkel                              Achsen
                        Basisvektor
        Vektorunterraum                 Vektorraum
                        Vektor
        Größe des Vektors               Richtung des Vektors
                            ...

                            ...
```

Yesod ist nun bekanntlich die Darstellung der Vielfalt der wirkenden Kräfte. Daher findet sich hier die Darstellung der Einzelkomponenten eines Vektors. Angenommen, es handelt sich um einen Vektor innerhalb einer Fläche, der vom Nullpunkt aus 2cm im 45°-Winkel nach rechts oben weist. Dann würde sich dieser Vektor aus einer senkrechten und aus einer waagerechten Komponente zusammensetzten, die sich ergeben, wenn man von der Spitze des Vektors eine waagerechte Linie zur senkrechten Achse und eine senkrechte Linie zur waagerechten Achse zieht. Daraus ergibt sich dann, daß dieser Vektor aus einer senkrechten Komponente mit der Größe 1,41 cm (Wurzel aus 2) und aus einer waagerechten Komponente mit der Größe 1,41cm besteht. Yesod wäre für diesen Vektor die "Liste": waagerecht 1,41cm, senkrecht 1,41cm. Eine Bewegung vom Nullpunkt aus von 1,41cm nach oben und eine anschließende Bewegung von 1,41cm nach rechts führt genau an den Punkt, an dem sich die Spitze des Vektors befindet, der vom Nullpunkt aus im 45°-Winkel 2cm nach rechts oben verläuft.

                        Nullpunkt
    Winkel   Achsen
                        Basisvektor
    Vektorunterraum   Vektorraum
                        Vektor
    Größe des Vektors   Richtung des Vektors
                        Vektorbestandteile

                            ...

Die letzte verbliebene Sephirah Malkuth entspricht nun analog der Darstellung Malkuths durch die vier Elemente oder durch das neunteilige chinesische Ba-Gua der Darstellung des Vektors als Matrix. Man kann eine Matrix als ein vorgefertigtes Formular auffassen, in dem alle in einem Koordinatensystem möglichen Komponenten aufgeführt werden und in das man dann nur noch die entsprechende Größe eintragen muß. Die Matrix eines dreidimensionalen Koordinatensystems bestände also aus einem "Formular" mit drei Zeilen:

    1. senkrechte Komponente:
    2. waagerechte Komponente:
    3. vorne/hinten Komponente:

In dem Fall des eben betrachteten 2cm langen Vektors sähe die ausgefüllte Matrix also folgendermaßen aus:

Matrix	
1. senkrechte Komponente:	1,41
2. waagerechte Komponente:	1,41
3. vorne/hinten Komponente:	0,00

Nun läßt sich die Matrix für Malkuth in den Lebensbaum der Vektormathematik eintragen:

                        Nullpunkt
    Winkel   Achsen
                        Basisvektor
    Vektorunterraum   Vektorraum
                        Vektor
    Größe des Vektors   Richtung des Vektors
                        Vektorbestandteile
                        Matrix

Damit wären alle Sephiroth des Vektor-Lebensbaumes definiert. Nun stellen aber die Sephiroth das eher statische Gerüst eines Lebensbaumes und die Pfade die Bewegungen auf einem Lebensbaum dar. Daher sollten man auch einmal die Pfade auf diesem Lebensbaum betrachten.

Die Pfade innerhalb des Koordinatensystems haben nur Bedeutung für die theoretischeren Aspekte der Mathematik, die sich mit der inneren Logik eines Systemes befassen. Der Bereich zwischen dem Basisvektor und dem Vektor selber ist der Bereich der Rechenregeln, nach denen sich Vektoren innerhalb eines Vektorraumes oder Vektorunterraumes bewegen und daher der Bereich der meisten physikalischen Berechnungen. Unterhalb des Vektors (Tiphareth) finden sich Vektor-interne Rechenregeln, die sich vor allem mit den verschiedenen Darstellungsmöglichkeiten eines Vektors befassen.

Die interessantesten Rechenregeln befinden sich sicherlich auf den drei Pfaden von Tiphareth (Vektor) nach Kether/Chokmah/Binah (Koordinatensystem), da diese drei Pfade durch die Relativitätstheorie beschrieben werden, die sich ja vor allem mit dem Verhalten von Objekten bei verschiedenen Geschwindigkeiten (Tiphareth) innerhalb der Raumzeit (Kether/Chokmah/Binah) befaßt. In Daath findet sich dabei die "magische Grenze" der Lichtgeschwindigkeit "c", die zugleich auch der Umwandlungsfaktor vom Materie in Energie ist.

Der absolute Nullpunkt findet sich in diesem Lebensbaum sozusagen als die "Unterkante" von Malkuth, die ebenfalls nicht erreicht werden kann

```
                        Nullpunkt des
                       Koordinatensystems
        Winkel                                    Achsen
                            "c"

                      (Relativitätstheorie)


          ...                                        ...
                          Vektor
          ...                                        ...
                           ...


                           ...
                         -273°C
```

Es findet sich hier in Kether/Chokmah/Binah das Raum-Zeit-Kontinuum (Raumzeit), in Tiphareth eine einzelne Bewegung, also eine Geschwindigkeit, und in Daath die Obergrenze dieser Bewegungen ("c") und in Malkuth die Untergrenze dieser Bewegungen (-273°C)

Zunächst ist der wesentlichste Effekt dieser Betrachtung der Nachweis, daß sich auch solch abstrakte und theoretische Gebilde wie die Vektormathematik durch den Lebensbaum strukturieren lassen - was den Überblick in den entsprechenden Mathematik-Vorlesungen ganz beträchtlich erhöhen kann! Weiterhin ist dieser Lebensbaum eine große Hilfe, das Prinzip "Alles ist Bewegung und Veränderung" übersichtlich darzustellen und nebenbei einige eher abstrakt und ungewohnt wirkende physikalische Erkenntnisse etwas anschaulicher zu machen. Zudem wird dieser Lebensbaum, insbesondere die Funktion der Lichtgeschwindigkeit in ihm, bei späteren Betrachtungen noch sehr nützlich sein.

Schließlich hat noch die Einordnung der Relativitätstheorie auf dem Lebensbaum einen praktischen Nutzen für verschiedene Betrachtungen zu anderen Themen. Insbesondere der Umstand, daß man mit dem Einsatz von immer mehr Energie sich zwar an "c" (Daath) annähern kann, daß aber kein Gegenstand, nicht einmal ein einzelnes Elementarteilchen "c" erreichen kann, ist ein gutes Gleichnis für spirituell Strebende: Man kann immer mehr meditieren, immer länger tanzen und sein Energieniveau dadurch immer mehr erhöhen, aber wenn man nicht bereit ist, seine alte Form (Hohlkugelform der Elementarteilchen) aufzugeben und loszulassen und in den Bereich ohne Abgrenzungen (Daath: reine Energie) zu gehen, werden die eigenen Bemühungen fruchtlos bleiben. Daraus ergibt sich auch, daß das Loslassen der alten Form, der Selbstdefinition durch seine Grenzen, noch wichtiger ist als das Erhöhen des Energieniveaus, das also das Loslassen der zentrale Punkt für die Verwandlung ($E = m \cdot c^2$) durch eine Ekstasetechnik ist.

Die Visualisierung der Mittleren Säule

Falls man eine Vorliebe für mathematischen Definitionen hat, wird dieser Lebensbaum sicher recht hilfreich sein: der Nullpunkt des Koordinatensystems, aus dem heraus das gesamte Koordinatensystem entsteht, für Kether / Gott; der Einheitsvektor als das "Meer der Möglichkeiten" für Daath / die Gottheiten; der Vektor als das eigentliche Betrachtungsobjekt für Tiphareth / die Seele; die einzelnen Komponenten des Vektors für Yesod / die Lebenskraft; und die Matrix für Malkuth / den Körper.

Insbesondere die innere logische Geschlossenheit des Systems wird durch die Anwendung des Lebensbaumes auf die Vektormathematik sehr anschaulich.

2. Gehirn

Da es ja das Gehirn ist, das sich hier und jetzt gerade mit dem Lebensbaum beschäftigt, ist es sicher interessant, auch einmal das Gehirn mit Hilfe des Lebensbaumes zu betrachten.

Da das Gehirn das den Körper koordinierende System ist, ergibt sich schon einmal, daß 1. der Körper Malkuth darstellt und 2., daß das Großhirn, das der entwicklungsgeschichtlich jüngste und der bezüglich der Koordination am höchsten stehende Teil des Gehirnes ist, von allen Gehirnteilen am weitesten oben auf dem Lebensbaum stehen muß.

Dann finden sich zwei Teile des Gehirnes, von denen der eine für die Orientierung, also für die Hod-Aufgaben (Fornix) und der andere für die Motivation, also für Netzach-Aufgaben (Hyphothalamus) zuständig ist.

Das Kleinhirn, das mit seinen vegetativen Funktionen der älteste Teil des Gehirnes ist, entspricht demnach Yesod, das ja direkt an Malkuth anschließt.

Der 32. Pfad entspricht somit den Organisationsstrukturen der "Prä-Gehirn-Ära", als das gesamte Verhalten bei den ersten Wirbeltieren noch über direkte, kaum weiterverarbeitete Reflexbögen aus dem Rückenmark heraus geregelt wurde.

Somit ergibt sich von unten nach oben eine Folge von Körper- und Gehirnteilen, die ihrer Entstehungsreihenfolge und somit auch ihrer zunehmenden Komplexität entspricht:

```
Hod (Fornix) / Netzach (Hyphothalamus)    - limbisches System
Yesod (Kleinhirn)                          - Kleinhirn
32. Pfad (Reflexbögen)                     - Rückenmark
Malkuth (Nervenbahnen)                     - Körper
```

Yesod unterteilt sich dabei noch in verschiedene Unterabschnitte:

Der entwicklungsgeschichtlich und funktionell nächste Gehirnteil, der auf diesem Bereich unterhalb des Grabens aufbaut, ist der Thalamus, der für die Koordination, also eine Tiphareth-Aufgabe, zuständig ist. Darauf folgen dann die Basalganglien, die für die Initiative zuständig sind, und schließlich das Großhirn, das mit seiner Überblicks-, Lenkungs- und Entscheidungsfunktion Chesed-Charakter hat. Daraus ergibt sich dann die Zuordnung der Basalganglien zu Geburah.

Somit wären nun alle Sephiroth, die zu dem Bereich, der durch Abgrenzungen geprägt ist, belegt. Es sieht danach aus, als würde der nächste Entwicklungsschritt nicht in der Entwicklung eines dem Großhirn noch übergeordneten Gehirnteiles bestehen, sondern in der Auflösung der Angrenzung zwischen den einzelnen Gehirnen, da die Auflösung der Abgrenzungen das typische Phänomen von Daath ist. Ein Symbol für eine solche Vernetzung ist die Verbindung einzelner Computer zum Internet. Entsprechend wäre bei der nächsten Entwicklungsstufe des Gehirnes eine Vernetzung durch eine zunehmend bewußtere, gelenkte und weit verbreitete Telepathie zu erwarten - wie es sich ja derzeit auch vor allem im Bereich der Traumreisen und der Familienaufstellungen zeigt, wo es ständig um das Erfassen und den Umgang mit Informationen geht, "die man eigentlich gar nicht haben kann" und die man telepathisch erlangt hat. Diesen Bereich hat C.G. Jung das kollektive Unterbewußtsein genannt. Es findet sich in diesem Lebensbaum in Daath. Die Bewußtseinsqualität von Daath ist die Verantwortung.

In Kether findet sich dann nicht nur die Gesamtheit aller menschlichen Gehirnen mit ihrem Gesamtbewußtsein, sondern die gesamte Materie, deren Bewußtseinsseite dann Gott ist.

Chokmah sind dann die Urbilder innerhalb des Kollektiven Unterbewußtseins und Binah die Verknüpfungen zwischen diesen Urbildern, also die kollektiven Mythen. Chokmah hat als Bewußtseinsqualität daher die Impulse und Binah die Strukturen.

	Kether: Welt ("Ich bin")		Einheit: "Ich bin"
Binah: alle menschlichen Gehirne (kollektive Mythen: Strukturen)		Chokmah: alle menschlichen Gehirne (kollektive Urbilder: Impulse)	
	Daath: alle menschlichen Gehirne (kollektives Unterbewußtsein: Verantwortung)		kollektives Unterbewußtsein: spirituelle Entscheidungen
Geburah: Basalganglien (Initiative)		Chesed: Großhirn (Entscheidungen)	Großhirnbestandteile: bewußte Entscheidungen
	Tiphareth: Thalamus (Koordination)		
Hod: Fornix (Orientierung)		Netzach: Hypothalamus (Motivation)	
	Yesod: Kleinhirn Hirnstamm (vegetative Funktion)		Kleinhirnbestandteile: instinktive Entscheidungen
	32. Pfad: Rückenmark (Reflexe)		Rückenmark: reflexhafte Entscheidungen
	Malkuth: Körper (Handlungen)		

Wenn man die Sephiroth und die Pfade nun detaillierter betrachtet, wird die Lebensbaum-Graphik des Gehirnes noch etwas anschaulicher:

X Malkuth: Körper - Nervenbahnen, Sinne

Schwelle: Übergang vom reflexhaften zum instinktiven Verhalten

32. Pfad (Yesod - Malkuth):   Rückenmark - Reflexbögen

IX   Yesod: vegetative Koordination; besteht aus:
        a) Kleinhirn (jüngster Teil) - Körperhaltung, Bewegungserinnerung
        b) Substanta nigra (zweitjüngster Teil)
        c) Hirnstamm (ältester Teil) - Wachsamkeit, Atmung, Puls; bestehend aus:
            - Mittelhirn (jüngster Teil)
            - Pons (zweitjüngster Teil)
            - Medula oblongata (ältester Teil)

31. Pfad (Hod - Malkuth):   Nervenbahnen - Lernen

30. Pfad (Hod - Yesod):   viele Nervenbahnen - Gleichgewicht erhalten; Anweisungen an das vegetative Nervensystem bezüglich der Blutwerte (Temperatur, Druck, Zucker, Puls)

VIII   Hod: Fornix/Hippocampus - Orientierung: Bluttemperatur, Puls, Blutdruck, Blutzucker; Lernen Erinnerungen speichern

29. Pfad (Netzach - Malkuth):   Hormone - Richtung/Antrieb geben

28. Pfad (Netzach - Yesod):   Nervenbahnen - Anregungs-/Dämpfungsrhythmus

27. Pfad (Netzach - Hod):   limbisches System, Fornix-Hypothalamus-Durchdringung - Anregung der für das Erhalten der vegetativen Funktionen notwendigen Handlungen

VII   Netzach: a) Hypothalamus - Motivation: Essen, Trinken, Sex, Schlafen/Wachen, Kampf/Flucht
        b) Hypophyse - hormonale Umsetzung der Motivationen, die im Hypothalamus entstehen

Graben: Übergang vom instinktiven zum bewußten Handeln

26. Pfad (Tiphareth - Yesod):   sehr viele Nervenbahnen, die das Bewußtwerden der vegetativen Impulse ermöglichen

25. Pfad (Tiphareth - Hod):   Nervenbahnen - Lernimpulse

24. Pfad (Tiphareth - Netzach):   "Stiel" des Thalamus bildet eine Verbindung zum Hypothalamus - Motivationslenkung

VI   Tiphareth: Thalamus - Informationsklassifizierung und Koordination: Empfangen und Weiterleiten von Informationen, Entstehen von Bewußtseinsprozessen durch das ARAS-aktivierende retikuläre System

23. Pfad (Geburah - Hod):   Nervenbahnen

22. Pfad (Geburah - Tiphareth):   viele Nervenbahnen - Bewegungsanregung

V   Geburah: Basalganglien - Initiative: Bewegungsimpulse, Beginn einer Handlung

21. Pfad (Chesed - Netzach):   Nervenbahnen

20. Pfad (Chesed - Tiphareth):   sehr viele Nervenbahnen - Weiterleitung der vom Thalamus als wichtig

erachteten Informationen an das Großhirn zur weiteren Bewußtwerdung, Verarbeitung und Entscheidung

19. Pfad (Chesed - Geburah):   viele Nervenbahnen - Entscheidungsumsetzung

IV   Chesed: Großhirn - Verarbeiten und entscheiden; bestehend aus:
        a) Stirnlappen: Planen, Entscheiden, Ziele festlegen
        b) Scheitellappen: Körperwahrnehmung
        c) Hinterhauptlappen: Sehen u.a.
        d) Schläfenlappen: Hören, Bewußtwerdung von Empfindungen, Gedächtnis, komplexes optisches Erkennen

Abgrund: telepathische Vernetzung aller menschlichen Gehirne - Übergang von bewußten, individuellen Entscheidungen zu bewußten, spirituellen, kollektiven und somit verantwortungsbewußten Entscheidungen aufgrund von zusätzlichen, telepathisch erworbenen Informationen

Daath bis 11. Pfad: telepathische Vernetzung aller menschlichen Gehirne - "spirituelle" Entscheidungen

Auflösung: Übergang von den "spirituellen" Entscheidungen zum Gesamtbewußtsein

I   Kether: Einheit

    Bei der Betrachtung, welche Pfade besonders ausgeprägt sind, also welche Pfade durch besonders viele Nervenbahnen im Gehirn repräsentiert werden, was bedeutet, daß die entsprechenden Sephiroth auf dem Gehirn-Lebensbaum besonders eng miteinander verwachsen sind, ergibt sich eine besonders enge Verbindung vom Körper (Malkuth) über das Rückenmark (32. Pfad) zu dem Kleinhirn (Yesod) und weiter zum Thalamus (Tiphareth) und dann "rechts hinauf" zum Großhirn (Chesed). Vom Großhirn verläuft noch eine sehr enge Verbindung zum Hypothalamus (Netzach), der fest mit der Fornix (Hod) verwachsen ist.
    Es finden sich zum einen (wie zu erwarten) die sechs Pfade, die auf dem Blitzstrahl liegen und die historische Reihenfolge der Entstehung der Gehirnbereiche darstellen, durch besonders viele Nervenbahnen betont (Chesed - Geburah - Tiphareth - Netzach - Hod - Yesod - Malkuth), was auch der Reihenfolge ihrer Entstehung entspricht; und zum anderen finden sich aber auch in der Folge Malkuth - Yesod - Tiphareth - Chesed sehr viele Nervenbahnen.
    Die enge Verbindung der Gehirnteile aufgrund ihres Auseinanderhervorwachsens entlang des Blitzstrahles ist ja sofort einleuchtend - die zweite enge Koordination bedarf jedoch einer näheren Betrachtung. Zunächst fällt einmal auf, daß dies die Verbindung auf der Mittleren Säule ist, die dann oben zu dem am höchsten entwickelten Gehirnteil, dem Großhirn, "abbiegt" und dort endet. Diese Verbindung ist sozusagen eine "Schnellstraße" von Malkuth, dem Körper, zu Chesed, dem Großhirn.
    Dieser Weg findet sich an unerwarteter Stelle wieder: Wenn man eine Traumreise zur eigenen Mitte unternimmt, entspannt man zunächst den eigenen Körper (Malkuth), richtet die Aufmerksamkeit nach Innen (32. Pfad: Malkuth - Yesod) und tritt durch ein imaginiertes Tor (Schwelle) in die innere Bilderwelt (Yesod) ein. Dort sucht man dann nach dem Weg zur Mitte (26. Pfad: Yesod - Tiphareth) und überquert dabei ein Hindernis, oft einen Fluß (Graben) und begegnet dann seiner Seele (Tiphareth). Danach kommt es dann des öfteren vor, daß die Seele den Traumreisenden dann noch zu einem Versammlungsplatz führt (20. Pfad: Tiphareth - Chesed), an dem der Traumreisende dann seine "Seelenfamilie", d.h. seine früheren Inkarnationen trifft (Chesed). Diese "Malkuth-Yesod-Tiphareth-Chesed"-Struktur tritt noch bei einigen anderen Betrachtungen innerer Vorgänge auf.

    Das Gehirn in seiner heutigen Form beim Menschen ist im Prinzip eine "Erfindung" der Wirbeltiere, die die vorher eher unkoordiniert im Tierkörper verlaufenden Nervenbahnen zum Rückenmark verbanden und dieses durch die Knochenwirbel schützten. Dadurch entstand sowohl eine schnellere als auch eine koordiniertere Möglichkeit, durch Reflexe zu reagieren. Gleichzeitig entwickelte sich am vorderen Ende des Rückenmarks eine zentrale

Koordinationsstelle, die schon die Gliederung des menschlichen Gehirnes aufwies, wenn auch sehr schlichter Form und von sehr kleinem Volumen. Diese Erfindung der Wirbeltiere ist dann im Lauf der Evolution immer weiter angewachsen und hat sich immer weiter differenziert.

Die weitere Evolution scheint nun in der allgemeinen Bewußtwerdung des kollektiven Unterbewußtseins zu liegen, das dann zu einem kollektiven Bewußtsein (Daath) wird.

Die Visualisierung der Mittleren Säule

Besonders interessant für die Meditation der Mittlere Säule ist es, daß Daath die nächste Aufgabe des einzelnen Menschen bzw. die nächste Entwicklungsstufe der Menschheit darstellt. Aufgrund der Zuordnung der Chakren ergibt sich, daß die Bewußtwerdung des kollektiven Unterbewußtseins bei dem einzelnen Individuum durch die Erweckung des Scheitelchakras geschieht.

Dadurch ergibt sich eine zusätzliche Einteilung der fünf Sephiroth der Mittleren Säule in drei Gruppen:

1. in Zukunft bewußt werdender Bereich:		
Kether	*Gott*	*Gesamtbewußtsein*
2. derzeit bewußt werdender Bereich:		
Daath	*kollektives Bewußtsein*	*Scheitelchakra*
3. bereits größtenteils bewußter Bereich:		
Tiphareth	*Seele*	*Herzchakra*
Yesod	*Krafttier*	*Wurzelchakra*
Malkuth	*Körper*	*Körper*

3. Staat

Die Organisation eines Staates ist eine vielschichtige Angelegenheit, die in den verschiedensten Ausformungen auftreten kann. Daher ist es in dieser kabbalistischen Betrachtung sinnvoll, nicht von einer bestimmten Verfassung, z.B. die der BRD, Chinas oder Ugandas auszugehen, sondern von den Aufgaben eines Staates und den dafür notwendigen Organen - die dann konkret in den verschiedenen Staatsformen recht verschieden aussehen können.

Für alle Staaten gleich ist die Entsprechung von Malkuth, also die Grundlage und das, worum es bei der ganzen Staatenbildung geht: das Volk. Da die Staatenbildung ein Koordinationsvorgang ist, entwickelt er sich von "unten nach oben" entsprechend der "Schlange der Weisheit", was sich am deutlichsten in dem Vorgang der Wahlen zeigt, in denen das Volk (Malkuth) zumindest im Prinzip und auf lange Sicht gesehen alle Strukturen und deren Repräsentanten weiter oben auf dem Lebensbaum auswählt..

In Kether findet sich die weltanschauliche Grundlage für den betreffenden Staat, die sehr verschieden aussehen kann: Gottes Wille bei Monarchien, Karl Marx und Friedrich Engels in kommunistischen Staaten, persönliche Macht in Diktaturen, ein Grundgesetz in den meisten Demokratien usw.

Entsprechend dem allgemeinen Charakter des 1. Dreieckes (Chokmah/Binah/Daath) müßten sich dort die Rahmenbedingungen, also die Ausformulierung von Kether finden.

Entsprechend sollte das 2. Dreieck (Chesed/Geburah/Tiphareth) dann die eigentliche Regierung, das lenkende Gremium enthalten.

Das 3. Dreieck (Netzach/Hod/Yesod) schließlich müßte die Durchführungsverfahren der Regierungsbeschlüsse beschreiben.

In dem Beispiel einer Parteiendemokratie müßte sich also im 2. Dreieck der Ministerpräsident bzw der Kanzler, also die den Staat leitende Person, finden. Als die entscheidende und koordinierende Person wird sie in Tiphareth zu finden sein. Bei dieser Sephirah handelt es sich also um die Exekutive. Es liegt nun nahe, in Chesed und Geburah die Legislative und die Judikative zu vermuten. Chesed mit seiner Schaffung von Grundlagen und dem immer wiederkehrenden Bild der Gemeinschaft, die gemeinsam ein Ziel hat, ist offenbar die Gesetzgebende Versammlung, also die Legislative. Geburah mit seiner Betonung von Entschlüssen, Korrekturen und Verwandlungen ist der Bereich der Richter und somit der Judikative.

Über dieser Regierung, die den Alltag regelt, und innerhalb derer Personen und Parteien mit sehr verschieden Interessen vorkommen, sollte sich in Daath eine allgemeine Integrationsfigur befinden, eine Person, die den gemeinsamen Willen, das Wesen des Staates insgesamt darstellt. Diese Person ist in der BRD der Bundespräsident. Eine der bekanntesten Daath-Personen ist sicher die englische Königin, die in der englischen konstitutionellen Monarchie "nur" Repräsentationsfunktionen, aber keine Entscheidungsfunktionen hat, aber die wichtigste Integrationsfigur ist, die am stärksten das Selbstverständnis der Briten als Volksgemeinschaft prägt.

In Chokmah sollte man die treibenden Kräfte innerhalb des Staates vermuten. Innerhalb einer Demokratie sind dies in der Regel die Parteien.

Binah sollte innerhalb des Staates eine grundlagenschaffende Wirkung aufweisen, die die verschiedenen Interessen der Parteien koordiniert und es ermöglicht, daß in ihrem Zusammenspiel von allen akzeptierte Entscheidungen zustanden kommen. Daher handelt es sich bei Binah um die verfassungsgebende bzw. -verändernde Versammlung. Die von den Parteien in dieser Versammlung beschlossene Verfassung ist dann die Grundlage für das gesamte weitere Vorgehen - also eine Analogie zu Daath. Daraus ergibt sich, daß der Bundespräsident bzw. die Queen unter anderem die Repräsentanten der jeweiligen Verfassung sind.

Es bleibt nun noch die Betrachtung der Verwaltungsebene des 3. Dreieckes. Netzach sollte (entsprechend dem Verhältnis von Tiphareth/Seele/Sonne und Netzach/Gefühlen/Sonnenstrahlen) die Beschlüsse des 2. Dreieckes, insbesondere die vom Kanzler festgelegten Richtlinien in konkrete und detaillierte Beschlüsse und Anweisungen umsetzen - was offenbar die Aufgabe der Minister und der Ministerien ist.

Hod müßte innerhalb dieses System für Ordnung, Klarheit und Verläßlichkeit sorgen - die Aufgabe der Polizei (nach innen hin) und des Militärs (nach außen hin). Auf dem 25. Pfad zwischen dem Kanzler in Tiphareth und der Polizei bzw. dem Militär in Hod liegt also das oft beschworene Gewaltmonopol des Staates.

Es bleiben somit für Yesod die allgemeine Verwaltung auf regionaler und örtlicher Ebene übrig, die die "vegetativen Funktionen" des Staates aufrecht erhalten sollen.

	Grundgesetz		Grundlage
verfassungs-gebende Versammlung	Parteien		Rahmenbedingungen
	Verfassung Bundespräsident		
Judikative (Richter)	Legislative (Bundestag, -rat)		Regierung
	Exekutive (Kanzler)		
Militär, Polizei	Minister		Verwaltung
	untere Behörden		
	Volk		Volk

Es gibt hier einige interessante Pfade, die es sich noch einmal anzuschauen lohnt. Da wären zunächst einmal natürlich wieder die Pfade, die auf dem Blitzstrahl liegen:

Das Grundgesetz schreibt in der BRD die Organisation in verschiedene Parteien (Parteiendemokratie) vor (11. Pfad: Kether-Chokmah).

Die Parteien treffen sich zur verfassungsgebenden Versammlung (14. Pfad: Chokmah-Binah).

Als Ergebnis liegt dann in Daath die Verfassung vor und es wird auch von einer dieser Versammlung in etwa entsprechenden Versammlung dann die repräsentative Daath-Person, der Bundespräsident gewählt (Binah-Daath).

Auf der Grundlage der Verfassung trifft sich dann die Legislative und beschließt Gesetze (Daath-Chesed). In regelmäßigen Abständen wird sie vom Volk neu gewählt.

Diese Gesetze sind dann die Grundlage für die Urteile der Richter, die festlegen, was innerhalb dieses Staates richtig und falsch ist (19. Pfad: Chesed-Geburah).

Die Judikative überwacht auch die Entscheidungen des Kanzlers (22. Pfad: Geburah-Tiphareth).

Der Kanzler weist nun seine Minister an, seine Beschlüsse konkret umzusetzen (24. Pfad: Tiphareth-Netzach).

Den Ministern als ausführendes Organ der Exikutive steht bei der Durchsetzung ihrer Anweisung die Polizei und das Militär zur Verfügung (27. Pfad: Netzach-Hod).

Die unteren Behörden setzen nun die Anweisung vor Ort um (30. Pfad: Hod-Yesod; aber noch stärker der 28. Pfad: Netzach-Yesod).

Die Behörden sorgen nun für die Umsetzung der Tiphareth-Beschlüsse im Volk (32. Pfad: Yesod-Malkuth).

Aber auch die übrigen Pfade spielen eine Rolle:

Die verfassungsgebende Versammlung ist dem Grundgesetz verpflichtet (12. Pfad: Kether-Binah).

Die Parteien bilden zusammen die Legislative (15. Pfad: Chokmah-Chesed).

Die Richter, insbesondere die Verfassungsrichter, werden (meist entsprechend ihrer Parteizugehörigkeit) von einem übergeordneten Gremium gewählt, das wieder Ähnlichkeit mit der verfassungsgebenden Versammlung hat (17. Pfad: Binah-Geburah).

Die dominante Partei stellt den Kanzler (16. Pfad: Chokmah-Tiphareth).

Die verfassungsgebende Versammlung gibt dem Kanzler (über den Umweg über die Verfassung) seine

Legitimität und seine Macht; diese Macht und Autorität ist auch in dem Konsens der Parteien (Binah) über das Verhalten in diesem Staat begründet (18. Pfad: Binah- Tiphareth).

Der Kanzler ist derjenige, der unter der der Aufsicht des Bundespräsidenten (Daath) das Grundgesetz (Kether) in konkrete Entscheidungen (Tiphareth) umsetzt (13. Pfad: Kether-Tiphareth).

Die Legislative bestimmt durch die Gesetzgebung den Rahmen des Handelns des Kanzlers (20. Pfad: Chesed-Tiphareth).

Der Kanzler erhält seine Autorität somit direkt aus den gesamten oberen sechs Sephiroth: als Umsetzer des Grundgesetzes (Kether), als Vertreter der stärksten Partei (Chokmah), als die Person, die nach dem Konsens aller Beteiligten die Autorität erhält (Binah), als die entsprechend der Verfassung gewählte Person (Daath), als das ausführende Organ der Legislative (Chesed), als Vorbild der Beachtung der Judikative (Geburah).

Die dann folgenden, weiter unten auf dem Lebensbaum angesiedelten Pfade haben nun deutlich anderen Charakter:

Die stärkste Partei stellt die meisten Minister (21. Pfad: Chesed-Netzach).
Die Judikative wacht über das Verhalten der Polizei und des Militärs (23. Pfad: Geburah-Hod).
Der Kanzler ist sowohl der oberste Befehlshaber der Streitkräfte als auch der oberste Weisungsbefugte der Polizei und des Bundesgrenzschutzes (25. Pfad: Tiphareth-Hod).
Die Behörden sind letztlich das ausführende Organ der Beschlüsse des Kanzlers (26. Pfad: Tiphareth-Yesod).
Die Minister legen die Richtlinien für die Arbeit der unteren Behörden fest (28. Pfad: Netzach-Yesod).
Die Polizei wacht über das Einhalten der Gesetze durch das Volk (31. Pfad: Hod-Malkuth). Die Minister bemühen sich, durch ihre Erlasse das Gemeinwohl aufrechtzuerhalten (29. Pfad: Netzach-Malkuth).

In Diktaturen wird fast der gesamte Bereich von Kether bis Tiphareth durch den Diktator bestimmt und durch seine Person repräsentiert.

In einem Königreich hat der König bzw. die Königin eine ähnliche Stellung wie ein Diktator, wobei aber hier zumindest noch die allgemeine Akzeptanz des Königtums (Kether) sowie die Wahl des Königs bzw. die Thronfolgeregelungen (Daath) hinzukommen. Im Königtum, das sich als von "Gottes Gnaden gegeben" auffaßt, ist das Königtum untrennbar mit der Religion verbunden und es finden sich daher in einem solchen Lebensbaum in Kether Gott und das durch dessen Willen begründete Königtum ("König von Gottes Gnaden") sowie in Daath die Thronfolgeregelung, aber kaum eine Ausprägung von Chokmah, Binah, Chesed und Geburah. Schon rein graphisch steht der König direkt unter Gott und lenkt von seinem Thron in Tiphareth aus das Volk (Malkuth) mittels seiner Minister (Netzach), der Polizei und des Militärs (Hod) sowie der unteren Behörden (Yesod). Es finden sich allerdings auch im Königtum Entsprechungen zu der 2., 3., 4. und 5. Sephirah: Chokmah stellt die Kräfte innerhalb des Königreiches dar, die um Macht und Einfluß ringen (Adlige, Händler, Bauernaufstände ...); Binah ist die Meinung der Allgemeinheit über den König, die diesen unterstützt bzw. diesen bei völligem Versagen auch durch einen Aufstand o.ä. entthronen kann; Chesed ist die Hausmacht des Königs, also seine Verwandten, seine treuen Verbündeten und evtl. seine Heimatprovinz; Geburah ist die Meinung des Volkes über Gerechtigkeit, die sich meist von der betreffenden Religion ableitet - an diese Meinung ist der König zwar nicht gebunden, aber er kann ihr auch nicht ständig zuwider handeln.

In einer konstitutionellen Monarchie wie in Großbritannien, Belgien, den Niederlanden, Schweden usw. besteht eine Demokratie, die die aus früheren Zeiten stammende Rolle des König nicht abgeschafft hat, sondern sie auf die Daath-Funktion des Repräsentanten des gesamten Volkes und Landes reduziert haben.

Die sozialistischen oder kommunistischen Ein-Parteien-Staaten funktionieren im Prinzip wie das Königtum, wobei die eine Partei dabei die Rolle des Königs innehat. Der Vorsitzende dieser Partei hat den Tiphareth-Posten und erhält seine Legitimierung direkt aus der sozialistischen Weltanschauung, die als "sozialistisches Grundgesetz" festgelegt ist (Kether). Allerdings ist dieses System flexibler als das Königtum, da es sich bei einer Partei um viele Personen und nicht wie beim Königtum um eine einzelne Person handelt. In Daath finden sich hier die Leitlinien festlegenden Hauptversammlungen, in Geburah der "Aufsichtsrat" der Partei, in Chesed der "Parteivorstand", in Chokmah die verschiedenen "Flügel" innerhalb der Partei, und in Binah schließlich der Konsens der Gesamtpartei darüber, wie innerhalb der Partei entschieden werden soll.

Die Visualisierung der Mittleren Säule

Diese Betrachtung ergibt vor allem eine deutliche Hierarchie innerhalb der fünf Sephiroth der Mittleren Säule, wobei sich gleichzeitig zeigt, daß der Aufbau der vier oberen Sephiroth dem Wohle der untersten Sephirah dienen soll - d.h. auf die Meditation der Mittlere Säule übertragen, daß die Motivation für das Streben nach Bewußtwerdung der vier oberen Sephirah in dem Bedürfnis der untersten Sephirah nach Vermeidung von Leid und nach Gedeihen und Wachstum liegt:

Sephirah	Aspekt des Staates
Kether	Gott, Grundgesetz
Daath	Prinzip des Königtums, Verfassung/Bundespräsident
Tiphareth	König, Kanzler
Yesod	untere Behörden, Volk
Malkuth:	

4. Staubsauger, Auto, Atomkraftwerk und Computer

Bei der Betrachtung von Maschinen sehen die Zuordnungen zum Lebensbaum etwas anders aus als bei den bisher betrachteten Lebensbäumen, weil sich ein wesentlicher Teil der Maschinen außerhalb der Maschinen befindet. Genaugenommen ist es eigentlich so, daß die Maschinen ein Teil einer größeren Einheit sind - man könnte sie als künstliche Gliedmaßen des Menschen auffassen. Deshalb fehlt bei Maschinen z.B. die Tiphareth-Entsprechung. Stattdessen enden am Außenrand von Tiphareth die gesamten Kabel und mechanischen Vorrichtungen, durch die die Maschine gesteuert wird - der Rand von Tiphareth ist also besetzt mit allen notwendigen Schaltern und Armaturen. Das Tiphareth einer Maschine ist ein leerer Cockpit, ein leerer Fahrersitz, der Griff einer herumliegenden Bohrmaschine, die darauf wartet, das ein Mensch kommt, sich in Tiphareth niederläßt und die Maschine bedient. Der Rand von Tiphareth ist sozusagen die Verbindungsfläche zwischen dem Menschen und seinem zusätzlichen "technischen Körperteil".

Aus diesen Gegebenheiten folgt auch, daß eine Maschine nur von Malkuth bis hinauf nach Chesed reicht (wie dies schon von dem "Lebensbaum das Gehirnes" bekannt ist). Eine Maschine ist ihrem Wesen nach auf den Bereich der Abgegrenztheit unterhalb des Abgrundes beschränkt. Oberhalb des Abgrundes findet sich dann das Bedürfnis des Menschen nach dieser Maschine wieder, die letztlich zu ihrer Herstellung geführt hat.

In Kether findet sich demzufolge als der ursprüngliche Impuls das Bedürfnis eines Menschen, sich die Arbeit zu erleichtern. Chokmah stellt dann die technischen Möglichkeiten, die Ideen und unter Umständen die den Konstrukteur von außen zufließenden technischen und finanziellen Unterstützungen dar. In Binah muß das Ganze dann zu einem sinnvollen Konzept werden, müssen neue Varianten erprobt werden, Teile anders zusammengesetzt und evtl. der Bedarf nach ganz neuen Bestandteilen erkannt werden, bis schließlich das Grundprinzip, wie die Maschine funktionieren kann, erfaßt worden ist. In Daath findet sich dann schließlich der ausgereifte, genaue und detaillierte Konstruktionsplan.

Im 2. Dreieck, im "internen Bereich" der Maschine, findet sich dann die innere Struktur der Apparatur. Tiphareth ist, wie bereits gesagt, die Steuerzentrale. In Geburah findet sich der Motor und in Chesed die tragende Konstruktion.

Im 3. Dreieck, dem "externen Bereich" der Maschine, findet sich in Netzach die Energieversorgung, in Hod die interne Informationsübertragung der Maschine, also in erster Linie die Verkabelung und die Schaltpläne, und in Yesod die Konstruktion, die die Wirkung vom Motor nach außen zu der eigentlichen "Wirkungsstelle" der Maschine überträgt. Bei einem Bohrer wäre diese "Wirkungsstelle" z.B. die Spitze des Bohrers, während Yesod das Bohrfutter und das Getriebe im Inneren der Bohrmaschine ist.

Malkuth hat bei Maschinen auf den ersten Blick eine Doppelfunktion, die sich aber bei näherem Hinsehen beide als die "Außenhaut" der Maschinen erweisen. Zum einen ist Malkuth die "Wirkungsstelle" der Maschine und zum anderen ist es ihre Hülle, ihre Karosserie.

In dem folgenden Lebensbaum werden vier verschiedene "Maschinen" gleichzeitig beschrieben, deren Entsprechungen sich bei jeder Sephirah untereinander finden:

1. Staubsauger,
2. Auto,
3. Atomkraftwerk und
4. Computer.

| Wille, die Arbeit | Wille, die Arbeit
| zu vereinfachen | zu vereinfachen
....|...........................
Kombination   Hilfsmittel |
der Hilfsmittel | Planung
                                    Konstruktionsplan |
....|...........................
Motor: tragende Konstruktion: |
1. Motor   1. tragende Konstruktion |
2. Motor   2. Fahrgestell |
3. Brennstäbe-Raum   3. Gebäude |
4. Datenverarbeitung   4. Gehäuse |
                                                                                                | innere Struktur
                                    "Cockpit" (für den Menschen): |
                                    1. Griff |
                                    2. Fahrersitz |
                                    3. Kontrollraum |
                                    4. Platz vor dem Computer |
....|...........................
Informations-   Orientierung und Ausrich- |
übertragung: tung in der Welt: |
1. Kabel   1. Haltegriff, Ein/Aus-Schalter |
2. Kabel, Mechanik   2. Lenkrad, Gaspedal, Bremse |
3. Kabel, Mechanik, Sensoren   3. Steuerung der Brennstäbe |
4. Verbindungskabel,   4. Tastatur, Maus, Monitor |
   Modem/Browser/Internet |
                                                                                                | äußere Struktur
                                    Getriebe, Kraftübertragung
                                    Energieversorgung: |
                                    1. Saugrohr, Stromkabel |
                                    2. Getriebe, Verbindung Motor-Achse, Benzintank |
                                    3. Dampfturbine/Generator, Uran |
                                    4. Kabel zum Monitor und zum Drucker, Stromkabel |
....|...........................
                                    Gehäuse, |
                                    "Wirkungsstelle": |
                                    1. Saugvorsatz | Hülle,
                                    2. Räder | "Wirkungsstelle"
                                    3. Stromeinspeisung ins Stromnetz |
                                    4. Drucker/Monitor |

Bei einer früheren Betrachtung in diesem Buch wurde das Internet Daath zugeordnet, da es dort um den Charakter der Internet-Struktur als solcher ging; hier taucht das Internet in Hod auf, da ein einzelner Computer betrachtet wird und das Internet daher lediglich die Funktion einer externen Informationsquelle hat.

Am ehesten bereichert diese Betrachtung die Meditation der Mittlere Säule noch um die Hervorhebung der Wichtigkeit der Sephirah Tiphareth und somit der Seele für die Koordination der gesamten Vorgänge bei der Meditation über die Mittleren Säule.

5. Ballett

Der "Lebensbaum des klassische Balletts" ist ein gutes Beispiel dafür, wie aus einem inneren Impuls über die eigenen Möglichkeiten, den eigenen Stil und den derzeitigen Ausdruck schließlich eine einzelne, konkrete, äußere Bewegung wird. Damit wären auch schon die fünf Bereiche beschrieben, in die sich dieser Lebensbaum gliedert:

1. Kether: der Wunsch zu tanzen
2. Chokmah/Binah/Daath: die eigenen Möglichkeiten
3. Chesed/Geburah/Tiphareth: der eigene Stil
4. Netzach/Hod/Yesod: der eigene Ausdruck
5. Malkuth: eine Bewegung

Die Differenzierungen des 2., 3. und 4. Bereiches sind auch nicht schwer zu finden, wenn man sich die Strukturen der bisher betrachteten Lebensbäume in Erinnerung ruft:

Chokmah sind die Impulse, sich zu bewegen und die Ziele, wie man sich bewegen können will, also der im Tanz ausgedrückte Expansionswunsch, bzw. der Wunsch, seine tänzerischen Möglichkeiten zu erweitern. Binah besteht vor allem aus den eigenen körperlichen Begrenzungen und aus der Achtsamkeit darauf, daß man sich mit dem Wunsch, seine tänzerische Möglichkeiten zu erweitern, nicht selber schadet (z.B. durch übertrieben intensives Training). Daath stellt dann die derzeit möglichen Bewegungen und Bewegungsfolgen dar.

Chesed ist die Ballett-"Schule", der man angehört, mit ihrem bestimmten eigenen Stil und ihrer eigenen Vorstellung darüber, was Ballett ist oder sein sollte. In Geburah findet man dann die eigenen Abweichungen von den Prinzipien dieser Schule, also die individuelle Variation der Prinzipien dieser Schule. In Tiphareth zeigt sich schließlich der derzeitige eigene Stil, der sich in der zur Zeit anstehenden Aufführung ausdrückt (die sich von allen vorhergehenden und allen folgenden ein wenig unterscheidet).

Netzach ist die innere Beteiligung bei dieser Aufführung, die davon abhängt, wie lebendig das Thema dieser Aufführung in einem selber ist. Hod beschreibt die technische Beherrschung der Choreographie, also die Kenntnis und die Beherrschung der einzelnen Schritte, Haltungen und Bewegungsfolgen, die in der Aufführung vorkommen. Netzach gibt dem Tanz seine Lebendigkeit, Hod gibt dem Tanz seine Perfektion, und Tiphareth gibt dem Tanz, wenn der Tänzer das, was er gerade tanzt, dabei innerlich auch wirklich lebt und erlebt, die Seele. Yesod ist der momentane Ausdruck, den der Tänzer der Aufführung verleiht, die von seiner Gesundheit, seiner "Tagesform", seiner psychischen Verfassung und seiner Motivation abhängt. Yesod ist die Geste, die Mimik, die Dynamik und der Ausdruck, die aus der inneren Lebendigkeit herausfließen sollten.

Malkuth ist schließlich die einzelne Bewegung bzw., wenn man Malkuth als Matrix auffaßt, entweder die Gesamtheit der einzelnen Bewegungen oder die Gesamtheit der Haltungen der einzelnen Körperteile, die zusammen eine Haltung ergeben oder die Gesamtheit der einzelnen Haltungen, die zusammen eine Bewegung, eine Tanzfigur oder den gesamten Tanz ergeben.

	Wunsch zu tanzen		Wunsch zu tanzen
körperliche Begrenzungen	Bewegungsziele		Möglichkeiten
	derzeit mögliche Bewegungen		
Abweichungen von der "Schule"	Ballett-"Schule"		Stil
	Aufführung, momentaner Stil		
technische Beherrschung	innerliche Beteiligung		Ausdruck
	Ausdruck		
			eine Bewegung
	eine Bewegung		

Auch hier ist Kether wieder die Quelle des Ganzen, das 1. Dreieck die Rahmenbedingungen, das 2. Dreieck der innere Bereich (Lernen in der Ballett-Schule bzw. im Theater bei den Proben), das 3. Dreieck der äußere Bereich (Aufführung im Theater), und Malkuth das einzelne Endergebnis.

Die Visualisierung der Mittleren Säule

Aus dieser Betrachtung ergeben sich nur bereits aus anderen Lebensbäumen bekannte Strukturen wie die Hierarchie oder der Blitzstrahl als die Dynamik, die vom Wunsch zu tanzen zu einem einzelnen, konkreten Tanz führt. Diese Dynamik entspricht dem Segen Kethers, der bei der Meditation der Mittleren Säule in Kether geweckt und nach Malkuth hinabfließen kann.

6. Haus

Wo befinden sich in einem Haus Strukturen, die mithilfe der vier Übergänge eine Gliederung in die fünf Bereiche zulassen? Zunächst einmal gibt es die Gartentür, dann die Haustür, die Wohnungstür, die Schlafzimmertür, die Bettkante und schließlich noch die eigene Haut. Die Frage ist nun, ob diese Grenzen den vier Übergängen entsprechen.

Die eigene Haut könnte die Auflösung sein, da oberhalb davon dann nur noch die Einheit der eigenen Person bleiben würde. Die Bettkante entspräche dann dem Abgrund, was auch passen würde, da oberhalb des Abgrundes der Bereich liegt, in dem es keine Abgrenzugen mehr gibt, was ja auch mehr oder weniger auf das Verhältnis zu Personen zutreffen wird, die man dazu einlädt, sich zu einem selber ins Bett zu legen. Die Schlafzimmertür könnte gut den Graben darstellen, da dieser den internen Bereich (Schlafzimmer, Privat) von dem externen Bereich (Wohnzimmer, Besucher) trennt. Als Schwelle käme dann der Übergang in Frage, der den äußeren Schutz darstellt, also die Wohnungstür, an der der eigentliche Wohnraum endet.

Der Flur in einem Mietshaus wäre schon Fremdraum außerhalb des hier betrachteten Lebensraumes. In einem großen Bauernhaus wäre die Haustüre die Schwelle, egal wie viele Türen dann noch zwischen der Haustüre und der eigenen Wohneinheit liegen, und auch unabhängig davon, ob auf die Haustüre noch ein Gartentor und weiter draußen auch noch ein Grundstückstor folgen. Man könnte die Garten- und Grundstückstore bzw. bei einem Mietshaus die Haustüre als die "Unterkante von Malkuth" auffassen - so wie dies in dem Lebensbaum der Vektormathematik der absolute Nullpunkt bei ca -273°C war.

Diese Strukturierung bedeutet, daß ein Haus auf einem Lebensbaum vor allem als eine Folge von Hüllen erscheint - was ja auch seine Funktion ist.

Wenn ein Haus so sehr durch seine Hüllenfunktion geprägt ist, stellt sich die Frage, ob sich dann eigentlich eindeutige Qualitäten für die Sephiroth finden lassen. In der Astrologie ist das Haus das Symbol des 2. Feldes, das dem Stier entspricht, und das die Themen "Körper, Körperpflege, Kleidung, Ernährung, Wohnung, Haus, Besitz, Kapitel" umfaßt. Möglicherweise ist die Lebensbaum-Betrachtung eines Hauses also zugleich eine Betrachtung des astrologischen 2. Feldes in einem Horoskop. Zumindest kann man ja einmal die eben erwähnten Analogien bei dem Aufstellen des Lebensbaumes mitbedenken.

Wenn man einmal betrachtet, welche Vorgänge üblicherweise in dem Bett, also dem Bereich des Hauses, daß dem 1. Dreieck (Chokmah, Binah, Daath) entspricht, stattfinden, findet sich zunächst einmal natürlich der Schlaf, aber auch die Sexualität. Die Sexualität hat offensichtlich Chokmah-Charakter, da es Begeisterung, heftige Gefühle, Expansion und Ekstase bedeutet. Der Schlaf hingegen hat eindeutig integrierenden Charakter - was eben die Essenz von Binah ist. Die Gemeinsamkeit von beiden Vorgängen ist ihre Bedeutung für die Lebenskraft: in der Sexualität findet sich der höchste Einsatz von Lebenskraft und im Schlaf wird die Lebenskraft des Körpers wieder "aufgefüllt". Daher könnte man Daath als den Energiehaushalt des Körpers, also sein Lebenskraft-Niveau und den allgemeinen Umgang des betreffenden Menschen mit seiner Lebenskraft ansehen.

Das 2. Dreieck (Chesed, Geburah, Tiphareth) wäre nach der oben angestellten Betrachtung das Schlafzimmer. Nun finden sich aber im Schlafzimmer keinen weiteren markanten Tätigkeiten oder Qualitäten, was bedeuten würde, daß Bett und Schlafzimmer insgesamt das 1. Dreieck darstellen müßten, was aber wegen der fehlenden strukturellen Differenzierung unwahrscheinlich ist.

Für das 2. Dreieck ergibt sich somit der Rest der Wohnung. Sie sollte eine innere Struktur darstellen, die den drei Sephiroth Chesed, Geburah und Tiphareth entspricht, wobei die bereits beschriebene Gliederung des Lebensbaumes des Körpers eine Hilfe bei der Identifizierung dieser Strukturen sein könnte (die Geschichte von dem Virus, das in den Körper eindringt - siehe: III 8. "Die Dreiergrupen"):

Bereiche auf dem Lebensbaum	Bereiche eines Lebewesens
Kether	DNS
Chokmah/Binah/Daath	das Zellinnere
Chesed/Geburah/Tiphareth	der Bereich des Blutkreislaufes (nach außen hin abgeschlossener Bereich des Körperinneren)
Netzach/Hod/Yesod	Der Bereich der Verdauung (nach außen hin offener Bereich des Körperinneren)
Malkuth	die Haut (Körpergrenze)

Die Analogie zu dem Lebensbaum des Körpers paßt hier insofern besonders gut, als sowohl das Haus als auch der Körper Themen des 2. Feldes in einem Horoskop sind, d.h. daß sie beide eng miteinander verwandt sind.

Das 2. Dreieck sollte also der Bereich des Hauses sein, in dem analog zu dem Bereich des Blutkreislaufes im Körper die internen, von der Öffentlichkeit abgegrenzten Vorgänge stattfinden - also der innerfamiliäre Bereich. Dieser Bereich umfaßt zunächst einmal die Küche und das Wohnzimmer. Wenn man sich einmal die Lebensbäume der Maschinen betrachtet, ist deutlich, daß Geburah der Motor ist, also der Ort, von dem aus der Antrieb, die Bewegung und die Energie kommt. In einem Haus wäre dies die Küche, wo wie in einem Motor Rohstoffe zu dem erwünschten Endprodukt umgesetzt werden - bei einem Motor eine Bewegung und in der Küche die Nahrung (und im Körper u.a. die Leber). Aber auch einmal von der Nahrung abgesehen, ist die Küche der Ort in einem Haus, der am meisten Energie ausstrahlt. Chesed hat den Charakter des offiziellen Versammlungsplatzes und entspricht somit dem Wohn- und Eßzimmer. Typisch für Tiphareth ist die Mitte und das Individuum. Folglich wird Tiphareth den persönlichen Einzelzimmern der Hausbewohner entsprechen. Damit wäre es nun auf den ersten Blick natürlich zu einer Doppelbelegung gekommen, da das Schlafzimmer, das dem 1. Dreieck entspricht, ebenfalls ein Privatzimmer ist. Es handelt sich hier aber um einen Lebensbaum, der eine bestimmte Person in ihrem Haus betrachtet, was bedeutet, daß die Tiphareth-Privatzimmer die Zimmer der übrigen Familienmitglieder sind.

Für das 3. Dreieck ergibt sich nun ein Bereich, der als "nach außen hin offener Bereich" charakterisiert werden kann. Dafür finden sich zunächst einmal das Bad und das WC, dann Lagerräume wie Keller, Stall und Scheune, weiterhin Viehunterstände, Geräteschuppen, Remisen für landwirtschaftliche Maschinen, Arbeitsräume, Empfangsräume usw. Wenn man das 3. Dreieck des Maschinen-Lebensbaumes und des Tanz-Lebensbaumes zu Hilfe heranzieht, erhält man für Netzach, Hod und Yesod folgende Qualitäten:

Sephirah	Maschine	Tanz
Netzach	Orientierung und Ausrichtung in der Welt	innere Beteiligung
Hod	Informationsübertragung	körperliche Technik
Yesod	Getriebe, Kraftübertragung	Ausdruck

Zur Orientierung und Ausrichtung in der Welt (und somit zu Netzach) zählt alles, was für das Haus erwünscht bzw. unerwünscht ist, also sozusagen seine Stellungnahme innerhalb der derzeitigen und der zu erwartenden Ereignisse: es muß Brennholz beschafft werden, die Verwandten müssen zum Fest eingeladen werden, das Dach muß repariert werden, eine neue Hundehütte muß gebaut werden - der Ort, an dem man sich trifft, um den Alltag zu organisieren und auch weiterreichende Notwendigkeiten oder Verschönerungen in Angriff zu nehmen - also das Büro (oder der Schreibtisch im Wohnzimmer).

Zu "Informationsübertragung - körperliche Technik" fällt zunächst einmal nur der Telefonanschluß ein. Wenn man nun Hod als die Sephiroth des Denkens auffaßt, zeigt sich auch eine Qualität des Ordnens, Unterscheidens und Abgrenzens. Daher sollten hier auch die "Auscheidungsvorgänge des Hauses" zu finden sein. Wenn man sich bei

Sigmund Freud die Beschreibungen der analen Phase des Kindes ansieht, stellt man fest, daß das Erleben der Ausscheidung (und das Erlernen ihrer Kontrolle) mit dem Erlernen des Sprechens verknüpft ist. Folglich findet sich in Hod neben dem Telephonanschluß auch das WC, das Bad ("Ausscheidung von Schmutz"), der Waschraum (Waschmaschine) und die Mülleimer - sowie die Alarmanlage des Hauses und die Klingel.

Was könnte nun in einem Haus in dem "nach außen hin offenen Bereich" dem "Getriebe, Kraftübertragung - Ausdruck" entsprechen? Unter den oben erwähnten Räumen und Gebäuden gibt es eine Gruppe mit gemeinsamem Charakter: die Viehunterstände, die Geräteschuppen, die Remisen, die Arbeitsräume und der Empfangsraum. Diese fünf Räume haben gemeinsam, daß sie Dinge enthalten, die außerhalb des Hauses gebraucht werden bzw. von außerhalb kommen und das Haus betreten (Besucher im Empfangsraum), woraufhin geprüft wird, ob sie in die inneren Bereiche eingelassen werden. In dem "Lebensbaum des menschlichen Körpers" entspricht Yesod dem Mund sowie den Ausscheidungs- und Geschlechtsorganen, also um die Köperöffnungen, die "Besuch" von außen erhalten bzw. durch die etwas in den Körper hineinkommt oder aus ihm heraustritt. Man kann also davon ausgehen, daß die fünf übriggebliebenen Arten von Räumen und Gebäuden Yesod entsprechen.

Aber auch die Vorratskammern, Läger, Scheunen und Keller, sowie der Strom- und Gasanschluß gehören hierhin, da Yesod die Sephirah der Lebensenergie ist und der Strom- und Gasanschluß das Haus mit Energie versorgt und in den Vorratskammern, Lagern, Scheunen und Kellern Energie in Form von Lebensmittelvorräten, Baumaterial u.ä. gelagert wird.

Es bliebe somit als letztes Malkuth übrig, das aber leicht aufgrund seines Grenzcharakters ("Haus") als die Haustür bzw. das Hof- oder Gartentor sowie die Mauern, Zäune oder Gräben um das Grundstück erkennbar ist.

Hausbewohner			Hausbewohner
....Haut............................
Schlafen	Sex		Schlafzimmer
Lebenskraftniveau			
....Schlafzimmertür.............
Küche	Wohnzimmer		Wohnbereich
Privatzimmer			
....Wohnzimmertür............
WC, Bad, Waschraum Telephonanschluß, Mülleimer	Treffplatz und Einrichtungen zur Planung von Einkauf, Umbau, Renovierung, Einladung "Büro", Klingel, Alarmanlage		"Arbeitsbereich"
	Viehstall, Geräteschuppen Remisen, Arbeitsraum, Empfangsraum, Vorratskammer Lager, Scheune, Keller, Strom- und Gasanschluß		
....Haustür...............
	Garten und Gartentor, Hof und Hoftor		"Außenbereich" Grenze

Dieser Lebensbaum läßt sich nun ohne Mühe auf alle Arten von Wohngebäuden anwenden und entsprechend variieren. Es ist aber doch recht reizvoll, auch einmal den "Lebensbaum einer Burg" aufzustellen und zu schauen, wie sich dieser Lebensbaum dabei ändert und wie sich insbesondere der explizit wehrhafte Charakter der Burg dabei zeigt.

	Burgherr		Burgherr
....Haut.............................			
Schlafen, Schutz	Sex, Waffen		Burgfried (Hauptturm) Leitung: Burgherr
	Lebenskraftniveau, Stärke, Wehrhaftigkeit		nach der Flucht
.... leicht entfernbare Holzbrücke..			
Küchengebäude	Rittersaal		zum Burgfried
	Gesindegebäude, Gebäude der Familien der Burggemeinschaft, Kemenaten (Frauengemächer)		innere Burg Leitung: Truchseß
....innere Wehrmauer..........			
WC, Waschräume, Söldnerunterkünfte, Wachtürme, Waffenlager, Schmiede, Werkräume	Gebäude, in dem die Ratsversammlung tagt, Planungsort für Wachen, Vorratshaltung u.ä. = Raum des Marschalls		äußere Burg Leitung: Marschall
	Viehställe, Pferdeställe, Geräteräume, Arbeitsräume, Herberge, Vorratskammern, Lager, Brunnen, Scheunen, Zwinger (Maueranlage zum "Einfangen" von eindringenden Feinden)		äußere Wehrmauer
mit ....Wachtürmen und Burg-.			
	Burgberg, Wassergraben, zur Burg gehörende Ländereien vorgelagerte Schutzmauern		tor und Zugbrücke Burgberg, Umland, vorgelagerte Befestigungen

Besonders schön an dieser Betrachtung ist der Brunnen, der als Wasserversorgungseinrichtung zu Yesod gehört, da er auch eins der beliebtesten Symbole für den Bereich des Mondes (der Planet von Yesod), für das Unterbewußtsein und das Jenseits bzw. den Eingang zu ihm ist (siehe z.B. "Goldmarie und Pechmarie")

Die Visualisierung der Mittleren Säule
*

Die Betrachtung des Lebensbaumes eines Hauses und des Lebensbaumes einer Burg zeigen recht anschaulich den Weg von außen nach innen, der von Malkuth nach Kether führt - so wie dies auch der Lebensbaum der Physik veranschaulicht hat (allerdings auf eine etwas abstraktere Weise). Somit helfen diese zwei bzw. zusammen mit dem Lebensbaum der Physik drei Lebensbäume, den Weg von Malkuth nach Kether auch auf der Mittleren Säule als Weg von außen nach innen bzw., von Kether nach Malkuth gesehen, von innen nach außen zu begreifen.

7. Bienenvolk

Ein Bienenvolk ist zum einen ein Staat, dann ist es als Bienenstock auch ein Gebäude, und schließlich als nur gemeinsam lebensfähige Gruppe ist ein Bienenvolk auch ein Organismus, quasi ein Lebewesen.

Wenn man sich die beiden Lebensbäume des Hauses und der Burg betrachtet, ergibt sich für Kether sofort die Bienenkönigin, für die Schwelle die Wächterinnen und für Malkuth das Äußere des Bienenkorbes.

Im 1. Dreieck sollten sich nun analog zum Lebensbaum des Balletts, der Maschinen und der Verfassung die Möglichkeiten, die Planung und die Rahmenbedingungen finden. Diese Möglichkeiten eines Bienenvolkes sind die verschiedenen Bienen, die aus den Eiern der Königin entstehen können: die neuen Königinnen, die männlichen Drohnen sowie die Arbeiterinnen. Die neuen Königinnen entsprechen der "weiblichen" Sephirah Binah, die Erhaltung und Zusammenhalt repräsentiert. Die Drohnen entsprechen der "männlichen" Sephirah Chokmah, die die Expansion repräsentiert. Die Arbeiterinnen als das eigentliche Potential an Lebens- und Arbeitskraft, die die Größe und die Möglichkeiten des Bienenschwarmes festlegen, entsprechen Daath. Die Ähnlichkeit dieses Daaths mit dem Daath des "Lebensbaumes des Hauses" ist nicht zu übersehen.

Im 2. Dreieck, in dem "von der Außenwelt abgegrenzten Bereich" sollte sich in Chesed die "tragende Konstruktion" finden, in Geburah der "Motor" und in Tiphareth das "kreative Wachstumszentrum". Zu der Sephirah Chesed gehören in diesem Lebensbaum daher die mit dem Bau des Bienenstockes beschäftigten Arbeiterinnen, insbesondere die, die die Waben anlegen. Die "Kraftzentrale" von Geburah ist innerhalb des Bienenstockes der Vorrat von Honig und Propolis in den Waben. Als Tiphareth finden sich schließlich in diesem Lebensbaum die Waben, die die Brut enthalten. Der "von der Außenwelt abgegrenzte Bereich" eines Bienenvolkes ist demnach ganz anschaulich das Innere der Bienenwaben.

Das 3. Dreieck, der "nach außen hin offenen Bereich" ist der Raum um die Waben her bis hin zu dem Flugloch. Dort finden sich in Hod die Bienen, die mit der Säuberung des Bienenstockes beschäftigt sind (Kot, tote Bienen) und diejenigen, die das Innere des Bienenstockes als "Polizei" gegen Eindringlinge verteidigen (Milben, Raubinsekten, Schmarotzerbienen). Netzach ist dabei der Bereich um die Waben herum, also die auf den Waben herumkrabbelnden Bienen, die dort erkennen, was gerade am meisten benötigt wird (Pollen, Wasser, frische Luft, Säuberung) - hier ist sozusagen das Planungsbüro für anstehende Arbeiten. In Yesod schließlich finden sich die Arbeiterinnen, die die Transporte und Zwischenlagerungen vor allem von Blütenpollen im Eingangsbereich übernehmen und die gegebenenfalls durch ihre Flügel frische Luft in das Innere des Bienenstockes fächeln. Die Blütenpollen finden sich unterhalb des Grabens, da sie "bienenfremde" Vorräte sind, während der Honig und der Propolis (Königinnennahrung) bereits aus Pollen hergestellte "bieneneigene" Vorräte sind.

In Malkuth finden sich schließlich die "Außenposten" des Bienenvolkes, also zum einen die Wächterinnen vor dem Flugloch und die Bienen, die ausgeflogen sind, um Blütenpollen und den zuckerhaltigen Kot von Läusen zu sammeln.

	Königin		Königin
neue Königinnen	Drohnen		Potential
	Arbeiterinnen		
Vorratswaben (Honig, Propolis)	Wabenbau		innerhalb der Waben
	Brutwaben		
Säuberungsbienen "Polizeibienen"	Erkennen der anstehenden Arbeiten auf den Bienenwaben		um die Waben herum
	Transporte und Zwischenlagerung von Blütenpollen im Eingangsbereich, Temperaturregulierung im Bienenstock		
....Flugloch.............................			
	Wächterinnen, Sammlerinnen		Grenze, Außenbereich

Die Visualisierung der Mittleren Säule
*

Hier ergeben sich keine neuen Strukturen für die Meditation der Mittleren Säule.

8. Ameisenstaat

Man sollte annehmen, daß ein Ameisenstaat ähnlich aufgebaut ist wie ein Bienenvolk. Es gibt allerdings einige Unterschiede zwischen dem Bienenstock und dem Ameisenhügel. Zum einen bauen Ameisen keine Waben und haben auch keine in "Eigensubstanz" umgewandelte Vorräte. Dafür züchten die Ameisen in ihren Hügeln aber Pilze und halten sich Läuse, deren zuckerhaltigen Kot ihnen als Nahrungsquelle dient - eine Yesod-Analogie zu den Viehställen bei dem "Lebensbaum des Hauses". Zusätzlich zu den Arbeiterinnen gibt es bei den Ameisen noch Wächterinnen, also wehrhafte Arbeiterinnen mit deutlich größeren Mundwerkzeugen

		Ameisenkönigin			Ameisenkönigin
neue Königinnen		Männchen			Potential
		Arbeiterinnen, Soldatinnen			
Vorräte		Aufbau des Ameisenhügels			unterirdischer Bereich des Ameisenhügels
		Bruträume			
Säuberungsameisen, Soldatinnen		Erkennen der anstehenden Arbeiten im Ameisenhügel			oberirdischer Bereich des Ameisenhügels
		Pilzzucht, Läusehaltung, Transporte im Eingangsbereich			
				Eingänge:	Wächter (Soldatinnen)
		Ameisenstraßen außerhalb des Hügels, "Jäger"- und "Sammler"-Ameisen			Außenbereich, Grenze

Die Visualisierung der Mittleren Säule
,,,,,,,,,,,,,,,,,,,,,,,,,,,,,,*`````````````````````````

Hier ergeben sich ebenfalls keine neuen Strukturen für die Meditation der Mittleren Säule.

9. Eiche

Um den Lebensbaum einer Eiche aufstellen zu können, ist es zunächst einmal notwendig, ihren Aufbau und die Funktion ihrer Teile näher zu betrachten.

Der Stamm eines Baumes baut sich aus sechs Schichten auf:

1. Im Zentrum befindet sich das Holz (abgestorbenes Xylem).
2. Die äußeren Schichten des Holzstammes bestehen aus noch lebenden Holzfasern (Xylem), die in dem Baum das Wasser und die Mineralien, die die Wurzeln aufgenommen haben, zu den Blättern emportransportieren.
3. Die nächstäußere Schicht ist das Holzkambium, das das Holz produziert (jedes Jahr einen "Ring").
4. Darauf folgt das Phloem, eine Schicht, die aus feinen Kanälen besteht, in denen die in Blättern produzierte Stärke in das Kambium und vor allem in die Wurzeln, die es als Energie bei der Wasseraufnahme benötigen, transportiert wird.
5. Darauf folgt das Kork- oder Rindenkambium, das die Rinde produziert.
6. Die äußerste Schicht ist dann die aus toten Zellverbänden besteht.

Der Stamm und die Äste bilden also einen verzweigten "Schlauch" aus lebendigem Material, das nach innen hin das Holz und nach außen hin die Rinde produziert.

Das Blatt eines Baumes hat sechs Funktionen:

1. Aufnahme des Wassers und der Mineralien aus den Xylem-Röhrchen, die von den Wurzeln aus durch das äußere Holz hinauf bis in die Blattadern reichen, in die Zellen des Blattes.
2. Aufnahme der Luft durch die Spaltöffnungen in die Poren, durch deren Innenfläche sie Kohlendioxyd aufnehmen und Sauerstoff abgeben.
3. Aufnahme des Lichtes durch die Chloroplasten im Blatt.
4. Herstellung von Kohlenhydraten (Zucker, Stärke) aus Wasser, Mineralien, Kohlendioxyd und Sonnenlicht.
5. Abgabe der Stärke an das Phloem, das Röhrchensystem, das vom Blatt aus zwischen Holz und Rinde entlang bis hinunter zu den Wurzeln reicht und das dann die Stärke zu dem Kambium, von dem das Phloem zum Holz hin und zur Rinde hin eingehüllt ist, bringt.
6. Abgabe von Abfallprodukten, insbesondere Sauerstoff und z.T. auch Wasser, durch die Poren nach außen.

Um sich diese Funktionen innerhalb eines Baumes deutlicher zu machen, ist es hilfreich, sie mit den entsprechenden Funktionen beim Menschen zu vergleichen:

1. Der DNS des Baumes entspricht die DNS des Menschen. Funktion: Definition der Art des Lebewesens und sein Bauplan.
2. Der Eichel des Baumes entspricht beim Menschen das neugeborene Baby. Funktion: Vermehrung.
3. Der Blüte der Eichel entsprechen beim Menschen die weiblichen Geschlechtsorgane. Funktion: Fortpflanzung.
3. Den Blütenpollen entsprechen beim Menschen die männlichen Geschlechtsorgane. Funktion: Fortpflanzung.
4. Dem Holz des Baumes entsprechen beim Menschen die Knochen und die Sehnen. Funktion: tragende Konstruktion.
5. Der Rinde des Baumes entspricht beim Menschen die Haut. Funktion: Schutzhülle.
6. Der Wurzel des Baumes entspricht beim Menschen der Mund als das Organ mit dem er trinkt, also eine benötigte Substanz aufnimmt, die aber in sich keinen großen verwertbaren Energievorrat birgt. Funktion: Aufnahme einer benötigten Substanz (Wasser).
7. Den Chloroplasten in den Zellen der Blätter, mit denen der Baum die Energie des Sonnenlichtes in sich aufnimmt, entspricht beim Menschen wieder der Mund, diesmal aber als das Organ, mit dem er ißt, also

Substanzen aufnimmt, die einen hohen Energievorrat eingelagert haben. Funktion: Aufnahme einer benötigten Substanz (Energie).

8. Den Poren in den Blättern, durch die der Baum Kohlendioxyd aus der Luft aufnimmt und Sauerstoff und Wasser wieder an sie abgibt, entspricht beim Menschen die Lunge (und die Luftröhre sowie Mund/Nase), durch die er Sauerstoff aus der Luft aufnimmt und Kohlendioxyd und Wasser wieder an sie abgibt. Funktion: Aufnahme einer benötigten Substanz und Abgabe von nicht benötigter Substanz (Sauerstoff/Kohlendioxyd).

9. Der Baum hat kein Organ, das dem Magen des Menschen entspricht, da er keine komplexen körperfremden Stoffe zu sich nimmt, die er dann vor dem Weitertransport in die Blätter erst noch weiterverarbeiten, daß heißt desinfizieren (Magensäure) und zerkleinern (Enzyme) müßte. Funktion: Schutz vor unerwünschten körperfremden Substanzen; Zerlegung dieser Substanzen in erwünschte Substanzen oder Zerstörung in unschädliche Substanzen.

10. Dem Xylem des Baumes, durch das Wasser und Mineralien von den Wurzeln zu den Blättern transportiert werden, entspricht beim Menschen der Darm, durch den die aufgenommene Nahrung und das getrunkene Wasser zu den verschiedenen Verdauungsvorgängen in Dünn- und Dickdarm transportiert wird. Funktion: Transport der aufgenommenen Rohstoffe zu dem Ort ihrer Verarbeitung.

11. Der Herstellung von Stärke im Blatt entspricht beim Menschen die Aufnahme energiereicher Stoffe durch die Darmwand, die im Darm so weit zerkleinert wurden, bis sie identisch mit körpereigenen Stoffen wurden. Funktion: Herstellung körpereigener Stoffe mit hohem Energievorrat (Stärke).

12. Der Außenwand des Xylems, durch die das Blatt aus dem Inneren des Xylems Wasser und Mineralien aufnimmt, entspricht beim Menschen die Darmwand, die die Trennwand zwischen körperfremden und körpereigenen Stoffen ist, an der ausgewählt wird, welche Stoffe aus dem körperfremden Bereich des Darminhaltes in den körpereigenen Bereich des Blutkreislaufes durchgelassen werden. Funktion: Aufnahme körpereigene Substanzen aus dem körperfremden Bereich.

13. Dem Phloem, durch das die Stärke vom Blatt zum Kambium transportiert wird, entspricht beim Menschen der Blutkreislauf, der bei ihm diese Stoffe zu den Zellen, die ihn benötigen, transportiert: Funktion: Transport körpereigener, energiereicher Stoffe.

14. Dem Kambium, in dem die Stärke zu komplexeren körpereigenen Stoffen umgewandelt wird, die dann zum Wachstum und für die chemischen Vorgänge in den Zellen benötigt werden, entspricht beim Menschen die Leber, die aus durch das Blut gelieferten einfachen körpereigenen Rohstoffen komplexere körpereigene Rohstoffe synthetisiert. Weitere Synthesen finden in den Zellen von Baum und Mensch statt. Funktion: Herstellung komplexer körpereigener Stoffe.

15. Der Baum hat kein Organ, das den Nieren bzw. dem Dickdarm und dem After des Menschen entsprechen würde, da der Baum nur einfache Substanzen aus der Umwelt aufnimmt (Wasser, Mineralien, Kohlendioxyd, Sonnenlicht), bei deren Verwertung keine Abfallprodukte entstehen wie bei der Zerlegung der komplexen körperfremden Substanzen in der Verdauung des Menschen. Der Baum scheidet nicht aus - er atmet nur aus.

16. Der Wahrnehmung des Baumes von Temperatur, Lichtverhältnissen und Schwerkraft und der Orientierung seines Wachstums an diesen Faktoren entspricht beim Menschen dessen Sinneswahrnehmungen und seine Reaktionen darauf mittels seiner Gliedmaßen (Handlungen) und Organe (physiologische Reaktionen). Funktion: Orientierung in der Umwelt.

17. Dem Harz, dem ätherischen Öl und dem verstärkten Rindenwachstum an Verletzungsstellen, durch die sich der Baum vor Verletzungen und gegen Parasiten schützt, entsprechen beim Menschen die weißen Blutkörperchen (Desinfizierung, Bakterien- und Virenabwehr, Wundverschluß), die Zähne, die "Krallen" und die Muskeln. Funktion: Verteidigung.

18. Der Fähigkeit der Pflanze, Temperaturen, Licht und die Schwerkraft wahrzunehmen und an dem Ort, wo diese Wahrnehmung stattfindet, auf sie durch ihr Wachstum zu reagieren, entspricht beim Menschen das Gehirn, das Rückenmark und die Nervenbahnen, die beim Menschen im Gegensatz zur Pflanze zentral koordiniert und nicht nur lokal organisiert sind.

Nach dieser näheren Betrachtung der Funktionen und Strukturen in einem Baum können diese nun den Sephiroth, den Pfaden und den Übergängen auf dem Lebensbaum zugeordnet werden, um dadurch dann einen besseren Überblick über sie zu erhalten.

Die Essenz der Eiche, also ihr Kether, ist wie die Essenz eines jeden anderen Lebewesens auch, die DNS (Gene, Chromosomen) der Eiche.

Im Bereich der Potentiale und Möglichkeiten, also im 1. Dreieck, finden sich für Chokmah die männlichen Blütenpollen, für Binah die weiblichen Blüten, und für Daath die befruchtete weibliche Zelle, der dann später zum fertigen, reifen Samen, hier also einer Eichel, heranwächst.

In dem von außen abgegrenzten Bereich des 2. Dreiecks findet sich der Stoffwechsel (Metabolismus). Er gliedert sich a) in Geburah, den "Motor", also die Assimilation, die die energiereichen Stoffe (Stärke) durch die Photosynthese in den Blättern aufbaut und sie dann im Kambium zu noch komplexeren Stoffen weiterverarbeitet; b) in Chesed, der Dissimilation, das die "Bauarbeiter" darstellt, die aus der Stärke die Substanz des Baumes aufbaut, wodurch die Eiche wächst und gedeiht; und c) schließlich in Tiphareth, das "Verteilungszentrum der körpereignen Stoffe".

In dem nach außen offenen Bereich des 3. Dreiecks finden sich in Netzach die Wahrnehmungsorgane der Eiche für Temperatur, Wassergehalt der Erde, die Schwerkraft (sonst könnten Pflanzen nicht gerade nach oben wachsen) und die Lichtverhältnisse; in Hod die "Säuberungs- und Verteidigungsabteilung", die zum Schutz der Eiche bei Verletzungen der Rinde und beim Eindringen von Parasiten Harze (Öffnungen verschließen) und ätherische Öle (Desinfektion) einsetzt (sowie bei manchen anderen Bäumen zum Schutz gegen größere pflanzenfressende Tiere Dornen ausbildet); und in Yesod schließlich das Leitungssystem in der Bastschicht (Phloem) unter der Rinde der Eiche, durch das Wasser, Mineralien und Stärke innerhalb des ganzen Baumes verteilt werden sowie das Rindenkambium, das die Rinde produziert.

Malkuth ist die Rinde der Eiche, sowohl an den Ästen und am Stamm als auch an den Wurzeln. Auch die Blätter gehören zu diesem Außenbereich der Eiche.

Auch der Lebensbaum einer Eiche gliedert sich in die fünf inzwischen gut bekannten Bereiche:

1. Kether: Essenz
2. Chokmah/Binah/Daath: Möglichkeiten
3. Chesed/Geburah/Tiphareth: innerer Bereich
4. Netzach/Hod/Yesod: nach außen offener Bereich
5. Malkuth: Außenseite, Grenze

Daraus ergeben sich dann auch die vier Übergänge:

1. Die Grenze zwischen Kether und dem 1. Dreieck ist die Hülle des Zellkernes.
2. Die Grenze zwischen dem 1. und dem 2. Dreieck ist die Zellwand der einzelnen Zellen.
3. Die Grenze zwischen dem 2. und dem 3. Dreieck besteht aus den Stellen in den Blättern, an denen Wasser und Mineralien in das Zellinnere aufgenommen werden. Diese Stelle entspricht bei einem Tier der Darmwand, durch die die ausgewählten Stoffe aus dem Darm in den Blutkreislauf gelangen. Das Xylem, das das Wasser und die Mineralien (körperfremde, aber benötigte Stoffe) transportiert, entspricht dem Verdauungstrakt, dem nach außen offenen Bereich; während das Phloem, das die Stärke (körpereigener Stoff) transportiert, dem Blutkreislauf entspricht.
4. Die Grenze zwischen dem 3. Dreieck und Malkuth sind die Luftöffnungen in den Blättern, die Lichtdurchlässigkeit der Blätter und die Öffnungen in der Wurzelrinde, durch sie aus dem Boden Wasser und Mineralien aufnehmen.

Nun läßt sich der Lebensbaum der Eiche aufstellen:

	DNS			DNS
			…Hülle des Zellkernes…….	
weibliche Blüten		männliche Blütenpollen		Same
	Same (Eichel)			
			…Zellmembran………….	
Assimilation: Aufbau von Stärke durch die Photosynthese; Wachstumszentren: Holzkambium und Rindenkambium		Dissimilation: Verwendung der Stärke zum Aufbau der Eiche		Holz (innerer Bereich)
	Phloem: transportiert Stärke von den Blättern zu den Wurzeln			
			…Aufnahme von Wasser und …	
Harz, ätherische Öle		Wahrnehmungsorgane		Mineralien im Blatt
				Xylem, Rindenkambium (äußerer Bereich)
	Xylem: transportiert Wasser und Mineralien von den Wurzeln zu den Blättern			Außenseite des Rindenkambiums;
Öffnungen in				
			…Wurzeln und Blättern,….	
	Rinde, Borke, Wachsschutzschicht der Blätter			Lichtdurchlässigkeit der Blätter
				Rinde, Borke, Wachs

Die Visualisierung der Mittleren Säule
*

Die Ergänzung oder genauer gesagt die Bestätigung einer bekannten Struktur der Mittleren Säule, die sich durch diese Betrachtung der Eiche ergibt, ist die Auffassung der Mittleren Säule als ein Kanal oder eine Leitung, die durch verschiedene Bereiche führt:

- Die DNS (Kether) sendet mittels der RNS Informationen in das 1. Dreieck (Daath);
- aus der Eichel entsteht dann die gesamte, durch den folgenden Lebensbaum beschriebene Eiche;
- zugleich ist das 1. Dreieck auch der innerzelluläre Bereich, der aus dem Baum Stoffe aufnimmt und andere wieder in ihn abgibt;
- das 2. Dreieck (Tiphareth) nimmt aus dem Xylem (Yesod) Wasser und Mineralien auf;
- das Xylem (Yesod) nimmt aus der Luft (Malkuth) Kohlendioxyd und aus der Erde Wasser und Mineralien (Malkuth) auf.

Durch die Betrachtung der Eiche wird das Auseinanderentstehen der einzelnen Sephiroth und der Fluß der Information und der Prägung von oben nach unten entsprechend dem "Blitzstrahl der Schöpfung" (DNS-Zellen-Stärke-Rohstoffe-Rinde) sowie der Transport von Rohstoffen von unten nach oben entsprechend der "Schlange der Weisheit" noch einmal aus einer neuen Perspektive beschrieben.

10. Gänseblümchen

Vom äußeren Anblick her unterscheiden sich eine Eiche und ein Gänseblümchen zwar sehr stark, aber in der Projektion auf den Lebensbaum zeigen sie kaum Unterschiede, da ihre innere Organisations sich zwar in der Größe, aber kaum von der Art her unterscheidet.

	DNS		DNS
			Hülle des Zellkernes
weibliche Blüten	männliche Blütenpollen		Same
	Samen		
			Zellmembran
Assimilation: Aufbau von Stärke durch die Photosynthese; Wachstumszentren: Außen- und Innenkambium	Dissimilation: Verwendung der Stärke zum Aufbau des Gänseblümchens		Stützfaser (innerer Bereich)
	Phloem: transportiert Stärke von den Blättern zu den Wurzeln		
			Aufnahme von Wasser und Mineralien im Blatt
ätherische Öle	Wahrnehmungsorgane		
			Xylem, Außenkambium (äußerer Bereich)
	Xylem: transportiert Wasser und Mineralien von den Wurzeln zu den Blättern		
			Außenseite des Außenkambiums;
			Öffnungen in
			Wurzeln und Blättern,
			Lichtdurchlässigkeit der Blätter
	Schutzschicht, Wachsschutzschicht der Blätter		Schutzschicht, Wachs

Die Visualisierung der Mittleren Säule

*

Die möglichen Ergänzungen zu der Meditation über die Mittlere Säule entsprechen der vorigen Betrachtung über die Eiche. Sie ermuntert lediglich zusätzlich noch dazu, die Struktur des Lebensbaumes sowohl im Großen als auch im Kleinen zu suchen und zu erkennen.

VII Übergeordnete Strukturen

Bisweilen gibt es Themen, die sehr komplex sind wie z.B. die gesamte bisherige Evolution und die sich daher nicht mit einem einzigen Lebensbaum erfassen lassen. In diesen Fällen gibt es die Möglichkeit, das traditionelle System der "Vier Welten" zu benutzen. Falls man das Bedürfnis hat, ein Thema besonders genau zu betrachten, weil es sehr komplex ist wie z.B. das Streben nach Erleuchtung, gibt es die Möglichkeit, ein Koordinatensystem aufzustellen, dessen zwei Achsen jeweils ein Lebensbaum sind.

Es treten zwar nur sehr selten Fälle auf, in denen ein einfacher Lebensbaum zur Analyse und zum Verständnis nicht ausreicht, aber da es doch bisweilen vorkommt und dazu gerade zwei so wichtige Themen wie die Evolution und das spirituelle Streben zählen, ist es doch sinnvoll, sie zu kennen.

1. Die vier Welten

Die Kabbalisten, also die jüdischen Mystiker, die das Lebensbaum-Konzept entwickelt haben, sind davon ausgegangen, das unsere Welt aus vier Ebenen besteht, die jeweils in einen Lebensbaum gegliedert ist:

1. Atziluth, die göttliche Welt, die Ebene des Feuers, die dem "Y" des heiligen Namens "YHVH" (Jehovah, Tetragrammaton) entspricht;
2. Briah, die Welt der Erzengel, die Ebene des Wassers, die dem ersten "H" des "YHVH" entspricht;
3. Yezirah, die Welt der Engel, die Ebene der Luft, die dem "V" des "YHVH" entspricht;
4. Assiah, die Welt der Menschen, die Ebene der Erde, die dem letzten "H" des "YHVH" entspricht.

Yezirah ist auch die Ebene der Seelen, denn das hebräische Wort für Luft, "ruach" bezeichnet auch die Seele. Daher hat es eine doppelte Bedeutung, wenn es in der Schöpfungsgeschichte heißt, daß Gott dem Menschen Odem (ruach = Luft/Seele) einhauchte. Kurz vorher heißt es, daß "der Geist Gottes über den Wassern schwebte" - auch dieser Geist Gottes wird im hebräischen Original mit "ruach" (Wind, Seele) bezeichnet. Gott haucht also etwas von sich selber in den Lehm ein, um daraus Adam zu erschaffen - dies ist sozusagen eine Illustration zu der Aussage, das Gott den Menschen nach seinem Bilde erschuf.

Das Wort "Assiah" ist identisch mit dem Wort Asien. Es bedeutete in den meisten alten Sprachen des Nahen Ostens "Erde, Königreich".

Von diesen vier Welten sind nach traditioneller Auffassung die ersten drei aktiv erschaffend, während die vierte reaktiv, erlebend und nach Erkenntnis strebend ist. Rein technisch gesehen bedeutet dies, daß die Lebensbäume von Atziluth, Briah und Yezirah sich von Kether nach Malkuth hin entwickeln, aber der Lebensbaum von Assiah als ein Erkenntnisvorgang sich von Malkuth nach Kether hin entwickelt.

Genau dies trifft auch zu, wenn man die Evolution nach diesem System der vier Lebensbäume gliedert. Die unter extrem hohen Temperaturen stattfindende Entstehung der Sterne und Planeten entspricht dabei dem feurigen Atziluth. Die im Wasser stattfindende Entwicklung der Einzeller entspricht dem wässrigen Briah. Die auch den Luftraum außerhalb des Meeres erobernde Entwicklung der Vielzeller entspricht dem luftigen Yezirah. Die Evolution der Menschen und ihr Erkenntnisstreben entspricht schließlich dem erdhaften Assiah. - Es findet sich also in dieser Folge von vier Lebensbäumen sogar die Elementzuordnung zu den vier Welten wieder.

Atziluth wird als der Ursprung im Feuer, die Erschaffung der Grundlagen angesehen (Planeten). Briah ist dann die Erschaffung einer vorher nicht gekannten Komplexität in dem Element Wasser (Einzeller). Yezirah ist darauf hin die Differenzierung in eine große Vielfalt von Formen (Vielzeller). Assiah schließlich ist die Integration, sowohl bezüglich der Erkenntnis als auch des Verhaltens (Evolution der menschlichen Kultur).

Diese Struktur der vier Welten ist einer der Fälle, in denen das Konzept des Ain Soph Aur, des "Unbekannten" oberhalb von Kether, aus dem heraus Kether entstanden ist, konkret beschreibbar ist und auch verwendet wird: das Malkuth des ersten Lebensbaumes, die nun entstandenen Planeten, sind die Grundlage und somit das Ain Soph Aur für den nächsten Lebensbaum, der die Entstehung der Einzeller beschreibt. Diese Einzeller sind wiederum das Ain Soph Aur für den dritten dieser Lebensbäume, der die Entstehung der Vielzeller beschreibt. Und die Entstehung des Vielzellers Mensch im Malkuth des dritten Lebensbaumes ist wiederum die Grundlage und somit das Ain Soph Aur des vierten Lebensbaumes, der die Entwicklung der Menschheit beschreibt.

Diese Strukturen werden im nächsten Kapitel "Der Lebensbaum der Evolution" angewendet.

2. 10 x 10 Sephiroth

Diese Struktur wird benötigt, wenn man eine komplexe Entwicklung vorliegen hat. Wenn z.B. in einem Buch wie diesem der Weg vom Alltagsbewußtsein hin zu einem alles umfassenden Bewußtsein beschrieben wird, so ist dies zunächst eine rein verstandesmäßige Angelegenheit. Selbst wenn alle diese Betrachtungen wirklich der Realität entsprechen sollten und man auch tatsächlich nichts Wesentliches übersehen haben sollte, so blieben diese Betrachtungen doch immer noch eine Angelegenheit des Verstandes, man verläßt also nicht die Ebene der Sephirah Hod.

Wenn man nun Traumreisen in die einzelnen Sephiroth und Pfade (siehe Kapitel XI: "32 Visionen") unternimmt, erlebt man diese Bereiche auf der Ebene der Sephirah Yesod. Sollte es dem Traumreisenden dabei geschehen, daß er seiner Seele begegnet, sich mit dieser identifiziert und alle Bilder, Gedanken und Gefühle hinter sich läßt und nur noch strahlendes Bewußtsein ist, dann hat der Betreffende zumindest die Sephirah Tiphareth auch auf der Ebene von Tiphareth erreicht.

Man kann sich diese Struktur als ein Koordinatensystem mit zwei Lebensbäumen als Achsen vorstellen: die waagerechte Achse stellt die Struktur der Welt dar und die senkrechte Achse das Niveau, auf dem der Betreffende die Welt erfassen kann.

Wenn man nun noch davon ausgeht, daß der Betreffende sich zumindest seiner eigenen Gefühle bewußt ist (Netzach) und daß er sich zumindest in Ansätzen daran erinnern kann, warum sich seine Seele vor seiner Geburt zu diesem Leben entschlossen hat, würde das in einer "10 x 10"-Graphik folgendermaßen aussehen, wobei dieser Person nur die Bereiche bewußt sind, die mit einem „x" gekennzeichnet sind.

		Struktur der Welt									
		I	II	III	IV	V	VI	VII	VII	IX	X
Erkenntnis-niveau der Person	I										
	II										
	III										
	IV										
	V						x				
	VI						x				
	VII						x	x	x	x	x
	VIII	x	x	x	x	x	x	x	x	x	x
	IX	x	x	x	x	x	x	x	x	x	x
	X	x	x	x	x	x	x	x	x	x	x

Die Sephiroth erscheinen hier aus Platzgründen nur mit ihren Zahlen. In allen Feldern, in denen sich ein Kreuzchen befindet, hat der Betreffende schon "Fuß gefaßt" und ist sich dessen bewußt. Malkuth ist immer komplett vorhanden, da der Betreffende und die gesamte Welt in all ihrer Vielfalt und Vielschichtigkeit existieren, egal, wem diese Vielfalt bewußt ist und wem nicht.

Die unterste Schicht der elf (zehn plus Daath) Kreuzchen (Malkuth) ist die Existenz der Welt. Die zweite Schicht von elf Kreuzchen (Yesod) ist durch die bildhafte Erfassung der Welt durch Traumreisen entstanden. Die dritte Schicht von elf Kreuzchen (Hod) ist durch das intellektuelle Verständnis des Lebensbaumes (oder eines anderen umfassenden Systemes) entstanden. Die fünf Kreuzchen auf der Ebene VII (Netzach) zeigen, daß der Betreffende seine eigene Gefühle kennt, aber noch nicht bereit oder in der Lage ist, die Gefühle außerhalb von sich selber, also die der anderen Menschen und Lebewesen wahrzunehmen. Bislang hat er auf der Ebene von Tiphareth (VI) nur seine eigene Seele erlebt, aber sie noch nicht verstanden (Hod auf Ebene VI)) oder in seinem Leben verwirklicht (Malkuth auf Ebene VI). aber es ist ihm schon gelungen, ansatzweise zu erkennen, warum sich seine Seele zu diesem Leben entschlossen hat (Tiphareth auf Ebene V; der Ebene der Entschlüsse).

Diese Struktur wird zwar nur in sehr seltenen Fällen zur Strukturierung eines Themas sinnvoll sein, aber sie ist recht nützlich, wenn man das Niveau innerhalb einer Angelegenheit betrachten will, da es deutlich zwischen Erkenntnis- und Erlebensniveau einerseits und der dem Thema zugrundeliegenden Struktur andererseits unterscheidet. Sie kann somit ein kleiner Schutz vor Selbstüberschätzung sein, was ja einer der Fallstricke bei jeder Art von spirituellem Streben ist. Durch die Selbstanalyse mit Hilfe dieser Graphik kann man vermeiden, daß man irgendwann einmal meint, daß das Verstehen der Einheit hinter den Erscheinungen oder eine Kether-Vision bereits die "unio mystica" und die letztendliche Erleuchtung sei.

VIII Der Lebensbaum der Evolution

Die "Geschichte" der Evolution, die im folgenden mit hilfe des Lebensbaumes analysiert wird, hat, wie bereits beschrieben, vier "Kapitel":

1. vom Urknall bis zum Planeten Erde (Atziluth),
2. von der Ursuppe zum Einzeller (Briah),
3. vom ersten Vielzeller bis zum Menschen (Yezirah),
4. vom Faustkeil bis heute (Assiah).

Weiterhin haben die ersten drei Kapitel je 21 Abschnitte: die 11 Sephiroth und die 10 sie entlang des Blitzstrahles verbindenden Pfade. Der vierte Lebensbaum erscheint vollständig mit allen 33 Sephiroth und Pfaden. Bei den ersten drei Lebensbäumen verlaufen die Kapitel von Kether nach Malkuth, bei dem vierten Kapitel jedoch umgekehrt von Malkuth nach Kether.

Um die Übersicht bei der späteren Betrachtung der Lebensbaum-Struktur der Evolution zu erleichtern, ist dieser Geschichte schon während der einführenden Beschreibung in diese Kapitel und Abschnitte gegliedert. Diese Struktur wird dann anschließend näher beschrieben.

Die Beschreibung der Alt- und Jungsteinzeit in dem vierten Kapitel ist relativ lang, da sie im Allgemeinen eher unbekannt ist, aber viele interessante Aspekte enthält, die auch in den späteren Betrachtungen, immer wieder gebraucht werden - insbesondere der über das Verstehen von Träumen und Traumreisen und der über das spirituelle Streben.

1. Eine lange Geschichte

"Vorwort" (Ain Soph Aur):   Das Nichts
- -
(Zeit: gab es noch nicht)

Wie kam es zu dem Urknall, mit dem unsere Welt begann? Am überzeugendsten ist bisher die Annahme, daß immer alles geschieht, was geschehen kann. Daß heißt, daß am Anfang nur das Nichts war (wirklich Nichts: weder Raum noch Zeit noch Energie) ... also Freiheit (in welchem Zustand könnte sonst das Nichts sein?). Aus dieser Freiheit bzw. vollständigen Undeterminiertheit heraus entstand dann alles, was entstehen konnte, wobei die einzige Einschränkung die war, daß die "Summe" einer Welt immer "0" bleiben mußte - also z.B. gleichviel Materie und Antimaterie oder ein gleichgroßer Ausdehnungsimpuls und zusammenziehender "Impuls" entstand. Aus verschiedenen Gründen ist eine Welt mit drei Raumdimensionen und einer Zeitdimension (wie unsere Welt) die stabilste Konstellation. (siehe auch: Peter W. Atkins: "Schöpfung ohne Schöpfer", 1981)

Da aber alles, was möglich war, auch geschah, lösten sich viele dieser Welten gleich nach ihrer Entstehung wieder auf, indem die Zeit spontan ihre Richtung umkehrte und in die Vergangenheit zurücklief. Nun gibt es aber zum Glück Vorgänge, deren Umkehrung nicht genauso wahrscheinlich ist wie die Vorgänge selber. So ist es sehr unwahrscheinlich, daß zwei Autos, die bei einem Unfall beschädigt werden, wieder wie neu werden, wenn man sie noch einmal in umgekehrter Richtung aufeinanderprallen läßt. Durch solche "Unfälle" im subatomaren Bereich, die die Wahrscheinlichkeit einer Umkehrung der Vorgänge immer weiter verringerten, wurde die Richtung der Zeit bald so sicher festgelegt, daß man heute (und auch schon nach weniger als einer Sekunde nach dem Urknall) darauf vertrauen darf, daß sie weiterhin in Richtung Zukunft verläuft - was bedeutet, daß unsere Welt sehr schnell stabil wurde und sich nicht wieder alles in ihr gegenseitig neutralisierte und dadurch wieder zurück ins Nichts auflöste.

a) 1. Kapitel (Atziluth):   Vom Urknall zum Planeten Erde

(Zeit: -14 Milliarden Jahre bis -4 Milliarden Jahre)

1. Kapitel, 1. Abschnitt: Kether

(Beginn: vor 14 Milliarden Jahren)
(Dauer: Urknall bis 10^{-43} Sekunden nach dem Urknall)
(Temperatur des Weltalls: von unendlich heiß bis 10^{32} °C)

Am Anfang war der Urknall. Vor 14 Milliarden Jahren war dass gesamte Weltall so klein wie eine Erbse (genaugenommen fast punktförmig: Planck-Größe) und hat sich dann auf die heutige Größe ausgedehnt. Dies kann man unter anderem durch drei recht verschiedene Beobachtungen nachweisen: 1. Alle Galaxien und Sterne entfernen sich voneinander mit überall gleicher Geschwindigkeit, was bedeutet, daß sich der Raum ausdehnt. 2. Das "Echo" des Urknalls kann man noch immer als kosmisches "Hintergrundrauschen" in Form von Mikrowellenstrahlung im All wahrnehmen. 3. Das Verhältnis von Wasserstoffatomen (H) zu Heliumatomen (He) im Weltall läßt sich nur durch diese Theorie erklären. (siehe auch: Steven Weinberg: "Die ersten drei Minuten", 1977)

Zu Beginn war das Weltall aufgrund seiner Winzigkeit und der dadurch bedingten extrem hohem Dichte und Temperatur vollkommen homogen. Es bestand aus dem Raum, der Zeit und dem "Etwas", aus dem dann später zuerst die Energie und dann die Materie entstehen sollte. Die gesamte Materie des Weltalls war auf die "Größe einer Erbse" zusammengeballt.

Es gab nun eine winzige Welt, die aus drei Raum- und einer Zeit-Dimension bestand, wobei die Umkehrung der Zeitrichtung aufgrund der Vorgänge in der jungen Welt nach einer Weile ausgeschlossen (genaugenommen nur extrem unwahrscheinlich) wurde. Somit war die Welt stabil. Aber woraus bestand sie eigentlich?

Wenn sie aus dem Nichts entstand, ist es am wahrscheinlichsten, daß sie auf die einfachste Art, nämlich durch die Ausdehnung aus einem Punkt heraus, entstanden sein wird. Genauer gesagt, hatte dieser „Punkt" die Planckgröße, also einen Durchmesser von $1,61624 \cdot 10^{-35}$ m. Um sich ausdehnen zu können, muß ein Ausdehnungsimpuls und somit auch die sich aus ihm und der Ausdehnungsgeschwindigkeit ergebende Energie vorhanden gewesen sein - der Urknallimpuls und die mit ihm verbundene Energie. Aber die Entstehung einer solchen Energie würde bedeuten, daß damals die die ganze Physik prägenden Erhaltungssätze (z.B. "Die Summe aller Masse und Energie vor und nach einem Prozeß ist gleich.") damals nicht gegolten hätten.

Geht man jedoch davon aus, daß die Gravitation gleichzeitig mit dem Ausdehnungsimpuls entstanden ist und auch genauso groß ist, was aufgrund verschiedener astronomischer Beobachtung sehr wahrscheinlich ist, hätten die Erhaltungssätze auch damals gegolten. Der Urknallimpuls ist demnach der Entstehungsimpuls dieser Welt und die Gesamtgravitation ist die Reaktion auf diesen Urknallimpuls - gleichgroß, aber nicht ausdehnend, sondern zusammenziehend.

Aus "0" (dem Nichts) wurde spontan "+1" (der ausdehnende Urknallimpuls) und als sofortige Reaktion darauf entstand auch "-1" (die zusammenziehende Gesamtgravitation), die gemeinsam das Raum-Zeit-Gefüge aufspannen, während die Summe stets "0" bleibt ("+1" + "-1" = "0").

Daß der Raum und die Zeit eng mit der Gravitation verknüpft sind, ist seit Einsteins Relativitätstheorie bekannt, und der Zusammenhang zwischen dem Urknallimpuls und Raum und Zeit ist offensichtlich. Man kann physikalisch den Raum (und somit auch die Zeit) als von der Gravitation abhängige Erscheinung auffassen bzw die Gravitation als einer Erscheinungsform von Raum und Zeit. Die Gravitation ist gewissermaßen die Wellen, die Krümmungen, die Struktur innerhalb des Raumes. Raum und Zeit sind die Grundsubstanz der Gravitation und somit auch die Grundsubstanz der Gravitonen, die die Quanten der Gravitationskraft sind.

Somit gibt es gar kein "Etwas", daß zusätzlich zu Raum und Zeit existieren würde: alle Materie besteht aus Energie - und alle Energie in unserer Welt ist ursprünglich Gravitation und alle Gravitation ist nur ein Muster in Raum und Zeit.

Es ist noch auffällig, daß die Gravitonen als einzige Quanten oder Elementarteilchen in unser Welt den Spin 2 haben. Der Spin ist in etwa die Rotation eines Elementarteilchens um die eigene Achse. Die Quanten der elektromagnetischen Kraft (Photonen) und der der Farbkraft (Gluonen) haben den Spin 1. Die Elementarteilchen schließlich haben den Spin

1/2. Die Atome haben nur noch einen Spin von 1/n, also einen aus ihren Bestandteilen gemischten winzigen Rest-Spin. Auch im Spin zeigt sich die Sonderstellung der Gravitation unter den Kräften und Elementarteilchen. Ein hoher Spin ist ein Ausdruck für die Ursprünglichkeit bzw. die Schlichtheit des Aufbaues des betreffenden Quants bzw. Elementarteilchen.

Diese auf den kernphysikalischen und astronomische Beobachtungen beruhenden physikalischen Theorien sind zwar etwas gewöhnungsbedürftig, aber sie haben, wenn man sie eine Weile kennt und betrachtet hat, eine große innere Schlüssigkeit und Schönheit.

Im subatomaren Bereich kann man noch heute das "Schöpfungsprinzip" "0 = +1 + -1" beobachten -wenn auch nur im Kleinen, und zwar bei der Entstehung von zwei genau gleich großen und in ihren Eigenschaften genau entgegengesetzten Elementarteilchen aus dem Nichts heraus. Sie entstehen als ein Gegensatzpaar, existieren eine kurze Weile lang (deren Dauer durch die Heisenbergkonstante festgelegt ist) und vereinen sich dann wieder zu nichts, daß heißt, sie verschwinden wieder vollkommen - glücklicherweise war unsere Welt aber so groß, daß sie sich im Gegensatz zu diesen winzigen Teilchenpaaren stabilisieren konnte. Sonst hätte auch die Geschichte unseres Weltalls so wie die Geschichte dieser "virtuell" genannten Teilchen ausgesehen: "0 = +1 + -1 = 0".

(siehe auch: Spektrum der Wissenschaft - "Teilchen, Felder und Symmetrien" Heidelberg 1988)

1. Kapitel, 2. Abschnitt: Kether - Chokmah (Überquerung der "Auflösung")

(Zeitpunkt: 10^{-43} Sekunden nach dem Urknall)

(Temperatur des Weltalls: 10^{32} °C)

Von der ursprünglichen Einheit aller Kräfte trennte sich nun die Gravitation ab und wurde als eigenständige Kraft sichtbar.

Da sich die Welt weiter ausdehnte, die Gesamtenergiemenge in ihr aber gleich blieb, verteilte und verdünnte sie sich in dem wachsenden Raum. Da das Prinzip "alles, was geschehen kann, geschieht" auch weiterhin galt, kam es zu spontanen Quantensprüngen, also zu Unregelmäßigkeiten in der bisher völlig gleichförmig verteilten Energie und der somit vollkommen homogenen Raum-Zeit-Struktur. Das hatte weitreichende Folgen.

Zum einen ist dies der erste der Vorgänge gewesen, die eine Umkehrung der Zeit unwahrscheinlicher machten, und zum anderen führte es zu einer kurzen, gewaltigen Beschleunigung der Ausdehnung des Weltalls. Man kann das in etwa mit einem Ball auf der Spitze eines Berges vergleichen, der durch den Wind angstoßen und dadurch aus seiner Balance oben auf der Bergspitze gerissen wird und daraufhin dann den Berg hinabrollt und dabei immer schneller wird, bis er schließlich unten liegenbleibt. Der Ball ist die Energie des Weltalls und der Gipfel des Berges die anfängliche Homogenität der Energie, also ihre vollkommen gleichmäßige Verteilung auf das Weltall. Der Wind ist der erste Quantensprung, der die symmetrische Lage auf dem Gipfel zerstört und den Ball den Hang hinunterrollen läßt, was der kurzfristigen, heftigen Expansion des Weltalls entspricht. Dieser Vorgang wird allgemein als "Theorie des inflationären Weltalls" bezeichnet. (siehe auch: Spektrum der Wissenschaft - "Kosmologie und Teilchenphysik" Heidelberg 1990)

Der erste Quantensprung, also die spontane Veränderung eines Energiequants (Graviton), verursachte einen Schneeballeffekt, der neue Quantensprünge hervorrief, die ihrerseits zu der Expansion des Weltalls führten. Diese Ausdehnung, die nur 10^{-32} Sekunden dauerte, war so schnell und so groß, daß wir heute nur den 10^{-50}-ten Teil des Durchmessers der heutigen Welt wahrnehmen können, da das Licht seit dem Urknall nur den 10^{-50}-ten Teil des Weltalls hat durchqueren können (und dieser Anteil wird auch nie größer werden) - eine recht unbefriedigende Situation für die Astronomen ...

Ein Quantensprung ist, vereinfacht gesagt, ein Effekt des Prinzipes "alles, was geschehen kann, geschieht". Dieser Effekt kann verschiedene Dinge sein, die in den Möglichkeiten des betrachteten Objektes liegen. Ein Elementarteilchen z.B., daß sich normalerweise eben wie ein Teilchen verhält, kann sich aber ganz spontan auch wie eine Welle verhalten, da es ja auch Energie ist ($E=m \cdot c^2$). Je größer das Teilchen ist, desto unwahrscheinlicher wird diese "Verwandlung" in eine Welle - schon bei einem Atom wird es aufgrund seiner Größe sehr unwahrscheinlich, daß es sich plötzlich als ganzes wie eine Welle verhält und wie ein Lichtstrahl die es umgebenden Atome durchdringt, bevor es sich wieder als festes Atom "materialisiert". Auf der Ebene von Elementarteilchen wie z.B. Elektronen tritt dieses "Tunneleffekt" genannt Phänomen jedoch recht häufig auf.

Da es in dieser frühen Zeit im Weltall noch keine Elementarteilchen gab, können Quantensprünge hier nur in der Form auftreten, daß sich die vollkommen gleichmäßige Verteilung der Energie im Weltall verändert.

1. Kapitel, 3. Abschnitt: Chokmah

(Dauer: 10^{-43} bis 10^{-38} Sekunden nach dem Urknall)
(Temperatur des Weltalls: von 10^{32} °C bis 10^{29} °C)

Es gab nun in der Welt die Raumzeit und die in ihr fast vollkommen gleichmäßig verteilte Energie, die entweder in der Form der Gravitonen oder in der Form der noch nicht differenzierten Photonen/Gluonen vorlag. Aus dem vollkommen homogenen Zustand von Kether, dem "Zustand der vollkommenen Freiheit" oder physikalisch gesagt, dem "Zustand der vollkommenen Einheitlichkeit", ist nun in Chokmah das "Prinzip der ungehinderten Entfaltung" geworden.

Die Entstehung der elektromagnetischen Kraft, also des Lichtes (Photonen), die hier noch mit der Farbkraft (Gluonen) vereint war, führte dazu, daß es in dem winzigen, gerade erst entstandenen Weltall unvorstellbar hell wurde - "Und Gott sprach: 'Es werde Licht!' und es ward Licht."

Aus den leichten Unregelmäßigkeiten in der Verteilung der Energie im Weltall zu Beginn der inflationären Phase des Weltalls, deren Ausdehnung mit dem 10^{50}-fachen der Lichtgeschwindigkeit in der hier betrachteten Phase noch anhält, vergrößert diese kleinen Unregelmäßigkeiten in der Energieverteilung und läßt aus ihnen die größten Strukturen in unserem Weltall werden: das leicht unregelmäße Muster auf der "erbsengroßen" Welt kurz nach dem Urknall wurde zu dem riesigen Muster der ausgedehnten Welt "aufgeblasen", wobei diese Ausdehnung so schnell vonstatten ging, daß das Muster auf der "Erbse" gar keine Zeit hatte sich zu verändern.

1. Kapitel, 4. Abschnitt: Chockmah - Binah

(Zeitpunkt: 10^{-38} Sekunden nach dem Urknall)
(Temperatur des Weltalls: 10^{29} °C)

Nun trennte sich die Farbkraft von der elektromagnetischen Kraft, sodaß es nun in dem Weltall Gravitonen, Photonen und Gluonen gab. Die ursprüngliche Einheit dieser drei Grundkräfte unserer Welt zeigt, daß diese drei Kräfte drei Erscheinungsformen derselben Kraft sind - einmal in ihrer einpoligen Form, der Gravitation, einmal in ihrer zweipoligen Form, der elektromagnetischen Kraft, und einmal in ihrer dreipoligen Form, der Farbkraft.

1. Kapitel, 5. Abschnitt: Binah

(Dauer: 10^{-38} bis 10^{-35} Sekunden nach dem Urknall)
(Temperatur des Weltalls: 10^{29} °C bis 10^{28} °C)

In Binah gibt es nun Gravitonen, Photonen und Gluonen, die vollkommen gleichmäßig im Weltall verteilt sind und die sich gegenseitig durch die Gravitation, also durch den Austausch von Gravitonen, anziehen. Es gibt auf dieser Entwicklungsstufe noch keine andere wirkende Kraft als die Gravitation, da eine Kraft immer der Austausch der

Energiequanten dieser Kraft ist und es zu diesem Zeitpunkt noch nichts gibt, wozwischen diese Quanten ausgetauscht werden könnten, da es bisher nur diese Energiequanten selber gibt. Die Ausnahme bildet die Gravitation, da diese eine übergeordnete Kraft ist, deren Quanten, also die Gravitonen, zwischen allen Elementarteilchen und allen Energiequanten ausgetauscht werden können.

Aus dem "Prinzip der ungehinderten Entfaltung", aus dem "alles, was geschehen kann, geschieht" entstehen nun hier auf der nächsten Entwicklungsstufe die Erhaltungssätze. Nur Vorgänge, die den Erhaltungsgesetzen nicht widersprechen, sind in unserem Weltall möglich - nichts entstand ohne sein eigenes Spiegelbild und nichts löst sich in Nichts auf.

1. Kapitel, 6. Abschnitt: Binah - Daath

(Zeitpunkt: 10^{-35} Sekunden nach dem Urknall)
(Temperatur: 10^{28} °C)

Das Weltall ist nun soweit abgekühlt, daß die Anziehungskraft zwischen den Gluonen nun auszureichen beginnt, den heftigen Bewegungen der Energiequanten aufgrund der hohen, aber allmählich sinkenden Hitze in der jungen Welt standzuhalten, sodaß sich nun einzelne Gluonen aneinander anzulagern beginnen. Dies sind die ersten Ansätze zu der Bildung von zusammengesetzten physikalischen Strukturen.

1. Kapitel, 7. Abschnitt: Daath

(Dauer: 10^{-35} bis 10^{-30} Sekunden nach dem Urknall)
(Dauer der inflationären Phase: 10^{-32} Sekunden)
(Temperatur des Weltalls: 10^{28} °C bis 10^{25} °C)

Nun gibt es also in unserer jungen Welt den Raum und die Zeit sowie die zwei Grundbewegungen in ihnen (Urknallimpuls und Gesamtgravitation), aus denen die zuerst die Gravitonen, dann die Photonen und schließlich die Gluonen entstanden waren, zu denen sich nun noch die Gluonenbälle gesellen, die aus aneinandergelagerten Gluonen bestehen. Durch die inflationäre Ausdehnung des Weltalls, die in etwa in der Mitte von Daath, also 10^{-32} Sekunden nach dem Urknall geendet ist, hat das Weltall, das nun erst einen winzigen Sekundenbruchteil alt ist, bereits eine riesige Größe erreicht.

Aus der vollkommenen Einförmigkeit des Anfangs (Kether) entstand als erstes das Prinzip der ungehinderten Ausdehnung (Chokmah). Daraus entstanden dann als nächste Konkretisierung die Erhaltungsgesetzte (Binah). Aus diesen Erhaltungsgesetzen leiten sich schließlich die Naturgesetze, die einzelne Vorgänge in unserer Welt beschreiben, ab (Daath).

So läßt sich z.B. das Prinzip, daß das Licht "geradeaus fliegt", solange nichts auf es einwirkt, zunächst einmal auf die Erhaltungssätze zurückführen, denn eine Richtungsänderung des Lichtstrahles ohne eine Ursache würde bedeuten, daß die Bewegung des Lichtes und somit ihr Impuls (-Vektor) und ihre Energie (-Vektor) nicht erhalten, sondern geändert worden sind. Auf der Chokmah-Ebene läßt sich der "Geradeausflug" des Lichtes dadurch erklären, daß sich alle anderen Möglichkeiten der Bewegung (Kurven, Zickzack usw.) gegenseitig aufheben, da es auch immer ihr Spiegelbild gibt - lediglich die gerade Linie hat kein Spiegelbild, durch das sie neutralisiert werden könnte.

Nach demselben Verfahren lassen sich alle Naturgesetze aus dem Prinzip "alles, was geschehen kann, geschieht" (Kether) über die Erhaltungssätze herleiten.

Nun gab es also ein weiterhin (wenn auch "nur" noch mit Lichtgeschwindigkeit) expandierendes Weltall, in dem die Energie ungleichmäßig verteilt war und in der sich die Gravitonen, Photonen und Gluonen entsprechend den Naturgesetzen gegenseitig durch die Gravitation anzogen.

1. Kapitel, 8. Abschnitt: Daath - Chesed (Überquerung des Abgrundes)

(Zeitpunkt: 10^{-30} Sekunden nach dem Urknall)
(Temperatur des Weltalls: 10^{25} °C)

Die Temperatur im Weltall ist nun soweit gesunken, daß nun bald die Bildung von Elementarteilchen möglich wird, die sich bei den Temperaturen, die bisher geherrscht hatten, sofort wieder in freie Energie aufgelöst hätten. Die Formel und mittlerweile auch das Symbol dieses Pfades ist "$E=m \cdot c^2$".

1. Kapitel, 9. Abschnitt: Chesed

(Dauer: 10^{-30} bis 10^{-5} Sekunden nach dem Urknall)
(Temperatur: 10^{25} bis 10^{13} °C)

In dem Weltall, in dem die Energie nun ungleichmäßig verteilt ist, ist durch die heftige Expansion des Weltalls die Energiedichte nun so sehr ausgedünnt worden, daß sie zu Elementarteilchen kondensiert, sich also auf Hohlkugelbahnen zusammenkrümmt und dadurch auf diesen "Inseln" in dem übrigen nun energieärmeren Weltall im Inneren dieser Elementarteilchen-Hohlkugeln die ursprüngliche Energieintensität, die oberhalb des Abgrundes herrscht, bewahrt.

Auf diese Weise entstehen nun die Quarks, die Elektronen und die Neutrinos. Die Neutrinos sind (fast?) masselos und reagieren nur auf die Gravitation - sie können also nur Gravitonen mit anderen Teilchen austauschen. Die Elektronen haben eine geringe Masse und reagieren auf die Gravitation und auf die elektromagnetische Kraft - sie können mit anderen Teilchen also Gravitonen und Photonen austauschen. Die Quarcks haben die größte Masse unter den Elementarteilchen und reagieren auf die Gravitation, auf die elektromagnetische Kraft und auf die Farbkraft - sie können also mit anderen Teilchen Gravitonen, Photonen und Gluonen austauschen.

Die Hohlkugeln, zu der sich die Energie, die sich vorher auf "freien", geraden Bahnen bewegt hatte, zeigt sich auch im Großen: Die kleinen Unregelmäßigkeiten in der Energieverteilung zu Beginn der inflationären Phase, die durch die gewaltige Ausdehnung zu riesigen Unregelmäßigkeiten angewachsen sind, haben auch die Form von Hohlkugeln, die im heutigen Weltall eine schaumartige Verteilung der Materie verursachen. Die Energie begann offenbar auch in den kleinen Unregelmäßigkeiten zu Beginn der inflationären Phase in der Form von Hohlkugeln zu kreisen, was den Effekt hatte, daß schließlich die gesamte Energie schaumartige Strukturen bildete, sodaß sich in der "Wasserhülle der Blasen" der schaumartigen Struktur die gesamte Energie ansammelte, aus der nun die Elementarteilchen, also die Bausteinchen der Materie wurden, während diese Blasen/Hohlkugeln in ihrem Inneren fast völlig leer waren. Die Energie in diesem "Schaum" bildete seinerseits ebenfalls Hohlkugeln, eben die Elementarteilchen. Diese schaumartige Struktur ist dafür verantwortlich, daß heute alle Galaxien, die ja aus diesen Elementarteilchen entstanden sind, sich alle in den "Blasenhüllen" dieser schaumartige Struktur befinden, während das Innere dieser riesigen Blasen (deren "Hüllen" aus Galaxien bestehen) vollkommen leer sind.

So findet sich also im Kleinsten und im Größten dieselbe Struktur: in Hohlkugelschalenform kreisende Energie, die die Elementarteilchen bildet, und die Verteilung der Galaxien im Weltall in der Form von Hohlkugelschalen. So wie die Hohlkugelschalen der Elementarteilchen gemeinsam sozusagen eine Art "Schaum" bilden, so bilden auch die aus den Galaxien bestehen Hohlkugelschalen eine Art "Schaum".

Das Prinzip "alles, was geschehen kann, geschieht" prägt auch heute noch den gesamten subatomaren Bereich, in dem die Teilchen eben alles tun, was sie können, ohne daß man im Einzelfall vorhersagen könnte, was dies sein wird. Diese Vorgänge lassen sich nur statistisch beschreiben, d.h. daß man weiß, daß bestimmte Elementarteilchen beispielsweise in 75% der Fälle dies und in 25% der Fälle jenes tun werden, aber nie weiß, für was sich ein bestimmtes Teilchen (aufgrund seiner inneren Freiheit) gerade jetzt entscheiden wird. Dies gilt für den Zerfall von Teilchen, für Quantensprünge, den "Tunneleffekt" und einige andere subatomare Vorgänge, bei denen Teilchen spontan Dinge tun, die nur statistisch erfaßbar sind.

Hier, so nah unterhalb des Abgrundes, ist die Freiheit von Kether noch deutlich in dem Verhalten der Elementarteilchen zu erkennen.

1. Kapitel, 10. Abschnitt: Chesed - Geburah

(Dauer: 10^{-5} bis 10^{-1} Sekunden nach dem Urknall)
(Temperatur des Weltalls: 10^{13} bis 10^{11} °C)

Dies ist die Phase des "Quarkconfinement", d.h. die Phase, in der sich die Quarks, die zunächst einmal in großen, losen, und für eine Verbindung miteinander noch zu heißen Ansammlungen entstanden sind (Chesed), nun, nachdem das Weltall genügend abgekühlt war, in Dreiergruppen zu Protonen und zu Neutronen verbinden.

Hitze bedeutet für die einzelnen Elementarteilchen, daß sie eine bestimmte hohe Geschwindigkeit haben, die so hoch sein kann kann, daß die zusammenziehenden Kräfte dieser Elementarteilchen nicht dafür ausreicht sie zusammenzuhalten. Die Temperatur eines Gegenstandes ist auf atomarer Ebene die Bewegung der Atome oder Elementarteilchen, die entweder im Verband auf der Stelle schwingen oder frei fliegen.

Durch diese Verbindung entsteht eine neue Möglichkeit für eine Kraft. Da eine Kraft der Austausch eines Teilchens ist, und da die Neutronen und die Protonen eine neue Art von Teilchen sind, ergeben sich nun auch neue Möglichkeiten von Austauschteilchen und somit wirkenden Kräften. Die hier entstehenden Austauschteilchen besitzen aber im Gegensatz zu den Gravitonen, Photonen und Gluonen eine Masse und sie wirken daher nur auf eine begrenzte Reichweite und haben nicht wie die masselosen Austauschteilchen wie Gravitonen, Photonen und Gluonen eine unbegrenzte Reichweite.

Die hier neu entstehende Kraft ist die schwache Wechselwirkung. Sie kommt nur zwischen Protonen und Neutronen vor, aber nicht zwischen diesen und den Elektronen oder Neutrinos.

Die schwache Wechselwirkung ist eine Sekundärform der elektromagnetischen Kraft und tritt vor allem bei dem radioaktiven Zerfall von Neutronen in Erscheinung. Ihr Zusammenhang mit der elektromagnetischen Kraft ist sehr deutlich, da sie sich im physikalischen Experiment bei steigenden Temperaturen mit der elektromagnetischen Kraft vereint. Ihre Teilchen heißen Vektorbosonen und sie können negativ (W^-) oder positiv (W^+) geladen sein oder auch ohne Ladung auftreten (Z^0).

1. Kapitel, 11. Abschnitt: Geburah

(Dauer: 10^{-1} bis 1,09 Sekunden nach dem Urknall)
(Temperatur: 10^{11} bis 10^9 °C)

Nun gibt es vier Arten von Teilchen und vier Arten von zwischen ihnen wirkenden Kräften, wobei die Quarks nun nicht mehr einzeln auftreten, sondern immer als ein Verband von drei Quarks, die ein Neutron oder ein Proton bilden. Es gibt zwar auch sehr kurzlebige Kombinationen von Quark und Antiquark, also Zweiergruppen, die aber für den Aufbau der Welt nicht von Bedeutung sind und lediglich als Übergangsstufen in Verwandlungsprozessen auftreten. Die Quarks treten also ab der Geburahebene "abwärts" nicht mehr einzeln in Erscheinung und ebensowenig auch die Farbkraft, die die Quarks zusammenhält.

Die Protonen reagieren 1. auf die Gravitonen (Gravitation), 2. auf die Photonen (elektromagnetische Kraft), 3. auf die Gluonen (Farbkraft) und 4. auf die Vektorbosonen (schwache Wechselwirkung).

Die Neutronen reagieren 1. auf die Gravitonen (Gravitation), 2. auf die Gluonen (Farbkraft), und 3. auf die Vektorbosonen (schwache Wechselwirkung). Sie reagieren nicht auf die elektromagnetische Kraft (Photonen), da sie keine elektrische Ladung haben.

Die Elektronen reagieren 1. auf die Gravitonen (Gravitation) und 2. auf die Photonen (elektromagnetische Kraft). Sie reagieren nicht auf die Farbkraft und die schwache Wechselwirkung, da sie keine Quarks enthalten.

Die Neutrinos reagieren nur auf 1. die Gravitonen (Gravitation), da sie weder eine elektromagnetische Ladung haben noch Quarks enthalten.

1. Kapitel, 12. Abschnitt: Geburah - Tiphareth

(Dauer: 1,09 Sekunden bis 700 Jahre nach dem Urknall)

(Temperatur im Weltall: 10^9 bis 1000 °C)

Hier überstürzen sich nun die Ereignisse am Anfang, während darauf dann eine lange Phase relativer Ruhe folgt.

1,09 Sekunden nach dem Urknall lösen sich die Neutrinos aus dem thermischen Gleichgewicht und werden selbständig, d.h. sie haben nun eine von dem Rest des Universums unabhängige und auch voneinander verschiedene Temperatur.

13,8 Sekunden nach dem Urknall ereignet sich ein dramatisches Geschehen: Ein großer Teil der Elektronen verschmilzt mit ihren Gegenstücken, den Anti-Elektronen, also den positiv geladenen Elektronen, die Positronen genannt werden und von denen es zu dieser Zeit in dem uns heute sichtbaren Teil der Welt noch fast so viele wie Elektronen gab. Dieser Verschmelzungsprozeß war vorher aufgrund der hohen Energien noch nicht möglich gewesen und er endete auch rasch wieder, da nach kurzer Zeit durch die Ausdehnung des Weltalls die Temperatur, also die Energiedichte des Weltalls soweit gesunken war, daß dieser Prozeß aus Mangel an "Startenergie" nicht mehr zustande kommen konnte.

182 Sekunden nach dem Urknall ereilte das Schicksal nun die Neutronen, von denen sich der größte Teil in Verwandlungsprozessen auflöste. Dieser Prozeß kam dadurch zustande, daß zwar recht einfach ein Neutron in ein Proton und in ein Elektron zerfallen konnte, daß es aber deutlich unwahrscheinlicher war, daß sich ein Elektron mit einem Proton traf, um sich zu einem Neutron zu verbinden. Dadurch nahmen die Anzahl der Elektronen im Weltall wieder zu, und die Anzahl der Protonen überstieg nun deutlich die Anzahl der Neutronen: Die ursprünglich in etwa gleichgroße Anzahl von Protonen und Neutronen verschob sich nun zugunsten der Protonen, da der größte Teil der Neutronen in ein Proton und in ein Elektron zerfielen.

Danach gab es nun in dem Weltall viele Protonen, viele Elektronen, deutlich weniger Neutronen sowie die Neutrinos, die seit ihrer Entstehung weitgehend unbeteiligt durch das Weltall flogen und nur selten einmal mit einem anderen Teilchen reagierten, da sie masselos und ladungslos waren und nur durch die Gravitation mit den anderen Teilchen im Weltall verbunden sind. Die Neutrinos sind so "neutral", daß sie durch die gesamte Erde fliegen können, ohne irgendwo anzustoßen. Lediglich beim radioaktiven Zerfall durch die schwache Wechselwirkung treten sie regelmäßig mit Protonen, Neutronen und Elektronen in Wechselwirkung.

Die Neutronen, Protonen, Elektronen und Neutrinos befanden sich im Plasma-Zustand, das heißt, daß sie alle dieselbe Temperatur hatten (thermisches Gleichgewicht) oder anders ausgedrückt, daß sich die Enrgie der vier verschiedenen Energiearten, die zu dieser Zeit im Weltall wirkten (Gravitation, elektromagnetische Kraft, Farbkraft und schwache Wechselwirkung), gleichmäßig auf alle Elementarteilchen verteilte. Lediglich die Neutrinos hatten sich zu dieser Zeit schon selbständig gemacht und waren nicht mehr Mitglied in diesem thermischen Gleichgewicht.

Dieser Zustand hielt nun 700 Jahre lang an, während sich das Weltall weiter ausdehnte und abkühlte, weil sich die Energie auf einen immer größeren Raum verteilte. Am Ende dieser Phase, als sich Protonen und Neutronen einander anzunähern beginnen, entsteht eine neue Kraft, die starke Wechselwirkung, die die Wirkung eines Austausches von Teilchens (Pionen) zwischen Protonen und Neutronen ist.

Die starke Wechselwirkung ist eine Sekundärform der Farbkraft und tritt sehr deutlich in Erscheinung. Aufgrund der gleichen elektrischen Ladung müßten sich Protonen gegenseitig abstoßen, was bedeuten würde, daß sich keine Atomkerne außer dem des Wasserstoffes bilden könnten, das nur ein Proton und evtl. noch ein Neutron in seinem Atomkern hat. Da die Protonen und die Neutronen jedoch miteinander die Pionen austauschen, also die Energiequanten der starken Wechselwirkung, die weit stärker ist als die elektromagnetische Abstoßung ist, können sich trotz der elektromagnetischen Abstoßung zwischen Protonen Atomkerne aus mehr als einem Proton bilden.

Kapitel, 13. Abschnitt: Tiphareth

(Dauer: 700 Jahre bis 10.000 Jahre nach dem Urknall)
(Temperatur im Weltall: +1000 bis -170 °C, d.h. 103° über dem absoluten Nullpunkt)

Nun war das Weltall soweit abgekühlt, d.h. die Energiedichte hatte soweit abgenommen, daß die einzelnen Teilchen nicht mehr ständig in so extrem schneller Bewegung waren, sodaß die starke Wechselwirkung nun ausreichte, um Protonen und Neutronen mithilfe der Pionen (starke Wechselwirkung) dauerhaft zusammenzuhalten. Allerdings reichte sie zunächst einmal nur dafür aus, relativ kleine Gruppen von Protonen und Neutronen zusammenzuhalten und dadurch die ersten kleinen Atomkerne zu bilden.

Das auch weiterhin weitaus häufigste Modell eines Atomkernes war der Atomkern des leichten Wasserstoffes, der gerade einmal aus einem Proton besteht. Doch daneben entstanden nun auch die Atomkerne des normalen Wasserstoffes, der aus einem Proton und einem Neutron besteht, sowie die des schweren Wasserstoffes, der sich aus einem Proton und zwei Neutronen zusammensetzt. Es entstand auch eine Anzahl von Helium-Atomkernen mit zwei Protonen und zwei Neutronen und ganz selten auch schon einmal ein Lithium-Atomkern, der immerhin drei Protonen und drei Neutronen enthält, sowie Spuren von Bor mit fünf Protonen und fünf Neutronen im Kern.

Die Materie unseres Weltalls bestand nun aus 93% Wasserstoff-Atomkerne, 6,9% Helium-Atomkerne sowie ca 0,1% schweren Wasserstoff und Spuren von Lithium und ganz selten einen Bor-Atomkern.

Die Elektronen waren jedoch noch viel zu leicht, als daß sie sich in diesem Plasma-Zustand, in der alle Teilchen aufgrund ihrer hohen Temperatur mit hohen Geschwindigkeiten umherflogen und ständig aneinanderstießen, an einen Atomkern hätten binden können - dafür war die elektromagnetische Kraft einfach zu schwach.

1. Kapitel, 14. Abschnitt: Tiphareth - Netzach (Überquerung des Grabens)

(Zeitpunkt: 10.000 Jahre nach dem Urknall)
(Temperatur im Weltall: -170 °C, d.h. 103° über dem absoluten Nullpunkt)

Etwa 10.000 Jahre nach dem Urknall ist das Weltall soweit ausgedehnt und seine Energie dadurch so verdünnt, d.h. seine Temperatur soweit abgekühlt, daß die Photonen nun leicht genug sind, um aus dem thermischen Gleichgewicht auszuscheren und selbständig zu werden. Dies ist vor ihnen bisher nur den leichtesten aller Teilchen, den Neutrinos 1,09 Sekunden nach dem Urknall gelungen.

Die Photonen waren bisher noch so schwer, daß sie aufgrund der ständigen Zusammenstöße mit anderen Teilchen keine selbständige Bewegung und somit eine selbständige Temperatur und ein eigenes Energieniveau durchsetzten konnten - die ständigen Zusammenstöße verteilten die Energie gleichmäßig auf alle Teilchen. Diese Selbständigkeit der Photonen bedeutete, daß es nun nicht mehr überall genau gleich hell war, daß die Photonen also nicht mehr vollkommen gleichmäßig auf das ganze All verteilt waren. Es gab nun also Licht und Schatten - wobei man sich diesen Schatten natürlich nicht als Dunkelheit vorstellen darf, sondern als leichte Unterschiede in einem überall vorhandenen und extrem hellen Licht, das seit der Entstehung der Photonen (elektromagnetische Kraft) sofort nach dem Urknall das Weltall erfüllte.

Fast genau zur selben Zeit ist das Weltall nun auch genügend abgekühlt, daß die elektromagnetische Kraft nun stark genug war, um die frei umherfliegenden Elektronen einzufangen und nach und nach immer fester an die Atomkerne zu binden, wodurch nun die ersten Atome mit Elektronenhülle entstanden.

1. Kapitel, 15. Abschnitt: Netzach

(Dauer: 10.000 bis 13 Milliarden Jahre nach dem Urknall)
(Temperatur im Weltall: -170 bis -263 °C, d.h. 103° bis 10° über dem absoluten Nullpunkt)

Nun folgte eine Milliarde Jahre lang eine Phase, in der sich das Weltall immer weiter ausdehnte und noch weiter abkühlte und in der die nun entstandenen Elemente Wasserstoff, Helium und ein paar wenige Lithium-Atome und die ganz seltenen Bor-Atome durch das Weltall flogen.

Sie befanden sich noch immer genau wie ihre "Vorgänger", die Elementarteilchen, in der schaumartigen Struktur, die zu der Zeit von 10^{-30} Sekunden nach dem Urknall bei der Entstehung der Hohlkugel-Elementarteilchen parallel zu ihnen entstanden war. Diese schaumartige Struktur war von ihrer Entstehung bis heute der Grobaufbau des Universums, also die größte Struktur im Weltall, innerhalb der sich alle diese hier beschriebenen Phasen abspielen: alle Elementarteilchen befinden sich zu jeder zeit in den "Hüllen" der immer riesiger werdenden "Blasen", aus denen der kosmische "Schaum" besteht und deren Inneres nur von Licht und Gravitonen, aber nicht von Materie (Elementarteilchen) erfüllt ist. Dieser "Schaum" und diese "Blasen" haben natürlich keine eigene Substanz oder Energie oder etwas ähnliches - "Schaum" und "Blasen" sind einfach nur die Formen, in der sich die Materie und die Energie in unserem Weltall aufgrund ihrer eigenen Dynamik verteilt haben.

Der bisherige Plasma-Zustand (thermisches Gleichgewicht) hat sich nun aufgelöst und man könnte den nun vorliegenden Zustand einzelner heißer Atome als einen "Feuer-Zustand" beschreiben.

1. Kapitel, 16. Abschnitt: Netzach - Hod

(Zeitpunkt: 2 Milliarden Jahre nach dem Urknall = vor 13 Milliarden Jahren)
(Temperatur im Weltall: -263 °C = 10° über dem absoluten Nullpunkt)

Am Ende der ersten Milliarde Jahre nach dem Urknall, also vor 13 Milliarden Jahren, waren das Weltall und die Atome in ihnen soweit abgekühlt, daß die elektromagnetische Kraft nach und nach in einer neuen Form in Erscheinung treten konnte. Sie wirkt zwischen den Elektronenhüllen zweier Atome und führt dazu, daß sich die Elektronenhüllen zweier Atome fest aneinanderlagern und dadurch ein Molekül bilden. Die Wirkung dieser Erscheinungsform der elektromagnetischen Kraft beruht darauf, daß bestimmte Elektronenkonstellationen, also Anzahlen von Elektronen auf den einzelnen Elektronenschalen energetisch günstiger sind als andere. Dabei ist die vollständig gefüllte Elektronenschale der energetisch günstigste Fall. Auf der innersten Elektronenschale wären dies zwei Elektronen, auf den folgenden, weiter außen liegenden Schalen je acht Elektronen.

Man kann sich diese Wirkung der elektromagnetischen Kraft vereinfacht so vorstellen, daß der positiv geladene Atomkern die negativ geladenen Elektronen möglichst nah an sich heranziehen will, was ihm insgesamt besser gelingt, wenn seine eigene Elektronenhülle sich mit der Elektronenhülle eines anderen Atoms teilweise überlagert und beide Atome dadurch zu einem Molekül verschmelzen.

1. Kapitel, 17. Abschnitt: Hod

(Dauer: 2 bis 3 Milliarden Jahre nach dem Urknall = vor 13 bis 12 Milliarden Jahren)
(Temperatur im Weltall: -263 bis -264 °C = 10° bis 9° über dem absoluten Nullpunkt)

Durch die elektromagnetische Kraft, deren Wirkung nun in diesem abgekühlten Universum stark genug war, um auch zwischen zwei Atomen eine Wirkung zu zeigen, konnten nun die ersten Moleküle entstehen, wobei es sich zunächst einmal vor allem um H2 und in seltenen Fällen um Li1H1 gehandelt hat.

Dieser Prozeß der Aneinanderlagerung fand nun nicht nur im Kleinen, sondern gleichzeitig auch im Großen statt. Die Gravitation begann die Atome immer näher zueinander zu ziehen, sodaß sich innerhalb der "Hüllen" des "Schaumes" , in der sich die ganzen Atome befanden, einzelne "Tröpfchen" zu bilden begannen. Diese "Tröpfchen" in der "Hülle" des "Schaumes" waren lokale Verdichtungen von Atomen, die sich gegenseitig durch die Gravitation angezogen hatten - der Durchmesser dieser "Tröpfchen" betrug allerdings vielen Lichtjahren. Sie bildeten die Grundlage für die später aus ihnen entstehenden Galaxiensuperhaufen.

Die Verteilung der Atome in diesen viele Lichtjahre im Durchmesser großen "Tröpfchen" war nicht überall gleichmäßig, sondern es gab im Schnitt etwa ein dutzend Ballungszentren, die die Grundlage für die späteren Galaxienhaufen bildeten.

Auch diese Ballungszentren enthielten wiederum etwa ein Dutzend Verdichtungszentren, aus denen dann die Galaxien entstanden.

Die Ähnlichkeit in den hier neu entstehenden Strukturen ist sehr groß:

1. Zum einen bestehen die Galaxiensuperhaufen aus ca. einem Dutzend Galaxienhaufen, und die Galaxienhaufen wiederum aus ca. einem Dutzend Galaxien, und zum andern besteht auch das größte in ihnen vorkommende Molekül (Li1H1) aus zwölf Teilchen (3 Protonen, 3 Neutronen und 3 Elektronen im Lithium; 1 Proton, 1 Neutron und 1 Elektron im Wasserstoff) Teilchen.

2. Sowohl die Galaxienbildung als auch die Molekülbildung sind "Anlagerungs-Prozesse".

3. Die dritte Parallele betrifft die interne Struktur: In einem Atom kreisen Elektronen um einen Atomkern; in einem Galaxiensuperhaufen kreisen die Galaxienhaufen um den gemeinsamen Schwerpunkt; einem Galaxienhaufen kreisen Galaxien um den gemeinsamen Mittelpunkt; in einer Galaxie kreisen die Atome wie ein Wirbel um den gemeinsamen Schwerpunkt.

Bei den Galaxien kann man sich die Entstehung dieser Kreis- oder Wirbelbewegung so ähnlich vorstellen wie die Bewegung des Wassers, die wenn es beim Wasserablassen aus der Badewanne zusammenströmt und dabei einen Wirbel bildet.

Die Atome in diesen Galaxien sind nun soweit abgekühlt, daß sie jetzt heiße Gase bilden. Diesen Zustand des freien und schnellen Strömens in Kreisen und Wirbeln kann man als einen Luftzustand auffassen.

1. Kapitel, 18. Abschnitt: Hod - Yesod

(Zeitpunkt: vor 12 Milliarden Jahren)
(Temperatur im Weltall: -264 °C = 9° über dem absoluten Nullpunkt)

Nun beginnen sich auch innerhalb der Galaxien viele einzelne Verdichtungszentren zu bilden - innerhalb einer mittelgroßen Galaxie etwa 10^{14} solcher Zentren. Diese Zentren aus gasförmigen Atomen verdichteten sich durch ihre gegenseitige Anziehungskraft (Gravitation) immer mehr, sodaß sich schließlich die ganze, vorher auf einen Raum mit einem Durchmesser von ca 2,3 Lichtjahren (ca. 10^{13}km) verteilte gasförmige Masse von Atome auf ca. 10^{14} "Klumpen" mit dem Durchmesser von ca. einer Lichtsekunde (200.000km) zusammenzog. Durch diese starke Komprimierung verflüssigte sich das Gas und die ersten, flüssigen Sterne (Sonnen) waren entstanden.

1. Kapitel, 19. Abschnitt: Yesod

(Dauer: vor 12 bis 8 Milliarden Jahren)
(Temperatur im Weltall: -264 bis -267 °C = 9° bis 6° über dem absoluten Nullpunkt)

Diese Flüssig-Sterne zogen sich nun durch die Gravitation noch weiter zusammen, wodurch es in ihrem Inneren immer heißer wurde. In den nun entstehenden Sonnen wurde bei 16 Millionen° C Wasserstoff zu zu Helium "verbrannt", d.h. es wurden unter Freiwerden von Energie zwei Wasserstoffatome und zwei Neutronen zu einem Helium-Atomkern verschmolzen.

In Sternen, die 1,4mal soviel Masse wie unsere Sonne hatten, stieg die Temperatur auf 200 - 300 Millionen° C, sodaß nun Helium zu Beryllium, Kohlenstoff und Sauerstoff verbrannt werden konnten. Nun gab es schon sieben Elemente: Wasserstoff, Helium, Lithium, Bor, Beryllium, Kohlenstoff und Sauerstoff.

In noch größeren und somit noch schwereren Sternen mit einer Temperatur von 500 -700 Millionen° C in ihrem Zentrum wurde zunächst Kohlenstoff zu Magnesium verbrannt, das zu Natrium und Neon zerfallen kann. Wenn die Temperatur noch weiter anstieg, wurde anschließend das Neon zu Silicium und Magnesium weiterverbrannt, wobei das Magnesium zum Teil wieder zu Sauerstoff zerfiel.

Schließlich wurde in noch heißeren Sternen Sauerstoff zu Schwefel verbrannt, der dann zum Teil wieder in Silicium und Phosphor zerfiel. Durch das Verbrennen von Kohlenstoff, Neon und Sauerstoff in den heißen Sternen kamen nun also sechs weitere Elemente hinzu: Magnesium, Natrium, Neon, Silicium, Schwefel und Phosphor.

In den größten Sternen, in denen es 3 Milliarden° C heiß wird, wurde schließlich Silicium zu Titan, Vanadium, Crom und Eisen verbrannt. Durch den Zerfall von Titan, Vanadium, Crom und Eisen entstanden dann schließlich auch noch Stickstoff, Flour, Aluminium, Chlor, Arsen, Kalium, Calcium, Scandium und Mangan, sodaß nun insgesamt 26 Elemente entstanden waren.

Bei dem Verbrennen von Wasserstoff zu Helium wurde sehr viel Energie frei (auf diesem Vorgang beruht die Wasserstoffbombe). Je größer die Atome sind, die für solche Verbrennungsprozesse verwendet werden, desto weniger Energie wird dabei frei. Mit dem Eisen ist schließlich das Element erreicht, aus dem sich nur noch unter Hinzufügen von Energie neue, schwerere Elemente zusammenschmelzen lassen - Eisen hat das niedrigste Energieniveau.

Alle Elemente, die kleiner sind als Eisen, d.h. weniger Protonen in ihrem Kern haben, setzten Energie frei, wenn man sie miteinander verschmilzt, während alle Elemente, die größer sind als Eisen, Energie freisetzten, wenn man sie in kleinere Atome spaltet (auf diesem Vorgang beruht die Atombombe und die Kernkraftwerke). Um Eisen in ein anderes Element zu verwandeln, muß man immer Energie aufwenden.

In sehr heißen Sternen und in Novas, also alten, explodierenden Sonnen, steht genug Energie zu Verfügung, um das Eisen durch Hinzufügen von Wasserstoffatomen und Energie zu Cobalt, Nickel usw. bis hin zu Blei und Wismut zu vergrößern, wodurch die Elemente-Vielfalt durch 57 weitere Elemente auf insgesamt 83 Elemente anwächst.

Für die nächsten 12 Elemente vom Polonium bis hin zum Plutonium und zum Americum ist die extreme Energie einer Supernova notwendig, also die Hitze eines Sternes, dessen Zentrum zu einem Neutronenstern, einem gigantischen Atomkern, der aus Billionen von Neutronen besteht, kollabiert ist und dabei seine Hülle in das Weltall hinaussprengt. Solche Supernovas sind die heftigsten Ereignisse, die im Weltall seit dem Urknall stattgefunden haben - sie leuchten bei ihrer Explosion so hell wie eine ganze Galaxie. In den Neuronensternen ballt sich die Masse eines ganzen mittelgroßen Sternes auf ein paar Kubikkilometern zusammen. Die Masse der Erde würde in einem Neutronenstern auf ein paar Kubikmeter zusammenschrumpfen.

Alle Elemente auf de Erde mit Ausnahme von Wasserstoff, Helium und z.T. Lithium und Bor stammen aus der "Asche" von solchen vor langer Zeit explodierten Sternen. Dieser Sternenstaub hat sich zusammen mit Wasserstoff und Helium zu der Wolke zusammengeballt, aus der unser Sonnensystem entstanden ist. Die schweren Elemente, die gut 99,9% unserer Erde ausmachen, sind "recycelte" explodierte Sonnen (Novas und Supernovas) aus der Zeit von vor 8 Milliarden Jahren.

Die restlichen 8 Elemente von Curium bis Lawrencium sowie die 9 weiteren vermuteten Elemente (insgesamt sind es dann 112) sind durch ihren radioaktiven Zerfall so instabil und benötigen zu ihrer Entstehung so viel Energie, daß sie nur künstlich für Sekundenbruchteile in Cyclotronen (Teilchenbeschleunigern) hergestellt werden können und in der Natur nicht vorkommen.

Doch trotz all dieser Vorgänge hat sich an der Zusammensetzung der Elemente in unserer Welt nicht viel geändert: Sie besteht nun aus 93% Wasserstoff, 6,9% Helium, ein wenig Lithium, einer Spur Bor sowie weniger als 0,001% von den schwereren, in Sonnen, Novas und Supernovas entstandenen Elementen, wobei der Kohlenstoff das dritthäufigste Element, der Sauerstoff das vierthäufigste Element ist und sich nach und nach alle Elemente in Eisen verwandeln, der daher in sehr ferner Zukunft einmal das einzige Element sein wird.

Reihenfolge der Entstehung	Ort der Entstehung	Zeit der Entstehung	Element
1.	Urknall	vor 15.000.000.000 Jahren	4 Elemente: Wasserstoff, Helium, Lithium, Bor
2.	Stern, 300.000°C	vor 13.000.000.000 bis heute	3 Elemente: Beryllium, Kohlenstoff, Sauerstoff
3.	Stern, 700.000.000°C	vor 13.000.000.000 bis heute	4 Elemente: Neon, Natrium, Magnesium, Silicium
4.	Stern, ca. 1.500.000.000°C	vor 13.000.000.000 bis heute	2 Elemente: Phosphor, Schwefel
5.	Stern, 3.000.000.000°C	vor 13.000.000.000 bis heute	13 Elemente: Stickstoff, Fluor, Aluminium, Chlor, Argon, Kalium, Calcium, Scandium, Titan, Vanadium, Crom, Mangan, Eisen
6.	Nova	vor 13.000.000.000 bis heute	57 Elemente: Cobalt, Nickel, Kupfer, Zinn ... Quecksilber, Thallium, Indium, Wismut
7.	Supernova	vor 13.000.000.000 bis heute	12 Elemente: Polonium, Astat, Radon, Francium, Radium, Actinium, Thorium, Protactinium, Uran, Neptunium, Plutonium, Americum
8.	Cyclotron	heute	ca. 20 Elemente: Curium, Berkelium, Californium, Einsteinium ...

    Die chemische Zusammensetzung unserer Erde und der übrigen Planeten in unserem Sonnensystem ist also in diesem Weltall eher ungewöhnlich.
    Nun zog sich nicht die gesamte Masse einer Wolke aus Atomen, aus der später ein Stern entstand, im Verlauf der Sternbildung in Zentrum der Wolke zusammen, sondern es bildeten sich um das Zentrum herum, aus dem dann der Stern wurde, weitere, viel kleinere Wirbel in dem sich zusammenziehenden Gasen, die um das Zentrum kreisen. aus diesen Wirbeln entstanden dann die Planeten. Aus den "winzigen" Gas-Wirbeln, die wiederum um die kleinen Wirbel kreisen, die später die Planeten bilden sollten, wurden dann die Monde der Planeten.
    Die Struktur der Sonnensysteme war denen der Atome ebenfalls sehr ähnlich: einen großen, fast die gesamte Masse enthaltenden Zentralkörper (Sonne - Atomkern), um den mehrere kleinere Körper (Planeten - Elektronen) kreisen.
    Auch die Planeten waren zunächst gasförmig und wurden dann, nachdem sie sich aufgrund der Gravitation immer mehr zusammengezogen hatten, ebenfalls flüssig. Planeten, die so groß wie der Jupiter oder größer waren, hatten eine so große Masse, daß auch in ihrem Inneren der Druck und die Temperatur so hoch wurden, daß dort ein Kernfusionsprozeß wie in den Sonnen, allerdings in viel kleinerem Maßstab, in Gang kam. Alle kleineren Planeten zogen sich immer weiter zusammen, bis der innere Druck genausogroß wie die Schwerkraft war und sie bei einem bestimmten Durchmesser blieben.
    Diesen Zustand kann dem Wasser-Element vergleichen.

1. Kapitel, 20. Abschnitt: Yesod - Malkuth (Überquerung der Schwelle)

(Dauer: vor 8 bis 4 Milliarden Jahren)
(Temperatur im Weltall: -267 bis -269 °C = 6° bis 4°C über dem absoluten Nullpunkt)

Hier beginnt nun die Geschichte unserer Erde. Vor acht Milliarden Jahren war sie noch eine flüssige Kugel aus Lava, also aus den Atomen, die sich in diesem Wirbel unseres Sonnensystemes befunden hatten. Sie drehte sich damals noch um ein mehrfaches schneller als heute - d.h. die Tage waren damals bedeutend kürzer. Der ebenfalls noch flüssige Mond war zu jener Zeit noch etwas näher an der Erde als heute.

Nach und nach gaben der Mond und die Erde, die damals beide noch rot glühten, immer mehr Wärme an den Weltraum ab und begannen so allmählich abzukühlen. Schließlich begannen sich an den Polen, die um ca. 100° kühler waren als der Rest der Erde bzw. des Mondes, weil sie nicht von der Sonne beschienen wurden, kleine, auf der Lava treibende Schollen von abgekühlter Lava zu bilden. Durch die Rotation der Erde trieben diese Schollen nach einer Weile zum Äquator hin, wo sie nach und nach miteinander zu größeren Schollen zusammenwuchsen. Dasselbe geschah auch auf dem Mond.

Durch die Gezeitenwirkung, die der Mond und die Erde aufeinander ausüben, wurde die Rotation der Erde allmählich langsamer, bis sie vor 4 Milliarden Jahren dann nur noch etwa doppelt so schnell war wie heute.

Der Mond erstarrte, weil er sehr viel kleiner als die Erde ist, schon viel früher als die Erde und kühlte vollständig aus, sodaß auch in seinem Inneren schon früh keine flüssige Lava mehr vorhanden war. Durch die Gezeitenwirkung auf den Mond hatte sich seine Umlaufgeschwindigkeit etwas verlangsamt, wodurch seine Umlaufbahn etwas weiter geworden war, d.h. er erschien von der Erde aus betrachtet nicht mehr ganz so groß wie am Anfang der Erdentstehung, als er ihr noch näher war.

1. Kapitel, 21. Abschnitt: Malkuth

(Dauer: von vor 4 Milliarden Jahre bis heute)
(Temperatur im Weltall: -269 -270,6 °C = 4 bis 2,7°C über dem absoluten Nullpunkt)

Schließlich kühlte die Erde soweit ab, daß sich der Wasserstoff mit dem Sauerstoff zu Wasser verbinden und erste Meere bilden konnte. Auf der noch immer dünnen Kruste der Erde schoben sich auf dem Äquator die inzwischen zu ca acht kleinen Kontinenten zusammengewachsenen Schollen schließlich zu einer einzigen großen Landmasse, dem Urkontinent Gondwana zusammen.

Nun konnte ein neues Kapitel in der Geschichte der Erde beginnen.

So folgt nun nach nach dem Plasma-Zustand der Atomkerne (Tiphareth), dem "Feuer"-Zustand der Atome (Netzach), dem "Luft"-Zustand der gasförmigen Materie in den Galaxien (Hod), dem "Wasser"-Zustand der flüssigen Sterne (Yesod) nun mit der Entstehung einer festen Hüllen um die im Inneren noch flüssigen Planeten der "Erd"-Zustand.

- - - - -

Um die Übersicht zu fördern, ist es sicher sinnvoll, diesen tabellarischen Lebensbaum auch noch einmal in der klassischen graphischen Form aufzuzeichnen:

AIN SOPH AUR
Nichts

1. Quantensprung:
Entstehung des Urknallimpulses

KETHER (0 - 10^{-43} sek.)
a) Raumzeit, die sich durch den Urknallimpuls aufspannt und als Gegenreaktion die zusammenziehende Gravitation entstehen läßt, deren Gravitationen Raumzeit-Verformungen sind
b) völlige Homogenität - "Freiheit"

11. PFAD (10^{-43} sek.)
Trennung der Gravitation von elek.-magn.
Kraft und Farbkraft
Beginn der inflätionären Ausdehnung des Weltalls

BINAH (10^{-38} - 10^{-35} sek.)   14. PFAD (10^{-38} sek.)   CHOKMAH (10^{-43} – 10^{-38} sek.)
a) selbständige Farbkraft   Trennung der elek. magn. Kraft   a) vereinigte elekt.-magn. Kraft und
b) Erhaltungssätze   von der Farbkraft   Farbkraft
                                                                             b) "alles, was geschehen kann, geschieht"

--. PFAD (10^{-35} sek.)
Inflation des Weltalls geht zu Ende

DAATH (10^{-35} - 10^{-30} sek.)
Naturgesetze, $E = m \cdot c^2$

--. PFAD (10^{-30} sek.)
Verdichtung von Energie zu Masse (Elementarteilchen)

GEBURAH (10^{-1} -1,09 sek.)   19. PFAD (10^{-5} - 10^{-1} sek.)   CHESED (10^{-30} - 10^{-5} sek.)
Protonen, Neutronen, Elektronen   Verbindung von Quarks zu Protonen   Quarcks, Elektronen, Neutrinos
                                      und Neutronen; Abtrennung der schwa-   Neutrinos
                                      chen Wechselwirkung von der el.mag. Kraft

22. PFAD (1,09 sek. - 700 Jahre)
a) 1,09 sek.: Neutrinos verlassen thermisches Gleichgewicht
b) 13,8 sek.: Elektron-Positron-Vernichtung
c) 182 sek.: nur wenige Neutronen übrig
d) 700 Jahre: Abtrennung der starken Wechselwirkung von der Farbkraft

TIPHARETH (700 - 10.000 Jahre)
Bildung von Atomkernen: 93% Wasserstoff, 6,99% Helium,
Spuren von Lithium und ganz wenig Bor

                    24. PFAD   (10.000 J.)
                    a) die Photonen verlassen das thermische Gleichgewicht,
                       das damit endet
                    b) die Atomkerne bilden Elektronenhüllen

HOD   (1 - 2 Milliarde J.)   27. PFAD   (1. Milliarde J.)   NETZACH   (10.000 - 1 Milliarde J.)
a) Bildung von Molekülen   Beginn der Wirkung der elektro   Atome mit Atomhüllen
b) Bildung von Galaxiensuperhaufen, magnetischen Kraft zwischen zwei
   Galaxienhaufen und Galaxien   Elektronenhüllen

                    30. PFAD   (2 Milliarden J.)
                    Bildung von Sternen in den Galaxien

                          YESOD   (2-6 Milliarden J.)
                          a) gasförmige Sterne werden flüssig
                          b) Bildung von Planeten und Monden
                          c) Bildung der schwereren Elemente in heißen Sternen, Novas und Supernovas

                              32. PFAD   (6 Milliarden Jahre)
                          Bildung von festen Schollen auf der Oberfläche der Erde

                                  MALKUTH   (10 Milliarden Jahre)
           Der Urkontinent Gondwana hat sich gebildet und die Erdkruste ist vollständig abgekühlt und erhärtet

   Dieser Lebensbaum, der in seinen Grundzügen in früheren Kapiteln schon mehrmals beschrieben wurde, zeigt deutlich die schon bekannten Eigenschaften des Lebensbaumes:
1. Die vier Übergänge entsprechen :
       a) (Auflösung) der ersten Differenzierung der Kräfte,
       b) (Abgrund) der Bildung der Elementarteilchen,
       c) (Graben) der Bildung der Elektronenhüllen, und
       d) (Schwelle) der Bildung der festen Erdkruste mit dem Urkontinent Gondwana.
   Die Auflösung stellt ein deutliches Beispiel für den Übergang von der Einheit im ersten Augenblick des Urknalls unserer Welt zu der Differenzierung in Raum und Zeit und Energie im "zweiten Augenblick" des Urknalls dar.
   Der Übergang von Daath zu Chesed, also der Abgrund, zeigt mit der Entstehung der Elementarteilchen deutlich das Prinzip der Abgrenzung.
   Der Graben wird durch das Ende der Verbundenheit aller Elementarteilchen, also durch das Ende des thermischen Gleichgewichtes deutlich charakterisiert.
   Insbesondere die Schwelle illustriert anschaulich die Bildung einer Hülle, die als Malkuth-Qualität schon von einigen Lebensbäumen (Pflanzen, Haus, Mensch) bekannt ist.
   Neu hingegen ist die auffällige Differenzierung der Kräfte auf den waagerechten Pfaden, durch die neue Möglichkeiten der Wechselwirkung erschaffen werden, und die ihrerseits durch die ihnen vorhergehende Entstehung neuer Einheiten bedingt ist:
1. In Chokmah hat sich die vereinigte elektromagnetische Kraft und Farbkraft gebildet, die ihrerseits nun auf dem 14. Pfad in die elektromagnetische Kraft und die Farbkraft zerfällt.
2. In Chesed haben sich die Elementarteilchen gebildet, die sich auf dem 19. Pfad zu Protonen und zu Neutronen zusammensetzen und durch diese größeren Einheiten nun die Möglichkeit für eine neue Kraft, für ein neues Austauschteilchen, das Pion bildet. Dieses neu entstandene Pion ist ein Bestandteil im Aufbau eines Protons oder Neutrons, daß diese mit anderen Protonen oder Neutronen austauschen können. Es bildet einen Bestandteil der

Verbindung von drei Quarcks, also einem Neutron oder Proton, weshalb es auch eine Erscheinungsform der Farbkraft ist, die die drei Quarcks im Inneren des Neutrons bzw. Protons zusammenhält. Das Pion ist das Austauschteilchen der starken Wechselwirkung und besteht aus einem Quark und dessen Antiquark.

Gleichzeitig mit der starken Wechselwirkung entsteht auch als Sekundärform der elektromagnetischen Kraft die schwache Wechselwirkung mit den Vektorbosonen als Austauschteilchen. Diese Kraft führt gemäß dem polaren Charakter der elektromagnetischen Kraft zu dem gelegentlichen Zerfall von Quarks, Elektronen und Neutrinos.

3. In Netzach haben sich um die Atomkerne herum Elektronenhüllen gebildet, was nun ein Aufeinanderwirken der Elektronenhüllen ermöglicht, wodurch dann auf dem 27. Pfad die elektromagnetischen Kraft als Anziehung zwischen den Elektronenhüllen zweier Atome erscheint.

Aufgrund der Vielzahl der nun entstandenen Kräfte ist ein "Stammbaum der Kräfte", die in unserem Weltall wirken, für die Übersicht sicherlich hilfreich. Die Angaben der Sephiroth (in Klammern) bezeichnen den Ort, an dem die Kraft in Erscheinung tritt, und der Pfad den Ort, an dem sie sich von der vorhergehenden Kraft abspaltet. Auf diese Angabe folgt die Polarität der Kraft und ihre Wirkung.

Gravitation (Kether) - Gravitonen: einpolar, Zusammenziehung
      - elektromagnetische Kraft (11. Pfad; Chokmah) - Photonen: zweipolar, Anziehung/Abstoßung
           - schwache Wechselwirkung (19. Pfad) - Vektorbosonen: Zerfall von Quarks,
                Elektronen, Neutrinos
           - Kraft zwischen den Elektronenhüllen zweier Atome (27. Pfad) - Elektronen:
                Ionisierung, Zusammenhalt von
                Elektronenhüllen und dadurch Bildung von
                Molekülen
        - Farbkraft (14. Pfad; Binah) - Gluonen: Vereinen von Quarks
          - starke Wechselwirkung (19. Pfad) - Pionen: Zusammenhalt von Protonen und Neutronen im
            Atomkern

Gravitation ····· el.magn. Kraft ······· Farbkraft
    :   :   :
    :   :   : starke Wechselwirkung
    :   :
    :   : schwache Wechselwirkung
    :
    : Kraft zwischen den Elektronenhüllen zweier Atome

Interessant an dieser Darstellung ist vor allem, daß hier die Farbkraft als eine Kraft erscheint, die sich aus der elektromagnetischen Kraft heraus gebildet zu haben scheint, denn es scheint doch am wahrscheinlichsten zu sein daß nicht nur die beiden unteren waagerechten Pfade, sondern alle drei waagerechten Pfade die Entstehung einer Kraft aus einer anderen beschreiben, also dieselbe Dynamik aufweisen. Für die Auffassung, daß die Farbkraft aus der elektromagnetischen Kraft entstanden ist, spricht auch, daß auch die Quarcks eine elektromagnetische Ladung haben und daß die Neutronen, die aus drei Quarcks bestehen, in ein Proton und in ein Elektron, also ein elektromagnetisches Elementarteilchen zerfallen können. Es entsteht also der Eindruck, daß sich die Gravitonen erst zu dem Elektronen "verdichten" und dann die Elektronen zu den Gluonen "verdichten".

Dies würde bedeuten, daß auf jedem der waagerechten Pfade eine Sekundärform der elektromagnetischen Kraft entsteht:

14. Pfad (Chokmah - Binah):		elektromagnetische Kraft --> Farbkraft
19. Pfad (Chesed - Geburah):		elektromagnetische Kraft --> schwache Wechselwirkung
27. Pfad (Netzach - Hod):		elektromagnetische Kraft --> Kraft zwischen den Elektronenhüllen zweier Atome

Nun findet sich in diesem Lebensbaum noch eine Symmetrie, die bereits in einem früheren Kapitel erwähnt worden ist:

Im 1. Bereich (Kether) wirkt ausschließlich die Gravitation als Kraft, da es außer dem Urknallimpuls und der Gravitation hier noch keine anderen Strukturen gibt.

Im 2. Bereich (Chokmah, Binah, Daath) dominiert die elektromagnetische Kraft, also die Photonen, aus denen Chokmah besteht und die auch auf die aus ihnen entstandenen Gluonen wirken. Die Farbkraft hat hingegen noch nichts, auf das sie wirken kann, da sie selber das größte vorhandene Teilchen ist und somit nicht selber das Austauschteilchen und somit die Kraft zwischen zwei anderen Teilchen sein kann.

Im 3. Bereich (Chesed, Geburah, Daath) dominiert die Farbkraft, die die Quarks zu Protonen und Neutronen zusammenfaßt und in ihrer Sekundärerscheinung als starke Wechselwirkung auch die Zusammenballung von Neutronen und Protonen zu Atomkernen verursacht.

Im 4. Bereich (Netzach, Hod, Yesod) dominiert wieder die elektromagnetische Kraft, die sich nun in den Elektronenhüllen der Atome zeigt, die sich aufgrund der Molekularkraft, also einer elektromagnetischen Sekundärkraft, aneinanderlagern und dadurch Moleküle bilden.

Im 5. Bereich (Malkuth) dominiert wieder die Gravitation, die Schwerkraft: sowohl im Alltag, wo die Dinge aufgrund der Gravitation "auf der Erde liegen", als auch im Großen in den Bewegungen der Sterne, Planeten und Monde, die auf der Gravitation beruhen.

```
1. Bereich (I) - - - - - - - - - - - Gravitation - - - - - - - - - - - - - - - - - -|
                                                                                    |
2. Bereich (II, III, D) - - - - - elektromagnetische Kraft - - -|                   |
                                                                |                   |
3. Bereich (IV, V, VI) - - - - - Farbkraft                      |                   |
                                                                |                   |
4. Bereich (VII, VIII, IX) - - - elektromagnetische Kraft - - -|                    |
                                                                                    |
5. Bereich (X) - - - - - - - - - - Gravitation - - - - - - - - - - - - - - - - - -|
```

Als zusätzliche Symmetrie tritt hierbei noch auf, daß die dominierenden Kräfte in der Reihenfolge auftreten, in der sie auch entstanden sind und die auch ihrer Polarität entspricht:

Kraft	Polarität	Sephirah	dominant im ...
Gravitation	einpolar	Kether	1./5. Bereich
Elektromagnetische Kraft	zweipolar	Chokmah	2./4. Bereich
Farbkraft	dreipolar	Binah	3. Bereich

Weiterhin findet sich hier die Farbkraft in der Mitte, deren Qualität der Zusammenhalt, die Bildung eines (Atom-) Kernes ist. Um die Farbkraft herum befindet sich wie bei einem Atom die elektromagnetische Kraft, die bei einem Atom die Elektronenhülle prägt. Schließlich findet sich ganz außen die Gravitation, die alles in diesem Weltall zueinander hinzieht.

Hinzu kommt, daß die Gravitation überall und unbegrenzt wirksam ist; die elektromagnetische Kraft zwar ebenfalls eine unendliche Reichweite hat, aber nur zwischen elektrisch geladenen Teilchen wirkt; und daß schließlich die Farbkraft zwar auch eine unendliche Reichweite hat, sich aber letzten Endes in ihrer Wirkung auf das Innere der Atomkerne beschränkt - der Wirkungskreis der drei Kräfte nimmt von der Gravitation zur Farbkraft hin ab.

Als letzte Harmonie findet sich schließlich noch der Umstand, daß sich in dieser Graphik die stärkste Kraft (Farbkraft) in der Mitte und die schwächste Kraft (Gravitation) ganz außen befindet.

Wirkungsfeld	Wirkt nach ...	Kraft	Stärke	Wirkt wo ...
Zentrum	innen	Farbkraft	stark	wirkt im Atomkern
Hülle	Verbindung	elektromagnetische Kraft	mittelstark	wirkt im Umfeld des Atomes
Außen	außen	Gravitation	schwach	wirkt überall

Die Zuordnung der vier Elemente zu den unteren vier Sephiroth dieses Lebensbaumes läßt sich noch ergänzen. Das Erdelement entspricht dabei dem festen Aggregatzustand, das Wasser dem flüssigen, die Luft dem gasförmigen und das Feuer dem "heißen gasförmigen Aggregatzustand. Der Plasma-Aggregatzustand charakterisiert Chesed, Geburah und Tiphareth - ihn könnte man mit dem Geist und der Quintessenz der Alchemisten sowie dem Akasha der Inder gleichsetzen. Der reine Energiezustand von Chokmah, Binah und Daath läßt sich durch die Energiequanten der ursprünglichsten aller Energieformen, den Photonen, also durch das Licht, anschaulich darstellen. Kether schließlich ist die Einheit.

```
                  Einheit
        Licht               Licht
                  Licht
        Geist               Geist
                  Geist
        Luft                Feuer
                  Wasser

                  Erde
```

Eine interessante Größe, die bisher noch nicht mit in den "Lebensbaum der physikalischen Evolution" miteinbezogen worden ist, ist der Spin, der vereinfacht gesagt die Eigendrehung eines Teilchens ist. Alle Elementarteilchen haben den Spin 1/2, das Photon und das Gluon haben den Spin 1, und das Graviton hat den Spin 2. Alle größeren Teilchen haben einen Spin, der nur noch einen Bruchteil von 1 ausmacht (1/n) und kleiner als 1/2 ist, und im makroskopischen Bereich kann man schließlich keinen Spin mehr feststellen bzw. nur noch einen kontinuierlichen Spin in jeder beliebigen Größe.

Wenn man den Spin nun auf dem Lebensbaum einträgt, stellt man fest, daß er sich bei jedem der Übergänge ändert. Da der Übergang am Abgrund sowohl eine Spinhalbierung ist, als auch die Verwandlung von Energie in Materie mittels des Faktors c^2, liegt die Vermutung nahe, daß der Spin und die Lichtgeschwindigkeit miteinander verbunden sind. Falls dies zutrifft, würde dies bedeuten, daß die Gravitonen in irgendeiner Weise mit der Größe c^2 verbunden sind - was gut zu der Relativitätstheorie passen würde, in der beide Größe bereits miteinander verknüpft sind.

Bereiche auf dem Lebensbaum	Einheiten	Spin	Geschwindigkeit
Kether	Gravitation	Spin 2	c^2 (?)
Binah Chokmah Daath	Elektromagnetische Kraft, Farbkraft	Spin 1	c
Geburah Chesed Tiphareth	Elementarteilchen	Spin 1/2	unter c
Hod Netzach Yesod	Atome, Moleküle	Spin 1/n	weit unter c
Malkuth	Makroskopische Dinge	Spin sehr klein	nahe 0

Diese Aufstellung bestätigt durch die kontinuierliche Veränderung des Spins und der Geschwindigkeiten noch einmal die Richtigkeit dieses Lebensbaumes.

Diese Aufstellung zeigt auch, daß die Neubildung einer Ebene auf einem der Pfade, die auf dem "Blitzstrahl der Schöpfung" liegen wie z.B. von den Quarks (Chesed) zu den Neutronen und Protonen (Geburah), nicht immer "gleichgroß" ist, sondern daß an den Übergängen auf dem Lebensbaum Verwandlungen von einer größeren Bedeutung stattfinden als auf den "normalen" Pfaden auf dem "Blitzstrahl der Schöpfung".

Dieser Zusammenhang ist auch schon aus vielen anderen Lebensbäumen bekannt. Sehr deutlich ist er z.B. auf dem "Lebensbaum der inneren Struktur der Lebewesen" zu erkennen, auf dem in jedem der drei Dreieck je drei Organe mit verschiedener Struktur zu finden sind, wobei sich dieselbe Struktur der Organe in allen drei Dreiecken wiederfindet, sich aber die Körperbereiche, in denen diese Organe liegen, grundlegend unterscheiden (zellinterner Bereich, Vorgänge in der körpereigene Substanz, Vorgänge mit körperfremder Substanz).

Es läßt sich nun auch noch ein "Lebensbaum der physikalischen Evolution" nur mit physikalischen Größen aufstellen:

    a) der Zeit,
    b) der Durchmesser des Weltalls,
    c) der Temperatur des Weltalls,
    d) der Art der neuen Teilchen/Energiequanten,
    e) die Art der Kräfte zwischen diesen neuen Teilchen/Energiequanten,
    f) dem Spin der Teilchen/Energiequanten sowie
    g) der Geschwindigkeit der Teilchen im Weltall.

Dies ist (abgesehen von dem "Lebensbaum der Vektormathematik") der abstrakteste und mathematischste aller Lebensbäume. Und daher ist er auch in Hinsicht auf die stufenweise und stets in dieselbe Richtung verlaufende Veränderung seiner Eigenschaften auch am anschaulichsten.

KETHER
a) Urknall bis 10^{-43} Sekunden nach dem Urknall
b) 0 bis 10^{-38} km
c) von unendlich heiß bis 10^{32} °C
d) Urknallimpuls, Gravitonen
e) Gesamtgravitation
f) Spin 2
g) c^2 (?)

....

BINAH
a) 10^{-38} Sekunden nach dem Urknall
b) 10^{33} km
c) Temperatur des Weltalls: 10^{29} °C
d) Gluonen
e) elektromagnetische Kraft
f) Spin 1
g) c (Lichtgeschwindigkeit)

CHOKMAH
a) 10^{-43} bis 10^{-38} Sekunden nach dem Urknall
b) 10^{-38} bis 10^{-33} km
c) von 10^{32} °C bis 10^{29} °C
d) Photonen
e) Gravitation
f) Spin 1
g) c (Lichtgeschwindigkeit)

DAATH
a) 10^{-35} bis 10^{-30} Sekunden nach dem Urknall)
b) von 10^{-33} bis 10^{22} km (wegen der Inflation des Weltalls, die in Chokmah begonnen hat)
c) 10^{28} °C bis 10^{25} °C
d) Gluonen
e) elektromagnetische Kraft
f) Spin 1
g) c (Lichtgeschwindigkeit)

....

GEBURAH
a) 10^{-1} bis 1,09 Sekunden nach dem Urknall
b) 10^{47} bis 10^{48} km
c) 10^{11} bis 10^{9} °C
d) Neutronen, Protonen
e) schwache Wechselwirkung
f) Spin 1/2
g) deutlich unter c (Lichtgeschwindigkeit)

CHESED
a) 10^{-30} bis 10^{-5} Sekunden nach dem Urknall
b) 10^{22} bis 10^{47} km
c) 10^{25} bis 10^{13} °C
d) Quarks, Elektronen, Neutrinos
e) Farbkraft
f) Spin 1/2
g) deutlich unter c (Lichtgeschwindigkeit)

TIPHARETH
a) 700 Jahre bis 10^4 Jahre nach dem Urknall
b) 10^{47} bis 10^{49} km
c) +1000 bis -170 °C
d) Atomkerne
e) starke Wechselwirkung
f) Spin 1/z (z = Zahl der Protonen und Neutronen im Atomkern)
g) deutlich unter c (Lichtgeschwindigkeit)

....

HOD

a) -13 Milliarden Jahre bis -12 Milliarden Jahre
b) 10^{54} km
c) -263 bis -262 °C (= 10° bis 9° über absolut 0)
d) Moleküle
e) elektromagnetische Kraft zwischen den Elektronenhüllen mehrerer Atome
f) Spin 1/n
g) kleine Geschwindigkeit

NETZACH

a) 10^4 bis 10^9 Jahre nach dem Urknall
b) 10^{49} bis 10^{54} km
c) -170 bis -263 °C (= 103 bis 10° über absolut 0)
d) Atome
e) elektromagnetische Kraft zwischen Kern und Elektronenhülle
f) Spin 1/n
g) kleine Geschwindigkeit

YESOD

a) -12 Milliarden Jahre bis -8 Milliarden Jahre
b) 10^{56} km
c) -262 bis -265 °C = 9° bis 6° über dem absoluten Nullpunkt
d) Molekülgruppen
e) elektromagnetische Anziehung zwischen den Elektronenhüllen zweier oder mehrerer Moleküle
f) Spin 1/n
g) kleine Geschwindigkeit

MALKUTH

a) -4 Milliarden Jahre bis heute
b) 10^{56} km
c) -269 bis -270,6 °C (= 4 bis 2,7°C über dem absoluten Nullpunkt)
d) makroskopische Dinge
e) Gravitation
f) Spin: nahe 0
g) sehr kleine Geschwindigkeiten

b) 2. Kapitel (Briah):   Von der Ursuppe zum Einzeller

(Dauer: - 4 Milliarden Jahre bis - 800 Millionen Jahre)
(Dauer von Kether bis Tiphareth: einige 100.000 Jahre;
Dauer von Tiphareth bis Malkuth: ca. 3 Milliarden Jahre)

2. Kapitel, 1. Abschnitt: Kether

(Einheiten mit 2 - 5 Atomen)

Die Erde war wüst und leer und es gab nur Gondwana, den einen großen Urkontinent auf der Höhe des Äquators, der nur aus Felsen, Stein und Sand bestand - und rings herum das Meer, in dem nichts als Wasser und ein paar in ihm gelöste Mineralien waren. Die Luft bestand fast nur aus Stickstoff und enthielt weder Sauerstoff (O2) noch Wasserstoff (H2).

Die Erde rotierte damals noch fast doppelt so schnell wie heute, denn der Mond hatte ihre Bewegung noch nicht durch Ebbe und Flut so sehr gebremst wie heute - die Tage dauerten nur vierzehn Stunden und die Gezeiten waren aufgrund der schnelleren Erdrotation wesentlich heftiger als heute.

Es war sehr unwirtlich: Heftige Gewitterstürme tobten über Meer und Land, überall spien Vulkane auf der gerade erst aus dem glutflüssigen Zustand abgekühlten Erde Lava und Feuer in den Himmel und nirgends gab es Leben.

Doch dann kamen vor etwa 4 Milliarden Jahren an dem zunächst am lebensfeindlichsten wirkenden Ort einige Prozesse in Gang: in den fast 100°C heißen, fast kochenden Seen aus Wasser und Schwefelsäure am Rand der Vulkane. In dem Wasser (nicht nur) dieser Seen waren Eisenionen (Fe^{2+}) gelöst, die die Energie der Sonnenstrahlen aufnehmen konnten und dann durch nochmalige Ionisierung zu Fe^{3+} ein sehr energiereiches Elektron (e^-) abgaben. Somit bildeten die Eisenionen eine Energiequelle, die andere Prozesse in Gang setzen konnte, zumal es sehr große Mengen von diesen Eisenionen gab, wie man an den Eisenablagerungen aus dieser Zeit sehen kann. Aber zunächst einmal geschah nicht viel.

(Die Beschreibung der Entstehung der Einzeller folgt weitgehend Christian de Duve: "Ursprung des Lebens" Spektrum Akademischer Verlag 1994)

2. Kapitel, 2. Abschnitt: Kether - Chokmah

In der damaligen Stickstoffathmosphäre (N) und im Wasser (H_2O) waren verschiedene einfache Moleküle wie CH_4, NH_3 und H_2 gelöst, die sich durch die hohe Energie der Blitze, die damals ständig durch die Athmosphäre zuckten, zu größeren Molekülen wie Ameisensäure, Glycin, Glycolsäure, Alanin, Milchsäure und einigen anderen verschmolzen, also zu einfachen, kurzen Kohlenwasserstoffketten, die aus etwa einem Dutzend Atomen bestanden. Nach und nach sammelten sich diese Atome in der kochenden "Schwefelsäuresuppe" in den Teichen in der Nähe der Vulkane an.

2. Kapitel, 3. Abschnitt: Chokmah

(Einheiten mit 10 - 25 Atomen)

Diese komplexen Moleküle waren nun jedoch im Gegensatz zu den ganz kleinen Molekülen wie z.B. CH_4 in der Lage, die von den Eisenionen zur Verfügung gestellten energiereichen Elektronen zu benutzen, um sich miteinander zu neuen Molekülen zu kombinieren. Die beiden für die weitere Geschichte wichtigsten so entstandenen Moleküle waren eine Gruppe von schwefelhaltigen Molekülen, die Thiole, und eine Gruppe von Kohlenwasserstoff-Molekülen, die Ester.

2. Kapitel, 4. Abschnitt: Chockmah - Binah

Diese komplexeren Moleküle reicherten sich nun immer weiter in den Teichen an, die nach wie vor noch genug Eisenionen zur Verfügung hatten.

2. Kapitel, 5. Abschnitt: Binah

(Einheiten mit 25 - 35 Atomen)

Die Thiole und die Ester verbanden sich nun zu Thioestern, die der für den weiteren Verlauf der Geschichte wichtigsten Grundstoff bildeten.

2. Kapitel, 6. Abschnitt: Binah - Daath

Die Konzentration an Thioestern in der Ursuppe stieg durch die weitere Synthese von durch Blitzen entstandenen Thiolen und Estern weiter an.

2. Kapitel, 7. Abschnitt: Daath

(Einheiten mit 10^3 Atomen)

Die Thioester hatten die Besonderheit, daß sie sich aneinander lagern konnten und dadurch lange Kettenmoleküle bilden konnten, die Multimere genannt werden.

2. Kapitel, 8. Abschnitt: Daath - Chesed

Nun gab es in dieser "Schwefelsäuresuppe" schon eine ganze Reihe verschiedener Stoffe, wobei die Multimere die komplexesten von ihnen waren. Manche der einfacheren Moleküle hatten nun die Eigenheit, daß sie, wenn sie sich an ein Multimer anlagerten, die Verbindung dieses Multimers mit einem bestimmten andern Molekül erleichterten. Diese "Helfer-Moleküle" waren die ersten Katalysatoren, die bewirkten, daß es in der Schwefelsäuresuppe bevorzugte chemische Abläufe gab und daß aus diesen bevorzugten Prozessen schließlich eine Art Netzwerk aus Multimeren, Katalysatoren und chemischen Reaktionen entstand - die allererste Art von Stoffwechsel (Proto-Metabolismus).

Um von dem einfachen, kochenden Teich, der reichlich Schwefel und Eisenionen enthielt, bis hin zu den Multimeren war nicht viel Zeit vergangen, denn diese chemischen Prozesse waren sehr einfach und erforderten nur das Vorhandensein der nötigen chemischen Elemente und die gelegentliche Energie der damals reichlich vorhandenen Blitze der Gewitter in der Atmosphäre der noch jungen Erde. Diese Multimere lassen sich innerhalb von einigen Tagen durch einen Versuch, der die damaligen Gegebenheiten nachstellt, herstellen.

In der Folgezeit werden die chemischen Prozesse zunehmend komplexer und die Abläufe erforderten entsprechend mehr Zeit für ihre Entstehung.

2. Kapitel, 9. Abschnitt: Chesed

(Einheiten mit 10^3 Atomen)

Dieses Netzwerk führte somit auch dazu, daß es bevorzugt produzierte Multimere gab. Diese aufgrund dieses Netzwerkes (Proto-Metabolismus) besonders zahlreich produzierten Multimere konnten durch das bereits betriebene Aneinanderlagern nun allein aufgrund der höheren Konzentration dieser Multimere in der Schwefelsäuresuppe deutlich längere Molekülketten bilden. Dieser neue Molekültyp heißt "Oligonukleotid", was man etwas locker mit "viele Bestandteile" übersetzen könnte.

2. Kapitel, 10. Abschnitt: Chesed - Geburah

Solche langen Moleküle haben ihre elektrische Ladung sehr unterschiedlich auf ihre Atome verteilt, was die Möglichkeit eröffnete, diese Oligonukleotide nicht nur aus einfachen Multimeren mittels der Katalysatoren zu synthetisieren, sondern die Olginukleotide durch Anlagern von Multimeren, die die "passende Stelle" aufgrund der elektrischen Ladung "erkennen", direkt zu kopieren. Damit war die Vermehrung einer Spezies erfunden.

Der nächste Schritt in der Entwicklung war die Benutzung von phosphorhaltigen Kohlenwasserstoffmolekülen, den Pyrophosphaten. Diese Moleküle konnten als Energielager zusätzlich zu dem sofortigen Verbrauch der hochenergetischen Elektronen der Eisenionen benutzt werden.

Pyrophosphat kann wie die Fe^{2+}-Ionen die Energie des Sonnenlichtes aufnehmen und sie dann wieder abgeben. Im Gegensatz zu den durch die Elektron-Abgabe zu Fe^{3+} ionisierenden Fe^{2+}-Ionen, die dann zu Boden sinken und aus dem chemischen Prozeß ausscheiden, kann sich das Pyrophosphat durch das Sonnenlicht wieder zu einem Energiespender regenerieren. Das Pyrophosphat bot also die Möglichkeit, das Sonnenlicht ständig aufzunehmen und abzugeben, ohne ständig durch neues Phosphor ersetzt werden zu müssen (wie dies bei der Energiebeschaffung durch die Eisenionen der Fall war).

Die chemische Evolution erreichte dadurch eine wesentlich größere Selbständigkeit und eine realistische Überlebenschance, das sie auf die Energiebeschaffung durch die "Wegwerfmethode" mittels der Eisenionen verzichtete und statt dessen vollständig zu der "Solartechnik", zu der regenerierbaren, ökologischen "Recycling"-Energiequelle des Phosphors überging - hätte sie dies nicht getan, wäre sie mit dem Ende der hohen Eisenkonzentration im Wasser, die mit dem Ausschwemmen dieses Metalls aus der Erdoberfläche durch die Flüsse zusammenhing, schon sehr bald zugrunde gegangen. Die Benutzung der Eisenionen als Startenergie war notwendig gewesen, aber sie stand nur für begrenzte Zeit zur Verfügung.

Durch die Verbindung des Pyrophosphats mit einem Thioester-Molekül wurde dieser Energielieferant dann zu einem in die Oligonukleotid-Struktur passenden Baustein, zum "ATP" (Adenosintriphosphat), das noch heute in allen Zellen fast den gesamten Energiehaushalt regelt.

Einige der vielen produzierten Multimere hatten die gleichen katalytischen Eigenschaften wie die früheren, aus einfachen Molekülen bestehenden Katalysatoren. Dadurch entstand nun ein Rückkoppelungseffekt: Oligonukleotid-Synthesen aus Multimeren, bei denen als "Nebenprodukt" Multimere anfielen, die eben diese Oligonukleotid-Synthese durch Katalyse förderten, stabilisierten diese Oligonukleotid-Synthese und erhöhten dadurch deutlich die Wahrscheinlichkeit, daß solche Oligonukleotid-Systeme entstanden. Man könnte dies auch "sich selber durch seine eigenen Nebenprodukte fördernde Systeme" nennen. Diese Systeme werden bald die übrigen Synthese-Prozesse deutlich dominiert haben.

2. Kapitel, 11. Abschnitt: Geburah

(Einheiten mit 10^3 - 10^4 Atomen)

Die nächste große Entwicklung war die Entstehung der RNS. Die Basenpaarreplikation der Oligonukleotide, also die Synthese von neuen Molekülketten durch Anlagerung von neuen Bausteinen an die alte Molekülkette, war sehr ungenau und fehlerhaft und nur für sehr kurze Oligonukleotide ausreichend präzise und effektiv. Die RNS-Moleküle, die aus Multimeren bestehen, bilden eine Art "Abdruck" des Oligonukleotids, indem sie sich an jeweils eine charakteristische Stelle eines Multimers des Oligonukleotids, die aus drei Basen besteht, anlagern, sich dann mit den neben ihnen liegenden RNS verbinden, sich daraufhin als ganzes als RNS-Kette von den Oligonukleotiden ablösen und schließlich durch Anlagerung von entsprechenden, noch frei in der "Schwefelsäuresuppe" umherschwimmenden, "passenden" Multimeren an diese RNS-"Matrize" eine Kopie des ursprünglichen Oligonukleotids synthetisieren. Diese RNS-Ketten ermöglichen es somit, den Bauplan der Oligonukleotide und der zu ihrer Synthese benötigten Multimer-Ketten zu synthetisieren. Die RNS, die durch Anlagerung von einer bestimmten Sorte von Säuren und Basen an die Multimere entstanden waren, ist nun sozusagen eine "Druckschablone" für die Synthetisierung eben dieser Multimere, deren Abdruck sie sind. Zunächst einmal erhöhen sie durch ihr bloßes Vorhanden sein in der "Schwefelsäuresuppe", daß sich deutlich häufiger Multimere entsprechend der in der RNS vorgegebenen Folge aneinanderreihten als andere, zufällig entstandene Folgen von Thioestern.

In der "Schwefelsäuresuppe" entstanden nun also nicht mehr nur durch Zufall und die Energie der Eisenione aus einfachen Molekülen komplexe Moleküle und aus diesen durch Katalyse und die Energie des ATP Oligonukleotide, sondern diese Oligonukleotide wurden jetzt direkt mittels der RNS aus Multimeren synthetisiert, was nun die Möglichkeit eines Wettbewerbs zwischen den Oligonukleotiden um die effektivste Verwendung von Multimeren (der "Nahrung" der Oligonukleotide) zur Selbstkopie ("Vermehrung") wurde.

Durch die RNS waren diese chemischen Prozesse jetzt keine "Pyramide" mehr, die von einfachen Molekülen an ihrer Basis über Multimere in ihrer Mitte bis hin zu den Oligonukleotiden an ihrer Spitze reichte und in der alle Oligonukleotide "von unten her" schrittweise aus einfachen Molekülen aufgebaut werden mußten, sondern es gab nun ein selbständiges Zentrum (RNS) innerhalb der es umgebenden "Schwefelsäuresuppe", das sich gezielt erhielt und vermehrte. Insofern könnte man die Entstehung und Verwendung der RNS als den Übergang von rein chemischen zu biologischen Prozessen betrachten.

2. Kapitel, 12. Abschnitt: Geburah - Tiphareth

Die nächste "Erfindung" war die von Oligonukleotiden unabhängige Vermehrung der RNS. Da diese Kettenmoleküle aus Basenpaaren aufgebaut sind, ließen sie sich, nachdem einmal ein entsprechender Katalysator entstanden war, wie ein molekularer Reißverschluß trennen und durch freie Basen (Multimere) wieder zu einem vollständigen RNS-Molekül ergänzen. Dieser "Reißverschluß-Katalysator" war gewissermaßen das erste "Sexualhormon" der ganzen biologischen Geschichte.

Nach und nah setzte sich nun auch die Verwendung von durch die RNS synthetisierten Katalysatoren durch, sodaß die RNS schließlich alle Katalysatoren selber herstellen konnte, die für den Stoffwechsel, also die chemischen Synthesevorgänge bei der "Produktion" von Oligonukleotiden, Katalysatoren und RNS benötigt wurden. Die Entstehung eines solchen Synthesesystems von Katalysatoren wurde durch die Selektion dadurch gefördert, daß diejenigen der zufälligen RNS-Kombinationen, die Katalysatoren produzieren konnten, die ihrerseits das Entstehen eben dieser speziellen RNS-Kombination förderten, eben dadurch häufiger als andere RNS-Kombinationen entstanden (gegenseitige Förderung von produzierender RNS und lenkenden Katalysatoren).

2. Kapitel, 13. Abschnitt: Tiphareth

(Einheiten mit 10^9 - 10^{11} Atomen)

Nun brachte eine kleine Veränderung im Aufbau der RNS-Moleküle, ein fehlendes Sauerstoff-Atom, eine der wichtigsten Errungenschaften hervor: die DNS-Moleküle (Gene, Chromosomen). Sie sind genauso wie die RNS-Moleküle aufgebaut, aber wesentlich stabiler. Dadurch entstand bald eine "Arbeitsteilung" zwischen RNS und DNS: die DNS, die aufgrund ihrer Stabilität sehr lang werden konnte, wurde zum "Zentralen Informationsspeicher", von dem RNS-Kopien angefertigt wurden, die dann ihrerseits wiederum die Proteine, Katalysatoren, das ATP und die übrigen an diesem Stoffwechsel beteiligten Moleküle synthetisierten.

2. Kapitel, 14. Abschnitt: Tiphareth - Netzach

Da sich diese Prozesse in der inzwischen von den verschiedensten Molekülen erfüllten "Schwefelsäuresuppe" abspielte, wurden eines Tages von den RNS auch Aminoacyl-Moleküle, eine bestimmte Art der Multimere, zu den ersten Proteinen synthetisiert. Da sich unter diesen Proteinen einige besonders effektive und stabile Katalysatoren befanden, weitete sich die Proteinsynthese durch Rückkopplung (Protein und RNS fördern sich gegenseitig) weiter aus.

Diese Proteine konnten "Netze" bilden, die einen "Tropfen" der "Schwefelsäuresuppe" umschlossen und somit die erste Zellwand entstehen ließen, die anfangs noch eine nur von der "Dichte der Netzmaschen" abhängige Sperre für große Moleküle (Oligonukleotide) bildete und es so ermöglichte, die an einem chemischen Stoffwechsel beteiligten Oligonukleotide, RNS, DNS und Protein-Katalysatoren in einer höheren Konzentration an einem Ort, d.h. im Inneren der Netzhülle, zusammenzubringen und den Prozeß der Synthese somit zu beschleunigen, was wiederum einen Selektionsvorteil ergab.

Nun gab es also von einer netzartigen Hülle umgebene Tröpfchen, in denen die DNS und die RNS alle benötigten Katalysatoren und die Proteine für die Netzhülle produzieren konnte und in denen das ATP für die nötige Energie sorgte.

Die DNS war der König, die RNS seine Verwaltung, die Katalysatoren das Verkehrsministerium, die Netzhüllen-Proteine der Bundesgrenzschutz, das ATP die arbeitende Bevölkerung und die Multimere die Nahrung - und die Vermehrung dieses Stoffwechseltyps war das Bruttosozialprodukt.

Von dem Beginn der ersten chemischen Multimer-Synthesen in der "Schwefelsäuresuppe" bis zu dieser zentral gesteuerten Urzelle werden nur einige 100.000 Jahre vergangen sein.

Ab jetzt wurden die Strukturen in der Zelle und die chemischen Prozesse in ihr zunehmend komplexer, weshalb die weitere Entwicklung nun deutlich langsamer verlief.

2. Kapitel, 15. Abschnitt: Netzach

(Einheiten mit 10^{15} Atomen)

Es entwickelten sich nun festere, differenziertere Zellwände, die die Aufnahme und die Abgabe der chemischen Stoffe regulierten. Das Wachsen und Teilen der Zelle wurde jetzt in zunehmendem Maße von der DNS gesteuert und weniger dem Zufall überlassen, sodaß sich z.B. stets in beiden Tochterzellen auch eine Kopie der DNS befand.

Etwa zu diesem Zeitpunkt der Entwicklung werden auch die ersten Zellen in der Lage gewesen sein, den "heimeligen" kochenden "Schwefelsäureteich" zu verlassen und in "unwirtlicheren" Biotopen wie Flüssen und schwefelsäurearmen Seen zu überleben.

2. Kapitel, 16. Abschnitt: Netzach - Hod

Die nächste Entwicklung betrifft den Verdauungsapparat. Bisher fanden die chemischen Prozesse der Aufnahme eines fremden Multimers oder Oligonukleotids an der Außenfläche der Zellwand statt. Irgendwann "entdeckte" eine Zelle, daß es in Bezug für die für den Abbau des fremden Oligonukleotids benötigte Katalysatormenge und in Bezug auf den Anteil der schließlich in die Zelle eingeschleusten Oligonukleotid-Abbauprodukte wesentlich effektiver war, die Zellwand um das fremde Oligonukleotid zu stülpen und als "Bläschen" in die Zelle hineinzunehmen, zu "verdauen" und den Rest wieder auszuscheiden, woraus sich bald ein wirkungsvoller Verdauungsapparat entwickelte, der aus Bläschen und Kanälen bestand. - In dieser fernen Vergangenheit liegen also die Anfänge der Tischmanieren, die mit einer ebenso schlichten wie sinnvollen Erkenntnis begannen: "Mund zu beim Essen!"

Irgendwann hat sich dann einmal ein solches Bläschen um die DNS gestülpt, wodurch der erste Zellkern entstand. Die durch die Verdauungsorganellen und die Bildung der Kernhülle mögliche Entflechtung der vielfältigen chemischen Prozesse in der Zelle ermöglichte wiederum effektivere chemische Abbau- und Synthesevorgänge, die nun nicht mehr durch eine Vielzahl anderer, gleichzeitig ablaufender Reaktionen gestört, sondern durch Teile der ins Innere der Zelle hereinragenden Zellwand (Wände, Bläschen, Kanäle u.a.) voneinander getrennt wurden. Außerdem reichten nun bei dem jetzt gezielteren Einsatz an bestimmten Orten auch deutlich kleinere Mengen von Katalysatoren aus.

2. Kapitel, 17. Abschnitt: Hod

(Einheiten mit 10^{16} Atomen)

Eine andere Verbesserung war die Entwicklung von zwei Sorten von festen Proteinstrukturen: den länglichen Aktinfasern und den kugelförmigen Microtubuli, die die "Knochen" der Zelle bildeten. An diesen Strukturen hafteten Moleküle, (Myesin bzw. Dynein), die sich, wenn sie sich mit ihrem freien anderen Ende an eine zelluläre Struktur, z.B. an der Zellwand oder der Zellkernmembran, angeheftet haben, mithilfe der Energie von ATP zusammenziehen und somit z.B. die Lage des Moleküls in Bezug auf die Aktinfaser verändern konnten. Diese "Muskeln" der Zelle sind zusammen mit ihren "Knochen" für einen großen Teil der Transportvorgänge in der Zelle und für die Eigenbewegung der Zelle in bezug auf ihre Umgebung mit Hilfe ihrer Geißel ("Mini-Fischschwanz") verantwortlich.

2. Kapitel, 18. Abschnitt: Hod - Yesod

Diese Kombination von Verdauungsapparat und Bewegungsmöglichkeit ergab dann bald die ersten "Jäger"-Zellen, die kleinere Zellen suchten und verschlangen - das erste "Raubtier" war entstanden.

2. Kapitel, 19. Abschnitt: Yesod

(Einheiten mit 10^{17} Atomen)

Zu dieser Zeit, also vor ca 1,9 Milliarden Jahren, als die ersten "Raubtier"-Zellen auf Beutejagd gingen, entstanden auf dem Urkontinent Gondwana, auf dem sich diese Entwicklung abspielte, die ersten, heute längst vergangenen Gebirge.

Eines Tages in dieser fernen Vergangenheit unserer Erde produzierte eine Zelle wie vor jeder Zellteilung eine DNS-Kopie, aber durch ein Mißgeschick blieben beide DNS in der einen Tochterzelle, während die andere leer ausging und bald darauf starb. Wenig später traf die "Doppel-DNS-Zelle" eine andere Zelle in der "Schwefelsäuresuppe", legte sich Zellwand an Zellwand mit ihr (was in dem gelegentlichen Gedränge von Zellen des öfteren vorkam), wobei vorübergehend eine kanalartige Öffnung zwischen ihnen entstand, was bei der Gleichartigkeit ihrer Zellwände nicht zu vermeiden war. Durch solche Kanäle floß hin und wieder auch ein Teil der Substanz von der einen Zelle in die andere. Doch diesmal tauschten beide einen der DNS-Stränge aus, der in der "Doppel-DNS-Zelle" überzählig war. Dadurch hatte die "Empfänger-Zelle" nun zusätzlich zu ihrer eigenen DNS noch die DNS der anderen Zelle zur Verfügung und konnte somit nun auf die Informationen auf zwei verschiedenen DNS zurückgreifen.

Diese Mehrinformation durch zwei verschiedene DNS-Stränge brachte einen solchen Selektionsvorteil mit sich, daß sich die DNS-Verdopplung und der teilweise DNS-Austausch zwischen zwei Zellen bald allgemein durchsetzte - so wurde die Sexualität erfunden.

Eine dieser von der Jagd lebenden Zellen verspeiste einmal einen anderen, recht kleinen Einzeller, eine Purpurbakterie - aber die Verdauung des Jägers war nicht die beste und es gelang der "Beute", dem "Magen" des "Jägers" zu entkommen und in seinem Zellinneren weiterzuleben. Diese Purpurbakterie entnahm die Stoffe, die sie zum Leben brauchte, aus ihrer "Wirtszelle" und gab dann andere Stoffe, die bei ihrer Verdauung anfielen, an sie zurück. Und siehe da, der "Gast" war weit effektiver in der Energiegewinnung aus der Nahrung, die der "Jäger" fraß, als der "Jäger" selber. Dadurch wurde der "Jäger" beweglicher und brauchte weniger Nahrung zum Überleben und schon bald setzten sich seine Tochter- und Enkelzellen gegen andere "Jäger" durch, sodaß es heute so gut wie keine Zellen ohne die Nachkommen dieser Purpurbakterie mehr gibt: diese Nachkommen sind die Mitochondrien, die "Kraftwerke" der Zellen, die ihre eigene DNS und RNS haben und sich selbständig innerhalb der Zelle vermehren. Die Nachkommen dieser Purpurbakterie befinden sich auch noch heute in jeder Zelle jeder Pflanze, jedes Pilzes, jedes Tieres und jedes Menschen.

Als einem dieser "Jäger" dann später dasselbe Mißgeschick mit einer zur Photosynthese fähigen Cyano-Bakterie (Blaualge) geschah, war die erste Pflanze geboren. Die Nachkommen dieser Cynao-Bakterie sind die Chloroplasten, die das Chlorophyll enthalten. Die Tiere und die Pilze stammen hingegen von den Einzellern ohne "integrierte Blaualge" ab.

2. Kapitel, 20. Abschnitt: Yesod - Malkuth

Durch diese Endosymbionten, also durch diese in die Wirtszelle integrierten Gastzellen wurde die Energieversorgung nun wesentlich effektiver. Die drei großen Stämme von vielzelligen Lebewesen haben hier ihren Ursprung:

	sich in ihrer Umwelt bewegende Zellen (mit Geißel)	sich nicht selbständig in ihrer Umwelt bewegende Zellen (ohne Geißel)
Purpurbakterie als Endosymbiont ==> Mitochondrien	Tiere	Pilze
Purpurbakterie und Blaualge (Cyanobakterie) als Endosymbionten ==> Mitochondrien ==> Chloroplasten	- - -	Pflanzen

Es gibt keine Pflanzen, die sich aktiv in ihrer Umwelt umherbewegen, weil sie zum einen auf die Wasseraufnahme und Mineralienaufnahme durch ihre Wurzeln angewiesen sind und zum anderen, weil sie durch die Photosythese nicht so viel Energie gewinnen können, daß dies für eine eigenständige Bewegung in ihrer Umwelt ausreichen würde.

2. Kapitel, 21. Abschnitt: Malkuth

(Einheiten mit 10^{18} Atomen)

Aufgrund der zur Photosynthese fähigen Endosymbionten waren die Pflanzen-Einzeller nun in der Lage, auch das offene Meer zu "besiedeln", wohin ihnen die Tier-Einzeller sicher bald gefolgt sein werden - zuerst die "Pflanzenfresser"-Einzeller und dann die "Jäger"-Einzeller. Die Pilz-Einzeller, die auf ein nährstoffreiches Biotop angewiesen waren, da sie weder selber Energie produzierten wie die Pflanzen noch aktiv nach Nahrung auf die Suche gingen, werden erst noch eine Zeitlang in den Seen und evtl. Flüssen geblieben sein, bis das Meer dicht genug von Einzellern bevölkert war, um ihnen ausreichend Nahrung zu bieten.

Damit ist nun die Urzelle vollendet. Seit der Erfindung der Zellhülle sind nun 3 Milliarden Jahre vergangen, also eine weitaus längere Zeit als von den ersten Molekülen bis hin zur Entwicklung der Zellhülle und der DNS.

	AIN SOPH AUR physikalische Evolution		
....	....	....	....
	KETHER einfache Moleküle: 2 - 5 Atome		einfache Atome aus 2 - 5 Molekülen: CH_4, NH_3 H_2O H_2 HCN H_2S u.a.
....	11. PFAD Blitze	....	
BINAH Thioesther (aus Carbonsäuren und Thiolen): 25 - 35 Atome	14. PFAD Energie durch Fe^{2+} zu Fe^{3+} H_2 in der Athmosphäre	CHOKMAH Carbonsäuren u.a.: 10 - 25 Atome	größere Moleküle aus 10 - 1000 Atomen, die vor allem C, S und H enthalten
-. PFAD Die Konzentration der Thioester in der "Ursuppe steigt			"Ursuppe"
	DAATH Thioester reihen sich zu Multimeren aneinander		
....	- PFAD natürliche Katalysatoren	....	
GEBURAH RNS: 10^3 - 10^4 Atome; Wettbewerb zwischen verschiedenen RNS	19. PFAD Energie durch Pyrophosphat statt Eisen (Fe) = ATP; Vermehrung einer Spezies durch Multimer-Kopien; Multimer-Katalysatoren	CHESED Protometabolismus aus Multimeren und natürlichen Katalysatoren ergeben Oligonukleotide mit 10^3 Atomen	lange Moleküle mit 10^3 - 10^{11} Atomen und komplexen chemischen Reaktionen in der "Ursuppe"
22. PFAD Selbstvermehrung der RNS durch "Reißverschluß"-Verfahren			

$$\text{TIPHARETH}$$
$$\text{DNS: } 10^9 - 10^{11} \text{ Atome}$$

.... 24. PFAD ....

Bildung der Zellhülle aus Proteinen
Verlassen der Schwefelsäureteiche

HOD	27. PFAD	NETZACH
Cytoskelett und "Zellmuskeln"	effektivere Aufnahme und	Verdauungssystem, Kern-
10^{16} Atome	Verwertung der Nahrung	hülle, 10^{15} Atome

|durch eine Zellwand von
|der "Ursuppe" abge-
|grenzte "Tröpfchen" mit
|$10^{15} - 10^{17}$ Atomen,
|die sich zunehmend
|strukturieren

30. PFAD
aktive Suche nach Nahrung

$$\text{YESOD}$$
Endosymbionten; DNS-Austausch
(Sexualität) - 10^{17} Atome

.... 32. PFAD ....

effektivere Energiegewinnung
(Mitochondrien, Chloroplasten)
10^{17} Atome

|Urzelle mit 10^{18} Atomen

$$\text{MALKUTH}$$
"Besiedlung" des Meeres
Urzelle: 10^{18} Atome

Die Mittlere Säule weist in diesem Lebensbaum die wesentlichen Schritte in dieser Entwicklung auf: den Beginn mit einfachen Molekülen (Kether), die nächste Stufe der ersten komplexen Moleküle, den Multimeren (Daath), dann das zentrale Element aller Zellen, die DNS (Tiphareth), danach die Verbindung verschiedener Zellen durch Endosymbiose miteinander (Yesod), und schließlich die fertige Urzelle (Malkuth).

Die waagerechten Pfade haben alle mit der Energiegewinnung zu tun: der 14. Pfad (Chokmah - Binah) mit den Eisenionen, der 19. Pfad (Chesed - Geburah) mit dem Phosphor und dem ATP, und der 27. Pfad (Netzach - Hod) schließlich mit der effektiveren Aufnahme und Verwertung von Nahrung.

c) 3. Kapitel (Briah): Die Entwicklung der Vielzeller

(Dauer: - 800 Millionen Jahre bis -1,9 Millionen Jahre)

3. Kapitel, 1. Abschnitt: Kether

Zu Beginn dieses Entwicklungsabschnittes wurden die Gewässer auf dem Urkontinent Gondwana und die angrenzenden Meeresbereiche von Einzellern bewohnt, die von ihrem Aufbau her schon klar in Tiere, Pflanzen und Pilze unterschieden waren.

3. Kapitel, 2. Abschnitt: Kether - Chokmah

Manche Zellen waren Einzelgänger, andere lagerten sich nach ihrer Teilung nebeneinander und bildeten Zellkolonien.

3. Kapitel, 3. Abschnitt: Chokmah

Die Aneinanderlagerung von Zellen wird immer schon vorgekommen sein, aber nun begannen sich größere Flächen von Zellen zu bilden, was dadurch möglich geworden war,, daß sie effektiver in der Gewinnung von Energie und in der Verwertung von Nahrung geworden waren. Dadurch konnten mehr Individuen auf demselben Raum leben als vorher.

3. Kapitel, 4. Abschnitt: Chockmah - Binah

Manchmal lösten sich solche Zellschichten auch von ihrem Untergrund ab und trieben erst nur für kurze Zeit, dann auch dauerhaft im Wasser umher, wodurch diese Zellenkolonien dann keine Oberseite und keine Unterseite (mit der sie vorher am Boden gehaftet hatten) mehr hatten.

3. Kapitel, 5. Abschnitt: Binah

Mehr durch Zufall bildeten sich ab und zu aus diesen frei umherschwimmenden Zellkolonien auch Hohlkugeln, indem ihr Außenrand erst schnell und dann nur noch langsam weiterwuchs, wodurch die Fläche der Zellkolonie zunächst schüsselförmig wurde, und sich die verbleibende Öffnung dann schließlich verschloß. Da eine solche Kugel sowohl generell nach innen hin geschützt ist, als auch nach außen hin allein schon durch ihre Größe vor Jägereinzeller relativ sicher ist, und der Innenraum zugleich ein sicherer Ort für das Heranwachsen von "Tochterzellkugeln" aus abgelösten Teilen der "Mutterzellkugel" war, entstand so aus einer Zellkolonie der erste echte Vielzeller. Um die "Tochterzellkugeln" frei zu lassen mußte die "Mutterzellkugel" platzen. So entstanden durch die Entwicklung der Vielzeller die Geburt und auch der Tod im Sinne einer prinzipiell begrenzten Lebenszeit, denn Einzeller sterben nur durch "Unfälle", da sie nach der Teilung in ihren Tochterzellen weiterleben.

Die Vielzeller nahmen also den Tod eines Teiles ihrer Zellen in Kauf (die Mutterzellkugeln), weil sie dadurch gleichzeitig mit höherer Sicherheit aus dem anderen Teil der Zellen lebensfähige Nachkommen (die Tochterzellkugeln) erschaffen konnten. Hier liegt also der Ursprung der Differenzierung in "Körperzellen" und "Fortpflanzungszellen", wobei die "Fortpflanzungszellen" in den Vielzellern in gewisser Weise die Tradition und das Erbe der Einzeller darstellen.

3. Kapitel, 6. Abschnitt: Binah - Daath

Es dauerte nun nicht lange, bis sich einige Zellen auf bestimmte Vorgänge zu spezialisieren begannen, insbesondere auf die Nahrungsaufnahme.

An dieser Stelle beginnen die Pflanzen und Pilze mit einem anderem Entwicklungsverlauf, also auch einem anderen Lebensbaum als dem hier in dieser "langen Geschichte" im weiteren betrachteten "Lebensbaum der Tiere".

3. Kapitel, 7. Abschnitt: Daath

Nun wiederholte sich derselbe Vorgang wie bei der Entwicklung der Verdauung in der einzelnen Zelle: der Teil der Zellkugel, der sich auf die Nahrungsaufnahme spezialisiert hatte, stülpte sich ein, wodurch die Zellkugel zu einem Zellsack wurde, in dessen eingebuchtetem Innenraum sich nun die Verdauung abspielte.

3. Kapitel, 8. Abschnitt: Daath - Chesed

Dieser "Ursack" wurde bald zu der noch effektiveren "Ur-Röhre" mit "Mund" und "After" weiterentwickelt. So waren nun die Hohltiere entstanden.

3. Kapitel, 9. Abschnitt: Chesed

Diese "Schlauch-Vielzeller" waren fest mit dem einen Ende ("After") am Boden verhaftet. Auf diese Weise waren nun die Hohltiere entstanden, die sich entlang ihrer Längsachse in eine vierfache Symmetrie zu gliedern begannen, also aus vier gleichen, langgezogenen "Schlauchvierteln" bestanden..

Ab dieser Zeit begannen die Hohltiere mit einer anderen Entwicklung als der im folgenden betrachtete Lebensbaum und blieben z.T. auch bis heute auf diesem Entwicklungsstand stehen.

3. Kapitel, 10. Abschnitt: Chesed - Geburah

Bisher wurde der Energievorrat in den Einzellern und in den ersten Vielzellern in Form von Stärke gespeichert. Diese Stärke hatte den Nachteil, daß relativ viel Zeit notwendig war, um diese Energie aus der Stärke rückzugewinnen und einzusetzen, d.h. die Bewegungen der Einzeller und der Vielzeller waren relativ träge. Nun entdeckten die Vielzeller eine Alternative zu der Stärke als Energiespeicher: das Glycogen (eine Art Zucker). Die im Glycogen gespeicherte Energie stand viel schneller zur Verfügung und ermöglichte somit auch schnellere Bewegungen der Vielzeller.

3. Kapitel, 11. Abschnitt: Geburah

Da nun nach der Entdeckung des Glycogens das Suchen und Jagen zur Nahrungsmittelbeschaffung effektiver war als das Warten, lösten sich einige dieser Hohltiere vom Boden ab und begaben sich auf die Suche nach Nahrung. Dadurch ergab sich zusätzlich zu dem "vorne" (Mund) und "hinten" (After) des Schlauchvielzellers noch ein "oben" und ein "unten" - also ein Bauch mit Bewegungsorganen (Ausstülpungen aus dem Schlauch) und ein Rücken. Dadurch verwandelte sich die Vierersymmetrie der Hohltiere durch die unterschiedliche Weiterentwicklung des oberen und des unteren Paares der vier bisher gleichen Teile in die Zweiersymmetrie der Bilateraltiere (wie sich noch heute leicht an der menschlichen Anatomie feststellen läßt).

Auf dem Bauch entstanden nun die ersten Fortbewegungsgliedmaßen, wodurch der Teil des "Schlauches" vor dem vordersten "Beinpaar" zum "Kopf" mit dem "Mund" wurde, und der Teil hinter dem letzten "Beinpaar", bei dem sich der "After" befand, zum "Schwanz" wurde. Somit war nun der Grundbauplan der meisten vielzelligen Tiere erreicht.

Solch komplexe Vielzeller benötigten nun ein spezielles Informationssystem, das aus kleinen Zentren entlang des Schlauches, einer Häufung von auf Wahrnehmung spezialisierter Zellen in der Nähe des Kopfendes, sowie den Verbindungen zwischen diesen und einem wegen der erhöhten Zahl an Sinneszellen etwas vergrößerten Zentrum am Kopfende bestand: so entstanden die Nervenbahnen mit den Sinnesorganen und einem Schwerpunkt am Kopfende. Diese Form des Nervensystems wird aufgrund seines Aussehens bisweilen "Strickleiter-Nervensystem" genannt.

3. Kapitel, 12. Abschnitt: Geburah - Tiphareth

Als Schutz vor den "Jägervielzellern" entwickelten einige Vielzeller nun ein Außenskelett, um sich besser schützen zu können. Diese Vielzeller waren die Vorfahren der Krebse und der Insekten. Ihr Lebensbaum zweigt hier von dem hier betrachteten Lebensbaum ab und verläuft anders weiter.

Aufgrund der Größe, die die Vielzeller mittlerweile erreicht hatten, genügte die Oberfläche nicht mehr wie bei den Einzellern und den kleineren Vielzellern, um den Stoffaustausch mit der Umwelt, vor allem die Aufnahme von Sauerstoff, zu gewährleisten. Bei den Einzellern und bei den frühen, kleinen Vielzellern hatten fast alle Zellen auch Kontakt mit der Außenwelt. Bei den nun entstandenen Vielzellern gab es jedoch sehr viele Zellen, die komplett im Inneren des Vielzellers lagen, also in Hinblick auf die Versorgung mit Sauerstoff auf die an der Außenfläche liegenden Zellen angewiesen waren. Da diese Außenzellen ab einem bestimmten Anteil von Innenzellen einfach nicht mehr ausreichen, um sie mit genügend Sauerstoff versorgen zu können, mußte die Oberfläche dieser Vielzeller also wieder vergrößert werden, was am besten durch eine weitere Einstülpung erreicht werden konnte, die auch bald zu einer Röhre weiterentwickelt wurde, wodurch die ersten Atmungsorgane (Kiemen) entstanden. Diese Röhren entwickelten, um ihre Oberfläche und somit die Aufnahme von Sauerstoff aus dem Wasser zu vergrößern, immer mehr kleine Falten und Fältchen. Da aber nur dann genügend Sauerstoff aus dem Wasser aufgenommen werden konnte, wenn sich das Wasser durch diese Röhre bewegte, entstand das Atmen bzw. das "Wasser durch die Kiemen pumpen".

Da auch die Ausscheidung verbrauchter Stoffe aus den Zellen, das Heranwachsen von Tochtervielzellern und die geschlechtliche Vermehrung auf Vielzellerebene organisiert werden mußte, entstand ein dritter Hohlraum im Körper, der zunächst "allgemeines Ausscheidungsorgan" war, aber sich dann bald in Niere/Blase einerseits und in Eierstöcke bzw. Hoden andererseits weiterdifferenzierte (Urogenitalsystem).

Somit gibt es nun drei und wenig später vier verschiedene Körperhohlräume: 1. Hohlraum - den Bereich der Verdauung (körperfremde Stoffe); 2. Hohlraum - Kiemen (körperfremde Stoffe); 3. Hohlraum - a) Ausscheidung aus dem Inneren der Zellen (körpereigene Stoffe) und b) Befruchtung und Ausscheidung von Tochtervielzellern (körperdefinierende Stoffe).

3. Kapitel, 13. Abschnitt: Tiphareth

Die Vielzeller wurden immer größer, was zwei Folgen hatte. Zum einen wurde ein stabiles inneres Stützgerüst immer wichtiger, weshalb sich einzelne Zellen zu Knorpel verhärteten (Nachkommen dieser "Knorpel-Vielzeller" sind sind z.B. die Knorpelfische, zu denen u.a. die Haie zählen). Dieser elastische Knorpel wurde dann bald zum harten Knochen weiterentwickelt. Zum anderen erforderte die zunehmende Größe der Vielzeller eine besser organisierte Koordination aller Teile dieser Vielzeller, was eine Weiterentwicklung des bisherigen "Strickleitern-Nervensystems", in dem alle Teile mehr oder weniger gleichberechtigt waren, erforderte. Daher entwickelte sich ein zentraler Ort für die "Datenverarbeitung". Da das vordere Ende des "Strickleitern-Nervensystems" der Bilateraltiere wegen der am Kopfende konzentrierten Sinneszellen bereits sowohl größer als auch stärker strukturiert war als die anderen Knoten an der "Strickleiter", entwickelte sich dieser Knoten zu der zentralen Verarbeitung der Informationen des Nervensystems, wodurch das zentrale Nervensystem, das Gehirn entstand.

Der harte Knochen bot die Möglichkeit, dieses wichtige Nervenzentrum im Kopf zu schützen, weshalb schon bald die Schädelknochen entstanden.

Durch die Entwicklung des 2. (Kiemen) und des 3. Körperhohlraumes (Urogenitalsystem), des Knorpels bzw. der Knochen und schließlich des Gehirnes waren nun die ersten Fische entstanden.

3. Kapitel, 14. Abschnitt: Tiphareth - Netzach

Der nächste Schritt fand vor ca. 355 Millionen Jahren an den flachen Ufergewässern der Flüsse statt, wo es immer wieder einmal vorkam, daß einer der damaligen Wasserbewohner unfreiwillig eine kurze Zeit an der Luft verbringen mußte. Die Fähigkeit, zunächst durch die Haut den Luftsauerstoff aufzunehmen, bot die Möglichkeit, einen neuen Lebensraum zu erobern und vor Feinden aus dem Wasser fliehen zu können. Schließlich wurde die Hautatmung durch Einstülpung der Haut im Rachen der Fische zur Lungenatmung, d.h. es bildete sich ein Innenraum mit möglichst großer Oberfläche, um möglichst viel Sauerstoff aus der Luft aufnehmen zu können. Da das Wasser durch leichte Bewegungen im Wasser oder durch Pumpbewegungen mit dem Maul durch die Kiemen floß, war diese Art der Versorgung der Kiemen mit Wasser nicht auf die Luftatmung übertragbar, sodaß sich hier keine "Röhre", sondern ein "Sack", sozusagen ein "Blasebalg" entwickelte, der ständig für neue, sauerstoffhaltige Luft in den Lungen sorgte. So wurden aus den Fischen die ersten Amphibien.

Diese Amphibien hatten nun fünf Körperhohlräume (in der Folge ihrer Entstehung): 1. Hohlraum - Bereich der Verdauung (körperfremde Stoffe); 2. Hohlraum - Wasseratmung mit den Kiemen (körperfremde Stoffe); 3. Hohlraum - Ausscheidung aus dem Inneren der Zellen (körpereigene Stoffe); 4. Hohlraum - Befruchtung und Ausscheidung von Tochtervielzellern (körperdefinierende Stoffe); 5. Hohlraum - Luftatmung mit den Lungen (körperfremde Stoffe).

3. Kapitel, 15. Abschnitt: Netzach

Zu dieser Zeit bestand immer noch der Urkontinent Gondwana, der manchmal auch Pangäa genannt wird: eine große, einheitliche Landmasse, eine riesige Insel in dem sie umgebenden Ozean. Das spätere Südamerika war noch mit der Westseite Afrikas verbunden und der Kongo floß in etwa dort durch Südamerika weiter, wo heute der Amazonas fließt, nur in umgekehrter Richtung, und mündete dann in den Pazifik. (Die Anden im Westen von Südamerika sind erst später entstanden - zu dieser Zeit war ganz Südamerika noch relativ flach.) Das spätere Asien lagerte im Norden an Afrika und wurde von der Fortsetzung des Nils durchflossen. Das spätere Nordamerika lag im Nordwesten zwischen Südamerika und Asien an dem heutigen Afrika. Die spätere Antarktis lag im Süden von Afrika und Südamerika, das spätere Indien im Südosten von Afrika neben der Antarktis, und das spätere Australien schließlich südöstlich von Indien und der Antarktis. Insgesamt war der Urkontinent Gondwana noch eher flach. Die Flüsse waren zum Teil größer als die heutigen Flüsse, da sie einen weiteren Weg zum Meer zurücklegten und ein viel größeres Einzugsgebiet hatten.

Lange vor den Fischen waren schon die Pflanzen vom Meer in die Flüsse und von dort aufs Land vorgedrungen, wobei sie nacheinander Wurzeln (Halt im Boden und Wasseraufnahme), Blätter (Aufnahme von Sonnenlicht) und die Verholzung entwickelten (aufrechter Halt).

Nach den Pflanzen eroberten die Pilze das Festland. Da sie nun nicht mehr wie vorher im Wasser einfach darauf warten konnten, bis ihnen die Strömung "die Nahrung ins Maul trieb", blieb ihnen an Land nur die Möglichkeit, als Schmarotzer auf den Pflanzen zu leben.

Nach den Pilzen entdeckten dann die Meeresinsekten das Land. Diese stammten von den "Außenskelett-Vielzellern" ab und waren durch dieses Außenskelett weitgehend vor der Verdunstung der Körperflüssigkeiten geschützt. Die ersten Landinsekten waren die Tausendfüßler, die aufgrund ihres Körperbaues auf dem Land keine Probleme mit ihrem dort größeren Gewicht (fehlender Auftrieb durch das Wasser) hatten. Wenig später folgten ihnen auch andere Meeresinsekten aufs Land. Das erfolgreichste "Modell" der "Außenskelett-Vielzeller" hatte fünf Gliedmaßenpaare, also zehn Beine.

Ein Zweig seiner Nachkommen bildete das vorderste Gliedmaßenpaar in einen von links und von rechts her schließenden "Vertikalmund" um, ließ also das vorderste Gliedmaßenpaar zu zwei vertikalen Kiefern schrumpfen, mit denen man von links und rechts her zubiß. Zu den Nachkommen dieses Zweiges zählen die Krebse und die Spinnen, die nicht mehr fünf, sondern nur noch vier Gliedmaßenpaare, also acht Beine haben.

Ein anderer Zweig formte aus dem vordersten Beinpaar einen Oberkiefer und aus dem zweiten Beinpaar von vorne einen Unterkiefer - so entstanden die weitverbreiteten sechsbeinigen Insekten. Einige dieser Insekten entwickelten später vier Flügel, die dann in der weiteren Evolution bei manchen zu einem Flügelpaar verschmolzen.

Bei genauer Betrachtung der Kauwerkzeuge der Krebse, Spinnen und Insekten kann man ihre Herkunft von Greifarmen noch erkennen. Der ursprüngliche Unterschied zwischen Spinnen/Krebsen einerseits und Insekten andererseits liegt also in einer Eßgewohnheit: die Spinnen und Krebse ergriffen die Nahrung nur mit dem vordersten Beinpaar, während die Insekten dazu beide vorderen Beinpaare benutzten.

Wie sich aus der Verwandtschaft von Spinnen und Krebsen ergibt, entstand diese Differenzierung der "Eßgewohnheiten" noch im Wasser und nicht erst auf dem Land.

Die ersten Pflanzen brauchten zu ihrer Fortpflanzung noch viel Feuchtigkeit (wie heute noch die Moose). Dasselbe galt auch für die Pilze und für die Spinnen, Krebse und Insekten. Bei den Amphibien, die nun die Küsten der Meere und die Ufer der Flüsse und Seen bevölkerten, war es nicht anders: die Weibchen legten ihre Eier im Wasser ab, die Männchen fügten ihre Spermien hinzu und überließen die befruchteten Eier ihrem Schicksal. Dieser Vorgang war also noch genau derselbe wie bei den Fischen, den Vorfahren der Amphibien.

3. Kapitel, 16. Abschnitt: Netzach - Hod

Als das Klima vor ca. 300 Millionen Jahren trockener wurde und sich die Pflanzen und Tiere weiter ins Innere von Gondwana vorwagten, wo es kühler war und weniger regnete, wurde die Fortpflanzung aus Wassermangel zu einem Problem.

3. Kapitel, 17. Abschnitt: Hod

Bei den Pflanzen entstand so die Trockenbefruchtung, d.h. die Sporen wurden zu Samen. Entsprechend wurde von den Amphibien die Innenbefruchtung, also die Paarung anstelle der getrennten Ei- und Spermaablage im Wasser, entwickelt. Die trockenen Lebensräume standen den Pflanzen und den Tieren aber erst dann offen, als sie einen Schutz für ihre Samen bzw. Eier erfanden: die Pflanzen die Bedecktsamen, dessen Hülle das Verdunsten des Wassers und der Öle in dem Samen verhinderte, und die Tiere die Kalkschale um das bisher schutzlose, gallertartige Ei, das quasi den Aufbau eines großen Einzellers hatte. Durch die Kalkhülle entstand sozusagen im Inneren des Eies ein geschütztes Wasser-Biotop, durch das das Ei ohne äußeres Wasser-Biotop auskommen konnte. So wurden aus den Amphibien Reptilien, die sich nun weitaus unabhängiger vom Wasser auf dem Land bewegen konnten und die dabei die Kiemen schließlich völlig zurückentwickelten und reine Luftatmer wurden. Es waren auch hier die Pflanzen, die zuerst in die trockeneren Gebiete vordrangen - denn ohne die Pflanzen hätten die Reptilien dort keine Nahrung vorgefunden.

Aus dem Meer der Fische wurde der Teich der Amphibien und schließlich das geschützte Innere des Eies der Reptilien.

3. Kapitel, 18. Abschnitt: Hod - Yesod

Noch weiter im Inneren von Gondwana trafen die Reptilien, die mittlerweile zu den Sauriern herangewachsen waren, auf ein weiteres Problem: die Kälte. Da bei den Reptilien die Bewegungsfähigkeit von einer genügend hohen Außentemperatur abhängt, bedeutete dies, daß sie sich des Nachts und im Winter, wenn die Temperatur unter einen bestimmten Punkt absank, nicht mehr bewegen konnten und sich der Stoffwechsel sehr stark reduzierte (Nachtruhe, Winterstarre) - was in mancherlei Hinsicht gefährlich und gesundheitsschädlich war, insbesondere, wenn man Zeitgenossen wie den fleischfressenden Tyrannosuros Rex bedenkt, der aufgrund seiner Größe am Abend und im Winter erst ein wenig später auskühlte und bewegungsunfähig wurde als die meisten kleineren Saurier.

Diesem Problem begegneten die relativ kleinen Pelyco-Saurier durch die "Erfindung" der konstanten Körpertemperatur, durch sie nun im Gegensatz zu den "richtigen" Sauriern/Reptilien und Amphibien nicht mehr von der Außentemperatur abhängig waren. Diese Pelyco-Saurier waren die direkten Vorfahren der Säugetiere, der Vögel und der Beuteltiere.

3. Kapitel, 19. Abschnitt: Yesod

Es gab noch ein weiteres Problem, daß einen großen Anreiz für eine Weiterentwicklung bot. Die Reptilien legten ihre Eier in den Sand und überließen sie sich selber, was natürlich ein willkommenes Fressen für alle Arten von "Jägern" war - da half es auch nicht viel, die Eier nach der Ablage im Sand zu verscharren. Daher bestand ein großer selektiver Vorteil darin, die eigenen Eier und die aus ihnen schlüpfenden Nachkommen zu beschützen, also einen ersten Ansatz von Sozialverhalten zu entwickeln. Nachdem die bereits warmblütigen Pelyco-Saurier vor ca. 200 Millionen Jahren, also nach 100 Millionen Jahren "Herrschaft der Saurier" den Schutz der Nachkommen entdeckten, wurde bald die Zeit zwischen Eiablage und Schlüpfen immer kürzer und schließlich verschwand die nun überflüssig gewordene Eierschale ganz und es waren die ersten Säugetiere entstanden, die fertige Junge gebärten, die in der Körperhöhle aufgewachsen waren, in der früher die Eier bis zur Eiablage herangereift waren - und somit waren die Säugetiere entstanden. Der nächste, noch fehlende Schritt war die Entwicklung von einem Organ, durch das die Jungen ernährt werden konnten - die Milchdrüsen.

Jetzt waren alle drei Merkmale der Säugetiere entstanden: 1. die Geburt von fertigen, lebensfähigen Jungen (ohne Eierschale), 2. das Säugen mit Milch, und 3. die konstante Körpertemperatur.

Damals, vor ca. 190 Millionen Jahren, brach der Urkontinent Gondwana in vier Teile auseinander: Afrika und Südamerika blieben als eine einheitliche Landmasse an ihrem Ort, Asien und Nordamerika trieben als riesige, einheitliche Insel nach Norden, wobei sich Asien im Uhrzeigersinn zu drehen begann, die Antarktis und Australien trieben als gemeinsame Scholle nach Südwesten, und Indien schließlich trieb als "kleine Insel" nach Nordosten. Zu dieser Zeit entstanden die ältesten der heutigen Gebirge als "Bugwelle" vor den dahintreibenden Kontinenten (Rocky Mountains in Nordamerika, Anden in Südamerika, südostasiatische Gebirge, nordindische Mittelgebirge, Skandinavisches Gebirge u.a.).

Die treibende Kraft hinter dieser Kontinentaldrift war heißes Magma, das aus dem Erdinneren emporströmte und den Urkontinent auseinanderbrach und die einzelnen Teile voneinander fortschob. Das aus dem Erdinneren aufsteigende heiße Magma steigt ganz einfach deshalb auf, weil heißes Magma leichter ist als das in den Kontinentalschollen erkaltete Magma. Durch dieses emporströmende Magma entstanden die heutigen langezogenen Untermeeresgebirgsrücken, die man auf Landkarten mit einer detaillierten Darstellung des Meeresbodens z.B. in der Mitte des Atlantik als eine langezogene Linie vom Süden in der Nähe der Antarktis bis hinauf nach Island erkennen kann. An diesem Gebirgsrücken drängt Magma aus dem Erdinnern nach oben und schiebt den Meeresboden und dadurch auch Afrika, Asien und Europa auf der einen Seite und Amerika auf der anderen Seite auseinander, wobei sich das relativ "kleinere" und "leichtere" Amerika deutlich stärker bewegt als Eurasien und Afrika, wie man ja auch an der Bildung der "Bugwellen-Gebirge" auf der Westseite Amerikas erkennen kann. Diese Vorgänge werden sehr anschaulich, wenn man sich einmal eine detaillierte Meeresbodenkarte der Ozeane betrachtet.

Während sich die Nachkommen der Pelyco-Saurier auf dem Afrika/Südamerika-Kontinent, der noch mit dem Asien/Nordamerika-Kontinent zusammenhing, zu den Säugetieren weiterentwickelten, gab es auf dem Australien/Antarktis-Kontinent eine Parallelentwicklung dazu: die Beuteltiere, die sich vor dem Auseinanderbrechen Gondwanas von ihren gemeinsamen Vorfahren mit den Säugetieren abgespalten hatten und nach Südosten in den Teil Gondwanas gewandert waren, der heute Australien und die Antarktis bildet. Während die Säugetiere ihre Jungen in ihrem zur Gebärmutter weiterentwickelten "Eiablage-Körperhohlraum" heranwachsen ließen, bis sie alleine in der Außenwelt leben konnten, entwickelten die Beuteltiere einen 6. Körperhohlraum, den "Beutel", in den die winzigen, noch nicht alleine lebensfähigen Jungen nach der Geburt krabbeln und dann dort bleiben und von der Mutter gestillt werden, bis sie groß genug für ein selbständiges Leben sind.

Es entstand also zuerst die konstante Körpertemperatur, die Säugetieren, Beuteltieren und Vögeln gemeinsam ist. Der nächste Schritt war die Entwicklung von sozialem Verhalten, insbesondere der Schutz der Jungen - an diesem Punkt begannen die Vögel mit einer eigenen Entwicklung. Dann entstand die Rückbildung der Eierschale und das Säugen der Jungen mit Milch. Zu diesem Zeitpunkt brach dann Gondwana auseinander. In der Folge entwickelte sich dann in dem Afrika/Asien/Amerika-Kontinent das Heranwachsen in der Gebärmutter, also die Säugetiere, während sich auf

Australien der Beutel entwickelte, also die Beuteltiere. Diese ganzen Merkmale wurden in der relativ kurzen Zeitspanne von ca 20 Millionen Jahren entwickelt.

Vor etwa 150 Millionen Jahren entstanden dann in Afrika aus den Nachkommen der Pelyco-Sauriern, die sich nicht zu Säugetieren weiterentwickelt hatten, aber bereits die Warmblütigkeit und das Sozialverhalten hatten, die Vögel. Sie entwickelten ihre Hornschuppen zu Federn weiter und bewohnten den nun nach dem Aussterben der Saurier und insbesondere der Flugsaurier relativ sicheren Luftraum.

Die Vielzeller lassen sich also nach der Anzahl ihrer Körperhohlräume ordnen. Die Körperhohlräume sind in folgender Reihenfolge entstanden, was jedesmal auch die Entstehung einer ganz neuen Tierart bedeutete. Das Urogenitalsystem entstand zunächst als eine Einheit mit den beiden Funktionen Urinausscheidung und Fortpflanzung und hat sich erst später deutlicher differenziert.

Folge der Entstehung der Körperhohlräume	Art des Körperhohlraumes	Tierart	in der Sephirah
1.	Verdauung	Hohltiere	Chesed
2.	Niere und Blase (Urin)	Fische	Tiphareth
3.	Genitalsystem	Fische	Tiphareth
4.	Kiemen	Fische	Tiphareth
5.	Lunge	Amphibien	Netzach
6.	Beutel	Beuteltiere	Yesod

3. Kapitel, 20. Abschnitt: Yesod - Malkuth

Vor 135 Millionen Jahren hatte sich Asien mit dem im Nordwesten an ihm hängenden Nordamerika soweit im Uhrzeigersinn weitergedreht, daß es wieder an den Nordosten Afrikas anstieß. Gleichzeitig näherte sich Indien, das als einsame Insel durch das Meer westlich von Afrika trieb, allmählich dem asiatischen Kontinent.

Vor 65 Millionen Jahren löste sich dann schließlich Nordamerika von Asien ab und trieb nun alleine weiter nach Südwesten. Ebenso machte sich Südamerika von Afrika selbständig und begann seinen Weg nach Nordwesten. Während die Evolution der Säugetiere in Afrika, Asien und in Nordamerika relativ rasch voranging, blieben die Säugetiere und auch die Pflanzenarten in Südamerika relativ altertümlich (Gürteltiere u.ä.).

Auch die Antarktis und Australien lösten sich voneinander und trieben nun nach Westen (Antarktis) bzw. nach Nordosten (Australien) durch das Meer. Indien hatte mittlerweile Asien erreicht und stieß gegen den Kontinent und türmte dabei den Himalaya und das Hochland von Tibet auf. Auch die anderen heutigen, großen Gebirge, wie die Anden und die Rocky Mountains, die die "Bugwelle" der beiden amerikanischen Kontinente sind, und die Alpen, die durch den Zusammenstoß von Afrika und Europa entstanden, stammen aus dieser Zeit.

Die Entwicklung in der Tier- und Pflanzenwelt hatte aber noch keineswegs ihr Ende erreicht. Die Pflanzen erfanden die Blüte, die die Insekten und den Wind zur Bestäubung und damit zu einer regeren Kombination von Genen (DNS) innerhalb der Spezies nutzten und sich somit weit schneller weiterentwickeln konnten (durch raschere Verbreitung von genetischen Neuerungen).

Bei den Tieren fand die Entwicklung in einem anderen Bereich statt. Den Schutz, den die Bäume vor vielen Raubtieren boten, führte dazu, daß nicht nur die Vögel in den Bäumen nisteten, sondern auch einige Säugetiere das Klettern erlernten: es war schon von Vorteil, wenn man beim Anblick eines Säbelzahntigers auf den nächsten Baum flüchten konnte und dort erst einmal eine Weile sicher war. Nun förderte und erforderte das Klettern auf Bäumen die Entwicklung der Greifhand und als Folge der Benutzung dieser Greifhand, auch den zum Klettern notwendigen ausgeprägten Gleichgewichtssinn und die schnelle, präzise Verarbeitung der optischen Eindrücke beim Klettern, die u.a. die Parallelstellung der Augen zur Ermöglichung der dreidimensionalen Wahrnehmung (durch das zweiäugige

Sehen eines Gegenstandes) erforderte, also eine Weiterentwicklung der zentralen "Datenverarbeitungsanlage", also des Großhirnes - So entstanden die Primaten mit Greifhand, dreidimensionalem Sehvermögen und ausgeprägtem Großhirn.

Die Lage der Kontinente hatte sich mittlerweile im großen und ganzen dem heute vertrauten Bild angenähert. Südamerika und Nordamerika waren aneinandergestoßen und trieben weiterhin gen Osten. Bei der auf den Zusammenstoß der beiden amerikanischen Kontinente folgenden Vermischung der Arten, die sich auf beiden Kontinenten entwickelt hatten, starb die altertümliche Flora und Fauna Südamerikas bei der Begegnung mit den höherentwickelten Arten von Nordamerika zu 80% aus - dies war das größte Artensterben seit dem Aussterben der Saurier.

Afrika näherte sich immer mehr Europa an, Asien und Indien trieben weiterhin gegeneinander und ließen Tibet und den Himalaya zu dem größten und höchsten Gebirge der Erde werden, Australien driftete inzwischen nach Nordwesten und die Antarktis weiterhin nach Westen.

3. Kapitel, 21. Abschnitt: Malkuth

Eines Tages stieg nun einer der Primaten von den Bäumen herab und behielt seine vom Klettern gewohnte aufrechte Haltung bei und entdeckte, daß er nun seine Hände für alle möglichen Dinge frei hatte - damit begann vor 1,9 Millionen Jahren dann die Geschichte der Menschen.

- - -

Der folgende Lebensbaum führt von den Einzellern bis zum Menschen. Von diesem Lebensbaum zweigen sozusagen ständig andere Lebensbäume ab, die mit diesem Lebensbaum einen mehr oder weniger großen Teil von Kether ausgehend identisch haben. Die Lebewesen, die bis zu einer bestimmten Sephirah mit den Menschen deren "Lebensbaum-Stammbaum" teilen, und deren Entwicklung ab dieser Sephirah bis zu dem Malkuth des Lebensbaumes dieses Lebewesens anders verläuft, stehen an diesem Punkt des Lebensbaumes, also an ihrer "Abzweigung", in Klammern verzeichnet. Zum Teil folgt in diesen Lebensbäumen noch eine längere Entwicklung wie z.B. bei den Pflanzen, bei anderen endet die Entwicklung auch schon an diesem Punkt wie z.B. bei den Schwämmen. Der hier abgebildete Lebensbaum beschreibt also nur eine Linie in dem Stammbaum der Lebewesen - eben die, die in Malkuth schließlich zur Entstehung des Menschen führt.

AIN SOPH AUR
Evolution der Einzeller

KETHER
Einzeller

.... 11. PFAD ....
Anlagerung

BINAH   14. PFAD   CHOKMAH
Zellkugeln   Formbeeinflussung   Zellkolonien

      -. PFAD
      Zelldifferenzierung
      (Pflanzen, Pilze)
                      DAATH
                      Zellsack
.... - PFAD ....

262

Differenzierung des Zellsackes
zum Zellschlauch

GEBURAH	19. PFAD	CHESED
Bilateraltiere (zwei-symmetrisch): Bewegungen, Nervensystem, Sinne, Glycogen	Glycogen statt Stärke als Energiespeicher (Schwämme)	Hohltiere: vierteiliger, symmetrischer Schlauch - Verdauungs-Hohlraum (Hohltiere)

22. PFAD
2. und 3. Körperhohlraum -
Lunge und Urogenitalsystem
(Urmünder (Außenskelett):
Krebse, Insekten)

TIPHARETH
Fische: Herz, Zentralnervensystem
Knorpel, Knochen, Rückenwirbel
(Fische)

.... 24. PFAD ....
Luftatmung

HOD	27. PFAD	NETZACH
Reptilien: Innenbefruchtung, Kalkschale um Ei (Reptilien)	Anpassung an die Trockenheit	Amphibien: Lunge (Amphibien)

30. PFAD
Anpassung an Kälte (Vögel)

YESOD
Säugetiere, Beuteltiere:
konstante Körpertemperatur,
soziales Verhalten, z.T. Gebärmutter und Milch
(Beuteltiere)

.... 32. PFAD ....
Entwicklung von Großhirn und Greifhand
(Säugetiere außer Primaten)

MALKUTH
Mensch

d) 4. Kapitel (Assiah):   vom Faustkeil bis heute

(-1.900.000 Jahre bis heute)

In dem nun folgenden, etwas längeren Kapitel folgt die "Haupterzählung" wie bisher den Sephiroth und den Pfaden des "Blitzstrahles der Schöpfung". Da es sich hier aber um einen Integrationsprozeß handelt, der somit nicht der Dynamik des "Blitzstrahles der Schöpfung", sondern dem Weg der "Schlange der Weisheit" folgt, der alle Pfade und Sephiroth umfaßt, werden in diesem Kapitel auch die Pfade beschrieben, die nicht auf dem "Blitzstrahl der Schöpfung" liegen. Die "Haupterzählung" folgt, wie gesagt, auch hier dem "Blitzstrahl der Schöpfung", wodurch sie leichter chronologisch darstellbar ist - in den Beschreibungen der Nebenpfade wird jeweils zusammengefaßt, welche Aspekte der Haupterzählung zu ihnen gehören.

4. Kapitel, 1. Abschnitt: Malkuth
(endet vor ca 1,9 Millionen Jahren)

In Zentralafrika endeckten spätestens vor 12 Millionen Jahren die gemeinsamen Vorfahren der Menschen und der Schimpansen, daß man Stöcke für allerlei Dinge gut gebrauchen konnte: zum Ausräubern von Ameisenhaufen und Bienenstöcken, zum Graben nach Wurzeln und für die Verteidigung. Dieselbe Entdeckung machten parallel dazu ein paar nahe Verwandte: die ebenfalls sehr lernfähigen Vorfahren der heutigen Paviane. Diese Stöcke wurden allerdings nicht bearbeitet, sondern so benutzt, wie sie gefunden wurden.

Diese Stöcke waren die Urahnen aller Werkzeuge und Geräte und Waffen, die dann vor allem ab dem Beginn der Jungsteinzeit entwickelt wurden. Diese "Holzzeit" dauert bei den Schimpansen und den Pavianen bis heute an.

Vermutlich entwickelten die gemeinsamen Vorfahren der Menschen und der Schimpansen und die ihnen nahe verwandten Vorfahren der Paviane auch erste "vorsprachliche" Laut-Signale", da sie wie auch heute noch die Schimpansen und die Paviane gemeinsam jagten.

Ungefähr vor sieben Millionen Jahren spalteten sich die gemeinsamen Vorfahren von Menschen und Schimpansen in zwei selbständige Arten auf. Die Schimpansen blieben dabei in der "Holzzeit", während die Menschen nun auch begannen, Steine zu benutzen: zum Knacken von Nüssen, bei der Jagd und wohl vor allem zur Verteidigung. Die menschliche Jagd wird dadurch wohl zumindest ein "verbessertes Schimpansenniveau" erreicht haben. Die Stöcke und Steine waren zu dieser Zeit immer noch unbearbeitet.

Diese gemeinsamen Vorfahren lebten nun zumindest häufig wieder auf dem Erdboden und hatten durch den häufigen Aufenthalt ihrer Vorfahren auf Bäumen nun einen ausgeprägten Gleichgewichtssinn und die Möglichkeit, zumindest streckenweise aufrecht zu gehen, wodurch ihre Hände zum Greifen, Tragen und für die Benutzung von Stöcken und Steinen frei wurden. Hier liegt der Ursprung unserer Hand als ständig freies Greiforgan.

4. Kapitel, 2. Abschnitt: Malkuth - Yesod

Das Großhirn ermöglichte den Primaten eine komplexere Reaktionsweise als den bisherigen Säugern, die weitgehend auf ein instinktives Verhalten, also auf feststehende Reaktionen auf bestimmte Reize, beschränkt waren. Das Großhirn ermöglichte die Erinnerung an bestimmte konkrete Situationen, wodurch die Primaten in weit größerem Maße lernfähig wurden als die bisherigen Säugetiere.

Die Verbindung von Wahrnehmung und Erinnerung ergibt das, was man Wachbewußtsein nennt - eine assoziative Einordnung der Situation, in der man sich gerade befindet. Die Erinnerungen an frühere Situationen ermöglichen eine Bewertung der Situation und folglich ein differenziertes Handeln. Diese erlernten Reaktionsweisen sind zunächst einmal auch noch recht starr, aber gegenüber genetisch programmierten Reflexen ermöglichen sie ein sinnvolles Verhalten in neuen Situationen und auch eine allgemein deutlich vielfältigere Verhaltensweise.

Den Mittelpunkt eines solchen assoziativen Bewußtseins ist die Geborgenheit in der Sippe, insbesondere bei der Mutter.

Dieses assoziative Bewußtsein ist auch heute noch ein Bestandteil unserer Psyche und die Mutter ist noch immer das dominierende Bild auf dieser Ebene der Psyche.

Eine interessante Verhaltensweise, die sich bei sehr vielen Säugern und Vögeln beobachten läßt, sind die periodisch wiederkehrenden Treffen von deutlich größeren Anzahlen von Individuen, als normalerweise in einer Gruppe lebt. Diese auch bei den meisten Primaten zu beobachtende Verhaltensweise ist wahrscheinlich ein Ausdruck des Gruppengefühls, der Geborgenheit und der Wärme und trägt vermutlich sehr zu einem größeren, umfassenderen "Wir-Gefühl" bei, das ja eine der grundlegenden Qualitäten der Säugetiere, der Beuteltiere und der Vögel ist und die gewissermaßen der "Überbau" des Nestbau- und Brutpflegeinstinktes sowie des Säugens ist. Insofern sind diese Treffen die erste soziale Einrichtung des Menschen, die allerdings weit über ihn hinaus in die Vergangenheit bis hin zu den ersten Säugern und vielleicht noch zu deren "ersten Vorfahren", den in Großgruppen lebenden Pelyco-Saurier, zurückreicht.

4. Kapitel, 3. Abschnitt: Yesod
(Altsteinzeit: -1.900.000 bis -35.000 Jahre)

-1.900.000   In Afrika entdeckte einer unserer fernen Vorfahren (Australopithecus), die etwa halb so groß wie die heutigen Menschen waren, daß man Stöcke anspitzen kann und daß man nicht darauf warten muß, irgendwann einmal einen besonders handlichen und spitzen Stein zu finden, sondern daß man Steine mit einem gezielten Schlag durch einen anderen Stein eine scharfe Kante geben und daß man damit dann einen Stock anspitzen kann. Dadurch wurden die Werkzeuge der damaligen Menschen noch effektiver und sie konnten sich besser gegen die Großraubtiere wehren und auch leichter auf größere Tiere Jagd machen. Möglicherweise wird diese "Erfindung" auch die Entstehung der Sprache weiter angeregt haben, da daß Herstellen von Werkzeug in dieser Form doch schon ein gewisses Abstraktionsvermögen erfordert und vor allem auch die Fähigkeit, nicht nur Erinnerungen und Situationen assoziativ miteinander zu verbinden, sondern sich auch bis zu einem gewissen Maß über die eigene Situation stellen zu können und die Auswirkungen der eigenen Handlungen vorhersehen zu können - der Australopithecus konnte offenbar in deutlich größerem Maße als seine Vorgänger etwas erkennen, planen und zielgerichtet handeln.

Vermutlich wird dieses nun deutlich abstraktere Denken auch die Vorstellung der Gesamtheit der Lebenskraft eines Lebewesens ermöglicht haben, also das Bild von einem Lebenskraftkörper. Die Lebenskraft wäre dann die erste Abstraktion: das Prinzip, das im Konkreten dann als die Wärme des Blutes, als der Atem, die Bewegungsfähigkeit, die Kräftigung durch Nahrung und vielleicht auch das Bewußtsein erscheint.

Die gelegentlich auftretenden Spuren von Kannibalismus wird man wohl am ehesten so deuten können, daß die Toten in Hungerzeiten verspeist wurden, aber wohl auch, daß man dadurch ihre Lebenskraft für die Gruppe bewahrte. Möglicherweise war das zweite nur besonderen Gruppenmitgliedern der Fall.

Von einem solchen abstrakteren Denken zeugt es auch, das die Menschen um diese Zeit begannen, das Feuer zu nutzen und neben Hölzern auch Häute, Felle und Fasern zu schneiden, wie ihre Steinwerkzeuge belegen. Die Steingeräte dienten auch zum Zerlegen des Jagdwildes, was sich deutlich daran zeigt, daß sich ab dieser Zeit die damals noch sehr kräftigen Gebisse der Hominiden deutlich zurückzubilden begannen: man zerriß daß Wild nicht mehr mit den Zähnen, sondern speiste nun mit Besteck - wenn auch noch mit recht primitivem aus Stein.

Diese komplexere Umwelt und vor allem die nun vielschichtiger gewordene Lebensorganisation zusammen mit der Fähigkeit zu einem Begreifen auch abstrakterer Zusammenhänge, das die Grundlage für diese zunehmende Komplexität bildete, wird das Entstehen der Sprache angeregt haben. Zunächst wird es sich dabei vermutlich um hinweisende Bezeichnungen für die Dinge in der eigenen Umwelt, insbesondere die selber hergestellten Dinge, gehandelt haben. Die Bedeutung dieses Hinweises könnte sich zunächst aus der Tonlage, in der man das Wort aussprach, ergeben haben, denn Knurren, Schnurren, Brüllen und ähnliches drückte schon lange Gefühle, Absichten und Bedürfnisse aus. Insofern werden sich die abstrakteren Begriffe zunächst einmal in diese Gefühls-Geräusche eingelagert haben.

Das Wort "ma" für Mutter wird es zu diesem Zeitpunkt vermutlich schon recht lange gegeben haben, da es sozusagen der Ruf schlechthin ist. Möglicherweise wird sich zu dieser Zeit Aufgrund der Entstehung von spezielleren, über eine Stimmungsäußerung hinausgehenden Lautäußerungen, also der ersten Worte, die etwas konkretes bezeichneten, nun der allgemeine Ruf "ma!" auf die Bezeichnung der Mutter und das Rufen nach ihr eingeengt haben - wobei natürlich die Mutter schon immer der Mensch, der Primat und das Säugetier gewesen ist, das in einem Notfall als erste zu ihrem Kind eilt. Das Wort "ma" findet sich in dem weitaus größten Teil der heute bekannten Sprachen als Bezeichnung für die Mutter - es ist das einfachste aller Worte, das folglich auch das Wichtigste bezeichnet: mit geschlossenem Mund einen

Ton von sich geben ("mmm") und dann den Mund (damit der Ton lauter wird) öffnen ("aaa").

Diese Vorteile zusammengenommen - abstrakteres Denken, Benutzung von Feuer, bearbeitete Waffen und Werkzeuge aus Holz und Stein, Verwendung von Fasern und Häuten zum Schutz und zum Transport - führten dazu, daß der Australopithecus den Herausforderungen seiner Umwelt nun besser gewachsen war, die Gesamtzahl der gleichzeitig lebenden Australopitecen deutlich vergrößern konnte und sich nun vom westlichen Mittelafrika aus über weitere Teile Afrikas auszudehnen begann.

-1.500.000 In Afrika begann sich nun ein neuer Menschentyp, der Homo erectus, der etwas größer war als der Australopithecus und in Haltung und Körperbau dem heutigen Menschen schon weitgehend ähnelte, aus dem Australopithecus zu entwickeln. Seine größte Leistung ist die Erfindung des Faustkeils, einer deutlichen Weiterentwicklung der vorher eher zufällig behauenen Steine: ein Stein, dessen eine Seite gut in der Hand lag und dessen anderen Seite zugespitzt war - der Vorläufer aller Speere, Pfeile, Messer und Keulen.

Vermutlich hatte sich in den letzten 400.000 Jahren seit dem Beginn gezielt zugerichteter Steinwerkzeuge aus den Anfängen des abstrakteren Denkens nun eine rudimentäre Sprache entwickelt, mit deren Hilfe sich die Koordination innerhalb der Gruppe bewerkstelligen ließ. Dies wird mit der Zunahme an Komplexität des damaligen Lebens unumgänglich geworden sein. Schließlich ging es nun nicht mehr nur darum, wer als erstes die Gazelle verspeisen, die Bananen pflücken oder sich paaren durfte, sondern es mußte das Vorgehen bei der Jagd abgesprochen werden, Felle gerichtet, Steinschaber hergestellt, Seile aus Fasern gebunden werden usw. und zudem diese Aufgaben sinnvoll verteilt werden.

Ein sekundärer Vorteil der so entstandenen Sprache war es, daß das Verhalten innerhalb der Gruppe nun nicht mehr nur von Fall zu Fall durch Gesten, Rangkämpfe und ähnliches geregelt werden mußte, sondern daß es nun sprachliche Anweisungen und somit einen ersten rudimentären Verhaltenskodex, der durch Einsicht weiterentwickelt werden konnte, gab.

In der Vorstellungswelt des Homo erectus könnte sich die Zentriertheit auf die Mutter nun zu der Vorstellung einer Mutter der ganzen eigenen Gruppe, sozusagen einer Urmutter und vielleicht auch schon zu der Vorstellung einer Mutter aller Tiere abstrahiert haben.

Aus der Vorbereitung zur Jagd und dem Erzählen über frühere besondere Jagderfolge und evtl. dem Nachahmen der Tiere, die man jagen will bzw. der Tiere, deren Stärke man zu haben hofft, könnte ein frühe Form des Jagdzaubers entstanden sein, durch den sich die Jäger vor der Jagd konzentrierten und "aufputschten" und den Erfolg der Jagd magisch herbeiführten.

Es ist gut denkbar, daß man beim Verspeisen großer und gefährlicher Tiere die Vorstellung hatte, mit dem Trinken des Blutes und dem Essen des Fleisches auch die Kraft dieses Tieres in sich aufzunehmen.

So wie aus der Nachahmung einer Jagd und dem sich zu einer Jagd konzentrieren und aufputschen die Jagdzauber entstanden sein könnten, so ist in Zusammenhang mit der Vorstellung einer Urmutter und einer Mutter der Tiere zu dieser Zeit auch schon die Assoziation der fruchtbaren Herdentiere mit der Fruchtbarkeit der Frauen denkbar (wie sie sich später in den Höhlenmalereien dann in sehr ausgeprägter Form findet). Inwieweit diese Vorstellungen schon so abstrakt waren, daß es auch zu der Vorstellung einer in dem Jagd- und Fruchtbarkeitszauber fließenden magischen Kraft, also der Lebenskraft, gekommen ist, läßt sich nur vermuten, aber auf grund der sehr alten Blut-Lebenskraft-Feuer-Ocker - Assoziation ist eine solche Vorstellung zumindest gut denkbar. - Vielleicht bemalte sich schon damals der Homo erectus zur Stärkung seiner Kraft und seiner Fruchtbarkeit mit roten Ocker...

Die Verbindung der weiblichen Fruchtbarkeit mit den Herdentieren ist der Anfang der sehr langlebigen Symbolik der Kuh-Göttin. In diesem Zusammenhang wird auch die Assoziation zwischen Kuhhorn und Scheide/Gebärmutter sowie der Höhle entstanden sein.

Das Grundgefühl der Geborgenheit, das mit dem Ei bei den Reptilien begann, und sich über die Gruppengeborgenheit bei den Sauriervorfahren der Säugetiere zu der Muttergeborgenheit bei den Säugetieren (und den Beuteltieren) weiterentwickelte, erhielt durch das Gleichnis zwischen Herdentieren und Fruchtbarkeit eine größere Bilderfülle. Das Horn ist auch die Wurzel der viel späteren Füllhornsymbolik, des stets gefüllten Kessels und ähnlicher mythologischer Motive.

Die Worte, die sich in nur wenig veränderter Form und nah verwandten Bedeutungen heute in fast allen der 32 Sprachfamilien der Erde wiederfinden lassen, müssen schon zu dieser Zeit existiert haben, als die Menschheit noch aus einer relativ kleinen zusammenhängenden Gruppe in Afrika bestanden hat. Dazu gehören unter anderem folgende Worte:

Aja	- Mutter
Aq'wa	- Wasser
Bunka	- Knie
Bur	- Asche, Staub
Sun	- Nase, riechen
Kama	- in der Hand halten
Kano	- Arm
Kati	- Knochen
K'olo	- Loch
Kuan	- Hund
Kun	- wer?
Kuna	- Frau
Liq	- lecken
Ma	- Mutter
Ma-ko	- Kind
Ma-liq'a	- säugen
Ma-na	- am Ort bleiben
Ma-no	- Mann
Mena	- denken über
Min	- was?
Pal	- 2
Par	- fliegen
Poko	- Arm
Puti	- Scheide
Teku	- Bein, Fuß
Tik	- Finger, 1
Tika	- Erde
Tsaku	- Bein, Fuß
Tsuma	- Haar

Die bereits erwähnte Muttergeborgenheit und Mutterzentriertheit auf der assoziativen Ebene des Bewußtseins findet sich hier in dem Wortfeld "Mutter" wieder: Ma (Mutter), Ma-ko (Kind), Ma-no (Mann), Ma-liq'a (säugen), Ma-na (am Ort bleiben) und evtl. noch Ka-ma (in der Hand halten) und Tsu-ma (Haar) sowie in einer zweiten Bezeichnung für Mutter: "Aja".

Das Wort "Kano" (Hund) überrascht hier ein wenig, da man bisher im allgemeinen davon ausgegangen war, daß der Hund erst zu Beginn der Jungsteinzeit oder frühestens während der Mittelsteinzeit domestiziert wurde, also vor ca. 30.000 Jahren. Ein allen Sprachgemeinschaften gemeinsames Wort für "Hund" weist jedoch darauf hin, daß der Hund bereits zu dieser Zeit zumindest ansatzweise domestiziert worden ist oder daß die Wölfe in einer Art Jagdgemeinschaft mit den Menschen lebten.

Diese "Urworte" gehören entweder zu dem Assoziationsfeld

- "Mutter" (Mutter (2 Worte), säugen, Mann, in der Hand halten, Haar, Scheide, am Ort bleiben),
- zu den Körperteilen (Knie, Nase/riechen, in der Hand halten, Arm (2 Worte), Knochen, Scheide, Bein/Fuß (2 Worte), Finger, Haar),
- zu geistigen Tätigkeiten (wer?, was?, denken über, 1, 2),
- zu den Dingen des Alltags (Asche/Staub, Erde, Wasser, Loch, Knochen),
- zu Bezeichnungen von Lebewesen und ihren Tätigkeiten (fliegen, Hund, lecken)
- oder zu Familienbezeichnungen (Mutter (2 Worte), Mann, Frau, Kind).

Nach der Anzahl der Worte und somit zumindest auch grob gesehen nach der Wichtigkeit des Lebensbereiches bzw. der Notwendigkeit, über ihn zu sprechen, geordnet, ergibt sich folgende Reihenfolge:

11 Worte: Körperteile
7 Worte: Mutter
5 Worte: geistige Tätigkeiten
5 Worte: Familienbezeichnungen

5 Worte: Alltagsgegenstände
3 Worte: Lebewesen und ihre Tätigkeiten

Anhand des Wortbestandes läßt sich also feststellen, daß die damaligen Menschen viel über ihren Körper gesprochen haben (Verletzungen, Bedürfnisse), daß die Mutter der Lebensmittelpunkt war, daß die Familienstruktur bewußt und von Bedeutung war, daß es Ansätze zu abstrakterem Denken gab (Zahlen, ein Wort für denken = sich seiner selbst und des eigenen Denkens bewußt sein) und daß die Dinge des Alltags bezeichnet wurden. Dabei ergibt sich für den "subjektiven" Bereich (Körperteile, Mutter, Familienbezeichnungen, geistige Tätigkeiten) ein Bestand von 28 Worten und für den "objektiven" Bereich (Alltagsgegenstände, Lebewesen und ihre Tätigkeiten) nur ein Bestand von 8 Worten. Darin zeigt sich der Wunsch der damaligen Menschen, sich selbst auszudrücken.

Vermutlich wurde von ihnen die sogenannte kreolische Grammatik benutzt, die sich in Situationen von "babylonischem Sprachgewirr" immer wieder spontan neu bildet und so etwas wie eine natürliche Sprachstruktur zu sein scheint. Diese Grammatik tritt immer dann auf, wenn eine größere Anzahl von Menschen mit verschiedenen Sprachen sich verständigen muß und daher die Grammatik und den Wortbestand zunächst einmal auf das allernotwendigste reduziert. Dabei ist es völlig egal, um welche Sprachen es sich handelt und welche Form der Grammatik sie benutzen.

Die einfachste Regel dieser spontanen Grammatik, die nach den Kreolen, an denen man sie das erste mal beobachtet hat, benannt wurde, ist der Satzbau mit der Folge "Subjekt - Verb - Objekt". Er entspricht von der Geste her einer Handlung, die man beschreibt, oder einem Impuls, den man mitteilt: Von wo geht das Beschriebene aus? - Was geschieht? - Worauf wirkt es? Diese Grammatik umfaßt aber noch eine ganze Reihe weiterer, immer gleicher Regeln. Die Entstehung dieser Art der Grammatik ist in historischer Zeit schon mehrfach beobachtet worden. Auch Kinder oder geistig Behinderte entwickeln unabhängig von der Sprache ihrer Eltern oft zunächst einmal große Teile dieser Ur-Grammatik.

Zu dieser Zeit wird die Art des Denkens, also der Verarbeitung des Wahrgenommenen im Vergleich mit den eigenen Erinnerungen, sich noch auf die einfachste und urtümlichste Form, auf die der Assoziation, beschränkt haben.

-1.000.000 Durch den technischen Fortschritt, der eng mit der Entwicklung der Sprache verbunden war, hatte sich der Homo erectus in Afrika deutlich vermehrt und wanderte nun über den Sinai in den Nahen Osten und begann dort in den Gebieten mit ähnlich günstigem Klima wie in Afrika zu jagen und zu sammeln. Zu dieser Zeit hatte der Homo erectus seinen Lebensraum bereits bis an den Kaukasus und bis nach Indien hinein ausgedehnt.

Durch die Auswanderung über den Sinai nach Asien fand die erste große Trennung in der Sprachentwicklung statt: die Aufteilung in die afrikanischen und in die übrigen, meist asiatisch genannten Sprachen.

Die im folgenden beschriebenen Wanderungen und Aufteilung dieser Urmenschen in verschiedene Zweige beruht auf den archäologischen Funden, auf der heutigen genetischen Verwandtschaft der einzelnen Völker miteinander und auf der Verwandtschaft der Sprachen dieser Völker miteinander. Es existieren also drei verschiedene parallele Stammbäume (Archäologie, Genetische Verwandtschaft, sprachliche Verwandtschaft), die miteinander übereinstimmen.

Man kann vermuten, daß es um diese Zeit bereits den Schamanismus und somit Seelenvorstellungen gegeben hat, da sich diese Vorstellungen später auf allen Kontinenten finden. Es ist natürlich auch eine Parallelentwicklung aufgrund gleicher Erlebnisse und Schlußfolgerungen denkbar, sodaß der Schamanismus zu dieser früheren Zeit nicht ganz sicher ist und erst um -250.000 im Zusammenhang mit den ältesten Grabfunden einen soliden Nachweis erhält.

-800.000 Nun hatte der Homo erectus seinen Lebensraum weiter nach Osten an der Küste entlang bis nach Südchina ausgedehnt.

-750.000 Von Südchina aus zogen einige unserer Vorfahren dann weiter nach Süden nach Sumatra und Java, während die übrigen in Südchina blieben - dies war die zweite große Gabelung auf dem Stammbaum der Völker und der Sprachen.

Zu dieser Zeit lebte der Homo erectus in ganz Afrika, in Europa südlich des Ärmelkanals, der Nordseeküste, Holsteins und der Linie zwischen Hamburg und der Mitte des Kaspischen Meeres, sowie auf Saudi-Arabien, im Nahen Osten, in Indien südlich des Himalaya und schließlich in Südchina bis hinunter auf die beiden zeitweise durch eine Landbrücke mit dem Festland verbundenen Inseln Sumatra und Java.

Es scheint so, als hätte der Homo erectus spätestens zu dieser Zeit mit dem Zählen begonnen, denn die Völker und Sprachen, die von diesen unserer Vorfahren abstammen, die vor einer Dreiviertelmillion Jahren in Südchina lebten, benutzen alle das binäre Zahlensystem. Dies System beruht auf der 2, so wie unser heute gewohntes Dezimalsystem auf der 10 beruht. Das Dezimalsystem hat als Einheiten 1, 10, 100, 1.000, 10.000 usw., während das Binärsystem als Einheiten 1, 2, 4, 8, 16, 32, 64 usw. hat. Die Zahl 29 würde binär geschrieben wie folgt aussehen: 11101 d.h.: $1\cdot 16 + 1\cdot 8 + 1\cdot 4 + 0\cdot 2 + 1\cdot 1$. Genaugenommen gibt es also in dieser Zeit noch gar kein Zählen, sondern nur ein Zusammensetzen, da man nicht Einheiten gleicher Art zählt (1 Zehner, 2 Zehner, 3 Zehner usw.), sondern aus einem bestimmten Set von Einheiten (1,2,4,8,16,32 ...) die auswählt, die die erwünschte Zahl ergeben. Dieses "eine Zahl zusammensetzen" könnte durchaus als eine "magische" Tätigkeit erlebt worden sein.

Die auf der 2 beruhende Zahlenordnung findet sich bei den Chinesen selber noch in deren ältestem Kulturgut, dem I Ging, das zwei Grundqualitäten, Yin und Yang kennt und aus diesen dann die acht Trigramme kombiniert und davon wieder jeweils zwei zu den 64 Hexagramme des I Ging-Orakels verbindet. Von den indianischen Völkern, die auch von diesen steinzeitlichen Bewohnern Südchinas abstammen, ist vermutlich das binäre Zahlensystem am besten bekannt, auf dem der Kalender der Mayas und ihre astronomischen Berechnungen beruhen. Auch die Indogermanen hatten ursprünglichen ein Zahlensystem, das auf der 2, der 4 und der 8 beruhte - so ist die indogermanische Wurzel für das Wort "acht" der Dual, also die Zweizahl zu 4, eigentlich also "2x4". Das Binärsystem findet sich unter anderem auch in den älteren indischen und in den tibetischen Beschreibungen der meist als Lotusblüten dargestellten Chakren wieder, die immer 2^x, also 8 (Herzchakra), 16 (Halschakra), 32 (Scheitelchakra), 64 (Hara) usw. Blätter haben. Die archaische keltische Schrift, das Ogham-Alphabet ist ebenfalls binär aufgebaut.

In diesen Völkern und Sprachen ist die 8 stets die Zahl der Vollständigkeit: der Kalender der Mayas ist in Acht Richtungen aufgeteilt, die Kelten teilten das Jahr durch acht jeweils 45 Tage voneinander entfernte Feste ein, Buddha nannte seine Lehre den 8-fachen Pfad (womit er deren Vollständigkeit betonte), das Herzchakra als Sitz der Seele hatte in den Darstellungen des Hinduismus acht (später dann zwölf) Blätter, die Sumerer (die auch ein binäres Zahlensystem benutzten) verwandten ein achtblättrige Blüte als Symbol für "Gott" und für "heilig, vollständig", und die Ägypter stellten die Götter eines Ortes gerne zu Achtheiten, also zu vier Götterpaaren zusammen, da sie diese Zahl als rund und vollständig ansahen. Die 10 Gebote des Alten Testamentes waren ursprünglich 8 Gebote - erst als die 10 des späteren Dezimalsystems die Qualität der Vollständigkeit darzustellen begann, trennte man das 1. Gebot in die Gebote 1. und 2. sowie das heutige Gebot Nr. 9. in die Gebote 9. und 10., was man auch daran erkennen kann, daß das 1. und das 2. Gebot sowie das 9. und 10. Gebot thematisch zusammengehören und den Monotheismus betonen (1. und 2.) bzw. beschreiben, was man nicht begehren soll (9. und 10.).

Es ist daher nicht verwunderlich, daß sehr viele alte Sprachen, unter anderem auch das Altägyptische, neben dem uns heute geläufigen Singular und dem Plural noch den Dual, also die Zweizahl benutzten. Der Dual ist sozusagen die grammatische Form dieses Zahlensystems. Aufgrund der Auffassung der Acht als etwas Vollständigem, Runden, Magischen bedeutet der Name der Neun in den indogermanischen Sprache "die neue (Zahl)".

Möglicherweise stammt aus dieser Zeit auch noch eine sehr archaische Vorstellung über die Entstehung der Welt. Die Germanen beschreiben die Welt als ein Gebilde, das aus den Teilen des Urriesen Ymir erschaffen wurde: das Meer aus seinem Blut, der Himmel aus seinem Schädel, die Wolken aus seinem Gehirn, das Land aus seinem Fleisch, die Berge aus seinen Knochen usw. Ähnliche Vorstellungen finden sich auch bei anderen indogermanischen Völkern wie z.B. in den griechischen Sagen über die Titanen, die Riesen am Anfang der Zeit. Aber solche Erzählungen, die denen über den Urriesen Ymir sehr genau gleichen, finden sich auch in den alten chinesischen Erzählungen. Die Altertümlichkeit dieses Bildes, das durchaus zu einem rituellen Kannibalismus, durch den man die Lebenskraft eines Verstorbenen für die Gruppe erhalten will, paßt, würde sich mühelos in die Lebensumstände des damaligen Homo erectus einfügen, der der letzte gemeinsame Vorfahre von Chinesen, Indogermanen und Indianern, die ebenfalls solche Vorstellungen kennen, war.

Es gibt auch noch ein „philosophisches Konzept", das sich bei den Völkern findet, die von diesem im heutigen China wohnenden Vorfahren von uns abstammen. Bei dieser Weltanschauung handelt es sich darum, daß die Wirklichkeit in das Denken, das Sprechen und in die Tat unterteilt wird. Offenbar wurden diese drei Schritte als der Weg angesehen, auf dem das menschliche Handeln entsteht. Zu dieser Zeit gab es das Wort „mena" mit der Bedeutung „denken" und vielleicht auch „Bewußtsein" seit immerhin schon mindestens 750.000 Jahren – es ist also nicht verwunderlich, daß man anscheinend auch schon über das Denken nachgedacht hatte und dabei zu dem Schluß gekommen war, daß das Denken der Ursprung der Worte und des Handelns ist.

Recht bekannt ist diese Dreiteilung aus dem Buddhismus, in dem die Tätigkeit des Menschen oft in „Körper, Rede und Geist" unterteilt wird.

Im alten Ägypten findet sich diese Vorstellung ebenfalls: Man sah den Gott Hu im Herzen, der das Bewußtsein und das Denken darstellte, als den Ursprung aller menschlichen Handlungen an, der seine Impulse dann an den Gott Sia weitergab, der die Zunge und das Sprechen personifizierte, und der dann wiederum durch die magische Kraft des Wortes im Äußeren Wirkungen hervorrief, die in Heka, dem Gott der Magie personifiziert wurden.

Diese magische Wirkung des Wortes ist ja auch aus dem Christentum bekannt: „Am Anfang war das Wort ..."

Auch bei den Indianern, die auch von diesem vor 750.000 Jahren in China lebenden Volk abstammen, ist diese Dreiteilung gut bekannt: So findet sich z.B. in den Liedern der Navahos oft die Aufzählung von „Gedanken, Worten, Taten", von denen man anstrebt, daß sie von „Schönheit", also von Harmonie, Richtigkeit und Wahrheit erfüllt sind.

-600.000 Nachdem die gemäßigteren Breiten nun vollständig von dem Homo erectus bewohnt wurden, begann er nun nach und nach auch in die kälteren Bereiche in Nordosteurasien und über die Beringstraße auch hinüber nach Alaska zu wandern. Dabei nutzte er wesentlich ausgiebiger als vorher das Feuer und wird auch in größerem Maße Kleidung aus Fellen hergestellt haben. Spätestens zu dieser Zeit wurde auch das Zelt aus einfachen Stäben und einer Zeltplane erfunden - sehr wahrscheinlich ein Rundbau ähnlich den indianischen Schwitzhütten.

Dieser nordeurasiatische Zweig des Homo erectus, dessen Trennung von seinen "südchinesischen" Verwandten die dritte große Gabelung im linguistisch-genetischen Stammbaum war, benutzte das Wort "ma-leg" oder "ma-liq" für "säugen, von der Mutter gestillt werden". Dies Wort ist zusammengesetzt aus "ma" (Mutter) und "liq" (lecken). Anhand dieses Wortes läßt sich gut die weitere Entwicklung der Sprache verfolgen - es ist sozusagen das "linguistische Leitfossil".

Möglicherweise gab es zu dieser Zeit auch erste Anfänge von Vorstellungen über ein "heiliges Getränk", sehr wahrscheinlich Milch oder zumindest mit Milch eng assoziiert war, und das den Schutz und den Segen der Mutter aller Dinge und auch den Schutz und die Wärme und die Geborgenheit in der Gruppe darstellte, die damals eine sehr wichtige psychologische Grundlage für das Leben in der doch sehr gefährlichen Umwelt gewesen sein wird. Wie die bereits beschriebenen periodischen Treffen, die bis in die frühesten Säugetierzeiten zurückgehen, wird auch dieses Getränk die Funktion der Wiederherstellung des Urvertrauens gehabt haben. Ein solches Getränk findet sich bei sehr vielen Nachkommen dieses Homo erectus: bei den Indogermanen, den sibirischen Völkern, den Mayas, den Ägyptern und anderen, was ebenfalls dafür spricht, daß hier die ersten Ansätze zu einem solchen "heiligen Getränk" zu finden waren.

Da sich sowohl bei den Indianern als auch bei den Bewohnern Nordosteurasiens und ihren Nachkommen die Vorstellung von der Wasserunterwelt findet, ist anzunehmen, daß es bereits zu dieser Zeit die Vorstellung von einer Wasserunterwelt und von einem Fortleben nach dem Tod und somit einer Seele gegeben hat.

Das Bild dieses Homo erectus beginnt allmählich ein wenig Farbe zu erhalten:

- Er lebte in kleinen Gruppen,
- trug Fellkleidung,
- benutzte vor allem den Faustkeil und den Speer bzw. die Lanze,
- lebte in Zelten, benutzte ausgiebig das Feuer,

traf sich in regelmäßigen, größeren Abständen mit anderen Gruppen des Homo erectus zu größeren festähnlichen Treffen, bei denen möglicherweise gemeinsam ein "heiliges Getränk" getrunken wurde

- und benutzte unter anderem die Worte: Aja (Mutter), Aq'wa (Wasser), Bunka (Knie), Bur (Asche, Staub), Sun (Nase, riechen), Kama (in der Hand halten), Kano (Arm), Kati (Knochen), K'olo (Loch), Kuan (Hund), Kun (wer?), Kuna (Frau), Liq (lecken), Ma (Mutter), Ma-ko (Kind), Ma-liq'a (säugen), Ma-na (am Ort bleiben), Ma-no (Mann), Mena (denken über), Min (was?), Pal (2), Par (fliegen), Poko (Arm), Puti (Scheide), Teku (Bein, Fuß), Tik (Finger, 1), Tika (Erde), Tsaku (Bein, Fuß) und Tsuma (Haar),
- er zählte binär (er würde also "5" durch "4+1", "7" durch "4+2+1" oder 14 durch "8+4+2" ausdrücken), sah die 8 als runde Zahl an (er konnte also zumindest bis 8 und ein wenig darüber hinaus zählen),
- bemalte sich zur symbolisch-magischen Stärkung seiner Kraft mit rotem Ocker,
- unterstützte die Jagd durch einfache Jagdzauber und die Fruchtbarkeit durch ebensolche einfache Magie,
- assoziierte Fruchtbarkeit, Frau, Vagina, Herdentiere und Horn miteinander,
- nahm möglicherweise eine "Mutter aller Tiere" als Ursprung der Tiere an,
- versuchte zumindest manchmal, die Lebenskraft eines toten Stammesgenossen durch Kannibalismus für den Stamm zu erhalten,
- er ging davon aus, daß die Welt durch die Zerstückelung eines Urriesen entstanden war,
- und er hatte möglicherweise bereits die Vorstellung von Seelen und einer Wasserunterwelt und es existierte vermutlich bereits der Schamanismus (die alle drei erst um -250.000 sicher greifbar werden),

- er hatte vermutlich bereits über das Denken und das Bewußtsein nachgedacht und den Menschen zumindest in Körper, Sprechen und Denken/Bewußtsein unterteilt.

Darüberhinaus läßt sich noch etwas über die sexuellen Gepflogenheiten des nun nach Norden wandernden Homo erectus sagen. Wenn man Tiere in warmen Zonen mit Tieren in kalten und gemäßigten Zonen vergleicht, zeigt es sich, daß die Tiere in den warmen Zonen keine festliegenden Paarungszeiten haben, während es bei den Tieren in den kalten Zonen festgelegte Paarungszeiten gibt. Diese Paarungszeiten liegen stets so, daß die Jungen ganz am Anfang der Warmzeit geboren werden. Da die Dauer der Trächtigkeit von der Größe und der Komplexität der Tiere abhängt, liegt die Paarungszeit der kleineren Tiere im Winter (Fuchs: Geburt im März, Paarung zwei Monate vorher im Januar), während die der größeren Tiere aufgrund der längeren Trächtigkeit im Herbst oder Spätsommer liegt (Elch: Geburt im März, Paarung sieben Monate vorher im August).

Diese festgelegte Paarungszeit hat ganz offensichtlich ihre Ursache darin, daß die neugeborenen Jungen, wenn sie zu Beginn der wärmeren Jahreszeit geboren werden, eine größere Überlebenschance haben.

In der Zeit, in der die Menschen in Afrika lebten, werden sie sich wie ihre nächsten Verwandten, die Affen, unabhängig von der Jahreszeit gepaart haben. Es ist anzunehmen, daß sie sich nun unter den kälteren klimatischen Bedingungen an das Vorbild der Tiere in ihrer Umgebung angepaßt haben werden und sich eine Paarungszeit neun Monate vor dem Beginn der warmen Jahreszeit herausgebildet haben wird - d.h. also ungefähr zur Zeit der Sommersonnenwende oder etwas davor.

Es ist anzunehmen, daß sich diese Paarungszeit, die erst viel später mit dem Beginn des Hausbaus allmählich ihre Grundlage verloren hat und somit gut eine halbe Million Jahre andauerte, ihre Spuren im Bewußtsein und der Tradition der Menschen hinterlassen haben sollte - handelt es sich bei der Paarung und dem Überlebenstrieb doch um zwei zentrale Instinkte. Es finden sich nun in dem gesamten arktischen Bereich und bei den Völkern, die von dort wieder nach Süden gewandert sind, Feste, die zwischen dem 1. Mai und Sommersonnenwende (21. Juni) liegen und deutlich sexuellen Charakter tragen. Diese Feste, ob es nun das keltische Beltane, die mitteleuropäische Walpurgisnacht, das Fruchtbarkeitsfest der Sioux-Indianer oder die entsprechende Feier im japanischen Shintoismus ist, zeichnen sich oft dadurch aus, daß zu diesem Zeitpunkt die üblichen sozialen Regeln außer Kraft gesetzt werden und es erlaubt ist, daß jeder mit jedem sexuellen Verkehr hat. Oft hat dies auch den Charakter eines allgemeinen Festes oder einer Orgie. In der späten Jungsteinzeit und im frühen Königtum findet sich dieses Fest dann weiterentwickelt in der Heiligen Hochzeit, der rituellen Vereinigung von König und Hohepriesterin wieder. Dieses Motiv der rituellen Sexualität findet sich auch in den verschiedenen Mythologien wieder wie z.B. im alten Ägypten in der Vereinigung des Erdgottes Geb mit der Himmelsgöttin Nut oder in Indien in der Vereinigung von Shiva und Shakti.

Daraus ergibt sich unter anderem, daß der Homo erectus in den kalten arktischen Gebieten in der Regel vom Sternzeichen her ein Widder war, seltener ein Stier oder Fisch, und daß die übrigen Sternzeichen weitgehend fehlten. Der Homo erectus hatte in diesen 500.000 Jahren also, wie sich astrologischerseits ergibt, den Charakter eines "spontanen Cholerikers".

-500.000 Durch das Verschieben der Kontinentalplatten ändern sich die Meeresströmungen und es treten nun von damals bis heute zyklisch größere Eiszeiten durch Abkühlung der Polargebiete auf. Wegen der nun beginnenden 1. Eiszeit wird sich der Homo erectus zumindest vorübergehend wieder etwas weiter nach Süden zurückgezogen haben müssen.

-250.000 Mit der beginnenden Wiedererwärmung dehnt sich der Lebensraum der Menschen wieder weiter nach Norden hin aus. Nun entwickelt sich allmählich aus dem Homo erectus ein robusterer, größerer Menschentyp, der auch ein noch einmal deutlich gesteigertes Hirnvolumen hat - der Neandertaler und seine Verwandten. Im Verhältnis zu seinem Körpergewicht ist sein Gehirn sogar größer als das des heutigen Homo sapiens. Durch sein erhöhtes Körpergewicht und seinen gedrungeneren Körperbau war er besser in der Lage, auch in kälteren Klimazonen zu überleben als der kleinere und leichtere Homo erectus.

Beim Neandertaler findet sich nun eine grundlegende Neuerung, die weitreichende Aufschlüsse über seine Weltanschauung gibt: er bestattete zumindest zum Teil seine Toten. Dies bedeutet sehr wahrscheinlich, daß er die Lebenskraft des Menschen personifizierte und als etwas individuelles ansah - die erste Vorstellung einer Seele war entstanden. Es zeigt sich hier offenbar eine deutlichere Auffassung des Menschen als eines Individuums.

Möglicherweise gab es diese Vorstellung schon länger und sehr wahrscheinlich wird sie nicht plötzlich, sondern ganz allmählich entstanden sein, aber sie wird erst durch die Bestattungen archäologisch faßbar. Die Gräber sind oft mit dicken Lagen von rotem Ocker bestreut - man wünschte der Seele des Toten offenbar viel Lebenskraft, was bedeutet, daß man davon ausging, daß diese Lebenskraft irgendwo weiterexistierte.

Da man in den Gräbern aus dieser Zeit manchmal Gänge von rotem Ocker findet, die von dem Mund des Schädels nach oben führen, kann man davon ausgehen, daß man zu dieser Zeit und sehr wahrscheinlich auch schon deutlich früher den Atem mit der Lebenskraft verband. Dafür spricht auch, daß in vielen Sprachen der Atem, der Wind und die Lebenskraft bzw. die Seele mit demselben Wort bezeichnet wird; z.B. im Griechischen mit dem Wort Pneuma oder im Hebräischen mit dem Wort Ruach.

Parallel zu der Vorstellung von einer Seele des Menschen wird sehr wahrscheinlich auch bald die Vorstellung von Seelen der Tiere, also die Vorstellung von den Tiergeistern entstanden sein.

Zu dieser Zeit wird auch die Vorstellung einer Wasserunterwelt entstanden sein, in der sich die Seelen der Toten aufhalten: Da man nun annahm, daß nicht nur die Lebenskraft der Toten nach dem Tod weiterexistierte und durch Kannibalismus für die Gruppe erhalten werden konnte, sondern daß die zur Seele personifizierte Lebenskraft weiterexistierte, entstand die Frage, wo die Seele "hinging" wenn der Körper tot war. Da man die Seelen nirgendwo finden und sehen konnte, mußten sie an einem Ort sein, der für Menschen unzugänglich war: am Grunde tiefer Seen, Flüsse oder Meere. Entsprechend ist die Wasserunterwelt, die Jenseitsinsel im Meer (Atlantis), der Fluß, den man überqueren muß, um ins Jenseits zu gelangen und schließlich der Jenseitsfährmann aufgrund des hohen Alters dieser Vorstellungen ein mythologisches Motiv, das man bei so gut wie allen Völkern findet. Auch die Symbolik der Lotusblüte als wiedergeborener Seele oder als Ahnenseele wird aus dieser Zeit stammen, da sie zur ihrer Entstehung nur die Kombination der Seelenvorstellung mit dem Motiv der Wasserunterwelt benötigt.

Hier liegt die Grundlage für den Ahnenkult, der alle frühen historischen Religionen und alle Naturreligionen prägt. Sehr eindrucksvoll zeigt sich dieser Ahnenkult z.B. im Alten Ägypten zum einen in der großen Bedeutung der Verstorbenen, der Mumifizierung und der Gräber (die Pyramiden waren auch Gräber) und zum anderen in der Erhöhung einiger Ahnen zu Göttern.

In dieser Vorstellung liegt auch der Ursprung der Lotus-Symbolik, die die aus den Wassern der Unterwelt als Blüte wieder auftauchenden Seele darstellte. Die Lotusblüte findet sich als Symbol für die Wiedergeburt in Ägypten als der Gott Nefertem auf der Lotusblüte, in Indien in der als Lotusblüten dargestellten sieben Chakren, die eine magisch-philosophische Weiterentwicklung dieser Vorstellung sind, und auch bei den Mayas, die stets eine Lotusblüte in den Balché-Trank legten, der die zentrale Rolle bei vielen Zeremonien spielte, die u.a. der Seele ein ewiges Leben im Jenseits sichern sollten.

Mit der Wasserunterwelt hängt auch die Vorstellung der Schlangen als Jenseitsboten zusammen: sie waren der Erde verbunden, krochen in Höhlen und waren z.T. giftig, also dem Tod nahe verwandt. Daher findet sich die Schlange in vielen Religionen als Tier der Urgöttin wieder, das dann später in der Ära der Sonnengott-Religionen dämonisiert wurde.

Es gibt heute viele Berichte von Menschen, die klinisch tot waren und dann doch wieder ins Leben zurückkehrten. Diese Nahtoderlebnisse bestehen den Beschreibungen der Betreffenden zufolge übereinstimmend daraus, daß man über seinem eigenen, materiellen Körper schwebt und diesen unter sich liegen sieht, und dann ins Jenseits zu einem Fluß reist, auf dessen anderer Seite man oft seinen Schutzgeist und bereits verstorbene Verwandte und Freunde stehen sieht. Solche Nahtod-Erlebnisse sind damals bei dem gefährlichen Leben des Homo erectus sicher des öfteren vorgekommen. Das Erleben des Schwebens über seinem materiellen Körper wird sicher sehr zu der Entwicklung der Vorstellung von einer Seele beigetragen haben. Da diese Nahtod-Erlebnisse auch schon weit früher stattgefunden haben werden, ist es möglich, daß die Vorstellung einer Seele schon deutlich älter ist als 250.000 Jahre. Sie läßt sich aber erst mit dem Auftreten der ersten Bestattungen einigermaßen sicher feststellen. Man könnte nun auch argumentieren, daß aus der Seelenvorstellung zwangsläufig die Bestattungen folgen und daß demnach die Seelenvorstellung nicht älter sein wird, aber es könnten ja vorher auch Bestattungszeremonien vorgelegen haben, die keine archäologisch feststellbaren Spuren hinterlassen, wie z.B. Bestattungen auf Bäumen, wie es von einigen Indianerstämmen bekannt ist, oder Bestattungen, die mit der tibetischen Tradition des Zerstückelns der Leiche und des Verfütterns der Leichenteile an die Geier Ähnlichkeit hatte. Sehr wahrscheinlich wird die Vorstellung einer Seele nicht plötzlich entstanden sein, sondern sich ganz allmählich aus der Vorstellung der Lebenskraft durch immer stärkere Personifizierung entwickelt haben.

Wenn nun ein Vertreter des Homo erectus einen Beinahe-Tod erlebte, z.B. nachdem ihn ein Löwe angefallen und fast getötet hatte, wird auch er sich als schwebend und unabhängig von seinem Körper erlebt haben und danach am Jenseitsfluß seine Ahnen getroffen haben. Mit etwas Übung wird es ihm dann anschließend möglich gewesen sein, dieses Erlebnis bewußt und gewollt zu wiederholen und ins Jenseits zu reisen. Somit wäre der erste Schamane entstanden - möglicherweise der erste "religiöse Spezialist".

Wenn damals ein Vertreter des Homo erectus das Erlebnis der Astralreise, die beim Nahtod auftritt, also der vom materiellen Körper losgelösten und schwerelosen Bewegung, die einem Flug durch die Luft gleicht, darstellen wollte, wird zum Vergleich mit dem Flug der Vögel gegriffen haben, wodurch das Bild des Seelenvogel entstanden ist. Dies Motiv findet sich bei allen Völkern wieder: die Seele hat die Gestalt eines Vogels (Sibirien), eines Menschen mit Federkleid (Mesopotamien), eines Menschen mit Flügeln (Naher Osten - "Engel"), eines Vogels mit Menschenkopf (Ägypten) oder wurde durch eine Feder symbolisiert (Indianer); dies ist auch der Ursprung der christlichen Symbolik des Heiligen Geistes in der Gestalt einer Taube. In Ägypten hat sich die Vorstellung, daß der Mensch eine Seele hat, zu dem Falkengott Horus weiterentwickelt, der nun sozusagen das Urbild der Seelen geworden ist. Das wohl bekannteste mythologische Bild für die Seele, das in der späten Jungsteinzeit entstand, stammt ebenfalls aus dem Alten Ägypten: es ist der Phönix, ein roter Wasservogel, der mit dem Flamingo verwandt ist - der Vogel symbolisiert die Seele, seine rote Farbe die Lebenskraft, das Wasser den Eingang zur Unterwelt, und das Feuer, aus dem der wiedergeborene Phönix aufsteigt, ist der Sonnenaufgang.

Es lag nun nicht mehr fern, diese Jenseitsreise mit dem Fruchtbarkeitszauber zu verbinden, wodurch dann die Vorstellung einer Mutter, die auch im Jenseits alle Seelen gebiert und ernährt und beschützt, entstanden sein wird - eine Mutter für alle Lebenden Wesen und eine Mutter für alle Toten, die zusammen dann die zweifache Mutter des Diesseits und des Jenseits, der Lebenden und der Toten, der Geburt und der Wiedergeburt war. Diese zweifache Mutter findet sich sowohl in den Höhlengemälden der späten Altsteinzeit als auch in fast allen frühen Religionen - am deutlichsten in der altägyptischen Himmelgöttin Nut, die die Sonne am Morgen gebiert und am Abend wieder verschlingt.

Der Schamane war nun durch sein Nahtoderlebnis, die die älteste Form der "Einweihung" war, in der Lage, den Kontakt zu den Ahnen zu halten, ihren Rat einzuholen, die Seelen Verstorbener ins Jenseits zu begleiten, und Beinahe-Toten zu helfen, ins Diesseits zurückzukehren. Dieser Vorgang ist sehr nah mit den heutigen Traumreisen und Familienaufstellungen verwandt.

Sehr wahrscheinlich wird sich diese Visionswelt des Schamanen bald auch mit den Seelen der Tiere, den Tiergeistern und anderen Gestalten bevölkert haben, wodurch er auch zum Spezialisten im Umgang mit diesen Wesen wurde, auf die man dann möglicherweise auch die eine oder andere Krankheit zurückgeführt haben wird, wodurch der Schamane dann schließlich zum "Seelenheiler" wurde.

Mit einigen dieser Tiergeister wird sich der Schamane auch angefreundet und sie zu Helfern gewonnen haben. Zusammen mit den Tieridentifikationen aus dem Jagdzauber, wo man sich mit dem Großraubtier identifizierte, wird sich daraus die Vorstellung bzw. das Erlebnis des persönlichen Krafttieres entwickelt haben. Die Tiergeister finden sich in keiner anderen Religion so deutlich am Beginn der ersten Königreiche wieder wie in Ägypten mit seinen vielen tiergestaltigen Gottheiten wieder.

Als Person mit den umfangreichsten Handlungsmöglichkeiten in der Welt der Lebenskraft, der Ahnen und der Tiergeister wird der Schamane (wie zuvor im Zusammenhang mit dem Jagdzauber der beste Jäger) auch mit dem Großraubtier assoziiert worden sein - seine große magisch-spirituelle Kraft drückt sich in dem Bild der großen körperlichen Kraft des Großraubtieres aus. Dieser Zusammenhang findet sich bei den Schamanen auf der ganzen Welt: bei den nordeurasischen und nördlichen nordamerikanischen Völkern ist der Schamane mit dem Bären verbunden (der Schamanengott Odin mit den Berserkern, den Bärentänzern), im Wald- und Dschungelbereich ist es oft der Tiger (Shiva meditiert auf einem Tigerfell) oder der Jaguar (der Chilam-Balam-Priester bei den Mayas), im Bergland der Bär oder der Puma, und in der Savanne der Löwe oder der Panther (Panthertänzer bei den Ägyptern und in Anatolien, Löwenbändiger-Motiv bei den Sumerern). Mit dem Großraubtier ist des öfteren das Feuer verbunden, was sicher darauf beruht, daß das Feuer ein Symbol für die Lebenskraft war.

Im Schamanismus, der sich in allen historischen, "naturnahen" Religionen sowie in fast allen alten Erzählungen, Legenden und Sagen findet, gibt es zwei Arten, das Nahtod-Erlebnis zu wiederholen und dadurch die Verbindung zu den Ahnen wiederherzustellen. Das eine ist die durch den Tanz hervorgerufene Ekstase und der zweite ist die Stille, die Versenkung. Die mit einem Panther-, Löwen- oder Bärenfell bekleideten Tänzer sind auf späteren Tempelbildern, in Mythen und in Märchen leicht zu finden wie z.B. der in einen Bären verwunschene Prinz in "Schneeweißchen und Rosenrot". Der in der Stille ruhende Schamane findet sich seltener dargestellt als der Tänzer und ist meist in ein Leichentuch gehüllt und hat die in seiner Kultur übliche Begräbnishaltung eingenommen - er "imitiert" also eine Leiche. Die bekannteste Vereinigung beider Wege bzw. die Zusammenfassung beider Bilder ist der Gott Shiva - der Gott des Tanzes und der Meditation.

Das Erlebnis der Wiedergeburt nach dem Beinahetod des Schamanen beruhte auf der damaligen Bilderwelt, insbesondere den Vorstellungen über den Tod. Der altsteinzeitliche Schamane erlebte vermutlich, wie er von Tieren (Angst, Gefahr, Tod) und vielleicht auch von den Ahnen in eine Höhle oder auf den Grund eines Sees (Jenseits) gezerrt und dort zerrissen, zerstückelt und gekocht wurde (Kannibalismus zur Erhaltung der Lebenskraft), wobei er z.T. über der Szene schwebte und dabei zusah (Astralreise), und schließlich von der Mutter aller Dinge neu geboren bzw. von den Ahnen wieder zusammengesetzt wurde und nun die Fähigkeit hatte, seinen Körper zu verlassen und mit seinem Astralkörper zu beliebigen Zielen zu reisen (Vogel), wobei er von seinem Krafttier und von dem Großraubtier begleitet wurde.

Aus dem Motiv der Reise über oder durch das tiefe Wasser ist das Bild des Schamanen als Jenseitsfährmann, der den Toten auf dem Weg ins Jenseits hilft, entstanden. Dieser spielt in den ägyptischen Totenbüchern eine große Rolle, aber ist vermutlich in der griechischen Mythologie als Charon am bekanntesten, und er ist auch noch heute vor allem im Christentum weit verbreitet: man legte dem Toten viele Jahrhunderte lang eine Münze unter die Zunge, damit sie damit den Jenseitsfährmann bezahlen konnten (was den Archäologen eine immer wieder wertvolle Datierungshilfe von Gräbern gibt). Dieser christliche Jenseitsfährmann ist auch heute noch bestens bekannt, auch wenn er zur Zeit nicht mehr für die große Reise ins Jenseits, sondern mithilfe von Talismanen, die ihn darstellen, für die kleinen Reisen im Alltag mit dem Auto um Hilfe angerufen wird: der Heilige Christopherus, der Christus über den Jenseitsfluß trägt. Leider wurde Sankt Christopherus 1984 durch einen päpstlichen Erlaß ersatzlos aus der Liste der Heiligen gestrichen, da man bemerkt hatte, daß es sich bei ihm nicht um eine historische Person, sondern um eine in das Christentum hineingeratene mythologische Gestalt handelt - was Sankt Christopherus allerdings nicht daran hindert, weiterhin allen, die ihn darum bitten, zu helfen.

Die Jenseitsreise ist das alles prägende Motiv in der gesamten frühen Literatur: die Legende von Isis und Osiris, das ägyptische Märchen vom verwunschenen Prinzen, das mesopotamische Gilgamesch Epos, die sumerische Erzählung von der Reise der Göttin Inanna in die Unterwelt, die Geschichten der germanischen Götter-Edda, die griechischen Erzählungen von Demeter und Persephone sowie von Orpheus und Eurydike, das Popul Vuh der Mayas; und das indische Rig-Veda und das persische Zend-Avesta waren wie die ägyptischen Pyramidentexte und das tibetische Totenbuch Anleitungen, wie man ins Jenseits gelangt und dort wiedergeboren wird. Die Reise ins Jenseits findet sich auch noch in unseren Märchen: Hänsel und Gretel, Frau Holle, Schneewitchen, die goldenen Brüder, die sieben Raben, die Rabin usw. - Im I Ging heißt es dazu: "Förderlich ist es, das Große Wasser zu überqueren."

Die Jenseitsreise als Kontaktaufnahme zu den Kräften der Ahnen (und später der Götter) sowie der Tiergeister findet sich auch noch des öfteren in historischer Zeit in frühen "standardisierten" Biographien in symbolischen Formen als Wasserüberquerung. So erhielt die sumerische Göttin Innana ihr magische Kraft, nachdem sie in einem Baumstamm eingeschlossen den Euphrat hinabtrieb. Sargon von Akkad, ein mächtiger mesopotamischer König, erzählt in seiner (idealisierten) Biographie, daß er über die beiden Flüsse reiste und dadurch seine Macht erhielt. Und im Christentum ist die Geschichte von Moses, der in einem Weidenkorb auf dem Nil ausgesetzt wurde und später große magische Kräfte erhielt, ja bestens bekannt.

Diese Szenerie ist das Grundmotiv des über die ganze Erde verbreiteten Schamanismus. Dies muß nicht notwendigerweise bedeuten, daß der Schamanismus noch älter ist und aus der Zeit von vor 1.500.000 Jahren stammt, als sich der Stammbaum der Hominiden noch nicht aufgespalten hatte, denn die dem Schamanismus zugrundeliegenden Erfahrungen, also die Seelenvorstellungen, die Ahnen, die Mutter aller Dinge, der Fruchtbarkeitszauber und schließlich das Beinahetod-Erlebnis und die Astralreise, waren überall vorhanden bzw. konnten an vielen Orten unabhängig voneinander erlebt und zu demselben Bild kombiniert werden.

Mit der "dunklen Seite" der Mutter aller Dinge ist vermutlich das Großraubtier eng verbunden, das die größte Gefahr für die damaligen Menschen darstellte. In den frühen historischen Religionen findet sich das Großraubtier auch oft in Verbindung mit der Urgöttin und mit dem Weltenbaum, mit dem sie in der Jungsteinzeit verbunden war. In den mesopotamischen Religionen finden sich schon um 7.000 v.Chr. Darstellungen einer sitzenden Frau, neben der sich links und rechts ein Panther befindet oder die auf einem Stuhl sitzt, dessen Armlehnen an ihrem vorderen Ende als Pantherköpfe geschnitzt sind. Entweder bewachte diese Zweizahl von Großraubtieren den Eingang zum Jenseits oder, was wahrscheinlicher ist, einer von ihnen war ein "heller" Löwe und einer ein "dunkler" Löwe, entsprechend den beiden Seiten der Mutter aller Dinge: Leben und Tod. Das Paar von Großraubtieren ist sehr wahrscheinlich aber ein Motiv, des erst in der Jungsteinzeit wichtiger wurde. Es findet sich in vielen Mythologien, u.a. anderem auch in der germanischen Mythologie, wo Freyas Wagen von zwei Katzen gezogen wird.

Die Wiedergeburtssymbolik des Schamanismus wird nach und nach auch in andere Zeremonien Eingang gefunden haben - möglicherweise aber erst deutlich später. So läßt sich bei vielen Naturvölkern das "Sterben und Auferstehen"-Motiv in den Ritualen, die bei der Aufnahme der Jugendlichen in den Kreis der Erwachsenen abgehalten werden, nachweisen (Erleiden von Schmerzen, Prüfungen, Entbehrungen = Tod; Erwachsenwerden, Heiratsfähigkeit = Auferstehung).

In diese Zeit vor ca. 250.000 Jahren fällt vermutlich auch die Entstehung der Schwitzhütten, die sich später bei den Nachkommen dieser Neandertaler in ganz Nordeurasien und in Nordamerika finden. Diese Schwitzhütte ist eine kleine kugelförmige Hütte, die aus Stöcken gefertigt und mit Fellen bedeckt ist, in der bis zu ungefähr einem Dutzend Menschen Platz haben und in die glühende Steine hineingetragen werden, über die dann Wasser gegossen wird (also der Vorläufer unser nicht-spirituellen Sauna). In der Schwitzhütte wird gesungen (gechantet: kurze, immer wiederkehrende Zeilen mit einfachen Melodien) und gebetet und man braucht niemandem, der einmal an einer Schwitzhüttenzeremonie teilgenommen hat, zu erklären, daß die Schwitzhütte der Bauch von Mutter Erde ist. Die Wirkung der Schwitzhütte ist es, das Urvertrauen und die Geborgenheit und somit die innere Ruhe und Fülle wiederzufinden. Man könnte sie als eine Kommunion mit der Mutter aller Dinge und mit den Ahnen beschreiben - was genau das ist, was man aufgrund der Erlebnismöglichkeiten und des Weltbildes der Neandertaler zu dieser Zeit als ihr Ziel vermuten sollte. Die Schwitzhütte als eine Zeremonie des Feuers paßt ebenfalls sehr gut in diese Epoche, in der das Feuer aufgrund des kälteren Klimas immer wichtiger wurde und in der aufgrund der Kälte Zelte und einfache Hütten eine große Hilfe beim Überleben gewesen sein werden.

Das Feuer als Symbol des Lebens wird vermutlich nun ebenfalls von größerer Bedeutung geworden sein, da es für das Überleben in den kälteren Gebieten immer wichtiger wurde. Die Vorstellung von heiligen Feuern findet sich später vor allem bei den Indogermanen: die keltischen Jahresfeste waren Feuerfeste (Fest=fest und Feier=Feuer, d.h. Feuer zu festen Terminen), die arische Religion im Iran war ein Feuerkult, zur Zeit des indischen Rig-Vedas wurde vor jeder Zeremonie Agni, der Gott des Feuers angerufen und jede Zeremonie enthielt mehrere rituelle Feuer, bei den Römern wachten die Vestalinnen über die Tempelfeuer usw.

Vermutlich hat auch die tibetische Tummo-Meditation in diesen Feuerzeremonien ihre fernsten Wurzeln. Dies ist eine Feuer-Meditation, die mit der Göttin Tara verbunden ist, und durch die man sich auch im tiefsten Winter durch das Erwecken des Kundalini-Feuers warmhalten kann und die in dem Meditierenden auch dem Urvertrauen eng verwandte Bewußtseinszustände hervorruft,. Man könnte das Tummo eine Meditation über das Feuer der Göttin nennen. Allgemein ist es in der Meditation auch heute noch so, daß die Meditationen, in denen der Atem mit der Vorstellung von Feuer verbunden wird, die effektivsten und daher auch die am weitesten verbreiteten sind - und daher wahrscheinlich auch die ältesten, zumal ihre Symbolik gut in die Altsteinzeit paßt.

Es ist gut denkbar, daß schon zu dieser oder zu noch früherer Zeit den damaligen Menschen der Zusammenhang des Mondzyklus mit der Menstruation und die besondere, spannungsgeladene (astrologische) Qualität des Vollmondes aufgefallen ist.

-200.000 Die nun voll entwickelten Neandertaler dehnen ihren Lebensraum zumindest saisonal auf die Zonen mit sehr harten subarktischen klimatischen Bedingungen in Nordchina und der Mongolei aus, wo sie hauptsächlich von der Rentier- und Mammutjagd lebten. Neben dem inzwischen deutlich größeren Körpergewicht wurde ihnen dies durch Fortschritte in der Herstellung von warmer Bekleidung und von Zelten möglich. Die Jagd auf das Mammut zeigt, wie effektiv die Neandertaler inzwischen mit ihren Faustkeilen und ihren Holzspeeren, die noch ohne Steinspitzen waren, umgehen konnten. Sehr wahrscheinlich haben sie auch das Feuer für Treibjagden eingesetzt.

-150.000 Um diese Zeit begann ein Teil der Neandertaler aus der Mongolei weiter nach Westen zu wandern bis sie schließlich den Ural überquerten und vor ca. 100.000 Jahren Nordeuropa erreichten. Diese Neandertaler bildeten das Volk, von dem die gesamte sogenannte kaukasische Sprachfamilie, zu der auch das Indogermanische gehört, abstammt. Zu dieser Zeit entdeckten die Neandertaler, wie sie ihre hölzernen Jagdwaffen durch Einsätze von Holz und Knochen verbessern konnten, was die Effektivität dieser Waffen beträchtlich erhöhte.

Die übrigen Neandertaler, die in Nordchina und der Mongolei blieben, waren die Ahnen der nordostasiatischen Sprachfamilie, von der sich ca 115.000 Jahre später, also etwa um 35.000 v.Chr. die Vorfahren der Indianer abspalteten und über die damals während der Eiszeit mit ihrem niedrigen Meeresspiegel trockene Beringstraße nach Nordamerika und dann innerhalb von ca. 10.000 Jahren weiter bis nach Feuerland im Süden Südamerikas wanderten.

Das Wort "ma-liq'a" bedeutet in den Indianersprachen nun auch allgemein "trinken" und wird von diesem nach Amerika ausgewanderten Zweig zunehmend auf die Bedeutung "schlucken" erweitert und auch für den Hals und die Kehle, also den schluckenden Körperteil verwendet. Die Eskimos, die später als die Indianer um ca 15.000 v.Chr. auch von der Mongolei aus nach Alaska zogen, haben wie die übrigen Völker des nordostasiatischen Zweiges, von denen sich die der Indianer zu Beginn ihrer Wanderung nach Amerika abgespalten hatten, eine ältere, näher am Ursprung liegende Bedeutung von "ma-liq'a", nämlich "saugen" beibehalten und sprechen das Wort nun "melug" aus.

-100.000 Als die kaukasischen Völker Nordeuropa erreichten, blieben die Lappen bis heute in Finnland, bei denen sich die nomadische Lebensweise mit inzwischen (seit der Jungsteinzeit) aber der Zucht von Rentieren und nicht mehr der Jagd nach ihnen und den Mammuts erhalten hat.

Bei den Lappen verschob sich die "säugen, trinken" lautende Bedeutung von "ma'liq'a", das bei ihnen nun "mälke" lautet, hin zu "(weibliche) Brust", also dem Organ, an dem gesaugt wird.

Von der Besiedlung durch die Neandertaler um diese Zeit stammt vermutlich auch das Baskische ab, das noch heute in Nordspanien gesprochen wird, das wie die Sprache der Lappen in Finnland und das mit dem Finnischen verwandte Ungarische eine vorindogermanische Sprache ist.

-60.000 Im Verlauf der letzten 40.000 Jahre hat sich aus dem Neandertaler und seinen Verwandten, die sich vermutlich mit der "Urbevölkerung" vermischten, die bereits viel früher von Süden her Europa besiedelt hatte, der heutige Mensch, der Homo sapiens entwickelt, der deutlich schlanker und größer ist und dessen Gebiß sich noch einmal weiter zurückgebildet hat und der nun eine aufrechte Stirn und keine nach hinten fliehende Stirn wie der Neandertaler mehr hat.

-40.000 Durch die Höhlenbilder, die der Homo sapiens damals zu malen begann und die bis heute vor allem in Südfrankreich und Nordspanien erhalten geblieben sind, erhalten wir zum ersten Mal direkten Einblick in die Vorstellungswelt unserer Vorfahren. Diese Gemälde wurden bis zum Ende der Eiszeit vor 12.000 Jahren angefertigt. Es finden sich in ihnen Darstellung von Tieren, die in ihrer Häufigkeit aber weder ihrem natürlichen Vorkommen noch dem damaligen Speiseplan des Homo sapiens entsprachen und folglich etwas anderes ausdrücken sollten, und ganz vereinzelt auch Abbildungen von Menschen: Darstellungen von recht beleibten Frauen (Fruchtbarkeit), Frauen mit einem Kuhhorn in der Hand ("Füllhorn" - Fruchtbarkeit), verschiedenste Mischformen von Frau und Kuh (die Ursprünge der später weltweit verbreiteten Kuhgöttinnen), ein aufrechter Frauenoberleib etwa ab dem Nabel, aus dem nach unten ein umgekehrter, aber ansonsten identischer Frauenleib ragt (in etwa wie bei einer heutigen Skat-Karte; zweifache Mutter aller Dinge: nach oben = Diesseits/Oberwelt, nach unten = Jenseits/Unterwelt); Tänzer, die halb Tiergestalt haben (Hirsch - vermutlich Jagdzauber; Löwe - vermutlich Schamane); Wasserpflanzen (Wasserunterwelt). Die Höhlen, in denen diese Bilder angebracht waren, lagen oft weit unter der Erde und waren z.T. nur sehr schwer zugänglich (Symbolik der Unterwelt, des Ahnenreiches und der Höhle/Fruchtbarkeit/Mutter aller Dinge).

-40.000 bis -35.000 Während des niedrigen Meeresspiegels während der letzten Eiszeit (in der sehr viel Wasser im Festlandeis gebunden war) war die Meeresenge zwischen Celebes und Australien wesentlich enger als heute, sodaß die dort die ersten Menschen, die in den Küstengebieten nun mit einer ausgedehnteren Schifffahrt mit einfachen Flößen begannen, die vermutlich gerudert wurden, nach Australien übersetzen.

Um etwa -35.000 wanderten auch die Indianer über die Beringstraße zwischen Sibirien und Alska, die damals wegen des niedrigen Meeresspiegels trockenlag, nach Nordamerika hinüber. Das Motiv der langen Wanderung, die nun bis hin zur Südspitze von Südamerika begann, findet sich in den Mythen einer ganzen Reihe von Indianerstämmen - recht bekannt sind die Erzählungen der Hopis und der Navahos über diese lange Wanderung. Die eng mit der Kuh verbundene Mutter aller Dinge findet sich auch in vielen Schöpfungsgeschichten der Indianer - bei den Dakota (Lakota, Sioux) ist es Pte-san-win, die Weiße Büffelfrau, die den Menschen zum Beginn der Zeit die Heilige Pfeife, das Tipi und alle anderen wichtigen Dinge des Dakota-Alltags und vor allem ihre Lebensweise, ihre Art, im Einklang mit der Welt zu sein brachte - aber das gehört schon zur Jungsteinzeit.

-35.000 Die Menschen in Europa begannen nun auch Frauenstatuetten, die "Mutter aller Dinge" aus gebranntem Ton herzustellen. Möglicherweise haben sie auch länger vorher, aber nicht allzulange, Statuetten aus ungebranntem Ton hergestellt, die dadurch aber sehr vergänglich waren. Vermutlich werden die ersten ungebrannten Tonstatuetten nicht allzuweit vor -35.000 zurückreichen, da bei einer Population in subarktischen, kalten Gebieten, die so existentiell auf das Feuer angewiesen waren, die Entdeckung, daß Ton im Feuer viel härter als vorher wird, nicht lange verborgen bleiben konnte.

Hier liegt der Ursprung für die Mythen der verschiedenen Töpfergöttern wie des altägyptischen Ptah, die die Menschen auf einer Töpferscheibe aus einem Lehmklumpen formte - und auch die Wurzeln von dem alttestamentlichen Gott, die die ersten Menschen aus Ton erschuf.

4. Kapitel, 4. Abschnitt: Malkuth - Hod

Dieser Pfad stellt die Wirkung des Verstandes auf die Umwelt dar. Er beschreibt somit vor allem den technischen Fortschritt: auf seiner unteren, altsteinzeitlichen Hälfte gehört dazu die Benutzung von Stöcken und Steinen, die Erfindung des Faustkeils, die Entwicklung der Sprache, die Erfindung der Kleidung usw. Auf seiner oberen, jungsteinzeitlichen Hälfte zählt zu den Errungenschaften dieses Pfades vor allem das Denken in Analogien und die komplexer werdende Sprache, die Entstehung eines differenzierten Handwerks mit seiner ausgedehnten Sachkenntnis (Ackerbau, Hausbau, Kleidung, Keramik, Fischfang, Jagd, Tierzucht, Nahrungs-Lagerhaltung ...).

4. Kapitel, 5. Abschnitt: Yesod - Hod

-30.000 Ein Teil des in Europa bis hin zum Ural lebenden Homo sapiens zog aus dem kalten, eiszeitlichen Norden weiter nach Süden bis nach Mesopotamien, wo sie die Nachfahren ihrer Urururahnen fanden, als sie am Anfang ihrer Wanderung vor 1.000.000 Jahren dort von Westen nach Osten entlanggezogen waren. Ihre Wanderung war nun zu einem vollständigen Kreis gegen den Uhrzeigersinn um die Gebirge des Himalayas und Tibets und ihre Ausläufer geworden. Vermutlich hatte der von Europa nach Mesopotamien einwandernde Homo sapiens die überlegenere Kultur - jedenfalls setzte sich seine Sprache in Mesopotamien gegen die der dort einheimischen Jäger und Sammler deutlich durch.

In Mesopotamien, insbesondere an den Hängen und in den Tälern der das Tiefland umgebenden Gebirge, wuchsen viele Gräser mit Körnern, deren Sammeln sich lohnte. Dies zeigt sich sehr deutlich an den aus dieser Zeit stammenden steinernen Schneidegeräten, die "Sichelglanz" zeigen, der entsteht, wenn man mit Stein sehr viele Halme schneidet und sich Halmteile und -substanzen in die Steinoberfläche einzulagern beginnen. Solche "Steinsicheln", mit denen die Urformen des heutigen Getreides geerntet wurden, wurden in Anatolien, Syrien, Palästina, und an den Hängen des Zagros-Gebirges gefunden, also rund um das obere Ende des Zweistromlandes, daß damals noch etwa ein viertel kleiner war, da der Euphrat und der Tigris das Delta jedes Jahr ein paar Meter weiter in das Meer hinaus aufschütten. Es wird um diese Zeit vermutlich auch schon den Dreschflegel zum Entspelzen der Getreidekörner gegeben haben.

Diese Erfindung des gezielten Sammelns von Getreidekörnern markiert das Ende der Altsteinzeit und den Beginn der Mittelsteinzeit.

Zugleich wurde Jagd auf Gazellen und Wildziegen betrieben, die in großer Zahl in diesem Grasland lebten - zum einen war ihr Fleisch eine wertvolle Nahrungsergänzung und zum anderen waren sie Futterkonkurrenten bezüglich der körnertragenden Gräser. Aus dieser Zeit ist ein Erntegerät erhalten geblieben, daß aus einem Stab mit einer an ihm befestigten steinernen Sichel besteht und dessen hölzernes Griffende mit einem geschnitzten Gazellenkopf verziert ist.

In Vorderasien wurde das Sammeln nun im Verhältnis zur Jagd immer wichtiger, wobei neben den Körnern auch Hülsenfrüchte gesammelt wurden. Zum einen boten die Gräser einen relativ sicheren Nahrungserwerb und zum anderen waren die Körner und die getrockneten Hülsenfrüchte gut lagerbar und somit als Vorrat für Notzeiten gut geeignet.

Um diese Zeit wurde der Brennofen entwickelt und die mit seiner Hilfe hergestellten Statuetten wurden sowohl größer als auch wesentlich zahlreicher. Es finden sich Statuetten von Frauen, die meist unbekleidet sind, Statuetten von Rindern, Pferden, Bären, Katzenraubtieren und weiter im Norden in den kälteren Zonen auch noch Statuetten von Mammuts. Lediglich die Frauenstatuetten wurden zu dieser Zeit auch schon aus haltbareren, wertvolleren und schwerer zu bearbeitenden Materialien wie Stein, Knochen und Elfenbein hergestellt, was deutlich zeigt, daß die Frau (Mutter aller Dinge) noch immer die zentrale Gestalt in den Vorstellungen der damaligen Menschen war.

Bis zu dieser Zeit fanden sich nur Lagerplätze von einem oder zwei Haushalten, also von Kleingruppen von zehn bis zwölf Personen, was allerdings nicht bedeutet, daß sich die Neandertaler und vor ihm der Homo erectus nicht zu bestimmten Anlässen auch einmal zu größeren Gruppen versammelte. Solche Versammlungen sind ja selbst im Tierreich sehr häufig zu beobachten: bei den Bussarden, den Adlern, den Eulen, den Rehen, den Wildschweinen, den Bären, den Elephanten, den Walen und vielen anderen. Zu einem kleinen Teil scheint dies mit der Paarung zu tun zu haben, zu einem weit größeren Teil scheinen diese Treffen aber "kommunikativen" Charakter zu haben, was insbesondere von den im Abstand von mehreren Jahren stattfindenden Treffen der Elephanten eingehender untersucht worden ist, bei denen diese Treffen den kollektiven Verhaltenskodex aufrecht zu erhalten scheinen - zumindest wurden

Jungtiere, die mehrmals nicht zu diesen Treffen gelangen konnten, deutlich aggressiver und orientierungsloser und hatten Probleme, sich in die Gruppe einzuordnen.

Es scheint so, als ob die Tiere bei diesen Treffen gewissermaßen ihren "Tiergeist", dem auch der Schamane bei seinen Reisen begegnen kann, durch ihre "Tänze", ihre Laute, ihr gegenseitiges Beschnüffeln und ähnliches anrufen und dadurch sozusagen ihre positiven Qualitäten ausdrücken. Dies ist eine Verhaltensweise, die weitgehend auf die Säugetiere (und einige Vogelarten) beschränkt zu sein scheint, deren wichtigste Qualität ja die Gemeinsamkeit und der Gruppengeist ist, der sich aus dem Austragen und dem Stillen und der intensiven Pflege der Jungen ergibt. Bei den Herdentieren fällt dies Verhalten nicht weiter auf, da sie stets in großen Gruppen zusammenleben, aber bei den Einzelgängern und den "Kleingruppentieren" sind diese Treffen doch markante Ereignisse. Diese Treffen entsprechen ganz der "Verehrung" und der großen Bedeutung, die die Mutter aller Dinge für die Menschen hatte (und hat - man denke z.B. an den Marienkult). Man kann diesen "Tiergeist" und die "Mutter aller Dinge" durchaus auch als das Urbild in dem kollektiven Unterbewußtsein in der betreffenden Tierart bzw. der Menschen auffassen.

Es ist durchaus wahrscheinlich, daß es solche Treffen, die mehr oder weniger Festcharakter hatten, bereits vor 2.000.000 Jahren beim Australopithecus gab und daß diese "Feste" über den gemeinsamen Vorfahren von Menschen und Schimpansen und die ersten Primaten bis hin zu den Anfängen der Säugetiere zurückreicht. Die vor etwa 600.000 Jahren entstandene Festlegung der Paarungszeit des Homo erectus auf ca. die Sommersonnenwende in den nördlicheren Gebieten wird sich vermutlich als "Spezialisierung" dieser Art von "Festen" herausgebildet haben.

Durch die verbesserte Ernährungslage finden sich nun um -35.000 auch immer öfter Lager von ganzen Gruppen von Haushalten (Lagerplätze, Zelte) und auch die ersten Festhütten, in denen Plätze für 8x2 Haushalte zu je etwa 5 Personen, also für immerhin 80 Menschen war. Diese Gruppenlager waren die ersten Anfänge der späteren jungsteinzeitlichen Dörfer und in den Festhütten zeigt sich die große Bedeutung der gemeinsamen Treffen der "Sippe", deren Mitglieder normalerweise in Kleingruppen von ca 10 Personen lebten. In den Festhütten fanden diese Treffen nun ihren ersten architektonischen Ausdruck. Die Wichtigkeit dieser Treffen zeigt sich auch darin, das die Menschen damals die doch recht große zusätzliche Anstrengung auf sich nahmen, diese Festhütten zu erreichen.

Die Feste in diesen Hütten lassen sich natürlich nicht detailliert rekonstruieren, aber es gibt doch einiges, was man als wahrscheinlich annehmen kann:

- die zweifache Mutter aller Dinge wird eine zentrale Rolle gespielt haben;
- der Schamane wird vermutlich eine leitende Funktion gehabt haben und durch eine Trancereise/Astralreise die Verbindung zu den Ahnen hergestellt haben;
- es wird Tänze gegeben haben, durch die sich die Einzelnen mit ihrem Krafttier verbanden oder durch die die Kraft des Großraubtieres oder die Fruchtbarkeit der Herdentiere (Rinder) gerufen werden sollte und wahrscheinlich auch Tänze, die sich auf den Ertrag der Körnergräser bezogen - möglicherweise verbunden mit der Mutter aller Dinge als die Erde selber;
- es ist gut denkbar, daß auch das nun schon 600.000 Jahre alte "Paarungsfest", das ungefähr zur Sommersonnenwende stattfand, in diesen Festhütten gefeiert wurde;
- wenn, wie man annehmen kann, die Qualität des Vollmondes bereits bekannt gewesen ist, dann ist es wahrscheinlich, daß man einen Vollmond als Termin für dieses Fest ausgewählt haben wird, um seine Spannung für das Fest zu nutzen;
- im Zusammenhang mit den Tänzen wird es auch rhythmisches Rufen, Tierstimmennachahmungen oder Frühformen von Gesang vermutlich in der Art des Chantens, also des ständigen Wiederholens kurzer Zeilen mit einfacher Melodie gegeben haben;
- das frühaltsteinzeitliche Bemalen des Körpers mit rotem Ocker als Zeichen der Lebenskraft ist ebenfalls sehr wahrscheinlich (es hat sich noch bis in die Frühzeit der ägyptischen Kultur erhalten und ist von vielen Naturvölkern von Afrika über Asien und Australien bis nach Amerika bekannt);
- die Verwendung von Statuetten der Mutter aller Dinge und von verschiedenen Tieren, insbesondere Großraubtier und Herdentieren als "Körper", in den man den entsprechenden Geist bzw. die Mutter aller Dinge hineinrief, ist ebenfalls recht wahrscheinlich (dieses Hineinrufen, also Invozieren findet sich später in fast allen Religionen wieder);
- rituelle Feuer sind ebenfalls zu erwarten, da sie von vielen Nachfahren dieser jungsteinzeitlichen Festgesellschaft, insbesondere von den Indogermanen gut bekannt sind, und das Feuer bei den Vorfahren dieser Festgesellschaft in den kalten subarktischen Gebieten sicherlich eng mit dem Leben assoziiert worden sein wird;

- ein gemeinsames Mahl ist auch sehr wahrscheinlich;
- ebenso ein rituelles Getränk, da solche Getränke sehr weit verbreitet sind und mit die Milch, mit der man von der eigenen Mutter gesäugt wurde, assoziert wurde, und weiterhin mit der Vorstellung, daß die Toten im Jenseits von der Mutter aller Dinge wiedergeboren und gesäugt werden und somit ihr "ewiges Leben" erhalten, verknüpft war - das gemeinsame Trinken dieses Getränkes stellt das Urvertrauen in Gruppe wieder her und hat somit reinigenden, klärenden und integrierenden Charakter;
- es ist anzunehmen, daß in den Ritualen und in den Liedern die nun bereits mindestens 750.000 Jahre alte Einteilung des menschlichen Daseins in Taten, Worte und Gedanken/Bewußtsein eine wichtige Rolle spielte.

Es ist denkbar, daß solche rituellen Getränke, die ja von vielen Indogermanen (Nektar und Ambrosia bei den Griechen, Soma bei den Indern, Met bei den Germanen), von den Ägyptern (Milch der Hathor), von den Mayas (Balché-Trunk) und auch von den sibirischen Völkern bekannt sind und denen verschiedene magische, heilende, unsterblich machende und erleuchtende Wirkungen zugeschrieben werden, schon deutlich länger gegeben hat. Da diese Völker ihren gemeinsamen Ursprung gerade bei dem Homo erectus in China vor 600.000 Jahren haben, wäre es denkbar, daß sich in dieser Zeit das ursprüngliche Bild der Milch, mit der die Babys gesäugt wurden, zu einem Symbol der Lebenskraft weiterentwickelt hat, das möglicherweise in Fruchtbarkeitszaubern eine Rolle gespielt haben könnte.

Die ursprüngliche Symbolik des rituellen Getränkes, das bei diesen Festgesellschaften getrunken wurde, war sicherlich die Milch der Mutter aller Dinge. Neben der Milch finden sich in den späteren, aus historischen Zeit bekannten Rezepten für die Herstellung dieses Trankes vor allem zwei weitere Zutaten sehr häufig: Honig und verschiedene bewußtseinsverändernde Pflanzen ... man nennt das Paradies ja auch "das Land, in dem Milch und Honig fließen".

Es ist also recht wahrscheinlich, daß sich vor 30.000 Jahren u.a. zur Sommersonnenwende ca. 80 Menschen, die sich mit rotem Ocker bemalt hatten und von denen vermutlich etwa die Hälfte erwachsen war, in einer großen Festhütte trafen, in dem Statuetten der Mutter aller Dinge und von Löwen, Panthern, Bären, Rindern und Hirschen standen. Nachdem ein oder mehrere rituelle Feuer entzündet worden waren, rief der Schamane die Mutter aller Dinge und die Tiergeister in ihre Statuen und bat sie um Hilfe und Unterstützung. In der Festhütte wurde von allen gemeinsam ein rituelles Getränk getrunken, das alle miteinander und mit der Mutter aller Dinge verband und so in der Gemeinschaft das Urvertrauen, das größte Geschenk der Mutter aller Dinge, wiederherstellte. Danach wurde wahrscheinlich getanzt und dazu gesungen (gechantet) oder rhythmisch gerufen, um sich mit dem eigenen Krafttier zu verbinden und die Mutter aller Dinge um Fruchtbarkeit für die Gräser und die Hülsenfrüchte und die Jagdtiere zu bitten. Der Schamane wird vermutlich (wie die späteren Panthertänzer und Berserker) für sich selber das Großraubtier, also den Löwen oder den Bären gerufen und folglich dessen Tanz getanzt haben. Entweder danach oder davor wird der Schamane die Verbindung zu den Ahnen, vermutlich durch eine Astralreise oder eine ähnliche Trance, wiederhergestellt haben und im Anschluß daran möglicherweise Heilungen oder Weissagungen, also Botschaften der Ahnen an bestimmte Personen, übermittelt haben.

Ein Abkömmling dieser Feste mit ganz ähnlichem Charakter ist die Schwitzhütte, die sich bei den ganzen Völkern in Nordeurasien und in Nordamerika findet. Ihr Zweck und ihre Wirkung ist ebenfalls die Verbindung mit den Ahnen, mit der Mutter aller Dinge und das Wiederfinden des Urvertrauens.

In dieser Kultur liegt die gemeinsame Wurzel des Schamanismus der Indogermanen, der semitischen Völker (z.B. Ägypter) und hamitischen Völker (z.B. Berber) sowie der mesopotamischen Völker und den präindogermanischen Bewohnern von Afghanistan und Indien (Drawiden). Hier in diesen Schamanen in den Festhütten findet sich der gemeinsame Vorfahre des altägyptischen Sem-Priesters, der eingehüllt in ein Leichentuch reglos dasitzt und in das Jenseits reist, der Panthertänzer aus Mesopotamien, des in Ekstase tanzenden Odin und die von ihm gesegnete Gemeinschaft der Berserker, des germanischen Gottes Bragi, der keltischen Druiden, des keltischen Gottes Cernunnos, des griechischen Orpheus, des Dyonisos, des baylonischen Tammuz, der indischen Brahmanen (das Wort hat denselben Stamm wie der Name des germanischen Gottes Bragi), und wie Shiva, der die schamanische Symbolik noch sehr vollständig enthält: Shiva meditiert (der Weg der Versenkung), er ist der Gott des Tanzes (der Weg der Ekstase), er ist der Gott des Feuers (die Lebenskraft), er sitzt auf einem Tigerfell (Großraubtier als Krafttier des Schamanen), er meditiert auf den Gipfeln des Himalaya (Weltenberg: Verbindung zu den Göttern), er meditiert auf Begräbnisplätzen (Verbindung zum Jenseits), er beherrscht die Kundalinischlange (Schlange als Jenseitsführerin), er ist der Gott des Tantras (="Sexual-Yoga": Symbolik der Zeugung der eigenen Seele im Jenseits) und er ist der Gott des Dritten Auges (Fähigkeit zum Hellsehen, zu Visionen und zur Jenseitsreise).

Die Vorstellung, daß der Tote durch seine Vereinigung mit der Mutter aller Dinge im Jenseits seine eigene Seele zeugt, reicht wahrscheinlich zumindest bis in diese Zeit zurück, da sich diese Vorstellung sowohl bei den Indogermanen als auch bei den Ägyptern finden läßt.

Die deutlichste Szene bei den Indogermanen, die sich auf diese Vorstellung bezieht, ist vermutlich die Reise von Odin zu dem Berg der Riesen, die den Asen den Unsterblichkeit verleihenden Göttermet gestohlen hatten. Dort an diesem Berg verwandelt sich Odin in eine Schlange und kriecht durch eine Höhle ins Innere des Berges, verwandelt sich dort in seine menschliche Gestalt zurück, vereint sich mit der Tochter des Riesen, die den Göttermet bewacht, verwandelt sich daraufhin in einen Adler, raubt den Göttermet und fliegt nach Asgard zurück.

Hier findet sich die Jenseitsreise (nach Utgard, wo die Riesen wohnen), der Weltenberg, in dem die Seelen der Verstorbenen weilen (der Berg der Riesen), die Schlange als Jenseitsbotin, die Vereinigung mit der Jenseitsgöttin (hier in der Gestalt einer Riesentochter), die lebensspendende Milch der Göttin (hier der von der Riesentochter bewachte Göttermet) sowie die Verwandlung in einen Seelenvogel nach der Vereinigung und der Erlangung des Göttermets (Adler).

Als weiterentwickeltes Motiv findet sich diese Vorstellung im indischen Tantra (Yoga, der unter anderem die Sexualität zur Erlangung der Erleuchtung benutzt) und in den Darstellungen der Vereinigung von Gott und Göttin (Shiva und Shakti, Geb und Nut), sowie in der sogenannten "Tempelprostitution", die von Kleinasien bis hin nach Indien weit verbreitet gewesen ist - wobei diese von christlich geprägten Forschern stammende Bezeichnung ziemlich irreführend ist. Diese "erotischen Tempelrituale" waren eine Einrichtung, in der sich Frauen und Männer im Tempel rituell vereinigten, um den Segen der Göttin zu erhalten. In der Regel waren die Frauen für eine bestimmte Zeitspanne in dem Tempel und hatten dort vorübergehend Priesterinnenfunktion. Das Vorbild dafür war die weitverbreitete Tradition der Vereinigung des Königs mit der Hohepriesterin in dem Tempel auf der Spitze der Pyramide, um dem Land, den Menschen, den Pflanzen und den Tieren Fruchtbarkeit zu sichern. In der ägyptischen Jenseitsvorstellung findet sich ebenfalls recht häufig die Vorstellung, daß der Tote seine eigene Seele zusammen mit der Mutter aller Dinge zeugt. Die bekannteste Szene dieser Art stammt vermutlich aus der Legende von Isis und Osiris, in der sich Isis mit dem toten Osiris vereint und daraufhin den Falkengott Horus, den Sohn und die Seele des Osiris gebiert.

Da sich auch in den zeitgleichen bzw. bis zu 5.000 Jahren älteren Höhlenbildern in Westeuropa das Motiv des Mannes mit erigierten Glied findet, und dieser Mann in einem Fall recht deutlich tot ist, wird diese Vorstellung möglicherweise noch etwas älter sein. Es lag nun ja nicht fern, die Wiedergeburt mit einer Zeugung in Zusammenhang zu bringen, aber da da diese Assoziation nicht erklärt, auf welche Art die Frauen ihre Seele erlangen bzw. wiedergeboren werden können, wird die Zeugung im Zusammenhang mit der Wiedergeburt möglicherweise solange eine eher unwesentliche Assoziation gewesen sein, bis die Männer in eine dominantere Rolle gekommen sein werden, was erst mit dem Beginn der Epoche des Königstums der Fall war.

Unter den verschiedenen "religiösen Versammlungen", deren Vorläufer sich schon bei den Säugetieren allgemein finden, gab es auch eines um die Zeit der Sommersonnenwende herum, das sexuelle, orgianartige Züge hatte und auf die inzwischen 600.000 Jahre alte Tradition der festgelegten Paarungszeit in dem kalten Nordeurasien zurückging. Vermutlich wird das Seelenzeugungsmotiv z.T. in diesem Fest wurzeln. Auch die sogenannte "Tempelprostitution" und die Vereinigung von König und Hoherpriesterin auf dem Tempelberg sind Weiterentwicklungen dieser alten Feste, deren Bedeutung sich nun in einer ackerbauenden Kultur um die Sicherung der Fruchtbarkeit für Tiere und Felder erweitert hat.

Es ist recht wahrscheinlich, daß man damals in Mesopotamien schon ein einfaches Bier kannte, daß sich aus der spontanen Vergärung von Mehl in Wasser entstanden war. Falls nicht schon vorher die Vergärung von Honig in Wasser zu einem "Ur-Met" entdeckt worden war, was aufgrund der Seltenheit des Honigs und der Wahrscheinlichkeit, daß man ihn gleich gegessen haben wird, eher unwahrscheinlich ist, dürfte der Genuß von Alkohol also ca. 30.000 Jahre alt sein. Für die 25.000 Jahre später lebenden Ägypter im Pharaonenreich war Bier ein ganz normales Getränk: So wie man heute "Wasser und Brot" sagen würde, gab es bei den Ägyptern die feststehende Redewendung "Brot und Bier".

Das Wort für "Mutter" wird zu dieser Zeit "ma" gelautet haben, das Wort für "lecken, saugen, trinken" sehr wahrscheinlich "leg", und das Wort für "säugen, an der Mutterbrust trinken" demzufolge "ma-leg".

Es gibt noch eine Reihe weiterer Worte, die aus dieser Zeit stammen. So leitet sich das Wort Wein zusammen mit vielen anderen Bezeichnungen für diese Pflanze und dieses Getränk wie z.B. das italienische vino oder das russische vinograd von dem indogermanischen "woi-no" ab. Das entsprechende Wort in den frühen semitischen Sprachen lautete "wajnu", im Ägyptischen "wanes", im Kartwelischen "wino" und im hethitischen "wijana". Diese Worte gehen auf eine Urform, die in etwa "wajna" (Wein) gelautet hat. Unter anderem zeigt diese Sprachverandtschaft, daß der Wein (spätesten) zu der Zeit, als die betreffenden Sprachen noch eins waren, also vor ca. 30.000 Jahren erfunden wurde.

Ein anderes aus dieser oder aus noch früherer Zeit stammendes Wort ist die Negation "ne", von der z.B. unser "Nein, nie, nichts, un-" und auch die Altägyptische Negationspartikel "nen" abstammen. Ein weiteres Wort, das aus dieser Zeit stammt, ist das Wort für Erde, das in etwa "adam" gelautet hat. Das Besondere an diesem Wort ist, daß es sowohl die Erde, also den Erdboden, als auch den Menschen, sozusagen den "Erdling" bezeichnet hat. Nachkommen dieses Wortes mit doppelter Bedeutung finden sich z.B. im Hebräischen, in dem "adam" Mensch bedeutet und "adamah" die Erde bezeichnet. Die indoeuropäische Urform dieses Wortpaares lautet "dheghom", von dem sich die lateinischen Worte homo (Mensch) und humus (Erde) ableiten, von denen wiederum unser deutsches "human" und "Humus" abstammen. Dieses Wortpaar zeigt, daß es auch die Vorstellung der Entstehung des Menschen aus der Erde gegeben haben muß - die sich zwanglos zu der Vorstellung eines Korn- und Totengottes fügt, die hier zum Beginn des Ackerbaues entstanden ist und die auf der Analogie zwischen dem Ernten und dem Keimen des Getreides und dem Tod und der Wiedergeburt des Menschen beruht. Daß man nun den Menschen genauso als aus der Erde entstanden ansieht wie das Getreide, das aus der Erde hervorsprießt, liegt in der Logik solcher Analogien.

Eine Assoziation, die mit diesem Motiv zusammenhängt, ist die auch aus der Bibel bekannte Vorstellung, daß Gott den Menschen aus einem Lehmklumpen formte, die sich in ähnlichen Form auch bei anderen Völkern findet wie z.B. in Ägypten, wo es die Vorstellung gab, daß der Gott Ptah die ersten Menschen auf seiner Töpferscheibe formte.

Während weiter im Norden die Gletscher der letzten Eiszeit das Land bedeckten und in Mesopotamien ein Gemisch von Wald und Graslandschaft vorherrschte, gab es in Nordafrika sehr reiche Regenfälle, so daß die heutige Sahara ein riesiger Urwald war, aus dem nur das Tibesti-Gebirge südwestlich von Ägypten und das Talassi-Gebirge in der nördlichen Zentralsahara sowie das Atlasgebirge in Marokko emporragten. Die Hochwasser des Nils waren aufgrund der heftigen Regenfälle 10m höher als heute. In dieser Regenzeit gab es in Afrika sechs große Binnenseen: den Viktoriasee, den Tschadsee, der etwa die Fläche des heutigen Ägyptens hatte, den See am Nordbogen des Nigers, den See am weißen Nil im Sudan, den See im Kongobecken und die damals vollständig überflutete Kalahari-Wüste. Die Oase Siwa im Westen des Nildeltas war damals auch noch ein See in etwa von der Größe des heutigen Nildeltas. Auch das Hochland des Irans in den Gebirgen östlichen von Mesopotamien war zu dieser Zeit zum größten Teil von einem riesigen See bedeckt.

-25.000 Die erste männliche Statuette, die bisher gefunden wurde, stellt einen Menschen mit Löwenkopf dar, der auch sehr deutlich durch seine Haltung die Kraft dieses Raubtieres ausstrahlt. Es liegt die Vermutung nahe, in ihm einen Schamanen mit seinem Löwen, also dem Geist des Großraubtiers, mit dem er durch seinen Beinahe-Tod, also seine Schamanische "Einweihung" verbunden worden ist, zu sehen. Er ist der älteste bildlich dargestellte Vorfahre der mesopotamischen Panthertänzer, der Leopardenpriester der Mayas, der Bärenhäuter (Berserker) der Germanen, des ägyptischen Bes und der Sem-Priester, der afrikanischen Löwenbrüderschaften usw.

Ein aus etwa derselben Zeit stammendes, 4cm hohes Elfenbeinplättchen zeigt als Relief einen Mann mit grüßend erhobenen Händen. Da es anzunehmen ist, daß sich der Verfertiger dieses Plättchens eine für ihn und vermutliche auch für die anderen in seiner Population sehr wichtige Szene gewählt haben wird, um sie unter viel Mühe mithilfe von spitzen Steinen aus hartem Elfenbein zu schnitzen, stellt sich die Frage, was dieser Mann bedeutet. Möglicherweise ist es ein segnender Ahn - obwohl man, wenn man sich die entsprechenden Szenen in alten Schriften wie z.B. dem Alten Testament anschaut, ein Segen früher eher durch Handauflegen übermittelt wurde.

-20.000 Nicht weit nördlich von Moskau wurde die älteste Kleidung gefunden. Die erhaltenen Teile bestanden aus Leggins und einer hüftlangen Jacke aus Leder, die mit hunderten von sanduhrförmig geschnitzten Perlen aus Elfenbein verziert war. Der Eindruck dieser Kleidung wird recht indianisch gewesen sein. Es ist denkbar, daß dieser Kleidungsstil sehr viel weiter zurückreicht, da er praktisch war und die Lebensumstände lange Zeit dieselben gewesen waren. Allerdings ist anzunehmen, daß die Kleidung in der Altsteinzeit vor 600.000 Jahren, als gut schützende Kleidung wegen der Kälte in Nordeurasien dringend notwendig geworden war, noch deutlich einfacher und vermutlich auch schmuckloser gewesen sein wird.

Möglicherweise hatten diese „zweifachen" Perlen einen bezug zu Diesseits und Jenseits, also zu der Mutter aller Dinge, die etwa zur gleichen Zeit in den Höhlenmalereien unter anderem als zwei Frauenoberkörper, die auseinander herauswachsen (einer nach oben (Diesseits) und einer nach unten (Jenseits)), zu finden sind, und die als dann später z.B. als die zweigesichtige Hathor auch in der Mythologie in Erscheinung tritt.

Aus der Zeit vor 20.000 Jahren stammt auch der erste Nachweis einer Speerschleuder. Möglicherweise gab es dieses Gerät, mit dem man Speere weiter und mit größerer Wucht schleudern konnte, aber schon länger.

- 15.000 Etwa um diese Zeit beginnt eine zweite Einwanderungswelle von Nordostasien aus nach Alaska hinüber, die allerdings nicht so schnell und so weit vorwärts kommt wie die erste Einwanderungswelle, da Amerika nun bereits von Menschen bewohnt ist. Die Nachkommen dieser Einwanderer, deren Sprachen sich im heutigen Alaska und Nordkanada finden, sind die Eskimos. In diesen Sprachen wie auch in den nordostasiatischen Sprachen, von denen die Eskimo-Aleutischen Sprachen und die Na-Dené-Sprachen im Norden von Nordamerika abstammen, behielten die ursprüngliche Bedeutung von "ma-liq'a" bei: bei ihnen bedeutet "melug" "säugen".

4. Kapitel, 6. Abschnitt: Hod

Mit der Seßhaftwerdung nach der Übergangszeit des intensiveren Sammelns von Getreidekörnern während der Mittelsteinzeit, in der deutlich verfeinerte und meist kleinere Steinwerkzeuge als in der Altsteinzeit hergestellt wurden, begann vor 15.000 Jahren die Jungsteinzeit.

Zu den technischen Errungenschaften, die den Beginn der Jungsteinzeit markieren, zählt neben der Seßhaftwerdung die Entwicklung des Denkens in bewußten Vergleichen, daß deutlich über das reine Assoziieren der Altsteinzeit hinausging, Dieses Vergleichen wurde in der Jungsteinzeit notwendig, weil die Lebenssituation deutlich komplexer wurde: Ackerbau statt Sammeln, Viehzucht statt Jagd, mehrere hundert Menschen, die in einem Dorf zusammenleben, statt eines Dutzend Menschens, sich ausdifferenzierende Berufe ... Das Weltbild der Jungsteinzeit weist deutlich den Charakter eines "vergleichenden Weltbildes" auf - es besteht aus Analogien. Die zentrale und bekannteste Analogie war die zwischen dem Getreide und den Menschen:

Keimen des Getreides	- Geburt des Menschen
Wachsen des Getreides	- Leben des Menschen
Ernten des Getreides	- Tod des Menschen
Lagern des Getreides	- Jenseitsaufenthalt des Menschen
Aussaat des Getreides	- Zeugung (der Seele) des Menschen
Keimen des Getreides	- (Wieder-) Geburt des Menschen

Auch uns ist ja noch der Sensenmann gut bekannt - die Verbindung zwischen Ernte (Sense) und Tod (Skelett).

4. Kapitel, 7. Abschnitt: Malkuth - Netzach

Dieser Pfad stellt die Wirkung der eigenen Absichten auf die Umwelt dar - er bringt die Kultur hervor. Sehr deutlich sind dies die spätaltsteinzeitlichen Höhlenmalereien, aber auch die generellen Vorstellungen über die Welt mit der Mutter aller Dinge im Zentrum und dem Schamanen als dem Heiler und dem Boten zwischen Diesseits und Jenseits. Ebenso gehören hierzu auch die allerdings fast vollständig unbekannten Traditionen in der Herstellung der Kleidung und der rituellen Bemalung mit rotem Ocker.

Die jungsteinzeitliche, obere Hälfte dieses Pfades ist schon reichhaltiger als die untere, altsteinzeitliche Hälfte: Handwerk, Kunst, Tonstatuetten, Wandgemälde, Ahnenverehrung, komplexe Mythen über den Ackerbau, das Leben und den Tod, der Weltenbaum als Verbindung zwischen Himmel und Erde ...

4. Kapitel, 8. Abschnitt: Yesod - Netzach

Dieser Pfad stellt die Weiterentwicklung der Vorstellungen über die Welt dar und auch die zunehmend komplexer werdenden sozialen Verbindungen. Während es in einer kleinen Gemeinschaft ausreicht, jeden gut zu kennen und daher zu wissen wer bei welchem Thema der Stärkste, Erfahrendste und somit geeignetste ist, wird in der nun komplexeren Welt des jungsteinzeitlichen Dorfes ein Neues Prinzip benötigt: das der "Richtigkeit" - das ägyptische Ma'at, das sumerische Me, das tibetische Taschi, das Hozong des Navahos, das Tao der Chinesen, das Dharma oder Rita der Inder ... Alle frühen Kulturen haben einen solchen Begriff, der letztlich bedeutet, daß etwas an seinem richtigen Platz ist, sich auf die richtige Art verhält und somit gedeiht. Dieses "richtig" wird nicht von außen her festgelegt, sondern liegt im

Wesen der Sache oder des Menschen begründet - dieses "Richtige" macht sein Innerstes Wesen aus. Im Alten Ägypten nannte man dieses "Richtige" in einem Menschen die "Gottheit im eigenen Herzen" - sie war die innere Stimme, das Gespür dafür, was paßt und was nicht, was gedeihen läßt und was schadet.

4. Kapitel, 9. Abschnitt: Hod - Netzach

Auf diesem Pfad werden die technischen Errungenschaften in die Lebensweise integriert. Hier werden die neuen Möglichkeiten erkannt und ausgenutzt und hier entsteht aus den neuen Möglichkeiten wie z.B. dem Ackerbau eine neue Lebensweise wie in diesem Beispiel die Dorfgemeinschaft. Dieser Pfad beschreibt auch die Weiterentwicklung des Selbstverständnisses, daß aus der veränderten Lebenssitu-ation heraus entsteht.

Diese Entwicklungen in der Jungsteinzeit, die zu den beiden Sephiroth Hod und Netzach sowie zu den fünf zu ihnen führenden Pfaden gehören, werden in ihrer zeitlichen Reihenfolge und in ihrer Verflechtung miteinander nun in der folgenden Beschreibung der Sephirah Netzach dargestellt.

4. Kapitel, 10. Abschnitt: Netzach

-15.000 (13.000 v.Chr.) In Palästina und Syrien steigt der Anteil von wild gesammeltem Getreide (Emmer, Einkorn und Gerste) an der Ernährung deutlich an. Es werden nun die ersten dauerhaften Dörfer mit runden Einzelhäusern und dazugehörigen Gräberfeldern angelegt. Vorher bestand seit dem Beginn der Altsteinzeit immer die nomadische Lebensweise mit nur kurzfristigen Lagern. Hier in Palästina und Syrien, und wenig später auch in Anatolien und im Vorland der Gebirge im Osten Mesopotamiens wurden die ersten Menschen seßhaft.

Um diese Zeit läßt sich auch der erste sichere Fernhandel feststellen: In den Gräbern und den Hausresten in Mesopotamien finden sich Muscheln und Meeresschnecken.

-14.000 (12.000 v.Chr.) Aus dieser Zeit stammt der erste sichere Nachweis von Pfeilen, die mit einem Bogen abgeschossen wurde - eine deutliche Verbesserung bei der Jagd, weil die Reichweite von Pfeilen deutlich größer ist als die von Speeren.

In Westeuropa finden sich aus dieser Zeit Felszeichnungen mit Gruppen von tanzenden Frauen, von denen eine ihr Kind in einem Fell oder Tuch auf dem Rücken trägt. Dies ist der erste sichere Hinweise auf Tänze in der Steinzeit. Da es aber bei allen heutigen Menschen und allen historisch bekannten Völkern Tänze gab, und es bei vielen Säugetieren und auch bei den Primaten sowohl die bereits beschriebenen "Sippentreffen" als auch allgemeine rhythmische Schaukelbewegungen und auch Balz- und Imponiergebärden und "standardisierte" Bewegungsabläufe gibt, ist anzunehmen, daß es schon sehr früh Tänze gegeben haben wird, die auch von uns heutigen Menschen sofort als Tänze erkannt worden wären.

- 12.000 (10.000 v.Chr.) Das Sammeln von Körnern und Hülsenfrüchten wurde nun durch gezielte Aussaat und durch die Vorratshaltung (zum einen durch die Aufbewahrung von getrockneten Pflanzen und zum anderen durch das Halten lebender Tiere) zum richtigen Ackerbau. Das systematische Sammeln während der letzten 30.000 Jahre hatte schließlich zum einen die Seßhaftigkeit ermöglicht und zum anderen Gemeinschaften von Menschen mit nun ca. 150 statt wie in der Altsteinzeit maximal einem Dutzend Menschen. Durch den Ackerbau und die durch ihn bedingte extrem verbesserte Ernährungslage konnten sich nun etwa 500-mal mehr Menschen von einer bestimmte Landfläche ernähren, als es vorher in der Altsteinzeit durch Jagen und Sammeln der Fall gewesen war.

Spätestens hier, wenn nicht schon 20.000 Jahre vorher zum Beginn des intensiveren Sammelns von Körnern und Hülsenfrüchten liegt der Ursprung des Korngottes. Zugleich mit ihm wird auch das Gegensatzpaar Kulturland-Wildnis und somit neben dem Korngott (z.B. Osiris) auch sein Zwillingsbruder, der "Herr der Tiere" entstanden sein (z.B. Seth). Wenn man nach den frühesten historischen Aufzeichnungen geht, ist allerdings anzunehmen, daß zu dieser Zeit die Wildnis der dunklen Seite der Mutter aller Dinge zugeordnet wurde und das Kulturland ihrer hellen Seite und daß der Korngott und der Herr der Tiere zu dieser Zeit einfach noch das Urbild des Bauern und des Jägers waren, denn die Entstehung von Göttern scheint erst mit dem Beginn der ersten Königreiche eingesetzt zu haben. Es war eine sehr langsame Entwicklung von der alt- und jungsteinzeitlichen Mutter aller Dinge hin zu dem Götterpaar, das am ende der Jungsteinzeit das Kulturland und die Wildnis darstellte.

Von der Erlebnis- und der Vorstellungswelt her liegt der Ursprung des Korn- und Totengottes sowie seines Zwillingsbruders, des Gottes der Wildnis, in dieser Zeit, wobei beide wahrscheinlich schon eine längere gemeinsame Vorgeschichte als ein und dasselbe Urbild haben könnten, das sich erst nun in ein Zwillingspaar aufspaltete: der Gott der Wildnis wird das Urbild des Jägers gewesen sein und der Korn- und Totengott das Urbild des Ahns, also der Urahn der Sippe. Dieses altsteinzeitliche Bild des Jäger-Urahns hat sich dann erst mit Beginn der Jungsteinzeit aufgrund der veränderten kulturellen Situation mit dem Gegensatz von Acker und Wald in den Bauern und in den Jäger, oder, wie es in dem alten sumerischen Epos dargestellt ist, in Gilgamesch und Enkidu aufgespalten hat.

Der alte Brauch des Kannibalismus, der 250.000 Jahre vorher schon in die Symbolik des Schamanen überging und seinen Tod in fast allen Kulturen als ein von den Ahnen (oder leicht verzerrt durch "Dämonen") zerstückelt-Werden auftritt, wird nun symbolisch auch auf die Ernte des Getreides übertragen, wodurch sich in den späteren Korn- und Totengöttern diese alte Symbolik wiederfindet und ein Teil des zentralen jungsteinzeitlichen Gleichnisses "Tod und Wiedergeburt = Ernte und Aussaat/Keimen des Getreides" wird. Das Zerstückeln wird insbesondere oft dem Dreschen des geernteten Getreides gleichgesetzt. Auch noch heute ist uns diese Symbolik im Abendland durchaus vertraut: Der Sensenmann (Ernte und Tod) und der Jenseitsfährmann (Reise über den Jenseitsfluß) und das "Ostergras" (Keimen des Getreides und Christi Auferstehung) entsprechen zusammen der Symbolik, die sich auch schon in genauderselben Form bei Osiris und anderen Korngöttern findet.

Zu dieser zeit bedeutete "melk" bei den kaukasichen Völkern in Mesopotamien wahrscheinlich "saugen, trinken, melken" - es ist also die Bedeutung der handwerklichen Tätigkeit des Melkens hinzugekommen, die ja die Viehzucht voraussetzt, die erst zu diesem Zeitpunkt auftritt.

Möglicherweise ist um diese Zeit auch der Brauch der Schamanen, sich die Köpfe kahl zu scheren entstanden - zumindest findet er sich sowohl bei den Indern als auch bei den Ägyptern, die in dieser Epoche ihre gemeinsamen Vorfahren haben. Allerdings wäre die Bedeutung der Glatze in dieser Zeit recht unklar, weshalb es sich auch um eine spätere Parallelentwicklung handeln könnte, die dann wahrscheinlich dieselbe Bedeutung wie die Tonsur der christlichen Geistlichen hätte: die Offenheit nach oben zu Gott hin. In der Jungsteinzeit gab es noch keine Vorstellung von einem "Gott im Himmel", weshalb diese Bedeutung nicht aus dieser Zeit stammen kann.

-11.000 (9.000 v.Chr.)   Um diese Zeit fand eine wesentliche architektonische Revolution statt: während bisher die Hütten durch mit Lehm beworfene Stämme und Äste oder durch mit Fellen überdeckten Gestellen aus langen, biegsamen Ästen bestanden hatten, gab es nun durch die Erfindung des an der Sonne getrockneten Lehmziegels ganz neue und viel solidere Baumöglichkeiten. In dieser Lehmziegeltechnik ("Adobe") wurden auch noch 6.000 Jahre später in den frühen ägyptischen und mesopotamischen Königreichen die Tempel und Pyramiden gebaut, bevor man dazu überging, sie aus Stein zu errichten.

Auf dieser neuen Ziegel-Bautechnik beruhte auch die älteste Stadt der Welt: Jericho. Sie erstreckte sich schon vor 11.000 Jahren über eine Fläche von 4ha, also einem Quadrat mit einer Seitenlänge von 200m. In ihr lebten ca. 600 Menschen in 120 Haushalten. Um diese Stadt herum befindet sich auch die erste Schutzmauer der Weltgeschichte: sie war 3m dick und bestand aus Steinen und Lehm. Außerhalb von ihr hatte man zusätzlich einen tiefen Graben gezogen. Offensichtlich lockte der Reichtum an Nahrungsmitteln und Geräten alle Arten von Räuber an - nicht nur Raubtiere wie früher, sondern vermutlich auch die verschiedensten, noch nomadisch lebenden Zeitgenossen. Dies Motiv des Neides der Nomaden auf den Reichtum der Seßhaften findet sich selbst noch 7.000 Jahre später in der frühen mesopotamischen Literatur aus dem dritten und zweiten Jahrtausend v.Chr.

Diese dicke Mauer rings um Jericho kennzeichnet auch eine neue Entwicklung in dem Selbstverständnis der Menschen. Wenn bisher alle im Prinzip gleich und alle selbständig und selbstverantwortlich gewesen sind (auch wenn es in den Gruppen Hierarchien gegeben haben wird), so entstehen nun nach und nach Schützer (die Wächter an den Mauern) und Beschützte (die Bevölkerung), was durch die allgemeine Tendenz zur Verfestigung und zur Institutionalisierung solcher Einrichtungen und durch die Anzahl der nun auf der Stadtmauer beschäftigten "Schützer" einen wesentlich markanteren und festeren, quasi beruflichen Charakter erhält als die früheren Nachtwachen am Lagerfeuer der Horde von einem Dutzend Menschen.

Da bei einer so großen Zahl von zusammenlebenden Menschen auch neue Organisationsformen der Gruppe zu erwarten sind, die sich mit den "Wächtern" in der einen oder anderen Weise verbunden haben werden, entsteht nun ein deutliches Gefälle von lenkenden und beschützenden und somit bestimmenden Personen hin zu folgenden und beschütztwerdenen Personen mit weniger Einfluß. Dies wird sicher noch keine Hierarchie wie in den viel späterer

Königtümern gewesen sein, aber eine grundsätzlich neue Qualität ist es auf jeden Fall. Die menschlichen Gemeinschaften sind nun so groß geworden, daß es zu einer differenzierten Selbstorganisation der Gruppe kommt, also zu einer Spezialisierung einzelner Personen für bestimmte Aufgaben: Bauern, Steinbearbeiter, Hausbauer, Wächter, Jäger, Werkzeugmacher, Koordinator ...

In der Mitte von Jericho befand sich ein nach oben hin etwas verjüngender Turm mit einer Innentreppe, der 9m hoch und 10m dick war - das erste große Gemeinschaftsbauwerk der Menschen. Offensichtlich handelt es sich bei ihm um den allerersten Vorläufer der Pyramiden, der Turmes und der Weltensäule, die Himmel und Erde verbindet. Aus diesem Turm und seinen Vorläufern leitete sich später eine Vielzahl von Symbolen ab: der Turm (Rapunzel), der Weltenberg, der Weltenbaum, der Stab des Zauberers, der Stab der Seherin (Die "Stabträgerinnen" hießen auf keltisch Wala und auf germanisch Weleda), der Caduceus des Hermes, die Szepter der Götter und der Könige, der Djed-Pfeiler des Osiris, das der Hathor geweihte Sistrum (Rassel), die Mittlere Säule des kabbalistischen Lebensbaumes, das Rückgrat, die Sushumna, die die sieben Chakren verbindet, und vieles mehr. Dieser Turm von Jericho war sehr wahrscheinlich das zentrale Heiligtum des ganzen Tales, in dem Jericho steht.

Die älteste symbolische Wurzel des Weltenbaumes als Verbindung zwischen den Menschen und ihren Ahnen sowie der Mutter aller Dinge ist die Nabelschnur, die das im Mutterleib heranwachsende Kind mit seiner Mutter verbindet. Das zweitälteste ist vermutlich der Weltenbaum, auf das dann der Turm, der Berg und schließlich die Pyramide folgt.

Was mögen die Erbauer dieses Turmes wohl auf ihm getan haben? Da die späteren Nachkommen dieser Bevölkerung von Jericho in historischer Zeit die "Heilige Hochzeit" zwischen Himmel und Erde, Himmelsgott und Erdgöttin, König und Hohepriesterin, also das inzwischen 600.000 Jahre alte Paarungsfest kannten und der Ort der Vereinigung von König und Königin und somit symbolisch auch von Gott und Göttin der Tempel auf der Spitze der Stufenpyramide war, liegt die Vermutung nahe, daß auf der kreisförmigen Fläche oben auf dem Turm von Jericho ähnliche Zeremonien abgehalten wurden. Es gab zu dieser Zeit noch keinen König und ob es eine Priesterin gab, ist zumindest sehr unwahrscheinlich, da es auch noch nicht die Vorstellung von Göttern gab, sondern nur die Ahnen und die Mutter aller Dinge, aber es ist doch denkbar, daß sich eine ausgewählte Frau mit einem ausgewählten Mann (oder mehrere Paare) dort oben vereinten, um auf diese Weise die Fruchtbarkeit für die Menschen und für das Getreide herbeizurufen. Zu diesen ausgewählten Personen werden ziemlich sicher die Schamanen und Schamaninnen des Dorfes gehört haben. Diese Zeremonie dürfte auch zu der Vorgeschichte der Schöpfungsmythen vieler Völker gehören, in denen die Vereinigung von Gott und Göttin eine Rolle spielt wie z.B. in dem ägyptischen Schöpfungsmythos der Vereinigung der Himmelsgöttin Nut mit dem Erdgott Geb, wobei dann ihr Sohn Schu, der Gott der Luft und der Himmelssäule, in diesem Bild ganz offensichtlich dem Turm entspricht.

Dies wird zwar vermutlich nicht die einzige Verwendung des Turmes gewesen sein, aber es ist doch eine der recht wahrscheinlichen Zeremonien. Eine andere Verwendung könnte gewesen sein, daß er als Tanzplatz für den oder die Panthertänzer (Schamanen) diente, wenn sie mit den Ahnen oder der Mutter aller Dinge, die nun auch der Himmel war, Kontakt aufnehmen wollten. Möglicherweise wurde von hier aus auch der Aufgang der Sonne beobachtet, um die Jahreszeit genauer feststellen zu können.

Es ist anzunehmen, daß es um diese Zeit auch schon die Symbolik des Stabes als kleines Abbild des Weltenbaumes, der Himmelssäule und des Turmes gab, da nun ein solcher Turm errichtet worden war und die Symbolik von Himmel und Erde als das Diesseits und Jenseits, als Ort der Ahnen und als Ort der Lebenden zumindest ansatzweise schon entstanden sein wird. Dieser Stab findet sich schon in den Höhlenmalereien, wo er einmal neben einem Toten abgebildet ist, wobei auf dem senkrecht stehenden Stab oben ein Vogel sitzt - vermutlich die Seele des Toten. Auf den frühesten Bildern des Alten Ägyptens in vorhistorischer Zeit (ca. 3.500 v.Chr.) finden sich des öfteren Standarten und Stäbe, die meistens auf Barken stehen und deren Spitzen mit den verschiedensten Dingen geschmückt sind. Da diese Barken "Jenseitsfähren" sind, stehen sie in engem Zusammenhang mit den Schamanen. Daher ist es gut denkbar, daß die Schamanen, die mit dem Turm von Jericho in Zusammenhang standen, neben ihrem Pantherfell einen Stab als Zeichen getragen haben könnten. Dieser Stab wird dann möglicherweise nicht nur ein "religiöses Berufsabzeichen" gewesen sein, sondern könnte konkret für die betreffenden Schamanen ein Verbindungsmittel zu den Ahnen und zu der Mutter aller Dinge gewesen sein. Entsprechende Bilder sind ja weithin bekannt, von dem Stab des Moses, mit dem er seine Wunder vollbrachte, z.B. in der Wüste Wasser aus dem Felsen schlug, über die Stab der Weleda und der Wala, der germanischen und der keltischen Seherinnen bis hin zu den Szeptern der Könige, die alle eine Verbindung zu den Göttern darstellen sollten.

Die Panthertänzer, also die Schamanen dieser Zeit, waren die direkten Vorläufer des ägyptischen Schamanen (Sem-Priesters), der in den ägyptischen Märchen so oft beschriebenen Zauberer, des Moses und des Elias, des in Sumer und Akkad so oft dargestellten "Löwenbändigers", des römischen Gottes Janus, des griechischen Orpheus, der germanischen Berserker, also der den Gott Odin verehrenden und mit einem Bärenfell bekleideten Ekstasetänzern (Wotan/Odin kommt von "wuot" = Ekstase), den keltischen Druiden, den indischen Brahmanen, den persischen Magi - also all den Schamanen (-Priestern) und Gottheiten aus historischen Zeit der Völker, die von diesen Bewohnern Mesopotamiens vor 11.000 Jahren abstammen.

In dieser Epochen wurde die Toten in den Häusern bestattet, wobei der Schädel oft abgetrennt und nicht mitbeerdigt wurde, sondern mit einer sehr wahrscheinlich den Verstorbenen darstellenden Maske aus Ton versehen wurde, die dann in einer Nische des Hauses aufgestellt wurde. Dies waren die ersten Ahnenschreine. Die Rötelstreuungen auf Gräbern, die früher so weit verbreitet waren, wurden nun seltener, wobei der Gebrauch des Rötels als Lebenssymbol aber keineswegs in Vergessenheit geriet wie u.a. der frühägyptische Brauch, sich bzw. die Toten mit Rötel zu schminken, zeigt. In diesen Gräbern finden sich nun sehr häufig Keramikfigürchen.

Die weltbekannte Goldmaske des Pharaos Tutenchamun gehen letztlich auf diesen Brauch des Erhaltens des Gesichtes des Verstorbenen durch die Nachbildung des Gesichtes aus einem unvergänglicheren Stoff, der lange Zeit eben gebrannter Ton war, zurück. Der Brauch, den mit einer Tonmaske versehenen Totenschädel in einer Nische im Haus als "Ahnenschrein" aufzustellen, entwickelte sich dann 6.000 Jahre später zu den Scheintüren in den Gräbern des historischen Ägyptens weiter, die wie die Wandnischen in diesen neolithischen Häusern Jenseitstore waren.

In dieser Zeit finden sich auch die ersten Brandaltäre. Die Symbolik des Verbrennens, Zerstörens und Zerbrechens wird sicher auch schon damals wie in späterer Zeit das Übergeben des Verbrannten oder Zerstörten an das Totenreich, also an die Ahnen gewesen sein. Das Verbrannte ist also ein Opfer an die Ahnen. Das Verbrennen ist ein symbolischer Tod, ein Überschreiten der Schwelle zu den Ahnen. Diese Symbolik entspricht dem späteren Motiv des "blinden Sehers", dessen "tote" Augen ins Jenseits hinüberschauen können.

Vermutlich werden diese Gaben wie auch später bei vielen alten Kulturen und bei Naturvölkern aus historischer Zeit die Symbolik des "Gemeinsamen Mahles" mit den Ahnen gehabt haben, bei dem den Toten ihr Anteil an der Nahrung dadurch überreicht wurde, indem man ihn auf dem Brandaltar verbrannte. Hier verbindet sich die uralte, noch vorsteinzeitliche Tradition der gemeinsamen Treffen mit dem Miteinbeziehen der Ahnen, wodurch sich das Grundgefühl der Gemeinsamkeit, des Zusammenhaltes und der Geborgenheit über die Lebenden hinaus auf die Toten ausdehnt, was eine logische Folge davon ist, daß die Seele der Verstorbenen als etwas "Weiterlebendes" angesehen wurde und zumindest der Schamane dies auch konkret so erleben und mit den Ahnen einen Kontakt herstellen konnte.

Diese Form des gemeinsamen Mahles mit den Ahnen könnte es schon mehr oder weniger so lange gegeben haben, wie es die Vorstellung einer den Tod überdauernden Seele gegeben hat, also seit mindestens 250.000 Jahren. Dieses gemeinsame Mahl wirkt auch noch bis in die christliche Tradition hinein: auch das Letzte Abendmahl und die Eucharistiefeier ist eine Zeremonie, die das Diesseits und die Menschen mit dem Jenseits und Christus verbindet.

Um diese Zeit vor 11.000 Jahren beginnt auch der für die ganze Jungsteinzeit typische Steinschliff. Wurden bisher die Steinwerkzeuge durch gezielte Schläge von Steinen aufeinander, unter Umständen noch unter Zuhilfenahme von Knochen als Meißel hergestellt, begann man nun, mit härteren oder gleichharten Steinen den Steinwerkzeugen noch einen Endschliff zu geben. Die Entwicklung dieser Neuerung, die zunächst einmal deutlich mehr Arbeit bedeutete, scheint in engem Zusammenhang mit den Zimmermannsarbeiten zu stehen, die nun in den Städten und ihrer fortschrittlicheren Bautechnik anfielen. Dieser völlig neue Berufsstand war mit geschliffenen Steinbeilen wesentlich besser dazu in der Lage, die Holzbalken zuzurichten als mit gröberen, ungeschliffenen Steinwerkzeugen. Die zusätzliche Arbeit durch den Steinschliff wurde also bei weitem wettgemacht durch die Arbeitserleichterung bei der Holzbearbeitung mit den geschliffenen Steinwerkzeugen. Dieser Steinschliff wurde dann auch bald für alle andere Arten von Steinwerkzeugen angewandt. Die Arbeit des Steinschliffs ließ ziemlich sicher bald einen eigenen Berufsstand entstehen.

In Jericho und auch in den anderen nun entstehenden Siedlungen im "fruchtbaren Halbmond" im Norden des Tieflandes, durch das der Euphrat und der Tigris flossen, wurde nun kontinuierlich Einkorn, Emmer, Gerste, Erbsen, Linsen und Flachs angebaut. Der Anbau von Flachs wird das Erscheinungsbild der damaligen Menschen stark verändert haben, denn aus Flachs ließen sich nicht nur Stricke, sondern auch dünne Fäden und somit Gewebe herstellen, was das erste Mal die Möglichkeit ergab, sich mit Stoffen statt mit Fellen zu bekleiden.

Der Handel war inzwischen recht weiträumig geworden: Obsidian aus der südlichen Türkei, Türkies aus dem Sinai, Grüngesteine aus Jordanien, Muscheln aus dem Roten Meer sowie Schwefel, Teer und Schwefelmineralien aus dem Toten Meer. Das läßt darauf schließen, daß in Jericho ein Überschuß an Nahrungsmitteln und vielleicht auch an aus Stein geschlagenen und geschliffenen Werkzeugen produziert wurde, der bei den umliegenden, weitgehend noch nomadisch lebenden Völkern gegen Schmucksteine, harte Gesteine für die Herstellung besonders guter Werkzeuge, Muscheln, Elfenbein und vielleicht Felle eingetauscht wurde.

Es scheint auch erste Ansätze zu einer Buchführung in Form von kleinen "Token" (Zähljetons) aus Ton gegeben zu haben, die vermutlich als Registerschriften über die vorhandene Menge von Nahrungsmitteln verwendet wurden.

Dieses im Vergleich zur nomadischen Lebensweise viel regelmäßigere Leben, in dem man zwar deutlich mehr arbeiten mußte, in dem die Arbeit aber planbar und besser verteilt war, führte zusammen mit den festen Häusern zu einer Entlastung insbesondere der Frauen, was sich nicht zuletzt in einer deutlich niedrigeren Kindersterblichkeit zeigte.

Die Acht als Zahl der Ganzheit wurde nun sehr wahrscheinlich auf das Jahr angewandt, wodurch es in acht gleichgroße Teile gegliedert wurde. Der Weltenbaum bzw. der Vorläufer der Pyramiden zeigt, daß der Himmel zumindest teilweise als der Ort der Ahnen, die den Regen und generell den Segen und das Gedeihen senden, angesehen wurde. Dies hängt sicherlich mit der Notwendigkeit der genaueren Beobachtung der Jahreszeiten anhand der Sterne, um die günstigste Aussaatzeit zu erkennen, und mit der Wichtigkeit der Regenfälle zusammen, die beiden den Blick nach oben lenken.

Das Löwen-Motiv findet sich nun mit der Frauenstatuette verbunden: in Catal Hüyük in Anatolien fand sich die Statuette einer nackten, beleibten Frau auf einem Thron mit Armlehnen, deren vordere Enden als Pantherköpfe geformt waren. Der Löwe der Steppe bzw. der Panther der Savanne war als stärkstes Kraftier mit dem Schamanen verbunden und gab ihm dadurch überall die Gestalt des Panthertänzers, des Löwentänzers oder, weiter im Norden, des Bärentänzers (Berserker). Aber er war durch seine enge Verbindung mit dem Jenseits als Todesbringer auch mit der dunklen Seite der Mutter aller Dinge verbunden. Die immer wieder zu beobachtende Zweizahl von Großraubtieren ergibt sich sicher aus ihren zwei Seiten - die Mutter aller Dinge wird in gewisserweise die Wurzel des Tao gewesen sein, das in sich die zwei Gegensätze Yin und Yang, dargestellt durch die beiden Raubtiere, trug. Die Zweizahl wird für die damaligen Menschen mit ihrem auf der Zwei beruhenden Zahlensystem noch viel schlüssiger als heute gewesen sein. Man muß zwar nicht gerade eine Zahlenmystik bei ihnen erwarten, aber die Zwei generell als Gegensatzpaar aufzufassen, wird ihnen sicher nicht fern gelegen haben: die beiden Seiten der Mutter aller Dinge: Mann und Frau, Ackerland und Wildnis, Diesseits und Jenseits. In vielen alten Sprachen findet sich neben dem Singular und dem Plural noch die grammatische Form des Duals, also der Zweizahl, was deutlich auf die Bedeutung der Polarität in diesen frühen Vorstellungen über die Welt und natürlich auch auf das binär aufgebaute Zahlensystem hinweist.

Diese Zweizahl der Großraubtiere findet sich auch auf den frühägyptischen Schminkpaletten, in dem sumerischen "Löwenbändiger"-Motiv, aber auch in anderen Ablegern dieser mesopotamischen Kultur wie z.B. in dem Wagen der germanischen Göttin Freya, der von zwei Katzen gezogen wird.

Die Mutter aller Dinge erscheint jedoch nicht selber in der Gestalt des Großraubtieres, sondern bleibt immer am engsten mit der Kuh verbunden. Diese Verbindung tritt schon in der Höhlenmalerei auf und findet sich 1.500 Jahre nach der Gründung Jerichos in den Tempeln von Çatal Hüyük und noch später auch in den Tempeln von Kreta und den frühen Tempeln in Ägypten, in denen überall eine Vielzahl Rinderhörner angebracht worden sind. Diese Symbolik findet sich bei der ägyptischen Kuh-Göttin Hathor, bei der sumerischen Göttin Innana, den keltischen und den sumerischen Hörnerhelmen, die bei diesen Völkern das Erkennungszeichen der Götter waren. Die Urkuh Audhumbla in der germanischen Mythologie, der Milchozean am Anfang der Zeit in der indischen Mythologie und die heiligen Kühen in Indien haben ihren Ursprung ebenfalls in der festen Assoziation von Göttin und Kuh.

Möglicherweise erhielt zu dieser Zeit das Symbol des Lotus als die Wiederkehr aus dem Totenreich unten in den Tiefen Wassern eine größere Bedeutung, da die Pflanzen generell eine größere Bedeutung in dem Leben der Menschen bekommen hatten. Dann würde aus dieser Zeit auch die Symbolik des Lotusszepters, das vor allem die ägyptischen Göttinnen in der Hand halten, aus dieser Zeit stammen. Da die Mutter aller Dinge die Toten in der Wasserunterwelt wiedergebiert, ist der Lotusstab, der die Wiedergeburt symbolisiert, logischerweise fast ausschließlich im Zusammenhang mit Göttinnen zu finden.

Ein anderer, sehr deutlicher Ableger dieser Lotus-Symbolik findet sich in Indien und in Tibet, in denen Gottheiten, Erleuchtete und Buddhas fast immer auf Lotusblüten sitzend dargestellt werden.

Es ist sehr wahrscheinlich, daß die Symbolik des Lotus als wiedergeborene Seele genauso alt ist wie die Symbolik der Wasserunterwelt und der Seele überhaupt, also mindestens 250.000 Jahre zurückreicht, da für diese Symbolik nur diese beiden Vorstellungen (Seele und Wasserunterwelt) die Voraussetzung sind.

Der Lotus findet sich auch bei den Mayas in derselben Bedeutung - er schwimmt in dem Kelch, in dem der Chilam-Balam, also der Maya-Schamane den Balché-Trank hält, der den Trank der Wiedergeburt darstellt und eine Entsprechung zu dem Soma-Trank der indischen Brahmanen und dem Nektar der griechischem Götter ist. Diese gemeinsame Symbolik muß nun nicht bedeuten, daß sie 600.000 Jahre bis zu den gemeinsamen Vorfahren der Indogermanen und der Indianer zurückreicht, da es sich bei dieser einfachen Symbolik durchaus um eine

Parallelbildung handeln kann. Mit Sicherheit ausgeschlossen ist ein gemeinsamer Ursprung natürlich nicht, denn der erste plausible Nachweis für eine Seelenvorstellung, also die rituellen Begräbnisse vor 280.000 Jahre sind nur der spätestmögliche Beginn einer Seelenvorstellung.

Während in der Altsteinzeit die Assoziationen genügten, um Ordnung und Orientierung in die Erlebnisse zu bringen, war in der nun beginnenden, viel komplexeren dörflich-städtischen Kultur eine neue Methode notwendig: die Analogie. Durch den Analogieschluß konnte man auch die 600 Menschen, mit denen man zusammenlebte und die ganzen Nomaden, die um Handel zu treiben in die Stadt kamen, ordnen. Einfache solche Analogiebegriffe sind z.B. solche Bezeichnungen wie Bauer, Zimmermann, Jäger, Wächter, Schamane usw. Was man an einer dieser Personen erlebt hatte, übertrug man dann auf alle anderen Personen dieses Berufsstandes. Aber auch umfassendere Gleichnisse wie das zwischen dem Sterben und Auferstehen der Toten und dem Geerntetwerden des Getreides im Herbst und dem Keimen der Saat beruhen auf diesem neuen Ordnungsprinzip. Aus diesem Gleichnis sind dann um 3.000 v. Chr. die verschiedenen Toten- und Korngötter und noch viel später dann auch der uns vertraute Sensenmann (Tod = Ernten) entstanden.

Aus diesen Analogievorstellung ergibt sich, daß alles seinen Platz und seine ihm angemessene Art hat, eben seinen eigenen, richtigen Weg. Diese Qualität, dieses "Richtig-sein" ist der zentrale Begriff in allen alten Religionen, die noch auf der Ebene der Weltordnung der Analogie stehen: es ist die ägyptische Ma'at, das sumerische Me, das indische Dharma, das altindische Rita (das mit dem lateinischen rota "drehen" zusammenhängt und sich vermutlich auf den Jahreslauf und die darin enthaltene Assoziation zu der "ewigen Ordnung der Sterne" steht), das chinesische Tao, das arabische Salam, das hebräische Shalom, das Ho-zhong der Navahos usw. Die Auswirkung der Verwirklichung dieser Qualität ist die Zufriedenheit, der innere und äußere Frieden - die Qualität, die die Alten Ägypter "hotep" und die die Alten Chinesen im Tao Tê King "Tê" nannten. Im Arabischen und Hebräischen bedeutet "Salam" bzw. "Shalom" beides: sowohl diesen richtigen Zustand als auch den aus ihm entstehenden inneren und äußeren Frieden.

Diese Qualität der Richtigkeit und des Friedens hat seine Wurzeln in dem Urvertrauen und der Geborgenheit, die aus dem durch Assoziationen strukturierten Weltbildes der Altsteinzeit in das durch Analogien strukturierte Weltbild der Jungsteinzeit übertragen worden sind. Sowohl das altsteinzeitliche Urvertrauen als auch die jungsteinzeitliche Richtigkeit haben aber gemeinsam, daß sie den Einzelnen mit der Welt verbinden, ihn sich selber spüren lassen, ihm sein Eingebettetsein in eine Gemeinschaft zeigen und ihm vor allen Dingen seinen Weg zeigen und ihm den Mut geben, ihn zu gehen und überdies auch die Hoffnung, ihn auch erfolgreich gehen zu können. In diesem Sinne sind die bereits die Treffen der Australopitheken vor 1.600.000 Jahren und auch die ihrer Vorfahren unter den Primaten und den Säugetieren Religion - nur die Form dieser Religion, dieser "Rückverbindung" ist immer komplexer geworden.

- 10.000 (8.000 v.Chr.) Da das Grundkonzept der Gestaltung der Umwelt zum eigenen Vorteil (Aussaat von Getreide) und das mit ihm notwendigerweise verbundene vorausschauende, zielgerichtete und planmäßige Handeln nun einmal erfaßt worden war, ließ es sich auch auf andere Bereiche übertragen. So begann man gefangene Jungtiere in Pferchen zu halten und zu füttern, bis sie älter und somit der Schlachtertrag groß genug geworden war. Von dort bis zum dauerhaften Halten von Herdentieren war es dann nur noch ein kleiner Schritt. Die zuerst nachgewiesene Tierart, die systematisch gehalten wurde, war die Ziege. Dadurch ergab sich neben der Versorgung mit Fleisch auch zum ersten Mal die Möglichkeit, ein Tier zu melken und die Milch zu trinken sowie einfache Formen von Joghurt und Käse herzustellen, durch die die Milch gewissermaßen haltbar und begrenzt lagerfähig gemacht werden konnte.

Die Flöße und einfachen Boote, mit denen in Flüssen, Seen und an der Meeresküste schon eine zeitlang gefischt wurde, waren inzwischen deutlich verbessert worden, was sicher zu einem guten Teil dem neu entstandenen Beruf des Zimmermanns zu verdanken ist, der bei der Anlage von Dörfern neu entstanden war. Diese Boote waren immerhin so hochseetüchtig, daß diese Fischer in der Lage waren, Thunfische, die nur im Tiefwasser der Meere leben, in Netzen zu fangen.

Spätestens zu dieser Zeit, wenn nicht schon in der frühen Altsteinzeit (worauf das fast allen Sprachen gemeinsame Wort "Kuan" für Hund hinweist) wird die Zähmung des Schakals und vor allem des Wolfes, von dem unsere Hunde abstammen, stattgefunden haben. Vermutlich wird diese erste Lebensgemeinschaft von Mensch und Tier durch das Aufziehen von gefangenen Jungtieren und die Entdeckung ihrer Nützlichkeit bei der Jagd und bei der Bewachung des Lagers bzw. der Siedlung entstanden sein.

In der landwirtschaftlichen Notwendigkeit, genauere Kenntnis von der Jahreszeit und dem zu erwartenden Wetter zu haben, wird die Aufmerksamkeit stärker auf den Himmel und seine Rhythmen gerichtet worden sein. Daher liegen hier zu dieser Zeit die frühesten Anfänge sowohl meteorologischer als auch astrologischer Beobachtungen. Falls die Bedeutung der Sonne für die Vorstellungswelt der damaligen Menschen nicht erst hier entstanden sein sollte, wird sie in dieser Zeit zumindest an Wichtigkeit deutlich zugenommen haben.

Spätestens zu dieser Zeit wird man mit der Beobachtung der Mondphasen begonnen haben, um erkennen zu können, wo man sich innerhalb des Jahres befand und somit den optimalen Zeitpunkt für die Aussaat erkennen zu können. Möglicherweise ist die Beobachtung des Mondstandes aber schon viel älter, da die mit ihnen verbundenen Qualitäten, insbesondere die inneren und äußeren Spannungen bei Vollmond sowie der Zusammenhang des Mondzyklus mit der Menstruation schon viel früher aufgefallen sein könnte. Die Wirkungen der Mondphasen sind ja auch im Tierreich zu beobachten. Es wäre daher denkbar, daß die Mondphasen und ihre Qualitäten vielleicht schon zum Beginn des Schamanismus vor rund 250.000 Jahren oder noch früher beobachtet worden sind.

Zu dieser Zeit um 8.000 v. Chr. bedeutete "melk" bei den kaukasischen Völkern in Mesopotamien wahrscheinlich "saugen, trinken, melken" - es ist nun zu dem alten Wortsinn die Bedeutung der handwerklichen Tätigkeit des Melkens hinzugekommen, die ja die Viehzucht voraussetzt, die erst zu diesem Zeitpunkt auftritt.

-9500 (7.500 v.Chr.) Der älteste bisher gefundene Schreinraum befindet sich in Çatal Hüyük in Anatolien. Er enthält eine Statue der Mutter aller Dinge, seine Wände sind mit vielen Rinderhornpaaren geschmückt und an den Wänden sind tanzende Männer, die mit Leopardenfellen bekleidet sind, abgebildet: die Mutter aller Dinge, die fruchtbar wie die großen Rinderherden ist, und die Schamanen, deren magische Kraft so groß wie die der Panther und der Löwen ist und die die Menschen mit der Mutter aller Dinge und mit den Ahnen verbinden und sich, um dies zu erreichen, durch den Tanz in Ekstase versetzen.

Die Statuetten der Frauen aus dieser Zeit gleichen denen der Altsteinzeit und sie sind vereinzelt auch auf den Wandgemälden abgebildet. Diese Statuetten sind fast immer von zwei Raubkatzen begleitet, die neben der Frau stehen, die sie in ihren Armen hält oder auf denen sie sitzt: die Panther der Panthertänzer sind offenbar eine Gabe der Göttin an die tanzenden Schamanen - die Tänzer erhalten durch ihre Tänze die Kraft von der Mutter aller Dinge. Die Panthertänzer, die z.T. bemalt sind (Ocker-Blut-Leben-Symbolik), halten in ihren Händen Tambourin und Schlagstock oder Waffen. Dies ist der älteste sichere Hinweis auf Instrumente, aber es ist anzunehmen, daß trommelähnliche Instrumente schon weit länger in Gebrauch waren, aber sich aufgrund der vergänglichen Materialien (Holz und Fell), aus denen sie bestehen, archäologisch nicht erhalten haben. Des weiteren finden sich auf den Wandgemälden noch Hirsche und Rinder - die Tiere der Fruchtbarkeit.

- 9.000 (7.000 v.Chr.) Der Ackerbau hatte sich inzwischen ausgebreitet und drei Zentren in fruchtbaren Gebieten gebildet, die miteinander in Verbindung standen: ein Gebiet, daß vom Mittelmeer bis zum oberen Ende von Mesopotamien reichte (ungefähr Palästina und Syrien); ein zweites Gebiet in Anatolien (etwa das südöstliche Viertel der türkischen Halbinsel); und drittens der Landstrich vor den Gebirgen im Osten Mesopotamiens, was in etwa dem späteren Reich Elam entspricht.

Von diesem dritten Bereich aus zogen zu dieser Zeit die Drawiden nach Pakistan und Indien bis hinunter in den Süden nach Ceylon. Diese Wanderung der Drawiden nach Südosten war die erste größere Expansion der neu entstandenen neolithischen Kultur.

Bei den Drawiden verschob sich die Bedeutung von "melk", das bei ihnen nun "melku" lautete - "säugen, trinken" über die Verallgemeinerung "essen" hin zu der Verengung auf "kauen".

Der erste, palästinänsisch-syrische Bereich des Ackerbaues wurde das Ursprungsgebiet der altägyptischen und der nordafrikanischen Sprachen, während das zweite, anatolische Gebiet in der heutigen Türkei das Ursprungsgebiet der indogermanischen Sprachen wurde und von dem dritten Bereich in dem späteren Elam die drawidischen Sprachen der indischen Ureinwohner abstammen.

Neben der Ziege wurde nun auch vermehrt das Schaf gehalten, was aufgrund seines friedlicheren Charakters deutlich einfacher war.

In Mexiko ist aus dieser Zeit der erste systematische Anbau von Kürbissen nachweisbar.

-8.500 (6.500 v.Chr.) In Anatolien wurde jetzt das erste Kupfererz gehämmert und zu einfachen Werkzeugen verarbeitet. Das Kupfer hat den Vorteil, daß es sich viel feiner verarbeiten läßt als Stein, aber es hat auch den Nachteil, daß es viel weicher ist und von daher für die Bearbeitung von Stein und Holz nicht sehr geeignet ist. Für Jagdklingen und Werkzeuge für die Bearbeitung von Fellen und Fasern eignet es sich hingegen recht gut. Es dauerte nicht lange, bis man erkannte, daß sich Kupfer auch schmelzen läßt (bei ca. 850° C), wodurch sich ganz neue Fertigungsmethoden erschlossen, die vor allem feinere und kleinere sowie auch hohle und runde Formen ermöglichten.

-8.000   (6.000 v.Chr.)   In Mesopotamien entdeckte man nun, daß Kalk, der bei 750° C gebrannt wird, und anschließend mit Wasser und Sand vermischt wird, einen sehr haltbaren Kalkzement ergibt. Diese Entdeckung nutzte man aber nicht für den Hausbau, sondern lediglich für die Herstellung von größeren Statuen, als es bisher aus gebranntem Ton möglich gewesen war. Diese Kult-Figuren, die oft ein inneres Stützgerüst aus Binsen hatten, waren bis zu 90cm hoch und wurden in großer Zahl angefertigt.

Die Erträge des Getreideanbaues verbesserten sich deutlich, nachdem nun aus dem Emmer der Nacktweizen gezüchtet worden war, an dessen Halm deutlich mehr Körner saßen als bei seinem Vorfahren, dem Emmer.

In China wurde unabhängig von Mesopotamien mit dem Ackerbau, insbesondere mit dem Anbau der Sumpfpflanze Reis begonnen.

In den Anden in Südamerika findet sich nun, möglicherweise angeregt durch die Ackerbauern in Mexiko, der systematische Anbau von Kürbissen, Wurzelgemüsen, Bohnen und Mais.

Zu dieser Zeit sprachen die Bewohner der drei Bereiche Palästina/Syrien, Anatolien, Elam schon drei deutlich unterscheidbare Sprachen. Bei den Vorfahren der Indogermanen, die in Anatolien lebten, schränkte sich die Bedeutung von "melk", das bei ihnen nun "melg" lautete, weitgehend auf die handwerkliche Tätigkeit des Melkens und auf die gemolkene Flüssigkeit ein, die aber noch immer die Muttermilch umfaßte, die man sozusagen als Sonderfall der Milch der großen Säugetiere ansah: "melken, Milch". Die elamischen Völker hatten "melk" zu "melku" weiterentwickelt und faßten dieses Wort inzwischen überwiegend als "kauen" auf. Die palästinänsisch-syrische Gruppe benutzte hingegen das Wort zu "melg" verwandelte "melk" weiterhin in der ursprünglichen Bedeutung von "saugen, säugen", aber auch substantiviert als "Mutterbrust" und sekundär als "Euter" von Ziege, Schaf und Kuh auf. Die Bedeutung von "melken" und "Euter" tritt hier vermutlich auch deshalb gar nicht bzw. erst später auf, da hier in dem palästinensisch-syrischen Kulturzentrum die Viehzucht und somit die Begriffe "Melken" und "Euter" nur eine geringe Rolle spielten.

Die anatolische Gruppe begann sich nach Westen, Norden und Osten auszudehnen und begann dadurch die Verbreitung der indogermanischen Sprachen auf Europa und Teile des westlichen Asiens bis hin nach Indien. Die elamisch-mesopotamische Gruppe dehnte sich nach Osten in das Hochland von Persien (Irak) und nach Pakistan hin aus und verbreitete dort seine Sprachen. Die östliche Gruppe, die in den Bergen zwischen Mesopotamien und dem Mittelmeer wohnte, begann sich nach Süden in die arabische Halbinsel und dann auch nach Westen nach Nordafrika hinein auszudehnen. Ein Teil der östliche Gruppe, die nach Südosten hin auf der Suche nach neuem Ackerland ausgewandert war, blieb im Nildelta und wurde zu den Vorfahren der Ägypter, während ein anderer Teil dieser kleinasiatischen Auswanderer nach Westen weiterzog und später zu den Berbern wurde.

Die Flexionen der Wörter (Plural, Genus u.ä.) wurde in Mesopotamien und ursprünglich in allen von ihnen abstammenden Sprachen (Semitisch, Indogermanisch, Altägyptisch usw.) durch die Variation der "a"-Vokale der Worte, die dessen Grundform darstellen, vorgenommen. Der eigentliche Kern der Worte waren zu dieser Zeit die meistens drei Konsonanten (im Gegensatz zu den heutigen europäischen Stammsilben, aber in Übereinstimmung z.B. mit dem heutigen Arabisch). Die Form der Flexion im Mesopotamien zwischen -30.000 und ungefähr -5.000 findet sich besonders gut im indischen Sanskrit und im alten Ägyptischen erhalten - das altägyptische Wort "anatjarat" (Göttin), das diese alte Art der Wortbildung und Flexion deutlich zeigt, würde in einem Sanskrittext zunächst einmal nicht weiter auffallen.

Es gibt aber selbst im heutigen Deutsch durchaus noch Überbleibsel dieser archaischen Flexion: Die sogenannten starken Verben verändern ihre Form in den verschiedenen Zeiten (Gegenwart, vollendete Gegenwart, Vergangenheit usw.) durch eine Veränderung des Vokals. Eine solche Vokaländerung findest sich auch bei der Substantivierung von Verben oder bei der Pluralbildung. Ein gutes Beispiel dafür ist das Wort "sprechen", bei dem sich alle Vokale außer dem "ö" finden: sprechen, er spricht, er sprach, er hat gesprochen, Spruch, Sprüche, Sprache, Gespräch usw. Im Deutschen finden sich dabei teilweise "Doppeltfestlegungen" durch Endungen und Vokalveränderungen, die auf die verschiedenen geschichtlichen Entwicklungszustände der Sprache zurückgehen. Am ältesten ist dabei die Flexion durch Vokalveränderungen, darauf folgt die Flexion durch Endungen und Vorsilben und darauf schließlich als neuste Entwicklung die Flexion durch Hilfsverben und selbständige Personalpronomen.

Da diese alte Wortbildungsform, in der die einzelnen Worte nur durch die Konsonanten definiert sind und die in ihrer Grundform ausschließlich das "a" als Vokal haben, sehr einfach und somit tendenziell auch archaisch ist, stellt sich die Frage, ab dies lediglich die generelle Wortbildungsform in Mesopotamien in der Zeit von -30.000 bis ca. -3.000 (und vereinzelt in den semitischen und indischen Sprachen noch länger) war, oder ob diese Wortbildungsform vielleicht noch weiter zurückreicht und möglicherweise die ursprüngliche Wortbildungsform ist. Leider läßt sich diese Frage derzeit noch nicht sicher beantworten. Es scheint hingegen sicher zu sein, daß es in den alten Sprachen keine Worte mit mehr als drei Konsonanten gegeben zu haben scheint.

In dieser Zeit sind die häufigsten Figuren noch immer die Frauenstatuetten, die häufig in der Hüfte deutlich nach vorne gebeugt stehen und betonte Brüste und Schamhaare haben. Der Kopf ist oft vogelförmig stilisiert. Die Haltung könnte eine Andeutung auf die Zeugung und das Gebären sein, während der Vogelkopf die Mutter aller Dinge hier vielleicht insbesondere als Mutter der Seelenvögel darstellen soll, was ja gut zu einer Grabbeigabe paßt, als die viele dieser Statuetten gefertigt wurden. Sie sollten demnach magisch die Wiedergeburt der Seele durch die Mutter aller Dinge im Jenseits sichern.

Diese Statuetten wurden meist mit rotem Ocker, der Farbe des Blutes und somit des Lebens, bemalt. Fein gearbeitete und mit mythologischen Motiven, meist dem Weltenbaum verzierte Schminckpaletten weisen auch auf eine rituelle Bemalung des eigenen Körpers mit rotem Ocker hin, die sehr wahrscheinlich magisch die Lebenskraft verstärken sollte.

-7.400 (5.400 v.Chr.) In Mesopotamien wurde von den Bewohnern von Elam nun an der Meeresküste im Flachland zwischen Euphrat und Tigris, das bisher unbesiedelt geblieben war, die erste Stadt gegründet: Eridu. Diese Stadt wurde wie 3.600 Jahre vorher Jericho rund um den zentralen Tempelberg angelegt, der im Laufe der folgenden 5.000 Jahre immer weiter vergrößert wurde. Auch alle anderen Städte in Mesopotamien wurden rund um einen solchen Zikkurat, wie das akkadische Wort für eine solche Stufenpyramide lautet, angelegt.

In dem Flachland zwischen den beiden Strömen sowie zwischen ihnen und den Gebirgen am Rand der Ebene erforderte der Ackerbau eine zusätzliche Maßnahme, die in den Tälern am Rand der Gebirge, die Mesopotamien umgaben, nicht notwendig gewesen war: die Äcker mußten bewässert werden. Dies war in der Nähe der Flüsse nicht allzu schwierig, aber es erforderte doch schon eine gewisse Organisation, insbesondere bei Überflutungen und in Dürrezeiten. Aber der Aufwand für die Bewässerung lohnte sich, da man hier im Fachland fruchtbarere Böden und größere, ebene Flächen hatte als den Bergtälern, in denen der Ackerbau entstanden war, wodurch die Erträge reicher ausfielen.

Die Lage Eridus an der Küste läßt vermuten, daß diese Stadt auch als Handelszentrum gegründet wurde, in der sich Fischer und Händler, die beide das Meer auf Booten in Küstennähe befuhren, Jäger aus der Steppe und Ackerbauer trafen. In den Städten wie Eridu, von denen bald weitere wie z.B. das etwas weiter nördlich gelegene Ur gegründet wurden, entwickelte sich eine zunehmende Differenzierung der Arbeit, die zu einer größeren Spezialisierung des Handwerks und des Handels in Bauern, Jäger, Fischer, Zimmerleute, Kupferschmiede, Steinmetze, Gerber, Fleischer, Bäcker, Müller, Seiler, Kürschner, Weber, Schneider, Wächter, Händler usw. führte. Diese Zentren des Handels und des Handwerks bleiben fast die ganzen nächsten 5.000 Jahre über weitgehend selbständig.

Neben den Panthertänzern als der "religiöse Elite" bildete sich nun auch eine zweite städtische Macht heraus: die Wächter der Stadt und ihr Anführer. Je größer die Stadt wurde und je verlockender ein Überfall für die Nomaden oder die Bewohner einer anderen Stadt wurde, desto wichtiger wurde ihre Funktion und desto mehr Gewicht hatte die Stimme des Anführers der Wächter. Es scheint aber lange Zeit so gewesen zu sein, daß alle Bewohner dieser Städte in etwa gleichgestellt waren, da das einzige Haus, das deutlich durch seine Größe und Ausstattung auffällt, der Tempel der Mutter aller Dinge mit der Pyramide war.

-7.100 (5.100 v. Chr.) Erstaunlicherweise wurde erst nun, 28.000 Jahre nach der Entdeckung, daß man Ton brennen kann, die Töpferei erfunden. Diese Tongefäße waren äußerst praktisch für die Lagerhaltung. Diese Erfindung, die in der Nähe von Eridu und Ur im Delta der beiden Ströme gemacht wurde, breitete sich rasch aus und war 1.000 Jahre später in ganz Kleinasien und den angrenzenden Gebieten zu finden.

Durch den Fernhandel, der inzwischen bis hin nach China reichte, gelangte der Weizen und die Gerste bis nach Südostasien, wo er dann auch angebaut wurde.

Zu dieser Zeit bestand eine noch weitgehend einheitliche Kultur vom Nil im Westen über Mesopotamien bis hin zum Indus im Osten, wie sich in der Keramik, den Frauenstatuetten, den angebauten Pflanzen und vielem mehr zeigt.

-6.500 (4.500 v.Chr.) Auf den Keramik-Gefäßen taucht in Ägypten nun die Barke auf, auf der sich zwei Hütten befinden, über denen sich zum einen eine Frau, die sehr an die Frauenstatuetten erinnert (die spätere Göttin Hathor), befindet, und zum anderen ein Mann mit erigiertem Penis (der spätere Gott Min). Da es sich bei den Gefäßen vor allem um Grabbeigaben handelt, scheint man spätestens nun die Zeugung durch den Toten der Wiedergeburt durch die Mutter aller Dinge hinzugefügt haben - was unter anderem auf den Beginn der Ablösung der Mutter aller Dinge durch einen männlichen Gott hinweist.

Es finden sich nun auch Abbildungen des Weltenbaumes auf denen die Seelenvögel sitzen. Der Stern als

Jenseitssymbol taucht in dieser Zeit nun neu auf, und die Mutter aller Dinge wird oft zusammen mit Wasservögeln, also den Seelen in der Wasserunterwelt, dargestellt. Auch das Krokodil, die Löwen, die Skorpione, die Fische und der Ocker haben offenbar schon die Bedeutung, die sie dann 2.000 Jahre später auch in der schriftlich festgehaltenen ägyptischen und sumerischen Religion haben.

Die Frauenstatuetten sind nun in dem vorgeschichtlichen Ägypten z.T. mit Wasserwellen und der späteren Hieroglyphe für "bewässertes Land" bemalt worden, was den Zusammenhang zwischen der Mutter aller Dinge und dem Wasserjenseits betont.

-6.300 (4.300 v.Chr.) Im Hoggargebirge hatten die vom Osten von Mesopotamien eingewanderten Ackerbauern und Viehzüchter sich auf die Züchtung von Rindern spezialisiert. Von hier aus verbreitete sich die Rinderzucht in das Delta des Nils und weiter flußaufwärts bis in den Sudan. Im Niltal selber blieb der Ackerbau allerdings im Gegensatz zum Delta der dominierende Nahrungserwerb.

Im Hoggargebirge finden sich aus dieser Zeit die ersten Darstellungen von Kämpfen zwischen Menschen - vermutlich handelt es sich um Kämpfe um die besten Weidegründe für die Rinderherden. Dies war die Erfindung des Krieges.

Die Viehzüchter des Hoggargebirges begannen durch die Sahara, die damals noch Steppe und Savanne mit einzelnen Wäldern war, nach Süden zu ziehen und die Jungsteinzeit südlich der Sahara zu begründen.

Zu dieser Zeit sind im gesamten Gebiet, in dem Ackerbau und Viehzucht betrieben wurde, sowie in den angrenzenden Bereichen, in denen noch Jäger und Sammler lebten, die Verwendung von Pfeil und Bogen verbreitet.

In Südamerika wurden nun eine größere Anzahl von Pflanzen einschließlich von Wildgetreide, in einem größeren Maßstab angebaut.

In Indien entdeckte man die Möglichkeit, aus den Samenfasern der Baumwolle Fäden zu spinnen, was neben dem bisher bekannten Fellen, der Wolle und dem Flachs nun die Möglichkeiten, einen weichen, leichten Stoff herzustellen, ergab.

- 6.000 (4.000 v.Chr.) Im nördlichen Mesopotamien wurde das Rades und der von einem Rind gezogenen vierrädrigen Karren erfunden, was sich beides schnell in die umliegenden Länder verbreitete.

4. Kapitel, 11. Abschnitt: Yesod - Tiphareth

Die Entwicklung der Jungsteinzeit hatte nun gleichzeitig mehrere "kritische Werte" erreicht (Graben unterhalb von Tiphareth), was zu der Entstehung von neuen Strukturen führte. Diese "kritischen Werte" waren:

1. Die Bevölkerungsdichte war nun soweit gewachsen, daß das Prinzip der weitgehenden Selbstorganisation der Gruppe durch gegenseitiges Kennen (Assoziationen der Altsteinzeit) bzw. durch Vergleich (Analogien der Jungsteinzeit) nicht mehr ausreichte. Die zusammenlebenden Bevölkerungsgruppen waren so groß und von ihren Aufgaben her so differenziert geworden, daß ein Bewußtsein von den insgesamt ablaufenden Vorgängen und ihrer Koordination notwendig geworden war. - Dies war der Keim der zentralen Lenkung durch einen König.

2. Die Arbeiten, insbesondere die Bewässerung der Felder, erforderte eine zunehmende Koordination. Die bewässerten Felder lagen nun auch in immer ungünstigeren Lagen, da die Bevölkerungsdichte weiterhin zunahm, sodaß immer mehr Gemeinschaftsarbeiten wie das Anlegen von Staudämmen und Kanälen erforderlich wurde. - Dies war der Keim der dem König unterstehenden Verwaltung.

3. Das Anhäufen von materiellen Werten (Nahrung, Häuser, Vieh, Geräte) lockte immer wieder andere Bevölkerungsgruppen, insbesondere nomadisch lebende Hirtenvölker, die aufgrund ihrer Lebensweise kämpferischer gestimmt waren (z.B. durch die tägliche Verteidigung der Rinderherden gegen Löwen), zu Überfällen. Daher ergab sich die Notwendigkeit zu einer effektiveren Verteidigung. - Dies war der Keim des dem König unterstehenden Heeres.

4. Derselbe Effekt trat bei internen Streitigkeit um Land, Wasser oder Besitz auf - es mußten Regeln geschaffen werden, die etwas darüber aussagten, was ein richtiges Verhalten ist. Die jungsteinzeitliche Analogie-Methode erforderte die genaue Kenntnis der Umstände und ergab in jedem Fall ein

unterschiedliches Urteil. Bei der anwachsenden Zahl der Streitfälle war es jedoch von großem Vorteil, wenn man auch über feststehende Regeln verfügte, also über Prinzipien, die unabhängig von den Personen, auf die sie angewandt werden sollten, existierten. - Dies war der Keim der von dem König erlassenen Gesetze und der dem König unterstehenden Richter.

4. Kapitel, 12. Abschnitt: Hod - Tiphareth

Um eine Vielzahl von Vorgängen koordinieren zu können, ist es notwendig, die dafür relevanten Daten festhalten zu können. Dies begann mit der Zählung der vorhandenen Getreidesäcke und endete mit einer Bestandsaufnahme des Heeres.

Dafür war es notwendig, ein Zählsystem zu entwickeln, das leistungsfähiger war als das alte Binärsystem, in dem man selten weiter als bis sechzehn gezählt haben wird, da schon eine Zahl wie z.B. "159" in binärer Formulierung recht lang und unübersichtlich wird: "10011111" ($->1\cdot 128+0\cdot 64+0\cdot 32+1\cdot 16+1\cdot 8+1\cdot 4+1\cdot 2+1\cdot 1$). Daher erfand man das heute weitverbreitete Zehnersystem.

In dem archaischen Binärsystem gab es feste Einheiten (1, 2, 4, 8, 16 ...), von denen man dann sagte, ob man sie für die vorliegende Menge, die man bezeichnen wollte, brauchte („1") oder nicht („0"). In dem deutlich komplexeren Dezimalsystem gibt es sozusagen zwei Arten von Zahlen: es gibt wieder verschiedene Einheiten, die nun aber wesentlich größer sind (1, 10, 100, 1000 ...) und es gibt Einheiten, mit denen man zählt, wieviele dieser ersten Sorte von Einheiten man benötigt, um die vorliegende Menge zu beschreiben (0, 1, 2, 3, 4, 5, 6, 7, 8, 9) – das Binärsystem ist sozusagen ein „einfaches Zählen" (8+2+1), während das Dezimalsystem ein „multiplizierendes Zählen" ist ($1\cdot 1000+3\cdot 100+7\cdot 10+ 6\cdot 1$). Dies ist eine durchaus beachtliche intellektuelle Leistung. Vermutlich wird sie als Abstrahierung aus anderen Mengenangaben wie z.B. „ein Krug voll" oder „soviele, wie ich Finger habe" heraus entstanden sein.

Zusätzlich zu den Zahlen benötigte man zudem Bilder oder besser noch Zeichen, die das Gezählte bezeichneten. Aus diesen Zeichen, die zunächst nur vereinfachte Darstellungen des Gemeinten (z.B. Getreidesäcke) waren, entwickelten sich dann Silbenzeichen, Buchstabenzeichen, Wortzeichen und Ergänzungszeichen in der vielfältigsten Form bei den verschiedenen Völkern. Aus diesen "Buchhaltungszeichen" entwickelte sich sehr schnell eine vollständige Schrift, mit der man alle Worte niederschreiben konnte.

Darüber hinaus war es notwendig, erfassen zu können, wieviel Getreide eine bestimmte Zahl Menschen für eine bestimmte Zeitspanne benötigte (z.B. ein Heer von 4.000 Personen für drei Monate), oder genau bestimmen zu können, wie groß ein Acker war. Daraus entstanden die Grundrechenarten und die Geometrie.

Um die komplexen Vorgänge in dem Königreich überschauen zu können und in den Griff zu bekommen, war es notwendig, die Abläufe zu formalisieren, Größen und Gewichte festzulegen, an die sich jeder halten mußte, Abgaben an den König und die Tempel und für Gemeinschaftsaufgaben (Steuern) zu bestimmen usw. Dadurch entstand das Formular und die Verwaltung.

Etwa 2.000 Jahre nach der Erfindung der Schrift, die um ca. 3.000 v.Chr. in Ägypten und in Sumer in Mesopotamien stattfand, entwickelte sich noch ein weiterer Teil des Formalismus, also des nun neu entstandenen Denkens in Prinzipien: die Philosophie. Die Menschen übertrugen das Erlebnis des alles prägenden Zentralismus, also des Königtums, auf die Welt und begannen sich zu fragen, welches Prinzip denn hinter der Vielfalt der Erscheinungen steht - sozusagen, wer der König der Welt sei oder was der König des Denkens, also die "Erste Ursache" sein könnte. Diese Entwicklung beginnt in kleinen, zaghaften Ansätzen um 1.350 v.Chr. in Ägypten zur Zeit von Echnaton, dem "Erfinder" des Monotheismus, und entwicklete sich dann um ca. 1.225 v.Chr. durch Moses zu der ersten Verkündigungsreligionen weiter, der dann um 600 v. Chr. gleichzeitig die Verkündigungsreligionen von Zarathustra und von Buddha sowie die philosophischen Lehren und Naturbetrachtungen der Griechen, insbesondere die von Pythagoras, folgten. Diese Art der Weltbetrachtung, also die in sich logische Beschreibung der Welt mit einem höchsten Gott an der Spitze, der alles erschaffen hatte, reichte als prägendes Weltanschauungsmodell im Abendland bis etwa 1.500 n.Chr.

Die Sprache selber entwickelte sich ebenfalls weiter. Auch bei ihr findet man nun den Übergang zu einer formaleren Grammatik, die sich in festeren, "statischeren" Regelwerken ausdrückte, die vor allem an die Stelle der Flexion durch die Vokalvariationen zunächst die Bildung von Vor- und Nachsilben und schließlich die Entwicklung von Hilfsverben, Personalpronomen (vorher sprach man von sich mit seinem Eigennamen statt mit dem Wörtchen "ich") und vielfältiger logischer Partikel (wenn, dann, vielleicht, nichtsdestotrotz ...). In der Jungsteinzeit war die Sprache, wie man an den ältesten erhaltenen Texten aus der Epoche des Königtums noch sehen kann, eine Folge von Bildern, aus denen Nun wurde die Sprache fester, formaler und somit formal-logischer.

Durch diese Entwicklung traten nun an die Stelle der "Stammkonsonanten", wie es noch heute z.B. die semitischen Sprachen haben (z.B. Arabisch und Hebräisch), die Stammsilbe, also ein statischeres Gebilde.

Auch wenn diese Beobachtung dafür spricht, daß die Stammsilben sich erst mit der Entstehung des Königtums entwickelt haben, wären doch weitere Untersuchungen bei anderen Sprachen nötig, um herauszufinden, ob die "a-Worte", die also in ihrer Grundform nur das "a" als Konsonant haben, eine Sprachform ist, die noch weiter als -30.000 Jahre, also über den Zeitpunkt des gemeinsamen Ursprungs der semitischen und der indogermanischen Sprachen hinaus, in die Altsteinzeit zurückreicht.

Diese Betrachtung bedeutet auch, daß zumindest in der "mesopotamischen" Sprache vor 30.000 Jahren das Wort "melk" nicht "melk", sondern "malak" gehießen haben müßte, und daß in allen diesen Sprachen später eine Enttonung der beiden Konsonanten stattgefunden hat und sie zu "e" wurden bzw. schließlich ganz fortfielen, was eine sehr häufig zu beobachtende Entwicklung in der Geschichte von Worten ist.

4. Kapitel, 13. Abschnitt: Netzach - Tiphareth

Das erste Königreich auf der Erde war das altägyptische Reich, das um 3.000 v.Chr. von dem Pharao Menes gegründet wurde. In Mesopotamien und etwas später auch in China entstanden zwar schon einzelne Stadtstaaten, aber es dauerte noch gut 1.000 Jahre, bis diese sich zu Königreichen mit einer größeren Fläche vereinigten.

Ab 2.000 v.Chr. wurden die Könige aggressiver und begannen mit Eroberungen und der Unterwerfung von Nachbarvölkern. Dadurch wurden die Königreiche immer größer und führten dann schließlich zu den Großreichen des Sargon von Akkad und Alexanders dem Großen, dem Römischen Reich, dem Chinesischen Großreich, den Mongolenreichen (Hunnen) und dem Indischen Großreich.

Aus der altsteinzeitlichen Mutter aller Dinge, die Geburt und Wiedergeburt gab und mit dem Leben und dem Tod verbunden war, war in der Jungsteinzeit das Brüderpaar des Korngottes und des Gottes der Wildnis geworden. Nun, in der Epoche der Prinzipien und der Zentralherrschaft, wurde aus dem Gott des Getreides und der Toten der Königsgott und schließlich der Schöpfergott. Sein Zwillingsbruder, der Herr der Wildnis wurde immer mehr mit den Wüsten, den Gebirgen und schließlich auch mit den bedrohlichen Fremdvölkern verbunden, sodaß er schließlich zu dem Gott des Bösen, zum Teufel wurde.

Gleichzeitig spaltete sich auch das Selbstverständnis in gut und böse, in Moral und Triebe, in Geist und Körper, in Seele und Fleisch auf. Dadurch rückten auch alle Instinkte immer näher an den Gott des Bösen heran - der Teufel erhielt von dem griechischen Pan, dem Gott der Triebhaftigkeit, der Natur und der Musik, seine Bocksfüße.

4. Kapitel, 15. Abschnitt: Tiphareth

Die Epoche des Königtums, das um 3.000 v.Chr. in Ägypten begann und ungefähr ab 1.800 in Europa allmählich zu Ende ging, war die Suche nach der koordinierenden Mitte: die Ausbildung dieser zentralen Instanz war in der Wirtschaft die Regierung und in der Psyche das Ich.

Für diese Entwicklung war eine Unterordnung aller Dinge unter die zentrale Instanz notwendig - die Instinkte mußten beherrscht werden, die Natur mußte erobert und geformt werden, die fremden Völker mußten besiegt werden - "...gehet hin und machet euch die Erde untertan".

Die Regierungsform war das Königtums, die Religion der Monotheismus, die Weltanschauung war die Philosophie und die Wirtschaftsform war die Eroberung und die Unterwerfung.

Dies bedeutete eine Loslösung von dem jungsteinzeitlichen Eingeordnetsein in ein Gespinst aus Richtigkeiten und Zusammenhängen - ein Selbstständigwerden von der Göttin des Lebens und des Todes. Die Entstehung des Königtums war ein Verlassen der Heimat und ein Aufbruch in die weite Welt hinaus.

Es gab nun auch verschiedene neue Entdeckungen, insbesondere die Entdeckung der Bearbeitung des Metalls (bisher nur des Kupfers, doch bald auch der Bronze und dann des Eisens), die zu einem technischen Fortschritt führten, der allerdings auf "Werkzeug und Handwerk"-Niveau blieb. Eine wichtige Erfindung war die des Rades, durch das nicht nur die Töpferscheibe möglich wurde, sondern auch der zweirädrige Ochsenkarren und nicht viel später dann der zweirädrige Pferdewagen, der schon bald als Streitwagen im Krieg Verwendung fand. Durch diesen "Panzer des frühen Königtums" erhielten ihre Erfinder, die Völker nördlich des Schwarzen Meeres, zunächst eine große militärische Übermacht, die allerdings nicht lange anhielt, da dieser Streitwagen sehr bald in Mesopotamien, Ägypten und anderen angrenzenden Ländern nachgebaut wurde. Das bekannteste Lenker-Bogenschütze-Paar in einem solchen Streitwagen sind sicher Krishna und Arjuna aus dem indischen Nationalepos "Bhagavadgita".

Die Stellung des Königs und der Zentralverwaltung prägte immer stärker das Leben, was nicht ohne Folgen für die religiösen Vorstellungen blieb, in denen der Sonnengott, als dessen Sohn der König galt, von seiner Stellung als Kind der Großen Göttin nach und nach zum Vater aller Götter aufstieg und schließlich das erste Mal um ca. 1.350 v.Chr. von dem Pharao Echnaton zum alleinigen Gott proklamiert wurde.

An die Stelle des "statischen" neolitischen Bildes des "Mandalas" aus den konzentrischen Kreisen Dorf-Gärten-Äcker-Weiden-Wildnis mit dem Weltenbaum im Zentrum und der Aufteilung in die vier Richtungen der Jahreszeiten und der acht Jahresfeste trat nun das "dynamische" Bild des "Weges der Sonne", die am Tag über die Himmelssee fährt und des nachts die Unterwelt durchquert. Dadurch wurde zu dieser Zeit der Horizont zum Jenseitstor. Folglich mußte der Weltenbaum an den Horizont versetzt werden, wodurch der eine Weltenbaum in der Mitte der Welt nun zu einem Paar von Weltenbäumen wurde, die die beiden Schwellen zwischen den Welten am Horizont im Osten und Westen links und rechts einfaßten. An die Stelle des alten jungsteinzeitlichen Tempeltyps des Turmes und der Pyramide trat während dieses neuen Weltbildes des Königtums durch dessen neue religiöse Geographie der Gangtempel, der den Weg ins Grab von dem Eingangstor bis hin zu der Scheintüre in ihrem Innersten, hinter der symbolisch das Jenseits lag, mit dem abendlichen Weg der Sonne in die Unterwelt zu dem neuen Typ des Gangtempels verschmolzen, in dem mehrere Räume hintereinander lagen, durch die der Weg zum Allerheiligsten führte.

Die Zweizahl von Weltenbäumen am Horizont hatte schloß sich sehr wahrscheinlich auch an die viel älteren Bildern der Mutter aller Dinge an, neben der links und rechts ein Panther saß. Dieses Pantherpaar findet sich dann ja auch in der späten vordynastischen Zeit in Ägypten und Sumer links und rechts neben dem Weltenbaum.

Zu dieser Zeit beginnt eine neue Form der Logik zu entstehen, die auf dem Zentralismus des Königtums beruht. Sie erfindet und benutzt die Formalisierung, die Schrift, die Formulare, die Verwaltung - also die Abstraktion, durch die etwas Gewolltes oder etwas als wahr Erkanntes an die oberste Stelle gesetzt wird, woraufhin dann an diesem Obersten alles gemessen wird inklusive der eigenen Handelns. Daraus entsteht dann das zentral gelenkte Königreich, das Gesetz und die Philosophie, also in sich schlüssige Systeme, die auf einer Grundannahme oder einer Grundtatsache beruhen - sei dies nun eine Erkenntnis, ein Glaubenssatz oder die militärische Macht eines Eroberers.

Zu Beginn des Königtums beanspruchte der König für sich die Stellung der Mitte, also die Stellung des Turmes, der Pyramide, des Weltenbaumes als Verbindungsglied zwischen Himmel und Erde, wodurch er teilweise die Stellung des Schamanen in der Alt- und Jungsteinzeit einnahm. Dem König nachgeordnet stand dann die Priesterhierarchie als "Segensverteilungsapparat". Daneben gab es aber weiterhin auch die alte Tradition des Schamanismus insbesondere im Zusammenhang mit Bestattungen, Heilungen und allen Übergangs- und Krisenritualen.

Vermutlich in Anlehnung an das Weiterreichen des Segens in der Priesterhierarchie und angeregt durch Erfahrungen mit Heilungen bildete sich auch in den Schamanengemeinschaften das Weitergeben des Segens, also die Kraftübertragung heraus, die hier allerdings nicht wie in dem formalisierten Priestertum die persönliche Anstrengung und das tatsächliche Erlangen von Fähigkeiten ersetzte, sondern diese nur erleichterte. Die Kraftübertragung war an die Stelle des persönliche Beinahe-Todes getreten, wodurch das Erleben der Todesangst, mit der man bei dem Herstellen des Kontaktes zum Jenseits unweigerlich konfrontiert wird, von dem Nahtod-Erlebnis auf die Zeit des Übens zur Erlangung der schamanischen Fähigkeiten verschoben wird: aus dem Angriff des Löwen in der alt- und Jungsteinzeit wurde nun das Gebet in der Einsamkeit der Wüste oder auf dem Leichenverbrennungsplatz oder auf dem Gipfel eines Hügels.

Diese Betonung der schamanischen Tradition und der Treffen, durch die man Geborgenheit und Identität wiederfindet, innerhalb dieser Beschreibung der Entwicklung des menschlichen Weltbildes bedeutet natürlich keineswegs, daß jede institutionale Religion hohl und wertlos ist, denn zum einen wirkt durchaus auch ein Segen in Hierarchien und zum anderen wird ein Teil der Priester einer jeden Religion auch zugleich tatsächlich um den Kontakt zu den Ahnen bzw. den Göttern oder Gott bemüht sein und evtl. sowohl in der priesterlichen Hierarchie als gleichzeitig auch in einer schamanischen Tradition stehen. Dabei ist hier der Begriff der "schamanischen Tradition" sehr weit gefaßt und bezieht durchaus auch solche Traditionen wie die christliche Propheten-Übertragungslinie von Moses über Elias zu Jesus ein. Sowohl die "Gottesdienste" und andere religiöse Gemeinschaftszeremonien als auch die heutigen Rituale von magischen Orden oder die Schülergruppen von spirituellen Meistern stehen in der langen Tradition der religiösen Treffen, die dem einzelnen das Urvertrauen und die Identität wiedergeben - neue Perlen an einer Jahrmillionen alten Kette.

4. Kapitel, 16. Abschnitt: Hod - Geburah

Nachdem nun in der Epoche des Königtums das eigenständige Subjekt, das selbständige und unabhängige Ich erschaffen worden war, konnte sich nun dieses Ich der Welt gegenüberstellen und sie aufmerksam beobachten.

Ab etwa 1.500 n.Chr. begann sich diese sachliche, experimentelle und forschende Grundhaltung in den Entdeckungen von Kolumbus, Gutenberg (Buchdruck), Kopernikus, Galileo Galilei, und schließlich in der Begründung der klassischen Physik durch Isaak Newton sowie der Begründung der Mathematik unabhängig durch Newton und Leibniz (Integralrechnung) deutlicher zu zeigen.

Das Denken begann nun, nicht die Welt von einem vorgegebenen Prinzip her zu erklären ("Blitzstrahl der Schöpfung"), sondern stattdessen die vorhandenen Phänomene zu betrachten und zu beschreiben und somit von der Vielfalt her sich allmählich den hinter dieser Vielfalt stehenden Gesetzmäßigkeiten anzunähern ("Schlange der Weisheit").

Diese Gesetzmäßigkeiten wurden dann angewandt, um sie technisch auszuwerten.

4. Kapitel, 17. Abschnitt: Tiphareth - Geburah

Diese neue Art des Denkens richtete sich schließlich auch auf das eigene Ich und bemühte sich, dessen Wesen zu erfassen. Dabei zerfiel das Ich in der Betrachtung zunehmend in einzelne Bedürnisse. Dies führte im späten 19. Jahrhundert schließlich zu der Begründung der Psychologie durch Sigmund Freud.

4. Kapitel, 18. Abschnitt: Geburah

Das Grundprinzip der Epoche des Materialismus, die nun begonnen hatte, ist die Analyse - die Untersuchung einer komplexen Angelegenheit durch die Betrachtung seiner Bestandteile und die Art, wie diese Bestandteile zusammenwirken. Diese Entwicklung begann mit der Begründung der Physik und Mathematik einerseits und den Entdeckungsreisen der Seefahrer nach Indien, China, Afrika, Amerika und den ersten Weltumsegelungen andererseits, die das damalige Weltbild sehr gründlich veränderten. Daraus ergaben sich dann bald die ersten Ansätze zu einer wissenschaftlich betriebenen Chemie und Biologie sowie die wirtschaftliche Nutzung der Entdeckungen der Seefahrer.

4. Kapitel, 19. Abschnitt: Netzach - Chesed

Die Weltanschauung entwickelte sich nun von einem Ruhen in dem Richtigen (Netzach) hin zu dem Fortschrittsglauben des immer Besseren (Chesed). In dieser Haltung liegt zum einen eine Einsamkeit und eine Isolation, da der Einzelne sich der Welt gegenübersteht und ganz auf seine eigene Kraft angewiesen ist, was durch Charles Darwin's Schriften auf den Punkt gebracht wurde, und zum anderen liegt darin aber auch ein Erproben der eigenen Kraft, die sich am deutlichsten in dem nun beginnenden weltweiten Kolonialismus und Imperialismus zeigte. Genauso wie das wissenschaftliche Weltbild jedes betrachtete Ding als etwas Einzelnes, auf sich Gestelltes beschrieb, so erlebten sich die Menschen als etwas Einzelnes, auf sich Gestelltes.

4. Kapitel, 20. Abschnitt: Tiphareth - Chesed

Die Entwicklung ging nun fort von der Selbsterkenntnis und hin zur Bedürfnisbefriedigung. Das höchste Ziel war nun die Erfüllung von materiellem Wohlstand - wobei es auch dem Proletariat oft nicht einmal zum Überleben reichte. Die Verteilung des Besitzes hatte sich in dieser Epoche sehr stark polarisiert. Aber es fehlte auch jeder tragfähige religiöse oder philosophische Überbau - es war eine Lebenseinstellung, die zu der Vorstellung des Kampfes jeder gegen jeden führte.

4. Kapitel, 21. Abschnitt: Geburah - Chesed

Die wissenschaftlichen Erkenntnisse wurden nun zunächst in Technik und dann in die Industrialisierung umgesetzt, wodurch zunächst einmal zwar mehr Produkte hergestellt werden konnten, aber gleichzeitig die Kluft zwischen Arm und Reich immer größer wurde.
Insbesondere bei der Rüstung gab es große Fortschritte.

4. Kapitel, 22. Abschnitt: Chesed

Die Prinzipien der Epoche des Materialismus sind die Analyse, die Erfindung, die Technik, die Industrie, die Warenproduktion, die Bedürfnisbefriedigung, der Kolonialismus, der Imperialismus und die Ausbeutung.
Dies sind allerdings vor allem die Schattenseiten, denn es gab trotz allem ein stärkeres Bevölkerungswachstum als jemals zuvor und die technischen Möglichkeiten, die Wirtschaftlichen Verbindungen und auch die politischen Systeme (französische Revolution, Demokratie, soziale Marktwirtschaft) haben sich in dieser Epoche sehr weit weiterentwickelt.
Die große Armut der Arbeiter am Ende des 19. Jahrhunderts führte zu den Versuchen, mithilfe des Kommunismus oder des Sozialstaates diese unerträgliche Situation zu ändern.

4. Kapitel, 23. Abschnitt: Chesed - Daath

Die technische Entwicklung führte ab etwa 1.900 n.Chr. zu einer neuen Situation. Die Erfindung der Atombombe bedrohte erstmalig die Menschheit als Ganzes, was zu einem völlig neuen Denken führte. Später gesellten sich zu dieser elementaren Bedrohung noch weitere sich ankündigenden Krisen hinzu: die Überbevölkerung, die Zerstörung der Ozonschicht, das Artensterben, der Raubbau an der Erde, die absehbare Erschöpfung der Erdölvorräte ...

4. Kapitel, 24. Abschnitt: Tiphareth - Binah
(unterer Teil bis auf die Höhe von Daath)
(oberer Teil des Pfades: Zukunft)

Durch die Katastrophenszenarien wird immer mehr Menschen bewußt, "daß sie alle in einem Boot sitzen". Es entsteht derzeit ein Bewußtsein über die gegenseitigen Abhängigkeiten - die Ökologie im weitesten Sinne. Gleichzeitig wird dabei bewußt, daß es notwendig ist, die Erde als einen von Menschen bewohnbaren Planeten zu erhalten und daß dies nur gelingen kann, wenn jeder jedem anderen seine Daseinsberechtigung zubilligt und darüberhinaus erkennt, daß eine friedliche Koexistens nur dann funktionieren kann, wenn jeder zumindest eine Überlebensmöglichkeit hat.

4. Kapitel, 25. Abschnitt: Geburah - Binah

(unterer Teil bis auf die Höhe von Daath)
(oberer Teil des Pfades: Zukunft)

Innerhalb des Weltbildes zeichnete sich der Beginn einer neuen Epoche durch die Relativitätstheorie von Einstein und durch die Quantenmechanik von Heisenberg ab, die beide zeigen, daß die Welt im ganz großen (Astronomie) und im ganz kleinen (Kernphysik) sich völlig anders verhält, als wir in dem Bereich der mittleren Größen gewöhnt sind. Das gemeinsame an diesen Entdeckungen ist es, daß sie Dinge, von denen man im Alltag annimmt, daß sie etwas völlig verschiedenes sind (z.B. Raum und Zeit oder eine Welle und ein Teilchen), als einunddasselbe beschreiben.

Die Entwicklung in der Physik geht dahin, daß sie alle Erscheinungen in dieser Welt als Formen einunddesselben "Etwas", das allem zugrundeliegt, beschreibt.

4. Kapitel, 26. Abschnitt: Daath - Binah

(Zukunft)

4. Kapitel, 27. Abschnitt: Binah

(Zukunft)

4. Kapitel, 28. Abschnitt: Tiphareth - Chokmah
(unterer Teil bis auf die Höhe von Daath)
(oberer Teil des Pfades: Zukunft)

Der Beginn dieser neuen Epoche ist auch deutlich durch eine Renaissance der Religionen gekennzeichnet. Dabei geht es diesmal weniger darum, eine vorgeschriebene Lebensweise zu finden, von der die religiösen Autoritäten versichern, daß sie zur Erlösung führen, sondern es beginnt eine Religiösität zu entstehen, bei der die persönliche Erfahrung und Entwicklung im Mittelpunkt steht. Diese neue Religiösität integriert sowohl alte Religionen und Weisheitslehren als auch die Psychologie und die Ökologie.

Diese neue Religion ist die Suche nach der eigenen Essenz, wobei mehr oder weniger klar bewußt ist, daß diese innerste Essenz nicht unabhängig von der Essenz der anderen existiert.

4. Kapitel, 29. Abschnitt: Chesed - Chokmah
(unterer Teil bis auf die Höhe von Daath)
(oberer Teil des Pfades: Zukunft)

Seit den beiden Weltkriegen wurde die Notwendigkeit einer Kooperation zwischen den Völkern schmerzlich bewußt, was unter anderem zu der Gründung der UNO mit ihren vielen Unterorganisationen führte. Die UNO ist zwar bis heute noch kein sehr effektives Instrument, um die Konflikte zwischen den Völkern in friedlich-konstruktive Bahnen zu lenken, aber es ist der bisher beste Ansatz dazu.

Dasselbe gilt auch für den Umgang der Individuen miteinander, was sich in den inzwischen salonfähig gewordenen Psychotherapien, den organisierten Gruppenprozessen und in der wachsenden Erkenntnis der Bedeutung des persönlichen Engagements (z.B. im "slim Management") zeigt.

Der Leitfaden ist hier die Globalisierung, die mit einer Wertschätzung der Individualität einhergeht.

4. Kapitel, 30. Abschnitt: Binah - Chokmah

(Zukunft)

4. Kapitel, 31. Abschnitt: Chokmah

(Zukunft)

4. Kapitel, 32. Abschnitt: Tiphareth - Kether
(unterer Teil bis Daath)
(Daath bis Kether: Zukunft)

Die zentrale Lenkung durch den König, die als Grundgedanke auch noch im Materialismus die Regierungsformen der Demokratien und Republiken mit ihren klaren Hierarchien prägt, beginnt einer allgemeinen Verflechtung zu weichen. An die Stelle der Vereinzelung, die die Epoche des Materialismus prägte, tritt nun die Vorstellung eines Kontinuums, das allen Erscheinungen zugrundeliegt. Daraus ergibt sich die Erkenntnis, daß man nach dem Wohlergehen des Ganzen streben muß, damit es einem selber wohlergehen kann - denn alles was man verursacht, gelangt letztlich zu einem selber zurück. Diese Auffassung findet sich sowohl in der Physik als auch in der Wirtschaft, in der Ökologie und in dem neuen spirituellen Weltbild.

4. Kapitel, 33. Abschnitt: Daath

Das wesentliche Merkmal der derzeit beginnenden "ökologisch-spirituelle Epoche" ist es, daß sich der Einzelne nicht mehr durch seine Grenzen, sondern durch seine Qualität definiert. Der Einzelne und auch eine einzelne Gruppe oder ein einzelnes Volk kann sich sein Wohlergehen nicht mehr durch Gewalt und durch Abgrenzung sichern, sondern nur dadurch, daß der Einzelne bzw. das einzelne Volk nach Lösungen strebt, die von allen gemeinsam getragen werden können: Kooperation statt Konkurrenz.

Auf der spirituellen Seite zeigt sich dieses Merkmal in der "Wiederentdeckung" der Shunyata, des Kontinuums, daß nach der buddhistischen Lehre allen Erscheinungen zugrundeliegt. Das Erreichen dieses Zustandes des Kontinuums des Bewußtseins zeigt die Qualität von Daath, die diese beginnende Epoche prägt, am deutlichsten. In diesem Bewußtseinszustand gibt es keine Grenzen für die Wahrnehmung und das Erleben - es ist der Zustand, in dem die Heiligen, Yogis, Lamas, Sufis und anderen Mystiker sehen können, was sich weit entfernt von ihnen abspielt, in denen sie unheilbare Krankheiten heilen können, an mehreren Orten gleichzeitig erscheinen und andere Arten von Wunder vollbringen, die jegliche Naturgesetze außer Kraft zu setzen scheinen. Dieser Zustand wurde schon oft von Mystikern beschrieben, aber war bisher nur für die sehr wenigen Menschen von Bedeutung, die ihn angestrebt und auch erreicht haben. Es ist anzunehmen, daß dieser Zustand in der Daath-Epoche das zentrale Erlebnis werden wird.

4. Kapitel, 34. Abschnitt: Binah - Kether

(Zukunft)

4. Kapitel, 35. Abschnitt: Chokmah - Kether

(Zukunft)

4. Kapitel, 36. Abschnitt: Kether

(Zukunft)

- - -

Um diese doch sehr lange Betrachtung der Entwicklung von den ersten Primaten bis in die Gegenwart noch einmal zusammenzufassen, folgt hier wieder ihre graphische Kurzdarstellung mithilfe des Lebensbaumes wie auch nach den vorigen drei Kapiteln dieser "langen Geschichte":

```
                            KETHER                              | (Zukunft)
                           (Zukunft)                            |
................................................................|
         BINAH                              CHOKMAH             | (Zukunft)
        (Zukunft)                          (Zukunft)            |
                            DAATH                               | spirituell-
                   ökologisch-spirituelle Epoche                | ökologische
                                                                | Epoche
                                                                |
17. PFAD ........ 18. PFAD ....... 13. PFAD .............. 16. PFAD ............... 15. PFAD ..... |
Relativitätstheorie neue Spiri-  Kontinuum statt   Globalisierung und   Kooperation statt |
Quantenmechanik  tualität        Zentralismus      Individualisierung   Konkurrenz       |
                                                                                          |
GEBURAH                          19. PFAD                CHESED            | Materialismus
Wissenschaft                     Expansionsstreben       Kolonialismus     |
                                                         Industriealisierung |
              22. PFAD                      20. PFAD                        |
              Wissenschaft                  Bedürfnisbefriedigung           |
                            TIPHARETH                                       | Königtum
                   Monotheismus und Königtum                                |
                                                                            |
23. PFAD ........ 25. PFAD ........... 26. PFAD ........ 24. PFAD ........ 21. PFAD ............. |
objektives       Schrift              Koordination von   Zentralisierung   Selbständig-    |
Denken           Formulare            Bewässerung und    aller Vorgänge    werdung         |
                 Philosophie          Ernährung                                            |
                                                                                           |
HOD                              27. PFAD               NETZACH            | Jungsteinzeit
Handwerk                         die Natur umformen     Natur - Ackerland  |
                                                                           |
              30. PFAD                      28. PFAD                       |
     schonendes Sammeln, Viehhaltung      Erschaffen von Kulturland        |
                                                                           |
              31. PFAD           YESOD                  29. PFAD           | Altsteinzeit
         Werkzeugherstellung     Jäger und Sammler      Kunst, Höhlenmalereien, |
              Sprache                                   Mythologie         |
...................................... 32.PFAD ...........................|
                   Gebrauch von Stein und Feuer                            |
                                                                           |
                            MALKUTH                                        | Wildnis
                     Primaten, Urmensch                                    |
```

Somit wäre das (vorläufige) Ende dieser Reise durch die Zeit erreicht. Bevor jetzt die Analogie zwischen diesen vier Lebensbäumen, die die Evolution in der materiellen Welt beschreiben, und den Lebensbäumen des Bewußtseins betrachtet werden (2. Teil dieses Kapitels über die Evolution), ist es sinnvoll, diese vier Lebensbäume der materiellen Evolution noch einmal miteinander zu vergleichen, um die ihnen gemeinsame Struktur deutlicher erkennen zu können.

Die ersten drei Lebensbäume zeigen im Vergleich deutlich die analoge Struktur der Entwicklung: von Kether nach Malkuth. Der vierte Lebensbaum hat zwar die umkehrte, "nach oben gerichtete" Blickrichtung der Integration und Erkenntnis, aber er weist trotzdem dieselbe Struktur auf. Die Nummern in den folgenden Vergleichen geben die Zahl des Kapitels an: (1) "Lebensbaum der physikalischen Entwicklung", (2) "Lebensbaum der Entwicklung der Einzeller", (3) "Lebensbaum der Entwicklung der Vielzeller", und (4) "Lebensbaum der Entwicklung der menschlichen Kultur und Zivilisation".

Das allgemeinste Kriterium bei diesem Vergleich der vier Lebensbäume ist der Verlauf der Zeit, also die relative Dauer der einzelnen Phasen in diesen vier Lebensbäumen. Hier stimmen die vier Lebensbäume deutlich überein: Von Kether bis zum Abgrund vergeht sehr wenig Zeit, vom Abgrund bis zum Graben etwas mehr Zeit und vom Graben bis zur Schwelle sehr viel Zeit.

Lebensbaum	Kether bis Abgrund	Abgrund bis Graben	Graben bis Schwelle
1. Lebensbaum: Weltall	10^{-30} Sekunden	10^4 Jahre	$6 \cdot 10^9$ Jahre
2. Lebensbaum: Einzeller	einige Tage	ca. $5 \cdot 10^5$ Jahre	$8 \cdot 10^8$ Jahre
3. Lebensbaum: Vielzeller	einige 10^3 Jahre	$3,5 \cdot 10^6$ Jahre	$7 \cdot 10^8$ Jahre
Lebensbaum	**Abgrund bis Kether**	**Graben bis Abgrund**	**Schwelle bis Graben**
4. Lebensbaum: Menschen	(Zukunft)	5.000 Jahre	$1,6 \cdot 10^6$ Jahre

Die einzelnen Sephiroth und Pfade entlang des "Blitzstrahles der Schöpfung" weisen Parallelen auf, die den Charakter dieser Sephiroth und Pfade noch deutlicher werden lassen:

Kether: Hier ist der Ursprung aller Entwicklungen: der Urknall, der vollkommen homogene und reine Urzustand der Welt (1), die einfachen Moleküle in der "Schwefelsäuresuppe" (2) und der fertige Einzeller (3). Für die Entwicklung der Menschen liegt dieser Bereich noch in der Zukunft (4).

Kether - Chokmah: Auf diesem Pfad findet sich die erste Ausdehnung und Differenzierung: die Abspaltung der elektro-magnetischen Kraft von der Gravitation und die heftige, "inflationäre" Ausdehnung des Weltalls (1), die Blitze, die die Entstehung komplexerer Moleküle ermöglichen (2), und die Anlagerung von Einzellern aneinander (3). Für die Entwicklung der Menschen liegt dieser Bereich noch in der Zukunft (4).

Chokmah: Diese Sephirah stellt die erste Dynamik dar: das Erscheinen der elektromagnetischen Kraft mit ihrer Polarität von Anziehung und Abstoßung sowie das sich aus der Freiheit von Kether ergebende physikalische "Kreativitäts-Prinzip": "alles was geschehen kann, geschieht"(1), die Entstehung von Carbonsäuren (2), und die Entstehung von Zellkolonien (3). Für die Entwicklung der Menschen liegt dieser Bereich noch in der Zukunft (4).

Chokmah - Binah: Dieser Pfad ist eine Differenzierung der wirkenden Kräfte: die Trennung der Farbkraft von der elektromagnetischen Kraft (1), die Energiequelle des Eisenzyklus (2), und die Beeinflussung der Gestalt der Zellkolonien, die nun auch frei im Wasser schwimmen können (3). Für die Entwicklung der Menschen liegt dieser Bereich noch in der Zukunft (4).

Binah: Diese Sephirah stellt den Zusammenhalt dar: die nun selbständige Farbkraft, die den Charakter des Zusammenhaltens hat, sowie die sich aus dem physikalischen "Kreativitäts-Prinzip" ergebenden physikalischen Erhaltungssätze (1), die Verbindung der Carbonsäuren mit Thiolen zu Thioestern (2), und die Bildung von Zellkugeln (3). Für die Entwicklung der Menschen liegt dieser Bereich noch in der Zukunft (4).

Binah - Daath: Dieser Pfad stellt eine Anreicherung dar: die Inflation des Weltalls, also seine sehr kurze und sehr intensive Ausdehnung geht nun allmählich zuende (1), die Anreicherung der Ursuppe mit Thioestern (2), und die Zelldifferenzierung in der Zellhohlkugel (3). Für die Entwicklung der Menschen liegt dieser Bereich noch in der Zukunft (4).

Daath: Diese Sephirah stellt die Verbindung einer Vielzahl von Teilen miteinander dar: die sich aus den

Erhaltungssätzen ergebenden Naturgesetze (1), die Verbindung der Thioestern miteinander zu Multimeren (2), die Entstehung des Zellsackes (3), und die Entstehung eines spirituell-ökologischen Weltbildes (4).

Daath - Chesed: Dieser Pfad ist wie ein Kanal, durch die die Entwicklung zur anderen Seite führt: die Verdichtung von Energie zu Masse (1), die Entstehung der natürlichen Katalysatoren (2), die Differenzierung des Zellsackes zum Zellschlauch (3), und die Erkenntnis, das alles miteinander verbunden ist - angefangen bei der Bedrohung durch die Atombombe über die Umweltverschmutzung bis hin zu spirituellen Erkenntnissen (4).

Chesed: Diese Sephirah stellt die Grundplan der weiteren Entwicklung dar: die aus der Energie verdichteten Elementarteilchen (1), der Protometabolismus, durch den Oligonukleotide hergestellt werden (2), Entstehung der viersymmetrischen Hohltiere aus dem Zellschlauch (3), und die Industrialisierung und der Kolonialismus (4).

Chesed - Geburah: Dieser Pfad beschreibt die Nutzung von Energie: die Verbindung von Quarks zu Protonen und Neutronen sowie die Abtrennung der schwachen Wechselwirkung von der elektromagnetischen Kraft (1), die Verwendung des regenerierbaren Pyrophosphats statt des Eisenzyklus als Energiequelle (2), Glycogen statt Stärke als Energiespeicher (3), und die Anwendung der Entdeckungen der Wissenschaften sowie ein wirtschaftliches und politisches Expansionsstreben (4).

Geburah: Diese Sephirah stellt die Entstehung einer funktionalen, "technischen" Errungenschaft dar: die Entstehung von Protonen und Neutronen (1), die Entstehung der RNS (2), die Entstehung der Bilateraltiere durch Differenzierung eines Obens und eines Untens bei den Hohltieren sowie die Ausbildung eines Bewegungsapparates und eines Nervensystems (3), und die Entwicklung der Wissenschaft und der Technik (4).

Geburah - Tiphareth: Dieser Pfad bereitet die Entstehung einer Mitte vor: die Neutrinos verlassen das thermische Gleichgewicht, die Elektron-Positron-Vernichtung findet statt, wodurch nur wenige Neutronen übrigbleiben, sowie die Abtrennung der starken Wechselwirkung von der Farbkraft (1), die Selbstvermehrung der RNS durch das Reißverschlußverfahren (2), Ausbildung des 2. und 3. Körperhohlraumes, also der Kiemen und des Urogenitalsystems (3), und die Entstehung eines objektiven, analytischen Denkens, das das Subjekt der Welt gegenüberstellt (4).

Tiphareth: Diese Sephirah ist die Mitte: die Neutronen und Protonen fügen sich zu Atomkernen zusammen (1), die Entstehung der DNS (2), die Weiterentwicklung der Bilateraltiere durch das Herz, das Zentralnervensystem und den Knorpel bzw. den Knochen zu den Fischen (3), und schließlich die Entstehung des Königtums, des Monotheismus und die Entwicklung eines eigenständigen Ichs (4).

Tiphareth - Netzach: Dieser Pfad stellt das Eigenständigwerden dar: die Elektronen verlassen das thermische Gleichgewicht, das damit endet und bilden nun Elektronenhüllen um die Atomkerne (1), die Entstehung der Zellhülle aus Proteinen sowie das Verlassen der Schwefelsäureteiche, in denen die Zellentwicklung bisher stattfand (2), die Entwicklung der Luftatmung durch den 4. Körperhohlraum, die Lunge (3), und die Zentralisierung aller Vorgänge in einem Land sowie die Erfindung der Schrift und der Philosophie (4).

Netzach: Diese Sephirah stellt die Entstehung der eigenen Hülle dar: die Entstehung von Atomen mit Atomhüllen (1), die Bildung von einer festeren Zellhülle sowie eines Verdauungsapparates und einer Kernhülle aus Zellhüllensubstanz (2), die Entstehung der Amphibien, die eine Haut haben, die sie vor der Verdunstung ihrer Körperfeuchtigkeit schützt (3), und die Aufteilung der Welt in innen/wir/Ackerland und außen/andere/Wildnis (4).

Netzach - Hod: Dieser Pfad beschreibt das Erlernen der Unterscheidung von Erwünschtem und Unerwünschtem: die Entstehung der Anziehung zwischen Elektronenhüllen aus der elektromagnetischen Kraft (1), die effektivere Aufnahme und Verwertung von Nahrung (2), die Anpassung der Amphibien an die Trockenheit durch die Erfindung der Eierschale und der sexuellen Vereinigung, die unabhängig von dem Vorhandensein eines Teiches stattfindet (3), und die Umformung von Wildnis zu Ackerland (4).

Hod: Diese Sephirah beschreibt die Entstehung von festen Strukturen: die Entstehung von Molekülen sowie von Galaxien (1), die Entstehung von Cytoskelett und "Zellmuskeln" (2), die Entstehung der Reptilien (3), und das Entstehen des Handwerks (4).

Hod - Yesod: Dieser Pfad beschreibt die Suche nach geeigneten Mitteln: die gegenseitige Anziehung von Molekülen durch die von der elektromagnetischen Kraft abgeleiteten Molekularkraft sowie die Bildung von gasförmigen Sternen in den Galaxien (1), die aktive Suche der Einzeller nach Nahrung (2), die Anpassung an die Kälte durch die Vorfahren der Vögel, Säugetiere und Beuteltiere (3), und die Herstellung von differenzierten Werkzeugen (4).

Yesod: Diese Sephirah beschreibt Einhüllungsprozesse: die Bildung von Molekülgruppen sowie die Entstehung von flüssigen Sternen, Planeten und Monden in den Galaxien (1), die Aufnahme von Endosymbionten (2), die Entstehung der Beutel- und Säugetiere durch das Entwickeln der konstanten Körpertemperatur, des Sozialverhaltens, der Produktion von Milch sowie der Gebärmutter bzw. des Beutels (3) und das Leben als Jäger und Sammler in der Jungsteinzeit (4).

Yesod - Malkuth: Dieser Pfad stellt die Entstehung von festeren Formen dar: die Bildung von festen Schollen auf der noch weitgehend flüssigen Erdoberfläche (1), eine effektivere Energiegewinnung (2), die Entwicklung von Großhirn und Greifhand bei den Primaten (3), und der Gebrauch von Stein und Feuer sowie die ersten Ansätze zur Entwicklung der Sprache (4).

Malkuth: Diese Sephirah beschreibt den Endzustand bzw. beim vierten Lebensbaum den Anfangszustand: die Bildung des Urkontinents Gondwana auf der nun festen Erdoberfläche (1), die Urzelle, die das Meer besiedelt (2), die Entstehung des Menschen (3), und der Urmensch (4).

Die Visualisierung der Mittleren Säule

Für die Visualisierung der Mittleren Säule ergeben sich durch die „lange Geschichte" zwar keine neuen Strukturen, aber doch einige neue Inhalte wie z.B. die Geborgenheit von Yesod, die in den Lebensbäumen z.B. als die altsteinzeitliche Sippe oder als die Gebärmutter auftritt. Für Tiphareth findet sich das Zentrierungsprinzip sehr anschaulich im Königtum oder in der Entstehung des Atomkernes und des Zellkernes wieder, wodurch die Funktion der Seele sehr deutlich wird. Die Formel „$E = m \cdot c^2$" illustriert hingegen gut die Grundqualität von Daath.

Diese „lange Geschichte" bietet viele solcher „Illustrationen für die Mittlere Säule", wobei es sehr von dem individuellen Hintergrund des Meditierenden abhängt, welche Bilder hilfreich sind.

So kann z.B. für den einen die Ausbildung der Wirbelsäule bei den Fischen in Tiphareth das Urbild für eine aufrechte, sich selber bejahende Haltung im Leben werden, und für einen anderen werden die Tierversammlungen und die altsteinzeitlichen Feste, die sich aus diesen Festen entwickelt haben sowie die religiösen Tränke (Nektar und Ambrosia, Göttermet, Balché, Soma, Haoma, Lebenselixier), die letztlich auf das Gestilltwerden von der eigenen Mutter zurückgehen, das Urbild für die Geborgenheit in Yesod werden, während ein Dritter in der Verbindung der Thioester zu Multimeren oder in der der Entstehung der Naturgesetze aus den physikalischen Erhaltungssätzen sein Urbild für Daath und somit für das derzeit entstehende neue Weltbild findet.

2. Die Analogie zwischen Außen und Innen

Nachdem nun die Evolution ausführlich dargestellt und durch die vier Lebensbäume der materiellen Evolution strukturiert worden ist, kann nun die Innenseite dieser Vorgänge, also die Bewußtseinsseite der Evolution betrachtet werden.

Diese Analogiebildung ist einer der interessantesten Vorgänge, die durch diese Art von kabbalistischen Betrachtungen möglich wird, da dabei das Verhältnis zwischen Geist und Körper, zwischen Bewußtsein und Materie, zwischen innen und außen deutlicher wird, das ja eines der größten Geheimnisse der menschlichen Erfahrung ist.

Es gibt dazu drei Ansätze:
1. Zum einen kann man sich Bewußtseinsvorgänge auswählen und dann nach Vorgängen in der materiellen Welt suchen, die diesen Bewußtseinsvorgängen von ihrer Struktur her entsprechen.
2. Weiterhin kann man dieses Verfahren umdrehen und im Bereich der Bewußtseinsphänomene nach den Entsprechungen zu materiellen Gesetzmäßigkeiten Ausschau halten.
3. Schließlich kann man noch die Struktur des Lebensbaumes im Bereich der Bewußtseinphänome suchen und dann schauen, in welcher Weise sie den Lebensbäumen, die materielle Vorgänge oder Strukturen darstellen, entsprechen.

Letztlich wird es dabei erstrebenswert sein, vier Lebensbäume des Bewußtseins aufzustellen, die den vier Lebensbäumen der materiellen Evolution entsprechen. Dabei wird der vierte dieser Lebensbäume relativ wenig Mühe machen, da er bereits einen Integrationsprozeß (die Entwicklung der menschlichen Kultur) und somit auch einen Bewußtseinsvorgang darstellt. Für die Betrachtung der übrigen drei Lebensbäume ist es hilfreich, wenn man zunächst einmal nur nach Lebensbaum-Strukturen in dem Bewußtsein selber sucht und die dabei gefundenen Strukturen dann in einem zweiten Schritt weiter auf die drei verschiedenen Lebensbäume differenziert.

Das Ziel der Betrachtungen in diesem Abschnitt ist es letztlich, jedes materielle Phänomen mit einem Bewußtseinsphänomen in Verbindung zu setzen, was zumindest prinzipiel möglich sein sollte, wenn die Grundannahme stimmt, daß Materie die Welt von außen her betrachtet ist, und daß Bewußtsein die Welt von innen her betrachtet ist, daß also Bewußtsein und Materie nur zwei Sichtweisen auf einunddieselbe Sache sind. Das bedeutet, daß dieser Abschnitt (und weite Teile dieses Buches) der Versuch sind, das Innen und das Außen, Subjekt und Objekt, Bewußtsein und Materie, Geist und Körper miteinander in Verbindung zu bringen und die zwei Sichtweisen (der Blick nach außen und der Blick nach innen) wieder in Übereinstimmung zu bringen, wodurch dann ein deutlich tieferes Verständnis der Welt entstehen müßte.

Dieses Ziel ist von weitreichender Bedeutung. Die Entsprechung von innen und außen, von Bewußtsein und Materie wurde zwar als ein Strukturmerkmal des Lebensbaumes beschrieben, aber er ist dies nur indirekt. Der Lebensbaum als Weg von der Erde zu den Ahnen bzw. zu Gott war zunächst explizit eine innere Landkarte, also die Beschreibung einer Erlebnis- und Handlungsmöglichkeit des Bewußtseins. Durch die in diesem Buch beschriebene Möglichkeit, den Lebensbaum auch auf die äußere, materielle Welt anzuwenden und sie durch ihn zu strukturieren, ergibt sich, daß sowohl das Bewußtsein als auch die materielle Welt diese Struktur enthalten. Die Aussage, daß sich die inneren Bewußtseinsphänomene und die äußeren physikalischen Phänomene vollständig entsprechen und lediglich zwei verschiedene Betrachtungsweisen desselben Gegenstandes sind, reicht noch weiter.

Wenn man die Innen-Außen-Entsprechung zusammen mit der sich in der derzeitigen Physik immer deutlicher abzeichnenden grundlegenden Erkenntnis betrachtet, daß letztlich die Raumzeit allem in dieser Welt zugrundeliegt und daß die Vielfalt der Erscheinungen (Materie, Energie, Kraft, Bewegung) letztlich auf nichts anderem beruhen als auf mikroskopisch kleinen Krümmungen der Raumzeit, ergeben sich zwei wichtige Erkenntnisse:

Zum einen bedeutet die Raumzeit als das allem zugrundeliegende "Etwas" zusammen mit der Materie-Bewußtseins-Analogie, daß auch das gesamte Bewußtsein hinter der Vielfalt seiner Erscheinungen eine dieser Vielfalt zugrundeliegende Einheit hat. Diese Einheit kann man am ehesten Gott nennen und das Erreichen dieser Einheit ist das erklärte Ziel aller Mystiker gewesen. Die Möglichkeit dieses Erlebnisses würde also in das heutige Weltbild als eine plausible Erlebnismöglichkeit integriert werden. Interessanterweise wir im tibetischen Buddhismus gesagt, daß der leere Raum die Essenz sowohl der materiellen Erscheinungen als auch des Bewußtseins ist - was ja ganz der eben aufgestellten Schlußfolgerung entspricht.

Zum anderen würde aus der Erkenntnis, daß der Vielfalt sowohl der äußeren als auch der inneren Welt eine

Einheit zugrunde liegt, und zwar einunddieselbe Einheit, die man von außen her betrachtet Raumzeit nennen würde und die man von innen her betrachtet Gott nennen würde, folgen, daß man diese Welt als ein Kontinuum erleben würde. Dies bedeutet, daß man sich nicht mehr als prinzipiell von der Welt isoliert, als Einzelwesen erleben würde - und zwar sowohl was den Körper als auch was das Bewußtsein betrifft. Dies wiederum würde zur Folge haben, daß sich daraus geradezu zwangsläufig ein Denken in Gesamtzusammenhängen ergeben würde, also die Verantwortung für das Ganze, für die ganze Erde und ihre Bewohner, sowohl Menschen als auch Tiere und Pflanzen - was zur Zeit ja dringend notwendig wäre.

Da die Vorgänge im Außen allgemein viel differenzierter bekannt sind als die Vorgänge im Innen, beginnt diese Untersuchung mit einer Betrachtung verschiedener Bewußtseinsphänomene und ihrer Einordnung auf dem Lebensbaum und der anschließenden Suche nach ihrer Analogie in den materiellen Vorgängen und Strukturen - was der oben genannten 3. Ansatzmöglichkeit zum Aufbau der Innen-Außen-Analogien entspricht.

Es ist naheliegend, diese Betrachtung des Bewußtseins mit dem Versuch, das, was das Bewußtsein eigentlich ist, zu beginnen, um zu einer grundlegenden Differenzierung und, wenn möglich, auch Klarheit zu gelangen.
Zunächst einmal fällt auf, daß sich Bewußtsein nicht gut auf etwas anderes reduzieren, aus etwas anderem heraus beschreiben läßt. Zweitens wird dann deutlich, daß das Bewußtsein offensichtlich Inhalte hat: Bilder, Erinnerungen, Gedanken, Gefühle ...
Man könnte nun vermuten, daß das Bewußtsein eben aus diesen Inhalten besteht. Dies trifft jedoch nicht zu, wie zwei Versuche zeigen. Der eine wurde von John C. Lilly in den sechziger Jahren des vorigen Jahrhunderts ersonnen. Er konstruierte eine große Tonne, die zur Hälfte mit Wasser gefüllt war und die groß genug war, daß ein Mensch ausgestreckt in ihr liegen konnte, ohne unterzugehen. Das Wasser wurde nun exakt auf Körpertemperatur erwärmt und es wurde dem Wasser soviel Salz zugefügt, daß es (wie das Wasser im Toten Meer) einen Menschen trug, ohne daß er eine Bewegung zu machen brauchte. Nun wurde die Tonne zusätzlich schallisoliert und abgedunkelt, sodaß ein Mensch, der in ihr lag, keinerlei Sinneswahrnehmungen mehr hatte: das Wasser trug ihn "schwerelos", es hatte genau seine Temperatur, er hörte und sah nichts ... Dieser Versuch hatte den Zweck, zu zeigen, daß Bewußtsein auch in Abwesenheit von äußeren Reizen existiert. Alle Personen berichteten von einem regen Innenleben (Bilder oder Gefühle), das bei manchen Personen in eine Gedankenstille überging.
Der zweite Versuch ist eigentlich kein Versuch, sondern eine Meditationsmethode des Zen-Buddhismus. In ihm wird gelehrt, wie man einen Bewußtseinszustand erreichen kann, in dem es keine Bilder, Gedanken oder Gefühle mehr gibt, sondern einfach reines Bewußtsein ist. Wenn man diesen Bewußtseinszustand erreicht hat, wird man feststellen, daß er sogar noch klarer ist als der normale "mit Inhalten angefüllte" Bewußtseinszustand.
Zunächst einmal läßt sich daher sagen, daß es das Bewußtsein an sich gibt, und daß in diesem Bewußtsein Inhalte von außen (Wahrnehmungen) und von innen (Erinnerungen, Phantasien) auftauchen können.

Da die Meditation unter anderem die "Wissenschaft des Bewußtseins" ist, stammen viele Beispiele in dieser Betrachtung aus diesem Bereich. Ein grundlegender Unterschied zu den Naturwissenschaften ist dabei, daß man die verschiedenen Bewußtseinszustände niemandem sozusagen auf einem Tablett präsentieren kann, sondern daß man sie selbst anstreben und erreichen muß, um zu wissen, daß es sie gibt. Insofern beruht eine solche Betrachtung auf den persönlichen Erfahrungen und ergänzend auf den Berichten über die Erfahrungen anderer Personen, wenn man zum einen diese Personen für vertrauenswürdig erachtet und zum anderen zumindest Teile des von anderen berichteten Erlebnisses oder dieses Erlebnis selber in Ansätzen kennt.
Zu diesen Erlebnissen bei der Meditation gehört ein Phänomen, daß man das Übertreten der Schwelle nennen könnte. Das Charakteristische an diesem Übergang ist, daß man zunächst einmal Energie aufwenden muß, um ihn zu erreichen, wobei man sozusagen "einen Hang emporklettert", aber dann, wenn man ihn überwunden hat, wieder ca. "1/4" dieser "Hanghöhe " hinuntergehen kann. anders gesagt: man muß viel Energie aufwenden, um in den gewünschten Zustand zu gelangen, aber wenn man ihn erreicht hat, muß man auch wieder Energie, allerdings deutlich weniger (ca. "1/4") aufwenden, um ihn wieder zu verlassen - jeder dieser Bewußtseinszustände hat die Neigung, sich zu stabilisieren.
Von diesen Übergängen zwischen den verschiedenen Grundzuständen des Bewußtseins gibt es zumindest drei verschiedene:

Der erste ist der Übergang von der äußeren Wahrnehmung zu der Inneren Wahrnehmung, also der Beginn einer Traumreise, die die Vereinigung von Wachzustand und Traumzustand ist (siehe auch Kapitel X). Um die symbolische Tür zu durchschreiten, mit der eine solche Reise meistens beginnt, ist ein gewisses Maß an "entspannter Konzentration" notwendig, aber wenn man erst einmal in der Bilderwelt angekommen ist, braucht man sich nicht darum zu kümmern, auch in ihr zu bleiben - die Bilder werden in der Regel sogar immer deutlicher.

Der zweite ist der Übergang von dem mit Inhalten erfüllten Bewußtsein zu dem inhaltsfreien, leeren Bewußtsein. Auch hier ist ein Entschluß, ein "innerer Kraftakt" notwendig, um zur inneren Stille zu gelangen, aber dann trägt diese Stille sich selber.

Der dritte ist der Übergang von dem Erleben der Welt als Ansammlung von abgegrenzten Einheiten zu dem Erleben der Welt als eines abgrenzungslosen Kontinuums. Dieser Zustand ist sehr gewöhnungsbedürftig, da er den gewohnten Erfahrungen sehr widerspricht und die Möglichkeiten des Bewußtseins, zunächst vor allem die Wahrnehmungsmöglichkeiten, deutlich erweitert. Zu diesem Bewußtseinszustand gehören die Beschreibungen der Mystiker, Yogis und Heiligen über ihre der Wahrnehmung von ganzen Landschaften oder von Orten, die weit entfernt sind. Die Wahrnehmung dieser Menschen dehnt sich dabei völlig unabhängig von der Reichweite und den Möglichkeiten der eigenen körperlichen Sinne auf einen weit größeren Bereich aus, weshalb dieser Zustand auch "Landschaftsbewußtsein" genannt werden könnte.

Diese Übergänge entsprechen offensichtlich den drei unteren Übergängen auf dem Lebensbaum: vom Wachbewußtsein in Malkuth gelangt man über die Schwelle zu dem Bereich der Träume in Yesod; von dort aus gelangt man über den Graben zu dem reinen, leeren Bewußtsein von Tiphareth; und von da aus gelangt man schließlich über den Abgrund zu dem abgrenzungslosen Bewußtsein in Daath.

Ein anderes Phänomen läßt sich bei Meditationen beobachten, die auf einem rhythmischen Vorgang beruhen wie der Wiederholung eines Mantras oder eines einfachen, kurzen Tanzschrittes. Dabei entsteht nach einer Weile die Wahrnehmung einer "Hülle" aus einer Art "kräftigender Wärme". Mit dieser "Wärmehülle" ist das Erlebnis von Erfülltsein, Geborgensein und Richtigkeit verbunden und es ruft bisweilen ein stilles Lächeln bei dem Meditierenden hervor.
Diese "Wärmehülle" ist zunächst einmal ein Inhalt des Bewußtseins. Bei genauerer Betrachtung bei der Meditation stellt sich allerdings heraus, daß diese "Wärmehülle" auch mit Bewußtsein erfüllt ist - sie ist wie eine Art über den Körper hinaus ausgedehnte Körperwahrnehmung. Daraus folgt, daß diese "Wärmehülle" entweder selber aus Bewußtsein besteht oder daß die Wahrnehmung auch unabhängig von dem Körper existieren kann - und somit dann ebenfalls ein Bewußtseinsphänomen sein muß.
Aufgrund des Tatsache, das dieser Zustand von einem Rhythmus (Mantra, Tanz) verursacht wird, sowie von den Empfindungen der Wärme und der Geborgenheit läßt sich dieses Erlebnis der Sephirah Yesod zuordnen, von der diese Qualitäten (Zyklen des Mondes, Rhythmus, Geborgenheit/Säugetiere, Urvertrauen) bekannt sind.

Das eben beschriebene Phänomen führt direkt zu der Frage der "Reichweite" des Bewußtseins. Ein (fast) jedermann bekanntes Erlebnis in diesem Zusammenhang ist die Unruhe, die einen überfällt, wenn man von hinten konzentriert angeblickt wird - man schaut sich um, um herauszufinden, wer einen denn da anschaut. Dieses Erlebnis ist die einfachste Form der Telepathie - man spürt das Bewußtsein, oder genauer gesagt die Aufmerksamkeit (den Blick) eines anderen. Dies war in früheren Zeiten, wo bisweilen im Wald auch schon einmal ein hungriger Säbelzahntiger im Dickicht auf einen lauern konnte, eine sehr nützliche Fähigkeit, was auch die Erklärung für ihre weite Verbreitung ist.
Eine wesentlich komplexere Erscheinungsform von Telepathie tritt auf Traumreisen auf, die man zu mehreren Personen unternimmt. Dabei befinden sich alle teilnehmenden Personen in derselben Vision und können sich zum einen gegenseitig wahrnehmen und nehmen zum anderen unabhängig voneinander dieselben Bilder wahr. Dabei kommt es dann oft vor, daß man während der Reise den anderen etwas erzählen will, was man gerade entdeckt hat, aber ein anderer einem zuvorkommt und von dem zu erzählen beginnt, was man selber auch gerade gesehen hat. Dies ist ein keineswegs seltenes Phänomen auf diesen Traumreisen, sondern es geschieht fast auf jeder Traumreise mehrmals, sodaß man sich recht schnell daran gewöhnt, daß diese Vision offenbar einen realeren Charakter hat, als man zunächst wahrscheinlich angenommen haben wird.
Dieses Phänomen bedeutet nun entweder, daß die Vision unabhängig von den Reisenden existiert und die

Traumreisenden offenbar die Möglichkeit haben, zu einem solchen Bewußtseinsinhalt (wo immer er auch lokalisiert sein mag) Zugang zu erhalten, oder daß sich die Bewußtseine (es fehlt leider an einem Plural von "Bewußtsein") der Traumreisenden zusammenschließen und eine (vorübergehende) Einheit bilden.

In beiden Fällen ergibt sich aus dem Phänomen, daß das Bewußtsein nicht auf den Körper begrenzt ist und daß es die Möglichkeit zu einer sehr komplexen, detaillierten und zumindest für eine begrenzte Zeit auch sehr stabilen Koppelung der Inhalte in den Bewußtseinen gibt.

Dieser Vorgang spielt sich aufgrund seiner Bildhaftigkeit offensichtlich wieder in Yesod ab.

Diese Koppelung von Bewußtseinen ist aber nicht nur auf der Yesod-Ebene möglich, sondern zumindest auch auf der Tiphareth-Ebene. Dies zeigt ein Erlebnis, daß auftreten kann, wenn man eine längere Zeit in dem Zustand der Stille ist, also in dem inhaltsfreien Bewußtsein, wie es z.B. im Zen geübt wird. Dann kann es geschehen, daß man ein anderes Bewußtsein direkt wahrnimmt. Damit ist nicht gemeint, daß man ein Bild, einen Gedanken oder ein Gefühl wahrnimmt, sondern es ist eher so, als ob das eigene Bewußtsein ein anderes Bewußtsein berühren würde und dabei die grundsätzlich gleiche Beschaffenheit dieses anderen Bewußtseins, aber auch seine andere individuelle Qualität wahrnehmen würde. Dieser Kontakt spielt in dem Bereich des bild-, gedanken- und gefühlsfreien Bewußtseins von Tiphareth statt.

Dieses Erlebnis zeigt, daß nicht nur Informationen auf nichtmateriellem Weg zwischen zwei Bewußtseinen ausgetauscht werden können (Telepathie), sondern daß auch die Bewußtseine selber nicht voneinander isoliert sind, sondern selber Kontakt miteinander aufnehmen können.

Diese Möglichkeiten der direkten Kontaktaufnahme von Bewußtsein zu Bewußtsein machen sich viele spirituellen Lehrer zunutze. So heißt es z.B. im tibetischen Buddhismus, wenn eine Einweihung beschrieben wird, in der für diese Religion typischen nüchtern-technischen Sprache: "Er gab ihm Belehrung und Kraftübertragung."

Mit der Belehrung ist gemeint, daß der Lama seinem Schüler die Meditation und ihre Wirkungen genau darlegt, und mit der Kraftübertragung ist gemeint, daß der Lama in den Bewußtseinszustand tritt, um dessen Erreichen es bei dieser Einweihung geht, und den Schüler dann mit in diesen Bewußtseinzustand holt, sodaß er diesen Bewußtseinszustand kennenlernt. Bei dem anschließenden Üben der betreffenden Meditation ist dieses Einweihungserlebnis von sehr großem Vorteil, da man dadurch zum einen weiß, wonach man strebt und zum anderen dieses Erlebnis als Samenkorn für den dann auch eigenständig erreichten Bewußtseinszustand nehmen kann.

Dieses Beispiel zeigt, daß die Kenntnis von diesen Möglichkeiten des Bewußtseins schon sehr alt ist und ausgiebig und kenntnisreich genutzt worden ist.

Bisweilen tritt in der Meditation oder in der Traumreise, manchmal auch in nächtlichen Träumen ein Bewußtsein, eine Stimme oder eine Wesen auf, das einem wesentliche Dinge erklärt oder einen Rat gibt, der sich dann oft als sehr wesentlicher Punkt in der eigenen Biographie erweist. Wenn dieses Phänomen in einem nächtlichen Traum auftritt, hat dieser Traum einen deutlich anderen Charakter als normale Träume: er ist wacher, sachlicher und man erlebt die Ereignisse deutlich als "etwas von außen".

Diese Art von Erlebnis zeigt, daß es entweder eine Bewußtseinsebene im Menschen oder Bewußtseine außerhalb des Menschen gibt, deren Übersicht und deren Einsicht in das, was jetzt für einen bestimmten Menschen notwendig und förderlich ist, wesentlich größer ist als das, was dem betreffenden Menschen normalerweise aus dem eigenen Erkennen heraus zur Verfügung steht.

Dieses Phänomen gehört vermutlich auch zu dem zweiten Dreieck, also dem Bereich der Seele, da es die Weisheit der Psyche in der Regel deutlich übersteigt. Es wäre naheliegend, den Ursprung dieses Phänomens in Chesed zu vermuten, das die Grundbestandteile der Seelen und somit ihre tiefste Weisheit darstellt.

Das Erlebnis einer Astralreise zeigt schließlich, daß sowohl das Bewußtsein als auch die Wahrnehmungsfähigkeit des Bewußtseins entweder nicht an den materiellen Körper gebunden sind, sondern unabhängig davon existieren können, oder sich über den Körper hinaus soweit ausdehnen können, daß sie die Welt von einem anderem Standpunkt als dem des Körpers wahrnehmen können.

Bei der Astralreise verläßt man seinen Körper und sieht sich zunächst in der Regel unter der Zimmerdecke schweben. Dieses Erlebnis wird auch oft von Personen mit Nahtod-Erlebnissen berichtet. Wenn man zu einiger Übung mit diesem Verlassen des eigenen Körpers gelangt ist, kann man mit dem "Astralkörper", also dem nichtmateriellen Körper, den man dabei als die "Hülle" des eigenen Bewußtseins wahrnimmt, an jeden beliebigen Ort gehen und sich dort umschauen - was sehr viele neue Möglichkeiten eröffnet.

Dieses Phänomen zeigt deutlich, daß das Bewußtsein keine "Funktion des materiellen Körpers" ist, sondern eigenständig existiert und lediglich von der Zeugung bis zu dem Tod mit einem bestimmten Körper verbunden ist.

Wenn man längere Zeit meditiert und danach strebt, sich selbst zu erkennen, wird man schließlich in der Meditation/Vision einem Wesen begegnen, das meistens weitgehend menschliche Gestalt hat und das man als seinen Beschützer erlebt - seinen Schutzengel. Nach einer Weile wird man dann entweder von Liebe zu diesem Wesen erfüllt oder man erkennt ohne irgendeinen Zweifel, daß dieses Wesen die eigene Essenz ist, woraufhin man sich mit diesem Wesen vereinigt. Zu diesem Zeitpunkt endet jede Frage nach dem Sinn des Lebens oder danach, was man eigentlich ist, denn die Wahrnehmung dieses Wesens ist die Antwort auf diese Fragen, die nicht deutlicher sein könnte.

Dieses Erlebnis zeigt, daß das Bewußtsein oder zumindest seine Inhalte in diesem Wesen (der eigenen Seele) ihren Ursprung haben. Dieses Wesen ist offensichtlich der eigene Anteil an Tiphareth.

Nun kann man sich auch die Frage stellen, wo denn eigentlich Bewußtsein vorkommt. Zunächst weiß man es nur von sich selber, aber man wird davon ausgehen können, daß auch die anderen Menschen ein Bewußtsein haben. Durch evtl. Erlebnisse mit Traumreisen hat man dann auch schon einen direkteren Hinweis auf das Bewußtsein in anderen Menschen. Durch die direkte Wahrnehmung eines anderen Bewußtseins in der Stille-Meditation kann man schließlich deutlich erleben, daß nicht nur man selber über ein Bewußtsein verfügt.

Ausgehend von dieser Betrachtung wird man dann auch annehmen, daß die eigenen Eltern, Großeltern, Urgroßeltern usw. ein Bewußtsein gehabt haben. Nun läßt sich dies ja immer weiter zurückverfolgen bis zu den Römern, den Ägyptern, den Menschen in der Jungsteinzeit und in der Altsteinzeit ... Angesichts der kontinuierlichen Evolution vom Urknall bis hin zum Menschen stellt sich dann die Frage, wo denn der Punkt gewesen sein könnte, an dem dieses Bewußtsein entstanden ist. Da es aber nirgendwo in dieser Evolution einen deutlichen Bruch gab, gibt es auch keine Berechtigung zu der Annahme, daß das Bewußtsein an diesem Punkt angefangen habe. Das bedeutet letztlich, daß alles, was existiert, auch über ein Bewußtsein verfügt.

Das heißt natürlich nicht, daß alle Dinge, aus denen diese Welt besteht, ein Bewußtsein haben, daß dem unseren vergleichbar ist. Es heißt aber, daß alles ein Bewußtsein hat, und daß dieses Bewußtsein sich von anderen Bewußtseins durch seine Inhalte unterscheidet. Wenn man dazu bedenkt, daß es verschiedene Bewußtseinszustände, sozusagen verschiedene Aggregatzustände des Bewußtseins gibt (wie sie weiter oben beschrieben wurden), sollte man die vorige Aussage ergänzen: 1. Alles, was existiert, hat ein Bewußtsein; 2. die Bewußtseine der existierenden Dinge einschließlich des Menschen unterscheiden sich durch ihre Inhalte und durch ihre Bewußtseinszustände.

Diese möglichen Bewußtseinszustände entsprechen der Mittleren Säule.

Nun ist die eben angestellte Betrachtung zwar formallogisch plausibel, aber doch etwas abstrakt. Insofern ist ein direkterer Nachweis eines Bewußtseins in einem "Nicht-Menschen" doch recht wünschenswert. Dazu gibt es mehrere Möglichkeiten.

Die einfachste Möglichkeit geht davon aus, daß die Telepathie ein Ausdruck des Bewußtseins ist: ein Inhalt des Bewußtseins wird zu einem anderen Menschen geschickt und von diesem wahrgenommen. Wenn man nun zeigen könnte, daß auch ein Tier oder eine Pflanze eine solche telepathische Botschaft wahrnehmen kann, würde dies sehr dafür sprechen, daß auch Tiere und Pflanzen über ein Bewußtsein verfügen.

Der entsprechende Versuch ist recht einfach. Wenn man ein Haustier hat, z.B. einen Hund, kann man sich einmal anschauen, was geschieht, wenn man sich möglichst lebendig und plastisch ein weißes Kaninchen vor der Schnauze des Hundes vorstellt ...

Mit einer Pflanze verläuft dieser Versuch recht ähnlich: Man nimmt zwei gleiche Pflanzen, die man nebeneinander stehen hat, immer genau gleich gießt und auch sonst in materieller Hinsicht genau gleich behandelt. Während man die eine Pflanze jedoch streichelt und ihr nette Dinge sagt, stellt man sich bei der anderen Pflanze vor, wie man ihr die Blätter ausreißt, die Äste abschneidet, die Wurzeln abzupft und den Stamm zersägt. Der Effekt wird nicht lange auf sich warten lassen ...

Dieser Pflanzen-Versuch läßt sich nun noch durch eine andere Beobachtung ergänzen. In der Homöopathie werden "Kügelchen" und Tropfen verwendet, die aus Pflanzen, Mineralien, Tieren und ähnlichem hergestellt werden. Diese Arzneimittel werden allerdings so oft mit einer Trägersubstanz verdünnt, daß sich am Ende in der fertigen Arznei nichts mehr von der "wirkenden Substanz" befindet. Die Wirkung dieser Arzneien wurde dadurch herausgefunden, daß sie von Freiwilligen eingenommen wurde und die dabei auftretenden Symptome aufgeschrieben und mit denen von anderen Probanden zusammengefaßt wurden und dadurch dann das Bild ergaben, bei dem eben diese Mittel helfen.

Nun kann man in diese Arzneimittel auch Traumreisen unternehmen, um den Charakter dieser Arzneien auf symbolischer Ebene zu erforschen, was für denjenigen, der diese Mittel verschreibt, eine große Hilfe sein kann. Dabei hat sich bei einigen Mitteln deutlich herausgestellt, daß die Wirkung des Mittels genau der Vorgeschichte der Substanz, aus der diese Mittel hergestellt wurden, entspricht. Man findet hier also eine Übereinstimmung zwischen Krankheitsbild, Pflanzengeschichte und der zu dieser Pflanze gehörenden Vision.

Ein sehr deutliches Beispiel dafür ist der Bärlapp (lycopodium). Die Vision einer Traumreise zu diesem Mittel bestand (kurz zusammengefaßt) aus einer Reise zu einem Tal, in dem urtümliche Bäume wuchsen, wobei auf der Reise zu diesem Tal bei den Traumreisenden mehrere für dieses Mittel typische Symptome auftraten wie z.B. Steifheit in der linken Schulter. In der Mitte des urtümlichen Waldes stand ein Tempel, dessen Boden aus einer Art modrigem Farnkraut bestand. Bei der Traumreise in den Erdboden unter diesem Tempel zeigte sich dann, daß sich dort mehrere hundert Meter Fäulnis befanden, die sich wie ein riesiges Massengrab anfühlten. Dort ganz unten befand sich der Geist des Bärlapps, der sich selber "König der Wälder" nannte, in tiefster Depression.

Angeregt durch diese Vision, ergab die Untersuchung der Vorgeschichte des Bärlapps, daß fast die gesamte Braunkohle und Steinkohle aus den verwesten Überresten von den Vorfahren unseres heutigen Bärlapps bestehen. Zu der Zeit, als diese Kohleablagerungen entstanden, bestand tatsächlich fast der gesamte Wald aus riesigen Bärlappgewächsen. Daher ist der Bärlapp tatsächlich einmal der "König der Wälder" gewesen.

Bärlapp als homöopathisches Mittel wird Personen verschrieben, die sich zwar noch aufrechthalten, aber sehr depressiv sind und die Ansicht haben "es ist schon alles vorbei". Oft sind dies Notare, die sich nur an ihren festen Regeln aufrechthalten und eine häufiges Symptom sind steife Schultern.

Es findet sich hier also in der Geschichte des Bärlapps die Erklärung für den Charakter des Arzneimittels: Der Bärlapp war einmal der "König der Wälder" und nun vegetiert er nur noch als ein kleines, unscheinbares Kraut am Waldrand dahin, das fast niemand mehr kennt.

Diese Feststellung bedeutet, daß es etwas im Bärlapp (und folglich auch in anderen Pflanzen) gibt, daß sich an die "Gemeinschafts-Biographie" dieser Pflanzenart erinnert. Weiterhin besteht für Menschen die Möglichkeit, sich diese Pflanzen-Erinnerung in der Form einer Vision durch eine Traumreise bewußt zu machen. Diese Pflanzen-Erinnerung liegt also als eine Form von Bewußtsein vor, das sich offenbar leicht mit dem Bewußtsein eines Menschen koppeln läßt und ihm daher von seiner Grundbeschaffenheit her gleichen muß.

Wenn man dieses Pflanzen-Sippengedächtnis mit der Tatsache kombiniert, daß Pflanzen auf Gedanken reagieren, ergibt sich, daß Pflanzen sowohl ein (telepathisches) Wahrnehmungsvermögen als auch eine Erinnerung haben. Die Kombination dieser beiden Fähigkeiten ergibt die Möglichkeit, Wahrnehmungen und Erinnerung zu verknüpfen, was eine assoziative Orientierung ergibt. Diese abstrakte Formulierung ist eigentlich jedem bekannt, nur unter einem anderem Namen: Elfen.

Dasselbe Phänomen gibt es auch bei den Mineralien und ihren Heilwirkungen. Auch diese Wirkungen beruhen nicht darauf, daß man die Mineralien in Form von Pulver einnimmt, sondern darauf, daß man sie bei sich trägt. Die Verbindung mit dem Stein findet also im Bewußtsein statt. Nun gibt es auch bei den Steinen das Phänomen, daß die Wirkung der Biographie der Steine entspricht.

Der Bergkristall z.B. entsteht aus flüssigem Siliciumdioxyd bei Vulkanausbrüchen. Aus diesem Siliciumdioxyd kann allerdings nur dann ein Bergkristall werden, wenn das Siliciumdioxyd in hundert Jahren nur um 1°C abkühlt. Dann entsteht der klare Bergkristall, ansonsten nur Quarz. Das besondere an dem Bergkristall ist seine Klarheit und die Tatsache, daß in ihm alle Atome miteinander verbunden sind, was bedeutet, daß eine Bergkristallspitze aus nur einem einzigen Molekül besteht - das mit Abstand größte Molekül, was es auf der Erde gibt. Dieser Beschreibung entspricht auch die Wirkung des Bergkristalls: er integriert und schafft dadurch Klarheit, wozu ja auch beim Menschen ein gewisses Maß an Zeit notwendig ist.

Ein anderer Stein, der Rauchobsidian ("Apatschenträne"), ist ein Tropfen Lava, der aus dem Vulkanschlot ins Meer geschleudert wurde und dort schlagartig erstarrt ist. Der Rauchobsidian ist also die Ursubstanz aller Gesteine auf der Erde, die nicht mehr weiter verformt oder umgestaltet wurde. Daher ruft der Rauchobsidian bei seinem Träger die Erinnerung an das wach, was er eigentlich ganz am Anfang einmal gewollt hatte und weckt in seinem Träger auch den Impuls, diese ursprüngliche Absicht auch sofort umzusetzen.

Am bekanntesten ist sicher die Wirkung des Bernsteins, den man zahnenden Babys in Form von Kettchen umhängt, um ihre Schmerzen zu lindern. Auch diese Eigenschaft beruht auf der Geschichte des Bernsteins. Er ist vor ca.

45.000.000 Jahren (Tertiär) aus dem Harz einer Pinie entstanden, das in der seither vergangenen Zeit versteinert ist. Nun ist das Harz in den Pflanzen die Substanz, mit der sich die Pflanzen gegen Eindringlinge verteidigen. Dieselbe Aufgabe haben auch die Zähne. Und wie das Harz am Anfang weich war, so sind auch die Zähne, wenn sie einschießen, noch weich - und beide, der Bernstein und die Zähne, härten dann aus.

Somit scheint es auch bei den Steinen eine Erinnerung an die jeweilige Entstehungsgeschichte des Steines zu geben. Es läßt sich daher schlußfolgern, daß es auch in Steinen ein Bewußtsein über diese Erinnerung gibt, da sich auch bei Steinen diese Information durch eine Traumreise erlangen läßt. Dies legt die Vermutung nahe, daß es auch in den Steinen ein Kollektivwesen, eine "Gruppenseele" gibt, in der diese Erinnerungen ruhen, die für die Heilwirkung der Steine verantwortlich sind. Auch diese "Gruppenseele" ist unter anderem Namen bestens bekannt: Zwerge.

Aus dieser Betrachtung ergibt sich auch die Wirkungsweise der Heilsteine und der homöopathischen Arzneimittel. Im Grunde genommen schließt man durch das Einnehmen der Arznei oder durch das bei-sich-Tragen eines Heilsteines eine (vorübergehende) Freundschaft mit dem Wesen, aus dem die Arznei hergestellt wurde, bzw. mit dem "Zwerg", der in diesem Heilstein wohnt. Es handelt sich hierbei also um reine Bewußtseinsprozesse, also um Heilungen auf der Ebene, auf der auch die Telepathie stattfindet - Man lädt bei diesen Heilmethoden gewissermaßen den Elf, den Zwerg usw. dazu ein, telepathisch auf die eigene Psyche und den eigenen Körper einzuwirken.

Daher ist es für die Wirkung der homöpathischen Arzneimittel und der Heilsteine auch nicht erforderlich, daß man diese Arznei wirklich einnimmt bzw. den Stein bei sich trägt. Es genügt, diesen Kontakt zu dem Bewußtsein in dem Stein bzw. in dem Arzneimittel symbolisch herzustellen, also ihm die Freundschaft zu erklären. Dies kann z.B. dadurch geschehen, daß man den Namen des Heilmittels oder Steines auf einen Zettel schreibt, ihn mit Wasser übergießt und dann dieses Wasser trinkt.

Es ist auch ein unter Homöopathen bekanntes Phänomen, daß das Mittel nicht bei der Einnahme des Mittels durch den Patienten zu wirken beginnt, sondern zu dem Zeitpunkt, an dem der Homöopath beschließt, welches Mittel der Patient erhalten soll - viel deutlicher läßt sich kaum zeigen, daß es sich bei dieser Heilmethode um Vorgänge, die im Bewußtsein wurzeln, handelt.

Das eben beschriebene Verfahren ist schon seit Jahrtausenden bekannt. Im Alten Ägypten stand in jedem Dorf eine Stele des Falkengottes Horus (Harpokrates: "Horus, das Kind"), auf der dargestellt wurde, wie er eine Schlange, ein Krokodil und einen Skorpion zertrat bzw. auf ihnen stand. Wenn nun jemand von einem Skorpion gebissen wurde, goß man Wasser über sie Stele und fing es in einem Krug an der dafür unter der Statue angebrachten Rinne mit Ausguß wieder auf und gab es dem vom Skorpion Gestochenen zu trinken. Den Hieroglyphen-Berichten zufolge war dies eine über Jahrtausende bewährte Methode.

Nun läßt sich daran anschließend noch eine weitere Betrachtung anstellen. Wenn man sich die Evolution betrachtet, beginnt sie mit der Raumzeit, entfaltet die Energien, die Elementarteilchen, dann die Atome, dann die Galaxien, die Sterne, die Planeten, die ersten komplexen Moleküle, die Zellkerne, die ganze Zelle, die ersten Vielzeller, dann die Pflanzen, Pilze und Tiere, die sich immer weiterentwickelten bis hin zu den heutigen Formen einschließlich des Menschen.

Es gibt also einen Stammbaum aller Dinge, der von den heutigen Menschen, Tieren, Pilzen und Pflanzen zurückreicht über die Einzeller bis hin zum Urknall.

Wenn man nun bei den Pflanzen und Steinen eine Erinnerung feststellen kann, die ihren Heilcharakter bestimmt, gibt es keinen Grund, diese Erinnerung zu irgendeinem Zeitpunkt durch einen Anfangszeitpunkt zu begrenzen, da es nur kontinuierliche Übergänge von der einen Form zu einer leicht modifizierten Form gab, aber nirgendwo Brüche und Sprünge, die die Annahme einer solchen "Erinnerungsbarriere" nahelegen würden.

Dies bedeutet, daß das Gedächtnis, d.h. das Bewußtsein prinzipiell bis zu dem Urknall, also zu der allem zugrundeliegenden Einheit, zurückreicht. Das bedeutet dann weiterhin, das man in diesem Zusammmenhang den "Evolutionsstammbaum" dieser Welt in seiner gesamten Komplexität betrachten muß. Er reicht zunächst vom Urknall aus durch die Entstehung der Energien und Elementarteilchen und Atome bis zu den einzelnen Sternen und ihren Planeten. Dann verzweigt er sich weiter auf die einzelnen Planeten, wobei man auch die Kontinente und die Meere, die Berge und Flüsse als Bestandteile dieses Stammbaumes ansehen muß. Dadurch ist man bei einer Vorstellung angelangt, die den Pantheismus, also die Annahme, das alles belebt ist, eine Seele bzw. ein Bewußtsein hat und Ausdruck von Gott ist, mit der Vorstellung von einer allem zugrundeliegenden Einheit, einem Urwesen, einem allumfassenden Bewußtsein, also Gott, verbindet.

Der wesentliche Teil unseres "Menschen-Stammbaumes" war in den letzten 8.000.000.000 Jahren die Erde - und der wesentliche Teil der Erde ist das Erdinnere - lediglich auf der Oberfläche der Erde spielen sich die komplexen Abläufe wie die z.B. die menschliche Geschichte ab. Das Bewußtsein der Erde wird also im Wesentlichen durch das glühende Erdinnere geprägt.

Aus dieser Betrachtung ergibt sich die "Evolution der Bewußtseinsinhalte" aller Dinge als die Erinnerung an den Weg vom Urknall bis zu dem Wesen oder Ding, um dessen Erinnerung es sich handelt. In der Erinnerung des Menschen findet man demnach, wenn man den Zugang zu ihr finden kann, unter der Erinnerung an die menschliche Geschichte bis zurück in die Altsteinzeit die Erinnerung an die Primaten, darunter die an die Säugetiere, darunter dann nacheinander die Erinnerung an die Reptilien, die Amphibien, die Fische usw. bis zurück zum Urknall. So hat jedes Wesen seine eigene "Schnur der Erinnerungen", die es mit dem Urknall verbindet, an dem schließlich alle diese "Schnüre der Erinnerung" ihren gemeinsamen Ursprung haben.

Nun gibt es noch einen wesentlichen Aspekt der Innen-Außen-Analogie: Wenn jedes Ding ein Innen (Bewußtsein) und ein Außen (materielle Erscheinung) hat, und dieses Innen und dieses Außen nichts verschiedenes, sondern nur zwei verschiedene Blickweisen auf dasselbe sind, in etwa so, wie man seinen rechten Daumen von außen her sehen (Materie) und von innen her spüren (Bewußtsein) kann, hat dies eine wichtige Konsequenz, denn wenn dies so ist, dann bedeutet das, daß eine Veränderung auf der materiellen Seite eine Veränderung des Bewußtseins bedeutet, und es bedeutet auch, daß eine Veränderung des Bewußtseins eine Veränderung der materiellen Seite bedeutet.

Diese gegenseitige Prägung ist nun nicht auf den eigenen Körper und das eigene Bewußtsein beschränkt, da sowohl die materiellen Dinge aufeinander wirken, als auch die Bewußtseins (wie u.a. die Telepathie zeigt) miteinander in Beziehung stehen. Daher läßt sich die Aussage des vorigen Abschnitts noch allgemeiner fassen:

1. Eine Veränderung an einem Ding in der materiellen Welt bedeutet auch
    a) eine Veränderung an anderen Teilen der materiellen Welt (Auswirkungen des Ursache-Wirkung-Prinzips),
    b) eine Veränderung in dem Bewußtsein des Dinges, das verändert wurde, und
    c) eine Veränderung in den Bewußtseins aller Teile der Welt, deren Bewußtsein mit dem Bewußtsein des veränderten Dinges verbunden ist.

2. Eine Veränderung in dem Bewußtsein eines Dinges in dieser Welt bedeutet auch
    a) eine Veränderung des materiellen Zustandes dieses Dinges,
    b) eine Veränderung des Bewußtseins aller mit diesem Ding verbundenen Bewußtseins, und
    c) eine Veränderung des materiellen Zustandes der Teile der Welt, deren Bewußtsein mit dem Bewußtsein des veränderten Dinges verbunden ist.

Wenn man dies ein wenig umformuliert, bedeuten diese zwei Aussagen, daß jeder Beschluß, den man faßt, jeder Gedanke, und jedes Gefühl je nach ihrer Intensität nicht nur eine innere Auswirkung in der betreffenden Person haben, sondern auch Auswirkungen auf ihr gesamtes Umfeld haben. Damit ist nun nicht nur das Verhalten der anderen Menschen diesem Menschen gegenüber gemeint, sondern auch "sinnvolle Zufälle", die dem intensiven Entschluß dieses Menschen entsprechen. Auch für diesen Vorgang gibt es einen gut bekannten Begriff: Magie.

Nun kann man diese Betrachtungen noch weiterführen: Wenn alle materiellen Dinge auch eine Bewußtseinsseite haben, und die Bewußtseins aller Dinge auf die Weise, wie auch Telepathie zustandekommt, miteinander gekoppelt werden können oder ständig miteinander gekoppelt sind, dann lohnt es sich, einmal anzuschauen, welche Bewußtseins denn in diesem "Netzwerk" von Bewußtseinen von großer Bedeutung sein könnten. Da man zunächst einmal ganz naiv davon ausgehen könnte, daß große Dinge auch ein großes und daher einflußreiches Bewußtsein haben, kommen dafür vor allem die Erde selber, die Sonne, der Mond und die Planeten in Betracht.

Auch die Auswirkungen des Bewußtseins der Himmelskörper auf der Bewußtseinsebene sind schon seit langem bekannt und haben einen geläufigen Namen: Astrologie.

Diese Betrachtungen haben nun schon eine ganze Reihe von Eigenschaften des Bewußtseins zutage gefördert. Um zu sehen, welches Bild sich ergibt, wenn man sie alle zusammenfaßt, ist es sinnvoll, sich die einzelnen Aussagen noch einmal in Erinnerung zu rufen.

1. Es gibt das Bewußtsein an sich (Stille im Bewußtsein in der Zen-Meditation) und es gibt die Inhalte des Bewußtseins.

2. Man kann in seinem Bewußtsein (mindestens) drei Übergänge finden, deren Überschreiten Energie erfordert. Die nach dem Überschreiten erreichten Zustände sind aber stabil und es wird für die Rückkehr zu dem vorhergehenden Zustand ebenfalls eine bestimmte, wenn auch deutlich kleinere Menge Energie benötigt. Diese Übergänge sind:
    a) die Schwelle, die von dem Tagesbewußtsein in die innere Bilderwelt führt (Traumreisen),
    b) der Graben, der von der inneren Bilderwelt in den Bereich des reinen Bewußtseins ohne Bilder, Gedanken oder Gefühle führt (Seelen), und
    c) der Abgrund, der von dem Bereich der stillen Bewußtseins zu dem Bereich des abgrenzungslosen Bewußtseins führt (Gottheiten).

3. Rhythmische Vorgänge bewirken das Entstehen einer "Wärmehülle", die eine Ausdehnung des Bewußtseins über die Körperoberfläche hinaus ist. Dies ist an dem Rhythmus und der Wärme als Yesod-Vorgang erkennbar.

4. Die Telepathie und die gemeinsamen Visionen, die in Traumreisen zu mehreren Personen auftreten, zeigen, daß das Bewußtsein nicht in einer einzelnen Person isoliert ist, sondern zwischen zwei oder mehreren Personen so koordiniert werden kann, daß alle Personen innerlich dasselbe sehen. Dies ist aufgrund der Bedeutung der Bilder und des Prinzipes der Aneinanderlagerung von gleichartigen, komplexen Gebilden ebenfalls ein Yesod-Vorgang.

5. Es ist möglich, in dem Zustand des stillen Bewußtseins direkt ein anderes Bewußtsein wahrzunehmen, ohne die Vermittlung durch Bilder, Gedanken oder Gefühle. Dieser Vorgang gehört zu Tiphareth.

6. Die Möglichkeit der gezielten Koppelung zweier Bewußtseins wird bei Einweihungen benutzt, um dem Schüler einen ihm noch unbekannten Bewußtseinszustand zu zeigen. Dieser Vorgang gehört ebenfalls zu Tiphareth.

7. In der Meditation oder im Traum erhält man bisweilen Anweisungen oder Ratschläge, deren hohe Qualität die Vermutung nahelegen, daß es im Bereich des Bewußtseins noch höher organisierte Formen als die des menschlichen Bewußtseins gibt. Diese Formen stammen aus dem Bereich Chesed/Geburah/Tiphareth oder von noch weiter oben auf dem Lebensbaum.

8. Die Astralreise zeigt, daß das Bewußtsein nicht an den Körper gebunden ist oder zumindestens seine Wahrnehmung beliebig ausdehnen oder an einen anderen Ort versetzen kann und dabei die gewohnte Selbstwahrnehmung "mitnehmen" kann.

9. Man kann seine eigene "Tiphareth-Bewußtseinsstruktur" als Schutzengel, oder wenn man sich mit ihm identifiziert hat, als die eigene Seele finden.

10. Bewußtsein und Erinnerung existiert auch in Pflanzen und Steinen - "Elfen" und "Zwerge". Zu ihnen kann man telepathisch Kontakt aufnehmen und durch eine "Freundschaft" mit ihnen sie heilend auf sich selber einwirken lassen (Homöopathie, Heilsteine).

11. Da die Evolution kontinuierlich abläuft und selbst Steine offenbar eine Erinnerung haben, ist anzunehmen, daß alle Dinge dieser Welt über ein Bewußtsein und eine Erinnerung verfügen und daß es einen Stammbaum aller existierenden Dinge gibt, der sowohl den Weg der Evolution vom Urknall bis zu den einzelnen heutigen Dingen beschreibt als auch den Inhalt der Erinnerungen der Dinge in dieser Welt, die im Prinzip bis zum Urknall, bis zur anfänglichen Einheit zurückreicht - die "Schnur der Erinnerungen".

12. Da Materie und Bewußtsein nur zwei Blickweisen auf dieselbe Sache sind, kann auch das Bewußtsein auf die Materie wirken. Da auf der Bewußtseinsebene auch Koppelungen (komplexe Formen der Telepathie) möglich sind, kann eine Veränderung im Bewußtsein einer Person auch Veränderungen in ihrer Umgebung hervorrufen, die man meistens als Magie bezeichnet.

13. Die Vermutung, daß sehr große Materieansammlungen auch ein sehr großes und somit einflußreiches Bewußtsein haben, führt zu der Sonne, den Planeten und den Monden und somit zur Astrologie, die genau diese Wirkung beschreibt.

Um diese Beobachtungen miteinander zu verbinden, ist es hilfreich, sie zunächst einmal auf dem Lebensbaum anzuordnen. In den Klammern stehen die Nummern der oben angeführten dreizehn Punkte.

```
                KETHER                           |                 |
                (1) Bewußtsein an sich           |                 |
..................................................|.................|....................................
BINAH                       CHOKMAH              | abgrenzungs-    | (11) von Kether nach Malkuth: ein
                                                 | loses Bewußt-   | von der anfänglichen Einheit ausge-
                DAATH                            | sein (2)        | hender und sich zu der heutigen
..................................................|.................| Vielheit hin verzweigernder Stamm-
GEBURAH                     CHESED               | Bewußtsein      | baum der materiellen Herkunft und
                            (7) Rat              | ohne Bilder,    | der Erinnerung des Bewußtseins
                                                 | Gedanken        | (= (1) Inhalte des Bewußtseins)
                TIPHARETH                        | oder Gefühle    |
                (5) direkte Wahrnehmung          | (2)             | (12) Veränderung im Bewußtsein
                von Bewußtsein zu Bewußt-        |                 | rufen Veränderungen im Körper und
                sein                             |                 | Veränderung in der Umwelt ("sinn-
                (6) Einweihungen                 |                 | volle Zufälle") hervor
                (9) Seele                        |                 |
..................................................|.................|....................................
HOD                         NETZACH              | "Innere Bilder- |
Gedanken                    Gefühle              | welt"-Bewußt-   |
                                                 | sein (2)        |
                YESOD                            |                 |
                (3) "Wärmehülle"                 |                 |
                (4) Telepathie, Traumreisen     |                 |
                (6) Einweihungen                 |                 |
                (8) Astralreise                  |                 |
                (10) Elfen, Zwerge, homöopa-     |                 |
                thische Arzneimittel             |                 |
                (13) Astrologie                  |                 |
..................................................|.................|....................................
                                                 | "Äußere Wahr-   |
                MALKUTH                          | nehmungen"-     |
                                                 | Bewußtsein (2)  |
```

Das Bild, was sich aus diesem Lebensbaum ergibt, hat drei wichtige Qualitäten:

    1. Es gibt ein Bewußtsein (Kether), das allem zugrundeliegt. Dies Bewußtsein hat nirgendwo eine prinzipielle Grenze.

    2. Das Bewußtsein hat verschiedene Inhalte. Diese Inhalte lassen sich in einem Stammbaum ordnen, der für alles Existierende in der Einheit der der Materie und der Energie zugrundeliegenden Raumzeit (Außen) und der Einheit des Bewußtseins (Innen) in Kether beginnt und sich durch die Evolution kontinuierlich bis hin zu allem heute Existierenden in Malkuth verzweigt. Entlang dieser Verzweigungen reicht die Erinnerung prinzipiell, auch wenn sie den einzelnen Wesen nicht aktuell bewußt ist, von allem Existierenden (Malkuth)

bis zum Urknall (Kether) zurück. Teile dieser Erinnerung zeigen sich in den Qualitäten der homöopathischen Heilmittel und der Heilsteine. Die Möglichkeit, diesen Evolutionsweg bewußt zurückzugehen, zeigt sich in den Gottes-Erlebnissen der Mystiker und Yogis.

3. Es gibt in dem Lebensbaum des Bewußtseins fünf Bereiche, die durch "Bewußtseinszustände mit verschiedenen Reichweiten" charakterisiert sind und die durch die vier Übergänge getrennt sind. Diese Übergänge sind keine prinzipiellen Abgrenzungen oder Brüche, denn sie lassen sich durch geeignete "Bewußtseins-Übungen" überschreiten. Diese Übergänge begrenzen aber zunächst einmal, wenn man sich nicht um ihre Überwindung bemüht, die "Reichweite" der Wahrnehmung und der Erinnerung.

Ein Punkt, der noch zu klären wäre, ist, ob nicht nur jedes "äußere Phänomen" eine Bewußtseinsentsprechung hat, sondern ob nur "äußere Phänomene" eine Bewußtseinsentsprechung haben. Oder, anders gefragt: Gibt es Bewußtseinsphänomene ohne äußere Entsprechung, also Bewußtsein, das nicht an Materie gebunden ist? Von den bisher beschriebenen Phänomenen legt insbesondere die Astralreise die Vermutung nahe, daß es Bewußtseinsphänomene gibt, die keine äußere Entsprechung haben. Aber es gibt ja bei der Astralreise weiterhin den materiellen Körper und es wäre zumindest denkbar, daß die Astralreise eine "ausgelagerte Wahrnehmung und Selbstwahrnehmung" ist.
Dieser Punkt wird leichter zu klären sein, wenn im Laufe des nächsten Kapitels (Der Lebensbaum als Forschungshilfsmittel) weitere Informationen über das Bewußtsein gesammelt worden sein werden.

Eine weitere Frage ist, ob der Weg, der von dem Pfad zwischen Chesed und Daath im 4. Lebensbaum der Evolution, auf dem wir mit unserer menschlichen Zivilisation- und Kulturentwicklung zur Zeit stehen, zurück nach Kether des 1. Lebensbaumes der Evolution, also zurück zu dem Urknall führt ("Schnur der Erinnerungen") identisch ist mit dem spirituellen Weg, der zu einer Bewußtwerdung der allem zugrundeliegenden Einheit führt.
Wenn man die verschiedenen spirituellen Systeme wie das Meditationssystem des Sufis Ibn-Arabi, die Yoga-Sutren des Patanchali, die Lehren des tibetischen Lamas Milarepa oder die Lehren von Ignatius von Loyola, dem Gründer des Jesuitenordens, anschaut, findet man immer wieder dieselbe Grundstruktur, die den Weg in drei markante Punkte und zwei wesentliche Übergänge einteilt:

1. den Ausgangspunkt im Hier und Jetzt, die derzeitige Persönlichkeit des Suchenden (Malkuth);

-. die erste Krise, in der man alles Unwahre in seiner Psyche losläßt (die "erste, kleine schwarze Nacht des Mystikers" = Graben);

2. die Begegnung mit dem eigenen Schutzengel, den man bei der Vereinigung mit ihm als die eigene Seele erkennt;

-. die zweite Krise, in der man jede Begrenzung und jedes Festhalten an der eigenen Seele losläßt (die "zweite, große schwarze Nacht des Mystikers" = Abgrund);

3. die Vereinigung mit Gott.

Diese Struktur spricht zunächst einmal deutlich für einen einzelnen Lebensbaum, den man auf dem Weg zu dem universellen Bewußtsein von Kether erklimmen muß. Es stellt sich daher die Frage, wie sich die "Schnur der Erinnerungen" durch die vier Lebensbäume zu dem Lebensbaum des spirituellen Strebens verhält.
Da der 4. Lebensbaum der materiellen Evolution sowohl die Entwicklung der materiellen Zivilisation und Kultur der Menschen als auch den Integrationsprozeß des menschlichen Bewußtseins darstellt, kann man davon ausgehen, daß die "Bewußtseinsseite" dieses 4. Lebensbaumes der materiellen Evolution eine "sehr nahe" Analogie zu dem Lebensbaum des spirituellen Strebens ist - beide Lebensbäume werden nicht nur (logischerweise wie alle Lebensbäume) Analogien zueinander sein, sondern sich auch in ihren konkreten Inhalten kaum voneinander unterscheiden.
Man kann die Bewußtmachung der "Schnur der Erinnerungen" als eine Methode, in dem 4. Lebensbaum der

Evolution von Malkuth nach Kether zu gelangen, auffassen. Wenn es einem Meditierenden gelingt, seine Erinnerung wieder bis zu dem Urknall hin zurück auszudehnen, dann hat er damit auch gleichzeitig das Kether des Bewußtseins, also Gott erreicht.

Wenn das Prinzip der Innen-Außen-Analogie zutrifft, müssen den vier Lebensbäumen der materiellen Evolution vier Lebensbäume der Bewußtseins-Evolution entsprechen.

Der Lebensbaum der Evolution der Menschheit (Nr. 4) ist zunächst am einfachsten zu fassen, da er bereits sowohl materielle Fortschritte als auch ein zunehmend komplexer werdendes Bewußtsein beschreibt. Daher ist es recht einfach, diesen Lebensbaum sowohl für seine materielle Seite als auch für seine Bewußtseinsseite aufzustellen.

Der Lebensbaum der Evolution der Vielzeller (Nr. 3) bietet für die Aufstellung des ihm entsprechenden Lebensbaumes des Bewußtseins zumindest noch einige halbwegs vertraute Konzepte, die mit den bereits beschriebenen Phänomen bei den homöopathischen Arzneimitteln und bei den Pflanzen-Versuchen zu tun haben. Man kann zumindest die verschiedenen Tiere, aus denen die menschliche Ahnenreihe in diesem Lebensbaum besteht, als Tiergeister auffassen, die ein ähnliches, aber deutlich einfacher strukturiertes Bewußtsein als wir haben. Diese Tiergeister kann man sich dabei durchaus in derselben Weise als selbständig vorstellen wie die Pflanzengeister (Elfen). Im Schamanismus treten diese Tiergeister als die Krafttiere des Menschen auf, die seine Instinkte sowie seine körperlichen und psychosomatischen Fähigkeiten darstellen.

Der Lebensbaum, der die Evolution vom Urknall bis hin zu der allmählich abkühlenden Erde beschreibt (Nr. 1), bietet durch seine Vielzahl an konkreten mathematischen und physikalischen Zusammenhängen für die Aufstellung des 1. Lebensbaumes des Bewußtseins zumindest die Möglichkeit zu einer präzisen Analogiebildung, wobei man sich dabei allerdings in einem weitgehend unbekannten Bereich des Bewußtseins befindet und diese Analogiebildung daher zunächst notwendigerweise relativ abstrakt ausfallen wird, bevor man sie eventuell mit bereits bekannten Konzepten verbinden kann.

Der Lebensbaum des Bewußtseins, der sich als Analogie zu der Evolution der Einzeller ergibt (Nr. 2), dürfte der zunächst am schwierigsten zu fassende Teil der vier Lebensbäume des Bewußtseins sein, da die Einzeller bzw. das Bewußtsein in einer einzelnen Körperzelle weitgehend unbekannt ist.

Im folgenden wird nun versucht, diese Analogien zwischen der materiellen Entwicklung und den Bewußtseinszuständen in den vier Lebensbäumen der Evolution zu skizzieren, wobei die Betrachtung der Materie-Bewußtseins-Analogie in dem 1. Lebensbaum der Evolution, also der Entwicklung vom Urknall bis zur Entstehung der Erde, mit Abstand am umfangreichsten ist.

a) Die Materie-Bewußtseins-Analogie in dem Lebensbaum der kulturellen Evolution

Der Lebensbaum der Evolution der Menschheit beschreibt sowohl körperliche Veränderungen des Menschen und seiner Vorfahren als auch technische Errungenschaften sowie verschiedene "Arten der Informationsverarbeitung", also verschiedene Strukturen im Bewußtsein.

Dabei gehören Sephiroth-Paare, die durch einen waagerechten Pfad miteinander verbunden sind, zu jeweils derselben geschichtlichen Epoche.

Unter den Namen der Sephiroth steht jeweils oben die technische Errungenschaft und darunter die Organisationsform des Bewußtseins.

	KETHER (Zukunft)		7. Epoche: Zukunft
BINAH (Zukunft)	CHOKMAH (Zukunft)		6. Epoche: Zukunft
	DAATH Ökologie, Spiritualität abgrenzungsloses Bewußtsein		5. Epoche: ökologisch-spirituelle Epoche
GEBURAH Wissenschaft Analyse	CHESED Industrie Konstruktion		4. Epoche: Materialismus
	TIPHARETH Zentralisierung Philosophie, Entstehung des "Ich"		3. Epoche: Königtum
HOD komplexere Sprache Analogiebildung	NETZACH Ackerbau/Viehzucht Bewertung nach "Richtigkeit"		2. Epoche: Jungsteinzeit
	YESOD Werkzeuggebrauch, einfache Sprache Assoziationen, bildhaftes Denken		1. Epoche: Altsteinzeit
	MALKUTH Instinkte Lernfähigkeit		Vorgeschichte: Entstehung des Menschen aus den Primaten

b) Die Materie-Bewußtseins-Analogie in dem Lebensbaum der Evolution der Vielzeller

Die Bewußtseinsanalogie zu dem Lebensbaum der Evolution der Vielzeller ist zunächst sehr einfach herzustellen, da jede Sephiroth eine bestimmte Art von Tieren darstellt und das zu dieser Sephirah gehörende Bewußtsein eben das Bewußtsein dieser Tiere ist. Die Frage ist nur, ob sich etwas Konkretes über das Bewußtsein dieser Tiere aussagen läßt und ob sich die auf diese Weise hergeleiteten Tier-Bewußtseinsformen auch in irgendeiner Gestalt in den Erinnerungen der Menschen wiederfinden.

Um die Formen des Bewußtseins, d.h. genauer gesagt die Inhalte des Bewußtseins der einzelnen Tierarten auf dem Lebensbaum beschreiben zu können, ist man auf die Ableitung dieser Bewußtseinsinhalte aus den Lebensumstände und Lebensweisen dieser Tiere angewiesen. Das Bewußtsein an sich unterscheidet sich nicht zwischen Tieren und Menschen, wie weiter oben bereits hergeleitet wurde - es geht hier also nur um die Bewußtseinsinhalte der Tiere.

Bei dieser Betrachtung ist es am einfachsten, von dem Bekannten auszugehen, also mit dem Bewußtsein des Menschen zu beginnen, und dann schrittweise in die Vergangenheit zurückzugehen und die jeweilige Vorstufe des Bewußtseins bei den betreffenden Tieren zu betrachten - also in dem Lebensbaum der Evolution der Vielzeller bei Malkuth zu beginnen und von dort aus nach Kether aufzusteigen.

Dabei ergibt sich zunächst einmal folgendes Bild:

1. MALKUTH: Die Primaten unterscheiden sich von den Säugetieren, aus denen sie entstanden sind, durch ihre Greifhand und ihr hochentwickeltes Großhirn.
An Bewußtseinsfähigkeiten und Bewußtseinsinhalten ergeben sich daraus Orientierung, Gleichgewichtssinn, Bewußtheit über sich selber (Affen begreifen Spiegelbilder von sich als Abbildungen von sich selber), ausgedehntes Lernvermögen und Erkennen neuer Möglichkeiten (Benutzung von Stöcken).

2. YESOD: Die Säugetiere unterscheiden sich von den Reptilien, aus denen sie entstanden sind, durch die Brutpflege, das Sozialverhalten, das Heranwachsen der Nachkommen im Leib des Muttertieres, das Säugen mit Milch, das Fell und die konstante Körpertemperatur sowie das Entstehen des Lernvermögens, das über die Instinkte hinausgeht und eigene Erlebnisse in das eigene Verhaltensmuster miteinbauen kann, wodurch die Grundlage für gruppeneigene, instinktunabhängige Verhaltensmuster entstanden ist.
An Bewußtseinsfähigkeiten und Bewußtseinsinhalten ergeben sich daraus ein Gruppenbewußtsein (Geborgenheit, Urvertrauen), Unabhängigkeit (von den Temperaturen), Lernvermögen - also das Leben in einer Gruppe, die ihre eigene "Wärme" sowohl individuell (konstante Körpertemperatur) als auch sozial/psychisch (Brutpflege) herstellt und auch ihre eigenen Verhaltensmuster entwickelt. Hier liegt der Ursprung der schützenden und ernährenden Mutter. In der kollektiven Erinnerung der Säugetiere muß auch ihre Vorherrschaft über die Erde nach dem Ende der Saurier eine wichtige Rolle spielen.

3. HOD: Die Reptilien unterscheiden sich von den Amphibien, aus denen sie entstanden sind, durch ihre größere Unabhängigkeit vom Wasser: sie legen Eier mit Schale und keinen Laich, der auf Wasser angewiesen ist. Im Zusammenhang damit haben die Reptilien auch die direkte Befruchtung erfunden - die Weibchen und Männchen der Amphibien legen ihre Eier bzw. Samen getrennt im Wasser ab, während die Reptilien sich körperlich vereinigen und dadurch auch bei der Befruchtung das Angewiesensein auf das Wasser vermeiden.
An Bewußtseinsfähigkeiten und Bewußtseinsinhalten ergeben sich daraus die größere Bewegungsfreiheit auf dem Festland unabhängig von großen Wasservorkommen (Besiedelung neuer, trockenerer Gebiete) und die Entstehung der Rivalität bei der Befruchtung, also der Ursprung des Selektionsdrucks im Paarungsverhalten. In der Erinnerung der Reptilien muß auch ihre lange Vorherrschaft auf dem Festland ("Saurierzeit") zu finden sein, die allerdings mit dem Verlust dieser Vorherrschaft an die Säugetiere verknüpft ist.

4. NETZACH: Die Amphibien unterscheiden sich von den Fischen, aus denen sie entstanden sind, durch ihre Fähigkeit, nicht nur Wasser, sondern auch Luft atmen zu können. Des weiteren ergibt sich für die Amphibien die Notwendigkeit, Seen und Tümpel aufzusuchen um dort ihren Laich bzw. ihren Samen abzulegen, da sie sich nicht mehr wie die Fische immer im Wasser befinden.
An Bewußtseinsfähigkeiten und Bewußtseinsinhalten ergeben sich daraus das Leben in wechselnden Temperaturen (die Lufttemperatur schwankt weit mehr als die Wassertemperatur) und die Möglichkeit, auf

dem Trockenen zu leben und Luft zu atmen - also ein "Aufbruch in die Fremde", wobei die Amphibien noch immer in der Nähe des Wassers leben müssen und sich nicht sehr weit von ihm entfernen können. In dem kollektiven Gedächtnis der Amphibien und folglich auch der aus ihnen entstandenen Reptilien und den wiederum aus diesen entstandenen Säugetieren sollte sich daher dieser "Aufbruch in die Fremde" wie eine symbolische kollektive Geburt (aus dem Wasser heraus an die Luft) finden lassen.

5. TIPHARETH: Die Fische unterscheiden sich von den Bilateraltieren, aus denen sie entstanden sind, durch die Entwicklung des Zentralnervensystems und des Knorpels und später des Knochens (der dann u.a. als Schädel und Rückenwirbel das Nervensystem schützt) sowie durch die Entstehung der Kiemen und des Urogenitalsystems. Hinzu kommt nach das Kreislaufsystem mit dem Herzen.

An Bewußtseinsfähigkeiten und Bewußtseinsinhalten ergeben sich daraus das Prinzip der zentralen Koordination (Gehirn) und der inneren Festigkeit (Knochen) sowie das Erlebnis von Rhythmus (Atmen mit den Kiemen, Herz/Kreislauf) und von Ausscheidung bzw. Ei-/Samen-Ablage. Generell müßten alle Lebewesen von den Einzellern bis zu den Fischen in dem ("unbewußten") Bewußtsein leben, daß sie in der "Heimat des Lebens" leben: überall Wasser mit weitgehend konstanter Temperatur, wobei dieser Bewußtseinsinhalt nicht bewußt sein wird, da im Erleben dieser Tiere der Gegensatz dazu fehlt.

6. GEBURAH: Die Bilateraltiere unterscheiden sich von den Hohltieren, aus denen sie entstanden sind, durch das Oben und Unten ihres Körpers, deren Unterscheidung durch ihre Fortbewegungsglied-maßen an der Unterseite ihres Körpers entstehen, und durch die Ausbildung eines Nervensystems, zu dem auch einige einfache Sinnesorgane gehören und dessen Strukturen und Inhalte die Grundlage für die Entwicklung der Instinkte bilden. Aus der Bewegungsfähigkeit erfolgt die Notwendigkeit der Kooperation zwischen männlichen und weiblichen Bilateraltieren bei der Eiablage und der Besamung.

An Bewußtseinsfähigkeiten und Bewußtseinsinhalten ergeben sich daraus eine deutlichere Wahrnehmung der Umwelt sowie die eigenständige Bewegung in ihr, also das Erlebnis der Eigenaktivität, der Eigeninitiative, zu der auch die Kooperation bei der Befruchtung der Eier gehört.

7. CHESED: Die am Meeresgrund festhaftenden Hohltiere unterscheiden sich von den Zellsack-Vielzellern, aus denen sie entstanden sind, durch ihren Verdauungstrakt, der zu der Ausbildung eines Vorne (Mund) und eines Hinten (After) führte. (Eine größere Kooperation bei der Ei- und Samenablage ist aufgrund des ständigen Zusammenlebens von männlichen und weiblichen Tieren auf engstem Raum nicht notwendig.)

An Bewußtseinsfähigkeiten und Bewußtseinsinhalten ergeben sich daraus eine Richtung (Verdauungstrakt) und ein deutlichers Innen und Außen sowie die für die Hohltiere typische Vierersymmetrie des Körperquerschnittes.

8. DAATH: Die Zellsack-Vielzeller unterscheiden sich von den Zellkugeln, aus denen sie entstanden sind, durch ihre Eindellung, die Sack-Mulde, die sie für die Aufnahme und die Verdauung von Nahrung benutzen.

An Bewußtseinsfähigkeiten und Bewußtseinsinhalten ergeben sich daraus die Differenzierung eines Teiles des Körpers für einen bestimmten Zweck (Verdauung) und somit die Ausrichtung des Bewußtseins auf eben diesen Punkt.

9. BINAH: Die Zellkugeln unterscheiden sich von den Zellkolonien, aus denen sie entstanden sind, dadurch, daß sie ein geschütztes Innen und ein ungeschütztes Außen haben. In dem Innen wachsen die Nachkommen heran, die die Zellkugel platzen lassen, wenn sie "schlüpfen".

An Bewußtseinsfähigkeiten und Bewußtseinsinhalten ergeben sich daraus die Differenzierung in Innen und Außen sowie die Entstehung von Geburt und "eingeplantem" Tod, also einem prinzipiell begrenzten Lebensalter.

10. CHOKMAH: Die Zellkolonien unterscheiden sich von den Einzellern, aus denen sie entstanden sind, dadurch, daß sie nicht alleine leben, daß sie also eine räumliche Ausdehnung haben, die aus der Aneinanderlagerung von gleichen und gleichberechtigten Bestandteilen (Zellen) besteht.

An Bewußtseinsfähigkeiten und Bewußtseinsinhalten ergeben sich daraus die räumliche Ausdehnung und die "Zusammengehörigkeit mit anderen von der eigenen Art" und somit ein gemeinsames Wachsen (durch

Zellteilungen). Das Zerreißen einer Zellkolonie in zwei Teile entspricht hier noch weitgehend der Zellteilung des Einzellers, der in seinen beiden Tochterzellen weiterlebt; allerdings lebt der einzelne Einzeller nicht mehr in allen Teilen der zerrissenen Zellkolonie weiter, sondern nur in einigen (die von ihm selber abstammen) - daher gibt es hier schon ein erster Erlebnis von Trennung und somit eine Vorstufe zum Tod sowie eine Unterscheidung von Ich und Nicht-Ich innerhalb der eigenen Gruppe.

11. KETHER: Die Einzeller leben einzeln, sind potentiell unsterblich und sind das Produkt des vorhergehenden Lebensbaumes.

An Bewußtseinsfähigkeiten und Bewußtseinsinhalten ergeben sich für den Einzeller Eigenständigkeit und eine potentielle Unsterblichkeit, also das Fortleben nach der Zellteilung in den beiden Tochterzellen.

KETHER
Einzeller
potentiell unsterblich, eigenständig

....

BINAH   **CHOKMAH**
Zellkugeln   Zellkolonien
innen - außen; Geburt und Tod   Ausdehung, Gemeinschaft, Trennung

DAATH
Zellsack
Verdauungseinbuchtung, Differenzierung

....

GEBURAH   **CHESED**
Bilateraltiere   Hohltiere
unten - oben; Eigenbewegung, Eigen-   vorne - hinten, Verdauungstrakt (ein Innen mit
aktivität, Initiative, Wahrnehmung, Koope-   Fremdstoffen); Vierersymmetrie
ration bei der Befruchtung, Instinkte

TIPHARETH
Fische
Zentrierung/Koordination (Gehirn), Festigkeit
(Knochen), Rhythmus (Kiemen, Herz/Kreislauf),
Ausscheidung (Urogenitalsystem),

....

HOD   **NETZACH**
Reptilien   Amphibien
Bewegungsfreiheit, Unhabhängigkeit   Aufbruch in die Fremde (Luft, schwankende
vom Wasser; Rivalität bei der Befruchtung   Temperaturen), Abhängigkeit von der Nähe
                                                                 zum Wasser

YESOD
Gruppenbewußtsein, Urbild der Mutter
(Geborgenheit, Ernährung), soziale und
individuelle Wärme (konstante Körpertemperatur), Lernvermögen, gruppeneigene
und instinktunabhängige Verhaltensmuster

MALKUTH
Orientierung, Gleichgewicht, Bewußtheit
über sich selber, ausgedehntes Lernvermögen, Erkennen neuer Möglichkeiten

Anhand dieses Lebensbaumes werden viele Parallelen zu bereits bekannten Lebensbäumen deutlich:

- die Ausdehnung der Organisationsform vom Einzeller zur Zellkolonie ist als Qualität von Chokmah aus dem 1. Lebensbaum der physikalischen Evolution bekannt;
- Tod und Geburt gehören schon in den klassischen Schriften zu der Sephirah Binah;
- die Differenzierung in Daath erschien schon mehrfach;
- die "4" der Hohltiere ist auch die Zahl der Sephirah Chesed;
- Bewegung, Initative, Befruchtung und Instinkte sind alles Eigenschaften des Mars, also des Planeten, der zu der Sephirah Geburah gehört;
- Koordination und zentral gelenkter Rhythmus findet man in vielen Lebensbäumen als Tiphareth-Qualität - sie sind z.B. Merkmale des Herzens und des Königs;
- der "Aufbruch" in die Fremde" (und die Bewertung des dort Gefundenen) sind das Merkmal der Gefühle, also des Netzach-Aspektes der Psyche;
- die Bewegungsfreiheit und die Rivaliät in Hod sind auch Merkmale des Denkens (Neugier und Entscheidung über richtig/falsch);
- die Gruppe, die Mutter und das Herausbilden von gruppeneigenen Verhaltensmustern in Yesod finden sich in der Jungsteinzeit als prägende Elemente wieder;
- und Malkuth ist schließlich identisch mit dem Kether des 4. Lebensbaumes.

Der 3. und der 4. Lebensbaum der Bewußtseins-Seite der Evolution lassen sich nun als Folge von Sephiroth, also als eine Reihenfolge von nacheinander und auseinander entstehenden Bewußtseinsinhalten darstellen.

In den folgenden Tabellen gibt die Zahl in Klammern vor der Sephirah den der vier Lebensbäume an, aus der diese Sephirah stammt.

In der untenstehenden Aufstellung befindet sich die Sephirah, die den einfachsten und ältesten Zustand beschreibt, unten (Entstehung des Einzellers), und die Sephirah, den komplexesten und jüngsten Zustand beschreibt, oben (spirituell-ökologische Epoche). Um die Entwicklung zu sehen, muß die Liste also von unten nach oben gelesen werden.

Zur besseren Orientierung sind auch die Übergänge als gepunktete Linien eingezeichnet. Da der vierte Lebensbaum im Gegensatz zu den anderen drei von Malkuth nach Kether verläuft, "kippt" die Reihenfolge der Sephiroth in Malkuth, sodaß in diesem Lebensbaum Malkuth unten und Kether oben steht. Die folgende Liste ist also eine historische Folge von Ereignissen, die unten mit der Entstehung der Vielzeller beginnt und oben mit dem Heute endet. Wenn man die Liste von oben nach unten liest, ist sie eine Reise in die Vergangenheit.

(4) DAATH: Kontinuum, Materie-Bewußtsein-Analogie (heute)

....

(4) CHESED: Konstruktion, Aufbau, Entwicklung (Materialismus)
(4) GEBURAH: neutrales Denken, Subjekt-Objekt-Trennung, Analyse, Wissenschaft (Materialismus)
(4) TIPHARETH: Zentralisierung, Mutterablösung, Bildung des Ichs (Königtum)

....

(4) NETZACH: Bewertung, Trennung von geprägtem (Dorf/Ackerland/Weide) und ungeprägtem
    Bereich (Wildnis), Richtigkeit (Jungsteinzeit)
(4) HOD: komplexere Sprache, Grammatik, Analogien (Jungsteinzeit)
(4) YESOD: assoziatives Weltbild, Mutter aller Dinge, Schamanismus, Beginn der Sprache (Altsteinzeit)

....

(4) MALKUTH = (3) MALKUTH: Orientierung, Gleichgewicht; Bewußtsein über sich selber,
    ausgedehntes Lernvermögen, Erkennen neuer Möglichkeiten (Primaten)

....

(3) YESOD: Gruppenbewußtsein, Urbild der Mutter, soziale und individuelle Wärme, Lernvermögen,
    gruppeneigene und instinktunabhängige Verhaltensmuster (Säugetiere)
(3) HOD: Bewegungsfreiheit, Wasserunabhängigkeit; Rivalität bei der Befruchtung (Reptilien)
(3) NETZACH: Aufbruch in die Fremde (Land statt Wasser); Wasserabhängigkeit (Amphibien)

....

(3) TIPHARETH: Zentrierung, Koordination, Rhythmus, Festigkeit, Ausscheidung (Fische)
(3) GEBURAH: Oben und Unten, Links und Rechts, Eigenbewegung, Initiative, Wahrnehmung, Kooperation bei der Befruchtung, Instinkte (Bilateraltiere)
(3) CHESED: Vorne und Hinten, Vierersymmetrie, Fremdstoffe im Innen =Verdauung (Hohltiere)

....

(3) DAATH: Differenzierung, Bewußtseinsausrichtung (Zellsack)
(3) BINAH: Innen und Außen, Kugelsymetrie, Geburt und Tod (Zellkugel)
(3) CHOKMAH: Ausdehnung, Gemeinschaft und Trennung (Zellkolonien)

....

(3) KETHER: potentielle Unsterblichkeit, Eigenständigkeit (Einzeller)

Diese Liste erhält offensichtlich noch einige Erkenntnisse, die durch Analogievergleiche zutagetreten würden, aber zunächst einmal ist es sinnvoll, diese Liste durch die beiden anderen Lebensbäume zu vervollständigen.

c) Die Materie-Bewußtseins-Analogie in dem Lebensbaum der Evolution der Einzeller

Die verschiedenen Schritte bei der Entstehung des Einzellers und die Bewußtseinsinhalt-Entsprechungen zu diesen materiellen Veränderung sehen wie folgt aus:

    1. MALKUTH: Die Urzellen unterscheiden sich von den Zellen mit Endosymbionten, aus denen sie entstanden sind, durch ihre ca. zehnfache Größe und dadurch, daß die Zusammenarbeit aller Teile der Zelle nun perfektioniert worden ist. Diese Zellen besiedeln die Meere.
    An Bewußtseinsfähigkeiten und Bewußtseinsinhalten ergeben sich daraus in Analogie zu der Kooperation zwischen den Bestandteilen der Zelle und ihrem allmählichen Zusammenwachsen nun ein größeres Maß an Integration der Bewußtseinsinhalte.

    2. YESOD: Die Zellen mit Endosymbionten unterscheiden sich von den Zellen ohne Endosymbionten, aus denen sie entstanden sind, durch ihre effektivere Energiegewinnung.
    An Bewußtseinsfähigkeiten und Bewußtseinsinhalten ergeben sich daraus die Gruppenbildung und die Aufgabenteilung, die das Gesamte effektiver werden läßt.

    3. HOD: Die Zellen mit Cytoskelett und "Cytomuskulatur" unterscheiden sich von den Zellen ohne Cytoskelett und ohne "Cytomuskulatur", aus denen sie entstanden sind, durch ihre Möglichkeit zu eigenständiger Bewegung und Verformung und der dadurch ermöglichten aktiven Suche nach Nahrung.
    An Bewußtseinsfähigkeiten und Bewußtseinsinhalten ergeben sich daraus Eigenbewegung, Initiative und eigenständige Suche.

    4. NETZACH: Die Zellen mit a) Zellhülle, b) Kernhülle und c) Verdauungstrakt unterscheiden sich von den Zellen ohne Zellhülle, Kernhülle und Verdauungstrakt, aus denen sie entstanden sind, a) durch ihre Abgrenzung von der Ursuppe und daher der Möglichkeit, die für ihren eigenen Stoffwechsel benötigten Stoffe in höheren Konzentrationen anzureichern, b) durch ihre Abgrenzung des Zellkerns und der Vorgänge im Zellkern von dem übrigen Zellinneren, wodurch die dort ablaufenden Prozesse effektiver werden konnten, und c) durch ihre Aufnahme des Verdauungsvorganges in einen abgegrenzten Bereich im Zellinneren, wodurch die Nahrungsverwertung deutlich effektiver wurde.
    An Bewußtseinsfähigkeiten und Bewußtseinsinhalten ergeben sich daraus a) die Abgrenzung nach außen, was der Selbstdefinition durch Abgrenzung und Unterscheidung entspricht, b) weiterhin die Abgrenzungen zwischen dem Bereich der körperdefinierenden Substanzen (DNS im Zellkern) und dem Bereich der körpereigenen Substanzen (Zellinneres), was der Unterscheidung zwischen Identität (Zellkern) und Selbstausdruck (übrige Zelle) entspricht, sowie c) zwischen dem Bereich der körpereigenen Substanzen (Zellinneres) und den körperfremden Substanzen (Verdauungstrakt), was der Unterscheidung zwischen Selbstausdruck (Zellinneres) und benötigten Substanzen (Verdauung) entspricht. Insgesamt entsteht hier also eine Differenzierung des Bewußtseins in 1. Identität (DNS), 2. Selbstausdruck (Zellinneres ohne Zellkern), 3. Aufnahme und Assimilation neuer Bewußtseinsinhalte (Verdauungstrakt) und 4. fremde Bewußtseinsinhalte, d.h. Informationen, die ausgegrenzt werden (die durch die Zellwand abgegrenzte Umgebung der Zelle).

    5. TIPHARETH: Die biologischen Prozesse mit DNS unterscheiden sich von den biologischen Prozessen ohne DNS, aus denen sie entstanden sind, durch ihre sicherere Speicherung der Informationen und damit auch der Reproduzierbarkeit des eigenen Stoffwechsels und somit der eigenen Gattung (die DNS ist wesentlich stabiler und kann somit wesentlich länger werden als die relativ kurze RNS, und sie kann von sich Duplikate anfertigen, ohne sich dabei teilen zu müssen).
    An Bewußtseinsfähigkeiten und Bewußtseinsinhalten ergibt sich daraus die Identitätssicherung (durch die stabile körperdefinierende Substanz und Funktion der DNS).

    6. GEBURAH: Die biologischen Prozesse mit RNS unterscheiden sich von den biologischen Prozessen ohne RNS, aus denen sie entstanden sind, durch die Lenkung der biologischen Prozesse durch die RNS, die

die benötigten Oligonukleotide produziert. Zudem wird nun die Energie durch das wiederverwertbare Pyrophosphat (ATP) statt durch die nicht-recyclefähigen Eisenionen gewonnen. Weiterhin werden nun selbstproduzierte Multimer-Katalysatoren statt natürliche Katalysatoren verwendet, wodurch die chemischen Abläufe beständiger und sicherer werden.

An Bewußtseinsfähigkeiten und Bewußtseinsinhalten ergeben sich daraus die gezieltere Lenkung der biologischen Prozesse und somit eine effektivere "Selbstverstärkung". Weiterhin entsteht eine größere Energieunabhängigkeit (ATP statt Eisenionen). Beides zusammen ergibt einen gezielteren Krafteinsatz für die Ausdehnung des eigenen Stoffwechsels in der Ursuppe.

7. CHESED: Der Protometabolismus unterscheidet sich von der Vorstufe zum Protometabolismus, aus dem er entstanden ist, durch seine Verwendung von natürlichen Katalysatoren, wodurch die eigenen biologischen Abläufe gegenüber anderen chemischen Abläufen bevorzugt stattfinden. Durch diese Bevorzugung steigert sich die Konzentration an den eigenen Multimeren in der Schwefelsäuresuppe, in der diese Prozesse stattfinden, so sehr, daß sich diese Multimere zu Oligonukleotiden zusammenschließen können.

An Bewußtseinsfähigkeiten und Bewußtseinsinhalten ergeben sich daraus die Selbstverstärkung (durch Katalysatoren), die zu einem Anwachsen zu einem neuen Größenniveau führt (Oligonukleotide) - es entsteht also ein deutlicher Selbstausdruck und eine Selbstbehauptung.

8. DAATH: Die Multimere unterscheiden sich von den Thioestern, aus denen sie entstanden sind, durch ihre Länge - sie sind aneinandergelagerte Thioester, die entstanden sind, als die Konzentration der Thioester in der Schwefelsäuresuppe genügend hoch war.

An Bewußtseinsfähigkeiten und Bewußtseinsinhalten ergibt sich daraus die Gruppenbildung und somit eine Art "wir"-Gefühl.

9. BINAH: Die Thioester unterscheiden sich von den Carbonsäuren und den Thiolen, aus denen sie entstanden sind, durch die Benutzung der energiereichen Eisenionen als Energiequelle bei der Verbindung von Carbonsäuren und Thiolen zu Thioestern sowie durch ihre höhere Komplexität, die eine differenzierte Verteilung der elektrischen Ladung innerhalb der Gesamtelektronenhülle des Moleküls ermögliche, die ihrerseits wiederum die Voraussetzung dafür ist, das sich in Daath die Thioester aufgrund dieser Ladungsunterschiede in der Gesamtelektronenhülle aneinanderlagern können.

An Bewußtseinsfähigkeiten und Bewußtseinsinhalten ergeben sich daraus die Verbindung von Verschiedenem durch die Nutzung von vorhandener Energie zu neuen, größeren Einheiten - ein friedlicher, kontinuierlicher Vorgang.

10. CHOKMAH: Die Carbonsäuren und Thioester unterscheiden sich von den einfacheren Molekülen, aus denen sie entstanden sind, durch ihre Größe: die 10 bis 25 Atome großen Carbonsäuren und Thioester wurden durch die hohe Energie von in die Schwefelsäureseen einschlagenden Blitzen aus kleineren, 2 bis 5 Atomen großen Molekülen zusammengeschmolzen.

An Bewußtseinsfähigkeiten und Bewußtseinsinhalten ergeben sich daraus das Erlebnis von heftigen Verschmelzungen und Metamorphosen.

11. KETHER: Die kleinen Moleküle sind der Ausgangspunkt für diesen Evolutionsabschnitt; sie sind das Endergebnis des diesem Lebensbaum vorhergehenden Lebensbaumes der physikalischen Evolution.

An Bewußtseinsfähigkeiten und Bewußtseinsinhalten tragen diese Moleküle ihre Entstehungsgeschichte auf der allmählich erkaltenden Erde in sich.

In dem folgenden 2. Lebensbaum der Evolution steht wieder unter dem Namen der Sephiroth zuerst die Einheit, die sich in der betreffenden Sephirah entwickelt hat, und darunter der zu dieser Entwicklung gehörende Bewußtseinsinhalt:

                          KETHER
                          kleine Moleküle
                    Entstehungsgeschichte seit dem Urknall
....

BINAH   CHOKMAH
Thioester   Carbonsäuren und Thiole
kontinuierliche Nutzung der   heftige Verschmelzungen zu größeren Einheiten
vorhandenen Energie zur Bil-
dung größerer Einheiten

                               DAATH
                               Multimere
                       Gruppenbildung und "wir"-Gefühl
....

GEBURAH   CHESED
RNS, ATP, Multimerkatalysatoren   Oligonukleotide, natürliche Katalysatoren
Krafteinsatz zur Selbstbehauptung   Selbstverstärkung, Selbstförderung
= Aggression

                              TIPHARETH
                              DNS
                              Identität
....

HOD   NETZACH
Cytoskelett und Cytomuskulatur   Zellhülle, Kernhülle, Verdauungssystem
Strukturierung, Eigenbewegung, Initiative   Abgrenzung

                              YESOD
                              Endosymbionten
                    Effektivitätssteigerung durch Gruppenbildung
....

                              MALKUTH
                              Urzelle
                      Zusammenwachsen, Kooperation

   Wenn man diesen Lebensbaum mit dem Lebensbaum der Evolution der Vielzeller vergleicht, finden sich viele Parallelen - wie es ja auch nicht anders zu erwarten ist.
   Die Zahlen geben die Nummer des Lebensbaumes der Evolution an, auf den sich die Angabe bezieht - also (2) = Lebensbaum der Evolution der Einzeller und (3) = Lebensbaum der Evolution der Vielzeller.
   Nach dem Gedankenstrich folgt in jeder Sephiroth-Betrachtung die Bewußtseinsanalogie zu den vor dem Gedankenstrich dargestellten materiellen Veränderungen.

   In Kether findet sich das Endprodukt des vorigen Lebensbaumes und die Erinnerung an die Vorgänge in dem vorigen Lebensbaum. - Die dem betreffenden Lebensbaum zugrundeliegende Identität.

   In Chokmah findet sich die Bildung größerer Einheiten, die durch günstige energetische Umstände hervorgerufen wird: die chemische Verschmelzung durch Blitze (2) und die Zellkoloniebildung u.a. durch einen reichen Nahrungsvorrat (3). - Weitung.

   In Binah entstehen neue Formen: die Thioester aus Carbonsäuren und Thiolen (2) sowie die Zellkugeln aus den Zellkolonien (3). - Formung.

In Daath nimmt die Komplexität zu, wodurch eine Differenzierung in der Außenwirkung entsteht: der Zellsack ist eine Kugel mit Einbuchtung (3) und die Multimere sind Moleküle, deren Elektronenhülle nicht mehr überall dieselbe Ladung hat (2). - Es entsteht hier also eine Differenzierung nach außen hin.

In Chesed bildet sich eine erste komplexe Selbstorganisation: der erste Stoffwechsel (2) und die Hohltiere (3). - Eigendynamik, "passiver Egoismus".

In Geburah ist das Thema die Kraft: die effektivere Selbstbehauptung (2) und das Erlernen der Eigenbewegung (3). - "aktiver Egoismus".

In Tiphareth findet die Zentralisierung statt: DNS (2) und Zentralnervensystem/Herz (3). - Identität durch Zentralsteuerung.

In Netzach findet sich die Abgrenzung von der Wasserheimat: zum einen durch die Bildung einer von der Umwelt abgrenzenden Zellhülle (2) und zum anderen durch das Verlassen des Wassers durch die Amphibien (3).

In Hod entsteht größere Aktivität und das Erobern neuer Bereiche: einmal durch die Entwicklung der Fähigkeit zur Eigenbewegung (2) und einmal durch die größere Unabhängigkeit vom Wasser der Reptilien. Beides wird durch die Entwicklung fester Strukturen erreicht: einmal durch das Cytoskelett (2) und einmal durch die Eierschale sowie eine gegen Wasserverdunstung schützende dickere und festere Haut (3). - Größerer Aktionsradius durch feste Formen.

In Yesod findet eine Effektivitätssteigerung durch Gruppenbildung statt: im Sozialverhalten der Säugetiere (3) und durch die Endosymbionten (2). - Gruppenbewußtsein.

In Malkuth wird die Effektivität des Vorhandenen gesteigert: durch das Aufeinander-Abstimmen der Wirtszelle und ihrer Symbionten (2) sowie durch die Vergrößerung des Großhirns und die Entwicklung der Greifhand bei den Primaten. - größere Effektivität.

Die "Schnur der Erinnerungen" erhält nun durch diesen Lebensbaum weitere elf Schichten dazu, wobei in dieser Liste alle Kether Analogien zueinander bilden, alle Chokmah Analogien zueinander bilden usw. Von unten nach oben gelesen beschreibt diese kabbalistische Liste die Reihenfolge der Entstehung der verschiedenen Epochen auseinander, während diese Liste von oben nach unten gelesen eine Reise in die Vergangenheit entlang der "Schnur der Erinnerungen" der Menschen ist.

(4) DAATH: Kontinuum, Materie-Bewußtsein-Analogie (heute)
....
(4) CHESED: Konstruktion, Aufbau, Entwicklung (Materialismus)
(4) GEBURAH: neutrales Denken, Subjekt-Objekt-Trennung, Analyse, Wissenschaft (Materialismus)
(4) TIPHARETH: Zentralisierung, Mutterablösung, Bildung des Ichs (Königtum)
....
(4) NETZACH: Bewertung, Trennung von geprägtem (Dorf/Ackerland/Weide) und ungeprägtem
    Bereich (Wildnis), Richtigkeit (Jungsteinzeit)
(4) HOD: komplexere Sprache, Grammatik, Analogien (Jungsteinzeit)
(4) YESOD: assoziatives Weltbild, Mutter aller Dinge, Schamanismus, Beginn der Sprache (Altsteinzeit)
....
(4) MALKUTH = (3) MALKUTH: Orientierung, Gleichgewicht; Bewußtsein über sich selber,
    ausgedehntes Lernvermögen, Erkennen neuer Möglichkeiten (Primaten)
....
(3) YESOD: Gruppenbewußtsein, Urbild der Mutter, soziale und individuelle Wärme, Lernvermögen,

gruppeneigene und instinktunabhängige Verhaltensmuster (Säugetiere)
(3) HOD: Bewegungsfreiheit, Wasserunabhängigkeit; Rivalität bei der Befruchtung (Reptilien)
(3) NETZACH: Aufbruch in die Fremde (Land statt Wasser); Wasserabhängigkeit (Amphibien)

....

(3) TIPHARETH: Zentrierung, Koordination, Rhythmus, Festigkeit, Ausscheidung (Fische)
(3) GEBURAH: Oben und Unten, Links und Rechts, Eigenbewegung, Initiative, Wahrnehmung,
    Kooperation bei der Befruchtung, Instinkte (Bilateraltiere)
(3) CHESED: Vorne und Hinten, Vierersymmetrie, Fremdstoffe im Innen =Verdauung (Hohltiere)

....

(3) DAATH: Differenzierung, Bewußtseinsausrichtung (Zellsack)
(3) BINAH: Innen und Außen, Kugelsymetrie, Geburt und Tod (Zellkugel)
(3) CHOKMAH: Ausdehnung, Gemeinschaft und Trennung (Zellkolonien)

....

(3) KETHER = (2) MALKUTH: potentielle Unsterblichkeit; Eigenständigkeit (Einzeller)

....

(2) YESOD: Effektivitätssteigerung durch Gruppenbildung (Endosymbionten)
(2) HOD: Strukturierung, Eigenbewegung, Initiative (Cytoskelet und Cytomuskulatur)
(2) NETZACH: Abgrenzung (Zellhülle, Kernhülle, Verdauungstrakt)

....

(2) TIPHARETH: Identität (DNS)
(2) GEBURAH: Krafteinsatz zur Selbstbehauptung, Aggression (RNS, ATP, Multimerkatalysatoren)
(2) CHESED: Selbstverstärkung, Selbstförderung (Protometabolismus)

....

(2) DAATH: Differenzierung nach außen (Ladung der Elektronenhülle der Multimere)
(2) BINAH: allmähliches Wachstum (Thioester)
(2) CHOKMAH: plötzliches Wachstum (Carbonsäure, Thiole u.a.)

....

(2) KETHER: Ausgangspunkt für den 2. Lebensbaum (Abkühlung der Erde)

Eine solche Liste aus 28 Schichten ist natürlich schon ein wenig unübersichtlich. Da sich aber über ihren Gesamtcharakter sicher mehr sagen läßt, wenn die 10 Schichten des 1. Lebensbaumes der Evolution auch noch hinzugefügt worden sind, findet sich die Betrachtung der Struktur dieser Liste erst nach der Beschreibung des 1. Lebensbaumes der Evolution.

d) Die Materie-Bewußtseins-Analogie in dem Lebensbaum der physikalischen Evolution

Die Bewußtseinsinhalte des Lebensbaumes der menschlichen Evolution zu finden, war recht einfach. Die Bewußtseinsinhalte des Lebensbaumes der Evolution der Vielzeller ist zumindest noch recht anschaulich, da man hier die Instinkte der Tiere zu hilfe nehmen kann. Die Bewußtseinsinhalte des Lebensbaumes der Evolution der Einzeller wurde für die Zeit vor der Entstehung der DNS schon schwierig, da es anfangs nur chemische Synthesen und dann einfache biologische Reaktionen in einer Ursuppe gab, und somit gar kein abgegrenztes Individuum mehr existierte, sodaß hier biochemische Strukturen und Vorgänge die Anhaltspunkte für die Bewußtseinsinhalte liefern. Nun in dem Lebensbaum der physikalischen Evolution gibt es zum Teil nicht einmal mehr Atome, sondern nur noch verschiedene Zustände der Energie und der Raumzeit - die Inhalte des Bewußtseins werden also zunehmend abstrakter, je mehr man sich an den Urknall annähert.

Im Gegensatz zu den anderen drei Lebensbäumen zeigt sich bei diesem Lebensbaum, daß man hier nicht mehr eine einzelne Entwicklungslinie (z.B. Einzeller-Primaten) betrachten kann, sondern das Weltall als einen Gesamtorganismus ansehen muß.

1. MALKUTH: Die Erde unterscheidet sich von der flüssigen Materie, aus der sie und die anderen Planeten unseres Sonnensystems entstanden sind, durch die festen Schollen aus abgekühlter Lava, die sich auf ihrer Oberfläche gebildet und dann zu dem Urkontinent Gondwana zusammengefügt haben.

An Bewußtseinsfähigkeiten und Bewußtseinsinhalten ergibt sich daraus die feste Form und die damit verbundene Abgrenzung nach außen hin - die Qualität des Elementes Erde.

2. YESOD: Die flüssigen Sonnen und Planeten unterscheiden sich von den gasförmigen Galaxien, aus denen sie entstanden sind, zum einen durch ihre größere Dichte, die zu ihrer Verflüssigung und zu der Differenzierung der Galaxien in Sonnen (Sterne) und Planeten und Monden geführt hat, und zum anderen durch die Entstehung der schwereren Elemente im Inneren der Sterne und der Supernovas sowie erster, sehr einfacher Molekülgruppen.

An Bewußtseinsfähigkeiten und Bewußtseinsinhalten ergeben sich daraus eine größere Vielfalt an Bestandteilen (chemischen Elementen), festen Verbindungen (Molekülgruppen) und die Qualität des Wassers (die stärkere Zusammenballung der Materie bis zum flüssigen Zustand) - Vielfalt und Gruppenbildung im Element Wasser.

3. HOD: Die Galaxien unterscheiden sich von der vorher weitgehend homogen in der kosmischen "Schaum-Struktur" verteilten Materie, aus denen sie entstanden sind, durch die Zusammenziehung dieser Materie aufgrund der Gravitation zu Galaxiensuperhaufen, die sich in Galaxienhaufen gliedern und die sich wiederum zu einer Gruppe von Galaxien weiterverdichten. Zudem bilden sich in diesem dichter werdenden Materie-Gas die ersten Moleküle, was nun aufgrund der gesunkenen Temperaturen in Form der Aneinanderlagerung von Elektronenhüllen möglich geworden ist.

An Bewußtseinsfähigkeiten und Bewußtseinsinhalten ergeben sich daraus die Bildung von großräumigen Schwerpunkten (Galaxien) und von komplexeren kleinräumigen Strukturen (Moleküle) - Strukturierung. Diese Vorgänge finden in einem gasförmigen Zustand statt - das Element Luft.

4. NETZACH: Die Atome unterscheiden sich von dem Plasma-Zustand der Materie, in dem sich Atomkerne, Elektronen und Neutrinos befinden und aus dem die Atome entstanden sind, durch ihr eigenständiges Energieniveau (vorher gab es nur ein einheitliches Energieniveau) und ihre fest an Atomkerne gebundenen Elektronen (vorher gab es nur freie Elektronen). Zudem ist die Energiedichte (Photonen) im Weltall nun so dünn geworden, daß das Weltall nicht mehr (wie in Tiphareth) von einem einheitlichen und extrem hellen Leuchten erfüllt ist, sondern es einzelne, unterscheidbare Lichtquellen und Lichtstrahlen gibt - das Weltall ist durchsichtig geworden.

An Bewußtseinsfähigkeiten und Bewußtseinsinhalten ergeben sich daraus das Verlassen des homogenen Energiezustandes und das Bilden einer Hülle. Das sehr heiße Gas, in dem diese Vorgänge stattfinden, entspricht dem Element Feuer.

5. TIPHARETH: Die Atomkerne unterscheiden sich von den Protonen und Neutronen, aus denen sie

entstanden sind, durch den Pionenaustausch der starke Wechselwirkung (ein Ableger der Farbkraft), der die Protonen und Neutronen zusammenhält und dadurch ein Zentrum, eine Materie-Ansammlung bildet. Die Elektronen befinden sich weiterhin im Plasma-Zustand des thermischen Gleichgewichtes, während die Neutrinos das thermische Gleichgewicht bereits verlassen haben.

An Bewußtseinsfähigkeiten und Bewußtseinsinhalten ergeben sich daraus die Zentrierung und die Individualität (der Aufbau des Atomkerns bestimmt das chemische Element, zu dem dies Atom gehört). Der Zustand des thermischen Gleichgewichtes, also der Plasma-Aggregatzustand, entspricht dem Element Äther (Licht, Quintessenz). Der zusammenhaltende Charakter der starke Wechselwirkung und der Plasmazustand entsprechen beide der Qualität der Liebe.

6. GEBURAH: Die Protonen und Neutronen unterscheiden sich von den Quarks, aus denen sie entstanden sind, durch die Farbkraft, die die Quarks in ihnen zusammenhält. In ihnen wirkt auch die schwache Wechselwirkung (radioaktiver Zerfall; ein Ableger der elektromagnetischen Kraft). Alle Elementarteilchen (inklusive Neutrinos) befinden sich im thermischen Gleichgewicht.

An Bewußtseinsfähigkeiten und Bewußtseinsinhalten ergeben sich daraus der Zusammenhalt (die Farbkraft hält die Quarks in den Protonen und Neutronen zusammen) und die Verwandlung (schwache Wechselwirkung).

7. CHESED: Die Elementarteilchen unterscheiden sich von der Energie, aus der sie entstanden sind, durch ihre Abgegrenztheit. Zwischen ihnen wirkt die Gravitation, die elektromagnetische Kraft und die Farbkraft.

An Bewußtseinsfähigkeiten und Bewußtseinsinhalten ergibt sich daraus die Abgrenzung und somit die Festigkeit.

8. DAATH: Die Naturgesetze unterscheiden sich von den Erhaltungssätzen, aus denen sie entstanden sind, durch ihre konkreten Regeln, wie sich was verhält. Hier finden sich die ersten Komplexen Gebilde: die Gluonenbälle, die Zusammenballungen von Quanten der Farbkraft sind.

An Bewußtseinsfähigkeiten und Bewußtseinsinhalten ergeben sich daraus das "Regelwerk", nach dem alle Ereignisse ablaufen sowie die erste Gruppenbildung - das "Urbild der Schöpfung".

9. BINAH: Die Gluonen unterscheiden sich von den Photonen, aus denen sie entstanden sind, durch ihre Dreipolarität und ihrer zusammenhaltenden Dynamik. Zwischen ihnen wirkt die Gravitation und die elektromagnetische Kraft. Die Erhaltungssätze unterscheiden sich von dem (quantenmechanischen) Kreativitätsprinzip ("alles, was geschehen kann, geschieht"),aus denen sie entstanden sind, dadurch, daß sie festlegen, welche Formen Bestand haben und welche nicht.

An Bewußtseinsfähigkeiten und Bewußtseinsinhalten ergeben sich daraus die Liebe (der durch die Gluonen bewirkte Zusammenhalt) und die (Selbst-)Erhaltung.

10. CHOKMAH: Die Photonen unterscheiden sich von den Gravitonen, aus denen sie entstanden sind, durch ihre Zweipolarität und ihre polarisierende Dynamik. Zwischen ihnen wirkt die Gravitation. Das (quantenmechanische) Kreativitätsprinzip unterscheidet sich von der Freiheit, aus der es entstanden ist, dadurch, daß es bereits eine Richtung und eine Expansion hat.

An Bewußtseinsfähigkeiten und Bewußtseinsinhalten ergeben sich daraus die Dynamik und die Ekstase (die durch die elektromagnetische Kraft bewirkte Bewegung) und die Kreativität und Expansion.

11. KETHER: Die Raumzeit und die Gravitation, die eine Funktion der Raumzeit ist, unterscheiden sich von dem Nichts (Ain Soph Aur), aus dem sie entstanden sind, durch die Aufspaltung der "0" des Nichts in das "+1" des Urknallimpulses, der die Raumzeit aufspannt, und in das "-1" der Gravitation, die die Raumzeit zusammenzieht und strukturiert.

An Bewußtseinsfähigkeiten und Bewußtseinsinhalten ergeben sich daraus die Weite des Bewußtseins selber, das in sich eine ausdehnende, alles umfassende Grundqualität (Urknallimpuls - das reine Bewußtsein) sowie eine sekundäre Strukturierung (Gravitation - die Bewußtseinsinhalte und Bewußtseinsschwellen) enthält.

KETHER
Raumzeit; Urknallimpuls und Gravitation
reines Bewußtsein; Impuls zur Erschaffung
der Bewußtseinsinhalte und -schwellen

......

BINAH
Gluonen, Erhaltungssätze
Liebe, Selbsterhaltung

CHOKMAH
Photonen, Kreativitätsprinzip
Ekstase, Dynamik, Expansion

DAATH
Naturgesetze
inneres Regelwerk, "Urbild der Schöpfung"

......

GEBURAH
Protonen, Neutronen
Zusammenhalt, Verwandlung

CHESED
Elementarteilchen
Abgrenzung, Festigkeit

TIPHARETH
Atomkerne
Zentrierung, Individualität
Element Licht

......

HOD
kühleres Gas, Galaxien, Moleküle
Strukturierung
Element Luft

NETZACH
heißes, kosmisches Gas, Atome
Abgrenzung
Element Feuer

YESOD
flüssige Sonnen, Planeten, Monde; schwere Elemente; Molekülgruppen
Vielfalt und Gruppenbildung
Element Wasser

......

MALKUTH
feste Erdkruste; Urkontinent Gondwana
Festigkeit; Element Erde

Wenn man diesen Lebensbaum mit dem Lebensbaum der Evolution der Einzeller und dem Lebensbaum der Evolution der Vielzeller vergleicht, finden sich viele Parallelen.

Die Zahlen geben die Nummer des Lebensbaumes der Evolution an, auf den sich die Angabe bezieht: (1) = physikalische Evolution, (2) = Evolution der Einzeller und (3) Evolution der Vielzeller.

In Kether findet sich das Endprodukt des vorigen Lebensbaumes und die Erinnerung des vorigen Lebensbaumes bzw. der Ursprung des Weltalls selber. - Die dem betreffenden Lebensbaum zugrundeliegende Identität.

In Chokmah findet sich die Bildung größerer Einheiten, die durch günstige energetische Umstände hervorgerufen wird: die Expansion des Weltalls und das Kreativitätsprinzip (1), die chemische Verschmelzung durch Blitze (2) und die Zellkoloniebildung u.a. durch einen reichen Nahrungsvorrat (3). - Weitung.

In Binah entstehen neue Formen: die Gluonen aus Photonen und die Erhaltungssätze aus dem Kreativitätsprinzip (1), die Thioester aus Carbonsäuren und Thiolen (2) sowie die Zellkugeln aus den Zellkolonien (3). - Formung und Erhaltung.

In Daath treten das erste Mal konkrete nach außen wirkende Formen auf: die Bildung der Naturgesetze (1), die Bildung von Multimeren (2) und der Zellsack (3).

In Chesed bildet sich eine erste komplexe Selbstorganisation und somit eine erste erste feste Form: die Elementarteilchen (1), der erste Stoffwechsel (2) und die Hohltiere (3). - erste differenzierte Form, Eigendynamik, "passiver Egoismus".

In Geburah ist das Thema die Kraft: die durch die schwache Wechselwirkung verursachte Verwandlung (1), die effektivere Selbstbehauptung (2) und das Erlernen der Eigenbewegung (3). - "aktiver Egoismus".

In Tiphareth findet die Zentralisierung statt: Atomkern (1), DNS (2) und Zentralnervensystem/Herz (3). - Identität durch Zentralsteuerung.

In Netzach findet sich die Abgrenzung von der (Wasser-)Heimat: einmal durch das Verlassen des thermischen Gleichgewichtes und das Bilden einer Elektronenhülle(1), dann durch die Bildung einer Zellhülle und die Abgrenzung von der Ursuppe (2) und schließlich durch das Verlassen des Wassers und der Ausbildung einer vor Verdunstung schützenden Haut durch die Amphibien (3) - Abgrenzung.

In Hod entsteht größere Aktivität und das Erobern neuer Bereiche: einmal durch die Galaxienbildung und die Molekülbildung (1), dann durch die Entwicklung der Fähigkeit zur Eigenbewegung (2) und schließlich durch die größere Unabhängigkeit vom Wasser der Reptilien (3). Beides wird durch die Entwicklung fester Strukturen erreicht: einmal durch die Zusammenballung der kosmischen Materie zu Galaxien sowie durch die Verbindung von Atomen zu Molekülen (1), dann durch das Cytoskelet (2) und schließlich durch die Eierschale und die festere Haut (3). - neue Möglichkeiten durch feste Formen.

In Yesod findet eine Effektivitätssteigerung durch Gruppenbildung statt: in der Molekülgruppenbildung und in der Bildung von flüssigen Sternen, in denen die schwereren Elemente zusammengeschmolzen werden (1), durch die Endosymbionten (2) und im Sozialverhalten der Säugetiere und in der Entstehung der Gebärmutter(3). - Gruppenbewußtsein.

In Malkuth wird die Effektivität des Vorhandenen gesteigert: durch das Bilden einer feste Erdkruste in der Gestalt des Urkontinents Gondwana (1), durch das aufeinander-Abstimmen der Wirtszelle und ihrer Symbionten (2) sowie durch die Vergrößerung des Großhirns und die Entwicklung der Greifhand bei den Primaten. - größere Effektivität.

Die "Schnur der Erinnerungen" erhält nun durch diesen Lebensbaum weitere elf Schichten dazu, wobei in dieser Liste alle Kether Analogien zueinander bilden, alle Chokmah Analogien zueinander bilden usw.

    (4) DAATH: Kontinuum, Materie-Bewußtsein-Analogie (heute)

....

    (4) CHESED: Konstruktion, Aufbau, Entwicklung (Materialismus)
    (4) GEBURAH: neutrales Denken, Subjekt-Objekt-Trennung, Analyse, Wissenschaft (Materialismus)
    (4) TIPHARETH: Zentralisierung, Mutterablösung, Bildung des Ichs (Königtum)

....

    (4) NETZACH: Bewertung, Trennung von geprägtem (Dorf/Ackerland/Weide) und ungeprägtem
        Bereich (Wildnis), Richtigkeit (Jungsteinzeit)
    (4) HOD: komplexere Sprache, Grammatik, Analogien (Jungsteinzeit)
    (4) YESOD: assoziatives Weltbild, Mutter aller Dinge, Schamanismus, Beginn der Sprache (Altsteinzeit)

....

    (4) MALKUTH = (3) MALKUTH: Orientierung, Gleichgewicht; Bewußtsein über sich selber,
        ausgedehntes Lernvermögen, Erkennen neuer Möglichkeiten (Primaten)

....

    (3) YESOD: Gruppenbewußtsein, Urbild der Mutter, soziale und individuelle Wärme, Lernvermögen,
        gruppeneigene und instinktunabhängige Verhaltensmuster (Säugetiere)
    (3) HOD: Bewegungsfreiheit, Wasserunabhängigkeit; Rivalität bei der Befruchtung (Reptilien)
    (3) NETZACH: Aufbruch in die Fremde (Land statt Wasser); Wasserabhängigkeit (Amphibien)

....

    (3) TIPHARETH: Zentrierung, Koordination, Rhythmus, Festigkeit, Ausscheidung (Fische)
    (3) GEBURAH: Oben und Unten, Links und Rechts, Eigenbewegung, Initiative, Wahrnehmung,
        Kooperation bei der Befruchtung, Instinkte (Bilateraltiere)
    (3) CHESED: Vorne und Hinten, Vierersymmetrie, Fremdstoffe im Innen =Verdauung (Hohltiere)

....

    (3) DAATH: Differenzierung, Bewußtseinsausrichtung (Zellsack)
    (3) BINAH: Innen und Außen, Kugelsymetrie, Geburt und Tod (Zellkugel)
    (3) CHOKMAH: Ausdehnung, Gemeinschaft und Trennung (Zellkolonien)

....

(3) KETHER = (2) MALKUTH: potentielle Unsterblichkeit; Eigenständigkeit (Einzeller)

---

(2) YESOD: Effektivitätssteigerung durch Gruppenbildung (Endosymbionten)
(2) HOD: Strukturierung, Eigenbewegung, Initiative (Cytoskelet und Cytomuskulatur)
(2) NETZACH: Abgrenzung (Zellhülle, Kernhülle, Verdauungstrakt)

---

(2) TIPHARETH: Identität (DNS)
(2) GEBURAH: Krafteinsatz zur Selbstbehauptung, Aggression (RNS, ATP, Multimerkatalysatoren)
(2) CHESED: Selbstverstärkung, Selbstförderung (Protometabolismus)

---

(2) DAATH: Differenzierung nach außen (Ladung der Elektronenhülle der Multimere)
(2) BINAH: allmähliches Wachstum (Thioester)
(2) CHOKMAH: plötzliches Wachstum (Carbonsäure, Thiole u.a.)

---

(2) KETHER = MALKUTH (1): Ausgangspunkt für den 2. Lebensbaum - Festigkeit (Abkühlung der Erde)

---

(1) YESOD: Vielfalt und Gruppenbildung (Planetenbildung, schwere Elemente)
(1) HOD: Strukturierung (Galaxienbildung, Moleküle)
(1) NETZACH: Abgrenzung (Supergalaxienbildung, Atome)

---

(1) TIPHARETH: Zentrierung, Individualität (Atomkerne und freie Elektronen)
(1) GEBURAH: Zusammenhalt und Verwandlung (Protonen, Neutronen, Elektronen und Neutrinos)
(1) CHESED: Abgrenzung, Festigkeit (Elementarteilchen: Quarks, Elektronen und Neutrinos)

---

(1) DAATH: inneres Regelwerk, "Urbild der Schöpfung" (Gluonenbälle, Naturgesetze)
(1) BINAH: Liebe, Selbsterhaltung (Gluonen, Erhaltungssätze)
(1) CHOKMAH: Ekstase, Dynamik, Expansion (Photonen, kreatives Prinzip)

---

(1) KETHER: reines Bewußtsein, Freiheit, Impuls zur Erschaffung der Bewußtseinsinhalte und Bewußtseinsschwellen (Raumzeit, Gravitation)

Nun ist diese Liste ja eine etwas sperrige Angelegenheit. Um die Analogien zwischen den vier Bereichen besser erkennen zu können, kann man diese vier Lebensbäume auch einmal parallel aufzeichnen und die gemeinsame Qualität ihrer Bewußtseinsinhalte betrachten:

Sephirah	1. Lebensbaum	2. Lebensbaum	3. Lebensbaum	4. Lebensbaum	Bewußtseinsqualität
KETHER	reines Bewußtsein	Festigkeit	Eigenständigsein	- - -	URSPRUNG
CHOKMAH	Ekstase, Expansion	Plötzliches Wachstum	Ausdehnung	- -	AUSDEHNUNG
BINAH	Liebe, Selbsterhaltung	Allmähliches Wachstum	innen/außen Geburt/Tod	- - -	LIEBE
DAATH	inneres Regelwerk	Gruppenbildung	Differenzierung	Kontinuum	VIELFALT IM KONTINUUM
CHESED	Abgrenzung, Festigkeit	Selbstförderung	vorne/hinten Innenraum	Konstruktion	AUFBAU
GEBURAH	Zusammenhalt, Verwandlung	Aggression	oben/unten, links/rechts, Wahrnehmung, Bewegung, Instinkte	Analyse	BEWEGUNG
TIPHARETH	Zentrierung, Individualität	Identität	Zentrierung, Koordination, Rhythmus	Zentrierung, Ich	ZENTRIERUNG
NETZACH	Abgrenzung (vom Plasma)	Abgrenzung (von Ursuppe)	Abgrenzung (vom Wasser)	Bewertung, Richtigkeit	ABGRENZUNG
HOD	Strukturierung	Strukturierung, Eigenbewegung	Bewegungsfreiheit, Rivalität	Analogien, Sprache	STRUKTURIE-RUNG
YESOD	Vielfalt, Gruppenbildung	Gruppenbildung	Gruppenbildung, Lernvermögen	Assoziationen	GRUPPEN-BILDUNG
MALKUTH	Festigkeit	Eigenständigkeit	Orientierung, Selbstbewußtsein	sich seiner selber bewußt sein	FESTIGKEIT

Die "Schnur der Erinnerungen" enthält viermal diese Folge von elf Eigenschaften. Diese vier Lebensbäume haben dabei bestimmte Qualitäten, innerhalb derer diese elf Eigenschaften stehen:

1. Lebensbaum: Evolution des ganzen Weltalls,
    die betrachtete Einheit (Raumzeit) ist unsterblich

2. Lebensbaum: Evolution der Einzeller,
    die betrachteten Einheiten (Einzeller) sind potentiell unsterblich

3. Lebensbaum: Evolution der Vielzeller,
    die betrachteten Einheiten (Vielzeller) sind prinzipiell sterblich

4. Lebensbaum: Integration der Menschen,
    die betrachteten Einheiten (Menschen) sind sterblich

Nun ist dies ja zunächst einmal ein eher unerwartetes Ergebnis: die "Schnur der Erinnerungen" durchläuft viermal dieselben elf Qualitäten - zuerst auf unsterblicher Ebene, dann auf potentiell unsterblicher Ebene, dann auf prinzipiell sterblicher Ebene und schließlich als integrierender Erkenntnisvorgang in umgekehrter Richtung.

Dieses Ergebnis ruft Assoziationen zu der klassischen Interpretation der Kabbalisten früherer Jahrhunderte wach, die die vier Lebensbäume als vier übereinanderliegende bzw. ineinanderliegende und miteinander verwobene Welten ansahen:

ATZILUTH: Dies ist der Bereich des einen unsterblichen Gottes, dessen Aspekte dieser 1. Lebensbaum darstellt.
- Dieser Bereich entspricht dem Lebensbaum der Evolution des Weltalls, dessen Grundeinheit, die Raumzeit unsterblich ist.

BRIAH: Dies ist der Bereich der Erzengel (= Götter und Göttinnen), deren Vielfalt und deren Aufgaben dieser Lebensbaum darstellt. Sie sind erschaffene Wesen und daher nicht vollkommen unsterblich, aber sie haben keinen "vorgeplanten" Tod.
- Dieser Bereich entspricht dem Lebensbaum der Evolution der Einzeller, die potentiell unsterblich sind.

YEZIRAH: Dies ist der Bereich der Engel und der Seelen, deren Vielfalt und Aufgaben dieser Bereich darstellt. Über die Lebensdauer der Engel wird nichts Konkretes gesagt, aber da die Engel religions- und symbolgeschichtlich Darstellungen der Seelen sind, sind sie wie diese prinzipiell dem Tod unterworfen.
- Dieser Bereich entspricht dem Lebensbaum der Evolution der Vielzeller, die prinzipiell sterblich sind.

ASSIAH: Dies ist der Bereich der Menschen. Sie streben nach Gotteserkenntnis (oder haben zumindest die Möglichkeit dazu). Daher verläuft dieser Lebensbaum im Gegensatz zu den vorigen drei Lebensbäumen von Malkuth nach Kether.
- Dieser Bereich entspricht dem Lebensbaum der Integration der Menschen und beschreibt einen Erkenntnisvorgang.

Diese Übereinstimmung ist ein deutlicher Beleg für die diesen Betrachtungen zugrundeliegende These "Materie ist die Welt von außen her betrachtet und Bewußtsein ist die Welt von innen her betrachtet - Materie und Bewußtsein sind identisch, nur die Art der Betrachtung der Welt ruft diesen scheinbaren Unterschied hervor.".

Die "Schnur der Erinnerungen", die durch die vier Lebensbäume bis zurück zu dem Urknall reicht, stellt die Bewußtseinsinhalte dar, während die Schwelle, der Graben, der Abgrund und die Auflösung offensichtlich die Schwellen, die sich innerhalb des Bewußtseins befinden, darstellen. Es fragt sich nun, ob diese vier Schwellen entsprechend den vier Lebensbäumen auch viermal, also insgesamt sechzehnmal auftreten oder ob sich die vier Schwellen, die vier Gräben usw. aufgrund ihrer Analogie zueinander im Bewußtsein miteinander zu je einer Schwelle, einem Graben usw. vereinen. Oder anders gefragt: Stellen die vier Lebensbäume des Bewußtseins eine Folge von vier Strukturen oder vier miteinander verschmolzene Strukturen dar?

Wie bereits zu Beginn dieses Kapitels gezeigt, sprechen die verschiedenen spirituellen Systeme deutlich dafür, daß es in Hinblick auf die Übergänge nur einen Lebensbaum des Bewußtseins gibt, und daß nur in Hinblick auf die Bewußtseinsinhalte, also die Erinnerungen vier Lebensbäume des Bewußtseins existieren. Dies würde bedeuten, daß man, wenn man seine Erinnerung entlang der "Schnur der Erinnerungen" bis hin zum Urknall hin ausdehnen will, durch alle vier Lebensbäume reisen muß, daß man aber, um zur Erkenntnis Gottes zu gelangen, nur durch den einen Lebensbaum des Bewußtseins reisen und nur einmal sie vier Übergänge überqueren muß.

Es liegt daher nahe, einmal nach Bewußtseins-Phänomenen zu suchen, die geeignet sind, diese Ansicht weiter zu bestätigen oder sie in Zweifel zu ziehen.

Wenn man längere Zeit meditiert, schamanische Zeremonien durchführt oder Traumreisen zur eigenen Seele unternimmt, wird man irgendwann im eigenen Inneren einem Tier begegnen, das einem offensichtlich freundlich gesonnen ist. Nach einer Weile wird man bemerken, daß man sich dem Tier verwandt fühlt und schließlich wird man entdecken, daß das Tier ein Teil von einem selber ist und daß eine bestimmte Ebene in einem identisch mit diesem Tier ist. Dieses Tier wird im allgemeinen Krafttier genannt.

Dieses Tier verkörpert die eigenen körperlichen und z.T. auch magischen Fähigkeiten. Dazu können z.B. Ausdauer, Schnelligkeit, Orientierung, Plötzlichkeit, Größe, Stärke u.ä. zählen - eben die Fähigkeiten dieses Tieres. Die magischen Fähigkeiten dieser Tiere wie z.B. Telepathie oder die Gabe, Verlorenes wiederzufinden, werden in den Mythen und Erzählungen und z.T. auch den Märchen der verschiedenen Völker beschrieben.

Das Weltbild, das aus solchen Erzählungen besteht und in dem Tiere eine wichtige Rolle spielen, ist die Altsteinzeit und die Jungsteinzeit, also der Bereich Yesod/Hod/Netzach auf dem 4. Lebensbaum. Die Tiere, die als Krafttiere auftreten, sind Säugetiere, Vögel, Reptilien und seltener auch Amphibien oder Beuteltiere. Insekten, Fische und niedere Tiere sind meines Wissens nicht als Krafttiere bekannt. Die als Krafttiere bekannten Tiere sind in dem Bereich Netzach/Hod/Yesod des 3. Lebensbaumes entstanden.

Hier findet sich also eine Verflechtung des 3. und des 4. Lebensbaumes innerhalb des Bewußtseins.

Es existiert auch eine solche Verflechtung des 2. und des 4. Lebensbaumes innerhalb des Bewußtseins. Die Mineralien auf der Erde sind nach der Abkühlung der Erdrinde und in den folgenden Jahrmillionen entstanden. Ihrer Qualität und Komplexität nach (Ansammlungen von ähnlichen Atomen oder Ionen) gehören sie (was ihre Entstehungszeit betrifft) vorwiegend in etwa in den Bereich der ersten beiden Sephiroth des 2. Lebensbaumes. Für diese Zuordnung spricht auch, daß die Mineralien wie die Einzeller potentiell unsterblich sind.

Obwohl sie einem anderem Lebensbaum in der Folge der Evolution angehören, eignen sich die Mineralien als Heilsteine, die auf das Bewußtsein und den Körper der Menschen wirken.

Innerhalb der Homöopathie, die auf der Bewußtseinsebene wirkt, macht es keinen Unterschied, ob der Ausgangsstoff für die Herstellung der homöopathischen Arzneimittel zu dem 4. Lebensbaum (z.B. Muttermilch), zu dem 3. Lebensbaum (z.B. Schlangengift), zu dem 2. Lebensbaum (z.B. Mineralien oder Einzeller), zu dem 1. Lebensbaum (z.B. chemische Elemente wie Schwefel) oder gar zu Kether des 1. Lebensbaumes (Vakuum, d.h. reine Raumzeit) gehören. Dies deutet ebenfalls deutlich daraufhin, daß es zwischen diesen Bereichen keine hemmenden Übergänge gibt.

Daher kann man davon ausgehen, daß diese vier Lebensbäume zwar als "Schnur der Erinnerungen" als eine lange Reihe aus vier Lebensbäumen angeordnet sind, daß sie aber, wenn man die Ausdehung des Bewußtseins betrachtet, also die Frage, wie man die Übergänge überschreiten und dadurch das Bewußtsein bis hin zu dem Gesamtbewußtsein aller Dinge ausdehnen kann, nicht eine Folge von vier Lebensbäumen, sondern einen einzigen Lebensbaum bilden, in dem diese vier Lebensbäume wie in den klassischen Darstellungen übereinanderliegen und miteinander durch die Analogien verschmolzen sind.

Eine weitere Möglichkeit, die Inhalte des Bewußtseins und ihre Struktur zu erkennen, ist bereits ansatzweise beschrieben worden. Sie besteht darin, daß man auf dem 1. Lebensbaum, der ja mathematisch-physikalisch exakt ist, die physikalischen Vorgänge und parallel dazu die Bewußtseinsvorgänge verfolgt. Dies ist dadurch möglich, daß sich den ersten drei Sephiroth grundlegenden Bewußtseinsqualitäten zuordnen lassen:

Kether	Gravitation	Gravitonen	Identität
Chokmah	elektromagnetische Kraft	Photonen	Ekstase
Binah	Farbkraft	Gluonen	Liebe

Da die vier Lebensbäume der Evolution analog zueinander sind und auf der "Bewußtseinsseite" nicht voneinander getrennt sind, gelten die bei dieser Betrachtung der physikalischen Evolution gewonnenen Parallelen für die "Bewußtseinsseite" aller drei Lebensbäume der Evolution und für den vierten Lebensbaum in umgekehrter Reihenfolge.

Um den Bewußtseins-Lebensbaum zu verstehen, der dem "Lebensbaum der physikalischen Evolution" genau analog ist, also dessen "Innenseite" darstellt, ist es sinnvoll, zunächst einmal alle Beteiligten an dieser Evolution von den einfachsten Einheiten in Kether hin zu den komplexesten Einheiten in Malkuth zu betrachten und ihre Bewußtseinsentsprechung möglichst genau zu definieren. Als zweites folgt dann eine Beschreibung von Malkuth nach Kether hin, die von den bekannten Bewußtseinsphänomenen wie dem normalen Wachbewußtseins ausgeht und anhand der vorher erfaßten Struktur diese "Alltagsphänomene" betrachtet und diese Struktur dadurch besser erfaßbar werden läßt. Schließlich kann der so entstandene "Bewußtseins-Lebensbaum" dann noch mit den in diesem Kapitel beschriebenen Informationen über das Bewußtsein verglichen werden. Die Liste der in dem "Lebensbaum der physikalische Evolution" auftretenden Teilchen, Kräfte usw. ist zwar recht lang, aber sie ist nicht so schwierig, wie es vielleicht auf den ersten Blick zu sein scheint, da sich vieles wiederholt oder auseinander entwickelt. Und die Mühe, sich diesen Lebensbaum zu durchdenken, lohnt sich.

Ab und zu ist zur Vereinfachung der Übersicht über die gesamten Vorgänge in *kursiver Schrift* eine Zusammenfassung eingefügt.

Nun folgt also zuerst einmal die Liste der "teilnehmenden Schauspieler":

1. RAUMZEIT (Kether):   Sie ist der Grundstoff, aus dem alles besteht, sie ist das "Etwas", das allem in unserer Welt zugrundeliegt. Alles, was existiert, ist eine Form der Raumzeit. Daher ist sie die Einheit hinter der Vielheit der physischen Erscheinungen. Ihre Entsprechung auf der Bewußtseinsebene ist daher GOTT.

2. EINHEIT (Kether):   Dies ist der Zustand oberhalb des vierten Überganges (Auflösung). Er ist die vollkomme-ne Einheit und Gleichförmigkeit, die nur in Kether vorhanden ist. Als Bewußtseinsinhalt kann man sie sowohl als GOTTES INNERE EINHEIT ansehen, wenn man sie von der Bewußtseinsseite her betrachtet, oder als GOTTES IDENTITÄT MIT SEINER SCHÖPFUNG. Man kann den zweiten Punkt auch als Gottes ungeteiltes Interesse an allen seinen Geschöpfen auffassen.

Diese Auffassung ist deshalb möglich, weil aus der Raumzeit alle Dinge in unserer Welt entstanden sind - sie ist die eigentliche "Substanz" unserer Welt. Dieses Bild hat sowohl die Interpretationsmöglichkeit "Gott ist alles, was mir begegnet" als auch das bekannte Bild von Gott als dem "guten Hirten". Von dem spirituell strebenden Menschen aus gesehen ist das Erreichen dieser Einheit des Bewußtseins die Erleuchtung, die Unio Mystica, Samadhi, Nirvana, Satori - "der eine Geschmack in allen Dingen", wie es die Tibeter nennen.

Es gibt also auf der Bewußtseinsseite bisher nur Gott (Raumzeit), der eine Einheit und identisch mit seiner Schöpfung ist.

3. URKNALLIMPULS (1. Übergang: Auflösung):   Er ist GOTTES SCHÖPFUNGSIMPULS. Wenn es ihn nicht gegeben hätte, hätte es zwar Gott gegeben, aber es gäbe Gott dann nur als "Potential" aber nicht als "Verwirklichung". Wenn es diesen Urknallimpuls nicht gäbe, bräuchte sich auch niemand Gedanken über diese Welt und über sich selber in dieser Welt zu machen, denn dann gäbe es keine Menschen (und auch keine anderen denkenden Wesen) in diesem Weltall - und auch das Weltall selber nicht. Als ausdehnende Qualität könnte man diesen grundlegenden Aspekt auf seiner Bewußtseinsseite auch GOTTES EKSTASE nennen. Der Urknallimpuls kann auch als eine spezielle Eigenschaft der Raumzeit angesehen werden: das Weltall dehnt sich aus und die Zeit fließt von der Vergangenheit in Richtung Zukunft.

4. GRAVITATION (1. Übergang: Auflösung):   Sie entsteht als Reaktion auf den Urknallimpuls, da sonst die Gesamtsumme im Weltall nicht mehr genau Null wäre. Wenn der Urknallimpuls "+1" ist, dann hat die Gesamtgravitation des Weltalls genau die Größe "-1". Somit wäre die Welt "aus dem Nichts heraus" entstanden, "+1" + "-1" ="0" ist. Da die Gravitation alle Dinge zueinanderzieht, stellt sie die Qualität des alles Verbindenden, das alles

vereinen Wollens dar: Gottes Liebe. Liebe ist immer der Wunsch nach Vereinigung, Liebe ist die Erinnerung des Vereinzelten an die aller Vielheit zugrundeliegende Einheit. Da diese Liebe ein Ausdruck der Raumzeit ist und daher ein alles umfassendes Kontinuum ist, sozusagen eine "gegliederte Einheit", handelt es sich bei dieser Liebe um GOTTES SELBSTLIEBE, um Gottes "selbstreflektierte Identität".

Es gibt am Anfang auf der Bewußtseinsseite nur Gott (Raumzeit), der eine Einheit und identisch mit seiner Schöpfung ist und der auf ekstatische Weise die Welt erschafft (Urknallimpuls) und sie mit seiner Selbstliebe erfüllt (Gravitation).

5. GRAVITONEN (1. Übergang: Auflösung):   Seit Einsteins Relativitätstheorie ist bekannt, daß die Gravitation eine Eigenschaft der Raumzeit ist, genauer gesagt, daß sie auf einer "Krümmung" des Raumes beruht. Dadurch erhalten die Gravitonen, also die Energiequanten der Gravitation, die zwischen allen Teilchen und Energienquanten (die wegen "$E=m \cdot c^2$" ebenfalls eine Masse haben und somit der Gravitation unterliegen) wirken und sie zueinanderziehen, eine Sonderstellung: Die Gravitonen sind sowohl eine Eigenschaft der Raumzeit als auch Energiequanten. Daher sind sie das verbindende Element zwischen der Raumzeit und den übrigen Kräften (die nicht Eigenschaften der Raumzeit sind) und den Elementarteilchen: Aus der Raumzeit entstehen die Gravitonen, aus diesen dann die anderen Energiequanten und aus diesen wiederum die Elementarteilchen, also die Masse. Auf Bewußtseinsebene bedeutet dies, daß sich Gottes einheitliches Bewußtsein (das der Raumzeit entspricht) analog zu den Gravitonen in viele kleine Einheiten zerteilt. Diese Einheiten sind überall im ganzen Weltall - GOTTES ALLGEGENWART. Und sie verbinden ohne Ausnahme alles, was es im Weltall gibt, miteinander - GOTTES EINHEIT IN DER VIELHEIT.

Es gibt am Anfang auf der Bewußtseinsseite nur Gott (Raumzeit), der eine Einheit und identisch mit seiner Schöpfung ist und der auf ekstatische Weise die Welt erschafft (Urknallimpuls) und sie mit seiner Selbstliebe (Gravitation) und mit seiner Allgegenwart (Gravitonen) erfüllt.

6. KRAFT (Chokmah):   Eine Kraft ist physikalisch gesehen der Austausch eines Energiequanten, sozusagen eines "Kraftteilchens". Kräfte stellen einen Austausch, ein Aufeinanderwirken dar. Bei dieser Wechselwirkung gibt ein Teilchen (z.B. ein Proton) einen Energiequant (z.B. ein Photon = Licht) an ein anderes Teilchen (z.B. ein Elektron) ab. Dadurch verliert das erste Teilchen das, was es abgibt, also in der Regel eine bestimmte Menge (Quantum) an Energie, und das zweite Teilchen erhält dann diese Energie. Dadurch verändern beide Teilchen ihre Bewegung (sie geben mit dem Energiequant einen Teil ihrer Energie und ihres Impulses ("Schwung") ab) und ihr Energieniveau (sie geben einen Energiequant ab bzw. erhalten ihn). Eine Kraft verändert also sowohl die Eigenschaften des Teilchens selber (Energieniveau) als auch seine Bewegung. Welche Kräfte zwischen zwei Teilchen wirken, liegt in deren Qualitäten (Masse, elektrische Ladung usw.) begründet. Diese Kräfte wirken aber immer, wenn die Voraussetzungen für ihr Wirken (elektrische Ladung, bestimmter Abstand der Teilchen voneinander usw.) erfüllt sind. Das heißt, daß zwischen allen Teilchen immer ein Austausch und somit eine gegenseitige Beeinflussung stattfindet, die der Art nach von den Qualitäten der Teilchen, und von der Stärke her von dem Abstand der Teilchen und von der Dauer der Begegnung der Teilchen abhängt.

Eine wirkende Kraft drückt somit sowohl den Verwandtschaftsgrad zwischen zwei Teilchen aus (welche Kräfte zwischen ihnen wirken können) als auch ihre raumzeitliche Nähe (wie stark diese Kräfte sind). Je verwandter und näher zwei Teilchen sind, desto größer ist ihre Wechselwirkung. Man kann dies auch aus einem etwas anderen Blickwinkel beschreiben: Je verwandter zwei Teilchen sind und je näher zueinander sie sich befinden, desto deutlicher ist ein ihnen gemeinsames Verhalten zu beobachten (z.B. elektromagnetische Anziehung; Anziehung (Gravitation) zwischen Erde und Mond).

Gäbe es keine Kräfte, würden alle Teilchen nur ihrem Impuls und ihrer Bewegung folgend ewig durch das Weltall fliegen und hin und wieder wie Billardkugeln aneinanderstoßen und ihre Richtung ändern. Da es aber die verschiedenen Kräfte gibt, zeigen die Teilchen ein "gemeinsames Verhalten" (wie z.B. das Kreisen der Elektronen um den Atomkern aufgrund der elektromagnetischen Anziehung, die einem ständigen Austausch von Photonen entspricht). Die Kräfte bewirken also, daß die Teilchen (Quarks, Elektronen, Neutrinos ...) nicht auf ewig einzeln durch das Weltall fliegen, sondern sich durch das Wirken der Kräfte Atome, Moleküle, Galaxien, Sterne, Planeten und Lebewesen bilden können. Die Kräfte bewirken die Selbstorganisation der Teilchen. Ohne die Kräfte wären die Teilchen "autistisch" - mit den Kräften handeln sie als Gemeinschaften. Die Kräfte sind somit Ausdruck der gemeinsamen Herkunft der Teilchen, ihres gemeinsamen Charakters und somit ihres nach festen Regeln ablaufenden gemeinsamen Verhaltens. Somit kann man eine wirkende Kraft als den Ausdruck der VERWANDTSCHAFT der Teilchen, zwischen denen die Kraft wirkt, ansehen. Diese Verwandtschaft ist in diesem Fall ein Begriff, der sich sowohl für die Beschreibung der physikalischen Seite der Kraft als auch für ihre Bewußtseinsseite eignet.

Alle existierenden Kräfte außer der Gravitation haben eine Gemeinsamkeit: gleiche Teilchen stoßen sich ab, und ungleiche Teilchen ziehen sich an. Nur die Gravitation ist immer zusammenziehend. Die Kraft als Ausdruck einer Verwandtschaft zieht also alle beteiligten Teilchen, die die dieser Kraft entsprechende Ladung (z.B. die elektromagnetische Ladung) haben und nicht dieselbe Polarität dieser Ladung haben, an. Die Verwandtschaft will also ungleiche Ausformungen der Ladung wieder vereinen - es sieht so aus, als sei eine Kraft bestrebt, die Einseitigkeit der einzelnen Ladung wieder aufzuheben, sodaß nach außen hin wieder eine Neutralität und nach innen hin eine Ganzheit erreicht wird. Die Gravitation hat genaudasselbe Bestreben, nur wirkt sie zwischen allen Teilchen und zieht sie wieder zusammen, da sie einpolig ist. Die Gravitation ist auch die einzige Kraft, die auf alles in unserem Weltall wirkt - auf jedes Teilchen und auf jeden Energiequanten. Die Gravitation ist bestrebt, die Einheit im großen Maßstab wieder herzustellen, indem sie alles zueinanderhinzieht.

Man kann daher sagen, daß sich in dem Wirken einer Kraft das Bemühen des Weltalls zeigt, die Ganzheit wiederherzustellen: Die Gravitation versucht das ganze Weltall wieder zusammenzuziehen, also die durch den Urknall verstreuten Teilchen wieder zusammenzubringen und zu vereinen; und die übrigen Kräfte sind darum bemüht, die bei der Ausdehnung des Weltalls und der damit verbundenen Abkühlung entstehenden vielfältigen polaren Eigenschaften wieder zu einer Einheit zusammenzufassen. Es ist gewissermaßen so, daß eine Einheit in zwei (elektromagnetische Kraft) oder drei (Farbkraft) Pole auseinandergebrochen ist, aber diese gegensätzlichen Teile der ursprünglichen, neutralen Einheiten wie durch ein "Gummiband" miteinander verbunden bleiben, die diese sich zu einer neutralen Einheit ergänzenden Teile wieder zusammenzieht. Nun werden durch eine Kraft natürlich nicht immer zwei ganz bestimmte Teilchen, sondern allgemeiner zwei bzw. drei Teilchen, die zusammen eine neutrale Einheit ergeben, zueinanderhingezogen. Eine Kraft ist also immer das "Bemühen der Raumzeit", die ursprüngliche Neutralität wiederherzustellen - sie strebt also die WIEDERHERSTELLUNG DER URSPRÜNGLICHEN GANZHEIT an.

Eine Kraft ist also ein Ausdruck der Tatsache, daß die Welt aus einer Einheit heraus entstanden ist und den Wunsch hat, diese Einheit weiterhin zu erhalten bzw. wieder herzustellen. Da das Wirken einer Kraft bedeutet, daß zwischen den beteiligten Teilchen die Energiequanten dieser Kraft ausgetauscht werden, kann man diese Austauschteilchen als das "Gummiband" zwischen diesen Teilchen auffassen. Zudem kann man sagen, daß diese Austauschteilchen die "Erinnerung an die ursprüngliche Einheit" darstellen und bestrebt sind, sie wiederherzustellen. Dazu paßt auch sehr gut, daß die Austauschteilchen immer Teilchen sind, die in der Evolution entstanden sind, als noch ein höheres Maß an Einheitlichkeit bestand als zu dem Zeitpunkt, an dem sie zu Austauschteilchen zwischen später im Verlauf der Evolution entstandenen Teilchen wurden: So sind z.B. die Photonen, also Energiequanten, die im 1. Dreieck des Lebensbaumes (Abgrenzungslosigkeit) entstanden sind, die Austauschteilchen zwischen den Elektronen und den Protonen, die im 2. Dreieck des Lebensbaumes (Thermisches Gleichgewicht) entstanden sind. Da durch die Verbindung von Teilchen mit gleichen Ladungen die Einseitigkeit und nicht die Einheit/Neutralität verstärkt würde, stoßen alle Kräfte (mit Ausnahme der Gravitation, die nur einen Pol hat) gleiche Ladungen voneinander ab.

Es gibt also nun auf der Bewußtseinsseite Gott (Raumzeit), der eine Einheit und identisch mit seiner Schöpfung ist und der auf ekstatische Weise die Welt erschafft (Urknallimpuls) und sie mit seiner Selbstliebe (Gravitation) und mit seiner Allgegenwart (Gravitonen) erfüllt. In seiner Schöpfung zeigt sich zwischen den Geschöpfen durch ihr Verhalten ihr Grad an Verwandtschaft (Kräfte).

7. ENERGIE (Chokmah):   Energie ist sozusagen "gespeicherte Kraft". Sie entsteht z.B., wenn man einen Stein hochhebt und ihn auf einen Tisch legt. Dann ist in ihm die Kraft "gespeichert", die notwendig war, um ihn auf den Tisch hochzuheben. Eine Energie ergibt sich physikalisch z.B. daraus, daß man eine Kraft mit einem Weg multipliziert. Man kann dies Verhältnis zwischen Kraft und Energie auch umgekehrt beschreiben: Der Austausch eines Energiequants (einer bestimmten Menge an Energie) zeigt sich als Kraft. So ähnlich wie in unserem Weltall nicht die Entfernung und auch nicht die Zeit, sondern ihre Verbindung, also die Geschwindigkeit, die zentrale physikalische Größe ist, da der Raum und die Zeit nichts getrenntes, sondern eine einheitliche Raumzeit sind (Relativitätstheorie), so ist auch nicht die Kraft, sondern die Energie der deutliche zentralere Begriff: Die Teilchen wie z.B. ein Elektron entstehen nach Einsteins berühmter Formel "$E=m \cdot c^2$" nicht aus Kraft, sondern aus Energie - Energie kann sich in Masse verwandeln, eine Kraft kann sich aber nicht in Masse verwandeln.

Die durch die Kraft bewirkte Veränderung (z.B. die Eisenspäne, die von einem Magneten angezogen werden) ist das, was zunächst sichtbar ist - aber die Energie oder genauer gesagt, der Austausch von Energie ist das, was diese Kraft, also diese beobachtbare Veränderung in der Bewegung, verursacht. Man kann die gesamte Masse des Weltalls (ca. 10^{81} Atome) in Energie umrechnen und dann noch die im Weltall in den verschiedensten Weisen vorhandene Energie hinzurechnen, sodaß man dann die Gesamtmenge der im Weltall vorhanden Energie erhält. Diese Energiemenge ist immer dieselbe gewesen - vom Urknall bis heute. Nur ihre Erscheinungsform hat sich immer weiter verändert, wobei die drastischste Veränderung die Verwandlung von Energie in Masse war. Ursprünglich war alle Energie Gravitaionsenergie. und diese Gravitationsenergie war wiederum eine Reaktion der Raumzeit auf den Urknallimpuls - die Energie des Urknallimpulses (die vollständig in der Ausdehnungsbewegung des Weltalls steckt) ist genausogroß wie die Gesamtenergie im Weltall. Die Urknallimpuls-Energie steckt in der Ausdehungsbewegung des Raumes selber - die Gravitationsenergie steckt in dem Raum als sein Inhalt. Der Inhalt des Weltalls ergibt sich also aus der Ausdehnung des Weltalls - oder, auf der Bewußtseinsebene formuliert: der Schöpfungsimpuls (Urknallimpuls) hat die Schöpfung (Gesamt-gravitationsenergie des Weltalls) zur Folge, da diese Gravitationsenergie der Rohstoff alles Erschaffenen ist. Dies bedeutet, daß die Energie das in viele einzelne Elemente aufgeteilte Spiegelbild ist, das Gott von sich selbst erschaffen hat.

Die Raumzeit ist Gott und die Ausdehung des Weltalls ist Gottes Schöpfungsimpuls - beides zusammen ergibt also den die Welt erschaffenden Gott. Diese sich ausdehnende Raumzeit bleibt weiterhin eine Einheit - also Gott. Seine Schöpfung (die Energie), die Gott in sich trägt (die sich in der Raumzeit befindet), ist die potentielle Vielheit, die sich aus der Energie entwickeln wird. Da man Energie (und auch Teilchen mit Masse) immer sowohl als ein Teilchen als auch als eine Welle (oder Schwingung) auffassen kann, zeigt sich hier der Doppelcharakter der Energie: als Welle ist jeder Energiequant abgrenzungslos und somit ein kontinuierliches Spiegelbild von Gottes Schöpfungsimpuls; und als Teilchen ist jeder Energiequant schon vereinzelt und somit nur noch ein Bruchstück dieses Spiegelbildes.

Diese Welle-Teilchen-Dualität zeigt im Grunde die Herkunft und die Zukunft eines Teilchens: Als Welle ist es ohne Grenzen und reicht in seiner Wirkung bis ans Ende des Universums (genaugenommen breitet sich seine Wirkung mit Lichtgeschwindigkeit aus) und stellt dadurch seine Herkunft aus dem Ganzen (aus Gottes einheitlichem Schöpfungsimpuls) dar, während es als Quant (Teilchen) seine Zukunft als vereinzeltes, begrenztes Teilchen darstellt. Aber egal, wie weit sich eine Energie weiterentwickelt, zur Masse wird, sich mit anderen Massen zu Atomen und dann zu Planeten und Lebewesen verbindet, so bleibt doch neben dem immer deutlicher werden Teilchen-Charakter (z.B. ein Planet) doch auch immer sein Wellencharakter bestehen (wenn dieser auch mit der Zunahme an Masse immer verborgener wird).

Aus dieser Betrachtung ergibt sich schließlich, daß die Energie GOTTES SELBSTWAHRNEHMUNG und GOTTES SPIEGELBILD ist. Gott als Raumzeit sieht sich in seinem Inneren in der Gestalt der Energie (die ihrer Größe nach genau seinem Schöpfungsimpuls entspricht) und den Abläufen und Verwandlungen in ihr. Das bedeutet, daß das gesamte Geschehen im Weltall einschließlich unserer eigenen Existenz der Selbstwahrnehmung Gottes dient, oder genauer gesagt, diese Selbstwahrnehmung ist. Alles, was existiert, besteht aus Gottes Wunsch, sich selber wahrzunehmen.

Diese Beschreibung deckt sich erfreulich genau mit einer ganzen Reihe von spirituellen und philosophischen Lehren darüber, warum es eigentlich die Welt (und uns in ihr) gibt. Besonders anschaulich wird dies in den "Gesprächen mit Gott" von Neale Donald Walsch dargestellt.

8. SPIN (1. Übergang: Auflösung):   Der Spin ist, vereinfacht gesagt, die Rotation eines Teilchen um seine eigene Achse. Bei den Energiequanten der elektromagnetischen Kraft (Photon) und der Farbkraft (Gluon) zeigt diese Achse immer in die Richtung der Bewegung dieses Energiequants oder genau entgegengesetzt zu ihr. Teilchen mit Masse (Quark, Elektron, Neutrino ...) haben eine dritte Möglichkeit: die Achse, um die sie rotieren, kann auch senkrecht zu ihrer Bewegung stehen. Welche Richtung die Achse beim Graviton, also dem Energiequant der Gravitation hat, ist nicht bekannt, aber er wird sehr wahrscheinlich auch in der Richtung seiner Bewegung liegen.

Die Größe des Spins, also die Geschwindigkeit der Rotation ist ebenfalls verschieden: das Graviton hat den Spin 2, die übrigen Energiequanten (Photon, Gluon) haben den Spin 1, die Elementarteilchen (Neutron, Proton, Quark, Elektron, Neutrino) haben den Spin 1/2, und alle größeren Teilchen wie z.B. Atomkerne haben einen zunehmend kleineren Spin, der in etwa "1 : Anzahl der Elementarteilchen" beträgt. Für ein kleines Heliumatom, daß aus acht Elementarteilchen besteht, ist der Spin also durchaus noch meßbar (ca. 1/8), während er für ein Uranatom (ca. 400 Elementarteilchen) keine Rolle mehr spielt (ca. 1/800) und bei größeren Gegenständen wie Molekülen, Zellen,

Lebewesen, Bergen, Sternen usw. zwar noch immer existiert, aber winzigklein ist. So beträgt der Spin der Erde, die aus ca. 10^{40} Atomen besteht, ca. 10^{-42}.

Dieser Spin ist die erste Eigenbewegung, die in der aus der Raumzeit heraus entstandenen Energie auftritt - sie kann daher als die Qualität angesehen werden, die die Zerteilung der ursprünglichen Einheit in die Vielheit bewerkstelligt hat. Diese Eigenbewegung der Energiequanten ist der allererste Ansatz von Differenzierung und Individualisierung: die Rotation um die eigene Achse ist der Ausdruck von Selbstbezogenheit - wie die Pirouette der Ballerina oder die wirbelnden Tänze der Derwische. Diese Rotation zeigt auch deutlich die Abgrenzung nach außen hin, denn an der Oberfläche eines rotierenden Quants kann sich keine dauerhafte Verbindung ("Faden") zu einem anderen Teilchen befinden.

Die abnehmende Größe des Spins auf dem Weg von dem Graviton über das Photon/Gluon und die Elementarteilchen hin zu den Atomen und Molekülen usw. zeigt natürlich nicht, daß die Individualisierung nun wieder abnimmt, sondern sie zeigt nur, daß der Spin des Gravitons im Inneren der Teilchen verschwindet, die aus ihm entstehen - die weiteren Entwicklungsschritte verbergen dieses erste Merkmal der Individualisierung in zunehmendem Maße. Der Spin des Gravitons ist also auf der Bewußtseinsseite die ERSTE INDIVIDUALISIERUNG.

Die Auffassung des Spins als Rotation um eine Achse in Bewegungsrichtung ist physikalisch gesehen nicht ganz exakt - genau formuliert gibt der Spin an, nach wieviel Umdrehungen ein Teilchen (Energiequant) für den Betrachter wieder so aussieht wie zuvor: Gravitonen mit dem Spin 2 brauchen dazu eine halbe Drehung (sie sind mathematisch ein Pfeil mit zwei Spitzen), die Energiequanten mit dem Spin 1 brauchen dazu eine Drehung (Pfeil mit einer Spitze) und die Elementarteilchen mit dem Spin 1/2 brauchen dazu zwei Drehungen (was nicht sonderlich anschaulich und nur mathematisch darstellbar ist).

Die Elektronen und die Neutrinos haben immer den Spin L (linksdrehend) - erst die Quarks und somit auch die Neutronen und Protonen, die sich ja aus je drei Quarks zusammensetzen, können beide Spin-Richtungen (linksdrehend und rechtsdrehend) haben. Das läßt vermuten, daß der Spin L die ursprüngliche Spinrichtung im Weltall gewesen ist und die Entstehung der Quarks mit einer Umkehrung des Spins verbunden ist.

Es gibt also nun auf der Bewußtseinsseite Gott (Raumzeit), der eine Einheit und identisch mit seiner Schöpfung ist und der auf ekstatische Weise die Welt erschafft (Urknallimpuls) und sie mit seiner Selbstliebe (Gravitation) und mit seiner Allgegenwart (Gravitonen) erfüllt. In seiner Schöpfung zeigt sich zwischen den Geschöpfen durch ihr Verhalten ihr Grad an Verwandtschaft (Kräfte). Die Energie von Gottes Selbstliebe (Gravitation) und alle ihre Erscheinungsformen (andere Energien) sind das Mittel, durch das sich Gott selber wahrnimmt. Gottes Allgegenwart ist in viele einzelne Teile aufgeteilt (Gravitonen), die die erste Individualisierung sind (Spin).

9. DICHTE/TEMPERATUR/SCHWINGUNG (1. Übergang: Auflösung):   Zunächst einmal lag kurz nach dem Urknall alle Energie und alle Materie, aus der unsere Welt heute besteht, in der Form von Gravitonen, also als Gravitationsenergie, vor. Genauer gesagt, waren alle Kräfte zu dieser Zeit miteinander identisch - sie hatten aufgrund der extremen Dichte und Temperatur kurz nach dem Urknall exakt dieselben Eigenschaften - eben die der Gravitation.

Dieser Energie entspricht eine extrem hohe Schwingung, da sich aus der Quantenmechanik ergibt, daß Teilchen umso heftiger schwingen und sich umso schneller bewegen, je enger der Raum ist, der ihnen zur Verfügung steht (dieser Umstand wird von den Physikern humorvoll "Quantenklaustrophobie" genannt). Mit der Ausdehnung des Weltalls durch den Urknallimpuls sank die Temperatur immer weiter ab (heute ist sie bei -270°C, d.h. 2,7° über dem absoluten Nullpunkt), was identisch damit ist, daß die Dichte in dem Weltall immer weiter abnahm und somit die Schwingungen der Teilchen immer kleiner und langsamer wurden.

Wenn man dies in einen Bewußtseinsinhalt übersetzen will, bedeutet daß zunächst, daß die Summe des Bewußtseins bzw. der Bewußtseinsinhalte (die Gesamtsumme der im Weltall vorhandenen Energie/Masse) gleich bleibt, aber sich auf das Weltall verteilt, was bedeutet, daß die Menge von "Bewußtseinsinhalten pro Kubikmeter" ständig sinkt. Zunächst einmal heißt dies, daß sich Gottes Allgegenwart (also die Gravitonen) auf einen immer größeren Bereich verteilt und daher dünner wird.

Dies ruft zwar die Assoziation zu einer nachlassenden Aufmerksamkeit hervor, aber da man bedenken muß, daß die Gravitonen eine Eigenschaft der Raumzeit sind, und der Raum und die Zeit ja nirgends "dünner" werden, stimmt wohl eher die Aussage, daß Gottes Bewußtsein in seiner Schöpfung (der Energie und der Masse) bleibt, egal, wohin sie geht. Man könnte diesen Umstand als die GRUNDLAGE DES URVERTRAUENS bezeichnen.

Da alle Dinge eine Schwingung haben, ist es nicht möglich, die Schwingung eines Teilchens (die seiner Temperatur entspricht) vollständig auf Null (-273°C) zu bringen, da es dann aufhören würde zu existieren. Dies kann man als die UNMÖGLICHKEIT, AUS GOTTES OBHUT HERAUSZUFALLEN, auffassen.

10. ABGRENZUNGSLOSIGKEIT (Chokmah/Binah/Daath):   Energien haben keine Abgrenzung gegeneinander - sie verbin-den sich zu einer Gesamtenergie. Dies ist der charakteristische Zustand im 1. Dreieck auf dem Lebensbaum, das die Kräfte (außer der Gravitation) und somit auch die Energien darstellt. Gegenüber Kether, der Raumzeit ist hier unterhalb der Auflösung (1. Übergang) die vollkommene Homogenität verlorengegangen, da es hier verschiedene Kräfte gibt, und das, was bleibt, ist die Abgrenzungslosigkeit. Man könnte diesen Bereich der Energien als VERBUNDENHEIT MIT GOTT bezeichnen.

Es gibt also nun auf der Bewußtseinsseite Gott (Raumzeit), der eine Einheit und identisch mit seiner Schöpfung ist und der auf ekstatische Weise die Welt erschafft (Urknallimpuls) und sie mit seiner Selbstliebe (Gravitation) und mit seiner Allgegenwart (Gravitonen) erfüllt. In seiner Schöpfung zeigt sich zwischen den Geschöpfen durch ihr Verhalten ihr Grad an Verwandtschaft (Kräfte). Die Energie von Gottes Selbstliebe (Gravitation) und alle ihre Erscheinungsformen (andere Energien) sind das Mittel, durch das sich Gott selber wahrnimmt - sie bleiben mit Gott verbunden (Abgrenzungslosigkeit). Gottes Allgegenwart ist in viele einzelne Teile aufgeteilt (Gravitonen), die die erste Individualisierung sind (Spin). In jedem Augenblick und an jedem Ort der Schöpfung ist Gott anwesend, was hier und jetzt das Urvertrauen ermöglicht (Dichte).

11. SYMMETRIEBRECHUNG (alle Übergänge):   Mit diesem Ausdruck wird in der Physik der Umstand bezeichnet, daß unter bestimmten Umständen Dinge, die normalerweise als sehr verschieden erscheinen, vollkommen gleich sein können, also "symmetrisch" sind, und beim Verlassen dieser "bestimmten Umstände" ihre Gleichartigkeit, ihre Symmetrie verlieren, sie also "brechen".
Solche Symmetriebrechung gibt es auch in ganz einfacher Art in der Mathematik. Solange man von einer gegebenen natürlichen Zahl, z.B. "8" ausgeht und nur einfache Divisionen, z.B. ":2" vornimmt, bleibt das Ergebnis symmetrisch, also homogen, was in diesem Fall eindeutig bedeutet: "4". Wenn nun jedoch z.B. die Wurzel aus "4" gezogen werden muß, ist das Ergebnis nicht mehr homogen/symmetrisch/eindeutig, denn es gibt nun zwei mögliche und richtige Ergebnisse: "+2" und "-2" - auch mathematisch entsteht durch die Symmetriebrechung Vielfalt.
Das wichtigste Beispiel für eine solche Symmetriebrechung in der Physik sind die drei Grundkräfte (Gravitation, elektromagnetische Kraft und Farbkraft) und die aus der elektromagnetischen Kraft entstehende schwache Wechselwirkung, die alle vier bei extrem hohen Temperaturen oder sehr kurzen Abständen zwischen den beteiligten Teilchen oder einer sehr hohen Eigenschwingung der Teilchen (was physikalisch alles eine hohe Teilchendichte bedeutet) sich in ihren Eigenschaften (Polarität, Stärke, Reichweite usw.) aneinander annähern und schließlich vollkommen gleich werden. Ein solcher für diese Symmetrie notwendiger, extrem heißer und dichter Zustand herrschte lediglich kurz nach dem Urknall, sodaß es zu diesem Zeitpunkt nur eine einzige Kraft gab.
Diese Symmetriebrechungen stellen wesentliche Übergänge in der Evolution dar und entsprechen den Übergängen auf dem Lebensbaum - das Ende der Einheitlichkeit der Kräfte entspricht z.B. der Auflösung. Eine Symmetriebrechung entspricht also einem neuen Entwicklungsabschnitt mit neuen physikalischen Einheiten - und entsprechend auf der Bewußtseinsseite der Welt neuen Bewußtseinsinhalten und neuen Blickwinkeln.
Hervorgerufen wird diese Entwicklung durch die sinkende Temperatur (=Teilchendichte) im Weltall, die ihrerseits durch die Ausdehnung des Weltalls hervorgerufen wird, der seinerseits wiederum das Ergebnis des Urknallimpulses ist.
Da der Urknallimpuls auf der Bewußtseinsseite Gottes Schöpfungsimpuls ist, ruft Gottes Schöpfungsimpuls (physikalisch die Ausdehung des Weltalls) sehr direkt (über die sinkende Temperatur/Teilchendichte im Weltall) die Entstehung neuer Phasen der Entwicklung hervor - der Schöpfungsimpuls wirkt noch immer als Hintergrund und Ursache aller Entwicklung im Weltall. Dadurch, daß die Energie/Masse im Weltall "mehr Platz" erhält, ist sie in der Lage, neue Verhaltensmöglichkeiten zu zeigen, die ihr bei der anfänglichen hohen Dichte/Temperatur nicht möglich waren.
Wenn nun bei der Dichte/Temperatur ein "kritischer Wert" unterschritten wird, treten plötzlich ganz neue Eigenschaften auf. Ein bekanntes, wenn auch nicht ganz präzises Bild hierfür auf der Bewußtseinsseite sind die sieben Tage der Schöpfung, an denen Gott jeweils etwas anderes erschuf: während eines Tages erschuf er kontinuierlich die Vielfalt eines einzigen Themas, aber die Nächte sind Übergänge zu neuen Themen - Symmetriebrüche.
So wie die Übergänge auf dem Lebensbaum physikalisch sehr unterschiedliche Bereiche gliedern, so gliedern diese Übergänge auch auf der Bewußtseinsseite sehr verschiedene Bereiche. Und so, wie auf der physikalischen Seite die

Wirkung der oberen Bereiche in die unteren Bereiche hineinreicht (z.B. das Wirken der Energiequanten (Kräfte), die aus dem 1. Dreieck stammen, in dem Bereich der Elementarteilchen (2. Dreieck) und der Atome (3. Dreieck) und der makroskopischen Welt (Malkuth)) so reicht auch das Bewußtsein von den oberen Dreiecken in jeweils alle darunterliegenden Dreiecke: Gott (Kether) ist sich seiner selbst und seines Spiegelbildes, also seiner Schöpfung (gesamter Lebensbaum) bewußt. Und so, wie z.B. die Elementarteilchen (2. Dreieck) nicht in den Bereich der Energien (1. Dreieck) aufsteigen können, ohne sich in reine Energie zu verwandeln (aber dann eben keine Elementarteilchen mehr sind), so kann auch das Bewußtsein, das einem bestimmten Dreieck entspricht (z.B. Psyche - 3. Dreieck) nicht in ein darüberliegendes Dreieck aufsteigen, ohne seine Gestalt zu ändern: man muß seine Psyche (3. Dreieck) vollkommen loslassen, um seine Seele (2. Dreieck) erkennen zu können.

Die Symmetriebrechungen entsprechen also den Bewußtseinsschwellen, die verhindern, daß das Bewußtsein immer eine unendliche Reichweite hat. Diese Bewußtseinsschwellen sind allerdings überwindbar, wie der physikalische Lebensbaum zeigt: alle Dinge können in Atome zerfallen, Atome können sich in Elementarteilchen auflösen und diese können sich schließlich in Energie verwandeln. Analog zu den hohen Temperaturen, die notwendig sind, damit eine Symmetrie wiederhergestellt wird, benötigt man auch innerhalb des Bewußtseins viel Energie, viel "Feuer", um diese Bewußtseinsschwellen zu überwinden - aber es ist möglich und viele Yogis, Mystiker, Lamas, Sufis und andere Suchende haben es auch erreicht. Die Symmetriebrechungen entsprechen also den BEWUSSTSEINSSCHWELLEN. - und beides sind die physikalische Entsprechung und die Bewußtseins-Analogie zu den Übergängen auf dem Lebensbaum.

Wenn man sich im Lebensbaum die Symmetriebrechung am Abgrund, also die "Kondensation" von Energie zu Elementarteilchen ansieht, wird eine Verwandtschaft der Symmetriebrechungen mit den Kräften deutlich. Zum einen entstehen bei einer Symmetriebrechung neue physikalische Einheiten, die neue Eigenschaften haben. Zu diesen Eigenschaften zählen die Ladungen (Masse, elektromagnetische Ladung, Farbladung usw.), die (abgesehen von der Masse) immer polar auftreten. Zwischen diesen polaren Teilchen (z.B. negativ geladenes Elektron und positiv geladenes Proton) wirken dann die Kräfte, die diese Teilchen zueinander hinziehen. Und zum anderen treten Symmetriebrüche dann auf, wenn die Temperatur/Dichte unter einen bestimmten Grenzwert fällt. Offensichtlich reicht die Dichte dann nicht mehr aus, um einen bestimmten Zustand (z.B. alles ist Energie) aufrechtzuerhalten, worauf dieser Zustand dann damit reagiert, daß er diesen früheren, dichteren Zustand punktuell aufrechterhält und z.B. (beim Übergang über den Abgrund nach Chesed hin) Elementarteilchen bildet, in denen sich die Energie mit der früheren Intensität und Geschwindigkeit in Kreisbahnen bewegt (deshalb "verschwindet" bei der Bildung von Elementarteilchen/Masse aus Energie das c^2 (Lichtgeschwindigkeit^2) sozusagen im Inneren der Elementarteilchen. Wenn die Temperatur unter einen bestimmten Grenzwert sinkt, bildet die Energie viele kleine "Reservate", in denen sie ihren früheren Zustand beibehalten kann. Aus diesen "Reservaten" heraus sendet sie weiterhin ihre Energiequanten zu anderen "Reservaten" hin aus und zieht sie auf diese Weise (wenn sie eine andere Polarität haben) zu sich hin.

Das nach dem 1. Übergang (Auflösung) entstehende "Reservat des früheren, ursprünglichen Zustandes" sind die Energienquanten der elektromagnetischen Kraft (Photonen) und der Farbkraft (Gluonen), die in sich die Homogenität der Raumzeit. Die am 2. Übergang (Abgrund) entstehenden "Reservate" sind die Elementarteilchen, die in sich die sich mit Lichtgeschwindigkeit (nun in Kreisbahnen) bewegende Energie bewahren. Die nach dem 3. Übergang (Graben) entstehenden "Reservate sind die Atome, die in sich das thermische Gleichgewicht bewahren. Der 4. Übergang hat einen anderen Charakter, wie später in dem Kapitel über den Lebensbaum als Forschungshilfsmittel noch genauer beschrieben werden wird.

Die Symmetriebrechung ist also bemüht, die ursprüngliche, im gesamten Raum vorhandene Dichte und Energie-"Intensität" zumindest in vielen kleinen "Reservaten" aufrechtzuerhalten, wodurch aus den Gravitonen zunächst die Energiequanten der elektromagnetischen Kraft und der Farbkraft (1. Übergang: Auflösung), dann aus diesen die Elementarteilchen (2. Übergang: Abgrund)), dann die Atome (3. Übergang: Graben), und schließlich die Sonnen, Planeten und Monde (4. Übergang: Schwelle) entstehen.

Die dabei entstehenden neuen Einheiten haben neue Eigenschaften, die polar auftreten - d.h. sie haben nicht mehr die ursprüngliche homogene, neutrale Qualität, sondern stellen nur noch Bruchstücke der ursprünglichen Einheit dar. Diese Bruchstücke fügen sie dann durch den Austausch der Energiequanten, aus denen sie entstanden sind (also durch eine Kraft), wieder zu nach außen hin neutralen Einheiten zusammen.

Am Beispiel des Abgrundes bedeutet dies:

    1. Die Temperatur sinkt unter 10^{25} °C, wodurch die Energie im Weltall nicht mehr ausreicht, um ihn mit Energie (Gravitonen, Photonen, Gluonen) vollständig zu füllen.

2. Es bilden sich entsprechend der Formel "E=m·c^2" "Reservate" (Elementarteilchen), in denen sich die Energie (Gravitonen, Photonen, Gluonen) weiterhin mit Lichtgeschwindigkeit bewegt und die bisherige Dichte beibehält. Zwischen diesen "Reservaten" sinkt die Energiedichte (=Temperatur) bei diesem Vorgang drastisch ab, weil sich die Energie zu einem sehr großen Teil in den Elementarteilchen kondensiert hat und sich somit nicht mehr frei im Raum befindet.

3. Die neu entstandenen Elementarteilchen bestehen nicht mehr aus gradlinig sich bewegender Energie, sondern sie bewegt sich nun in Kreisbahnen - sie hat also eine von mehreren möglichen Richtungen um einen Mittelpunkt (Bahnen auf einer Hohlkugel) eingeschlagen. Diese Richtungen sind Abweichungen von der Homogenität und zeigen sich nach außen hin dann als elektromagnetische Ladung (Quarks, Elektronen) oder Farbladung (Quarks). Da es für die Kreisbahnen mehrere Richtungen gab, die eingeschlagen werden konnten, erscheinen diese Richtungen im außen als die Polarität der Ladung (elektromagnetische Kraft: +/-; Farbkraft: gelb/rot/blau).

4. Diese Elementarteilchen tauschen nun miteinander die Energiequanten aus, aus denen sie entstanden sind und deren Ladung sie demzufolge auch haben. Dadurch entsteht neben der bereits existierenden Gravitation nun die elektromagnetische Kraft und die Farbkraft, die Elementarteilchen mit unterschiedlicher Ladung zueinander hinziehen, um die ursprüngliche Einheit wiederherzustellen (Die Summe der beiden bzw. drei verschiedenen Richtungen, in der die Energie in den Elementarteilchen kreist, ergibt wieder das urprünglich 0 bzw "geradeaus".). Die zwischen den Teilchen mit gleichartiger, aber entgegengesetzter Ladung wirkenden Kräfte bilden sozusagen zueinanderhinziehnde Hüllen um diese Teilchen.

5. So hat die vor dem Übergang über den Abgrund bestehende Energie durch die "Reservatbildung" (Symmetriebrechung) und die Zusammenführung der dabei entstehenden polaren Teilchen durch eine neu entstandene Kraft das größtmögliche Maß an Einheit und Homogenität von der ursprünglichen Einheit "gerettet".

Die Symmetriebrechungen bzw. Bewußtseinsschwellen beschreiben die Entstehung von neuen Qualitäten letzten Endes durch verschiedene Formen der Bewegungen, die wiederum alle die Grundform des Überganges von der Geraden zum Kreis haben:

"0. Übergang" (Ain Soph Aur --> Kether): Das Weltall selber, also der gesamte Raum, der ja Kether entspricht, ist auch eine "dreidimensionale Hohlkugel", die daher zwar endlich groß ist, also ein bestimmtes Volumen hat, aber nirgendwo einen Endpunkt hat, so wie auch eine Kugeloberfläche eine bestimmte Größe, aber keine Grenze hat. Wenn man im Weltall mit weit über Lichtgeschwindigkeit immer genau geradeaus nach oben fliegen würde, käme man eines Tages von unten wieder an den Ausgangspunkt zurück; wenn man nach rechts fliegen würde, käme man von links zurück; und wenn man nach vorne fliegen würde, käme man von hinten zurück - so wie dies auf einer (zweidimensionalen) Kugeloberfläche ja auch der Fall wäre.

Wenn 1. die Raumzeit im Außen die Entsprechung von Kether ist, 2. der Raum selber "kreisförmig" ist, 3. Kether im Innen Gott ist, und 4. der Kreis bzw. die Hohlkugel das Prinzip der Individualität ist, ergibt sich aus der Kombination dieser vier Aussagen, daß Gott eine Individualität hat, also nicht nur eine philosophische Abstraktion ist.

1. Übergang (Auflösung): Der Spin der Energiequanten im 1. Dreieck ist eine Rotation der vorher homogenen Raumzeit (Kether) um die eigene Achse er ist also also eine Kreisbewegung.

2. Übergang (Abgrund): Die Elementarteilchen im 2. Dreieck sind eine Kreisbewegung der sich vorher geradeaus bewegenden Energiequanten (1. Dreieck) auf dem Mantel einer Hohlkugel.

3. Übergang (Graben): Die sich vorher geradeaus bewegenden Elektronen (2. Dreieck) kreisen nun in festen Bahnen um den Atomkern.

4. Übergang (Schwelle): Dieser Übergang hat, wie bereits erwähnt, einen anderen Charakter, aber es finden sich auch hier viele Beispiele für Kreisbahnen: die Monde drehen sich um die Planeten, die Planeten drehen sich um die Sonnen, die Sonnen drehen sich um den Mittelpunkt der Galaxie, die Galaxien drehen sich um den Mittelpunkt des Galaxienhaufens, die Galaxienhaufen drehen sich um den Mittelpunkt des Galalxiensuperhau-fens, und die Galaxiensuperhaufen drehen sich schließlich in unvorstellbar weiten Kreisen wie auf Hohlkugeln um riesige Bereiche im Weltall, in denen es keine Galaxien gibt.

Auch die Superstringtheorie, die derzeit das umfassenste mathematisch-physikalische Modell der Welt ist, beruht gleich zweimal auf dem Modell des Kreises als Prinzip des Energiequanten und Elementarteilchens: Zum einen wird alles, was existiert, als ein schwingender Kreis ("String") aufgefaßt und zum anderen ist die Theorie, mit dem diese

Strings beschrieben werden, ein komplexes elfdimensionales mathematisches Gebilde, daß in seiner Mitte ein dreidimensionales "Loch" hat, also eine extrem komplizierte mathematische Hohlkugel darstellt.

Der bei allen Symmetriebrechungen auftretende Übergang von der Geraden zum Kreis stellt also den Vorgang der INDIVIDUALISIERUNG dar - die Pirouette ist somit das Symbol des Selbständigwerdens. Man kann diese Qualität auch anschaulich an einem Kreisel beobachten, der durch seine Rotation in der Lage ist, aufrecht stehen zu bleiben und nicht aufgrund der Schwerkraft umzufallen.

Es gibt also nun auf der Bewußtseinsseite Gott (Raumzeit), der eine Einheit und identisch mit seiner Schöpfung ist und der auf ekstatische Weise die Welt erschafft (Urknallimpuls) und sie mit seiner Selbstliebe (Gravitation) und mit seiner Allgegenwart (Gravitonen) erfüllt. In seiner Schöpfung zeigt sich zwischen den Geschöpfen durch ihr Verhalten ihr Grad an Verwandtschaft (Kräfte). Die Energie von Gottes Selbstliebe (Gravitation) und alle ihre Erscheinungsformen (andere Energien) sind das Mittel, durch das sich Gott selber wahrnimmt - sie bleiben mit Gott verbunden (Abgrenzungslosigkeit). Gottes Allgegenwart ist in viele einzelne Teile aufgeteilt (Gravitonen), die die erste Individualisierung sind (Spin). In jedem Augenblick und an jedem Ort der Schöpfung ist Gott anwesend, was hier und jetzt das Urvertrauen ermöglicht (Dichte). Durch die Entstehung von grundlegend neuen Bewußtseinsinhalten entstehen innerhalb des Bewußtseins Schwellen und dadurch Individualisierung (Symmetriebrechung).

12. PHOTON (Chokmah):   Das Photon ist das erste Teilchen, das unterhalb des ersten Überganges (Auflösung) entstanden ist. Seine neue Qualität ist die Polarität von "+" und "-".

Die Gravitonen waren alle gleich, sie rotieren um sich selber und sie wirken zwischen allem, was Masse/Energie hat und ziehen es zueinander hin - sie sind die "Sehnsucht zurück zur Einheit".

Die Photonen, also die Energiequanten der elektromagnetischen Kraft, wirken nur zwischen elektrisch geladenen Teilchen. Dabei fällen sie jedesmal eine Entscheidung: ungleich geladene Teilchen ziehen sie zueinander hin, während sie gleich geladene Teilchen voneinander abstoßen. Die Photonen repräsentieren also eine Kraft, die unterscheidet und sich immer für eine von zwei Möglichkeiten entscheidet - die Photonen wählen eine von zwei Richtungen aus.

Damit hat diese zweipolare Kraft im Gegensatz zu der einpolaren Gravitation eine völlig neue Qualität ins Spiel gebracht: Sie ist nicht mehr wie die Gravitation eine alles gleichbehandelnde Verbindung, sondern eine unterscheidende Verbindung. Sie ist aus der Energie entstanden, die in Kether noch vollkommen homogen war, aber hat nun nach dem Überschreiten des 1. Überganges eine neue Qualität erschaffen. Die Entscheidung für eine Richtung ist nicht mehr wie die Gravitation "raumfüllend" und alles gleich behandelnd, sondern ausgerichtet. Und die Bewußtseinsqualität, die entsteht, wenn alles auf eine Richtung ausgerichtet wird, ist die EKSTASE.

13. GLUON (Binah):   Das Gluon ist das zweite Teilchen, das unterhalb des 1. Überganges entstanden ist. Wie das Photon hat es den Spin 1, rotiert also nur halb so schnell wie das Graviton um die eigene Achse. Wie bei dem Photon ist anzunehmen, daß es eine komplexere Form des Gravitons ist oder, anders formuliert, sich aus Gravitonen zusammensetzt. Die genaue Form, in der dies vor sich geht, ist bislang noch unbekannt. Lediglich die Identität aller Kräfte oberhalb des 1. Überganges ist sicher. Zudem ist gesichert, daß das Graviton das einfachste aller Teilchen ist.

Sehr wahrscheinlich sind Gluonen in der Lage, sich aneinander anzulagern und "Gluonenbälle" zu bilden. Diese Gluonenbälle, also Kugeln aus reiner Energie werden vermutet, sind aber noch nicht nachgewiesen. Diese vermutete Fähigkeit der Gluonen beruht auf einer merkwürdige Eigenheit, die die Gluonen besitzen: Sie können miteinander Gluonen austauschen, d.h. sie können untereinander ihre Eigenschaften austauschen, wobei diese ausgetauschten Eigenschaften wiederum Gluonen sind. Dadurch können sich die Gluonen gegenseitig anziehen und somit Gluonenbälle bilden. Diese Gluonenbälle sind insofern sehr interessant, als sie komplexe Energiegebilde wären - ein Phänomen, das sonst nur von den Teilchen mit Masse bekannt ist.

Ob sich Gluonen aus Photonen zusammensetzen, ist bisher nicht bekannt, aber es wäre angesichts der Zuordnungen von Graviton, Photon und Gluon auf dem Lebensbaum zu erwarten.

Der Charakter eines Gluons ist das Zusammenhalten von Quarks. Auch dieses Zusammenhalten von Quarks ist ein Austauschprozeß. Quarks haben eine Eigenschaft, die "Farbe" genannt wird, weil sie in drei Formen auftritt, die zusammen neutral sind: "rot", "gelb" und "blau" ergeben zusammen "weiß", also neutral. Diese "Farben" sind das, was von den Gluonen bei der starken Wechselwirkung übertragen wird. Das Interessante an dieser Kraft ist, daß sie zwar eine unendliche Reichweite hat (weil ihre Energiequanten, die Gluonen, keine Masse haben), aber daß sie die Quarks eng beisammenhalten. Wenn man einen Quark aus einem Proton oder Neutron (das aus drei Quarks besteht) herauslösen will, muß man dafür genau soviel Energie aufwenden, daß sich diese Energie gemäß "$E=m \cdot c^2$" in drei weitere Quarks verwandelt, wodurch dann sowohl aus den zwei verbliebenen als auch aus dem einen herausgerissenen Quark je ein neues Proton entsteht. Entweder man verwandelt das gesamte Proton oder Neutron in Energie oder man erschafft aus Energie ein neues Proton oder Neutron - aber ein Quark zu vereinzeln ist unmöglich. Genaugenommen gibt es allerdings eine Möglichkeit, die Quarks zu vereinzeln, die auch zur Zeit der Entstehung der Quarks kurz nach dem Urknall bestand: die Temperatur ist so hoch und die Dichte von Quarks so groß, daß das gesamte Weltall praktisch ein Kontinuum von Quarks ist, deren Abstand nirgendwo größer als in einem Neutron oder Proton ist.

Die Qualität der Gluonen ist also das Erhalten der äußeren "neutralen weißen Farbe" durch die ständige innere Übertragung der Farben von einem zum anderen Quark - die Quarks sind also "Chamäleone", die ständig ihre Farbe wechseln. Die Gluonen sorgen also für einen ständigen die Quarks verwandelnden Austausch von "Farbe" und dadurch für den Zusammenhalt der Quarks. Auf der Bewußtseinsseite ist die Entsprechung zu diesem Vorgang sehr deutlich: ständiger Austausch und beständiger Zusammenhalt sind die Kennzeichen der LIEBE.

Es gibt also nun auf der Bewußtseinsseite Gott (Raumzeit), der eine Einheit und identisch mit seiner Schöpfung ist und der auf ekstatische Weise die Welt erschafft (Urknallimpuls) und sie mit seiner Selbstliebe (Gravitation) und mit seiner Allgegenwart (Gravitonen) erfüllt. In seiner Schöpfung zeigt sich zwischen den Geschöpfen durch ihr Verhalten ihr Grad an Verwandtschaft (Kräfte). Die Energie von Gottes Selbstliebe (Gravitation) und alle ihre Erscheinungsformen unterhalb des 1. Überganges (andere Energien) sind das Mittel, durch das sich Gott selber wahrnimmt - die verschiedenen Erscheinungsformen bleiben mit Gott verbunden (Abgrenzungslosigkeit). Diese Energien sind die Ekstase (Photon) und die Liebe (Gluon). Gottes Allgegenwart ist in viele einzelne Teile aufgeteilt (Gravitonen), die die erste Individualisierung sind (Spin). In jedem Augenblick und an jedem Ort der Schöpfung ist Gott anwesend, was hier und jetzt das Urvertrauen ermöglicht (Dichte). Durch die Entstehung von grundlegend neuen Bewußtseinsinhalten entstehen innerhalb des Bewußtseins Schwellen und dadurch Individualisierung (Symmetriebrechung).

14. LICHTGESCHWINDIGKEIT (Chokmah):   Die Geschwindigkeit des Lichtes ist eine der schillerndsten Größen in der Physik. Zum einen kann kein Teilchen mit Masse diese Geschwindigkeit erreichen, während sich alle masselosen Teilchen (Energiequanten) genau mit Lichtgeschwindigkeit bewegen. Zum anderen ist sie die Konstante, durch sich der Raum mit der Zeit verbindet.

Der Relativitätstheorie zufolge (die durch viele Experimente bestätigt wurde) vergeht umso weniger Zeit, je schneller man sich bewegt (dies fällt aber erst ab einem Zehntel der Lichtgeschwindigkeit deutlicher auf). Man kann dies auch anders beschreiben: die räumliche Bewegung (Geschwindigkeit), die eine Sache hat, und die Geschwindigkeit, mit der die Zeit für diese Sache vergeht, ergeben zusammen immer genau die Lichtgeschwindigkeit. Daraus ergibt sich zum einen, daß für Energiequanten wie z.B. das Licht keine Zeit vergeht, weil sie sich bereits mit Lichtgeschwindigkeit bewegen, und zum anderen der zunächst ebenso seltsam anmutende Umstand, daß die Zeit eine Geschwindigkeit hat - nämlich die des Lichtes. Ein mit Lichtgeschwindigkeit fliegendes Photon, das im Zeitlosen, in der Ewigkeit weilt, und ein Teilchen mit Masse, daß an seinem Platz ruht und für das die Zeit daher mit Lichtgeschwindigkeit verstreicht, sind die beiden Extreme der Bewegungsmöglichkeiten in unserer Welt. Die Ortsveränderung (Geschwindigkeit) und die Zeitveränderung ("Geschwindigkeit der Zeit") sind zusammen immer konstant: "c". Daher kann man sagen, daß sich in der Raumzeit alles mit der Lichtgeschwindigkeit bewegt (und somit verändert) - nur der Anteil, der auf die räumliche Geschwindigkeit, und der Anteil, der auf die zeitliche Geschwindigkeit (das Maß an Zeit, das dabei vergeht) entfällt, ist verschieden. Die Lichtgeschwindigkeit ist also die Geschwindigkeit, mit der sich alle Veränderungen in unserem Weltall abspielen.

Die Lichtgeschwindigkeit ist auch die Geschwindigkeit, mit der sich das Weltall selber ausdehnt. Somit ist die Lichtgeschwindigkeit auch die "Schnelligkeit" von Gottes Schöpfungsimpuls. Die Lichtgeschwin-digkeit ist die Geschwindigkeit der Ausdehnung des Weltalls und die Geschwindigkeit aller Veränderungen (die sich aus ihrem räumlichen und ihrem zeitlichen Anteil zusammensetzen). Diese "Schnelligkeit" von Gottes Schöpfungsimpuls ist die Geschwindigkeit der Entwicklung - sowohl die Geschwindigkeit der Ausdehnung des Weltalls und der Bewegungen aller Teilchen in ihm als analog dazu auch die Geschwindigkeit der Entfaltung des Bewußtseins.

Insofern stellt sich die Frage, was auf der Bewußtseinsseite einer (physikalischen) Geschwindigkeit entspricht. Eine Geschwindigkeit ist ein Maß für die Intensität, mit der man sich von einem Ort zu einem anderen bewegt. Auf das Bewußtsein übertragen wäre dies dann eine Bewegung innerhalb des Bewußtseins, also die Verschiebung der

Aufmerksamkeit auf einen anderen Ort - wobei deren Geschwindigkeit von der Intensität, die mit diesem Vorgang verbunden ist, abhängt. Der örtlichen Veränderung entspricht dabei das Erreichen und Wahrnehmen von neuen Bewußtseinsinhalten, während die Zeit innerhalb des Bewußtseins dieselbe Rolle wie außerhalb des Bewußtseins zu spielen scheint. Die Ekstase (Photon) und die Liebe (Gluon) bewegen sich offenbar mit der Lichtgeschwindigkeit und haben eine unendliche Reichweite wie diese Energiequanten, was ja gut zu der Auffassung von diesen beiden Gefühlen bzw. Bewußtseinszuständen oder -inhalten paßt. Komplexere Bewußtseins-inhalte, die den Teilchen mit Masse entsprechen, haben offenbar nicht diese unendliche Reichweite und diese Ausdehungsgeschwindigkeit. Daher entsprechen der Lichtgeschwindigkeit auf der Bewußtseinsseite die ENTFALTUNGSGESCHWINDIGKEIT DER BEWUSSTSEINSINHALTE (die der Ausdehung der Raumzeit mit Lichtgeschwindigkeit entspricht) sowie die UNENDLICHE REICHWEITE UND INTENSITÄT DER LIEBE UND DER EKSTASE (die sich in ihrer Ausbreitung mit Lichtgeschwindigkeit zeigt).

15. PULSIERENDES WELTALL (gesamter Lebensbaum):   Das Weltall dehnt sich aufgrund des Urknallimpulses mit Lichtge-schwindigkeit aus.

Diese Geschwindigkeit wird bzw. wurde auf zwei Arten beeinflußt. Zum einen verlangsamt die Gravitation nach und nach die Ausdehungsgeschwindigkeit des Weltalls - das heißt, der Schöpfungsimpuls läßt nach und wird kleiner. Dies bedeutet, daß sich das Weltall immer langsamer ausdehnt und schließlich entweder zum Stillstand kommt und sich dann wieder zusammenzieht oder daß es sich zwar ewig immer weiter ausdehnt, aber diese Ausdehnung immer langsamer wird. Die Entscheidung, welcher von den beiden Fällen eintreten wird, ist noch nicht völlig sicher, aber es spricht bislang alles für den ersten Fall. Diese Variante bedeutet, daß sich das Weltall dann wieder zusammenzuziehen beginnen wird, die Materie dabei dichter und die Temperatur folglich wieder ansteigen wird, bis schließlich die gesamte Materie und Energie in einem "Endknall" aufeinanderprallt und denselben extremen Zustand erreicht wie beim Urknall.

Dabei würden dann dieselben Phasen durchlaufen werden wie bei dem Urknall - nur in umgekehrter Richtung. Aus diesem Endknall wird, da es sich bei ihm ja um denselben Zustand wie beim Urknall handelt, wieder ein neues Universum entstehen, das schließlich wieder in sich zusammenfällt und danach wieder zu einem neuen Weltall expandiert - ein pulsierende Weltall. Die Schöpfung nähert sich gegen Ende der Ausdehungsphase einem Zustand, in dem nicht mehr viel geschehen kann, da die Sterne dann schon lange verloschen sein werden und sich die Materie des Weltalls nach und nach durch Quantensprünge in den niedrigstmöglichen Energiezustand, also in Eisenatome, verwandeln wird: die Entwicklungsmöglichkeiten sind aufgebraucht.

Auf der Bewußtseinsseite bedeutet dies, daß das Weltall/Gott seine Schöpfung wieder in sich zurücknimmt, nachdem seine Schöpfung alle ihre Möglichkeiten ausgeschöpft hat und nun zum Stillstand gekommen ist - auf die Schöpfungsphase folgt dann die Reintegrationsphase: auf den Entstehungsprozeß von Kether nach Malkuth durch den "Blitzstrahl der Schöpfung" folgt der Integrationsprozeß von Malkuth nach Kether durch die "Schlange der Weisheit".

In der indischen Mythologie findet sich genau dieses Bild der aus Gott heraus entstehenden Welten, die er dann wieder in sich zurücknimmt: der Atem Brahmas - sein Ausatmen ist die Erschaffung einer Welt und sein Einatmen das in-sich-Zurücknehmen dieser Welt. Man kann diese zwei Phasen auch als SELBSTAUSDRUCK UND SELBSTERKENNTNIS GOTTES auffassen, die in einigen spirituellen Betrachtungen als die eigentliche Ursache für die Existenz unserer Welt angesehen werden.

Es gibt also nun auf der Bewußtseinsseite Gott (Raumzeit), der eine Einheit und identisch mit seiner Schöpfung ist und der auf ekstatische Weise die Welt erschafft (Urknallimpuls) und sie mit seiner Selbstliebe (Gravitation) und mit seiner Allgegenwart (Gravitonen) erfüllt. In seiner Schöpfung zeigt sich zwischen den Geschöpfen durch ihr Verhalten ihr Grad an Verwandtschaft (Kräfte). Die Energie von Gottes Selbstliebe (Gravitation) sowie unterhalb des 1. Überganges die aus ihr entstandenen Energien der Ekstase (Photon) und der Liebe (Gluon) sind das Mittel, durch das sich Gott selber wahrnimmt - sie bleiben mit Gott verbunden (Abgrenzungslosigkeit). Ihre Reichweite ist unendlich und ihre Entfaltungs-geschwindigkeit ist überall gleich (Lichtgeschwindigkeit). Diese Energien sind Gottes Allgegenwart, die in viele einzelne Teile aufgeteilt (Gravitonen) ist, die die erste Individualisierung sind (Spin). In jedem Augenblick und an jedem Ort der Schöpfung ist Gott anwesend, was hier und jetzt das Urvertrauen ermöglicht (Dichte). Durch die Entstehung von grundlegend neuen Bewußtseinsinhalten entstehen innerhalb des Bewußtseins Schwellen und dadurch Individualisierung (Symmetriebrechung). Dieser Vorgang ist ein Teil von Gottes Wunsch nach Selbsterkenntnis (pulsierendes Weltall).

16. INFLATIONÄRES WELTALL (Chokmah/Binah/Daath):   Wie bei Punkt 15 erwähnt gibt es zwei Abweichungen von der Ausdehnung des Weltalls mit Lichtgeschwindigkeit. Während die eben beschriebene Ausdehnung und Zusammenziehung ein rhythmischer Vorgang ist, ist die Inflation ("Aufblähen") des Weltalls ein ausgesprochen drastischer Vorgang. Dieser Vorgang ist noch nicht ganz sicher geklärt, aber aufgrund seiner astronomischen Auswirkungen inzwischen sicher nachgewiesen.

Die Inflation des Weltalls fand in der Zeit von 10^{-36} bis 10^{-34} Sekunden statt. In dieser winzigen Zeitspanne dehnte sich das Weltall um das 10^{30}-fache aus - das ist mehr als in den 15 Milliarden Jahren, die danach bis heute folgten. Diese gewaltige Ausdehnung hängt mit der Symmetriebrechung der drei Urkräfte zusammen und hat unter anderem bewirkt, daß die Materie völlig gleichförmig auf das Weltall verteilt wurde. Da die Lichtgeschwindigkeit die größte Geschwindigkeit in unserem Weltall ist, können wir nur solche Bereiche des Weltalls wahrnehmen, die innerhalb einer Kugel mit dem Radius liegen, die das Licht in den 15 Milliarden seit dem Urknall durchfliegen konnte. Dies ist zwar ein riesiger Raum, aber das Weltall hat einen Radius, der um das 10^{30}-fache größer ist. Von jedem Punkt in unserem Weltall aus kann man also nur den 10^{90}-Teil des Weltalls (den 10^{30}-ten Teil in der Höhe · den 10^{30}-ten Teil in der Breite · den 10^{30}-ten Teil in der Tiefe) wahrnehmen. Da in dem uns sichtbaren Teil des Weltalls ungefähr 10^{84} Atome sind, macht der uns sichtbare Teil des Weltalls an dem gesamten Weltall einen kleineren Teil aus als ein einzelnes Atom in dem ganzen uns sichtbaren Weltall.

Auf das Bewußtsein übertragen, zeigt die heftige Expansion des Weltalls die INTENSITÄT VON GOTTES SCHÖPFUNGSIMPULS und die Kleinheit des Anteiles an dem ganzen Weltall, den wir wahrnehmen können, zeigt die GRÖSSE GOTTES.

Die Ursache dieser heftigen Ausdehnung liegt darin begründet, daß die Symmetrie der drei Kräfte (Gravitation, elektromagnetische Kraft und Farbkraft) nicht sofort zerbrochen ist, als die Temperaturen so tief gesunken waren, daß dieser Bruch hätte eintreten müssen, sondern zunächst aufgrund der "Reaktionszeit", die sie dafür benötigten, noch einen winzigen Augenblick (ca. 10^{-34}Sek.) in der Symmetrie verharrten. Doch dieses kurze Verbleiben in der Symmetrie, obwohl die äußeren Umstände (Temperatur) ein sofortiges Zerbrechen der Symmetrie erfordert hätten, hatte zur Folge, daß kurzfristig aus der gesamten Energie des Weltalls (Gesamtgravitation) eine Kraft entstand, die nicht mehr zusammenziehend wie die Gravitation, sondern ausdehnend wie der Urknallimpuls wirkte - weshalb sich das Weltall für einen winzigen Augenblick (10^{-34}Sekunden) ungehemmt ausdehnen konnte.

Das Verharren der Kräfte in Symmetrie "über die ihnen bestimmte Zeit hinaus" bewirkte also eine drastische Ausdehung des Weltalls. Da die Raumzeit Gott selber ist, kann man an diesem einen Punkt sagen, daß Gott auf seine Schöpfung reagierte, daß er auf ihr Verharren in Einheit damit reagierte, daß er den Schöpfungsimpuls drastisch steigerte - eine Art KOSMISCHER PRESSWEHEN.

Allerdings ist dabei zu beachten, daß ja diese heftige Ausdehung durch die "Zusammenarbeit" der Gesamtenergie im Weltall mit dem zusätzlichen Ausdehungsimpuls zustande kam. Das Verharren der Gesamtenergie in Symmetrie/Einheit hatte zur Folge, daß diese Gesamtenergie kurzfristig ihre zusammenziehende Kraft (Gravitation) in eine ausdehnende Kraft umpolte. Dadurch, daß die Schöpfung in der Einheit verharrte, also in dem Zustand, der Gott entspricht, wurden sie zu Gehilfen Gottes, die wie er das Weltall ausdehnten. Daraus ergibt sich gewissermaßen das Bild der SCHÖPFUNG ALS MITSCHÖPFER.

17. THERMISCHES GLEICHGEWICHT (Kether bis Tiphareth/Graben):   Vom Urknall an bis hin zur Entstehung der Atomkerne befinden sich alle Teilchen im Plasma-Zustand, also im thermischen Gleichgewicht. Die Teilchen stoßen so oft aneinander, daß es ihnen nicht möglich ist, eine unterschiedliche Temperatur (Eigenschwingung) anzunehmen, da bei jedem Stoß die Temperatur der beiden zusammenstoßenden Teilchen gemischt wird.

Ganz zu Anfang in Kether bestand der vollkommen homogene Zustand der Raumzeit. Durch die Rotation um die eigene Achse (Spin) entstanden die ersten von der Raumzeit unterscheidbaren Teilchen - die Gravitonen. Man kann sie in etwa als um die eigene Achse rotierende Raumzeit-Segmente auffassen. Unterhalb des 1. Überganges, also in dem Dreieck Chokmah/Binah/Daath endet auch die vollkommene Homogenität von Kether und an ihre Stelle trat die Abgrenzungslosigkeit der verschiedenen Energien (die der Gravitation, der elektromagnetische Kraft und der Farbkraft).

Unterhalb des 2. Überganges in Chesed/Geburah/Tiphareth reduziert sich die Einheitlichkeit des Anfangs ein weiteres Mal. Nun existieren abgegrenzte Teilchen mit Masse und das, was von ihrer ursprünglichen Einheitlichkeit bleibt, ist ihre gleiche Temperatur. Da die Temperatur ein Ausdruck für die Eigenschwingung und auch für die Geschwindigkeit ist, mit der sich ein Teilchen bewegt (höhere Geschwindigkeit der Teilchen = höhere Temperatur = Ausdehnung), ist die Temperatur auch ein Ausdruck für die Bewegungsenergie eines Teilchens. In dem 2. Dreieck verfügen die Teilchen also alle über eine gleiche Bewegungsenergie (genaugenommen die gleiche Bewegungsenergie pro Masse). In diesem Bereich ist also die Bewegungsenergie und somit die Geschwindigkeit gleichmäßig verteilt. Da die Geschwindigkeit die Intensität beschreibt, mit der sich etwas von einem Ort zu einem anderen bewegt, stellt diese gleiche Geschwindigkeit aller Teilchen auf der Bewußtseinsseite die GLEICHE AUSDEHUNGSGESCHWINDIGKEIT ALLER BEWUSSTSEINSINHALTE dar.

Es gibt also nun auf der Bewußtseinsseite Gott (Raumzeit), der eine Einheit und identisch mit seiner Schöpfung ist und der auf ekstatische Weise die Welt erschafft (Urknallimpuls) und sie mit seiner Selbstliebe (Gravitation) und mit seiner Allgegenwart (Gravitonen) erfüllt. In seiner Schöpfung zeigt sich zwischen den Geschöpfen durch ihr Verhalten ihr Grad an Verwandtschaft (Kräfte). Die Energie von Gottes Selbstliebe (Gravitation) sowie unterhalb des 1. Überganges die aus ihr entstandenen Energien der Ekstase (Photon) und der Liebe (Gluon) sind das Mittel, durch das sich Gott selber wahrnimmt - sie bleiben mit Gott verbunden (Abgrenzungslosigkeit). Ihre Reichweite ist unendlich und ihre Entfaltungsgeschwindigkeit ist überall gleich (Lichtgeschwindigkeit). Diese Energien sind Gottes Allgegenwart, die in viele einzelne Teile aufgeteilt ist (Gravitonen), die die erste Individualisierung sind (Spin). In jedem Augenblick und an jedem Ort der Schöpfung ist Gott anwesend, was hier und jetzt das Urvertrauen ermöglicht (Dichte). Durch die Entstehung von grundlegend neuen Bewußtseinsinhalten entstehen innerhalb des Bewußtseins Schwellen und dadurch Individualisierung (Symmetriebrechung). Dieser Vorgang ist ein Teil von Gottes Wunsch nach Selbsterkenntnis (pulsierendes Weltall). Dabei gibt es die Möglichkeit für die Schöpfung, zum Mitschöpfer zu werden (inflationäres Weltall).

Unterhalb des 2. Überganges reduziert sich Gottes Einheit in seiner Schöpfung auf die gleiche Ausdehungsgeschwindigkeit aller Bewußtseinsinhalte (thermisches Gleichgewicht).

18. MASSE/ELEMENTARTEILCHEN (ab Chesed abwärts bis Malkuth):   Die Masse ist entsprechend "$E=m \cdot c^2$" kondensierte Energie. Diese Kondensation entspricht wie die Umwandlung der Gravitonen in Photonen und Gluonen einer Spinhalbierung: vom Spin 2 der Gravitonen über den Spin 1 der Energiequanten Photon und Gluon zu dem Spin 1/2 der Elementarteilchen Quark, Elektron und Neutrino.

Wenn 1. die Energie auf ihrer Bewußtseinsseite als Gottes Selbstwahrnehmung aufgefaßt werden kann, und 2. die Lichtgeschwindigkeit auf der Bewußtseinsseite bezüglich der Gravitation die Entfaltungsgeschwindigkeit der Bewußtseinsinhalte ist und sie 3. bezüglich der Photonen und der Gluonen die unendliche Reichweite und Intensität der Liebe und der Ekstase ist, kann man daraus ableiten, welchen Charakter eine Masse auf der Bewußtseinsseite hat.

Da eine Masse keine Kraft ausübt und daher keine Ausdehung und auch keine Reichweite "über ihren Rand hinaus" hat, bedeutet dies, daß die Elementarteilchen auf ihre "Ausstrahlung" und "Ausdehnung" verzichten, also diese Eigenschaften der Energiequanten bei ihrer Kondensation zu Elementarteilchen nach innen gekehrt haben, wodurch ihre Festigkeit und Abgrenzung und ihre Masse entsteht.

Die Energie kreist bei den Elementarteilchen innerhalb einer "kugelförmigen" Bahn, also in der Gestalt einer Hohlkugel um ihren eigenen Mittelpunkt - die Lichtgeschwindigkeit, mit der die Energiequanten in diesen Hohlkugelbahnen fliegen, ergibt die Festigkeit der Masse, denn um die Masse zu verformen müßte man die Energiequanten von ihrer Kreisbahn abbringen.

In einem Elementarteilchen gibt es keine Ausdehung mehr wie bei der Gravitationsenergie, keine unendliche Ekstase mehr wie bei den Photonen und keine unendliche Liebe mehr wie bei den Gluonen. Die Ausdehnung hat sich bei der Masse in einen festen Ort verwandelt, die Ekstase in eine feste Grenze, und die Liebe in Selbstbezogenheit.

Genaugenommen bezieht sich dies auf den Spin 1/2, also auf den Zustand der Gravitonen, wenn sie zwei Übergänge überquert haben. Dies trifft für alle Elementarteilchen zu, auch für das Neutrino, das die Besonderheit hat, daß es über keine Masse verfügt, da es auf eine abweichende Art entstanden ist.

Daraus ergeben sich nun auch die drei Eigenschaften der Elementarteilchen: EIGENE MITTE (aus der Allgegenwart Gottes, die den Gravitonen entspricht), ABGRENZUNG (aus der Ekstase, die den Photonen entspricht) und SELBSTLIEBE (aus der Liebe, die den Gluonen entspricht). Diese Beschreibung zeigt deutlich, daß die Elementarteilchen auf der Bewußtseinsseite als abgegrenzte Bewußtseinseinheiten, also als SELBSTÄNDIGE WESEN erscheinen. Da es die Masse ist, die auf die Gravitation reagiert, beschreibt die Masse also die aus den Gravitonen entstandenen Qualität der Elementarteilchen. Daraus ergibt sich auf der Bewußtseinsseite, daß die masselosen Neutrinos "keine eigene Mitte haben", also nicht selbstzentriert sind.

19. UP-QUARKS (Chesed):   Dies Elementarteilchen hat eine Masse, eine elektrische Ladung und eine Farbladung - es reagiert also auf alle drei Kräfte. Daher kann man es auf der Bewußtseinsseite als ein "vollständiges Wesen" beschreiben, daß eine eigene Mitte, eine Abgrenzung und die Selbstliebe hat. Sie wirken auf andere Quarks durch die Farbkraft (Gluonenaustausch), auf andere Quarks und Elektronen durch die elektromagnetische Kraft (Photonenaustausch = Licht), und auf andere Quarks, Elektronen und Neutrinos durch die Gravitation (Gravitonenaustausch). Diese Quark-Wesen sind also durch durch Gottes Allgegenwart (Gravitonen), durch die Ekstase (Photonen) und durch die Liebe (Gluonen) mit den anderen Elementarteilchen verbunden. Diese Wesen haben also ein "reiches Seelenleben" und eine "vielfältige Biographie", die von vielen verschieden Einflüssen geprägt wird.

Die schwächste dieser Kräfte ist die Allgegenwart Gottes (Gravitatonen), die mittelstarke Kraft ist die Ekstase (Photonen) und die stärkste dieser Kräfte ist die Liebe (Gluonen). Daher werden die Quark-Wesen in ihrem Verhalten und Erleben am stärksten von dieser Kraft geprägt - es liegt also nahe, sie als LIEBENDE zu bezeichnen.

Eine Auffälligkeit an den Quarks ist es auch, daß sie die ersten Teilchen sind, die einen in Flugrichtung rechtsdrehenden Spin (Spin R) haben können. Da der Spin auf der Bewußtseinsseite die Bedeutung der Individualisierung hat, ergibt sich hieraus noch eine markante Eigenschaft der Quark-Wesen: sie können sich anderes herum drehen als alle anderen Aspekte Gottes (Energiequanten) oder abgegrenzten Wesen (Neutrinos, Elektronen), d.h. sie können sich in ihrer Bewegung Gott gegenüber- bzw. entgegenstellen, statt mit ihm aufgrund ihrer gleichen Rotationsrichtung in Resonanz mit ihm zu stehen. Die erweiterten Spin-Möglichkeiten betonen also die Abgrenzung und Eigenständigkeit der Quarks.

Das up-Quark ist das einzige dauerhaft stabile Quark - alle anderen zerfallen nach sehr kurzer Zeit in ein oder mehrere up-Quarks sowie andere Teilchen und Energiequanten.

20. DOWN-QUARKS (Chesed):   Der Unterschied zwischen einem up- und einem down-Quark liegt in der Masse und der Ladung. Ein down-Quark ist ca. 1,8mal so schwer wie ein up-Quark. Zudem hat das down-Quark die Ladung -1/3 und das up-Quark die Ladung +2/3. Sie haben beide genau eine Farbladung.

Daraus ergibt sich, daß das up-Quark-Wesen sich zwar doppelt so ekstatisch bewegt wie das down-Quark-Wesen (entsprechend der doppelt so hohen elektromagnetischen Ladung des up-Quarks), daß es aber eine schwächere eigene Mitte hat (entsprechend der nur gut halb so großen Masse des up-Quarks). Das up-Quark-Wesen ist somit ein "leidenschaftlicherer Liebender, der leichter seine eigene Mitte aus den Augen verliert", während das down-Quark-Wesen "ein weniger leidenschaftlicher, aber dafür in sich ruhender Liebender" ist. Um nicht allzu klobige Namen zu erhalten, wird das up-Quark-Wesen im Folgenden EKSTAISCHER LIEBENDER und das down-Quark-Wesen RUHIGER LIEBENDER genannt. Wie auch alle anderen Quarks kann das down-Quark auch den Spin R haben. Das down-Quark ist nur in der Verbindung mit up-Quarks in einem Proton oder Neutron stabil.

Es gibt also nun auf der Bewußtseinsseite Gott (Raumzeit), der eine Einheit und identisch mit seiner Schöpfung ist und der auf ekstatische Weise die Welt erschafft (Urknallimpuls) und sie mit seiner Selbstliebe (Gravitation) und mit seiner Allgegenwart (Gravitonen) erfüllt. In seiner Schöpfung zeigt sich zwischen den Geschöpfen durch ihr Verhalten ihr Grad an Verwandtschaft (Kräfte). Die Energie von Gottes Selbstliebe (Gravitation) sowie unterhalb des 1. Überganges die aus ihr entstanden Energien der Ekstase (Photon) und der Liebe (Gluon) sind das Mittel, durch das sich Gott selber wahrnimmt - sie bleiben mit Gott verbunden (Abgrenzungslosigkeit). Ihre Reichweite ist unendlich und ihre Entfaltungsgeschwindigkeit ist überall gleich (Lichtgeschwindigkeit). Diese Energien sind Gottes Allgegenwart, die in viele einzelne Teile aufgeteilt ist (Gravitonen), die die erste Individualisierung sind (Spin). In jedem Augenblick und an jedem Ort der Schöpfung ist Gott anwesend, was hier und jetzt das Urvertrauen ermöglicht (Dichte). Durch die Entstehung von grundlegend neuen Bewußtseinsinhalten entstehen innerhalb des Bewußtseins Schwellen und dadurch Individualisierung (Symmetriebrechung). Dieser Vorgang ist ein Teil von Gottes Wunsch nach Selbsterkenntnis (pulsierendes Weltall). Dabei gibt es die Möglichkeit für die Schöpfung, zum Mitschöpfer zu werden (inflationäres Weltall).

Unterhalb des 2. Überganges, in dem selbständige Bewußtseinseinheiten (Elementarteilchen) mit den Eigenschaften eigene Mitte (aus Gravitonen), Abgrenzung (aus Photonen) und Selbstliebe (aus Gluonen) entstehen, reduziert sich Gottes Einheit in seiner Schöpfung auf die gleiche Ausdehungsgeschwindigkeit aller Bewußtseinsinhalte (thermisches Gleichgewicht). Zu diesen Wesen gehören die ruhigen Liebenden (down-Quarks) und die ekstatisch Liebenden (up-

Quarks).

21. ELEKTRONEN (Chesed):   Das Elektron reagiert auf die elektromagnetische Kraft und auf die Gravitation. Da die Gravitation die bei weitem schwächere Kraft der beiden ist, wird das Verhalten des Elektrons durch die elktromagnetische Kraft bestimmt. Daraus ergibt sich, daß das Elektron auf der Bewußtseinsseite ein sehr ekstatisches und somit sehr bewegtes Wesen ist. Da die typischste Methode, um zu einer Ekstase zu gelangen bzw. eine erreichte Ekstase auszudrücken, der Tanz ist, werden die Elektronen-Wesen im Folgenden TÄNZER genannt. Sie sind etwa ein Zehntel so schwer wie ein up-Quark, haben also eine nur etwa ein Zehntel so starke eigene Mitte wie ein up-Quark-Wesen. Diese weniger ausgeprägte Mitte zeigt sich auch darin, daß sie immer den "ursprünglichen" Spin L beibehalten.

22. NEUTRINOS (Chesed):   Neutrinos haben vor allem eine Eigenschaft: sie haben den Spin 1/2. Sie reagieren nicht auf die elektromagnetische Kraft und auch nicht auf die Farbkraft, sondern nur auf die Gravitation und auf die schwache Wechselwirkung. Ihr Verhalten ist also durch die Gravitation (und die in Punkt 29 beschriebene schwache Wechselwirkung) geprägt.

Da sie (sehr wahrscheinlich) keine Masse haben, unterscheiden sie sich also von den Gravitonen nur dadurch, daß sie keine Kraft ausüben und den Spin 1/2 statt den Spin 2 haben. Während die Quarks eng mit den Gluonen und die Elektronen eng mit den Photonen verwandt sind, sind die Neutrinos also eng mit den Gravitonen verwandt.

Aus den Gluonen und den Photonen entstand beim Übergang über den Abgrund jedoch ein Teilchen mit Masse. Das Graviton mußte auf dem Lebensbaum jedoch zwei Übergänge überqueren (Auflösung und Abgrund), um bis nach Chesed zu gelangen. Diese Verwandlung über zwei Übergänge hinweg genügte zwar aus, um ein abgegrenztes Teilchen zu erschaffen - aber es sind offenbar zwei getrennte Übergänge notwendig, um eine Masse zu erzeugen (Gravitonen --Auflösung--> Photonen/Gluonen --Abgrund--> Elektronen/Quarks).

So entsteht durch diese abweichende Entstehungsgeschichte des Neutrinos also ein masseloses Teilchen. Die Art, wie diese Übergänge überschritten werden, trägt wesentlich zu dem Charakter der entstehenden Teilchen bei, wie sich auch bei der schwachen Wechselwirkung zeigt (siehe Punkt 27).

Das Neutrino ist also abgegrenzt wie alle Teilchen mit dem Spin 1/2, hat aber keine Masse und reagiert nur auf die schwache Wechselwirkung und auf die Gravitation, da seine Bewegungsenergie wegen "$E = m \cdot c^2$" auch als Masse wirkt.

Das Besondere an den Neutrinos, ihre Masselosigkeit, zeigt sich auf der Bewußtseinsseite (wie in Punkt 18 gezeigt) darin, daß sie nicht selbstzentriert sind, sondern in dieser Hinsicht wie eine Energie abgrenzungslos sind. Sie sind also auf der Bewußtseinsseite Wesen, die zwar die Eigenschaft der Individualisierung (durch den Spin 1/2) und der Verbundenheit mit Gott (da es nur auf die Gravitation reagiert), aber nicht die Eigenschaft der eigenen Mitte haben. Ein solches Wesen kann sich also von anderen Wesen unterscheiden und es ist von Gottverbundenheit erfüllt, aber der Egoismus und die Egozentrik, die beide auf der eigenen Mitte beruhen, fehlen. An ihre Stelle tritt die Weite und Abgrenzungslosigkeit, die das Merkmal der Energien war.

Das Neutrino-Wesen bringt also die Weite der Energie hinab auf die Ebene der selbstzentrierten Elementarteilchen. Das Neutrino-Wesen ist von seinem Selbstverständnis her also ein Wesen, daß sich als Ausdruck oder Teil des Ganzen, also als ein Bote des 1. Dreiecks fühlt. Man kann das Neutrino-Wesen somit als "Engel" oder "HIMMELSBOTEN" auffassen. Noch passender als beim Elektron ist beim Neutrino die Beibehaltung des "ursprünglichen" Spins L.

Es gibt also nun auf der Bewußtseinsseite Gott (Raumzeit), der eine Einheit und identisch mit seiner Schöpfung ist und der auf ekstatische Weise die Welt erschafft (Urknallimpuls) und sie mit seiner Selbstliebe (Gravitation) und mit seiner Allgegenwart (Gravitonen) erfüllt. In seiner Schöpfung zeigt sich zwischen den Geschöpfen durch ihr Verhalten ihr Grad an Verwandtschaft (Kräfte). Die Energie von Gottes Selbstliebe (Gravitation) sowie unterhalb des 1. Überganges die aus ihr entstandenen Energien der Ekstase (Photon) und der Liebe (Gluon) sind das Mittel, durch das sich Gott selber wahrnimmt - sie bleiben mit Gott verbunden (Abgrenzungslosigkeit). Ihre Reichweite ist unendlich und ihre entfaltungsgeschwindigkeit ist überall gleich (Lichtgeschwindigkeit). Diese Energien sind Gottes Allgegenwart, die in viele einzelne Teile aufgeteilt ist (Gravitonen), die die erste Individualisierung sind (Spin). In jedem Augenblick und an jedem Ort der Schöpfung ist Gott anwesend, was hier und jetzt das Urvertrauen ermöglicht (Dichte). Durch die Entstehung von grundlegend neuen Bewußtseinsinhalten entstehen innerhalb des Bewußtseins Schwellen und dadurch Individualisierung (Symmetriebrechung). Dieser Vorgang ist ein Teil von Gottes Wunsch nach Selbsterkenntnis (pulsierendes Weltall). Dabei gibt es die Möglichkeit für die Schöpfung, zum Mitschöpfer zu werden (inflationäres Weltall).

Unterhalb des 2. Überganges, in dem selbständige Bewußtseinseinheiten (Elementarteilchen) mit den Eigenschaften eigene Mitte (aus Gravitonen), Abgrenzung (aus Photonen) und Selbstliebe (aus Gluonen) entstehen, reduziert sich Gottes Einheit in seiner Schöpfung auf die gleiche Ausdehungsgeschwindigkeit aller Bewußtseinsinhalte (thermisches Gleichgewicht). Diese Wesen sind die ruhigen Liebenden (down-Quarks), die ekstatisch Liebenden (up-Quarks), die Tänzer (Elektronen) und die Himmelsboten (Neutrinos).

23. DREI TEILCHENFAMILIEN (Chesed):   Die vier Elementarteilchen gibt es in drei Größen, die "Familien" genannt werden. Aus den Mitgliedern der Familie mit den leichtesten Teilchen (up- und down-Quark, Elektron, Neutrino) besteht unsere Welt. Die Mitglieder der "mittelschweren und der schwerer Familie" treten nur für sehr kurze Zeit bei Kollisionen von Teilchen oder bei sehr hohen Temperaturen (also z.B. kurz nach dem Urknall) auf. Die Neutrinos haben jedoch nie eine Masse. Wenn man die Masse des Elektrons als 1 nimmt, haben diese insgesamt 12 Teilchen folgende Massen:

Familie 1		Familie 2		Familie 3	
Name	*relatives Gewicht*	*Name*	*relatives Gewicht*	*Name*	*relatives Gewicht*
up-Quark	8,70	charm-Quark	2.962,96	top-Quark	350.000,00
down-Quark	13,70	strange-Quark	296,30	bottom-Quark	9.629,63
Elektron	1,00	Myon	203,70	Tauon	3.518,52
(Elektron-)Neutrino	0,00	Myon-Neutrino	0,00	Tauon-Neutrino	0,00

Außer den sehr unterschiedlichen Massen gibt es keine Unterschiede zwischen diesen Elementarteilchen. Die Vergrößerung der Teilchen ist unregelmäßig: die Vergrößerungen zwischen der 1. und der 2. Familie liegen zwischen dem 21-fachen und dem 340-fachen, die zwischen der 2. und der 3. Familie zwischen dem 17-fachen und dem 1.178-fachen.

Um die diesen schweren Teilchen entsprechenden Bewußtseinsqualitäten zu erfassen, gibt es zwei Anhaltspunkte: sie haben eine hohe Masse, was den bisherigen Annahmen zufolge eine ausgeprägte Mitte bedeutet, und sie können nur bei sehr hohen Temperaturen, also bei einer sehr hohen Energiedichte existieren, was darauf hinweist, daß sie konzentrierte Erscheinungsformen von Gottes Selbstwahrnehmung (die Bewußtseinsentsprechung der Energie) sind. Es entstehen also bei hohen Temperaturen Wesen mit einer übergroßen Mitte, die möglicherweise eine erhöhte Aufmerksam Gottes, sozusagen eine verstärkte Selbstwahrnehmung darstellen.

Auf dem Lebensbaum treten diese Quarks nur in Chesed auf - nur hier ist die Temperatur, also die Energiedichte anfangs noch hoch genug. Möglicherweise haben die Teilchen der schwereren Familien also eine Funktion innerhalb der Bewußtseinsseite von Chesed. Um die Mitglieder der Familien unterscheiden zu können, kann man die Mitglieder der 1. Familie mit ihrem normalen Namen, z.B. mit TÄNZER (Elektron), bezeichnen, und die Mitgliedern der 2. Familie durch den Zusatz "groß", z.B. GROSSER TÄNZER (Myon), und die Mitglieder der 3. Familie dann durch den Zusatz "sehr groß", z.B. SEHR GROSSER TÄNZER (Tauon) bezeichnen.

24. ANTITEILCHEN (Chesed):   Zu jedem der Elementarteilchen gibt es auch ein Antiteilchen. Ein Teilchen unterscheidet sich von dem Teilchen, zu dem es gehört, dadurch, daß es den entgegengesetzten Spin (L/R), die entgegengesetzte elektromagnetische Ladung (+/-), und die entgegengesetzte Farbladung (rot/grün, gelb/violett, blau/orange) hat. In dem von uns beobachtbaren Teil des Universums gibt es nur einen sehr geringen Anteil von Antimaterie, sodaß sie in allen großräumigeren Vorgängen keine Rolle spielt. Bei kernphysikalischen Prozessen treten allerdings immer Anti-Elementarteilchen auf. So kann sich eine Energie z.B. für kurze Zeit in ein Elektron und sein Antiteilchen, das Positron, verwandeln, bevor sie sich wieder gegenseitig auflösen und in Energie zurückverwandeln.

Quark	- Antiquark
Elektron	- Positron
Neutrino	- Antineutrino

Auffällig dabei ist, daß es keine Anti-Masse gibt, sondern sich das "Anti-" nur auf die Qualitäten der Energien bezieht. Die Masse erscheint hier also als das stabile Element, das verschiedene Qualitäten haben kann. Die Masse entsteht erst bei dem Übergang über den Abgrund von Daath nach Chesed und tritt hier das erste Mal auf und ist daher noch nicht polarisiert. Der Gegensatz von "normal" und "Anti-" tritt auch nur bei Teilchen auf, die über eine Masse verfügen - genauer gesagt, die den Spin 1/2 haben, denn auch zu dem Neutrino gibt es ein Anti-Neutrino.

Die Aufspaltung in diese Art der Dualität entsteht also bei dem Übergang über den Abgrund nach Chesed. Oberhalb des Abgrundes sind die Teilchen sozusagen ihre eigenen Antiteilchen - es gibt hier in dem Bereich der Abgrenzungslosigkeit diesen Gegensatz nicht. In Chesed jedoch, wo die Abgrenzung das erste Mal auftritt, gibt es zu jeder der Qualitäten, die aus den verschieden Energien entstehen, auch jedesmal ihren Gegenpol.

Dies erinnert stark an eine biblische Analogie zu dem Abgrund - die Vertreibung aus dem Paradies: Im Paradies lebt alles in vollkommener Eintracht miteinander, während es nach der Vertreibung das Gegeneinander von Gut und Böse gibt.

Nun sind natürlich nicht die "normalen" Teilchen gut und die Antiteilchen böse, aber es gibt in Chesed "die eigene Qualität" und die ihr "entgegengesetzte Qualität" - die Selbstdefinition in Chesed beinhaltet auch immer die Abgrenzung von dem eigenen Gegenteil. Diese Möglichkeit besteht oberhalb des Abgrundes nicht - dort beruht die Identität auf der Qualität der Kraft, die sich abgrenzungslos unendlich weit und mit maximaler Geschwindigkeit (Lichtgeschwindigkeit) ausdehnt.

An die Stelle der Selbstdefinition durch die eigene Qualität oberhalb des Abgrundes tritt nun unterhalb des Abgrundes die Selbstdefinition durch die Abgrenzung und die Gegensatzbildung. Offenbar stehen diese beiden Prinzipien miteinander in engem Zusammenhang: eine Grenze läßt sich am besten bilden, wenn man einen Widerstand im Außen hat (das Antiteilchen) oder anders formuliert: das Gegenteil im außen, mit dem zusammen man sich in Energie auflösen würde, wenn man Kontakt mit ihm aufnähme, bedeutet die Bedrohung der eigenen Existens, weshalb man sich folglich durch die Abgrenzung gegen dieses Gegenteil zu beschützen versucht. Daraus folgt unter anderem auch, daß die Elementarteilchen vom Tod bedroht sind. Sie haben aufgrund ihrer Abgrenzung eine vergängliche Form, die durch ihr Antiteilchen aufgelöst werden kann. Ein Elementarteilchen stellt also immer nur die Hälfte eines Ganzen dar und kann nur solange weiterexistieren, wie es sich von seiner "Gegenhälfte" isoliert hält.

Daraus ergibt sich wiederum, daß ein Chesed-Wesen, wenn es nach Daath aufsteigen will, sich mit seinem Gegenwesen vereinigen muß - wodurch es sich in eine freie, unendliche Qualität in Gottes Selbstwahrnehmung verwandelt. Die Existens der Antiteilchen weist also auf die POLARE QUALITÄT JEDES ABGEGRENZTEN BEWUSSTSEINS hin.

Wenn Teilchen mit verschiedener Ladung ,z.B. ein Proton und ein Elektron, durch die zwischen ihnen wirkende Kraft zueinander hingezogen werden, nähern sie sich einander an, aber bleiben bestehen, weil sie neben der Polarität in Bezug auf die zwischen ihnen wirkende Kraft auch noch Eigenschaften haben, die sie nicht miteinander teilen - in diesem Fall die Farbladungen der drei Quarks, aus denen das Proton besteht. Wenn es solche Unterschiede jedoch nicht gibt wie z.B. bei einem Elektron und einem Positron (positiv geladenes Elektron), dann gibt es keine Eigenschaft in dem einen Teilchen, die nicht als Spiegelbild in dem anderen Teilchen auftauchen würde. Daher können diese Teilchen bei einer Begegnung ihre Grenze nicht bewahren, sondern lösen sich gegenseitig wieder auf - sie werden wieder die Energie, die sie ursprünglich einmal waren.

Da man sich die Elementarteilchen vereinfacht als "Energie auf Kreisbahnen" vorstellen kann, ist es recht anschaulich, daß sich ein "rechtsdrehendes" Elementarteilchen, wenn es einem genaugleich-gearteten, aber "linksdrehenden" Elementarteilchen begegnet und es berührt, sich die beiden Kreisbewegungen der Energiequanten in diesen Elementarteilchen gegenseitig neutralisieren und nur die Geradeausbewegung der beiden vorher kreisförmig sich bewegenden Energien übrigbleibt - und geradeaus sich bewegende Energie ist nun kein Elementarteilchen (kreisende Energie) mehr, sondern freie Energie.

Die Masse der Teilchen ist nicht polar; es gibt keine "Anti-Masse", denn die Masse entsteht durch das Kreisen der Energie, sie ist sozusagen das "Gewicht" der Energie, die in dem Elementarteilchen beschlossen hat, sich nur noch auf dieser kleinen Kreisbahn aufzuhalten.

Es gibt also nun auf der Bewußtseinsseite Gott (Raumzeit), der eine Einheit und identisch mit seiner Schöpfung ist und der auf ekstatische Weise die Welt erschafft (Urknallimpuls) und sie mit seiner Selbstliebe (Gravitation) und mit seiner Allgegenwart (Gravitonen) erfüllt. In seiner Schöpfung zeigt sich zwischen den Geschöpfen durch ihr Verhalten ihr Grad an Verwandtschaft (Kräfte). Die Energie von Gottes Selbstliebe (Gravitation) sowie unterhalb des 1. Überganges die aus ihr entstandenen Energien der Ekstase (Photon) und der Liebe (Gluon) sind das Mittel, durch das sich Gott selber wahrnimmt - sie bleiben mit Gott verbunden (Abgrenzungslosigkeit). Ihre Reichweite ist unendlich und ihre Entfaltungsgeschwindigkeit ist überall gleich (Lichtgeschwindigkeit). Diese Energien sind Gottes Allgegenwart, die in viele einzelne Teile aufgeteilt ist (Gravitonen), die die erste Individualisierung sind (Spin). In jedem Augenblick und an jedem Ort der Schöpfung ist Gott anwesend, was hier und jetzt das Urvertrauen ermöglicht (Dichte). Durch die Entstehung von grundlegend neuen Bewußtseinsinhalten entstehen innerhalb des Bewußtseins Schwellen und dadurch Individualisierung (Symmetriebrechung). Dieser Vorgang ist ein Teil von Gottes Wunsch nach Selbsterkenntnis (pulsierendes Weltall). Dabei gibt es die Möglichkeit für die Schöpfung, zum Mitschöpfer zu werden (inflationäres Weltall).

Unterhalb des 2. Überganges, in dem selbständige Bewußtseinseinheiten (Elementarteilchen) mit den Eigenschaften eigene Mitte (aus Gravitonen), Abgrenzung (aus Photonen) und Selbstliebe (aus Gluonen) entstehen, reduziert sich Gottes Einheit in seiner Schöpfung auf die gleiche Ausdehungsgeschwindigkeit aller Bewußtseinsinhalte (thermisches Gleichgewicht). Diese Wesen sind die ruhigen Liebenden (down-Quarks), die ekstatisch Liebenden (up-Quarks), die Tänzer (Elektronen) und die Himmelsboten (Neutrinos). Diese Wesen gibt es in drei Größen (Familien) und zwei Polaritäten (Teilchen und Antiteilchen).

25. KURZLEBIGE TEILCHEN (Chesed): Neben den bereits beschriebenen langlebigen Teilchen (Proton, Elektron, Neutrino) gibt es noch einige Dutzend kurzlebige Teilchen (ein Tausendstel einer Sekunde und weniger), die bei verschiedenen Verwandlungen eine Rolle spielen. Die wichtigsten von ihnen bestehen aus einem Quark und einem anti-Quark wie z.B. die Pionen, die die starke Wechselwirkung übertragen - diese "Zwei-Quark-Teilchen" werden Mesonen genannt. Aufgrund ihrer extremen Kurzlebigkeit haben diese Teilchen eher den Charakter von Verwandlungszuständen und Übergängen zwischen festeren Teilchen.

Die "Zwei-Quark-Teilchen" bestehen aus einem Quark und einem Antiquark - die Pionen z.B. aus einem up-Quark und einem Anti-up-Quark, oder aus einem down-Quark und einem Antidown-Quark (beide mit der elektromagnetischen Gesamtladung 0), oder einem up-Quark und einem Anti-down-Quark (Ladung +1); oder einem down-Quark und einem Anti-up-Quark (Ladung -1).

Die "Zwei-Quark-Teilchen" haben den Spin 0, da sie sich aus zwei Quarks mit dem Spin 1/2 zusammensetzen, von denen der eine linksdrehend (normales Quark) und der andere rechtsdrehend (Anti-Quark) ist, was zusammen 0 ergibt.

Die Mesonen-Wesen haben also der bisherigen Betrachtung zufolge zwar eine Mitte (Masse), aber keine klare Abgrenzung (Spin 0). Daher lösen sie sich sehr schnell wieder auf. Die Mesonen treten bei Übergängen zwischen anderen Teilchen und beim Austausch von Quarks durch die starke Wechselwirkung auf. Die kurzlebigen Teilchen stellen demzufolge auch auf der Bewußtseinsseite ÜBERGÄNGE UND KRÄFTE zwischen den langlebigen Teilchen dar.

Neben den "Zwei-Quark-Teilchen" gibt es auch "Drei-Quark-Teilchen", die sich aus den verschiedensten Kombinationen von up-Quarks, down-Quarks, strange-Quarks, charm-Quarks, top-Quarks und bottom-Quarks sowie ihren Anti-Quarks zusammensetzen, wobei auch alle diese Teilchen sehr kurzlebig sind.

26. PROTON (Geburah): Ein Proton besteht aus zwei up-Quarks mit der Ladung +2/3 und einem down-Quark mit der Ladung -1/3: macht zusammen die Ladung +1. Das Proton hat also eine elektromagnetische Außenwirkung, die sich aus der Summe der Ladungen der drei Quarks ergibt.

Das Proton hat ein "dynamisches Innenleben", denn in ihm stehen verschiedene Qualitäten gegeneinander: die Ladung +4/3 gegen die Ladung -1/3.

Eine weitere Besonderheit des Protons ist, daß das Proton die einzige stabile Verbindung ist, die sich aus Quarks herstellen läßt. Alle anderen Quark-Kombinationen zerfallen sehr schnell wieder. Eine Ausnahme sind die Neutronen, die stabil werden, wenn sie sich im Inneren eines Atomkernes befinden. Das Proton ist sozusagen das mit großem Abstand "lebensfähigste" aller Teilchen, die sich aus Elementarteilchen zusammensetzen können. Hier wiederholt sich das bereits bei den Quarks aufgetretene Phänomen, daß es nur ein stabiles Quark (das up-Quark) gibt, in das alle anderen Quarks zerfallen - das stabilste Quark ist auch das leichteste Quark und das stabilste drei-Quark-Teilchen ist auch das leichteste Drei-Quark-Teilchen. Und wie bei den Quarks, wo das down-Quark nur zusammen mit zwei up-

Quarks im Inneren eines Protons stabil wird, so werden auch die Neutronen nur zusammen mit Protonen im Inneren eines Atomkerns stabil. Diese Stabilität liegt darin bedingt, daß sich in diesen subatomaren Gemeinschaften die up-Quarks laufend in down-Quarks verwandeln und umgekehrt sowie die Protonen in Neutronen und umgekehrt.

Da die Kräfte sich darum bemühen, die ursprüngliche neutrale Einheit wiederherzustellen, versuchen sie, Teilchen "herzustellen", durch die diese Neutralität möglichst einfach wiederhergestellt werden kann. Um eine Neutralität sowohl hinsichtlich der Farbladung als auch der elektromagnetischen Ladung zu erreichen, müssen also zwei Bedingungen erfüllt sein: 1. es muß aus den Quarks ein Teilchen entstehen, dessen Ladung genausogroß wie die Ladung des Elektrons, aber entgegengesetzt (also positiv) ist, damit es zusammen mit einem Elektron nach außen hin neutral sein kann (und dann ein Wasserstoffatom bildet); und 2. es muß aus drei Quarks mit verschiedener Farbladung bestehen, damit das so entstehende Teilchen nach außen hin (farb-) neutral sein kann. Dazu kommt als dritte Bedingung, daß das Teilchen möglichst stabil sein sollte, also aus möglichst vielen up-Quarks bestehen sollte.

Das Proton erfüllt diese drei Bedingungen und ist deshalb aus der Sicht der Kräfte das ideale Drei-Quark-Teilchen und daher auch das stabilste Drei-Quark-Teilchen (denn es gibt keines, das diese Bedingungen noch besser erfüllen würde): es hat insgesamt eine Ladung von +1, und es besteht aus drei Quarks, von denen zwei die stabilen up-Quarks sind. Ein Drei-Quark-Teilchen, das aus drei up-Quarks bestände, hätte die Ladung +2 und benötigte zur Neutralisierung immer gleich zwei Elektronen - was aus Sicht der Kräfte, die auf eine möglichst einfache Weise die Neutralität wiederherstellen wollen, offenbar ungünstiger wäre. Die Kräfte bemühen sich, das zur Wiederherstellung der neutralen Einheit günstigste Teilchen herzustellen - was sich dann in der Stabilität dieses Teilchens zeigt.

Wenn man sich das Innenleben eines Protons auf der Bewußtseinsseite ansieht, findet man zwei ekstatisch Liebende und einen ruhigen Liebenden. Das Proton-Wesen ist also 1. langfristig lebensfähig, 2. nach außen hin von ekstatischer Wirkung, also sehr aktiv in Auseinandersetzungen mit anderen ekstatischen Teilchen (Protonen, Quarks, Elektronen), und 3. voller Selbstliebe, da das Proton im Inneren aus zwei ekstatisch Liebenden (up-Quark) und einem ruhig Liebenden (down-Quark) besteht, die alle in Liebe miteinander verbunden sind (Gluonen). Das Proton-Wesen ist eine lebensfähige, nach außen hin aktive, und in Liebe miteinander verbundene Dreier-Gruppe. Der Name ist zwar etwas technisch-holperig, aber man kann die Bewußtseinsseite eines Protons zunächst einmal AKTIVE LIEBESGRUPPE nennen.

27. NEUTRON (Geburah):   Das Neutron unterscheidet sich vom Proton dadurch, daß es aus einem up-Quark mit der Ladung +2/3 und zwei down-Quarks mit der Ladung -1/3 besteht: macht zusammen die Ladung 0. Es stehen im Neutron somit zwei gleichgroße Ladungen gegenüber: +2/3 und -2/3 (2 · -1/3). Das Neutron hat also eine größere innere Spannung als das Proton - die elektromagnetische Kraft ist im Inneren des Neutrons so sehr mit sich selber beschäftigt, daß das Neutron keine Kapazität für eine äußere elektromagnetische Wirkung übrig hat.

Im Gegensatz zum extrem beständigen Proton (die Physiker haben trotz intensiver Suche noch immer keinen Protonen-Zerfall "in freier Natur" beobachtet) hat das Neutron, wenn es sich nicht in einem Atomkern befindet, eine Halbwertszeit von nur 10 Minuten (d.h. von 100 Protonen sind nach 10 Minuten 50 Neutronen zerfallen, nach 20 Minuten 75 Neutronen, nach 30 Minuten 87 Neutronen usw.). Das Neutronen-Wesen ist also ein nur in Gemeinschaft mit dem Protonen-Wesen dauerhaft lebensfähiges Wesen, das nach außen hin neutral, aber innerlich "gespalten" ist (elektromagnetische Ladung: +2/3 gegen -2/3).

Das Wesentliche des Neutrons ist seine Neutralisierung der elektromagnetischen Kraft, die es aber offenbar selber sehr instabil macht. Der dem Proton entsprechende technisch-holprige Name des Neutrons ist PASSIVE LIEBESGRUPPE.

Es gibt nun auf der Bewußtseinsseite Gott (Raumzeit), der eine Einheit und identisch mit seiner Schöpfung ist und der auf ekstatische Weise die Welt erschafft (Urknallimpuls) und sie mit seiner Selbstliebe (Gravitation) und mit seiner Allgegenwart (Gravitonen) erfüllt. In seiner Schöpfung zeigt sich zwischen den Geschöpfen durch ihr Verhalten ihr Grad an Verwandtschaft (Kräfte). Die Energie von Gottes Selbstliebe (Gravitation) sowie unterhalb des 1. Überganges die aus ihr entstandenen Energien der Ekstase (Photon) und der Liebe (Gluon) sind das Mittel, durch das sich Gott selber wahrnimmt - sie bleiben mit Gott verbunden (Abgrenzungslosigkeit). Ihre Reichweite ist unendlich und ihre Entfaltungsgeschwindigkeit ist überall gleich (Lichtgeschwindigkeit). Diese Energien sind Gottes Allgegenwart, die in viele einzelne Teile aufgeteilt ist (Gravitonen), die die erste Individualisierung sind (Spin). In jedem Augenblick und an jedem Ort der Schöpfung ist Gott anwesend, was hier und jetzt das Urvertrauen ermöglicht (Dichte). Durch die Entstehung von grundlegend neuen Bewußtseinsinhalten entstehen innerhalb des Bewußtseins Schwellen und dadurch

Individualisierung (Symmetriebrechung). Dieser Vorgang ist ein Teil von Gottes Wunsch nach Selbsterkenntnis (pulsierendes Weltall). Dabei gibt es die Möglichkeit für die Schöpfung, zum Mitschöpfer zu werden (inflationäres Weltall).

Unterhalb des 2. Überganges, in dem selbständige Bewußtseinseinheiten (Elementarteilchen) mit den Eigenschaften eigene Mitte (aus Gravitonen), Abgrenzung (aus Photonen) und Selbstliebe (aus Gluonen) entstehen, reduziert sich Gottes Einheit in seiner Schöpfung auf die gleiche Ausdehungsgeschwindigkeit aller Bewußtseinsinhalte (thermisches Gleichgewicht). Diese Wesen sind die ruhigen Liebenden (down-Quarks), die ekstatisch Liebenden (up-Quarks), die Tänzer (Elektronen) und die Himmelsboten (Neutrinos). Diese Wesen gibt es in drei Größen (Familien) und zwei Polaritäten (Teilchen und Antiteilchen). Zusätzlich existieren mehrere Dutzend kurzlebiger Wesen (kurzlebige Teilchen), die bei Verwandlungen auftreten.

Aus zwei ekstatisch Liebenden (up-Quark) und einem ruhig Liebenden (down-Quark) bildet sich eine aktive Liebesgruppe (Proton) und aus einem ekstatisch Liebenden und zwei ruhigen Liebenden bildet sich eine passive Liebesgruppe (Neutron).

28. VEKTORBOSON (Geburah): Die Vektorbosonen sind die Austauschteilchen der schwachen Wechselwir-kung. Diese Kraft hat einige Besonderheiten.

Am auffälligsten an ihr ist der Umstand, daß ihre Austauschteilchen im Gegensatz zu allen anderen Austauschteilchen eine Masse haben. Die nächste Besonderheit ist, daß sie im Gegensatz zu den anderen Kräften (Gravitation, elektromagnetische Kraft, Farbkraft) erst unterhalb des Abgrundes entsteht.

Dies erinnert an den anderen Sonderling unter den Elementarteilchen, der bereits beschrieben wurde: das Neutrino. Das Neutrino läßt sich als direkte Entwicklung über zwei Übergänge von Kether nach Chesed hin auffassen, wobei zwar ein Elementarteilchen mit dem Spin1/2 entstand, ihm aber die Masse fehlte. Bei den Vektorbosonen, die die schwache Wechselwirkung übertragen, ist es gerade umgekehrt: Sie sind zwar eine Kraft, haben aber Masse erhalten. Es ist daher naheliegend, sie als das Gegenstück zum Neutrino aufzufassen: Auch sie entstanden durch die direkte Entwicklung von Kether hinab über zwei Übergänge, nur daß in diesem Fall kein Teilchen entstand, dem die Masse fehlt, sondern eine Kraft, die aber eine Masse bekam.

Das Neutrino hat den Sprung über beide Übergänge geschafft, aber der Sprung war so "weit", daß ihm etwas fehlt, während die Vektorbosonen zwar eine Masse erlangt haben, aber dafür der Sprung zu "weit" war, um auch gleichzeitig noch ein Teilchen werden zu können.

Am Anfang war die Gravitonen, aus denen durch eine einfache Transformation (Übergang) die Photonen und die Gluonen entstanden. Aus diesen entstanden durch eine weitere Transformation die Quarks und die Elektronen. Durch eine doppelte Transformation entstanden aus den Gravitonen weiterhin die beiden Sonderlinge - das masselose Neutrino und die schwache Wechselwirkung, deren Austauschteilchen eine Masse haben. Wenn durch eine doppelte Transformation von Gravitonen eine Kraft entsteht, sollte sie der elektromagnetischen Kraft ähneln, die durch eine einfache Transformation entsteht (Photonen) - was auch der Fall ist.

Die Vektorbosonen haben eine elektromagnetische Ladung (was sonst auch kein Austauschteilchen hat) und tritt in drei Ladungszuständen auf +1, -1 und 0. Es hat also Ähnlichkeit mit der elektromagnetischen Kraft, aber da es über eine Masse verfügt, zeigt sich diese Kraft als eine elektromagnetische Ladung.

Auch die Vektorbosonen haben den Spin 1 wie eine Kraft und die Drehrichtung Spin L wie alle Teilchen, die nicht wie die Quarks (und daher die aus ihnen zusammengesetzten Teilchen) selbständig geworden sind und deshalb sowohl den Spin L als auch den Spin R haben können. Während die anderen Kräfte lediglich eine Übertragung einer Beschleunigung (Gravitonen), ein Austausch von Energie (Photonen) oder von elektromagnetischen Ladungen und Farbladungen (Gluonen) sind, übertragen die Vektorbosonen sowohl einen Spin, als auch eine elektromagnetische Ladung und eine Masse). Die Vektorbosonen verwandeln also die Teilchen, zwischen denen sie wirken, viel stärker als die anderen Kräfte.

Aufgrund der Masse der Vektorbosonen hat die schwache Wechselwirkung auch keine unendliche Reichweite, sondern ist auf einen Radius beschränkt, der in etwa dem Durchmesser eines Atomkerns entspricht.

Die Wirkung dieser Kraft ist der radioaktive Zerfall. Wenn sich z.B. ein Neutron und ein Neutrino begegnen, wirkt zwischen ihnen die starke Wechselwirkung. Wenn diese Kraft nicht von einer noch stärkeren Kraft (wie der starken Wechselwirkung) überlagert und neutralisiert wird, kann das Neutron dem Neutrino ein negativ geladenes Vektorboson senden. Dadurch verwandelt sich das Neutron in ein Proton (es hat eine negative Ladung und Masse verloren) und das Neutrino in ein Elektron (es hat eine negative Ladung und Masse gewonnen). Wenn dieser Prozeß im Inneren eines Atomkerns stattfindet, gibt es dort auf einmal ein Proton mehr, was dazu führt, daß dies Atom nun ein anderes Element geworden ist und unter Umständen auch dazu, daß der Atomkern instabil (radioaktiv) wird und zerfällt.

Das Vektorboson-Wesen hat also einen recht ausgeprägten Charakter: 1. es ist eine Kraft, aber es hat nur eine sehr geringe Reichweite, weshalb es nur im Inneren von Atomkernen, also zwischen Neutronen und Protonen wirken kann - es ist eine KONTAKTKRAFT; 2. es kann Ladung übertragen - es ist also ein EKSTASEVERÄNDERER; 3. es überträgt Masse - es ist also ein VERWANDLER DER MITTE; und es hat noch den Spin L, es steht also wie die Energiequanten und wie das Elektron und das Neutrino noch in RESONANZ MIT GOTT.

Da der Austausch eines Vektorbosons die beteiligten Teilchen grundlegend verwandelt und z.B. aus einem Neutron ein Proton und zugleich aus einem Neutrino ein Elektron werden läßt oder aus einem Proton ein Neutron und zugleich aus einem Neutrino ein Positron werden läßt, und die Vektorbosonen zugleich noch mit dem Bereich oberhalb des Abgrunds verwandt sind, kann man sie als HIMMLISCHE VERWANDLER bezeichnen.

Sowohl die Vektorbosonen als auch die Neutrinos haben eine Mischung von Eigenschaften, die ihren Ursprung zum Teil über und zum Teil unter dem Abgrund haben - dies gibt ihnen ihren Boten-Charakter, wobei die Wirkung der Vektorbosonen sehr heftig ist und die Wirkung der Neutrinos extrem dezent im Verborgenen stattfindet (durch die Gravitation und durch die ständige Beteiligung an Prozessen der schwachen Wechselwirkung).

29. PION (Tiphareth):

Die Pionen bestehen aus einem Quark und einem Anti-Quark - es sind allerdings immer die Antiquarks zu einem anderen Quark, also z.B. ein up-Quark und ein Anti-down-Quark, da sie sich sonst gegenseitig in reine Energie auflösen würden.

Da Quark und Antiquark einen gleichgroßen (1/2), aber entgegengesetzten Spin haben, ist der Gesamtspin eines Pions (wie auch der Spin aller anderer Mesonen, also Zwei-Quark-Teilchen) genau 0.

Da das Pion zwar das Austauschteilchen einer Kraft ist (bzw. der Austausch eines Pions als Zusammenhalt erscheint), das Pion aber eine Masse hat, ergibt sich daraus, daß die starke Wechselwirkung, deren Austauschteilchen die Pionen sind, wie die Vektorbosonen der schwachen Wechselwirkung nur eine sehr begrenzte Reichweite haben. Daher wirkt die starke Wechselwirkung wie die schwache Wechselwirkung nur im Inneren eines Atomkernes - die kurze Reichweite dieser beiden Kräfte genügt gerade noch für die Abstände innerhalb eines Atomkernes.

Die starke Wechselwirkung ist (wie der Name schon sagt) wesentlich stärker als die schwache Wechselwirkung. Erst bei Atomkernen, die rund 100 oder mehr Protonen enthalten, beginnt die schwache Wechselwirkung diesen Atomkern zu destabilisieren (radioaktiver Zerfall).

Die Pionen sind eine "Weiterentwicklung" der Gluonen - so wie die Gluonen die Quarks in einem Proton oder Neutron oder einem Meson (Zwei-Quark-Teilchen) zusammenhalten, so hält der Austausch von Quark-Paaren (Pionen) die Protonen und Neutronen in einem Atomkern zusammen.

Die starke Wechselwirkung ist auch deutlich stärker als die elektromagnetische Kraft, die die positiv geladenen Protonen voneinander abstößt.

Daraus ergibt sich, daß das Pion-Wesen zwar über eine Mitte (Masse) und eine Ausstrahlung nach außen (3 elektromagnetische Ladungsmöglichkeiten +1/0/-1), aber nicht über eine nach außen strahlende Liebe (die Farbladungen der beiden Quarks heben sich gegenseitig auf) und auch nicht über eine Abgrenzung (Spin) verfügt. Zudem halten die Pion-Wesen die Protonen und Neutronen in einem Kern zusammen.

Bei dem Austausch eines Pions verändert sich sowohl die elektromagnetische Ladung, die Farbladung als auch die Masse der beteiligten Protonen und Neutronen - oder kürzer gesagt: durch den Austausch eines Pions verwandelt sich das beteiligte Proton in ein Neutron und das beteiligte Neutron in ein Proton. Die Pionen sind also wie die Vektorbosonen Verwandler. Im Gegensatz zu den Vektorbosonen, bei deren Wirken sich ein Neutron in ein Proton und ein Elektron (und ein Antineutrino) verwandelt, was bedeutet, daß danach in dem Atomkern ein Proton mehr und ein Neutron weniger vorhanden ist, verändert sich bei dem Wirken der Pionen nicht die Anzahl der Neutronen und Protonen im Kern.

Man könnte also die Vektorbosonen als "verändernde Verwandler" und die Pionen im Gegensatz dazu als "erhaltende Verwandler" bezeichnen. Da diese Begriffe aber recht klobig sind, wäre der Begriff ERHALTER für die Pionen vorzuziehen, obwohl sie durch ständige Verwandlungen erhalten. Den Pionen verdanken auch die Neutronen die Möglichkeit, länger als 10 Minuten zu existieren - genaugenommen existiert natürlich nicht ein einzelnes Neutron länger (da sie sich durch die starke Wechselwirkung ständig in Protonen und zurück in Neutronen verwandeln), sondern nur die Anzahl von Neutronen in einem Atomkern.

Es gibt nun auf der Bewußtseinsseite Gott (Raumzeit), der eine Einheit und identisch mit seiner Schöpfung ist und der auf ekstatische Weise die Welt erschafft (Urknallimpuls) und sie mit seiner Selbstliebe (Gravitation) und mit seiner

Allgegenwart (Gravitonen) erfüllt. In seiner Schöpfung zeigt sich zwischen den Geschöpfen durch ihr Verhalten ihr Grad an Verwandtschaft (Kräfte). Die Energie von Gottes Selbstliebe (Gravitation) sowie unterhalb des 1. Überganges die aus ihr entstandenen Energien der Ekstase (Photon) und der Liebe (Gluon) sind das Mittel, durch das sich Gott selber wahrnimmt - sie bleiben mit Gott verbunden (Abgrenzungslosigkeit). Ihre Reichweite ist unendlich und ihre Entfaltungsgeschwindigkeit ist überall gleich (Lichtgeschwindigkeit). Diese Energien sind Gottes Allgegenwart, die in viele einzelne Teile aufgeteilt ist (Gravitonen), die die erste Individualisierung sind (Spin). In jedem Augenblick und an jedem Ort der Schöpfung ist Gott anwesend, was hier und jetzt das Urvertrauen ermöglicht (Dichte). Durch die Entstehung von grundlegend neuen Bewußtseinhalten entstehen innerhalb des Bewußtseins Schwellen und dadurch Individualisierung (Symmetriebrechung). Dieser Vorgang ist ein Teil von Gottes Wunsch nach Selbsterkenntnis (pulsierendes Weltall). Dabei gibt es die Möglichkeit für die Schöpfung, zum Mitschöpfer zu werden (inflationäres Weltall).

Unterhalb des 2. Überganges, in dem selbständige Bewußtseinseinheiten (Elementarteilchen) mit den Eigenschaften eigene Mitte (aus Gravitonen), Abgrenzung (aus Photonen) und Selbstliebe (aus Gluonen) entstehen, reduziert sich Gottes Einheit in seiner Schöpfung auf die gleiche Ausdehungsgeschwindigkeit aller Bewußtseinsinhalte (thermisches Gleichgewicht). Diese Wesen sind die ruhigen Liebenden (down-Quarks), die ekstatisch Liebenden (up-Quarks), die Tänzer (Elektronen) und die Himmelsboten (Neutrinos). Diese Wesen gibt es in drei Größen (Familien) und zwei Polaritäten (Teilchen und Antiteilchen). Zusätzlich existieren mehrere Dutzend kurzlebiger Wesen (kurzlebige Teilchen), die bei Verwandlungen auftreten.

Aus zwei ekstatisch Liebenden (up-Quark) und einem ruhig Liebenden (down-Quark) bildet sich eine aktive Liebesgruppe (Proton) und aus einem ekstatisch Liebenden und zwei ruhigen Liebenden bildet sich eine passive Liebesgruppe (Neutron). Alle abgegrenzten Wesen können durch die himmlischen Verwandler (Vektorboson) in ein anderes Wesen verwandelt werden. Die Erhalter (Pionen) können mehrere Liebesgruppen zusammenhalten.

30. ATOMKERN (Tiphareth):   In einem Atomkern werden stets fast genau dieselbe Anzahl von Protonen und Neutronen durch die starke Wechselwirkung (Pionen) zusammengehalten, wobei die Anzahl der Neutronen in manchen Atomkernen bis zu drei Neutronen größer oder kleiner sein kann als die der Protonen (Isotope).

Bis zu Atomkernen mit etwa 100 Protonen und 100 Neutronen, also insgesamt ca. 200 Kernteilchen, sind die Pionen stark genug, um den Kern dauerhaft zusammenzuhalten. Wenn die Atomkerne noch mehr Protonen und Neutronen enthalten, beginnt sich die schwache Wechselwirkung durch den radioaktiven Zerfall zu zeigen.

Wenn die Atomkerne noch größer werden, wird ihre zunächst sehr lange Halbwertszeit (die Zeit, nach der die Hälfte der Atome zerfallen ist) immer kürzer, sodaß die Atome schließlich so instabil werden, daß sie in der Natur gar nicht mehr vorkommen, sondern nur noch in Beschleunigern für Sekundenbruchteile hergestellt werden können.

Ein Atomkern-Wesen besteht also aus aktiven (Protonen) und passiven (Neutronen) Liebesgruppen, die sich durch die Erhalter (Pionen) ständig ineinander umwandeln, wobei die Gesamtzahl der aktiven (Protonen) und passiven (Neutronen) Liebesgruppen immer gleich bleibt.

Die Verwandler (Vektorbososnen) sorgen dafür, daß die Atomkerne-Wesen nicht immer größer werden können. Eine Ausnahme sind die Neutronen-Sterne, die nach der Explosion einer Sonne als Supernova entstehen können: Sie bestehen nur aus Neutronen und bilden einen "Atomkern" mit 10 bis 20 km Durchmesser. Wenn diese Neutronensterne groß genug sind, lassen sie die berühmten Schwarzen Löcher entstehen - sie haben eine so große Anziehungskraft (Gravitation), daß dieser Anziehungskraft nicht einmal ein Lichtstrahl entkommen kann.

Man kann Atomkern-Wesen als komplexe (Quarks - Protonen, Neutronen), durch Liebe geprägte (Gluonen - Pionen), sich ständig verwandelnde (Pionen) und nach außen hin aktive (positive elektromagnetische Gesamtladung) Wesen auffassen. Diese Atomkern-Wesen haben aufgrund ihrer inneren Komplexität und der sie prägenden Liebe sowie ihrer Außenwirkung ein großes schöpferisches Potential, weshalb man sie GESTALTER nennen kann.

31. ABGRENZUNG (Graben):   Beim Erreichen des Grabens auf dem Lebensbaum löst sich das thermische Gleichgewicht auf und die Teilchen können nun eine verschiedene Temperatur und somit ein verschiedenes Energieniveau und eine verschiedene Geschwindigkeit annehmen. Aus der vorher homogenen Bewegung werden nun individuelle Bewegungen. Dieser Satz beschreibt auch das zweite Phänomen, das beim Erreichen des Grabens auftritt: Die Energieniveau der Elektronen ist nun soweit gesunken, daß sie feste Umlaufbahnen um Atomkerne einnehmen können, von denen sie elektromagnetisch angezogen werden (das Proton ist positiv geladen und das Elektron ist negativ geladen).

Die unterhalb des Grabens neu auftretende Eigenschaft ist die EIGENSTÄNDIGE BEWEGUNG - dies beschreibt sowohl die Phänomene der materiellen Seite als auch die der Bewußtseinsseite.

32. ATOM / HEISSES KOSMISCHES GAS (Netzach):   Die Atome binden nun Elektronen an sich - die Gestalter werden von Tänzern umkreist. Die Gestalt der Elektronenhülle hängt von der Anzahl der Protonen im Kern ab - die Formen des "Reigens" um den Gestalter hängen von der "Ausstrahlung" des Gestalters ab. Die Elektronenbahnen sind schalenförmig angeordnet, wobei auf den Schalen nach außen hin immer mehr Elektronen Platz haben (2 e^-, 8e^-, 18e^- ...).

Im Ruhezustand, also bei einem niedrigen Energieniveau des Atoms befinden sich die Elektronen auf den unterstmöglichen Schalen, während sie im angeregten, energiereichen Zustand auf die höheren, weiter außen liegenden Schalen hinaufwechseln. In dem heißen kosmischen Gas, das zu diesem Zeitpunkt der Entwicklung vorliegt, befinden sich die Elektronen in einem sehr angeregten Zustand. Die Anzahl der Elektronen stellt die Gesamtkernladung dar und die Bewegungen der Elektronen den Energiezustand des Atoms.

Wenn die Elektronen Energie aussenden, nimmt diese Energie die Form von Photonen an. Der Atomkern erschafft durch die Elektronen ein Spiegelbild von sich selber - eine Spiegelung der eigenen, von Liebe geprägten Gestalt (Quarks - Pionen) in dem Medium der Ekstase (Elektronen) - die Anzahl der Elektronen in der Hülle entspricht der Anzahl der Protonen im Kern: die eigene Gestalt wird in ein anderes Element hinein gespiegelt.

Dieser Vorgang erinnert sehr stark an die Spiegelung, die in Kether stattfand, wo der Urknallimpuls eine genau gleichgroße Gesamtgravitation hervorrief. So wie die Kether-Chokmah-Spiegelung die Erschaffung der Welt darstellte und als Effekt die Möglichkeit Gottes war, sich in seiner eigenen Schöpfung zu erkennen, ist nun die Tiphareth-Netzach-Spiegelung die Möglichkeit des Gestalters (Atomkern-Wesens = Seele), sich selber zu erleben.

Während die Spiegelung des Urknallimpulses in der Gesamtgravitation die "kosmische Selbsterkenntnis" ermöglichte, schafft die Spiegelung des Atomkernes in seiner Elektronenhülle die Möglichkeit zu einer INDIVIDUELLEN SELBSTERKENNTNIS - das Atom ist somit ein SELBSTDARSTELLER.

Es gibt nun auf der Bewußtseinsseite Gott (Raumzeit), der eine Einheit und identisch mit seiner Schöpfung ist und der auf ekstatische Weise die Welt erschafft (Urknallimpuls) und sie mit seiner Selbstliebe (Gravitation) und mit seiner Allgegenwart (Gravitonen) erfüllt. In seiner Schöpfung zeigt sich zwischen den Geschöpfen durch ihr Verhalten ihr Grad an Verwandtschaft (Kräfte). Die Energie von Gottes Selbstliebe (Gravitation) sowie unterhalb des 1. Überganges die aus ihr entstandenen Energien der Ekstase (Photon) und der Liebe (Gluon) sind das Mittel, durch das sich Gott selber wahrnimmt - sie bleiben mit Gott verbunden (Abgrenzungslosigkeit). Ihre Reichweite ist unendlich und ihre Entfaltungsgeschwindigkeit ist überall gleich (Lichtgeschwindigkeit). Diese Energien sind Gottes Allgegenwart, die in viele einzelne Teile aufgeteilt ist (Gravitonen), die die erste Individualisierung sind (Spin). In jedem Augenblick und an jedem Ort der Schöpfung ist Gott anwesend, was hier und jetzt das Urvertrauen ermöglicht (Dichte). Durch die Entstehung von grundlegend neuen Bewußtseinsinhalten entstehen innerhalb des Bewußtseins Schwellen und dadurch Individualisierung (Symmetriebrechung). Dieser Vorgang ist ein Teil von Gottes Wunsch nach Selbsterkenntnis (pulsierendes Weltall). Dabei gibt es die Möglichkeit für die Schöpfung, zum Mitschöpfer zu werden (inflationäres Weltall).

Unterhalb des 2. Überganges, in dem selbständige Bewußtseinseinheiten (Elementarteilchen) mit den Eigenschaften eigene Mitte (aus Gravitonen), Abgrenzung (aus Photonen) und Selbstliebe (aus Gluonen) entstehen, reduziert sich Gottes Einheit in seiner Schöpfung auf die gleiche Ausdehnungsgeschwindigkeit aller Bewußtseinsinhalte (thermisches Gleichgewicht). Diese Wesen sind die ruhigen Liebenden (down-Quarks), die ekstatisch Liebenden (up-Quarks), die Tänzer (Elektronen) und die Himmelsboten (Neutrinos). Diese Wesen gibt es in drei Größen (Familien) und zwei Polaritäten (Teilchen und Antiteilchen). Zusätzlich existieren mehrere Dutzend kurzlebiger Wesen (kurzlebige Teilchen), die bei Verwandlungen auftreten.

Aus zwei ekstatisch Liebenden (up-Quark) und einem ruhig Liebenden (down-Quark) bildet sich eine aktive Liebesgruppe und aus einem ekstatisch Liebenden und zwei ruhigen Liebenden bildet sich eine passive Liebesgruppe. Alle abgegrenzten Wesen können durch die himmlischen Verwandler in ein anderes Wesen verwandelt werden. Die Erhalter (Pionen) können mehrere Liebesgruppen zusammenhalten und so einen Gestalter (Atomkern) bilden.

Der Gestalter (Atomkern) spiegelt sich in den Tänzern (Elektronen) und kann sich auf diese Weise als Selbstdarsteller (Atom) selber erkennen.

33. MOLEKULARKRAFT / MOLEKÜLE / GALAXIEN / GAS-STERNE (Hod): Der Bereich zwischen dem Abgrund und dem Graben war von der Farbkraft/Liebe geprägt - der Bereich zwischen dem Graben und der Schwelle ist nun von der elektromagnetischen Kraft/Ekstase geprägt.

Die stärkste elektromagnetische Bindung besteht zwischen dem positiv geladenen Atomkern und den negativ geladenen Elektronen. Die zweitstärkste Bindung ist die Verbindung zwischen zwei Elektronenhüllen, bei der sich die beiden Elektronenhüllen überlappen und sich ein oder zwei Elektronen teilen, wodurch ein stabilerer Zustand der Elektronenhülle und ein günstigeres Energieniveau erreicht wird. Im Extremfall wird bei diesem Vorgang von dem einen Atom ein Elektron ganz an ein anderes Atom abgegeben, wodurch zwei Ionen, also als ganzes positiv oder negativ geladene Atome, entstehen (die dann in den meisten Fällen dann Kristalle bilden). Diese Art der Bindung beruht also auf den Strukturen innerhalb der Elektronenhülle - man könnte sie als Elektronenaustausch beschreiben (der bei der Ionenbildung besonders deutlich wird).

Man könnte sagen, daß in vielen Fällen ein gemeinschaftlicher Tanz der Elektronen von zwei oder mehr Atomen ein günstigeres Energieniveau hat als ein Solo der Elektronen eines Atomes. Daher läßt sich diese Art der Bindung recht anschaulich als GEMEINSCHAFTSTANZ beschreiben.

Lediglich die Edelgase haben schon eine perfekte Elektronenhülle, bei der die äußerste Schale komplett mit Elektronen angefüllt ist, sodaß sie keinerlei Neigung zu Gemeinschaftstänzen zeigen und völlig zufrieden mit ihrer Soloaufführung sind.

Im großen Maßstab zeigt sich diese Neigung zur Gruppenbildung in der Zusammenballung des weitgehend homogen verteilten heißen Gases im Weltall zu Galaxien und in den Galaxien weiter zu Sternen aus verdichtetem heißen Gas.

34. ELEKTRONENHÜLLENANZIEHUNG / MOLEKÜLGRUPPEN / FLÜSSIGE STERNE (Yesod): Die an einem Molekül beteiligten Atome ziehen die Elektronen nicht alle genau gleich stark an und zu manchen Stellen der Elektronenhülle des Moleküls werden die Elektronen auch gemeinsam von zwei Atomkernen hingezogen, sodaß so etwas wie "stationäre Gezeitenwellen" entstehen - die Elektronen sind ungleichmäßig in der Gesamtelektonenhülle des Moleküls verteilt.

Daher hat das Molekül an den Stellen, an denen überdurchschnittlich viele Elektronen sind, nach außen hin eine negative elektromagnetische Ladung, und an den Stellen, an denen unterdurchschnittlich viele Elektronen sind, nach außen hin eine positve elektromagnetische Ladung. Aufgrund dieser Ladungen in der Elektronenhüllen können sich einzelne Moleküle aneinanderlagern, da die positv geladenen Stellen des einen Moleküls die negativ geladenen Stellen des anderen Moleküls anziehen.

Diese Art der elektromagnetischen Anziehung ist die schwächste. Die mittelstarke Anziehung war der Elektronenaustausch bei der Bildung gemeinsamer Elektronenhüllen von mehreren Atomen (Molekülbildung) und die stärkste Anziehung liegt zwischen dem Atomkern und den ihn umkreisenden Elektronen.

Durch das Aneinanderlagern von Molekülen entstehen Molekülgruppen. Auf der Bewußtseinsseite haben die Gemeinschaftstänzer (Moleküle) also eine Ausstrahlung (Ladungsverteilung in der gemeinschaftlichen Elektronenhülle) auf andere Gemeinschaftstänzer (Moleküle), durch die sie sich mit ihnen zu einer komplexen CHOREOGRAPHIE zusammenschließen können, die innerhalb einer Zelle ca. 10^{18} Atome und in einem Lebewesen wie z.B. einem Menschen 10^{11} Zellen, also insgesamt 10^{29} Atome umfassen können - die Komplexität einer solchen Choreographie kann also gewaltig sein.

Im großen Maßstab findet sich diese weitergehende Gruppenbildung in der weiteren Verdichtung in den Sterne, wodurch sie von ihrem früheren gasförmigen Zustand in einen flüssigen Zustand übergehen.

35. ABKÜHLENDE ERDE (Malkuth): Unterhalb der Schwelle wechselt wieder die prägende Kraft: hier ist es die Gravitation, die alle Bestandteile eines Systems zusammenhält.

Diese Systeme sind die Himmelskörper wie z.B. unser Heimatplanet Erde. Nach der gasförmigen Phase der Sterne und Planeten in Hod und der flüssigen Phase der Sterne und Planeten in Yesod ist er weiter abgekühlt und hat schließlich den festen Zustand erreicht.

In der Erde werden ca. 10^{40} Atome zusammengehalten und bilden eine Einheit, ein System. Da dieses System durch die Gravitation zusammengehalten wird, ist das Erd-Wesen auf der Bewußtseinsseite durch die Identität und die Selbstliebe, also durch die Qualität der Gravitation geprägt. Dies läßt sich am besten durch die Auffassung der Erde als ein bewußtes Wesen auffassen, was oft durch den Namen GAIA ausgedrückt wird.

Es gibt nun auf der Bewußtseinsseite Gott (Raumzeit), der eine Einheit und identisch mit seiner Schöpfung ist und der auf ekstatische Weise die Welt erschafft (Urknallimpuls) und sie mit seiner Selbstliebe (Gravitation) und mit seiner Allgegenwart (Gravitonen) erfüllt. In seiner Schöpfung zeigt sich zwischen den Geschöpfen durch ihr Verhalten ihr Grad an Verwandtschaft (Kräfte). Die Energie von Gottes Selbstliebe (Gravitation) sowie unterhalb des 1. Überganges die aus ihr entstandenen Energien der Ekstase (Photon) und der Liebe (Gluon) sind das Mittel, durch das sich Gott selber wahrnimmt - sie bleiben mit Gott verbunden (Abgrenzungslosigkeit). Ihre Reichweite ist unendlich und ihre Entfaltungsgeschwindigkeit ist überall gleich (Lichtgeschwindigkeit). Diese Energien sind Gottes Allgegenwart, die in viele einzelne Teile aufgeteilt ist (Gravitonen), die die erste Individualisierung sind (Spin). In jedem Augenblick und an jedem Ort der Schöpfung ist Gott anwesend, was hier und jetzt das Urvertrauen ermöglicht (Dichte). Durch die Entstehung von grundlegend neuen Bewußtseinsinhalten entstehen innerhalb des Bewußtseins Schwellen und dadurch Individualisierung (Symmetriebrechung). Dieser Vorgang ist ein Teil von Gottes Wunsch nach Selbsterkenntnis (pulsierendes Weltall). Dabei gibt es die Möglichkeit für die Schöpfung, zum Mitschöpfer zu werden (inflationäres Weltall).

Unterhalb des 2. Überganges, in dem selbständige Bewußtseinseinheiten (Elementarteilchen) mit den Eigenschaften eigene Mitte (aus Gravitonen), Abgrenzung (aus Photonen) und Selbstliebe (aus Gluonen) entstehen, reduziert sich Gottes Einheit in seiner Schöpfung auf die gleiche Ausdehungsgeschwindigkeit aller Bewußtseinsinhalte (thermisches Gleichgewicht). Diese Wesen sind die ruhigen Liebenden (down-Quarks), die ekstatisch Liebenden (up-Quarks), die Tänzer (Elektronen) und die Himmelsboten (Neutrinos). Diese Wesen gibt es in drei Größen (Familien) und zwei Polaritäten (Teilchen und Antiteilchen). Zusätzlich existieren mehrere Dutzend kurzlebiger Wesen (kurzlebige Teilchen), die bei Verwandlungen auftreten.

Aus zwei ekstatisch Liebenden (up-Quark) und einem ruhig Liebenden (down-Quark) bildet sich eine aktive Liebesgruppe und aus einem ekstatisch Liebenden und zwei ruhigen Liebenden bildet sich eine passive Liebesgruppe. Alle abgegrenzten Wesen können durch die himmlischen Verwandler in ein anderes Wesen verwandelt werden. Die Erhalter (Pionen) können mehrere Liebesgruppen zusammenhalten und so einen Gestalter (Atomkern) bilden.

Der Gestalter (Atomkern) spiegelt sich in den Tänzern (Elektronen) und kann sich auf diese Weise als Selbstdarsteller (Atom) selber erkennen. Die Tänzer zweier Gestalter können einen Gemeinschaftstanz aufführen und so zu einem Gemeinschaftstanz (Molekül) werden. Die Gemeinschaftstänzer können sich zu äußerst komplexen Choreographien zusammenschließen (z.B. eine Zelle).

Die Gesamtheit eines Systems (Erde) von Selbstdarstellern (Atomen), die sich z.T. Gemeinschaftstänzen (Molekülen) und Choreographien (Molekülgruppen) organisiert haben, werden durch die Selbstliebe (Gravitation) des Systems zusammengehalten.

Um die Übersicht zu fördern, kann man diese Betrachtung in einem "Außen/Innen-Lebensbaum" graphisch darstellen, wobei vor dem Schrägstrich immer die materielle Seite und hinter dem Schrägstrich die Bewußtseinsseite der betreffenden Einheit steht.

KETHER
a) Raumzeit/Gott (allumfassendes Bewußtsein)
b) Urknallimpuls/Gottes Schöpfungsimpuls und Gottes Ekstase
c) Energie/Gottes Selbstwahrnehmung
d) Gravitation/Gottes Selbstliebe
e) Gravitonen/Gottes Allgegenwart
f) Spin/erste Individualisierung
g) Dichte, Temperatur, Schwingung/ Grundlage des Urvertrauens
h) Lichtgeschwindigkeit/Entfaltungsgeschwindigkeit der Bewußtseinsinhalte und die unendliche Reichweite von Ekstase und Liebe
i) pulsierendes Weltall/Gottes Selbstausdruck und Gottes Selbsterkenntnis

Einheit/Gottes innere Einheit und Gottes Einheit mit seiner Schöpfung

....Symmetriebruch/Bewußtseinsschwelle

BINAH
a) inflationäres Weltall/ Schöpfung als Mitschöpfer
b) Gluonen/Liebe

CHOKMAH
a) inflationäres Weltall /Schöpfung als Mitschöpfer
b) Kräfte/Verwandtschaft
c) Photonen/Ekstase

Abgrenzungslosigkeit/Verbundenheit mit Gott

DAATH
a) inflationäres Weltall /Schöpfung als Mitschöpfer

....Symmetriebruch/Bewußtseinsschwelle

GEBURAH
a) Protonen/aktive Liebesgruppe
b) Neutronen/passive Liebesgruppe
c) Pionen/Erhalter
d) Mesonen/abgrenzungslose Wesen
e) kurzlebige Teilchen/Übergänge
f) Vektorbososnen/Verwandler

CHESED
a) Elementarteilchen/selbständige Wesen
 - Gravitation/eigene Mitte
 - elektromagnetische Ladung/Abgrenzung
 - Farbkraft/Selbstliebe
 - up-Quark/ekstatischer Liebender
 - down-Quark/ruhiger Liebender
 - Elektron/Tänzer
 - Neutrino/Himmelsbote
b) Antiteilchen/Gegenpole
c) Teilchenfamilien/Größe

thermisches Gleichgewicht/gleiche Ausdehungsgeschwindigkeit aller Bewußtseinsinhalte

TIPHARETH
a) Atomkern/Gestalter

....Symmetriebruch/Bewußtseinsschwelle

HOD
a) Moleküle, Molekularkraft/ Gemeinschaftstanz

NETZACH
a) Atom/Selbstdarsteller

elektromagnetische Kräfte/Tänze

YESOD
a) Molekülgruppen/Choreographie

....Symmetriebruch/Bewußtseinsschwelle

MALKUTH
a) Erde/Gaia

Gravitation/Zusammenhalt

Dieser Lebensbaum wird nun richtig interessant, wenn man ihn nun von unten nach oben mit den bereits bekannten Bewußtseinsentsprechungen der Sephiroth vergleicht.

Malkuth ist das Wachbewußtsein. In dem Außen/Innen-Lebensbaum wird es von der Gravitation geprägt, die alle Dinge in gleicher Weise zusammenzieht und an der Oberfläche eines Planeten am stärksten ist. Da Malkuth auch ganz generell die Außengrenze der betrachteten Sache darstellt, ist das Wachbewußtsein also für die Außenseite des Bewußtseins zuständig. Es koordiniert die Oberfläche des Bewußtseins, also die Dinge, die gerade aufgrund ihrer Wichtigkeit an die Oberfläche gedrungen sind.

Beim Überschreiten der Schwelle in der Meditation, bei der Konzentration nach innen oder bei der Traumreise tritt man nun in den Bereich der "verursachenden Kräfte" - hier wirkt die elektromagnetische Anziehung und Abstoßung, die das Innere der Psyche strukturiert.

Die Selbstdarstellung des Gestalters (Atomkern = Seele) in Netzach durch die Tänzer (Elektronen = bewegter Teile in der Psyche) ist das energiereichste Element in der Psyche, die von der Schwelle bis zu dem Graben reicht. Die Tänzer (Elektronen) sind die Gefühle.

Die Gemeinschaftstänze, also die Verhältnisse der Selbstdarsteller zueinander (oder: die Verhältnisse der Gefühle zueinander) ergeben die Gedanken. Gedanken entstehen also durch das Aufeinandertreffen von Gefühlen - die Gedanken klären die Verhältnisse zwischen verschiedenen Gefühlen - verschiedenartige Gefühle lassen das Denken als Klärungs- und Vermittlungsinstanz entstehen. Diese Gedankenstrukturen lagern sich wiederum aneinander und bilden die Choreographie, die innere Bilderwelt (Molekülgruppen).

In dem Bereich der Choreographie (Yesod: Molekülgruppen = innere Bilder) finden sich die Erlebnisse der Telepathie, der Traumreisen, der "Wärmehülle" und der Astralreisen, sowie die Astrologie, die Elfen, Zwerge und die Wirkung der homöopathischen Heilmittel. Diese Vorgänge haben also etwas mit der Analogie zu der Ladungsverteilung in der Molekülhülle und der dadurch bedingten Aneinanderlagerung sowie mit dem Energieniveau der Atome zu tun.

Es gibt nun noch einen Zusammenhang zwischen Netzach/Hod/Yesod und Malkuth. Da der Graben zwischen diesen beiden Bereichen wie alle anderen Übergänge auch auf der Bewußtseinsseite die Dynamik der Symmetriebrechung zeigt, werden sich die Bestandteile sowohl der materiellen Welt als auch des Bewußtseins in Malkuth diesem Zusammenhang entsprechend verhalten. Bei einer Symmetriebrechung entstanden aus den Einheiten oberhalb des Überganges neue Einheiten unterhalb des Überganges, die polar auftreten und durch eine neu entstandene Kraft wieder zueinander hingezogen werden.

Dies bedeutet, daß das Bild, daß sich im Bewußtsein in Yesod befindet, in Malkuth in verschiedene Teile auseinandergebrochen ist, und daß es eine Kraft gibt, die diese Teile wieder zusammenfügen will. Durch die Analogie zwischen Innen und Außen gilt dies sowohl für das Bewußtsein als auch für die materiellen Umstände dessen, zu dem dieses Bewußtsein gehört. Es gibt also oberhalb eines Überganges eine Einheit, die sich mithilfe der Kraft unterhalb des Überganges durch Zusammenfügen der polaren Teile wiederherstellen will.

Wenn sich nun das Bewußtsein auf die Ebene oberhalb eines Überganges konzentriert, wird dies zur Folge haben, daß sich die Einheit, die sich oberhalb des Überganges befindet unterhalb des Überganges gewissermaßen als aus Einzelteilen zusammengesetztes Bild spiegeln wird.

Wenn man dies ein wenig anders formuliert, wird es deutlicher: Sobald man hinter der Vielheit der eigenen Handlungen in Malkuth das ihnen zugrundeliegende Bild in Yesod erkennt und sich auf dieses Bild konzentriert, es also "mit Energie auflädt", wird dieses Bild im eigenen Leben zu wirken beginnen. Im Gegensatz zu einer direkten Handlung, die sich auf Malkuth beschränkt, also nur die direkte, kausale Wirkung benutzt (z.B. umziehen, eine neue Arbeit Arbeit suchen, eine Therapie beginnen, sich von jemandem trennen, verreisen ...) ist dies eine indirekte Handlung, die den Umweg über die darüberliegende Ebene benutzt.

Diese indirekte Wirkung, die (im Fall des Malkuth-Yesod-Überganges) auf der Konzentration auf ein Bild beruht, ist das, was man normalerweise das "Hervorrufen sinnvoller Zufälle" oder, einfacher gesagt, Magie nennen würde.

Dieser Zusammenhang trifft auch auf die anderen drei Übergänge zu. Dies ist die von dem physikalischen Phänomen der Symmetriebrechung ausgehende Beschreibung der Beobachtung, daß intensive Bewußtseinsvorgänge nicht nur innerhalb des Bewußtseins, sondern auch in der Umwelt um die betreffende Person herum durch sinnvolle und hilfreiche Zufälle wirken. Ausgehend von der Beobachtung dieses Phänomens gelangt man zu der Vorstellung von einer komplexen, nur teilweise bewußten Art von Telepathie, und ausgehend von dem Prinzip der Symmetriebrechung gelang man zu einer strukturellen Beschreibung dieses Phänomens, die deutlich macht, welche wichtige Rolle bei dem "Hervorrufen sinnvoller Zufälle", also der Magie, die Selbsterkenntnis spielt: Nur wenn man die Einheit oberhalb des Überganges weitgehend erkannt hat, ist es möglich, sich auf das richtige Bild zu konzentrieren und dadurch eine effektive indirekte Wirkung, also sinnvolle Zufälle hervorzurufen.

Der nächste Schritt führt nun über den Graben nach Tiphareth. Der Graben ist auf der materiellen Seite wie alle Übergänge eine Symmetriebrechung. Diese Symmetriebrechungen erscheinen auf der Bewußtseinsseite als die Bewußtseinsschwellen. Sie stellen offenbar deshalb solche Grenzen innerhalb des Bewußtseins dar, weil hinter ihnen der Bereich neuer Einheiten und Kräfte beginnt. Wie bereits in früheren Kapiteln beschrieben, entsprechen die Übergänge auch der 12er-Teilung, von denen die Horoskope der Astrologie am bekanntesten sind. Diese Horoskope haben zunächst einmal keine materielle Grundlage, auch wenn sie sowohl auf der Bewußtseinsseite als auch auf der materiellen Seite wirken. Man kann ihre Ursache also auf der Bewußtseinsseite vermuten.

Somit stellt sich die Frage, ob es nicht Entsprechungen zwischen einerseits den Symmetriebrechungen, bei denen sich in der physikalischen Evolution aufgrund der sinkenden Temperatur neue, komplexere, abgegrenztere Einheiten bilden, die von neuen Kräften zusammengehalten werden, und andererseits den Horoskopen.

Zunächst einmal fällt auf, daß bei der Entstehung der neuen Einheiten unterhalb eines Überganges neue Polaritäten auftreten, also Eigenschaften, die in verschiedener Ausrichtung (+/-; rot/gelb/blau u.ä.) auftreten. Dies bedeutet, daß sowohl bei der Symmetriebrechung als auch bei dem Tierkreis der Astrologie neue, symmetrische Strukturen auftreten. Beim Tierkreis ist es die Zwölferteilung. Bei den Symmetriebrechungen findet sich zunächst einmal der Gegensatz der elektromagnetischen Ladung und das Dreieck der Farbladungen.

Nun gibt es in der Physik einen in diesem Zusammenhang interessanten Grundsatz, der unter anderem auch die Grundlage der allgemeinen und der speziellen Relativitätstheorie bildet. Dieser Grundsatz besagt, das die beobachteten Phänomene unabhängig von dem Standort, der Geschwindigkeit und der Beschleunigung des Beobachters immer und überall dieselben sein sollten - daß die Naturgesetze also nicht von der Bewegung des Beobachters abhängen sollten.

Wenn man nun das Dreieck der Farbkraft als nach einer Symmetriebrechung neu entstandene Struktur nimmt, muß man also von jedem dieser drei Punkte dieser Struktur aus auch jede andere bei diesem Übergang entstandene Struktur betrachten können - zumal ja jedes Quark sowohl eine Farbladung als auch eine elektromagnetische Ladung hat. Wenn man dafür nun den Gegensatz der elektromagnetischen Ladung nimmt, bedeutet dies, daß sich in der Struktur, die nach dieser Symmetriebrechung entstanden ist, auch genau gegenüber von jeder dieser drei Farbladungen eine genau entgegengesetze elektromagnetische Ladung befindet. Dadurch wird aus dem Dreieck der Farbkraft das Sechseck der Farbkraft mit dem jedem Punkt dieses Dreieckes gegenüberliegenden Punkten. Dies Sechseck entspricht dann auch den drei Farbladungen der Quarks (rot, gelb, Blau) mit den ihnen gegenüberstehenden Anti-Ladungen (grün, orange, violett) - diese Sechserstruktur ist also gleich doppelt definiert: 3 Farbladungen · 2 elektromagnetische Ladungen = 6 mögliche Zustände; bzw.: 3 Farbladungen + 3 Anti-Farbladungen = 6 mögliche Ladungszustände.

```
                    rot/+
        orange/-            violett/-

         gelb/+              blau/+
                    grün/-
```

Wenn es nun noch eine Viererstruktur gäbe, die dann ebenfalls von jedem Punkt aus gleichberechtigt vorhanden sein müßte, ergäbe sich aus dieser Sechserstruktur eine Zwölferstruktur. Die Teilchen, die bei dem Übergang über den Graben ebenfalls noch entstanden sind, sind die Neutrinos und die Antineutrinos. Wie bereits beschrieben, haben die Neutrinos aber noch einen nahen Verwandten - die Vektorbosonen der schwachen Wechselwirkung. Ihre Gemeinsamkeit besteht darin, das man sie beide als Gravitonen auffassen kann, die in einem Vorgang über zwei Übergänge hinweg transformiert wurden. Der Unterschiede zwischen ihnen besteht darin, daß die Neutrinos bei diesem Vorgang zwar Teilchen geworden sind, aber keine Masse erhalten haben, die Vektorbosonen hingegen zwar keine Teilchen geworden sind, aber dafür eine Masse erhalten haben - beide sind Zwitter zwischen den Kräften und den Elementarteilchen. Da es zu dem Neutrino als Gegensatz das Antineutrino gibt, und zu dem positiv geladenen Vektorboson auch seinen Gegenpol, das negativ geladene Vektorboson (sowie ein neutrales Vektorboson), bilden diese Teilchen eine Gruppe, die aus zwei Gegensatzpaaren besteht. Da diese vier Teilchen aufgrund ihrer Entstehung auf dem direkten Weg von Kether nach Chesed gleichberechtigt sind, ergibt sich daraus das Bild eines Quadrates.

$$\text{Vektorboson}^+$$

Neutrino   Antineutrino

$$\text{Vektorboson}^-$$

Somit ergibt sich also aus der Kombination der verschiedenen Polaritäten, die sich bei der Symmetriebrechung am Abgrund ergeben, eine Zwölferstruktur wie bei dem Tierkreis:

Wenn man die untere der beiden Strukturen in die obere überträgt, kommt das Neutrino zwischen gelb und orange zu stehen sowie das Antineutrino zwischen blau und violett. Da man diesen Vorgang auf Grund des erwähnten "Gleichberechtigungsprinzipes der Orte und Bewegungen" von jedem Punkt der oberen Sechser-Struktur aus vornehmen kann, ergibt sich ein weiterer Platz zwischen jeder der nebeneinanderstehenden Farben.

Diese Struktur wird leichter faßbar, wenn man sie sich auf dem Tierkreis vorstellt: Wenn man z.B. die Dreierstruktur der Quarks als das Dreieck der drei Feuerzeichen Widder-Löwe-Schütze in dem Tierkreis auffaßt, wären die drei Antiquarks (bzw. die drei elektromagnetischen Gegensätze zu ihnen) die drei im Tierkreis jeweils den Feuerzeichen gegenüberstehenden Luftzeichen Waage-Wassermann-Zwillinge. Wenn man nun noch das Neutrino/Antineutrino/Vektorboson$^+$/Vektorboson$^-$-Quadrat hinzu-nimmt, gelangt man von jedem Feuer- und Luftzeichen zu einem Wasser und einem Erdzeichen und dem gegenüberliegen Luft- oder Feuerzeichen (vom Widder aus z.B. zum Krebs, zum Steinbock und zur Waage), sodaß alle zwölf Tierkreiszeichen notwendig sind, damit von jedem Luft- und Feuerzeichen aus gesehen immer auch 90° nach links und rechts entfernt ein Tierkreiszeichen steht. Aus der Zweipolarität der elektromagnetischen Kraft, der Dreipolarität der Quarks und der Viererstruktur der Neutrinos und der Vektorbosonen ergibt sich somit die Zwölferstruktur des Tierkreises.

Weiterhin entstand die Symmetriebrechung überhaupt erst, um die aufgrund der Ausdehnung des Weltalls sinkende Temperatur/Energiedichte zumindest in kleinen, begrenzten "Reservaten" zu erhalten. Das bedeutet, das auch ein Horoskop ein "Reservat" der Qualitäten der Seele ist. Die Beweglichkeit, die bei einer Symmetriebrechung verlorengeht (Entstehung von Energie auf Kreisbahnen in Elementarteilchen bzw. von Elektronen auf Kreisbahnen um den Atomkernen) entspricht auf der Bewußtseinsseite der "dauerhaften Prägung durch den Planetenstand zum Zeitpunkt der Geburt".

Nun entstehen aus der Symmetriebrechung nicht nur neue Einheiten mit neuen Polaritäten, sondern auch die Kräfte, die diese Einheiten zueinander hinziehen (sofern sie nicht dieselbe Polaritätsausrichtung, z.B. beide "-" haben). Diese Kräfte sind bemüht, unterschiedliche Ausrichtungen einer Polarität wieder zu verbinden, sodaß diese Kombination von Teilchen nach außen hin wieder neutral ist. Dies ist genau der Zusammenhang zwischen der Seele und der Psyche: Die Seele hüllt die Psyche als ihr Abbild zum Zeitpunkt der Geburt um sich und drückt sich in ihr aus und erkennt sich in ihr. Beim Tod löst sich dann diese Psyche wieder auf.

In Traumreisen kann man diesen Vorgang als das Eintreten der Seele in eine "Blase" erleben, die durch das Horoskop geprägt ist und die das ganze zukünftige Leben enthält, in das sich die Seele gerade zu inkarnieren beginnt.

Beim Übergang über den Graben verläßt man den Bereich der psychischen Bewegungsdynamik (elektromagnetische Kraft) und erreicht den Bereich, der von der Liebe (Farbkraft) geprägt ist. Das wichtigste Element ist dort zunächst in Tiphareth die Seele, die Entsprechung des Atomkerns. Der Analogie zur physikalischen Evolution zufolge besteht die Seele aus zwei verschiedenen Elementen, die durch den Austausch zwischen ihnen ständig ineinander umgewandelt werden:

a) Die Seele hat nach außen hin aktive und stabile Bestandteile (Protonen),

b) und genausoviele nach außen hin neutrale und nur im Zusammensein mit den Protonen im Atomkern stabile Bestandteile (Neutronen),

c) die sich durch den Austausch von Qualitäten (Pionen) zum einen insgesamt zusammenhalten und zum anderen durch diesen Austausch ständig ineinander verwandeln.

d) Die Seele braucht die neutralen Bestandteile, um den Atomkern durch die Pionen zusammenhalten zu können; oder anders gesagt: da nur die Pionen den Atomkern zusammenhalten können (da sie stärker als die elektromagnetische Abstoßung zwischen den Protonen ist) und die Pionen nur zwischen Neutronen und Protonen wirken, die sie durch ihr Wirken ineinander verwandeln, befinden sich die neutralen Pionen letztlich deshalb in dem Atomkern, weil sonst die Pionen nicht wirken könnten - aufgrund des Charakters der Pionen besteht der Atomkern nicht nur aus Protonen, sondern auch aus Neutronen. Zudem verdanken die schnell zerfallenden Neutronen ihre Stabilität dem Eingebettetsein in den Atomkern und ihrer ständigen Verwandlung durch die Pionen.

 e) Die Kraft, durch die die Bestandteile der Seele zusammengehalten wird, ist eine Form der Liebe (Pionen).

 f) Der Aufbau der Seele aus verschiedenen Bestandteilen bedeutet zunächst einmal, daß die Seele nichts Beständiges, sondern etwas sich Entwickelndes ist. Sie wurde (entsprechend der Analogie zum Atomkern) am Anfang einige hundert Jahre nach dem Urknall aus ihren Bestandteilen gebildet (leichte Atomkerne) und wurde in den Sonnen (mittelschwere Atomkerne) und den Supernovas (schwere Atomkerne) immer größer. Spätestens, wenn das Weltall sich wieder zusammenzieht und die Temperatur und die Dichte wieder sehr hohe Werte erreichen, wird sich die Seele (analog zu den Atomkernen) wieder in das Kontinuum der Bestandteile der Seelen auflösen.

 Die Seele (Atomkern) erschafft sich die Psyche (Elektronenhülle), um sich selber in den Bewegungen der Psyche zu erleben. Während sich die Seele in einem Bereich der freien, energiereichen Bewegung (frei bewegliche Elektronen) aller Bestandteile der Seelenebene (2. Dreieck) befindet, befindet sich die Psyche in einem starrerem und energieärmeren Bereich (feste Elektronenhülle). Die im Seelenbereich frei fließenden Gefühle (Netzach-Funktion der Elektronen) und Gedanken (Hod-Funktion der Elektronen) und Vorstellungen (Yesod-Funktion der Elektronen) nehmen in der Psyche eine festgelegte, auf die Seele ausgerichtete Form an. Dies bedeutet, daß die Seele zwar auch das Grundelement, das sich in der Psyche zu Gefühlen, Gedanken und Bildern formt, erlebt, daß die Seele jedoch diese Bewußtseinsinhalte nicht als ihren individuellen Ausdruck oder gar als Bestandteil ihres Wesens erlebt, sondern sozusagen gemeinsam mit allen anderen Seelen in diesem Element "badet". Das, was die persönliche Psyche ausmacht, erscheint auf der Ebene der Seele als ein alles umfassendes Element - gewissermaßen als eine Gemeinschaftspsyche. Diese "Gemeinschaftspsyche" weist allerdings einen deutlichen Unterschied zu der Individualpsyche auf: Sie ist so reich an Energie, daß es nirgendwo einen Mangel an Energie oder gar ein daraus resultierendes Bedürfnis, etwas festzuhalten, gibt. Diese in reichem Maße vorhandene Energie ist zudem an alle gleichmäßig verteilt. Weiterhin gibt es auf der Seelenebene keinen Mangel an Nähe, da sich alle Teilchen ständig begegnen und dabei ihre Energie teilweise miteinander austauschen - es gibt auf der Seelenebene also auch nicht das Erlebnis von "individueller Energie". Dieser Austausch von Energie könnte die Analogie zu der Möglichkeit, einen direkten Kontakt von Bewußtsein zu Bewußtsein herzustellen, sein.

 In Traumreisen und Visionen sieht man im 3. Dreieck auf dem Lebensbaum (Psyche) feste Bilder, die schemenhaft, meist schwarzweiß und von diffusem Licht ohne klar erkennbare Lichtquelle beleuchtet sind - ein Zustand der festen Formen mit nur wenig innerer Energie /Lebenskraft. In Traumreisen und Visionen im 2. Dreieck auf dem Lebensbaum (Seele) finden sich hingegen zum einen stabile, farbige und von innen her leuchtende Bilder, die den Seelen selber entsprechen, und zum anderen fließende, farbige und sehr scharf konturierte Bilder, die von einem intensiven Licht beleuchtet werden, das allerdings keine erkennbare Qualle hat - ein Zustand von hochenergetischen Inseln (Seelen/Atomkerne) in einem ständig fließenden Meer mit einem hohen Energieniveau (Gemeinschaftspsyche der Seelen/frei fliegende Elektronen).

 Die Atomkerne haben sich zu dem Zeitpunkt in feste Elektronenhüllen gehüllt, als das allgemeine Energieniveau (=Temperatur) so weit gesunken war, daß die Energie nicht mehr für eine freie Bewegung aller Teilchen ausreichte, da die Kraft der Bewegung (Geschwindigkeit der Teilchen, Temperatur) nun kleiner war als die elektromagnetische Anziehung zwischen Atomkernen und Elektronen. Auf die Seele und die Psyche übertragen bedeutet dies, daß die Seele (Atomkern) und die psychischen Inhalte (Elektronen) nicht mehr genug Energie für eine freie Bewegung und ein selbständiges Dasein besaßen, sondern nun ihre gegenseitige Anziehung größer war. Dies bedeutet, daß man, um seine Seele erkennen zu können, die eigene Psyche auf ein so hohes Energieniveau bringen muß, daß alle Bestandteile der Psyche wieder frei fließen, sich frei bewegen können. Dann erscheint hinter der nun aufgelösten bzw. durchsichtig gewordenen Psyche wieder die Seele.

 Die interessanteste Frage ist nun, was denn eigentlich die beiden den Protonen und den Neutronen entsprechenden

Bestandteile der Seele sind. Bei der Beantwortung dieser Frage hilft unter Umständen die Betrachtung von Geburah, wo diese beiden Teile entstehen, weiter.

In Geburah kann man folgendes beobachten:

a) Das Energieniveau ist höher.

b) Es gibt hier die Verwandler (Vektorbososnen), die Neutronen in ein Proton und ein Elektron und ein Antineutrino aufspalten können.

c) Die Protonen bestehen aus zwei stabilen up-Quarks und einem nur im Inneren eines Protons stabilen down-Quark. Beim Neutron ist die Mischung umgekehrt.

d) Es gibt hier kurzlebige Wesen (Teilchen), die Übergangsformen zwischen anderen, beständigeren Wesen (Teilchen) sind, und die keine klare Abgrenzung haben (Mesonen mit Spin 0).

e) Die Neutrinos sind hier noch im thermischen Gleichgewicht mit den anderen Teilchen (sie verlassen es am Anfang des Pfades von Geburah nach Tiphareth).

f) Es findet am Anfang des Pfades nach Tiphareth kurz nach dem Ausscheren der Neutrinos aus dem thermischen Gleichgewicht eine fast vollständige Auflösung der Elektronen mit den Positronen (Anti-Elektronen) in reine Energie statt. Da die freien Neutronen schneller in ein Proton und ein Elektron zerfallen als sich ein freies Elektron und ein Proton wieder zu einem Neutron vereinen können (durch die Elektron-Positron-Vernichtung werden die Elektronen seltener), kommt es zu einer fast vollständigen Auslöschung der Neutronen.

g) Die Erhalter (Pionen) entstehen am Ende des Pfades von Geburah nach Tiphareth. Dazu kommen noch die Ergebnisse der Betrachtung der Seele in Tiphareth:

h) Die Seele erhält aktive Bestandteile (Protonen) und passive Bestandteile (Neutronen), die durch Erhalter (Pionen) zusammengehalten werden. Die Neutronen sind nur deshalb im Atomkern, weil die Pionen sonst nicht wirken könnten. Diese Pionen sind eine Form der Liebe.

i) Die Seele ist nicht statisch, sondern entwickelt sich.

Die Protonen als die nach außen aktiven und zudem stabilen Teilchen sind der rote Faden, um den sich der ganze Vorgang, der Geburah in Tiphareth verwandelt, spinnt. Dabei ist eine Form der Liebe (Pionen) notwendig, um diese Seelenbestandteile zusammenzuhalten. Damit diese Liebe eine Seele (Atomkern) aufbauen kann, ist die Anwesenheit von passiven Elementen (Neutronen) in der Seele notwendig.

Lange bevor die Atomkerne entstanden, sind fast alle Neutronen vernichtet worden, da sich die Elektronen und die Positronen gegenseitig in Energie aufgelöst haben. Es gibt also in der Vorgeschichte der passiven Elemente (Neutronen) eine Phase, in der sie vom Aussterben bedroht waren, in der sie in aktive Elemente (Protonen) und Tänzer (Elektronen) zerfallen sind. Diese Phase stellt auch eine Verstärkung der Bewegungen (aufgrund der vermehrt vorhandenen elektromagnetischen Ladungen) dar - die vorher neutralen Bestandteile (Neutronen) zerfallen in dieser Phase in zwei aktive Bestandteile (Protonen und Elektronen). Die Neutronen haben also in den Atomkernen eine Nische gefunden, in der sie überleben konnten, während die Protonen dieses Erlebnis nicht hatten - im Gegenteil haben sie ihre Anzahl in derselben Phase deutlich vermehrt.

Noch ein wenig früher haben die Himmelboten (Neutrinos) den Kontakt (thermisches Gleichgewicht) mit den übrigen Teilchen aufgegeben.

Es gibt hier also eine Folge von Ereignissen:

1. Die aktiven (Protonen) und die passiven Seelenbestandteile (Neutronen) sowie die Tänzer (Elektronen) sowie ihre Gegenpole (Anti-Teilchen) werden von den Himmelsboten (Neutrinos) verlassen.

2. Daraufhin setzt eine gegenseitige Vernichtung von Elektronen und Positronen ein.

3. Dies führt dazu, daß viel mehr passive Seelenbestandteile (Neutronen) in aktive Seelenbestandteile (Protonen), Tänzer (Elektronen) und Himmelsboten (Anti-Neutrinos) zerfallen, als sich aus diesen Bestandteilen wieder neue passive Seelenbestandteile (Neutronen) bilden können.

4. Lange danach entsteht die starke Wechselwirkung. Die Austauschteilchen dieser Kraft, die Erhalter (Pionen), beginnen, Protonen zu Atomkernen zusammenzufügen, was aber aufgrund des Charakters der Pionen nur unter Einbeziehung der Neutronen möglich ist.

Das Verlassenwerden von den Himmelsboten (Neutrinos) bedeutet, wenn man "Himmelsboten" einmal wörtlich nimmt, ein auf-sich-selbst-gestellt-sein der Protonen und Neutronen, woraufhin sich dann die Protonen, also die aktiven Seelenbestandteile als stabil erweisen. Dies Verlassenwerden von den Himmelboten kann man möglicherweise als die Vorbereitung auf eine Inkarnation der Seele auffassen.

So wie die Psyche aus Gefühlen (Netzach), Gedanken (Hod) und Bildern (Yesod) besteht, wobei Yesod das durch Assoziationen strukturierte Bewußtseins darstellt, so ist auch der Bereich der Seele durch die dreifache Struktur von Chesed, Geburah und Tiphareth geprägt, wobei in diesem Fall Tiphareth das durch Zentralisierung geprägte Bewußtsein darstellt. So wie die Gefühle und Gedanken zu Elementen in den Bildern von Yesod werden, ist anzunehmen, daß auch im Bereich der Seele die Einheiten von Chesed und Geburah zu Elementen der Seele werden.

In der Psyche fügt die Bewußtseinsentsprechung der elektromagnetische Kraft zunächst die Gefühle (Elektronen) zu einer Gesamtheit (Elektronenhülle), die ein Spiegelbild der Seele ergibt, zusammen (Netzach), verbindet dann die Gefühle zu Gedanken (Molekülen) und dann weiter diese Moleküle zu Molekülgruppen (Yesod). Dabei wird jedesmal eine Form der elektromagnetischen Kraft benutzt: 1. die Anziehung zwischen dem Atomkern und der Elektronenhülle (Netzach), 2. die optimale Besetzung der Elektronenhüllen mit Elektronen bei der Verbindung von Atomhüllen miteinander (Hod), und 3. die Verbindung der Elektronenhüllen der Molekül aufgrund ihrer verschieden verteilten Ladung, also durch die Molekularkraft (Yesod).

Derselbe "zusammenbauende" Vorgang ist auch bei dem Atomkern (Seele) zu beobachten: 1. zunächst entstehen aus den Gluonen die Quarks (Chesed), dann fügen 2. die Gluonen die Quarks zu Protonen und Neutronen zusammen (Geburah) und 3. fügen die Pionen die Protonen und Neutronen zu Atomkernen zusammen, wobei es wieder die Gluonen sind, die zwischen den Protonen/Neutronen und den Pionen wirken.

Daraus sollte man schließen können, daß zum einen die Bewußtseinsentsprechungen der Quarks die Bestandteile der Seele sind und zum anderen die Bewußtseinsentsprechungen der Quarks, der Protonen/Neutronen und der Atomkerne die "Gefühle", "Gedanken" und "Bilder" der Seele sind - wobei zu beachten ist, daß im Bereich der Psyche die Folge "Kraft-Sephirah - Form-Sephirah - Kraft-Sephirah" vorliegt und bei der Seele die Folge "Form-Sephirah - Kraft-Sephirah - Form-Sephirah".

Das Verlassen des thermischen Gleichgewichts durch die Neutrinos, also das Verlassenwerden der entstehenden Seele durch die Himmelsboten stellt also einen Schritt hin zu einer selbständigen Seele dar. In Geburah nehmen die Himmelsboten noch an dem Geschehen teil und die Protonen und Neutronen sind beide noch selbständig und aufgrund des hohen Energieniveaus noch stabil. Dieser Zustand der Seele sollte aufgrund der Kraft-Sephirah Geburah, in dem er sich befindet, einen "emotionalen" Charakter haben. Man könnte hier also den Entschluß zu einer Inkarnation vermuten, was offenbar bedeutet, daß sich die vorher freien Bestandteile der Seele (Protonen/Neutronen) nun fest aneinander binden und gleichzeitig ihren Kontakt zu Gott (Verlassenwerden von den Himmelsboten) aufgeben. Das Erlangen der Individualität durch die entstehende Seele bedeutet also eine Abgrenzung.

Dasselbe Phänomen findet man auch in dem Lebensbaum der Einzeller, auf dem sich bei dem Übergang von Geburah nach Tiphareth die RNS in die deutlich stabilere und längere DNS verwandelt, die der "Bauplan" der betreffenden biochemischen Abläufe ist. Dies Phänomen findet sich ebenso auf dem Lebensbaum der Vielzeller, wo sich auf diesem Pfad die Bilateraltiere durch den Ausbau ihres rudimentären Nervensystems zu einem Zentralnervensystem und die Erschaffung eines Kreislaufes und des Herzens eine deutliche Zentralisierung und Stabilisierung erschaffen.

Die Quarks mit ihrer elektromagnetischen Ladung und ihrer Farbladung, die sie auf der Bewußtseinsseite zu dynamischen und liebenden Wesen macht, entsprechen die Grundsubstanz der Seele in Chesed. Nun bleibt diese Grundsubstanz ja noch etwas abstrakt - abgesehen von der Vermutung, daß die "Innere Stimme", die bisweilen sehr tiefgehende Ratschläge geben kann, ihren Sitz in Chesed hat.

Es ergibt sich aus dieser Betrachtung immerhin, daß die Seele offenbar vor jeder Inkarnation neu zusammengesetzt zu werden scheint, wobei die Substanz für diese Seele aus einem großen "See" von Wesen (Quarks) geschöpft wird. Dieser Umstand läßt zumindest vermuten, daß eine Seele sich nicht einfach immer wieder inkarniert, sondern daß die Vorgänge zwischen Tod und Leben deutlich komplexer sind und eine Auflösung der Individualität und möglicherweise eine "Vermischung" mit den Bestandteilen anderer Seelen beinhalten.

Bei dem Übergang über den Abgrund nach Daath lösen sich die Seelenbestandteile auf und es wird ein Bereich der Abgrenzungslosigkeit erreicht, den man als den "Bereich der Götter" auffassen kann. In Chokmah finden sich dabei die eher ekstatischen, dionysischen Gottheiten und in Binah die eher stillen, appollinischen Gottheiten. Der indische Gott Shiva umfaßt beide Aspekte: als Tänzer, Gott des Feuers, Tantriker und Gott der erwachten und aufgestiegenenen Kundalinischlange ist er ein Chokmah-Gott, und als meditierender Yogi, der in der Stille alle Grenzen und Illusionen auflöst, ist ein Binah-Gott.

In Kether schließlich findet sich dann das allumfassende Bewußtsein, der letzte Ursprung des individuellen Bewußtseins.

Es haben sich im Laufe dieser Betrachtungen über die Bewußtseinsseite der Welt unter anderem folgende Erkenntnisse ergeben:

1. Materie ist die Welt von außen her betrachtet und Bewußtsein ist die Welt von innen her betrachtet. Daher besteht eine detaillierte und präzise Analogie zwischen den Vorgängen im Bewußtsein und den Vorgängen in der Außenwelt.

2. Es gibt ein Bewußtsein (Kether), das allem zugrundeliegt. Dies Bewußtsein hat nirgendwo eine prinzipielle Grenze. Dieses allumfassende Bewußtsein kann am treffensten als Gott bezeichnet werden. Das, was nach innen hin als allumfassendes Bewußtsein erscheint, erscheint nach außen hin als Raumzeit.

3. Alle weiteren Erscheinungen im Weltall und im Bewußtsein sind Bewegungen und Formen der Raumzeit bzw. des einen Bewußtseins - was dasselbe ist.

4. Die Urknallimpuls entspricht dem Schöpfungsimpuls und die genausogroße Gesamtgravitation des Weltalls entspricht der Schöpfung. Da sich beides entspricht, bedeutet dies, daß die Schöpfung Gottes Spiegelbild ist. Dies bedeutet wiederum, daß das eine Bewußtsein sich selber durch seine Schöpfung erkennt.

5. Das Bewußtsein hat verschiedene Inhalte. Diese Inhalte lassen sich in einem Stammbaum ordnen, der für alles Existierende in der Einheit der Materie /Energie (Außen) und des Bewußtseins (Innen) Kethers beginnt und sich durch die Evolution kontinuierlich bis hin zu allem heute Existierenden verzweigt. Entlang dieser Verzweigungen reicht die Erinnerung von allem Existierenden bis zum Urknall (Kether) zurück. Teile dieser Erinnerung zeigen sich in den homöopathischen Heilmitteln und in den Heilsteinen. Die Möglichkeit, diesen Evolutionsweg bewußt zurückzugehen, zeigt sich in den Gottes-Erlebnissen der Mystiker und Yogis.

6. Es gibt in dem Lebensbaum des Bewußtseins fünf Bereiche mit "Bewußtseinszuständen mit verschiedenen Reichweiten", die durch die vier Übergänge getrennt sind. Diese Übergänge sind keine prinzipiellen Abgrenzungen oder Brüche, denn sie lassen sich durch geeignete "Bewußtseins-Übungen" überschreiten. Diese Übergänge begrenzen zunächst einmal die "Reichweite" der Erinnerung, solange man sich nicht um ihre Überwindung bemüht.

7. Sowohl der materiellen Seite der Welt als auch der Bewußtseinsseite der Welt liegt das Bestreben inne, die ursprüngliche Einheit zu erhalten. Durch den Schöpfungsimpuls dehnt sich das Weltall aus, was zu einer Verdünnung der Energie in ihm führt. Um die Energiedichte (=Bewußtseinsintensität) zu erhalten, entstehen Symmetriebrechungen, das heißt abgegrenzte "Reservate" aus um einen Mittelpunkt kreisender Energie, die durch diese Abweichung von der gradlinigen Bewegung neue Eigenschaften erhält (Ladungen). Diese Ladungen lassen Kräfte entstehen, die wiederum bestrebt sind, durch das Zueinanderhinziehen dieser polaren "Reservate" nach außen hin die Neutralität wiederherszustellen. Da diese Symmetriebrechungen bei dem Absinken der Temperatur im Weltall unter bestimmte Grenzwerte entstehen, bedeutet dies für das Bewußtsein, daß die Bewußtseinsschwellen durch Erhöhen des Energieniveaus des Bewußtseins und die damit einhergehende Wiederverbindung der Polaritäten im Bewußtsein

überschritten werden können.

8. Bei den Symmetriebrechungen ist sowohl die materiellen Seite als auch die Bewußtseinsseite und somit auch jeder der vier Übergänge selber durch die Zwölferteilung des Tierkreises strukturiert.

9. Die Polaritätenbildung bei Symmetriebrechungen/Bewußtseinsschwellen tritt auch in den anderen Lebensbäumen der Evolution auf: z.B. bei der Basenpaarbildung der DNS/RNS oder bei der Geschlechtertrennung und der damit verbunden geschlechtlichen Fortpflanzung (Die durch die Geschlechtertrennung entstandene Kraft, die die beiden durch die Geschlechtertrennung entstandenen Pole wieder zueinanderhinzieht, dürfte jedem gut bekannt sein.).

10. Die Psyche ist ein Spiegelbild der Seele in einem anderem Medium, in der Lebenskraft: Die Seele (Atomkern) erschafft aus dem Bereich der Liebe (von der Farbkraft geprägt), in dem sie existiert (2. Dreieck auf dem Lebensbaum), ein Spiegelbild (Elektronenhülle) von sich selber in dem Bereich der Bewegungen (das von der elektromagnetischen Kraft geprägte 3. Dreieck auf dem Lebensbaum). Die Substanz für dieses Spiegelbild (Elektronen) bewegte sich vorher ebenfalls frei in dem Bereich der Liebe. Sowohl Seele als auch Psyche verlieren ihre freie Beweglichkeit bei der Bildung einer Psyche (Elektronenhülle). Die Seele, die eine Psyche ausgebildet hat, ist ein stabiler, nach außen neutraler Zustand (da sich in ihm die elektromagnetischen Ladungen des Atomkernes und der Elektronen gegenseitig neutralisieren).

11. Die Seele ist ein entstandenes (und somit auch vergängliches) Gebilde, das sich aus kleineren, ursprünglicheren Einheiten zusammensetzt.

Es bleiben nach diesen Betrachtungen noch reichlich offene Fragen übrig, insbesondere über den Bereich der Seele und ihren Aufbau. Dazu wird es in dem nächsten Kapitel "Der Lebensbaum als Forschungshilfsmittel" und in dem vorletzten Kapitel "Der ursprüngliche Sinn des Lebensbaumes: Der Weg zum Himmel" aber noch einige neue Gedanken geben, sodaß diese Betrachtung über die Strukturen des Bewußtseins hier nicht so etwas unbefriedigend enden muß, da die vollständige und vor allem plausible und verständliche Beschreibung der Analogie zwischen physikalischer Evolution und Bewußtseinstruktur hier zwar ein gutes Stück vorangebracht, aber noch nicht abgeschlossen worden ist.

Die Visualisierung der Mittleren Säule

Für die Mittlere Säule ergeben sich hier viele Ergänzungsmöglichkeiten, die aber weniger in der Struktur der Mittleren Säule als in den vielen Analogien zu ihr liegen. Dabei hängt es in diesem Fall sehr von den Interessen des Einzelnen ab, welche Analogien zu einer Bereicherung für die Meditation mithilfe der Visualisierung der Mittleren Säule werden.

3. Das zentrale Bezugssystem: die acht Lebensbäume der Evolution

Genaugenommen gibt es kein zentrales Bezugssystem innerhalb der Analogien, denn jeder Lebensbaum kann mit jedem anderen verglichen werden und Erkenntnisse können von jedem Lebensbaum zu jedem anderen übertragen werden. Aber da die Lebensbäume der Evolution thematisch die umfassensten sind, kommt diesen Lebensbäumen zwar nicht aus prinzipiellen Gründen, aber doch aus praktischen Gründen eine besondere Stellung zu.

INNEN - BEWUSSTSEIN	Gott/Raumzeit	AUSSEN - ENERGIE/MATERIE	
Bewußtseinsinhalte: 1. Teil der "Schnur der Erinnerungen" - Weltall	o o o o o o o o o o o	o o o o o o o o o o o	Lebensbaum der physikalischen Evolution
Bewußtseinsinhalte: 2. Teil der "Schnur der Erinnerungen" – Einzeller	o o o o o o o o o o o	o o o o o o o o o o o	Lebensbaum der Evolution der Einzeller
Bewußtseinsinhalte: 3. Teil der "Schnur der Erinnerungen" – Vielzeller	o o o o o o o o o o o	o o o o o o o o o o o	Lebensbaum der Evolution der Vielzeller
Bewußtseinsevolution: Überwindung der Bewußtseinsschwellen	o o o o o o o o o o o	o o o o o o o o o o o	Lebensbaum der Evolution der Menschheit

Die vier "inneren" Lebensbäume entwickeln sich gleichzeitig mit den vier "äußeren" Lebensbäumen, da sie dieselben Vorgänge beschreiben - einmal von außen als materielle Entwicklung und einmal von innen als Bewußtseinsentwicklung gesehen. Die Inhalte der drei ersten Lebensbäume auf der Bewußtseinsseite sind die Grundlage für das menschliche Bewußtsein und sie sind in ihm als "Schnur der Erinnerungen" enthalten.

Die beiden vierten Lebensbäume stellen die Evolution der Menschen dar - auf der Außenseite den materiellen Fortschritt und auf der Innenseite den Fortschritt des Bewußtseins, der vor allem durch die Überwindung der Bewußtseinsschwellen gekennzeichnet ist. Die vier Lebensbäume der Bewußtseinsseite erscheinen, wenn es um das spirituelle Streben geht, als ein einziger Lebensbaum, sodaß man bei spirituellen Fragestellungen nur mit fünf Lebensbäumen zu tun hat.

Die Wichtigkeit dieser in diesem Kapitel ausführlich beschrieben acht bzw. fünf Lebensbäume zeigt sich in dem folgenden Kapitel, wo insbesondere der Lebensbaum des Bewußtseins und der Lebensbaum der physikalischen Evolution immer wieder zur Analogiebildung und somit zu Klärung und Strukturierung von Zusammenhängen benutzt wird.

I
Die Visualisierung der Mittleren Säule

Aus dieser Betrachtung ergeben sich keine neue Strukturen.